故宫

博物院藏文物珍品全集

故宮博物院藏文物珍品全集

明清織繡

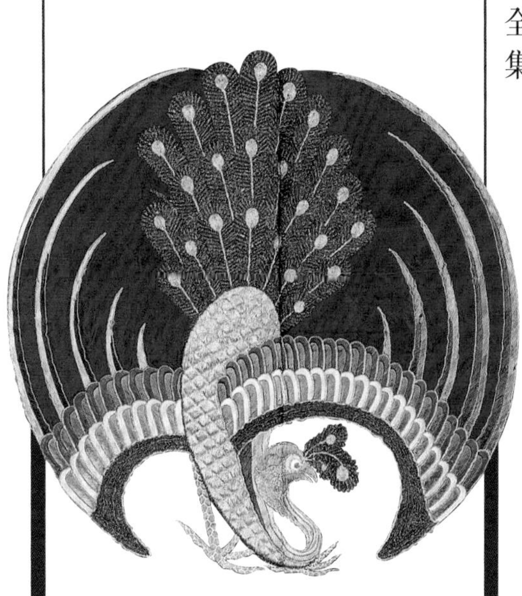

主編：宗鳳英

商務印書館

明清織繡

Textiles and Embroideries of the Ming and Qing Dynasties

故宮博物院藏文物珍品全集

The Complete Collection of Treasures of the Palace Museum

主　編 …………………… 宗鳳英
編　委 …………………… 白寅生　胡　賓
攝　影 …………………… 馮　輝

出 版 人 …………………… 陳萬雄
編輯顧問 …………………… 吳　空
責任編輯 …………………… 徐昕宇
設　計 …………………… 張　毅
出　版 …………………… 商務印書館（香港）有限公司
香港筲箕灣耀興道 3 號東滙廣場 8 樓
http: // www.commercialpress.com.hk
發　行 …………………… 香港聯合書刊物流有限公司
香港新界大埔汀麗路 36 號中華商務印刷大廈 3 字樓
製　版 …………………… 深圳中華商務聯合印刷有限公司
深圳市龍崗區平湖鎮春湖工業區中華商務印刷大廈
印　刷 …………………… 深圳中華商務聯合印刷有限公司
深圳市龍崗區平湖鎮春湖工業區中華商務印刷大廈
版　次 …………………… 2005 年 9 月第 1 版第 1 次印刷
© 2005 商務印書館（香港）有限公司
ISBN 962 07 5353 4

All inquiries should be directed to:
The Commercial Press (Hong Kong) Ltd.
8/F., Eastern Central Plaza, 3 Yiu Hing Road, Shau Kei Wan, Hong Kong.

故宮博物院藏文物珍品全集

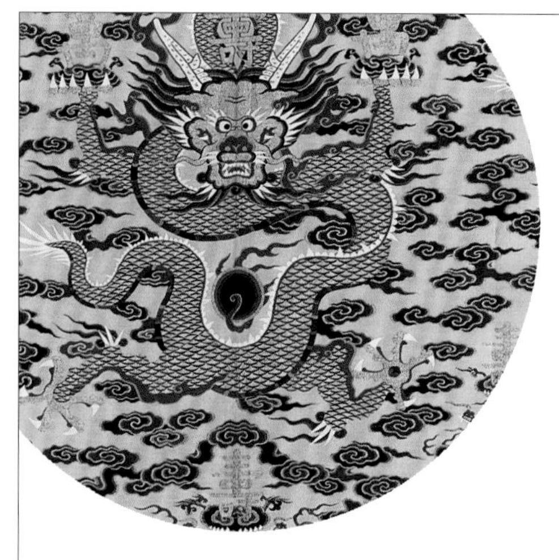

總序

楊新

故宮博物院是在明、清兩代皇宮的基礎上建立起來的國家博物館，位於北京市中心，佔地72萬平方米，收藏文物近百萬件。

公元1406年，明代永樂皇帝朱棣下詔將北平升為北京，翌年即在元代舊宮的基址上，開始大規模營造新的宮殿。公元1420年宮殿落成，稱紫禁城，正式遷都北京。公元1644年，清王朝取代明帝國統治，仍建都北京，居住在紫禁城內。按古老的禮制，紫禁城內分前朝、後寢兩大部分。前朝包括太和、中和、保和三大殿，輔以文華、武英兩殿。後寢包括乾清、交泰、坤寧三宮及東、西六宮等，總稱內廷。明、清兩代，從永樂皇帝朱棣至末代皇帝溥儀，共有24位皇帝及其后妃都居住在這裏。1911年孫中山領導的“辛亥革命”，推翻了清王朝統治，結束了兩千餘年的封建帝制。1914年，北洋政府將瀋陽故宮和承德避暑山莊的部分文物移來，在紫禁城內前朝部分成立古物陳列所。1924年，溥儀被逐出內廷，紫禁城後半部分於1925年建成故宮博物院。

歷代以來，皇帝們都自稱為“天子”。“普天之下，莫非王土；率土之濱，莫非王臣”（《詩經．小雅．北山》），他們把全國的土地和人民視作自己的財產。因此在宮廷內，不但匯集了從全國各地進貢來的各種歷史文化藝術精品和奇珍異寶，而且也集中了全國最優秀的藝術家和匠師，創造新的文化藝術品。中間雖屢經改朝換代，宮廷中的收藏損失無法估計，但是，由於中國的國土遼闊，歷史悠久，人民富於創造，文物散而復聚。清代繼承明代宮廷遺產，到乾隆時期，宮廷中收藏之富，超過了以往任何時代。到清代末年，英法聯軍、八國聯軍兩度侵入北京，橫燒劫掠，文物損失散佚殆不少。溥儀居內廷時，以賞賜、送禮等名義將文物盜出宮外，手下人亦效其尤，至1923年中正殿大火，清宮文物再次遭到嚴重損失。儘管如此，清宮的收藏仍然可觀。在故宮博物院籌備建立時，由“辦理清室善後委員會”對其所藏進行了清點，事竣後整理刊印出《故宮物品點查報告》共六編28

冊，計有文物117萬餘件（套）。1947年底，古物陳列所併入故宮博物院，其文物同時亦歸故宮博物院收藏管理。

二次大戰期間，為了保護故宮文物不至遭到日本侵略者的掠奪和戰火的毀滅，故宮博物院從大量的藏品中檢選出器物、書畫、圖書、檔案共計13427箱又64包，分五批運至上海和南京，後又輾轉流散到川、黔各地。抗日戰爭勝利以後，文物復又運回南京。隨着國內政治形勢的變化，在南京的文物又有2972箱於1948年底至1949年被運往台灣，50年代南京文物大部分運返北京，尚有2211箱至今仍存放在故宮博物院於南京建造的庫房中。

中華人民共和國成立以後，故宮博物院的體制有所變化，根據當時上級的有關指令，原宮廷中收藏圖書中的一部分，被調撥到北京圖書館，而檔案文獻，則另成立了"中國第一歷史檔案館"負責收藏保管。

50至60年代，故宮博物院對北京本院的文物重新進行了清理核對，按新的觀念，把過去劃分"器物"和書畫類的才被編入文物的範疇，凡屬於清宮舊藏的，均給予"故"字編號，計有711338件，其中從過去未被登記的"物品"堆中發現1200餘件。作為國家最大博物館，故宮博物院肩負有蒐藏保護流散在社會上珍貴文物的責任。1949年以後，通過收購、調撥、交換和接受捐贈等渠道以豐富館藏。凡屬新入藏的，均給予"新"字編號，截至1994年底，計有222920件。

這近百萬件文物，蘊藏着中華民族文化藝術極其豐富的史料。其遠自原始社會、商、周、秦、漢，經魏、晉、南北朝、隋、唐，歷五代兩宋、元、明，而至於清代和近世。歷朝歷代，均有佳品，從未有間斷。其文物品類，一應俱有，有青銅、玉器、陶瓷、碑刻造像、法書名畫、印璽、漆器、琺瑯、絲織刺繡、竹木牙骨雕刻、金銀器皿、文房珍玩、鐘錶、珠翠首飾、家具以及其他歷史文物等等。每一品種，又自成歷史系列。可以說這是一座巨大的東方文化藝術寶庫，不但集中反映了中華民族數千年文化藝術的歷史發展，凝聚着中國人民巨大的精神力量，同時它也是人類文明進步不可缺少的組成元素。

開發這座寶庫，弘揚民族文化傳統，為社會提供了解和研究這一傳統的可信史料，是故宮博物院的重要任務之一。過去我院曾經通過編輯出版各種圖書、畫冊、刊物，為提供這方面資料作了不少工作，在社會上產生了廣泛的影響，對於推動各科學術的深入研究起到了良好的作用。但是，一種全面而系統地介紹故宮文物以一窺全豹的出版物，由於種種原因，尚未來得及進行。今天，隨着社會的物質生活的提高，和中外文化交流的頻繁往來，無論是中國還是西方，人們越來越多地注意到故宮。學者專家們，無論是專門研究中國的文化歷史，還是從事於東、西方文化的對比研究，也都希望從故宮的藏品中發掘資料，以探索人類文明發展的奧秘。因此，我們決定與香港商務印書館共同努力，合作出版一套全面系統地反映故宮文物收藏的大型圖冊。

要想無一遺漏將近百萬件文物全都出版，我想在近數十年內是不可能的。因此我們在考慮到社會需要的同時，不能不採取精選的辦法，百裏挑一，將那些最具典型和代表性的文物集中起來，約有一萬二千餘件，分成六十卷出版，故名《故宮博物院藏文物珍品全集》。這需要八至十年時間才能完成，可以說是一項跨世紀的工程。六十卷的體例，我們採取按文物分類的方法進行編排，但是不囿於這一方法。例如其中一些與宮廷歷史、典章制度及日常生活有直接關係的文物，則採用特定主題的編輯方法。這部分是最具有宮廷特色的文物，以往常被人們所忽視，而在學術研究深入發展的今天，卻越來越顯示出其重要歷史價值。另外，對某一類數量較多的文物，例如繪畫和陶瓷，則採用每一卷或幾卷具有相對獨立和完整的編排方法，以便於讀者的需要和選購。

如此浩大的工程，其任務是艱巨的。為此我們動員了全院的文物研究者一道工作。由院內老一輩專家和聘請院外若干著名學者為顧問作指導，使這套大型圖冊的科學性、資料性和觀賞性相結合得盡可能地完善完美。但是，由於我們的力量有限，主要任務由中、青年人承擔，其中的錯誤和不足在所難免，因此當我們剛剛開始進行這一工作時，誠懇地希望得到各方面的批評指正和建設性意見，使以後的各卷，能達到更理想之目的。

感謝香港商務印書館的忠誠合作！感謝所有支持和鼓勵我們進行這一事業的人們！

1995年8月30日於燈下

目錄

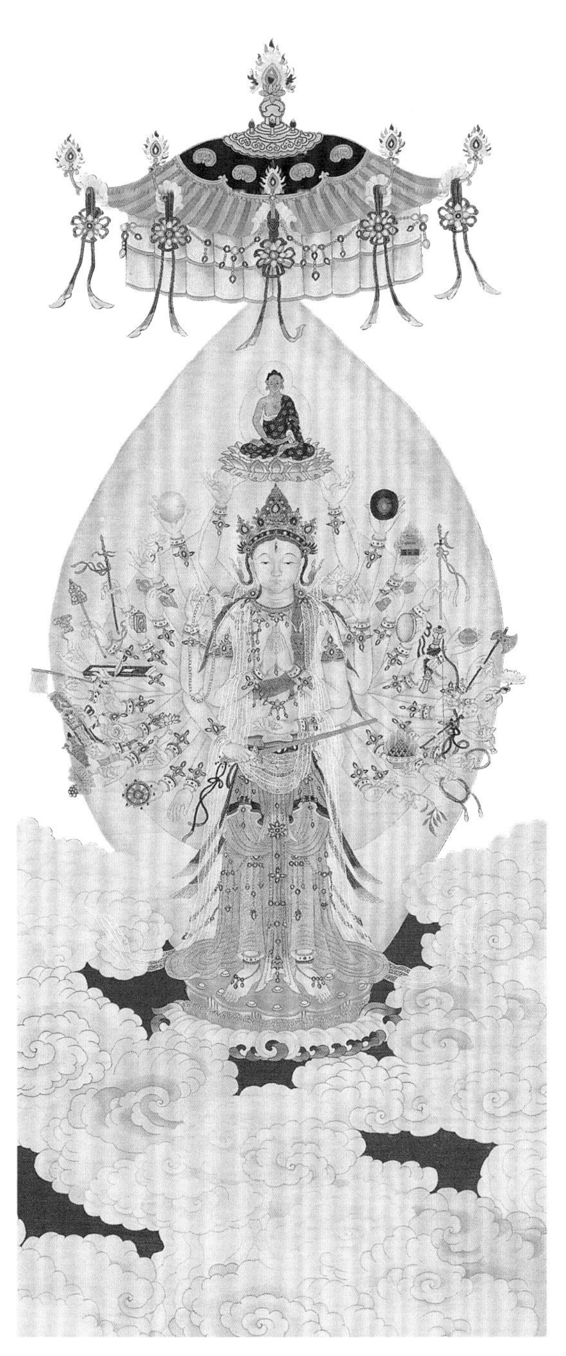

文物目錄

織品

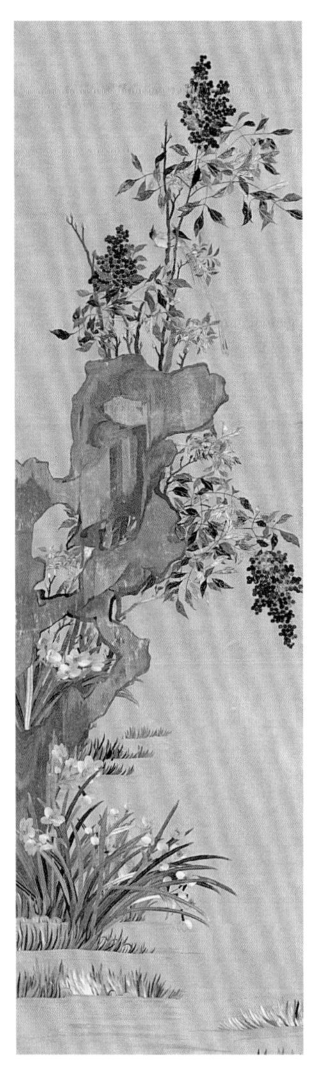

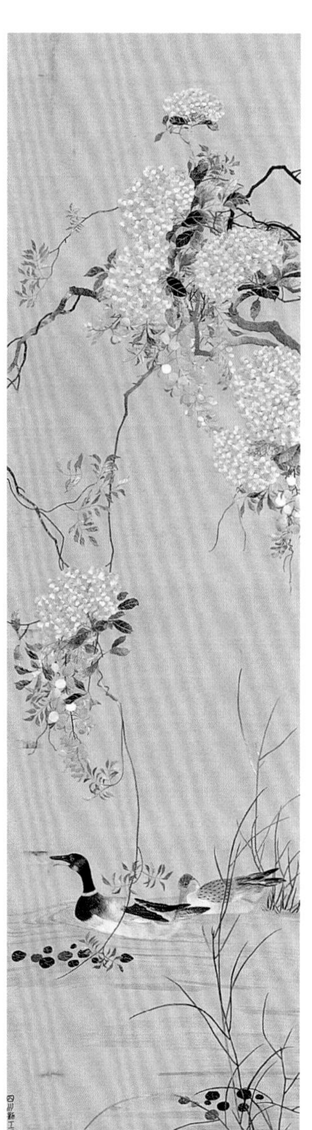

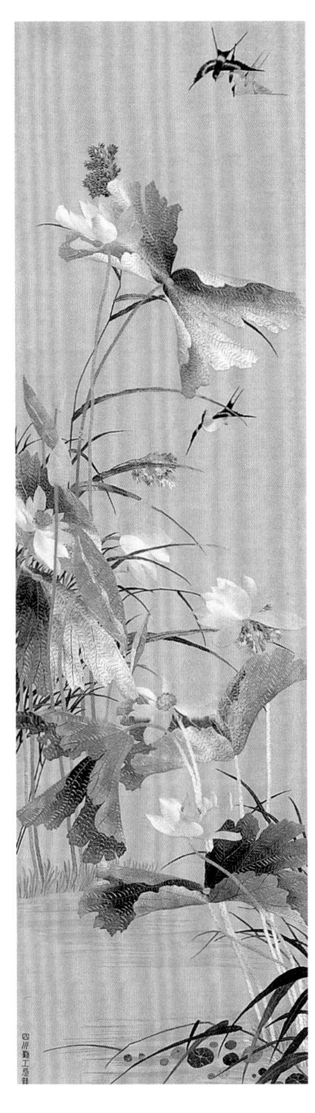

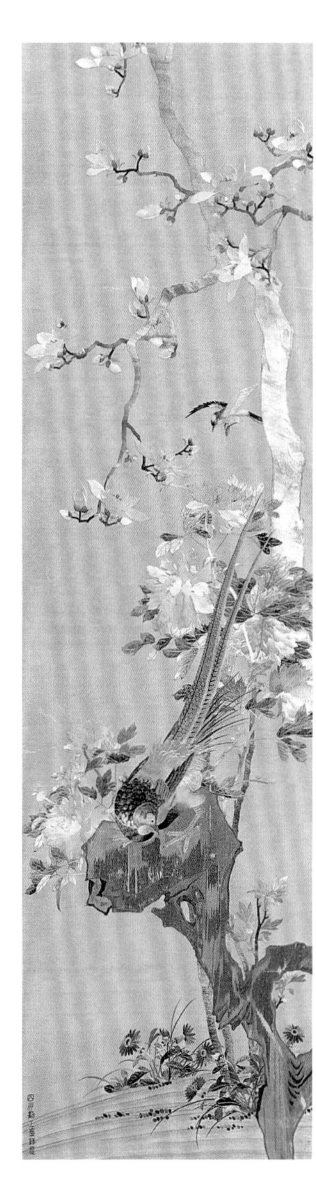

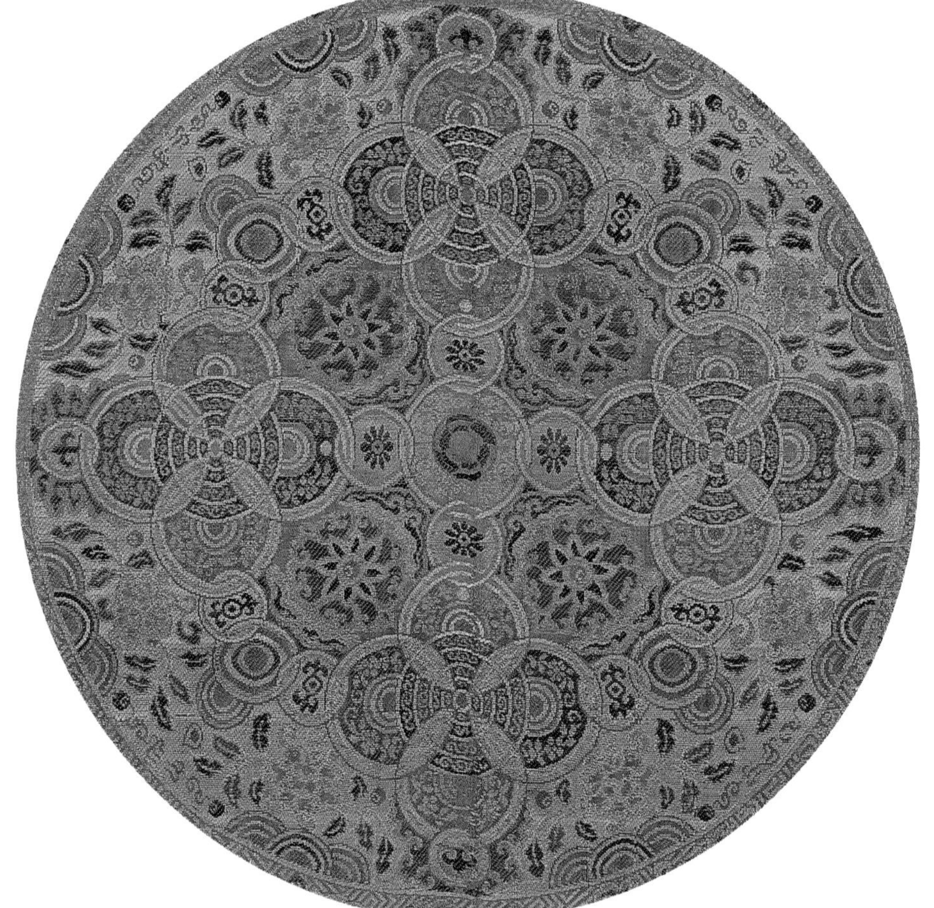

繡品

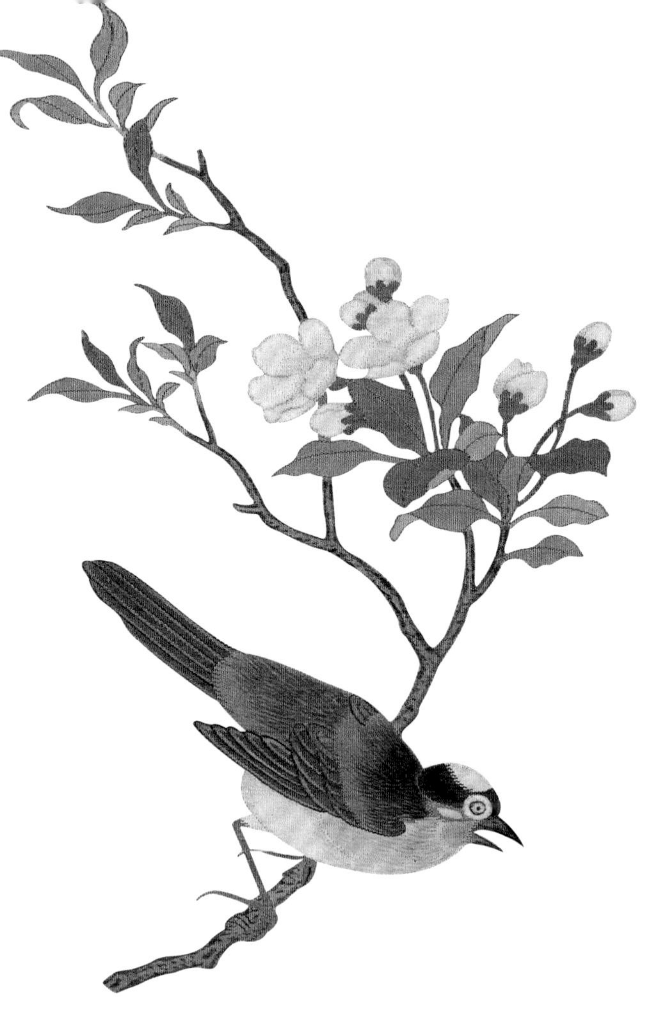

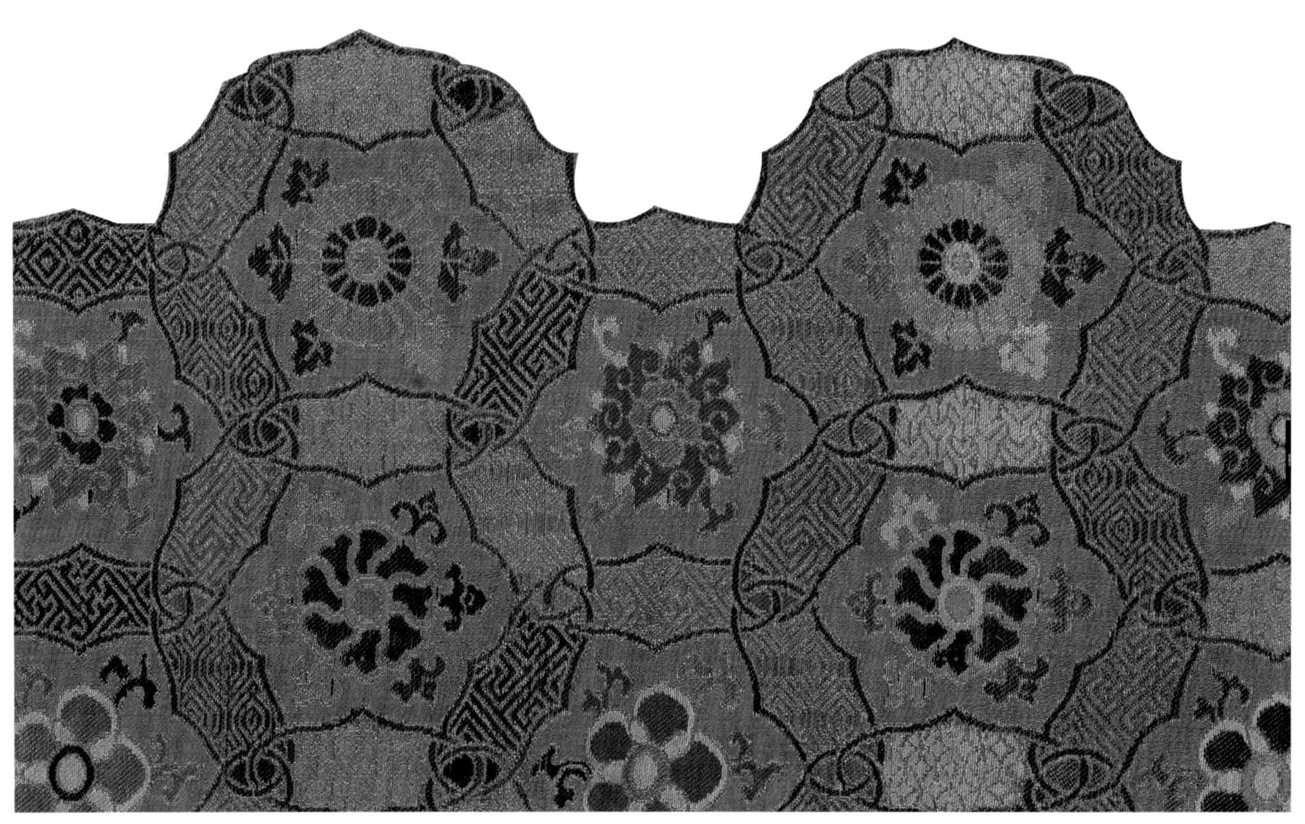

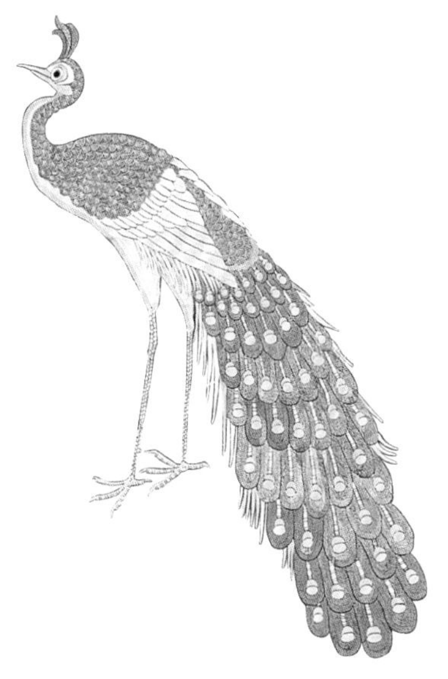

宮廷藏明清織繡藝術

導言

宗鳳英

中國是世界上很早掌握紡織技術的國家，是絲綢的發源地，素有“東方絲國”之譽，織繡藝術是中國文明創造的重要組成部分。中國人憑藉精湛的技藝、不斷革新的技術和優良的原料，生產出品類繁多、巧奪天工的織繡品。這些織繡品通過陸地和海上“絲綢之路”遠播異域，給世界文明的發展帶來深遠影響。

故宮作為明清兩代的皇宮，庋藏10餘萬件織繡文物，絕大部分是明清時期的珍品。其來源有各地官辦織造專門為皇室生產的御用品，有邊疆少數民族進貢的貢品，還有宮廷從各地採辦的織繡品等。數量之巨、類別之全，海內外絕無僅有。本卷選出279件精品，分織品與繡品兩大類，同時亦收錄幾件印染精品（因同屬裝飾工藝，故歸入刺繡之列）。故宮珍藏的這些絕世珍品，以時間為序臚陳於讀者眼前，期望盡可能全面展示明清時期中國織繡的發展脈絡和工藝水平，使讀者得以領略千百年來中國織繡藝術的絕妙韻味和非凡成就。

中國織繡工藝的發展

早在新石器時代，中國的原始先民已經能夠熟練地紡織蠶絲。先秦時期，男耕女織成為主要生產形式，官府設立專門機構管理織造業，錦、綺、羅、紗等絲織品種相繼出現。秦漢時期，隨着生產力的發展，紡織技術有了較大提高，絲綢、經錦等織物精美異常。湖南長沙馬王堆一號漢墓出土的素紗襌衣，薄如蟬翼，衣長128厘米，通袖長190厘米，僅重49克，可見其工藝之精湛。隋唐時期，國力的強盛、經濟的繁榮以及對外交往的頻繁，促進紡織藝術的飛躍。紡織業借鑑從西方傳來的新技術——緯綫顯花工藝，推出緯錦這一新品種。新疆吐魯番阿斯塔那墓羣中出土的一件花鳥紋錦，就是利用新技術織成的。此外，妝花工藝和從西域緙毛技術發展而來的緙絲工藝也相繼出現。這些變化，標誌着中國紡織業進入一個嶄新的發展階段。在兩宋長約300年的時間裏，錦、綾、羅、紗等傳統織物綻放異彩，新的種類——緞嶄露頭角，以緙絲工藝仿製名人書畫更是風靡一時，作為觀賞性的藝術品，頗得世人鍾愛。元代，游牧民族文化同漢文化融會貫通，在紡織品上表現出華貴精美的風尚取向，利用金綫顯花的織金工藝既凝聚裝飾藝術的精華，也刻畫出時代變遷的軌跡。明清的織物品類極其豐富，工藝集前代之大成，絲織生產盛況空前，官辦織造和民間作坊的產品以及各地貢品大量進入宮廷，成為當時紡織業最亮麗的風景。

刺繡作為絹、綺、羅等織物最常用的裝飾手段，是用繡綫在織物之上刺綴運針，以表現人物、花鳥、山水樓閣等內容。原始刺繡本為顯示尊卑的衣服裝飾，後逐漸演變為美化生活的裝飾。據《尚書》記載，遠在4000多年前的虞舜時期，章服制度就規定“衣畫而裳繡”，目前考古發現最早的刺繡品是湖南長沙戰國楚墓出土的兩件刺繡殘片。漢代始有宮廷刺繡，當時的繡品“信期繡”、“長壽繡”、“乘雲繡”、“茱萸繡”等皆以綫條細密婉轉、繡工精巧過人見長。三國時，漢、魏、吳宮內繡名花、瑞獸、飛禽、山川、人物等。據朱啟鈐《絲繡筆記》記載：“孫權……思得善畫者作山川地勢、軍陣之象。趙逵乃進其妹……能刺繡列萬國於方帛之上，寫以五嶽河海城邑行陣之形……人謂之針絕。”可見當時刺繡水平之高。歷經兩晉南北朝的發展，降至唐時，刺繡工藝更加精湛。據史料記載，“南海貢奇女盧眉娘，……能於一尺絹上繡法華經七卷，字之大小不逾粟粒。而點畫分明，細於毛髮，其品題章句無有遺闕”。稱其巧奪天工，亦不為過。宋代是刺繡從生活用品向觀賞品轉變的關鍵時期，北宋政府專門成立文繡院以管理刺繡生產。當時的刺繡已發展到能仿製工筆繪畫的水平，且比繪畫更具質感和光澤；其工藝技法幾乎包羅元、明、清三代的各種針法變化，並運用得爐火純青。南宋時，受大批工匠南遷、南北民族風俗的差異以及審美觀念轉變等因素影響，刺繡逐漸形成南北兩個支派，北方生產實用性繡品，南方繡製欣賞性繡品。這一變化對刺繡發展有深遠影響。明清時期是刺繡工藝飛速發展的新階段，在民間先後出現許多地方繡，著名的有顧繡、京繡、蘇繡、魯繡、廣繡、湘繡、蜀繡等，在這些地方繡中，尤以蘇、蜀、廣、湘四種為最有名，被譽為中國“四大名繡”。除此以外，尤值得一提的是當時皇家織造為宮廷繡製的御用品，其數量之大、工藝之精，堪稱歷史之冠，是嚴格的審美觀念與刺繡工藝的完美結合。

印染與刺繡一樣，是在織物上裝飾花紋的工藝，古時又稱為“染纈”，其方法多樣，最著名的是蠟染、絞纈和夾纈。印染工藝始於秦，發展到唐宋時達到鼎盛，明清之際逐漸沒落，同當時織繡工藝的興盛形成強烈反差。

明清時期的織造業

面對元末戰爭留下的凋敝的社會經濟，明朝採取了一系列有利於農業、手工業恢復的休養生息政策。洪武年間（1368—1398）朝廷多次詔令全國廣植桑棉，絲綢生產隨之崛起，江南沿海地區的興旺自不待言，山東、安徽等省亦於此時嶄露頭角。

明代絲織業分官辦與民間織造兩類，官辦織造佔據絕對優勢。在中央，工部的都水清吏司掌管着全國的官辦織造業。在地方，北京和南京均設有“內局”和“外局”，“內局”專門織造御用袍服緞匹、宮內應用錦緞，“外局” 專門織造朝廷定時應用緞匹。北京和南京還設有專門織造祭祀所用神帛的“神帛堂”和專織誥敕的“供應機房”。在兩京以外的浙江、福建、南直隸、山東、四川、江西、河南等地共設22個地方織染局，以蘇、杭兩局規模最大，內部有染匠、搖紡絲匠、牽經匠、挑花匠、機匠等10餘工種。此外，明太祖還於洪武二十六年（1393）徵調各地匠戶23萬餘人到南京輪班。永樂時（1403—1424），又從南京遷27000戶匠民到北京，其中僅在內織染局服役者即多達1343戶。明代官辦織造規模之大、管理之嚴、產品之精美豐富可稱前所未見。在官辦織造業的帶動下，明朝中後期，民間絲織業也呈現高速發展的趨勢。紡織業機戶遍佈全國，其中吳江盛澤鎮、嘉興王江涇、湖州雙林鎮迅速成為紡織業的中心，產品行銷大江南北。

清政府對桑蠶的重視和織造機構的設置基本因襲明王朝，江浙、廣東、四川、山東依舊為絲織重點地區，湖南、湖北兩地則於清末有長足的發展。300 年間紡織業異彩紛呈，璀璨奪目。

清代織造業依然分官辦和民營，織造局的規模、機具與工匠數量較之明代又有膨脹，其職責除管理下屬機構、控制民間織造業外，還負責採辦織物以供應宮廷用度，管轄範圍和權力要大於明朝。清初，內務府即於北京、江寧（南京）、蘇州、杭州設立織造局，後三處合稱“江南三織造”，其官員皆是皇帝指派的內務府親信。據《清會典》記載，上述四局專門負責織造皇家御用絲織品，並製作誥封敕書。其中專供帝后的服用由北京、江寧兩地完成，賞賜臣工之物盡在蘇杭生產。

清初，民間織造發展緩慢，康熙年間（1661—1721）放鬆了對民間絲織業的限制，取消了民營織造業織機不得超過百張的禁令，民營織造發展猶如雨後春筍。至清中後期，僅江寧、蘇杭等地擁有五六百架織機與二三千工匠的大型手工工場為數已然不少，紡織作坊更是散佈全國。江南地區幾乎家家有織機，織造業成為當地家庭收入的來源之一。清代逐漸形成了以南京、蘇州、杭州為中心的三大絲綢生產中心。此時，民營織造已基本取代了官辦織造的主導地位，這是中國織繡史上不容忽視的轉變，也是中國織造業進步的標誌。

集古代織造技術之大成

明清時期的絲織品生產集古代織造技術之大成，品類豐富，質地優良。若比對花色來，明代織物花紋簡練樸實，色彩素雅沉穩；而清代織物花紋華麗繁縟，色彩鮮艷奪目。二者各有所長，都代表着中國織造業的最高水平。故宮藏明清織物主要有緙絲、起絨織物、雙層織物、錦、緞、綾、羅、綢、紗等，其中許多織物除故宮外很少有收藏，因此可以說，故宮藏品是研究明清織物最豐富、完整、寶貴的實物資料。

1. 緙絲

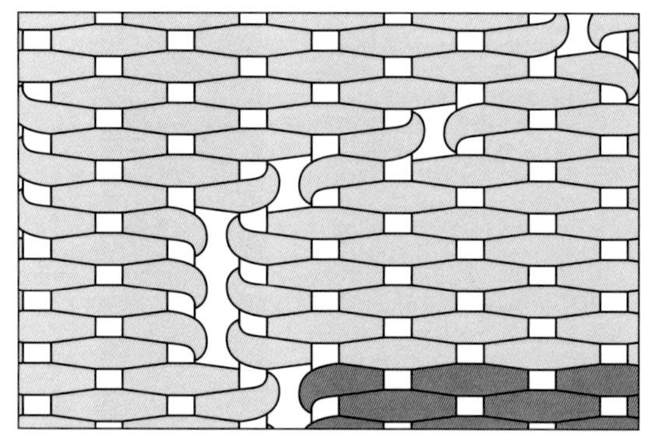

在明清品類繁多的絲織物裏，緙絲十分名貴，素有“一寸緙絲一寸金”之說。它是以生絲作經、熟絲作緯，用通經斷緯方法織造的平紋織物。其技術易學難精，非具高度熟練的技巧和很高的藝術造詣不能勝任。由於其經絲通貫，緯絲不貫穿全幅，而是按照花紋輪廓和顏色交接的邊緣反覆換梭，以致邊緣有彩緯斷頭及鋸齒狀的縫隙，故緙絲也被稱為“刻絲”、“克絲”或“剋絲”。

有明一代，宮廷緙絲選料講究，除去質量極佳的各色彩色絲綫，更有大量的金綫和孔雀羽綫，定陵出土的明萬曆皇帝袍服上的團龍就是由孔雀羽綫緙織的。緙絲生產並不局限於官府，蘇州的民間緙絲也享有盛名。此時的緙絲又創造出緙金、鳳尾戧、木梳戧、長短戧等新緙法。其產品用途寬泛，佛經經面、袍服、日用陳設等常能見到它的影子。

清代緙絲亦很盛行，除民間織造外，內務府還在蘇州建立織染局，專為宮廷生產緙絲品。其數量之大、品種之多，為歷代之冠。乾隆年間（1736—1795）緙絲工藝發展到高峯，出現用赤撚金綫和淡撚金綫、銀綫在深或淺色地上暈色的“三色金”緙法。後來還產生了緙絲加繡、加畫、三藍緙等新技法，並交叉運用，收到很好的藝術效果。故宮藏明清緙絲一萬餘件，多作於乾隆時，其技術之精、用絲之細密，為前代所不及。如緙絲加繡三星圖軸（圖16），以筆代緯渲染松樹的皮和針葉，以針代緯繡製桃樹的葉、花、果實及牡丹、靈芝等，再緙織山、雲及福、祿、壽三星，就是一件將緙、繡、繪多種工藝完美集於一身的觀賞藝術品。

2. 起絨織物

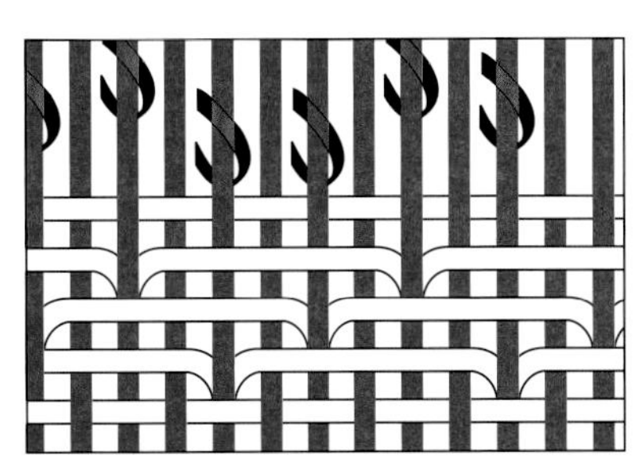

起絨織物屬於重經織物，指表面佈滿緊密絨圈或絨毛的絲織品。明清時期的起絨織物按地子可分成兩類：一類為在絨地上起絨花，以漳絨最有代表性；另一類為緞地上起絨花，以漳緞為代表。此外，新疆地區生產的瑪什魯布也屬此類。

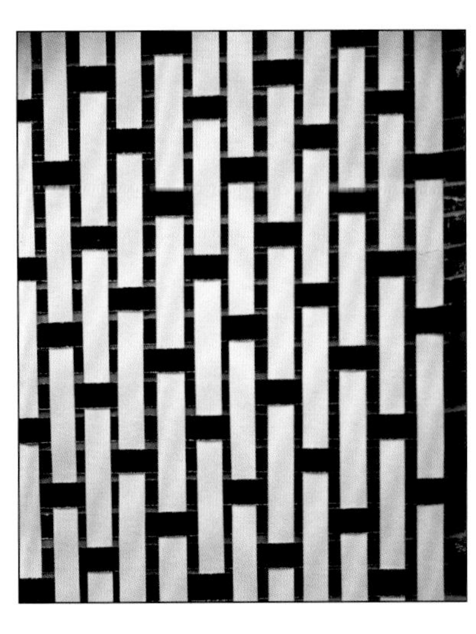

漳絨因福建漳州織造的最為精緻而得名，其實明代漳州、泉州皆有生產，有素、暗花、彩色提花三種。多以四枚斜紋（即一根經綫壓三根緯綫，加一個經緯交織點）或平紋作地，藉助以竹籤或銅絲作的假織緯為紋緯，與絨經交織起經絨圈的工藝織造。所謂假織緯，顧名思義，不是真織入織物的緯綫，而是一種起絨圈的手段。明代漳絨多為經絨圈地、經絨毛花的暗花漳絨，如月白地蝠磬如意卍字紋暗花漳絨（圖27），是先在織好的素漳絨地上描出花紋輪廓，然後按照輪廓雕斷絨圈，利用絨圈與絨毛光澤的差異來顯花。清代織絨技術有所提高，南京不僅能織暗花漳絨，同時還能織利用經綫變化顯花的漳絨，以及以經絨毛為地、以彩緯顯花的提花漳絨。綠地折枝菊花紋漳絨（圖25）和黃地纏枝菊花紋漳絨墊料（圖26）分別展示了這兩類漳絨的風采。由於織造複雜，漳絨在民間流傳極少，故宮藏品亦不多，本卷所展示的幾件實物更是彌足珍貴，是為研究漳絨的重要資料。

漳緞創自明代，盛行卻在清代，是緞和絨互為花地的提花絲織物。據明末宋應星《天工開物》記載，漳緞技術由日本傳入，因此稱為“倭緞”，又因當時福建漳州仿製技術最佳，便以“漳緞”命名。其織造方法與漳絨相同，亦是利用假織緯起絨圈，有暗花和彩色提花兩種。明代的漳緞多為暗花，產地主要集中在福建漳、泉二州。清代南京織造建立“倭緞堂”使漳緞的生產中心轉移到南京、蘇杭一帶，令彩色提花漳緞的生產漸入佳境。據清代《織造檔》和《進貢檔》的記載，南京織造的漳緞，花紋顏色已達6、7種之多，用途廣泛，遠非福建進貢的暗花漳緞可比。如乾隆年間生產的藍地織彩纏枝牡丹紋漳緞（圖28）就是以6種彩色絨經與假織緯交織花紋，是明清漳緞中用色最多，織工最佳的精品之一。

3. 雙層織物

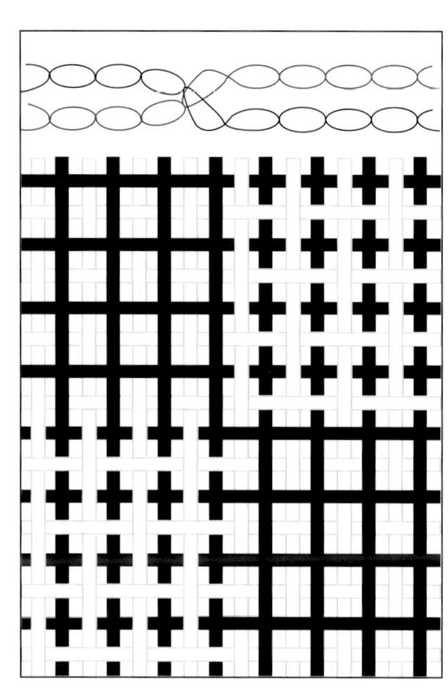

雙層織物是雙層組織的提花織物，又稱為雙層錦。由兩組不同顏色的經綫和緯綫互為上下交替使用，交織成上下兩層、表裏同花，而花、地異色的絲織品。因其上下兩層可以揭開，故有人形象地稱為“袋狀組織”。雙層織物織造工藝複雜，費工費時，織一匹雙層織物，相當於織兩匹織花織物的用料和時間，非豪門貴族享用不起，故成品不多，傳世極少，十分珍貴。在明代曾風行一時，不知何故到清代便悄無聲息了。本卷收錄的青地梅鵲紋雙層織物（圖32），用青、白兩組經、緯綫互為表裏交織而成，雖為雙層，但質地輕柔，是難得一見的明代雙層織物珍品。

4. 錦

在高檔絲織品中，錦的價值和地位絲毫不亞於緙絲。作為先染絲而後織的多彩顯花絲織物，它需用兩種以上彩色熟絲提花織造，用料靡費、工藝複雜、花紋豐富、色彩艷麗，有“其價如金”的美譽。按以經綫或緯綫變化顯花可分為“經錦”和“緯錦”兩類。經錦是早期的錦織工藝，自唐中期以後，已漸被緯錦取代。明清時期，緯錦的織造工藝進一步完善，出現了宋式錦、雲錦等品種，為絲綢藝術書寫了濃重而燦爛的一筆。

宋式錦又名仿宋錦，因紋樣特點、色調變化皆摹仿宋代織錦而得名，以蘇州所產最為精美，素有“錦上添花”之美譽，各類天華錦、龜背錦、八達暈錦皆為其代表。根據工藝精粗、選料優劣、織物厚薄等條件，宋式錦又可大致分重錦、細錦、匣錦三類。重錦是其中最珍貴者，質地厚重，紋飾華美，配色層次變化自如，多製成鋪墊或陳設材料，宮中巨幅掛軸通常也是以重錦為之，乾隆年間的《極樂世界圖》軸就是重錦織成畫。細錦的組織結構近似重錦，但由於採用了不增加織錦厚度而可豐富色彩的活色技術，且多取用比重錦更細的絲綫，保持了薄厚適中的優勢，憑藉較強的適用性而備受青睞，黃地折枝牡丹花紋錦（圖62）就是其中代表。匣錦如湖色地方格朵花紋宋式錦（圖52），專供裝裱書畫、糊製囊匣之用，質地軟薄，紋彩簡潔素雅。

雲錦創始於南京官辦織造，因富麗堂皇若絢爛的雲彩，故名雲錦或南京雲錦。圖案嚴謹端莊、色彩濃麗且極富變化是雲錦的重要特徵，尤其是大量使用金綫，令其更加金碧輝煌、光彩奪目。雲錦主要由庫錦、庫緞、妝花織物組成。庫錦是以金綫、銀綫來顯花的織錦，也稱做“織金錦”。如黑地冰梅紋錦（圖42），其上花紋滿佈，形成了綫與面的對比，有亂中見整的藝術效果。庫緞是緞紋地上顯現本色或者其他顏色花紋的織物，如綠地黃纏枝蓮紋二色緞（圖110），以綠色經綫做地子，以黃色緯綫雙股並用顯花，花紋突出，色彩素雅莊重。妝花乃挖梭工藝的別稱，指提花織物挖花盤梭妝彩顯花的工藝，比較複雜。妝花織物依據地組織的不同，可分為妝花緞、妝花羅、妝花紗等品種，代表了中國紡織技術的最高水平。

蜀錦產於古稱巴蜀的四川，是中國歷史最悠久的織錦，自創製之初便憑藉其鮮明的地方特色而獨領風騷，被譽為蜀中之寶。蜀錦獨到之處在於用色明艷而不失穩重，錦面緻密精當，質地單薄輕軟，是衣料、被面、帳幃的上佳選擇。本卷所選彩色地富貴三多紋蜀錦被面（圖69）以8色經綫為地經，與白色地緯交織成彩色條紋地，上以各色經、緯交織成紋飾。構圖繁縟、用色艷麗，具有極強的裝飾效果，是現存蜀錦中的珍品。

5. 緞

緞是比較常見的織物，由於其浮綫較長，經緯交織點少且均勻分佈於織物中，故表面瑩澈光亮，平滑柔軟，頗為世人喜愛，因此常以綢緞來代稱全部絲織品。緞的組織結構在不同時期略有變化，元明時多為五枚二飛或三飛（一根經綫壓四根緯綫為五枚，亦稱五絲；隔一根緯綫出現一個緯交織點的為二飛，隔兩根為三飛），清代則以七枚二飛、七枚三飛或八枚三飛為主，兼有四枚二飛、六枚三飛等不規則緞紋。明清時期的緞織物花色品種很多，若以織造工藝和外觀特徵為準，可大略歸納為妝花緞、織金緞、暗花緞、閃緞、花緞五大類。其中除花緞外，皆屬雲錦類。下面對幾類緞分別介紹。

妝花緞雖屬雲錦，且是雲錦的代表品種，但二者在織造上卻略有不同：妝花緞背面有緯拋綫，因為織花紋時不用紋經，以地經兼作紋經；錦背面無拋綫，因為織花紋時用紋經與紋緯交織。妝花緞以緞紋組織為地，地緯與片金綫用通梭織造，彩色花緯常用挖梭。挖梭不但節約原料，還可以減少織物厚度，省工省時，而圖紋設計卻絲毫不受影響，工匠可以隨心所欲調配數十種顏色，紋樣暈色自然和諧遠過同類，且常有新意。如醬色地海棠古錢紋妝花緞（圖80）和綠地龍鳳花卉紋妝花緞（圖92）皆點綴雜寶等小型紋飾於主圖之間，使圖紋主次呼應，花地分明。同樣採用妝花工藝，且以緞紋為地的“金寶地錦”是清乾隆年間吸收西洋裝飾方法後創造的新品種，是雲錦中特色顯著、檔次極高的產品。多以撚金（圓金）綫織出金地，再於其上織就色彩繽紛富麗的紋樣，並將以片金綫裝飾的圖案穿插映襯。織造費工費時，一人一天僅織寸許，加之用料貴重，故特別珍貴。本卷所選的黃色地纏枝牡丹紋金寶地錦（圖70）構圖繁縟，色彩華麗，織造精湛，是乾隆年間織錦藝術的代表，也是南京雲錦中的稀世珍品。

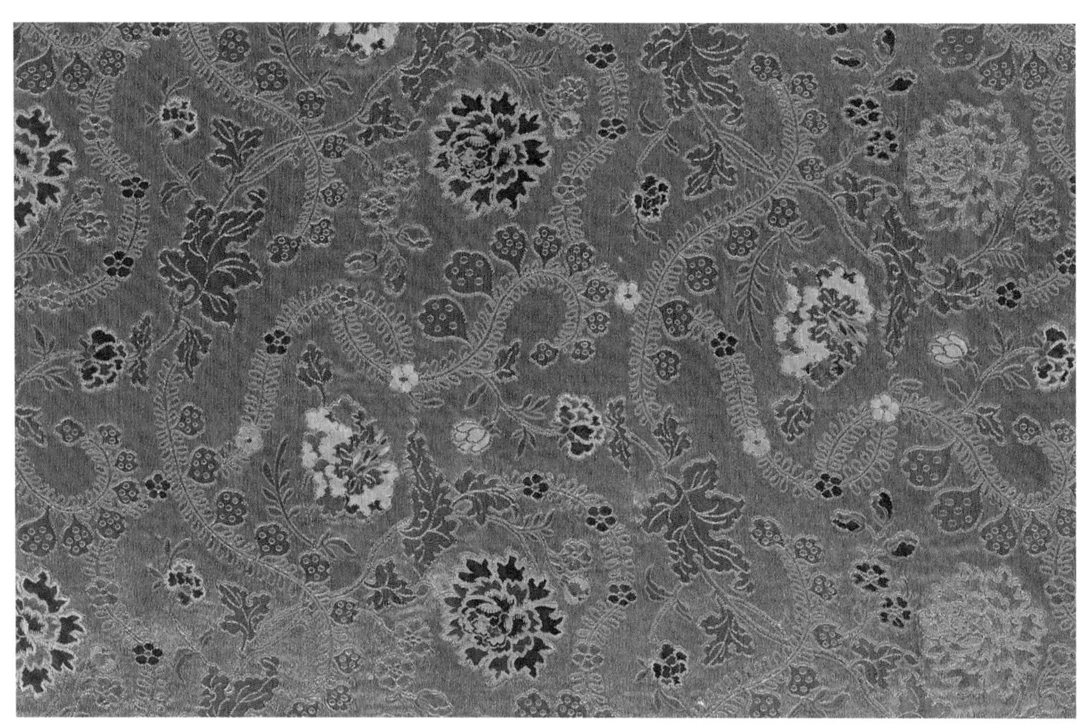

織金緞是織金錦（庫錦）的變體，明代的織金緞選取片金綫作材料，在素淨的緞地上織出較大的花型，如青地折枝四季花卉紋織金緞（圖101）和白地雲龍紋織金緞（圖102），金彩輝映的效果令人嘆為觀止。“庫金”是清時對織金緞的稱謂，金綫兼用撚金、片金，強調金、彩的融合，頗為奢華卻無俗艷之感。這從綠地鳳凰牡丹紋織金緞（圖107）的金綫用量之大，花紋之密集，即可見一斑。

暗花緞是用本色單重提花的方法織造的，在經面緞地上起緯面緞花，並利用經緞紋和緯緞紋對光綫反射程度不同來顯花的織物。明代織法以五枚二飛或五枚三飛為主，至清乾隆時出現了七枚二飛、七枚三飛、八枚三飛等組織結構，並漸成主流。如絳色蔓草牡丹紋暗花緞（圖121）即為八枚三飛緞紋組織，經緯綫皆為絳色，經綫做地子，緯綫顯花。此類暗花緞因浮綫變長，經綫密度小，緯浮點幾為經浮綫淹沒，以致緞的表層緊密光亮，亦稱作“油緞”。

閃緞的經綫密度小於其餘緞織物，較細的經綫不能完全遮住異色的緯浮點，從而通過角度的不同和光綫的折射達到閃色效果。據《資治通鑑》記載：“安樂公主（唐中宗女）有織成裙，正視旁視，日中影中，各為一色”，可見閃色技術唐代已有。本卷收錄的寶藍地百蝶紋閃緞（圖114）就是閃色技術與緞織物的完美結合。

花緞是在緞紋地上織出彩色紋樣，其配色和織造工藝簡單，品種相對較多，主要包括鴛鴦緞、廣緞等。鴛鴦緞是清中期以後發展起來的，正反兩面顯花，頗為精美。本卷所選湖色地富貴萬年紋鴛鴦緞（圖116）工藝精湛，顏色素雅大方，是當時鴛鴦緞的代表作品。

廣緞因主要產於廣東而得名，其織造工藝與織錦如出一轍，亦屬於高級絲織物。

除上述傳統緞紋織物外，本卷還收錄了晚清時期利用西方紡織機器生產的泰西緞，藉以全面展示緞織物的發展脈絡。

6. 綾、羅、綢、紗

中國傳統絲織品品類繁多，除了前面介紹的緙絲、錦、緞等織物以外，綾、羅、綢、紗等織品同樣是歷史悠久、工藝精湛，耳熟能詳的絲織物，是中國絲織品的重要品種。

綾的前身是綺，漢代初創，至唐是其發展的高峯。早期主要是斜紋地，明清時出現緞紋地，其地位已逐漸被緞所取代。綾的質地輕薄柔軟，可分為以組織變化顯花和織彩顯花的“素”、“花”兩大類，花綾又有暗花、妝花之分。故宮藏品中較完整的是明清時期的暗花綾，且數量很有限，如白色纏枝牡丹紋暗花綾（圖123），花紋飄逸灑脱，造型別致，即為清早期的緞紋暗花綾精品。

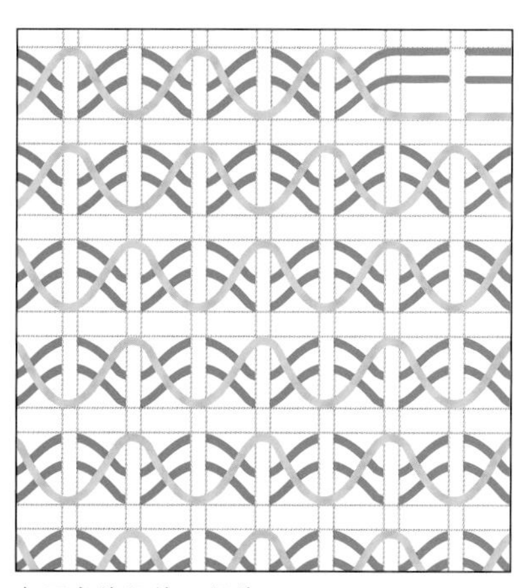

有固定絞組的三經絞羅

羅的歷史悠久，長沙馬王堆漢墓就出土了大量羅織物。作為一種絞經織物，其織造方法頗為複雜，大致可分為無固定絞組的多經絞羅和有固定絞組的二經或三經絞羅兩類。同時亦可因起花方式不同，分素羅和花羅兩類，尤以後者為貴。明代較為盛行的妝花羅、織金羅、二色羅、暗花羅和清代常見的秋羅，皆屬有固定絞組的羅。秋羅因產於杭州，又稱杭羅；因每隔三梭、五梭、七梭平紋，絞紐一行，故又稱為三梭羅、五梭羅、七梭羅，是明清之際比較常見的高級紡織品。由於其既柔軟又透氣，故成為明清統

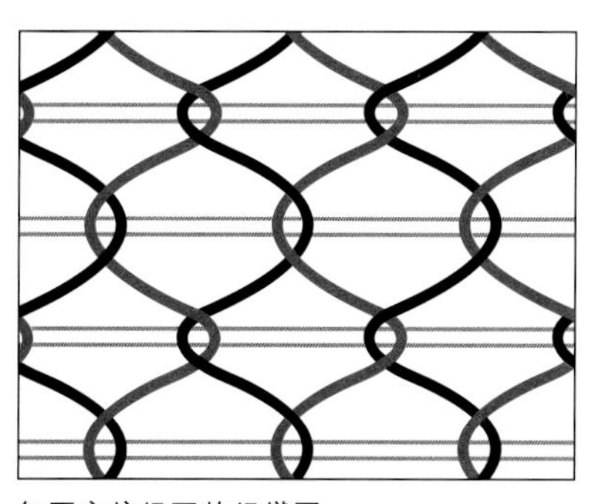

無固定絞組羅的組織圖

治者夏服的主要用料。

綢是一種組織較為簡單的平紋、斜紋絲織物，其表面平順爽滑，薄厚適中，剪裁衣裳最為適宜，只是光澤略差。創製以來，上至王公貴族，下至庶民百姓，皆有穿着綢製服裝的習慣。明清之際，綢的織造技術達到高峯，生產出二色綢、織金綢、妝花綢、染經綢、縐綢、宮綢、繭綢、江綢、潞綢、暗花綢、綫綢等許多品種。綢成為絲織品的一個大類，因此絲綢或綢緞成為全部絲織物代稱。本卷從如山積的綢類織物中選出具有代表性的妝花綢、織金綢、潞綢、江綢、暗花綢等品種，以便於讀者全面了解明清時期高超的織綢工藝。

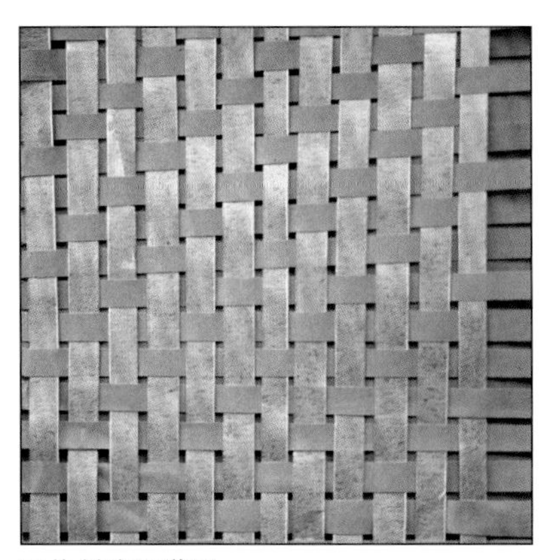
三枚斜紋組織圖

紗與羅組織類似，除了平紋方孔紗以外，皆為絞經織物。其特性也與羅近似，都以輕薄纖麗著稱於世，柔軟且透氣性好，自六朝至隋皆以紗為貴。元、明時期，紗的地位開始下降，但工藝不斷完善，出現直經紗、妝花紗、二色紗、織金紗等品種。清代，江寧（南京）產的直經紗、芝麻紗、妝花紗、實地紗和杭州產的泰西紗開始流行，成為皇室及文武百官夏服的特定面料。

7. 少數民族的絲織品

除了漢地的絲織品外，本卷還收錄一部分少數民族地區生產的絲織品，主要有新疆生產的回回錦、瑪什魯布、和闐綢以及壯族地區生產的壯錦等。這些絲織品皆為當地少數民族向清廷進貢的物品，其中不乏如彩織樹紋瑪什魯布（圖173）和深棕色地織彩幾何朵花紋壯錦（圖177）這樣的珍品。獨特的裝飾手法和織造工藝使其散發着濃郁的民族風情。除此以外，苗族、傣族等少數民族的紡織業同樣活躍，這些少數民族地區的絲織成就，使中國的織造歷史更加絢麗多彩。

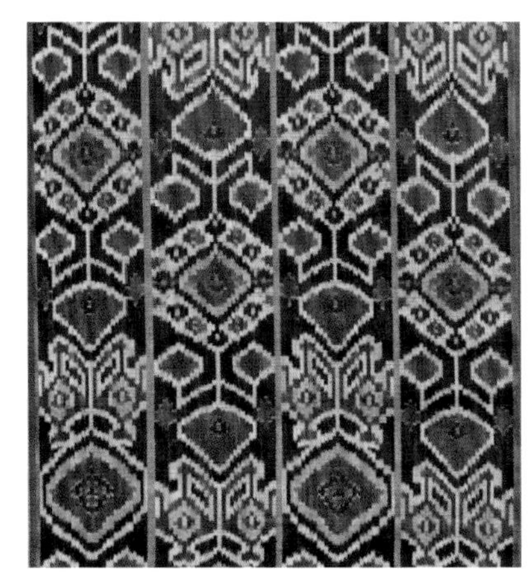

中國刺繡工藝的高峯

明代刺繡延續了南宋以來的趨勢。灑綫繡、衣綫繡、緝綫繡等繡法確立了北方刺繡的風格；

南方則憑藉名人書畫作繡稿的畫繡獨領風騷，其中最著名的是明中後期出現的顧繡。清代刺繡繼承前朝遺緒，汲取其精髓，終獲長足進展而臻於極盛。若以生產形式為標尺，清代刺繡可分為宮廷繡和地方繡兩大類。宮廷繡是江南三織造等織造局專門為皇室提供的奢華產品，繡稿一般為皇帝或內務府官員審定過的如意館畫師的設計稿，因織造內彙集了各地刺繡高手，故其繡品也集各地繡法之大成，體現了宮廷繡的最高成就。與之相比，地方繡則具有明顯的地域特徵，並以此而聞名天下。清中後期，地方繡的發展迅速，京繡、汴繡（河南開封）、魯繡等爭芳鬥艷。此時，號稱“四大名繡”的蘇繡、廣繡、蜀繡、湘繡也自出新意，各逞英姿，推動中國刺繡工藝發展到高峯。

1. 顧繡

明嘉靖年間（1522—1566）進士顧名世一家的繡品被稱為顧繡，因名世曾築“露香園”於上海九畝地，故又稱其繡為“露香園顧繡”。顧繡自名世長媳繆氏開端，繼承宋元傳統技藝之外，創造了以畫補繡的新品種。但真正令顧繡聞名天下的是名世次孫媳韓希孟。韓氏工繡善畫，技藝超絕，其繡品色彩、針法配合絕妙，刻畫圖紋更是細緻入微，宛若天成，世稱“韓媛繡”，被譽為“天孫織錦手，出現人間”。當時的大書畫家董其昌見到韓氏所繡《宋元名跡方冊》後，亦發出“技至此乎”的驚嘆。顧氏後人高手如雲，於清初廣收門徒傳藝，名氣不讓祖輩，在清代風靡整個長江中下游地區，被讚為“聲震海內”，並發展出髮繡等新品種。顧繡的特點是以素綾作底襯，以綫代筆，以畫補繡，運用絲綫的不同色彩、針法的疏密逆順及絲理的走向和排列來表現紋飾。既能摹繡出書畫的筆情墨趣和神韻，又能表現繪畫所不及的細膩質感，達到運針如筆的藝術境界。顧繡構圖豐滿，空間層次清晰，風格古樸高雅，這從本卷收入的10餘件作品即可見一斑。如白綾地繡觀音誦經圖冊頁（圖180），種種針法運用準確而靈活，圖紋自然渾成，毫無雕琢之感。顧繡這種摹仿繪畫的技法，對後來的欣賞性刺繡影響頗大，不論官、民刺繡，皆以其為標準，顧繡幾乎成為絲繡美術工藝的代稱。

2. 京繡

明清時期，在北京民間刺繡的基礎上發展起來的地方繡，又稱“官繡”以刺繡服飾、生活用品為主，尤以繡製戲衣最為著名。由於地處皇都，京繡頗受宮廷繡精工細麗之風的影響，加上繼承和改進各地刺繡工藝，特別是顧繡和蘇繡，終於形成京繡結構嚴謹豐滿、裝飾華麗、規矩工整的特點。京繡工藝品種豐富，主要有灑綫繡、平金繡、緝綫繡、納紗繡、堆綾繡、穿珠繡等，尤以捻金綫和捻銀綫盤成紋樣，用色彩相異的絲綫釘牢的平金繡名揚大江南北，得"南繡北平"之美譽。如金地繡五彩雲龍紋袍料（圖202），以明黃色綢為底襯，採用平金工藝鋪袍的金地，上以16種彩色絨綫及捻赤金綫、孔雀羽綫繡製而成，是平金繡代表作，也是清初京繡的稀世珍品。

3. 蘇繡

與顧繡發源地——上海毗鄰的蘇州，刺繡工藝早在宋代就已聞名全國。經明代發展壯大，清代的蘇州已是繡工匯聚如雲，繡莊鱗次櫛比，有"繡市"之稱。蘇州還是宮廷織造所在地，其產品源源不斷貢入宮中，名望益著，成為中國"四大名繡"之一，蘇繡之稱謂也由此而來。清代蘇繡繼承了宋、明繡畫的衣缽，講究以針代筆，突出針法的效果。還吸收顧繡及西洋畫的特點，創造出光綫明暗對比強烈、圖紋富有立體感的刺繡風格。從工藝上看，蘇繡繡工細密，不露針跡，絲理圓轉自如，繡面平整和諧，多採取同類色調或含灰對比的退暈法配色，給人沉靜雅潔的感覺。以紅緞繡五彩百子戲圖帳料（圖256）為例，用10多種針法、30餘色絨綫和捻金綫在紅色緞面上繡百子送福圖，儘管紋樣佈局滿密，針法繁複，卻是繁而不亂，色彩協調，層次分明，實屬蘇繡精品。

還需提及的是由宋代刺繡"兩面針"工藝發展而來的雙面繡，它以一次刺繡，即能在織物兩面形成色彩、花紋完全一致的兩幅圖案，是蘇繡的代表作品。由於雙面繡作品多是山水、花鳥等圖畫，故被收入本全集《織繡書畫》卷。

4. 魯繡

本卷收錄的各種地方繡中，顧繡和蘇繡是典型的南方刺繡，而流行於山東、河北、河南等地的魯繡則屬於北繡系統的"衣綫繡"。魯繡起源於山東，它多以加強捻的雙股衣綫為繡綫，用暗花織物作底襯，採用齊針、打籽針、滾針、套針、擻和針、接針等針法，繡民間喜愛的人物、鴛鴦、蝴蝶、芙蓉、蓮花、牡丹等圖案。色彩鮮艷，針法粗放，花紋綫條蒼勁雄健，具有北方民族藝術特徵。魯繡作品實用性佔首位，但亦不乏觀賞性。如香色緞繡五彩花鳥紋門簾（圖263），使用了10多種針法繡製，構圖豐滿，設色豐富明快，圖紋寓意吉祥，是魯繡觀賞與實用性完美結合的明證。

5. 廣繡

位於中國東南沿海的廣東地區經濟開發較晚，當地的刺繡業直到明末才出現，但經百年發展即成為中國具特色的地方繡，在“四大名繡”中佔據一席之地。因廣東簡稱粵，故廣繡也被稱為粵繡。廣繡針腳之齊整，在各地方繡中無出其右者。而構圖豐滿、施針簡快、針綫重疊隆起、配色鮮麗、以物施針等特點也是其他刺繡難以比擬。廣繡包括絨繡、綫繡、釘金繡、納絲繡等品種，尤以底層多用羊皮金作襯的納絲繡（皮金繡）最為精美。除此以外，廣繡還常用孔雀羽和撚金綫配合繡花，成品十分昂貴。據清人葉夢珠《閱世編》記載，“今有孔雀毛織之入緞……每匹不過十二尺，價值五十餘兩”。本卷所收醬色綢滿繡孔雀羽地金蟒紋袍料（圖264）即以綠色孔雀羽綫滿繡袍地，上用22色絨綫及撚金綫、撚銀綫繡金蟒九條，異常華貴精美。廣繡在清後期十分流行，大量出口海外，據史料記載，僅光緒二十六年（1900）經廣州海關出口的粵繡價值就達49萬兩白銀，其暢銷程度可見一斑。

6. 蜀繡

四川成都地區古稱“巴蜀”，當地的織造和刺繡歷史悠久。據東晉常璩《華陽國志》記載，魏晉時期蜀繡即與蜀錦並列為蜀中之寶。由此可知，在“四大名繡”之中，蜀繡的歷史最為悠久。明清時期的蜀繡立足於當地民間刺繡，博取顧繡、蘇繡的長處而有所發展，至清道光年間（1821—1850）形成專業生產。蜀繡以軟緞和彩絲為主要原料，花鳥魚蟲、人物山水均可入繡，以構圖簡練、用綫厚重工整、色彩亮麗典雅著稱。其針法達百餘種，針腳平齊，用綫光亮，配色明快。使用斜滾針、旋流針等新技法，使繡紋立體感愈加明顯，成為蜀繡的一個亮點。蜀繡傳世不多，故宮僅藏一件白綾繡五彩花鳥圖掛屏（圖273），是研究蜀繡難得的寶貴資料。

7. 湘繡

在蘇、廣、蜀、湘四大名繡之中，湘繡出現得最晚。直到19世紀末，湖南長沙出現第一家自製自銷的吳彩霞繡坊後，這一地區的刺繡才逐漸顯露名氣，因湖南又名“湘”，其刺繡便被稱為湘繡了。湘繡初以繡製日用品為主，後逐漸轉向摹繡繪畫。其發展充分吸收了蘇繡和廣繡的優點，特別強調色彩的陰陽濃淡效果，用色比蘇繡濃重，但不如廣繡鮮艷，以着色富於層次、繡品若畫著稱於世。從本卷所選的湘繡精品白綾繡五彩芙蓉鷺鷥圖屏心（圖274）來看，用繡綫近20色，針法豐富，繡工細膩，圖紋生動逼真，確不愧於“繡花能生香，繡鳥能聽聲，繡虎能奔跑，繡人能傳神”的美譽。

8. 明清印染織物

明清時期，在織物上印染花紋的方法有多種，最著名的是臘染、絞纈和夾纈。故宮藏的明清印染織物以夾纈和絞纈為主，另有少量清晚期的刻板印花織物。

夾纈又稱夾錦，早在秦漢時期已經廣泛用於印染布帛，其工藝是將織物沿幅寬對摺緊夾在兩塊鏤出同樣花紋的模板之間，然後於鏤空處注以染汁。其特點是花紋以摺痕為對稱軸綫，縱向循環，左右對稱。花紋邊緣呈色彩浸滲狀，有暈色效果但色彩濃淡不夠均勻。到明清時期，在織繡等工藝的衝擊下，夾纈工藝逐漸衰落。故宮藏明清夾纈織物數量不多，白地染彩金魚蓮花紋包袱皮（圖275）是難得一見的傳世珍品。

絞纈又名“撮纈”、“撮花”、“扎染”，自唐以來一直很流行，出現了檀纈、鹿胎纈、蜀纈、錦纈、瑪瑙纈等十幾種圖案。其工藝比較簡便靈活，是在織物需要染花的部位，按照花紋用綫縫紮，然後放入染缸染色。染後曬乾，把綫結拆掉，花紋即出。因其花紋邊緣受染液滲潤，故有自然形成的色暈，所以唐朝人也稱它為“撮暈纈”。到明清時期，由於織造和刺繡工藝極盛，此類印染織物已極少見，故宮所藏只有中國西部少數民族生產的氆氌一種。

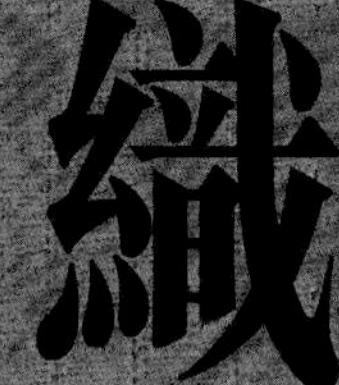

織品

Textiles

1

緙絲鴛鴦戲蓮紋包首
明
長24.4厘米　寬22厘米
清宮舊藏

Silk Tapestry Wrapper with Design of Mandarin Duck Playing among Lotus
Ming Dynasty
Length: 24.4cm　Width: 22cm
Qing Court collection

將多種彩色緯綫於花紋需要之處與經綫交織而成"鴛鴦戲蓮"圖，正中一莖荷花怒放，其上一鴛鴦飛舞，其下一鴛鴦戲水，相映成趣。寓夫妻和睦，相親相愛之意。

採用平緙、構緙、套緙、戧緙、搭緙等技法織成，緙工精細，猶如一幅絹本敷彩工筆畫，是非常難得的緙絲珍品。緙絲是中國傳統的絲織工藝品，十分名貴，因織造時花紋與素地、色與色之間呈現出小孔和斷痕，故又稱"刻絲"、"克絲"、"剋絲"。

包首是國畫畫軸、手卷捲起來包裹在外面的部分，有保護書畫作用。據檔案記載，此織物即是《唐人春宴圖》卷之包首。

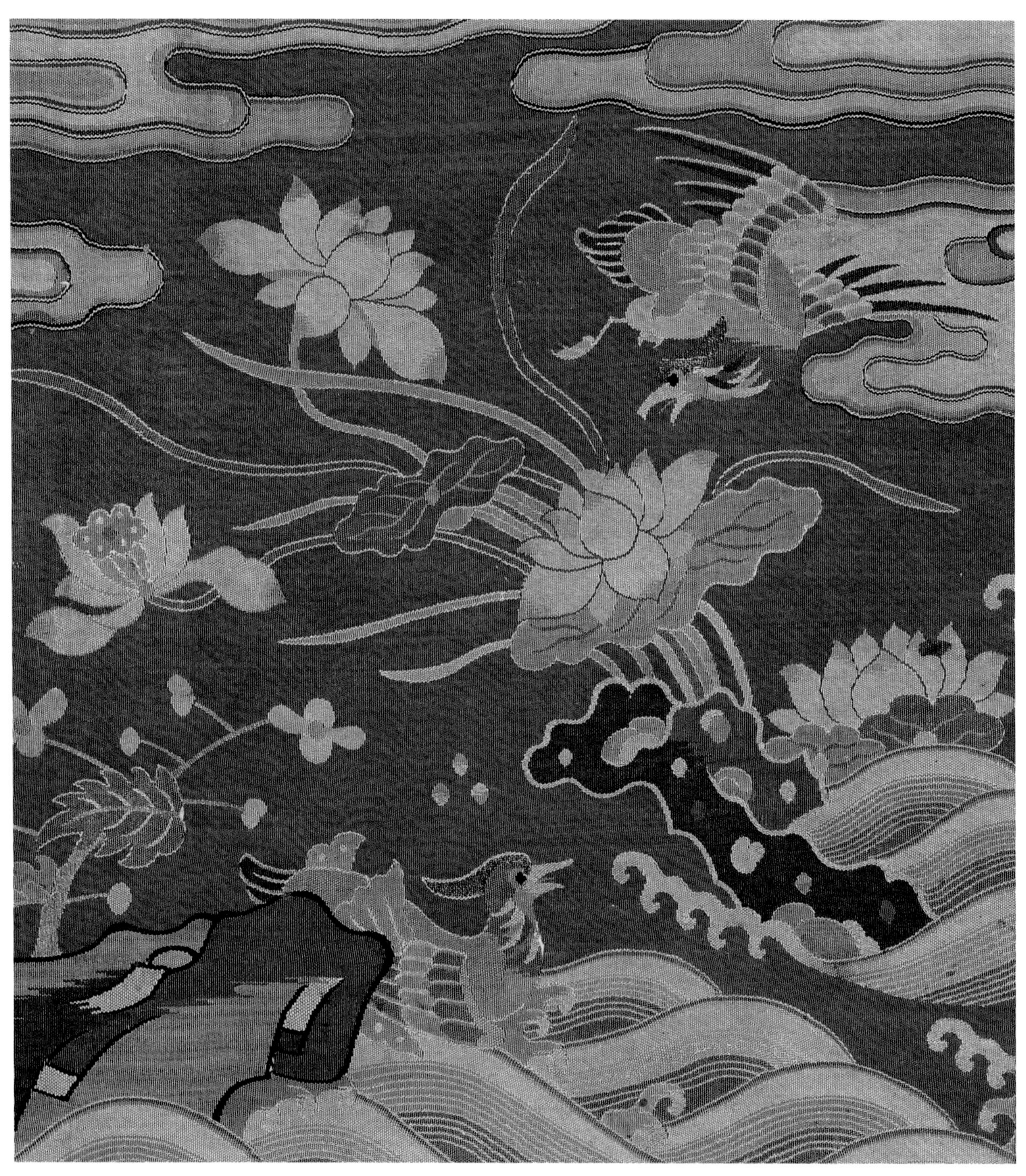

2

緙金地龍紋壽字褂片
明
長38厘米　寬37厘米

Cloth Fragment of Silk Tapestry with Design of Golden Dragon and Chinese Character "Shou" (Longevity)
Ming Dynasty
Length: 38cm　Width: 37cm

以白色生絲為經綫，以捻赤金綫為紋緯緙金地。又用捻金綫及藍、綠、黃等五彩絲綫為紋緯緙織正龍紋，龍身四周祥雲繚繞，並襯以“卍”、“壽”等圖紋，寓“萬壽無疆”之意。

此褂片是龍袍的前襟，採用平緙、套緙、構緙、摜緙、緙鱗、搭緙等技法織成，雖褪色嚴重，然明代緙絲工藝之精湛仍依稀可見。“龍”為皇權的象徵，“龍紋”是皇帝服飾上不可缺少的紋飾。

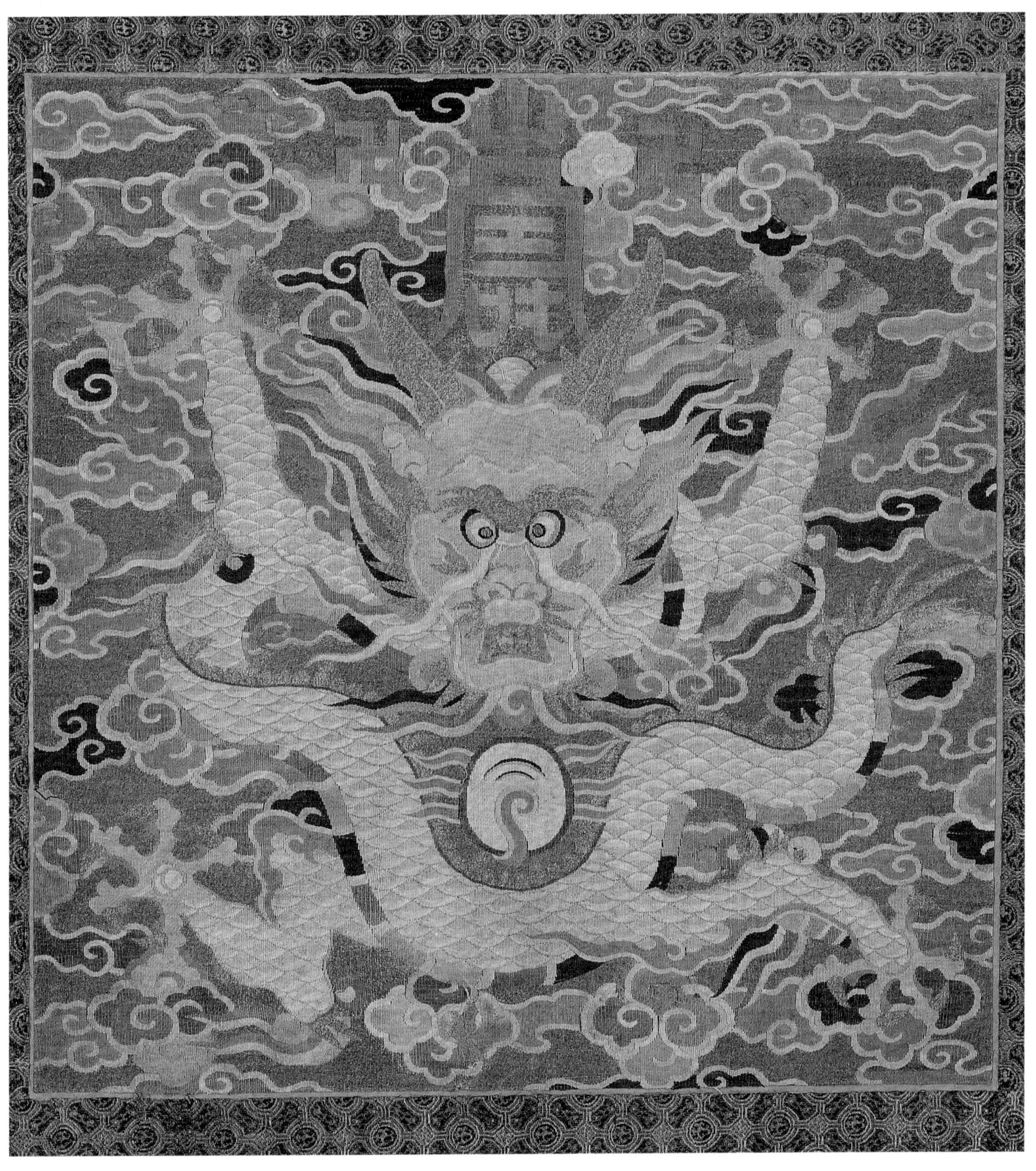

3

緙絲明黃地八寶雲龍紋吉服袍料

清順治
身長154厘米　兩袖通長138厘米
下襬寬140厘米
清宮舊藏

Yellow Silk Tapestry Material for Making Emperor's Formal Dress, with Design of the Eight Buddhist Sacred Emblems, Clouds and Dragons

Shunzhi Period, Qing Dynasty
Length of dress: 154cm
Overall length of two sleeves: 138cm
Width of the lower hem of dress: 140cm
Qing Court collection

以白色絲為經綫，明黃絲綫為緯綫緙織明黃色袍面。又以捻金綫及五彩絲綫為紋緯，在袍身上部緙織過肩正龍紋，間飾彩雲及法輪、魚、傘、螺、磬、盤長等八寶紋，正中織二龍戲珠紋，下襬織海水江崖紋。

此袍料採用平緙、套緙、構緙、緙金、緙鱗及長短戧等技法織成，是清代皇帝吉服袍料。清初宮廷服飾制度尚未完善，保留了許多明代的痕跡。此龍袍的前胸及後背各為一條過肩正龍紋，便是典型的明代龍紋樣式。

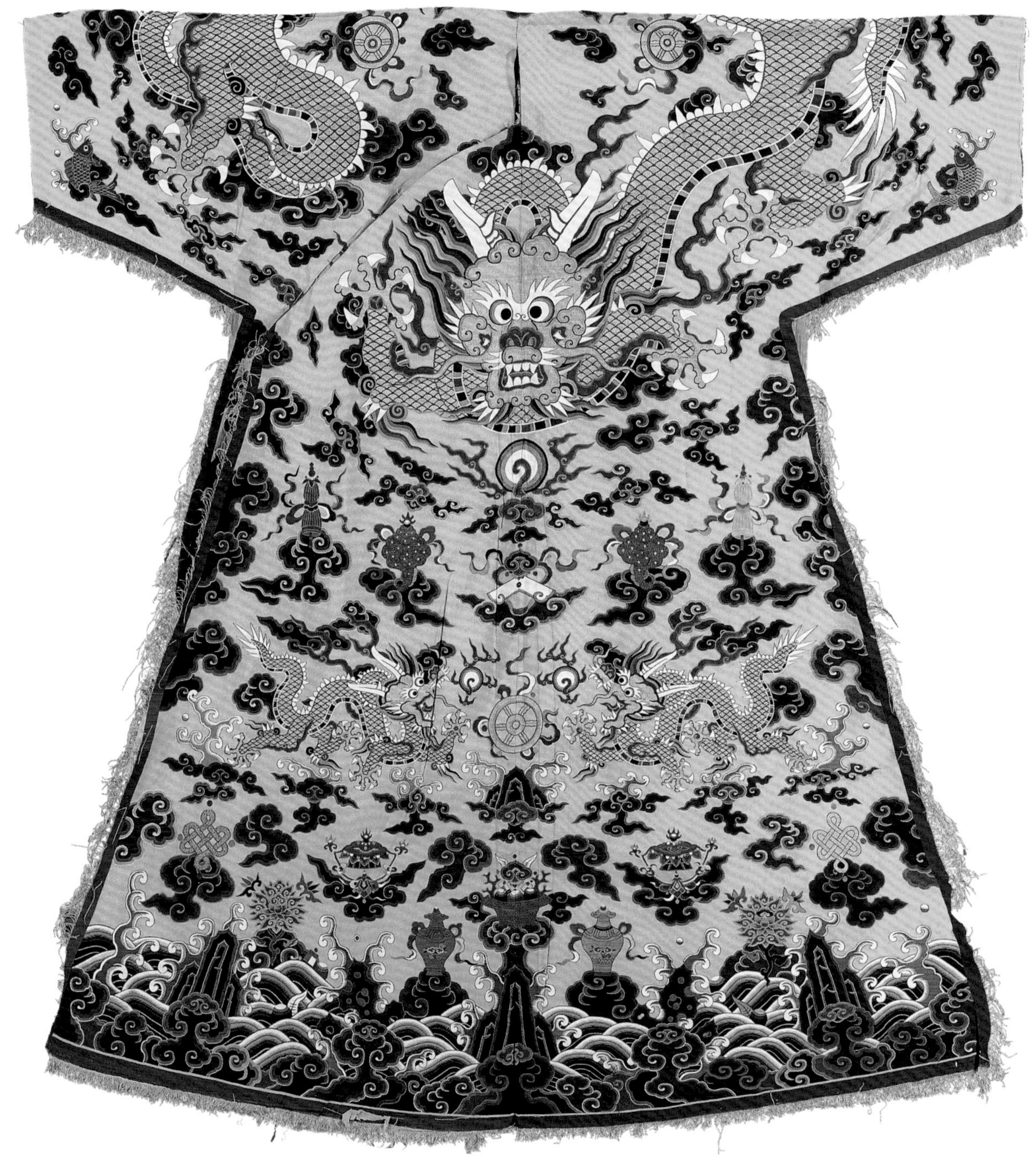

4

緙絲藍地百壽蟒紋吉服袍料
清順治
長312厘米　寬140厘米
清宮舊藏

Blue Silk Tapestry Material for Making High Official's Formal Dress, Decorated with Pythons and One Hundred Characters "Shou" (Longevity)
Shunzhi Period, Qing Dynasty
Length: 312cm　Width: 140cm
Qing Court collection

以白色生絲為經綫，藍色絲綫為紋緯緙織藍色袍面。又以捻金綫及五彩絲綫為紋緯，織正蟒和二蟒戲珠紋，間飾彩雲及金壽字。下襬織海水江崖紋。

此袍料採用套緙、構緙、長短戧、摜緙、搭緙、緙金、緙鱗等技法緙織而成，技法運用準確靈活，圖紋神韻十足，飽滿清晰，展現出高超的緙絲技術。

據清代《織造檔》記載，明黃色袍料為帝王專用，其"龍"樣紋飾可稱為龍紋。其他顏色袍料非帝王專用，其"龍"樣紋稱為蟒紋。

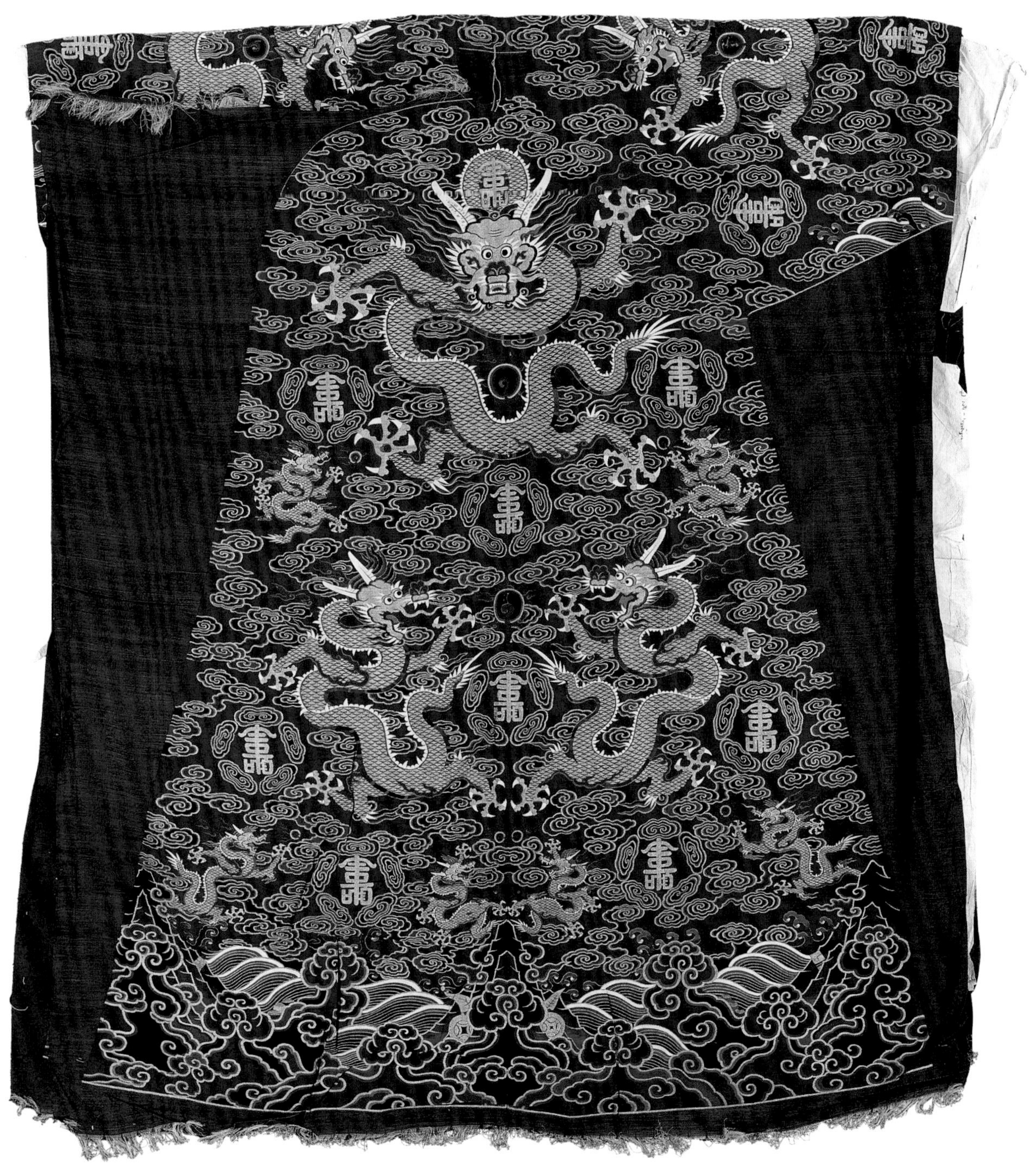

5

緙絲明黃地雲龍紋吉服袍料
清順治
長308厘米　寬140厘米
清宮舊藏

Bright Yellow Silk Tapestry Material for Making Emperor's Formal Dress, Decorated with Design of Rosy Clouds and Dragons
Shunzhi Period, Qing Dynasty
Length: 308cm　Width: 140cm
Qing Court collection

白色生絲為經，明黃色絲綫為緯緙織明黃色袍面。又以捻金綫及五彩絲綫為紋緯織正龍紋和二龍戲珠紋，正龍兩前爪上舉，於祥雲間各托起一個“萬”字，間飾五彩流雲、海水江崖紋及金壽字。寓“萬壽無疆”之意。

此袍料採用平緙、構緙、摜緙、搭緙、緙鱗、緙金等技法織成，是清代龍袍的標準形制，但紋飾的設計及設色等仍有明代痕跡。

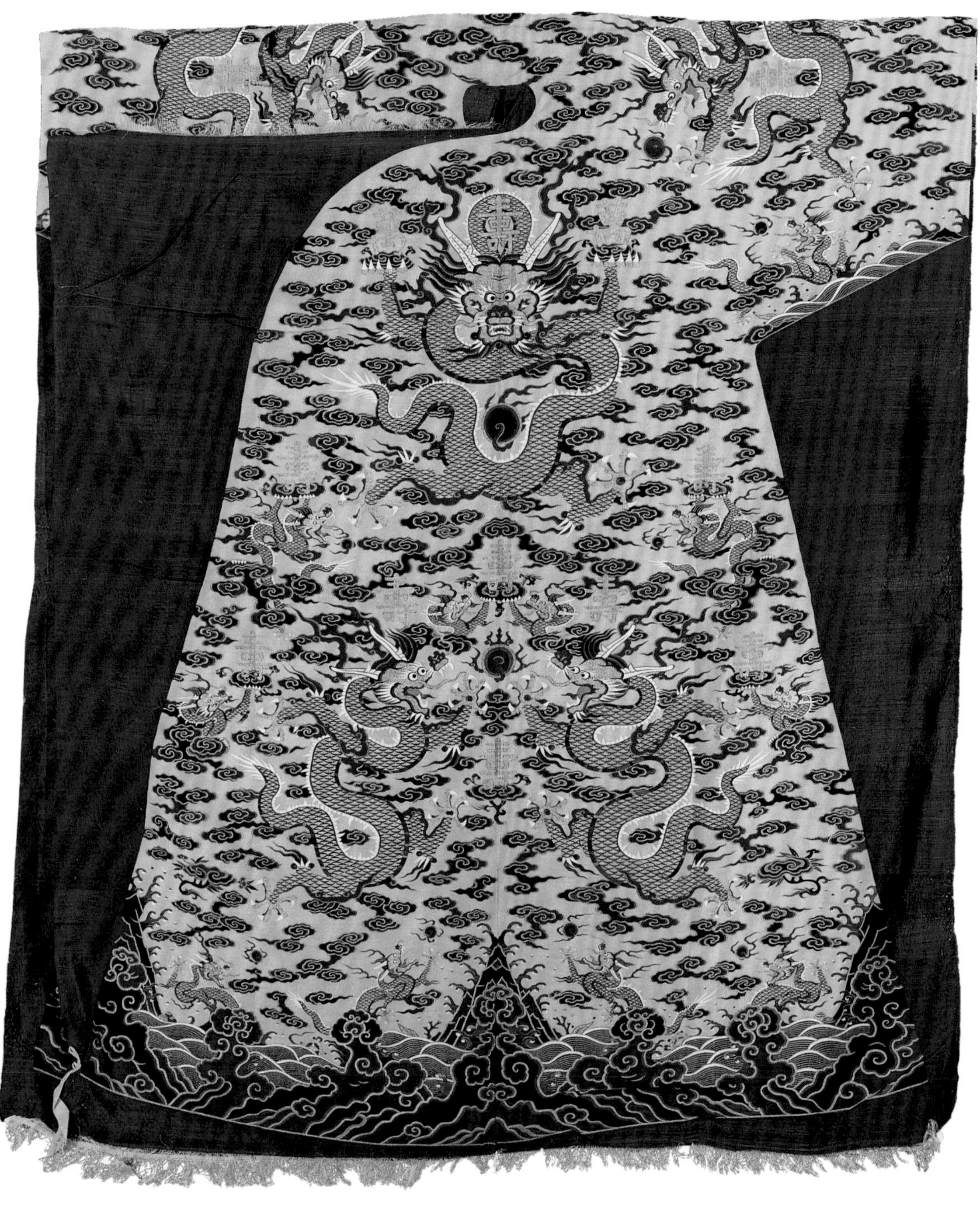

6

緙絲明黃地雲龍紋吉服袍料
清順治
身長145厘米　兩袖通長139厘米
下襬寬134厘米
清宮舊藏

Bright Yellow Silk Tapestry Material for Making Emperor's Formal Dress, Decorated with Design of Rosy Clouds and Dragons
Shunzhi Period, Qing Dynasty
Length of dress: 145cm
Overall length of two sleeves: 139cm
Width of the lower hem of dress: 134cm
Qing Court collection

明黃色地子，以捻金綫、孔雀羽捻綫及五彩絲綫為紋緯緙織龍紋，正龍前爪舉"萬"字火珠，其餘為戲珠龍紋，袍身的落空處飾五彩流雲、海水江崖紋及金壽字紋。寓意"萬壽無疆"。

此袍料採用套緙、構緙、摜緙、緙金、緙鱗等技法織成，工藝複雜，配色濃重且反差很大，是比較典型的清早期緙絲作品。

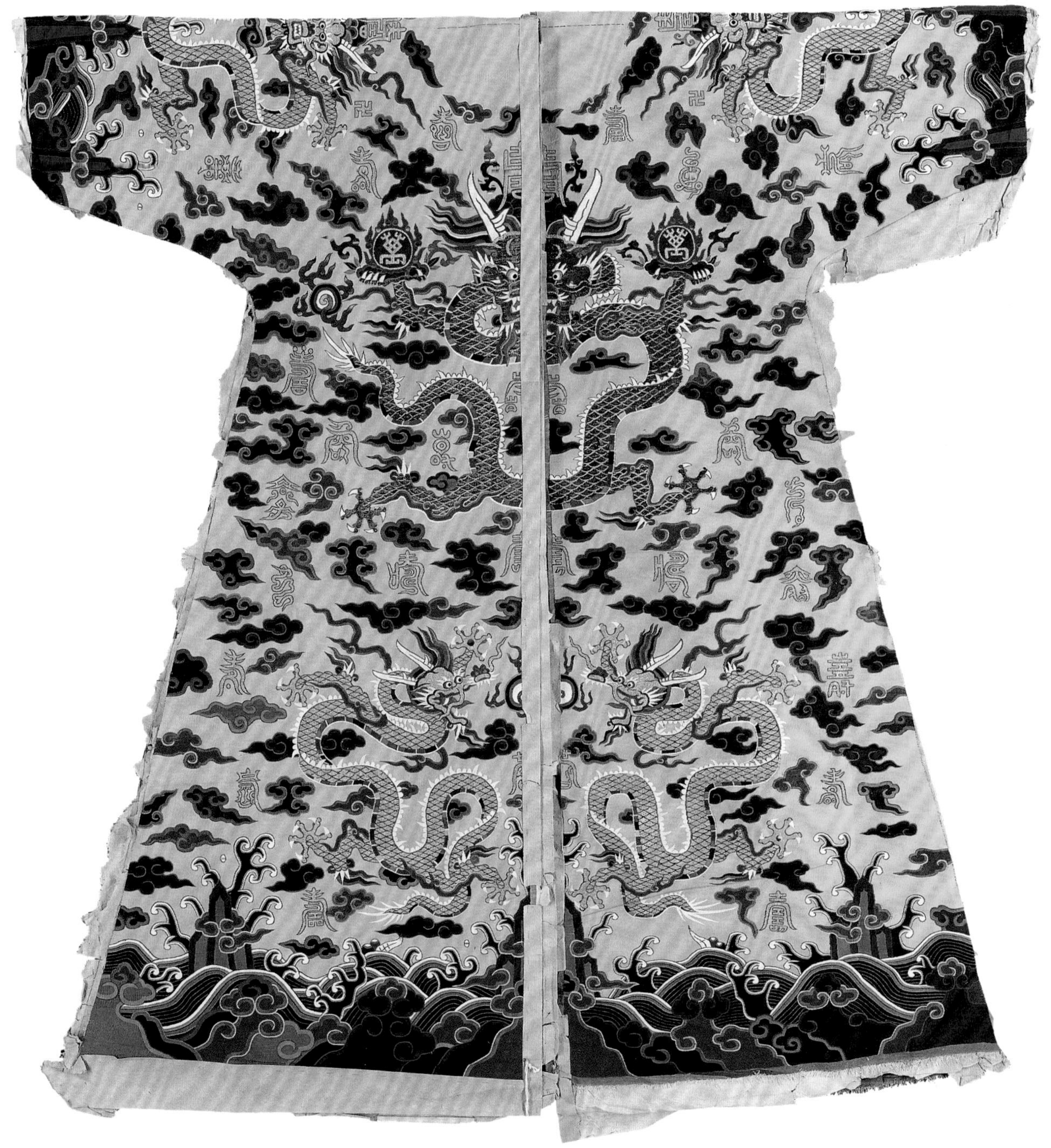

7

緙絲明黃地雲龍紋吉服褂料

清順治

身長145厘米　兩袖通長140厘米

下襬寬135厘米

清宮舊藏

Yellow Silk Tapestry Material for Making Emperor's Formal Dress, Decorated with Design of Clouds and Dragons

Shunzhi Period, Qing Dynasty

Length of dress: 145cm
Overall length of two sleeves: 140cm
Width of the lower hem of dress: 135cm
Qing Court collection

明黃色地子，前襟以捻金綫與孔雀羽捻綫，採用緙鱗的技法緙織“二龍戲珠”圖紋，龍首上頂金壽字。兩肩及褂身上的雲龍紋則以捻金綫和五彩絲綫緙成。下襬為海水江崖紋。

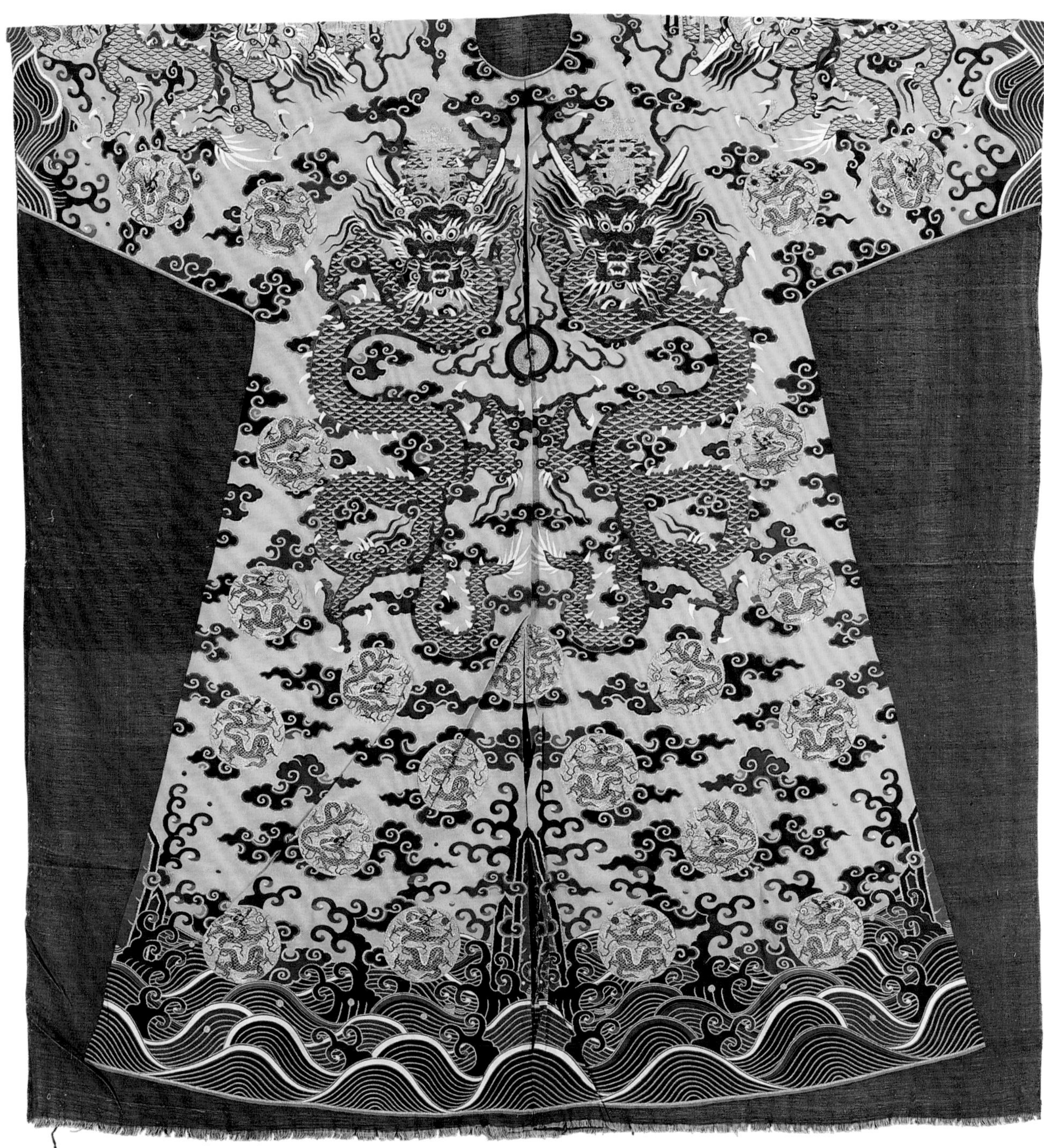

8

緙絲藍地雲蟒壽字紋吉服褂料
清順治
身長154厘米　兩袖通長152厘米
下襬寬122厘米
清宮舊藏

Blue Silk Tapestry Material for Making Formal Dress, Decorated with Cloud-and-Python Design and Character "Shou" (Longevity)
Shunzhi Period, Qing Dynasty
Length of dress: 154cm
Overall length of two sleeves: 152cm
Width of the lower hem of dress: 122cm
Qing Court collection

藍色地，用捻金綫與捻孔雀羽綫在前胸部緙織正蟒紋，蟒頭頂金壽字，兩前爪各托起一個卍字火珠；前襟為二蟒戲珠紋；左右雙肩各飾正蟒一條；正面共有蟒紋五條，背面有蟒紋四條，通體合計為蟒紋九條。間飾雲、海水江崖及金色篆書“壽”字紋飾。

此褂料以緙鱗、構緙、套緙、摜緙、搭緙等技法織成。緙工精細，工藝複雜，設色講究，是清初緙絲工藝的代表。

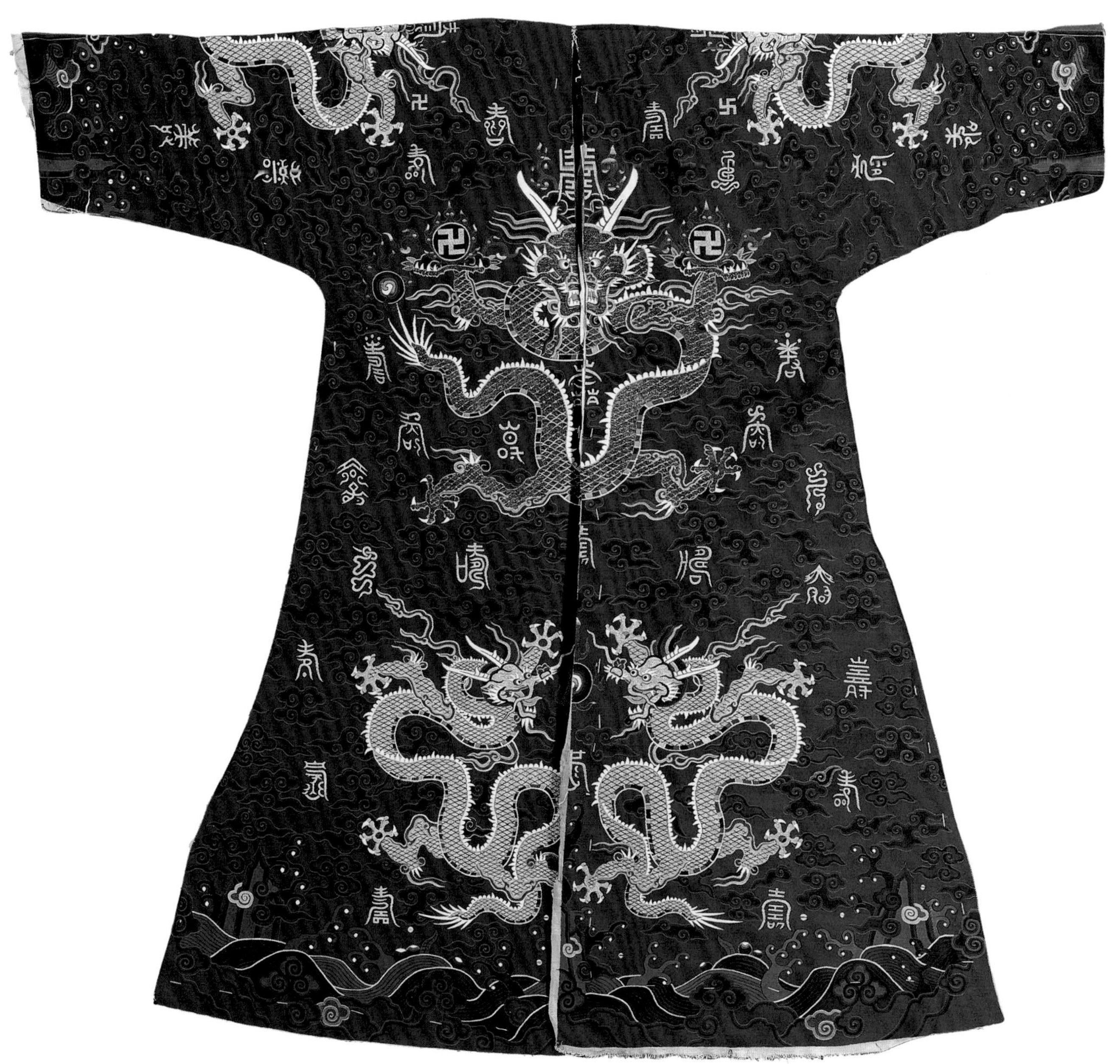

9

緙絲藍地五彩雲蟒紋吉服袍料

清順治

身長158厘米　兩袖通長144厘米

下襬寬135厘米

清宮舊藏

Blue Silk Tapestry Material for Making Formal Dress, Decorated with Design of Polychrome Clouds and Pythons

Shunzhi Period, Qing Dynasty

Length of dress: 158cm

Overall length of two sleeves: 144cm

Width of the lower hem of dress: 135cm

Qing Court collection

藍色平紋地，以20餘色絨綫及撚金綫為紋緯緙織雲蟒壽字等紋飾，其中綠、藍、紅、黃、白為主色調。正中的正蟒頭頂壽字，前爪各抓一個壽字。下為二蟒戲珠紋。兩腋及袍襟飾15條雲蟒，有的戲珠，有的昂首挺胸，兩兩相對在爭搶壽字。下襬為海水江崖紋，周身間飾五色雲及靈芝托着的金壽字。

此袍料以平緙、緙金、搭緙、構緙、長短戧、緙鱗、摜緙等方法緙織而成，緙工平整細膩，是清代的緙絲珍品。

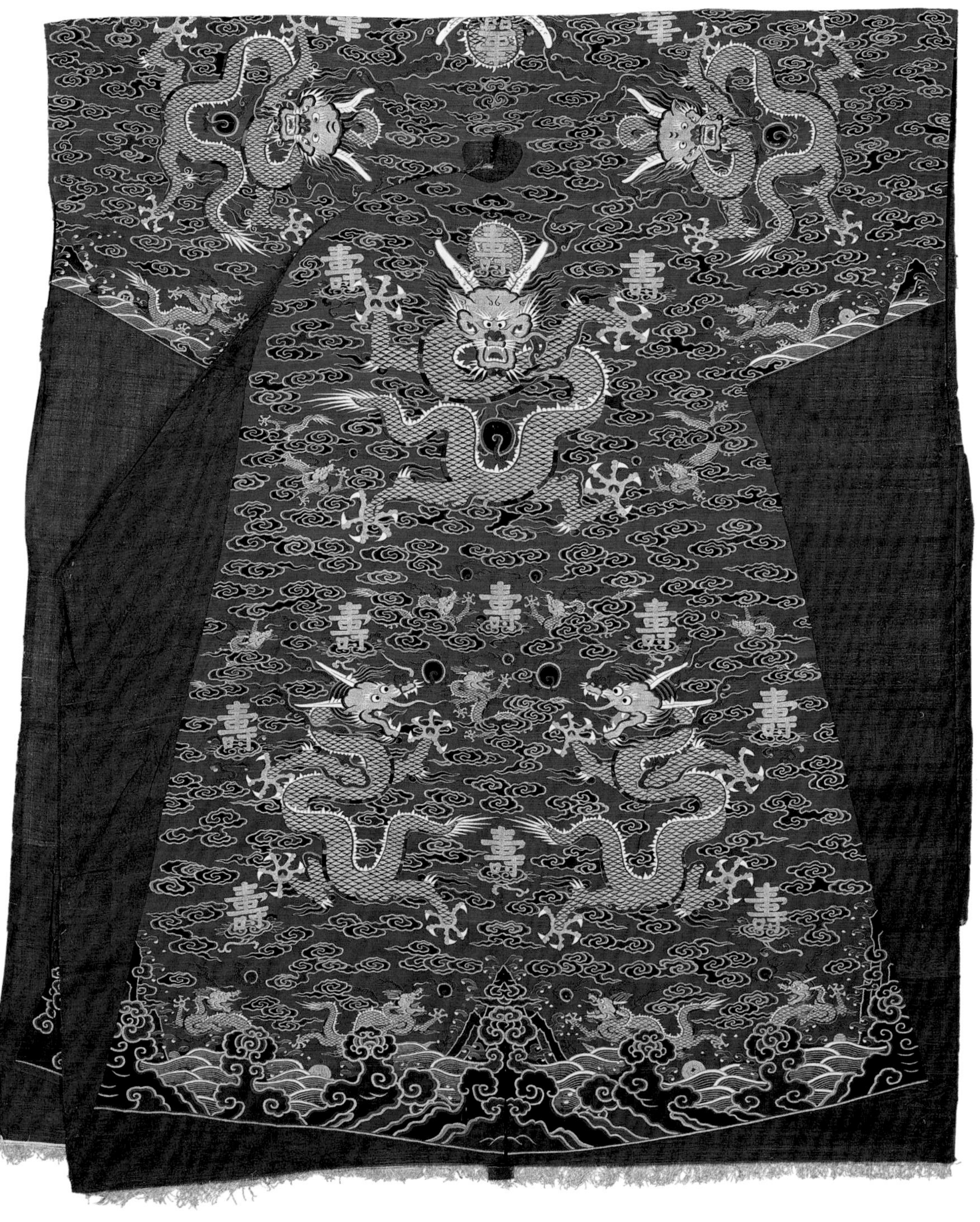

10

緙絲明黃地雲龍萬壽紋吉服袍料

清康熙
身長117.5厘米　兩袖通長127厘米
下襬寬108厘米
清宮舊藏

Bright Yellow Silk Tapestry Material for Making Emperor's Formal Dress, Decorated with Design of Clouds, Dragons and Gold Characters "Shou" (Longevity)

Kangxi Period, Qing Dynasty
Length of dress: 117.5cm
Overall length of two sleeves: 127cm
Width of the lower hem of dress: 108cm
Qing Court collection

以白色生絲為經，明黃色絲綫為緯緙織明黃色袍面。又以捻金綫及五彩絲綫為紋緯緙織龍紋，中間正龍頭頂"壽"字，前爪各托一"萬"字，下飾二龍戲珠紋，間飾五彩流雲及壽字。寓意"萬壽無疆"。

此龍袍採用套緙、構緙、摜緙、緙鱗、緙金、戧緙、搭緙等技法織成，工藝精細講究。作為典型的清早期作品，其紋飾仍受明代風格影響，但採用反差很大的色階對紋飾作暈色處理，卻是清代的習俗。

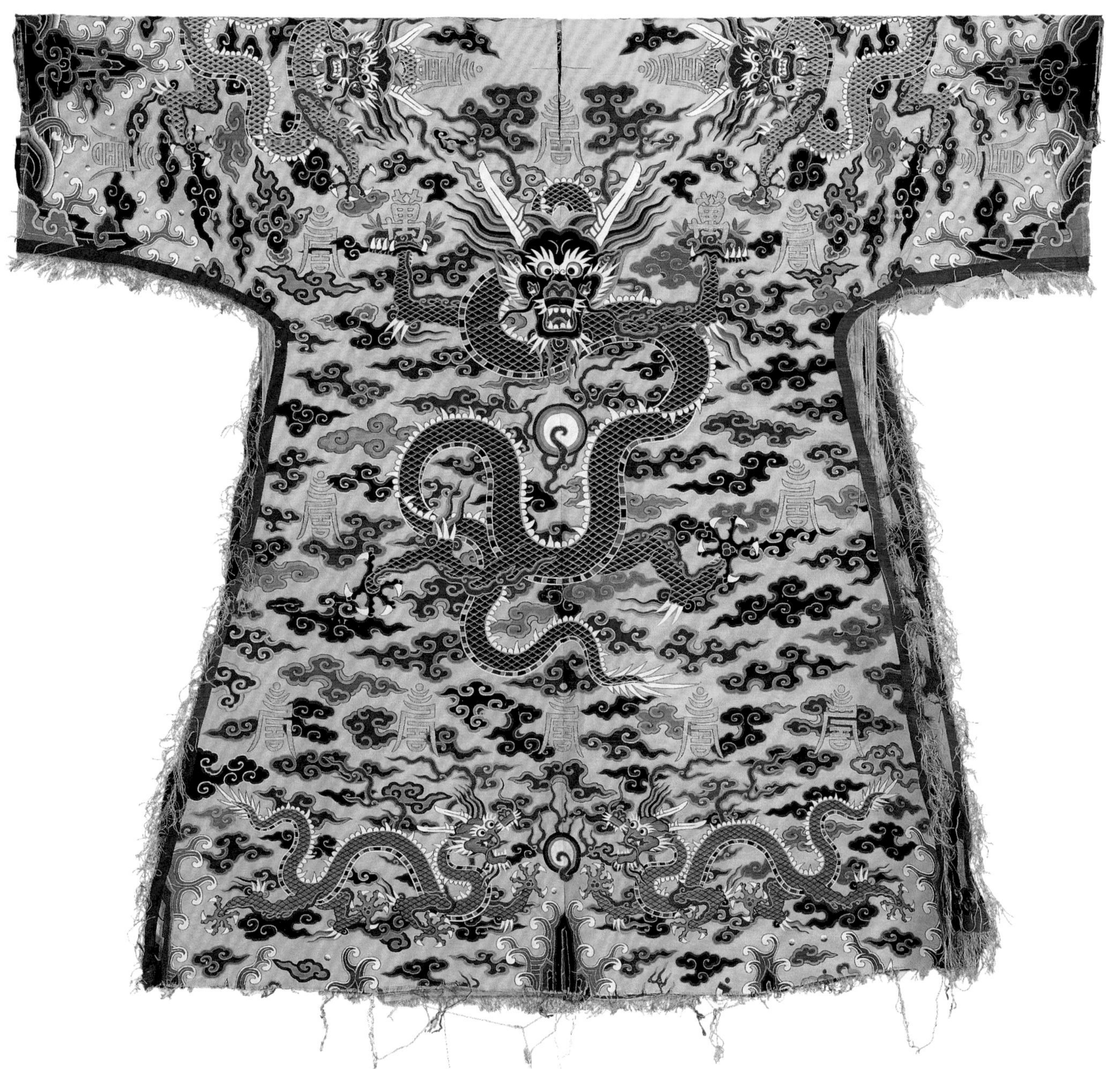

11

緙絲蠟嘴梅花圖冊頁

清乾隆

長34.2厘米　寬33.8厘米

清宮舊藏

Album Leaf of Silk Tapestry with Design of a Hawfinch and Plum Blossoms

Qianlong Period, Qing Dynasty

Length: 34.2cm　Width: 33.8cm

Qing Court collection

冊頁以小寫意花鳥畫為藍本，緙織一蠟嘴鳥棲於梅花枝頭，周圍襯托以綻放的茶花、水仙和太湖石。有“春壽”的吉祥寓意。

此冊頁以戧緙、構緙、套緙等緙絲技法為主，梅花的枝幹和太湖石則略敷彩繪。這種緙染相兼的工藝，清中期以後絲緙作品經常採用，給人以絹本工筆畫的藝術感覺。

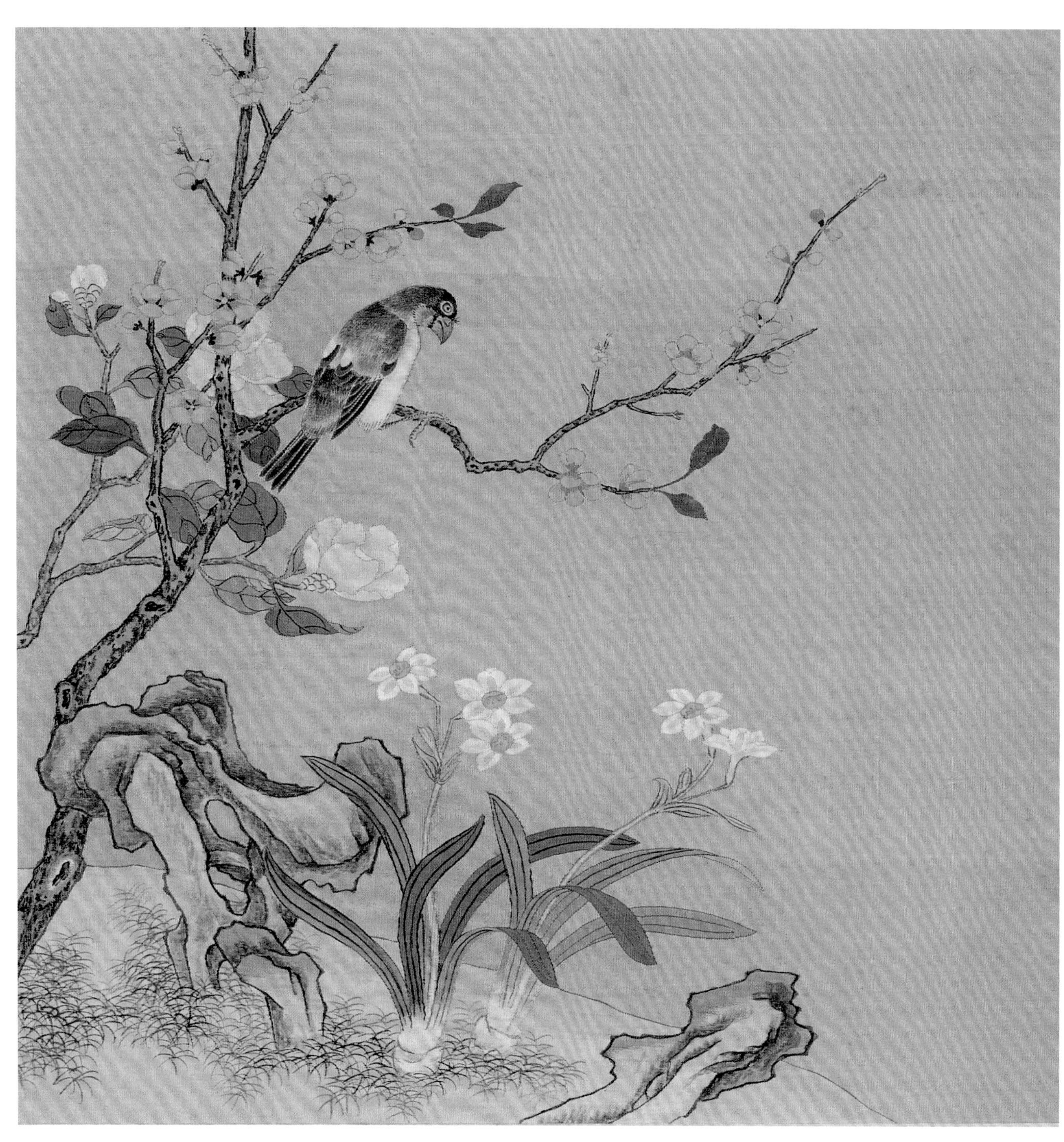

12

緙絲山雀月季圖冊頁
清乾隆
長34.2厘米　寬33.8厘米
清宮舊藏

Album Leaf of Silk Tapestry with Design of Tit and Chinese Roses
Qianlong Period, Qing Dynasty
Length: 34.2cm　Width: 33.8cm
Qing Court collection

冊頁緙織一隻山雀立於繁花盛開的月季花枝頭，俯視下方，旁邊襯以太湖石。月季花有"富貴"之意，太湖石亦稱"壽石"，圖紋有"富貴長壽"的寓意。

此冊頁採用戧緙、構緙、摜緙、套緙等技法緙織，並以細緻地摹緙和暈染效果取勝。工藝精湛，圖紋層次豐富，暈染濃淡有序，頗具工筆花鳥畫的效果。

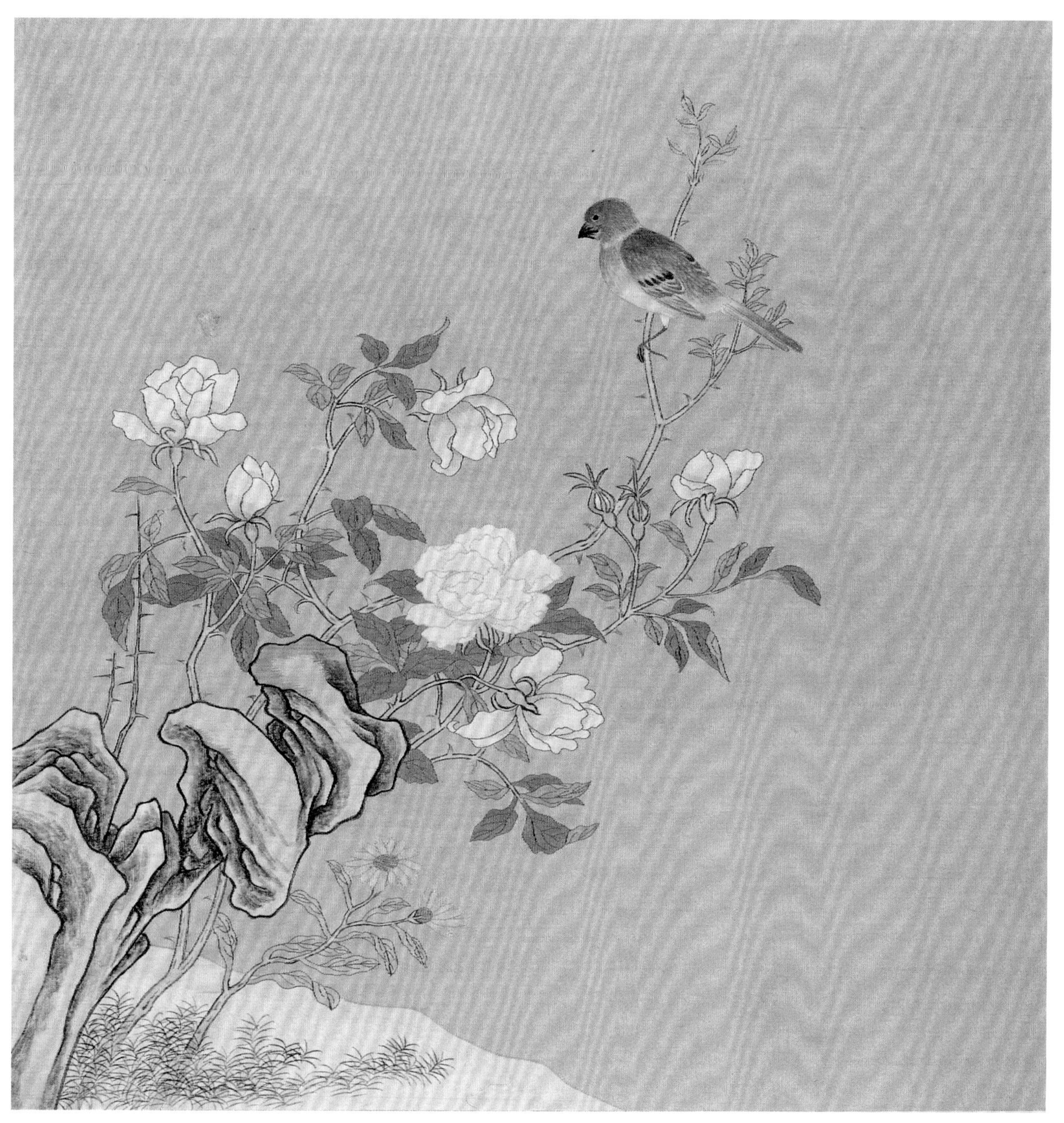

13

緙絲梅花雙禽圖冊頁
清乾隆
長34.2厘米　寬33.8厘米
清宮舊藏

Album Leaf of Silk Tapestry with Design of Plum Blossoms and Two Sparrows
Qianlong Period, Qing Dynasty
Length: 34.2cm　Width: 33.8cm
Qing Court collection

冊頁緙織兩隻麻雀棲於梅樹枝頭，稀疏而挺勁的梅枝上有綻開的梅花和含苞欲放花蕾，梅枝下襯以蒼鬱的竹葉、山石及天竹，均以纖勁的細筆勾繪，與清疏柔麗的梅花相映襯，形成一幅風格秀麗的"鬧春圖"。

此冊頁以構緙、套緙、戧緙技法與敷彩繪結合，使畫面充滿無限的情趣。

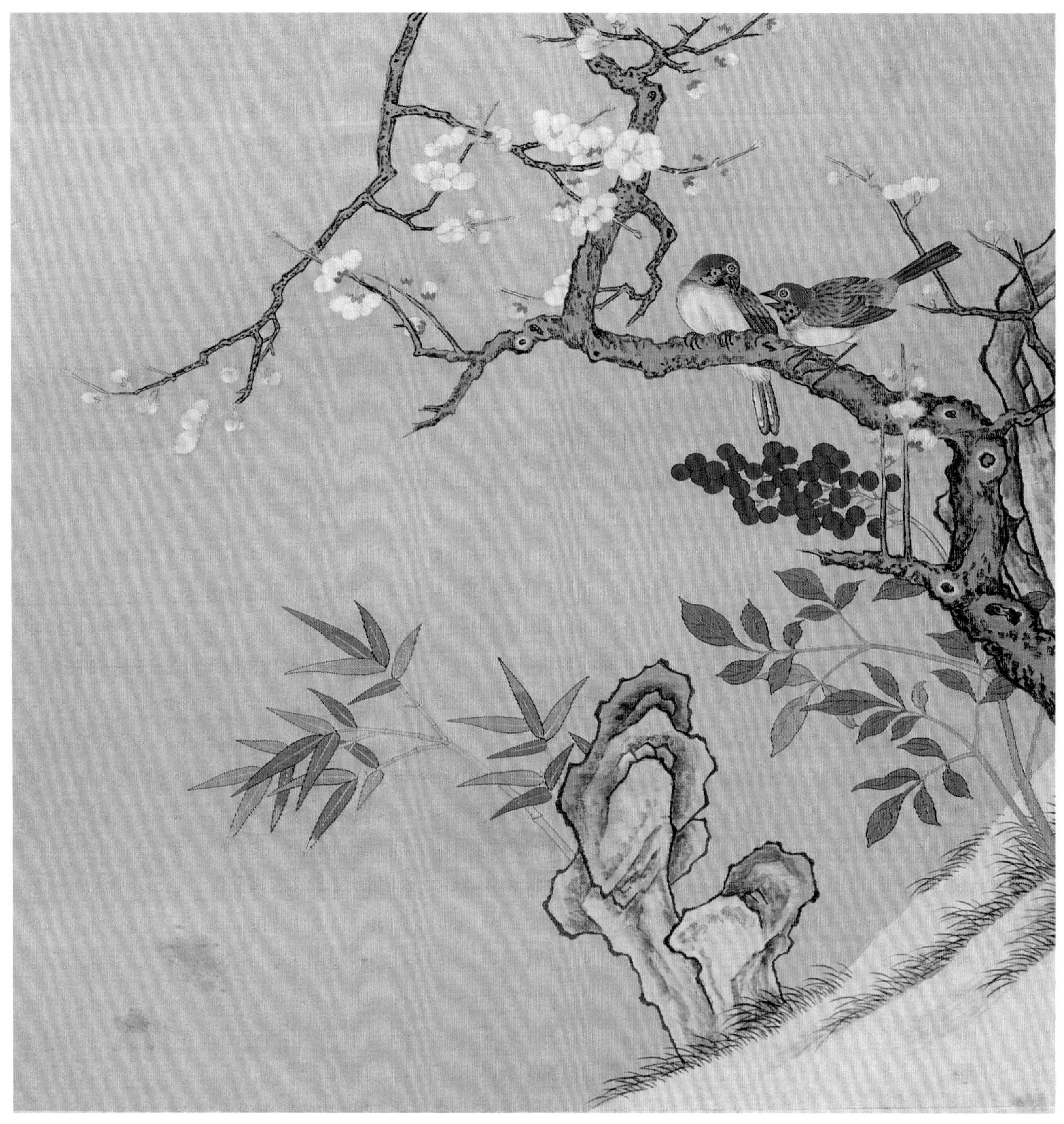

14

緙絲白頭翁海棠圖冊頁
清乾隆
長34.2厘米　寬33.8厘米
清宮舊藏

Album Leaf of Silk Tapestry with Design of Chinese Bulbul and Chinese Flowering Crabapple
Qianlong Period, Qing Dynasty
Length: 34.2cm　Width: 33.8cm
Qing Court collection

利用緙繪混色技巧，緙織一樹海棠，花朵或盛開或含苞待放，一隻白頭翁立於枝頭俯視前方，旁邊襯以太湖石和枝蔓側垂、迎風招展的薔薇花，嬌嫩的花朵以白粉和胭脂漬染而成。圖紋寓“玉堂富貴”、“白頭富貴”之意。

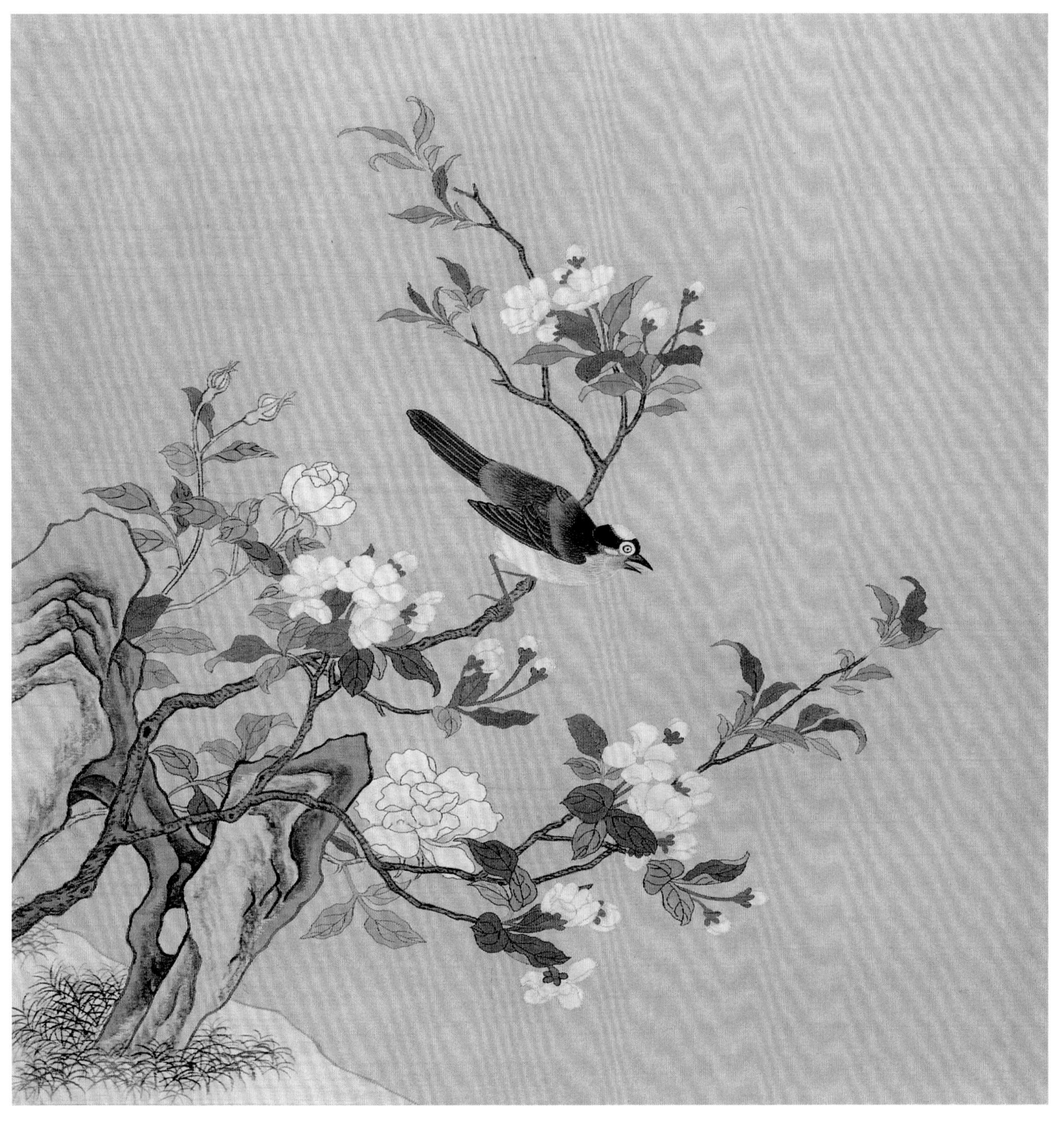

15

緙絲山雀山茶圖冊頁
清乾隆
長34.2厘米　寬33.8厘米
清宮舊藏

Album Leaf of Silk Tapestry with Design of Tit and Camellia
Qianlong Period, Qing Dynasty
Length: 34.2cm　Width: 33.8cm
Qing Court collection

冊頁緙織兩隻山雀立於紅色和粉色山茶花的枝頭，相對啼鳴嬉戲。旁邊壽石聳立，白色的玉蘭和海棠吐艷盛開，寓"玉堂富貴"、"富貴長壽"之意。

此冊頁採用套緙及構緙技法織成，工藝簡練，一絲不苟。

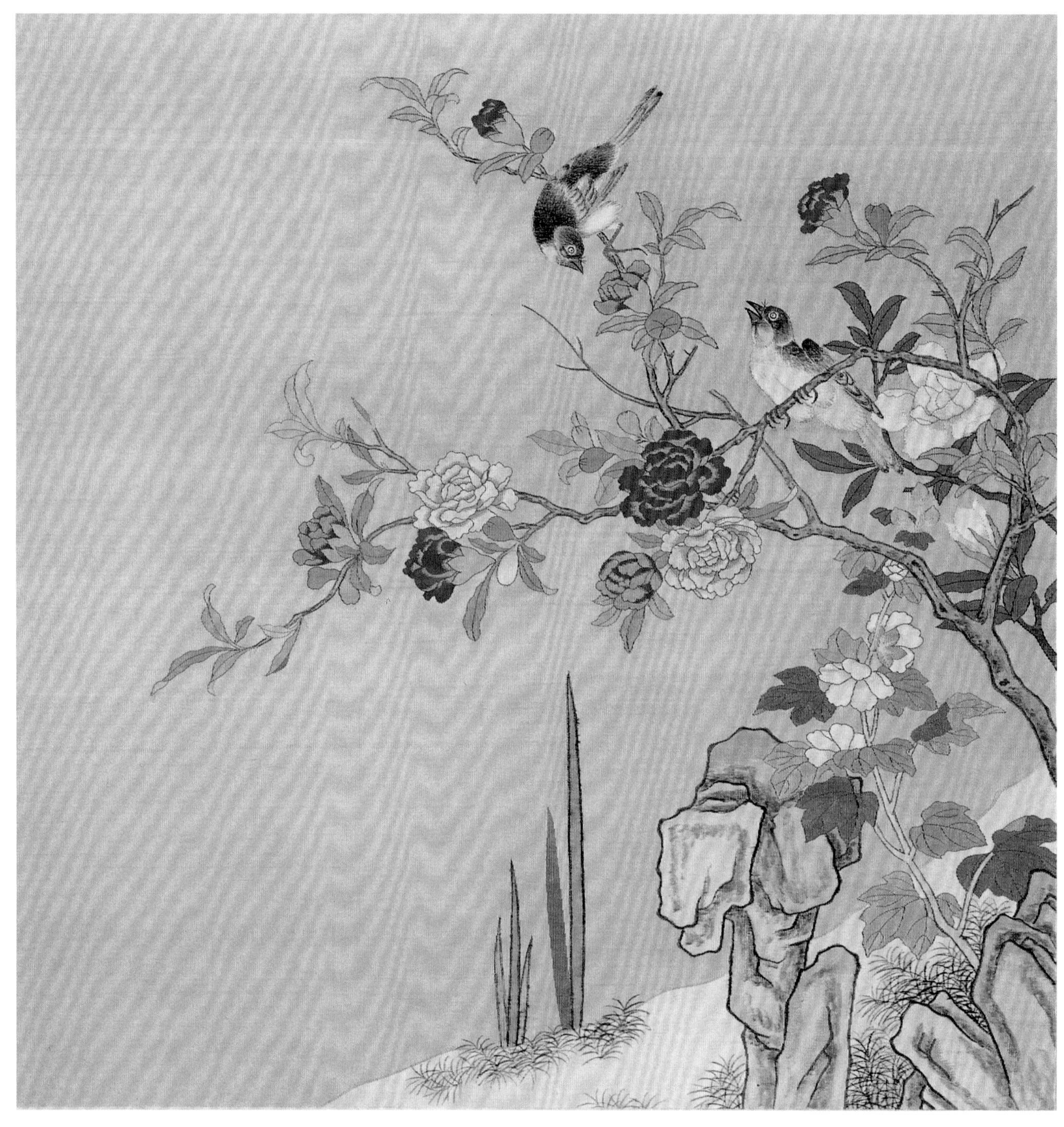

16

緙絲加繡三星圖軸

清乾隆
長248厘米　寬110厘米
清宮舊藏

A Hanging Scroll of Silk Tapestry Embroidered with Three-God's Design (the Gods of Happiness, High Position and Longevity)
Qianlong Period, Qing Dynasty
Length: 248cm　Width: 110cm
Qing Court collection

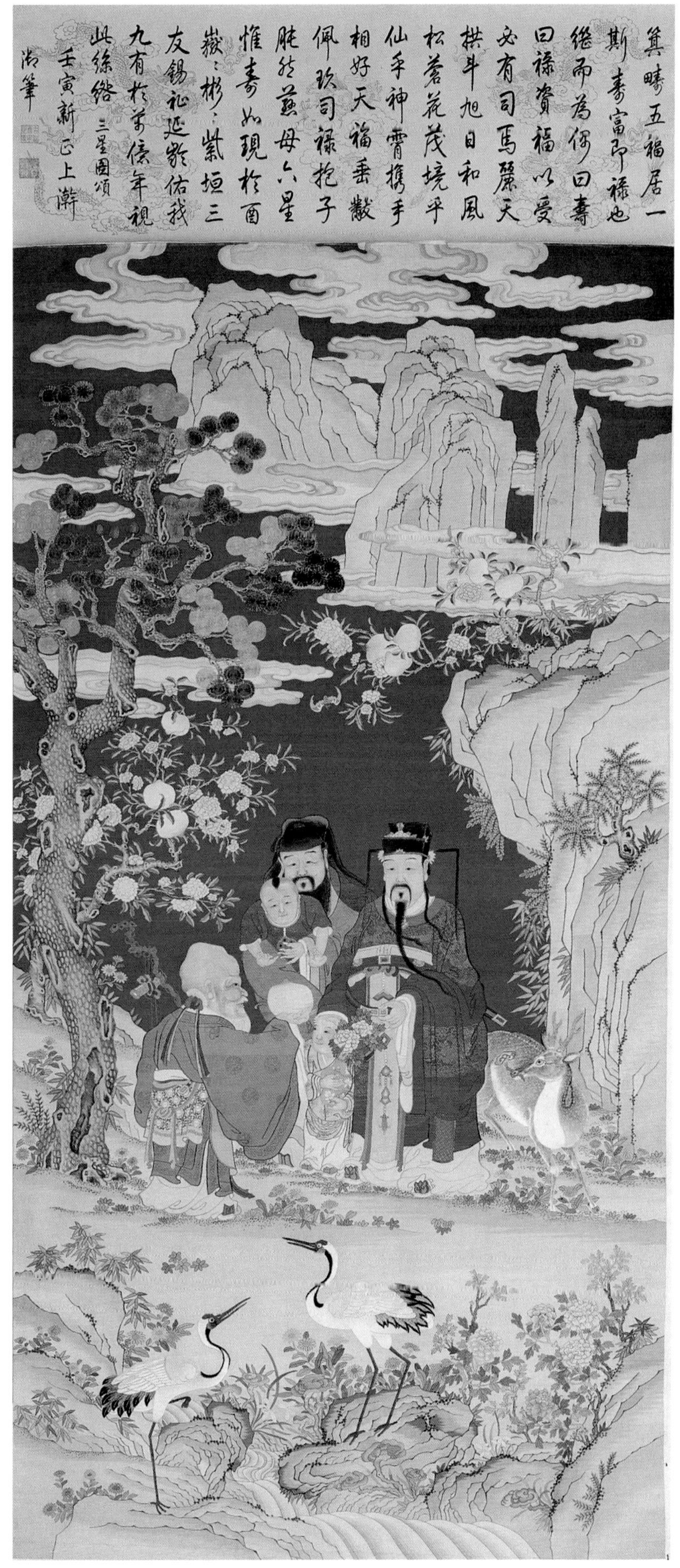

以五彩絲綫緙織福、祿、壽三星相聚，寓意吉祥。壽星托桃，福星懷抱一童子，祿星手撫身前童子，童子抱瓶，內插盛開的牡丹。周圍是刺繡的動植物及祥雲、仙山等紋飾，其中松樹的枝幹和梅花鹿的斑點以少量的敷彩繪作局部渲染。卷軸上為《三星圖頌》詩塘，末署“壬寅新正上澣御筆”並鈐印二方。

此卷軸以緙絲工藝為主，輔以刺繡和敷彩渲染等工藝，是一件“緙繡混色”技法的織繡作品，具有藝術感染力和裝飾性。“緙繡混色”技法在清代緙絲作品中應用廣泛。

17

緙絲加繡觀音大士像軸
清乾隆
長144厘米　寬60厘米
清宮舊藏

A Hanging Scroll of Silk Tapestry Embroidered with Image of Avalokitesvara
Qianlong Period, Qing Dynasty
Length: 144cm　Width: 60cm
Qing Court collection

用捻金綫和五彩絲綫緙織一尊千手觀音立像。觀音神態安詳，雙手托舉釋迦牟尼佛像，其餘各手或結印或持法器。觀音的面部、服飾及纓絡均以敷彩繪工藝渲染而成；身前的披帛則以緝綫繡、網繡工藝表現。

此卷軸採用了緙金、構緙、平緙、摜緙、搭緙、長短戧及三藍緙技法緙織，是一件“緙繡混色”的織繡作品。其緙織、刺繡及敷彩繪工藝精湛細緻，在佛學界有很高地位，被收入《秘殿珠林》。

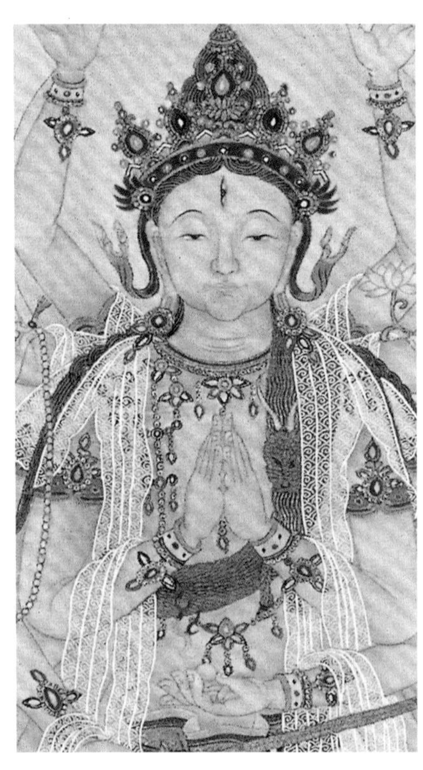

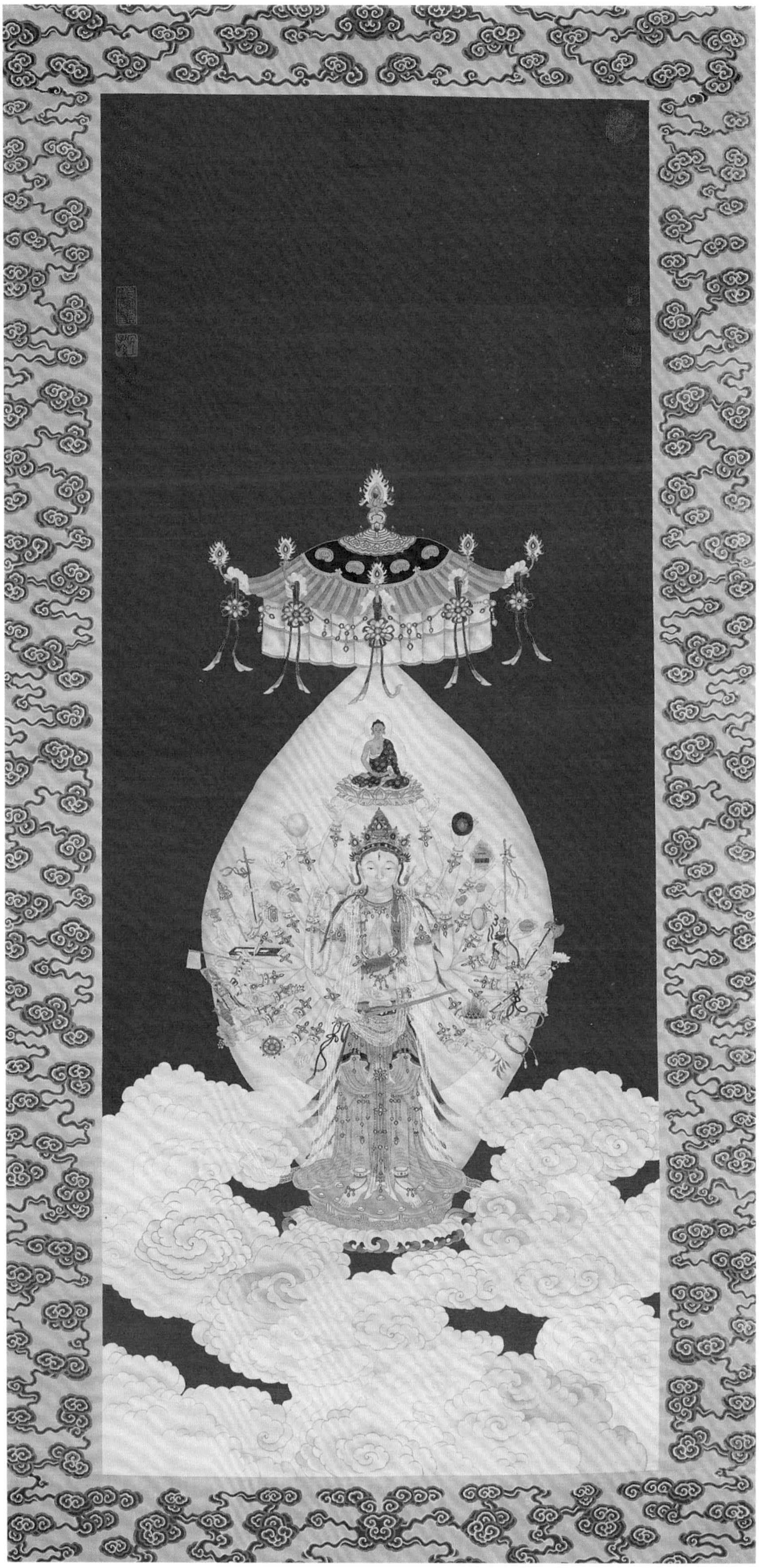

18

緙金地藍龍紋吉服袍料

清乾隆
身長146厘米　兩袖通長122厘米
下襬寬126厘米
清宮舊藏

Material for Making Emperor's Formal Dress, Decorated with Design of Blue Dragons on a Gold Tapestry Ground

Qianlong Period, Qing Dynasty
Length of dress: 146cm
Overall length of two sleeves: 122cm
Width of the lower hem of dress: 126cm
Qing Court collection

以白色生絲為經綫，以捻金綫為緯綫緙織金地的袍面。又用藍、紅、綠等10餘色絲綫為紋緯，緙織姿態各異的藍色龍紋，間飾五彩雲蝠及八寶紋，下襬為海水江崖紋、立水紋及雜寶紋。此袍的前胸、後背及左右肩各為一正龍紋，前後襬各有二升龍，底襟為一升龍，合為九龍，但正面可見五龍，暗合"九五之尊"寓意。

紋飾採用平緙、套緙、構緙、摜緙、緙鱗、搭緙等技法，緙工複雜精細，配色富麗典雅，是帝王的吉服袍料。

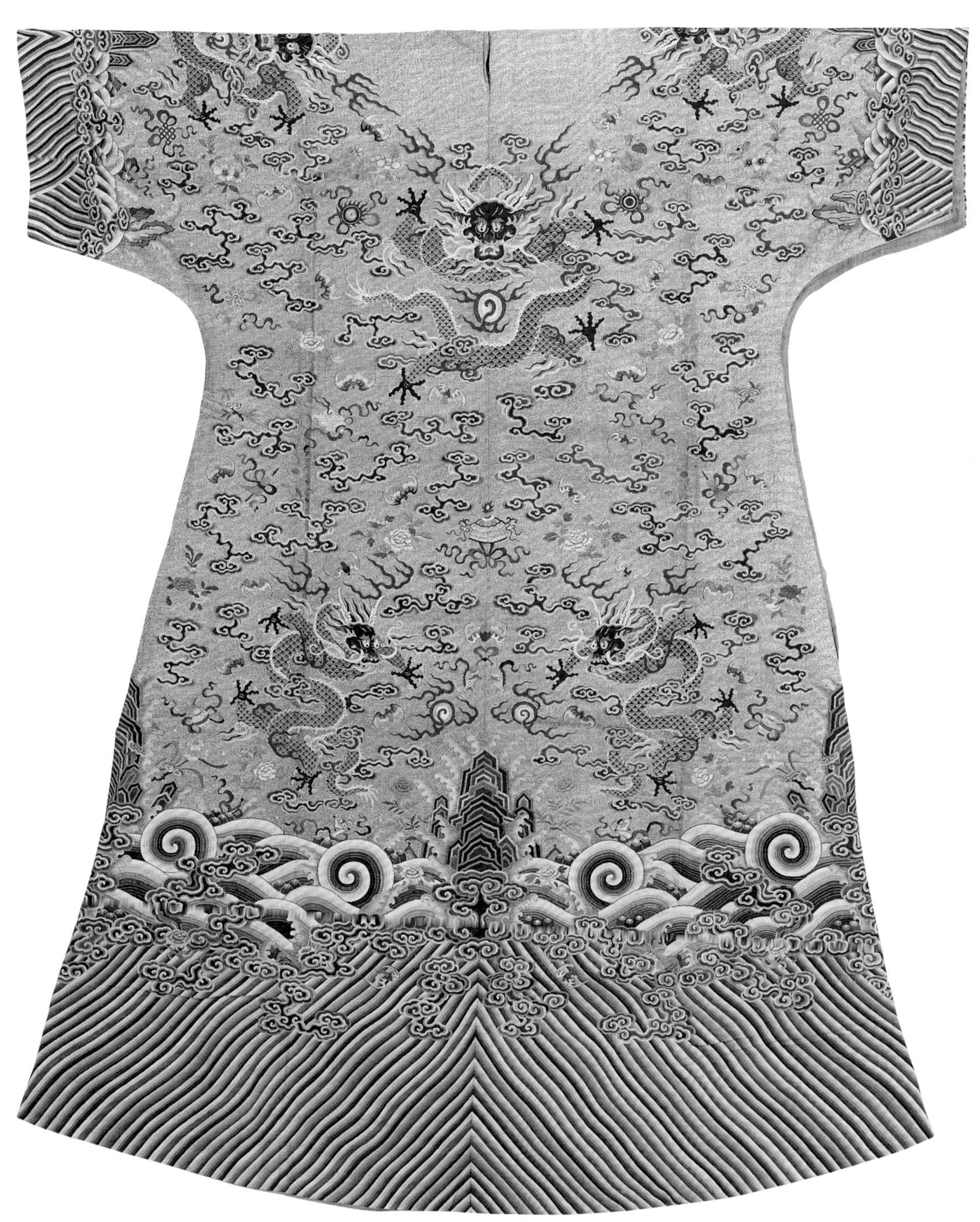

19

緙絲綠地牡丹花卉紋便服袍料
清道光
身長155厘米　兩袖通長193厘米
下襬寬135厘米
清宮舊藏

Green Silk Tapestry Material for Making Daily Wear, Decorated with Floral Design
Daoguang Period, Qing Dynasty
Length of dress: 155cm
Overall length of two sleeves: 193cm
Width of the lower hem of dress: 135cm
Qing Court collection

以白色生絲為經，以綠色絲綫為緯，緙織綠色袍面。再以五彩絲綫為紋緯緙織牡丹、玉蘭、菊花、牽牛、萱草等花卉紋，均為清代常用裝飾題材。牡丹與牽牛、菊花組合寓意“富貴長壽”；與玉蘭花組合寓意“玉堂富貴”；與萱草組合則表示“富貴多子”之意。

此袍料採用平緙、構緙、搭緙等技法織成，花卉暈色則多採用敷彩渲染手法。

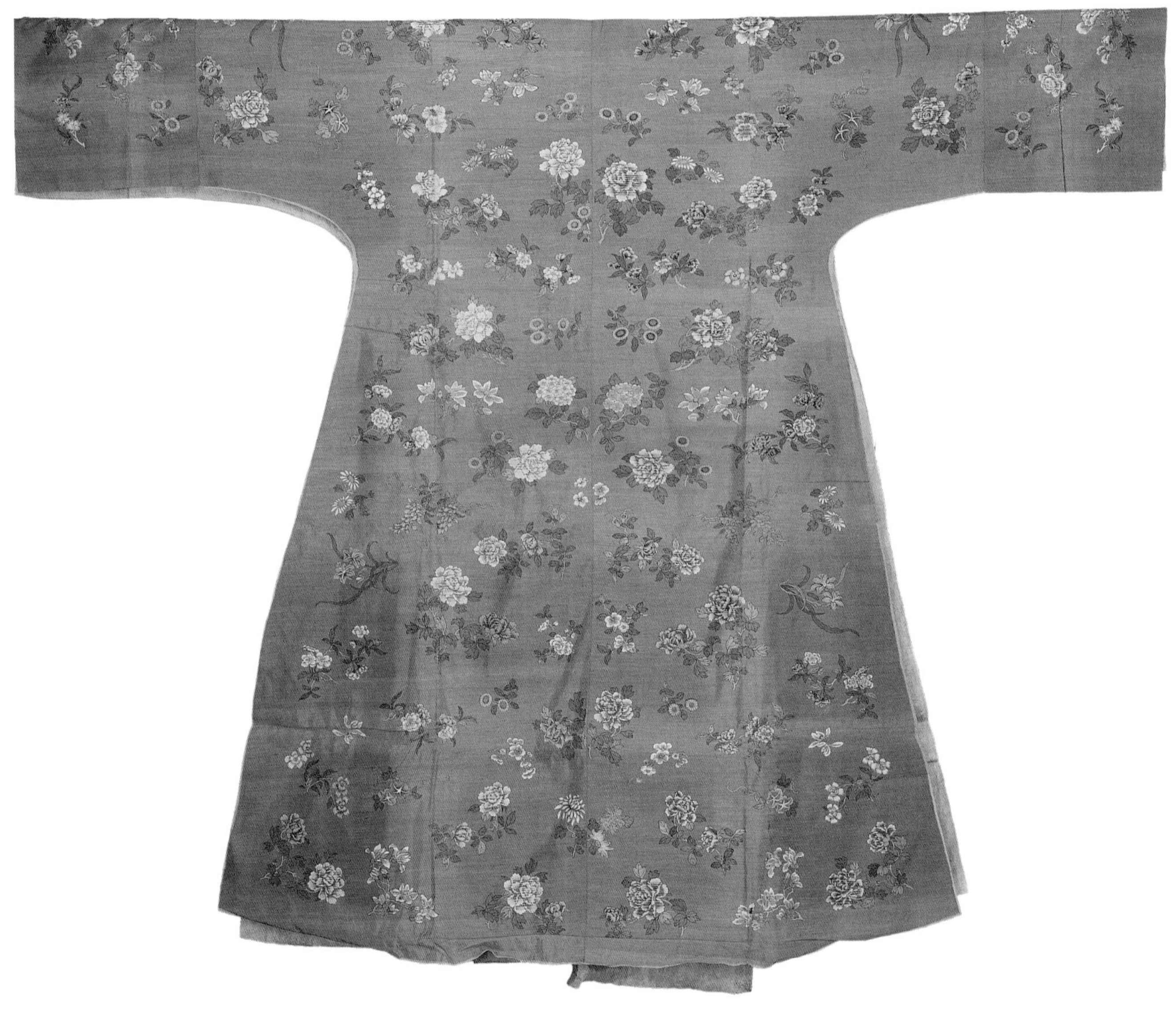

20

緙絲醬色地團鶴花卉紋便服袍料
清道光
身長144.5厘米　兩袖通長121厘米
下襬寬123厘米
清宮舊藏

Dark Reddish Brown Silk Tapestry Material for Making Daily Wear with Design of Flowers and Medallions of Crane and Deer
Daoguang Period, Qing Dynasty
Length of dress: 144.5cm
Overall length of two sleeves: 121cm
Width of the lower hem of dress: 123cm
Qing Court collection

以白色生絲為經，醬色熟絲為緯，緙織醬色袍面。又以紅、綠、黃、藕荷、藍、月白等色熟絲為紋緯緙織仙鶴、梅花鹿紋，間飾桃子、桃花、竹、牡丹、蝙蝠、雜寶等紋樣，通體飾“卍”字紋飄帶、如意紋飄帶及海水江崖紋，袍的下襬飾立水紋。圖紋組合寓“鹿鶴同春”、“福壽如意”、“江山萬代”等吉祥之意。

此袍料採用平緙、套緙、長短戧、構緙、搭緙等技法織成，是清代后妃的便服之一。所謂“八團袍”，即在袍的左右肩和前後襟各飾兩團紋飾。袍的下襬飾立水紋或平水紋的稱為八團有水袍，反之則為八團無水袍。

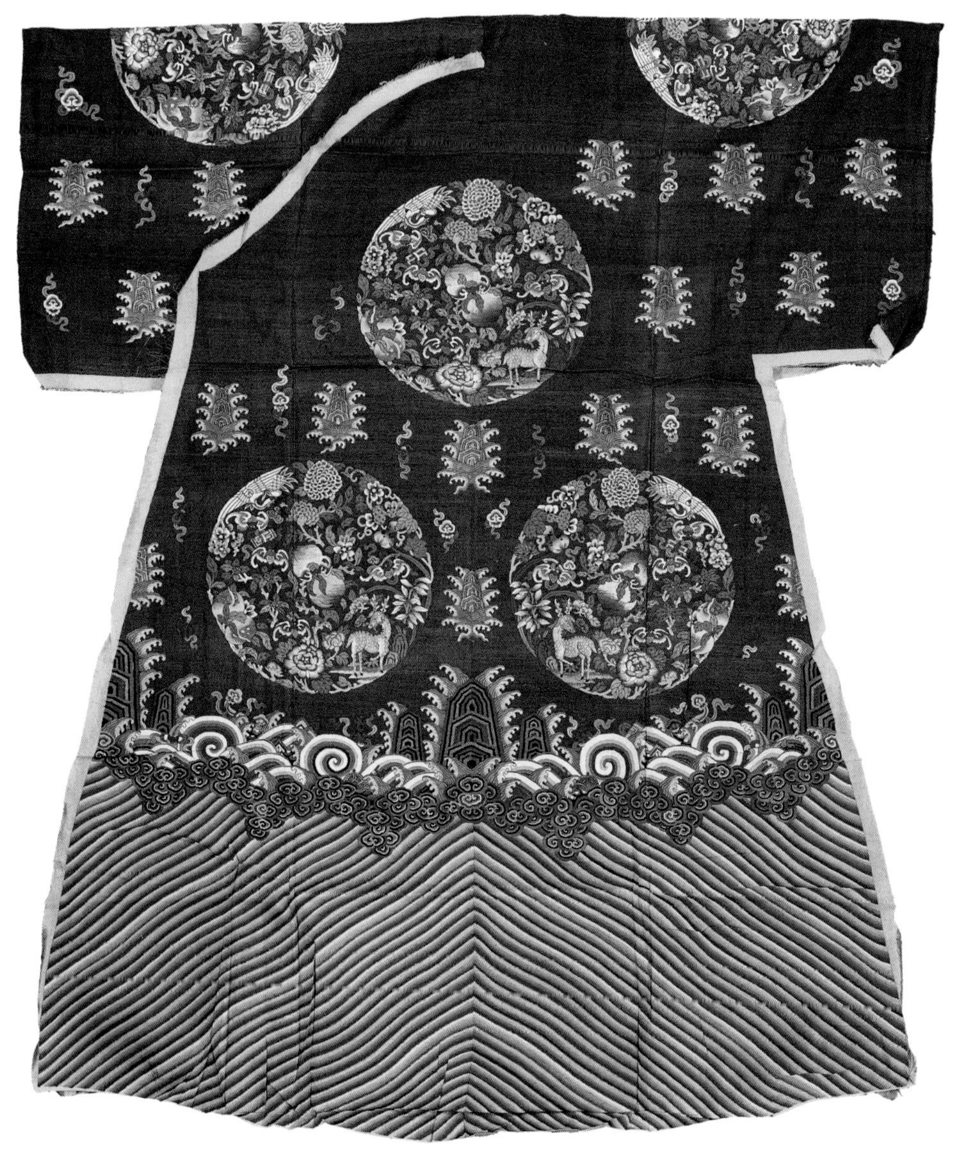

21

緙絲黃地五彩福緣善慶紋襯衣料
清同治
身長147厘米　兩袖通長190厘米
下襬寬139厘米
清宮舊藏

Yellow Silk Tapestry Material for Making Undercoat with Design of Polychrome Auspicious Design
Tongzhi Period, Qing Dynasty
Length of dress: 147cm
Overall length of two sleeves: 190cm
Width of the lower hem of undercoat: 139cm
Qing Court collection

以白色生絲為經綫，以黃色熟絲為緯綫緙織黃色袍面。又以五彩絲綫為紋緯，緙織紅色福字、五彩寶珠、扇子、磬等四種主題紋飾，間飾五彩折枝牡丹、桃花、蘭花、水仙花等花紋，寓意“福緣善慶”、“富貴長壽”。

此衣料採用平緙、構緙、套緙、戧緙、搭緙等技法織成，緙工簡練，花紋雅致有序，鮮紅的“福”字格外奪目。

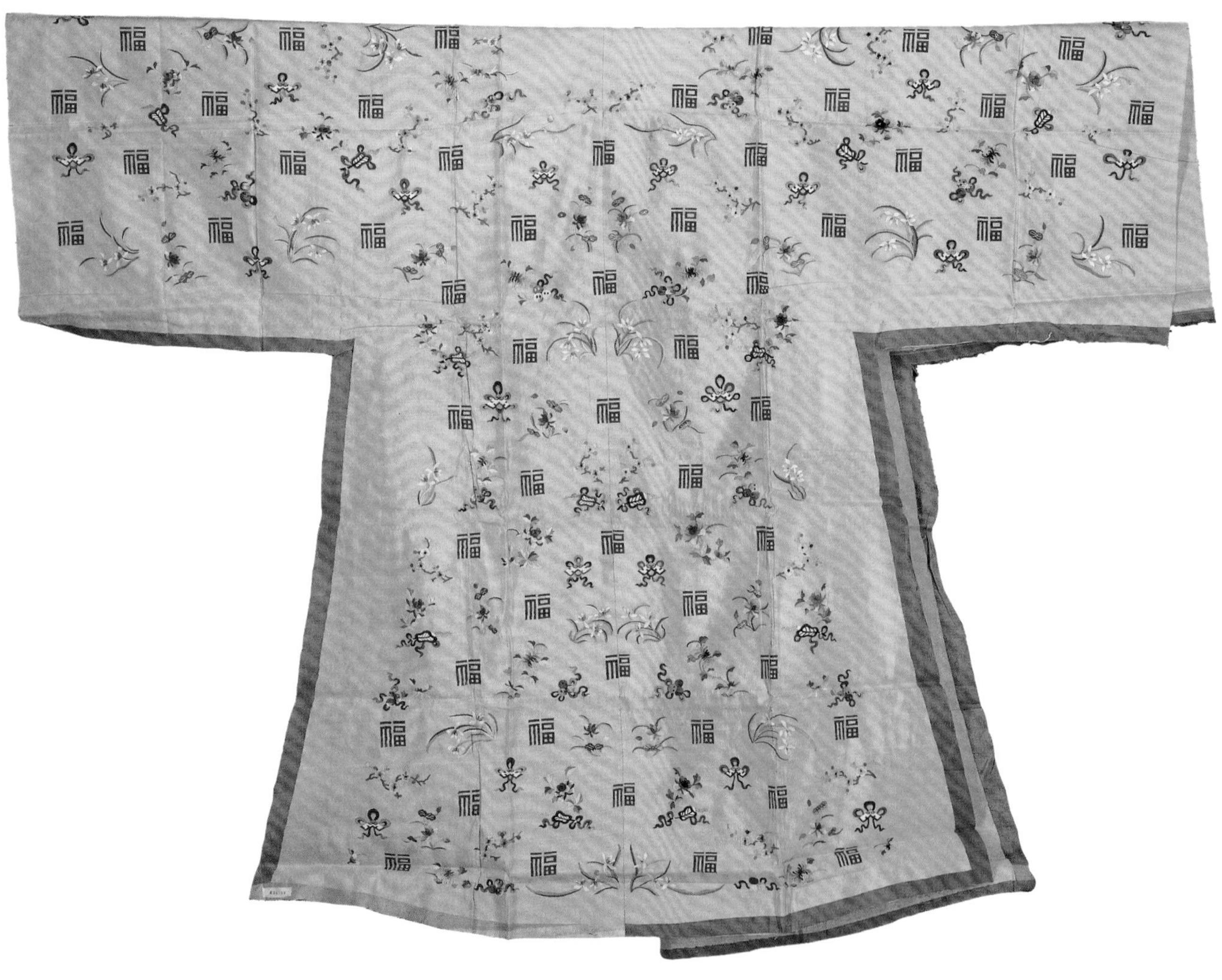

22

緙絲桃紅地風景紋襯衣料
清同治
身長151厘米　兩袖通長200厘米
下襬寬114厘米
清宮舊藏

Peach-red Silk Tapestry with Landscape Design Used as the Material for Making Undercoat
Tongzhi Period, Qing Dynasty
Length of dress: 151cm
Overall length of two sleeves: 200cm
Width of the lower hem of undercoat: 114cm
Qing Court collection

以白色生絲為經綫，桃紅色絲綫為緯綫，緙織桃紅色地，又以五彩絲綫為紋緯緙織亭台樓閣、小橋流水、樹木花草等風景圖紋，並有蝶、鳥、蝙蝠飛舞其間。樹幹則採用敷彩渲染手法繪製。

此襯衣料採用長短戧、平緙、三藍緙、構緙、搭緙等技法織成，緙工複雜精細，構圖嚴謹有序。紋飾採用了自下而上，近大遠小的透視手法，並大量地使用暈色技法，是同治年間（1862－1874）的緙絲佳作。

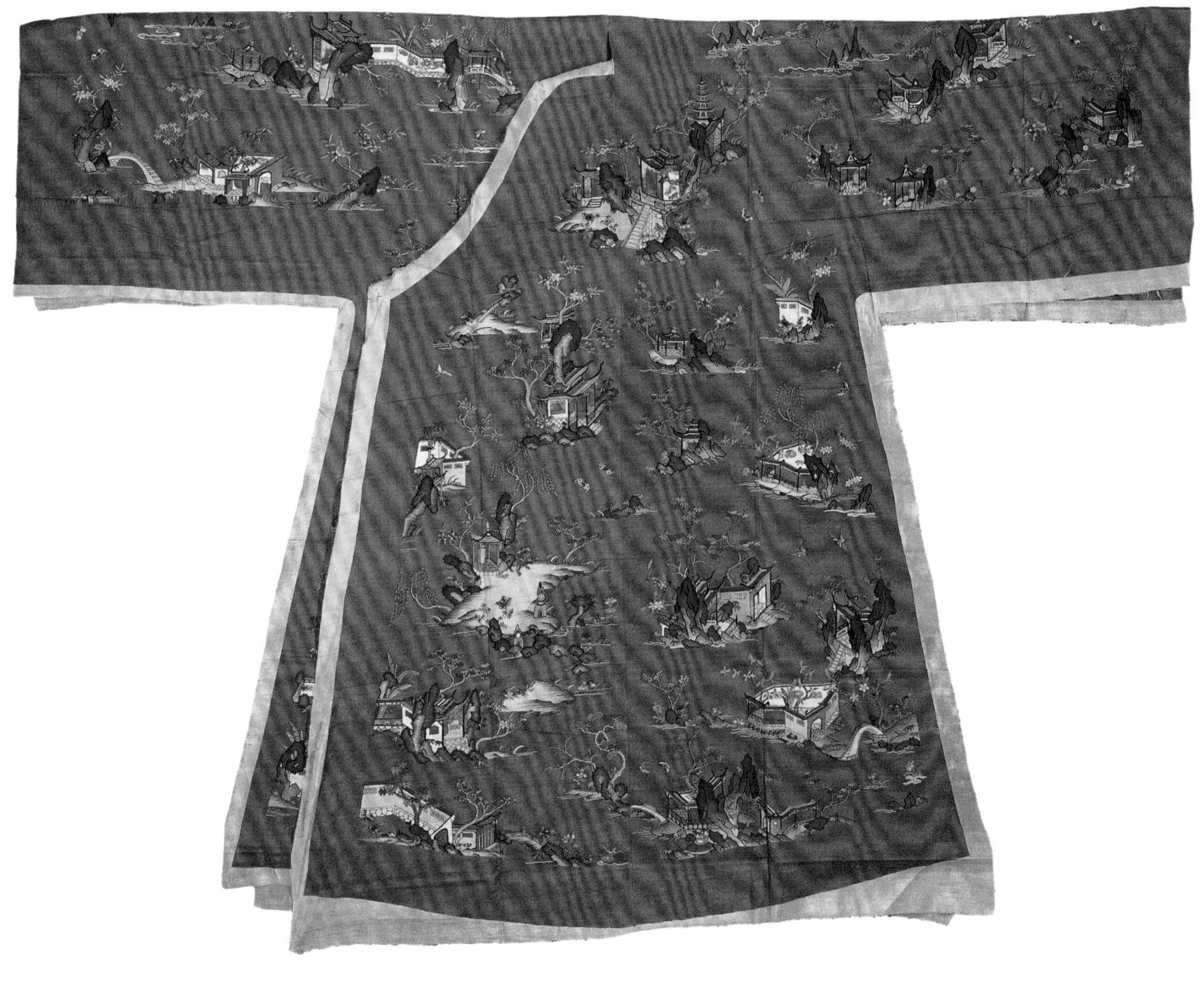

23

緙絲黃地二龍捧壽紋懷襠
清光緒
長86厘米　寬86厘米
清宮舊藏

Yellow Silk Tapestry Table Napkin with Design of Two Dragons Holding the Character "Shou" (Longevity)
Guangxu Period, Qing Dynasty
Length: 86cm　Width: 86cm
Qing Court collection

主題紋飾為“二龍捧壽”，兩龍圍繞一團壽字飛舞，周圍飾暗八仙、“鹿鶴同春”、“海屋添籌”、“五福捧壽”等紋飾，邊飾為卍字紋、蝠紋、壽字紋等。所有的紋飾都含有“長壽”、“祝壽”的吉祥寓意。

此懷襠以套緙、構緙、摜緙、搭緙、長短戧、緙金、緙鱗、三藍緙等技法織造，松樹的樹幹敷彩渲染，龍的眼睛則為刺繡。是晚清“緙繡混色”的緙絲精品。懷襠是宮廷內帝后用膳時的專用品，相當於餐巾。

“海屋添籌”寓“添壽”之意，是清代常用的吉祥紋樣。傳説海中有一樓，樓內有一瓶，瓶內儲有世間人壽，如令仙鶴銜一籌添入瓶中，便可多活百年。

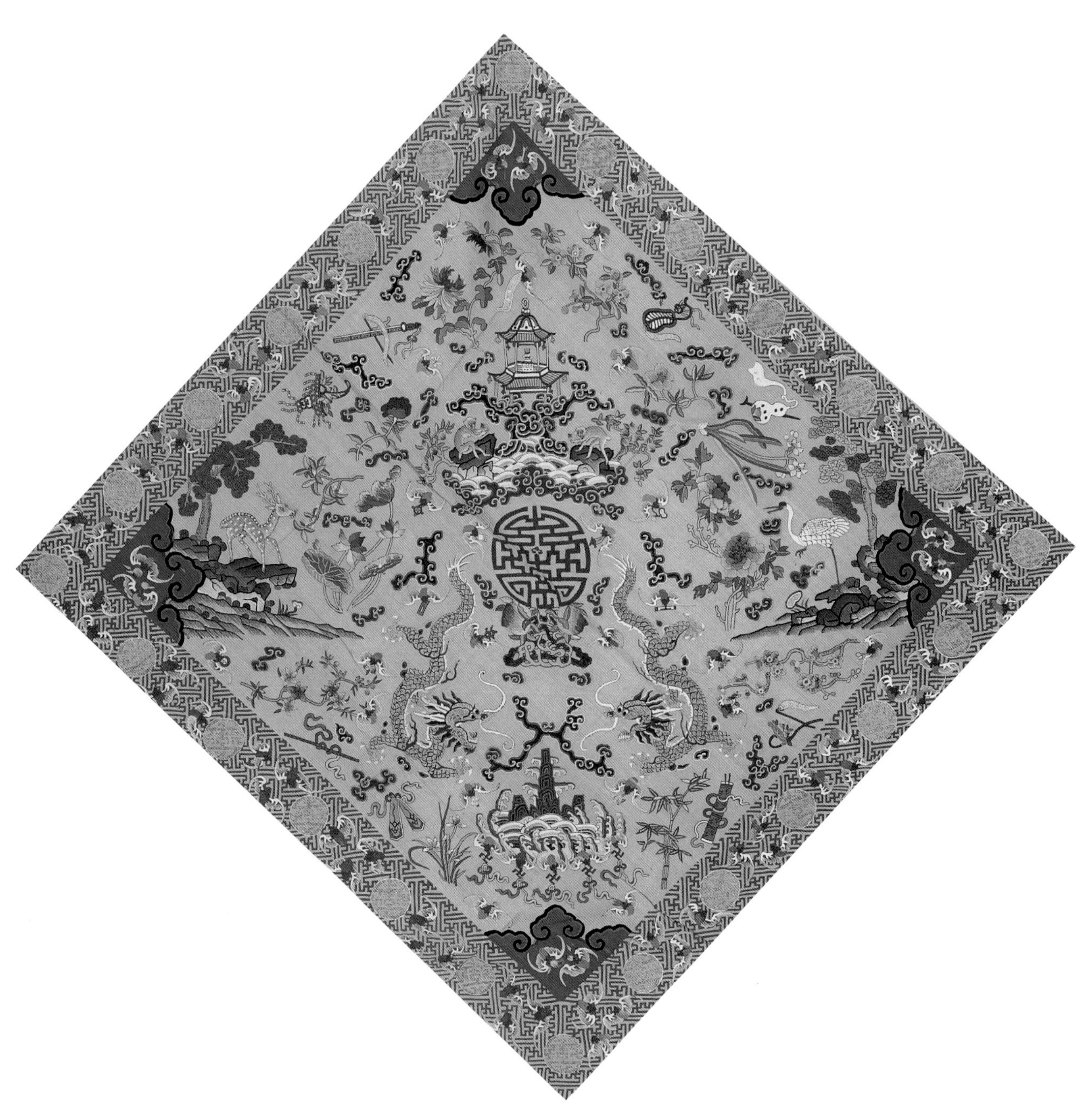

24

黃地蓮蝠紋漳絨墊料
清康熙
長227厘米　寬68厘米
清宮舊藏

Yellow Zhangzhou Velvet Material for Making Cushion with Design of Coloured Delineated Lotus and Bats
Kangxi Period, Qing Dynasty
Length: 227cm　Width: 68cm
Qing Court collection

黃色經、緯綫織經四枚斜紋固結地，又用黃色絨經與假織緯交織成黃色絨毛地，以墨綠、果綠、紅、桃紅色絨綫及捻金綫為紋緯，與棗紅色紋經織成緯斜紋纏枝勾蓮紋、蝠紋、卍字紋，寓意“萬福無邊”，邊飾勾蓮紋和夔龍紋。

此墊料通梭織蓮花枝葉，分段換梭織蝙蝠和蓮花花苞，以金織勾蓮花的邊，工藝精湛，構圖簡潔，用色明麗，是康熙年間（1662—1722）的漳絨珍品。起絨織物，漢代已有，盛行於明清，因明代福建漳州織絨最佳，故名漳絨。

25

綠地折枝菊花紋漳絨
清乾隆
長871厘米　寬60.3厘米
清宮舊藏

Green Zhangzhou Velvet with Design of Coloured Plucked Branch of Chrysanthemum
Qianlong Period, Qing Dynasty
Length: 871cm　Width: 60.3cm
Qing Court collection

綠色經、緯綫織經四枚斜紋固結地，又用綠色絨經與假織緯交織成綠色絨毛地，以片銀為紋緯與綠色紋經織成菱形骨架，骨架內用青、紅、黃、白色絨經與假織緯交織成寓"長壽"之意的折枝菊花紋。花紋兩排一循環，一排為紅色，一排為黃色，上下交錯排列，組成四方連續紋飾。

此為乾隆年間（1736—1795）的漳絨佳品，是做墊子的首選佳料。

漳絨是以經綫起絨圈的起絨織物之一。其織造方法是利用假織緯（起毛杆）起絨圈，絨經與假織緯交織成地和花。所謂彩色漳絨，是地、花所用經綫的色彩不同。

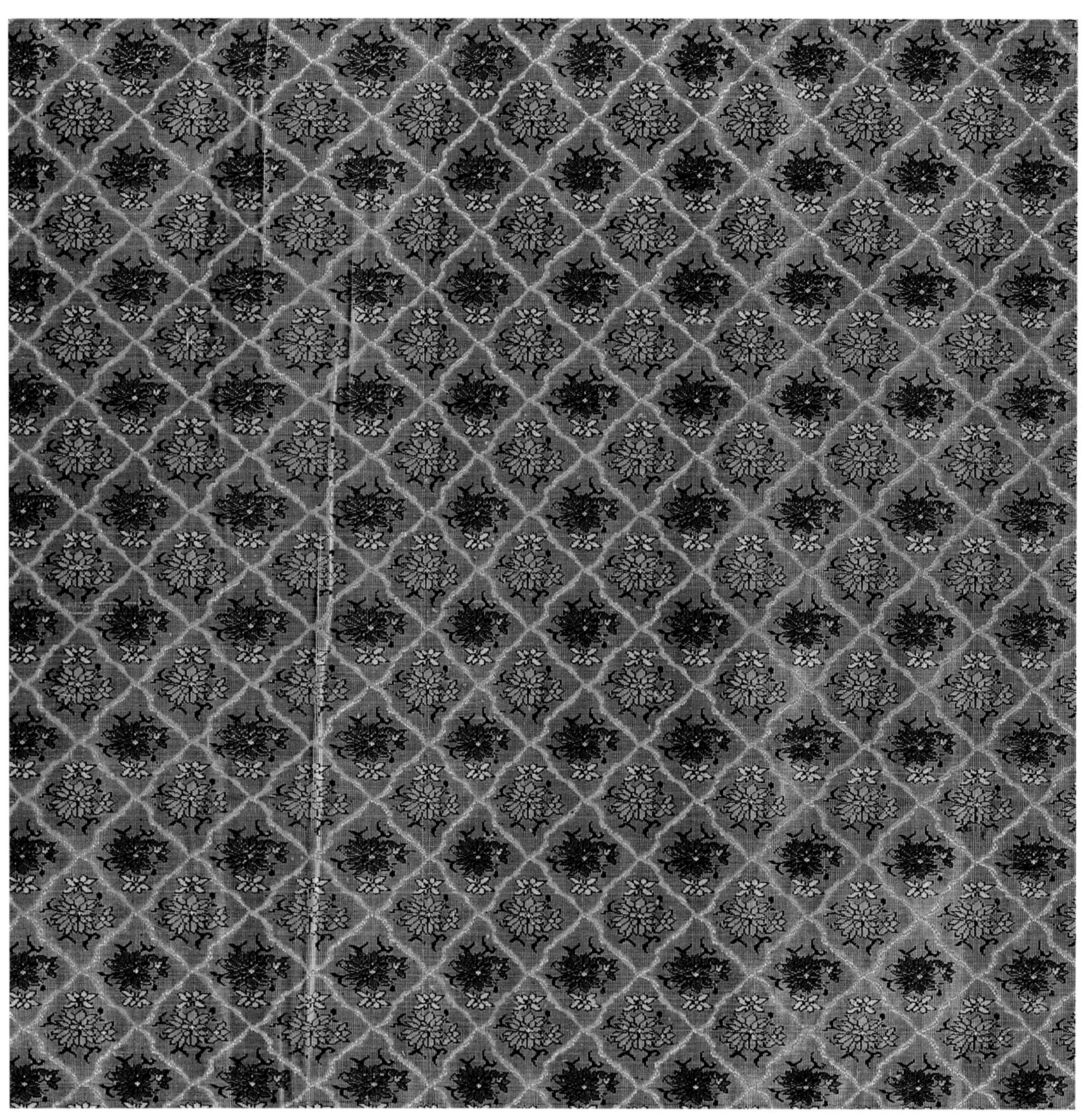

26

黃地纏枝菊花紋漳絨墊料
清乾隆
長117厘米　寬58.6厘米
清宮舊藏

Yellow Zhangzhou Velvet with Design of Coloured Winding Chrysanthemum, Used as the Material for Making Cushion
Qianlong Period, Qing Dynasty
Length: 117cm　Width: 58.6cm
Qing Court collection

以明黃色經、緯綫交織成經四枚斜紋固結地，用黃色絨經與假織緯交織成絨毛地，以綠、藍、紅、粉等 8 色絨綫為紋緯，與棗紅色紋經交織成緯斜紋纏枝菊花紋，並以連續的卍字為邊飾。

菊花的枝葉用通梭工藝織成，杏黃地採取挖梭工藝織成，故能收到色彩各異的效果。尤其是用黃色絨毛表現菊花的花蕊，使花紋層次突出，有立體感。是乾隆年間的漳絨珍品。

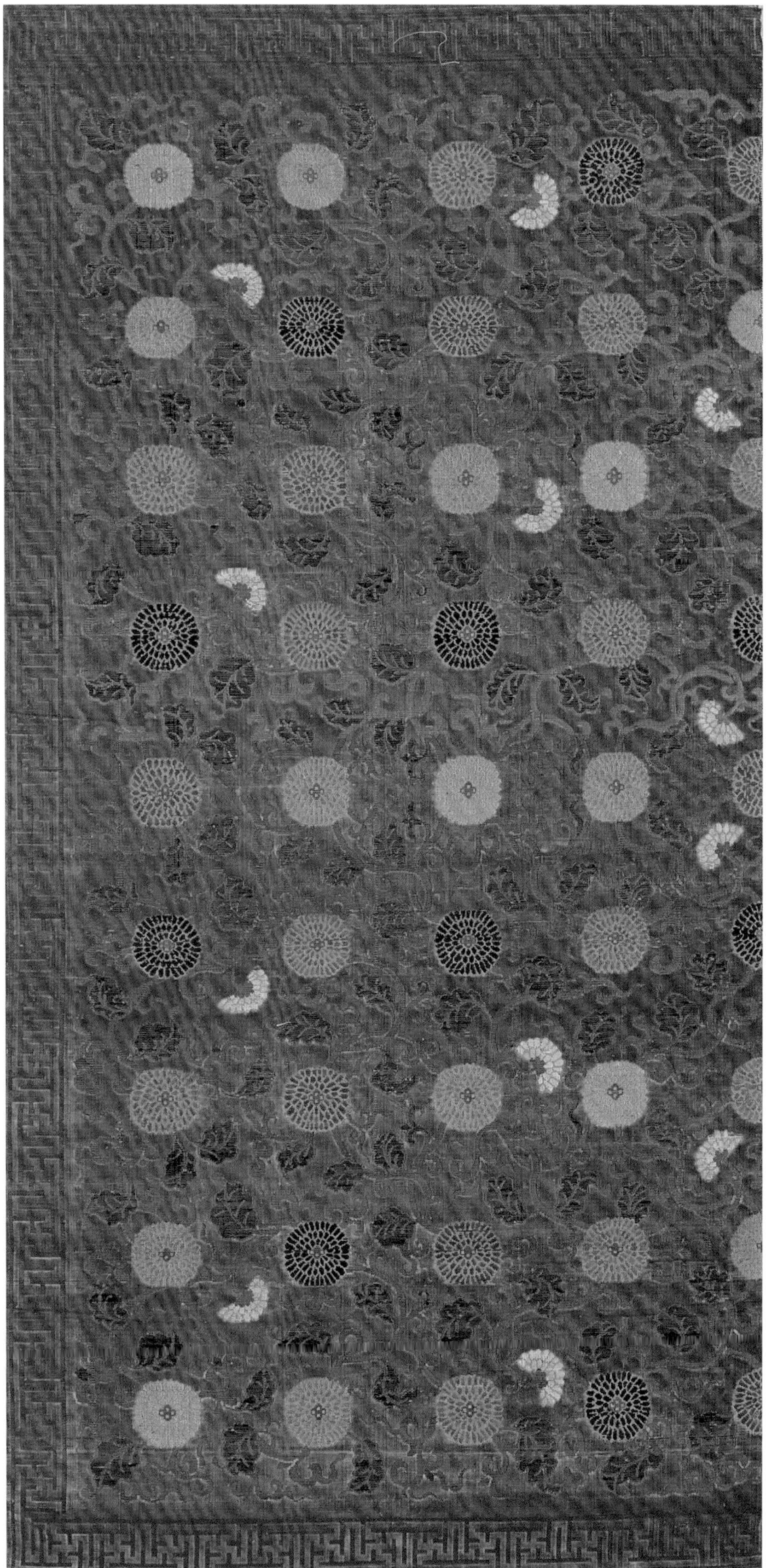

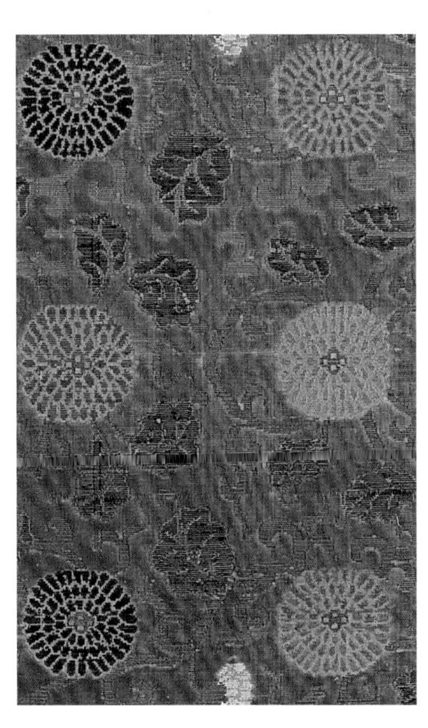

27

月白地蝠磬如意卍字紋暗花漳絨

清光緒
長880厘米　寬66.2厘米
清宮舊藏

Moon White Zhangzhou Velvet with Veiled Auspicious Design of Ruyi-scepter, Swastika, Rivers and Mountains Symbolizing the State Prosperous and Stable Forever

Guangxu Period, Qing Dynasty
Length: 880cm　Width: 66.2cm
Qing Court collection

藍色經、緯綫織經四枚斜紋固結地，用月白色絨經與假織緯交織成月白色絨圈地和被雕斷絨圈的絨毛花。花紋三排一循環，一排為如意雲頭紋，二排為蝠磬紋，三排為卍字飄帶紋。紋飾上下交錯排列，寓“福慶如意”、“萬福如意”之意。

暗花漳絨利用絨圈和絨毛光澤的差異，使本色地上顯本色花。其花紋的制作方法是，先把花紋描在織好的絨圈上，按照花紋輪廓把絨圈雕斷，抽出假織緯，即成了絨圈地、絨毛花的暗花漳絨。

此漳絨構圖豐滿巧妙，花、地分明，綫條流暢，花紋規整，是光緒年間（1875—1908）織造的漳絨珍品。

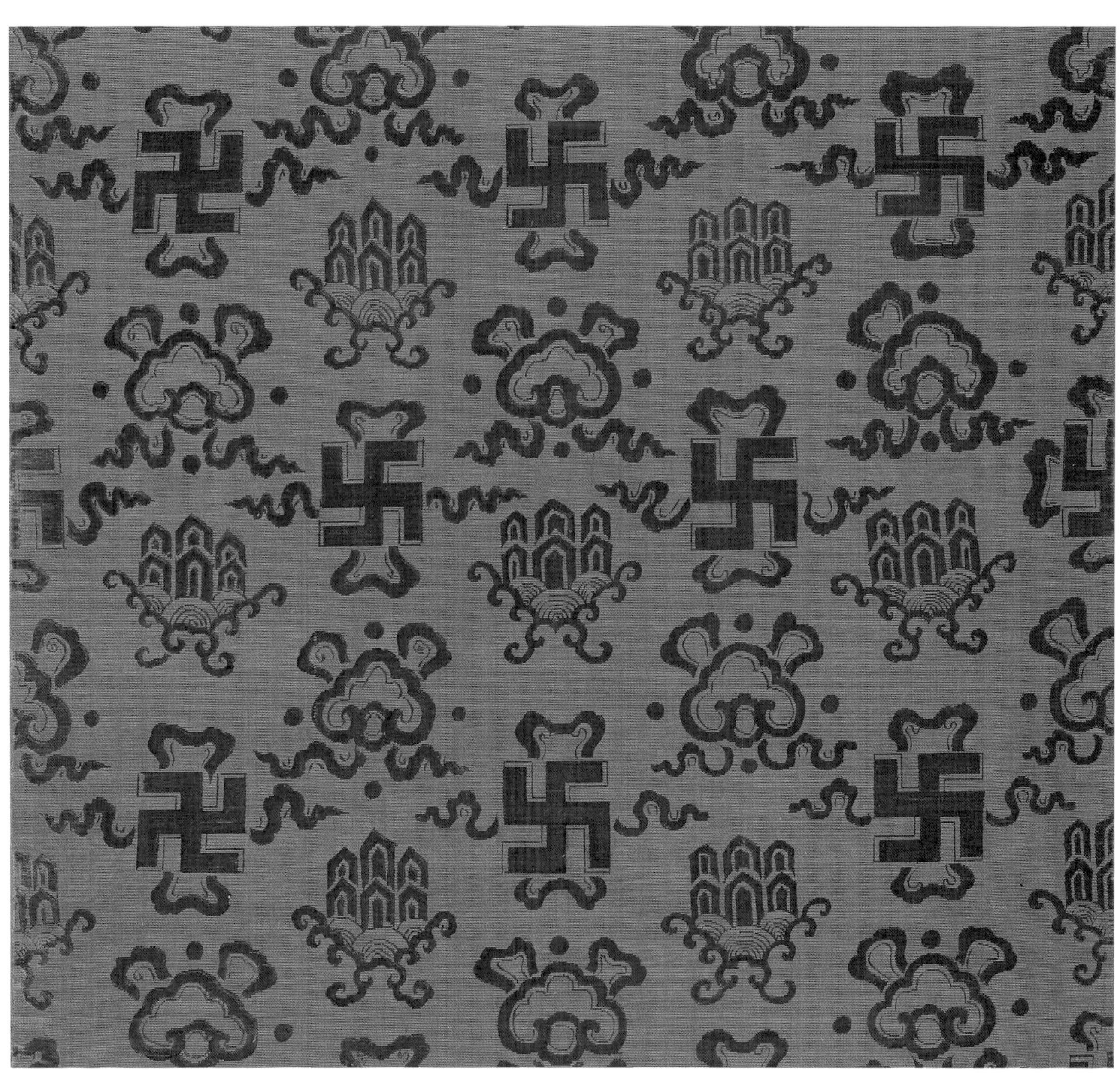

28

藍地織彩纏枝牡丹紋漳緞
清乾隆
長896厘米　寬74厘米
清宮舊藏

Blue Zhangzhou Satin with Design of Polychrome Training Peony
Qianlong Period, Qing Dynasty
Length: 896cm　Width: 74cm
Qing Court collection

以六枚三飛經緞紋織藍色地及固結地，以淺綠、深綠、大紅、玫瑰紫、粉等絨經織纏枝牡丹花紋，織造細膩，構圖簡練，花紋富麗，栩栩如生，有很強的立體感。纏枝牡丹寓“富貴綿長”之意。

此漳緞是明清漳緞中用色最多、織工最佳的精品。

漳緞是一種緞地上起絨花的高級絲織品，因其技術源自日本而名“倭緞”，因明代福建漳州仿製最佳，故名漳緞。清代南京、蘇州等地亦織，此件漳緞就是江寧織造所織，主要用於服飾和鋪墊，是清代絲織品的珍貴品種，其價值不亞於緙絲織物。

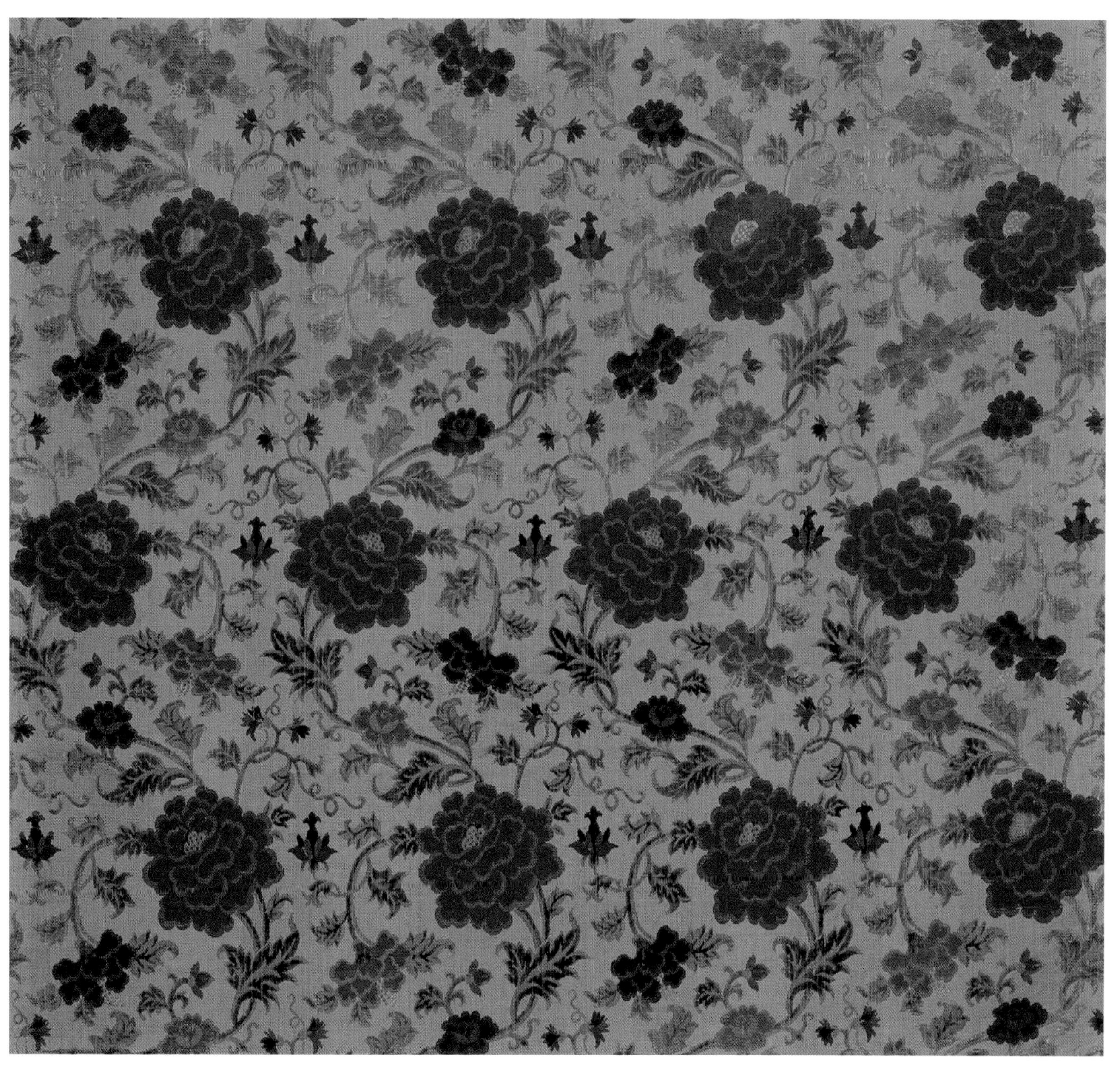

29

紅地折枝牡丹菊花紋雙層織物

明中期
長137厘米　寬32.5厘米
清宮舊藏

Silk Fabric with Design of Green Winding Sprays of Peony and Chrysanthemum on a Red Ground

Middle Ming Dynasty
Length: 137cm　Width: 32.5cm
Qing Court collection

雙層織物又名"雙層錦"，是由兩組不同顏色的經綫和兩組不同顏色的緯綫，互為上下重疊交織而成的上下兩層且表裏同花，而花、地異色的絲織品。現存實物很少。

這一件以紅色經、緯綫織紅色平紋地，以綠色經、緯綫織牡丹、菊等綠色平紋花。花紋兩排一循環，交錯排列，一排為菊花頭朝下，一排為牡丹花頭朝上，形成中間花、周圍枝葉的團形四方連續紋飾。寓意"富貴長壽"。

此織物構思巧妙，織造細膩，具有明代織物特點及裝飾風格，是明代雙層織物的珍品。

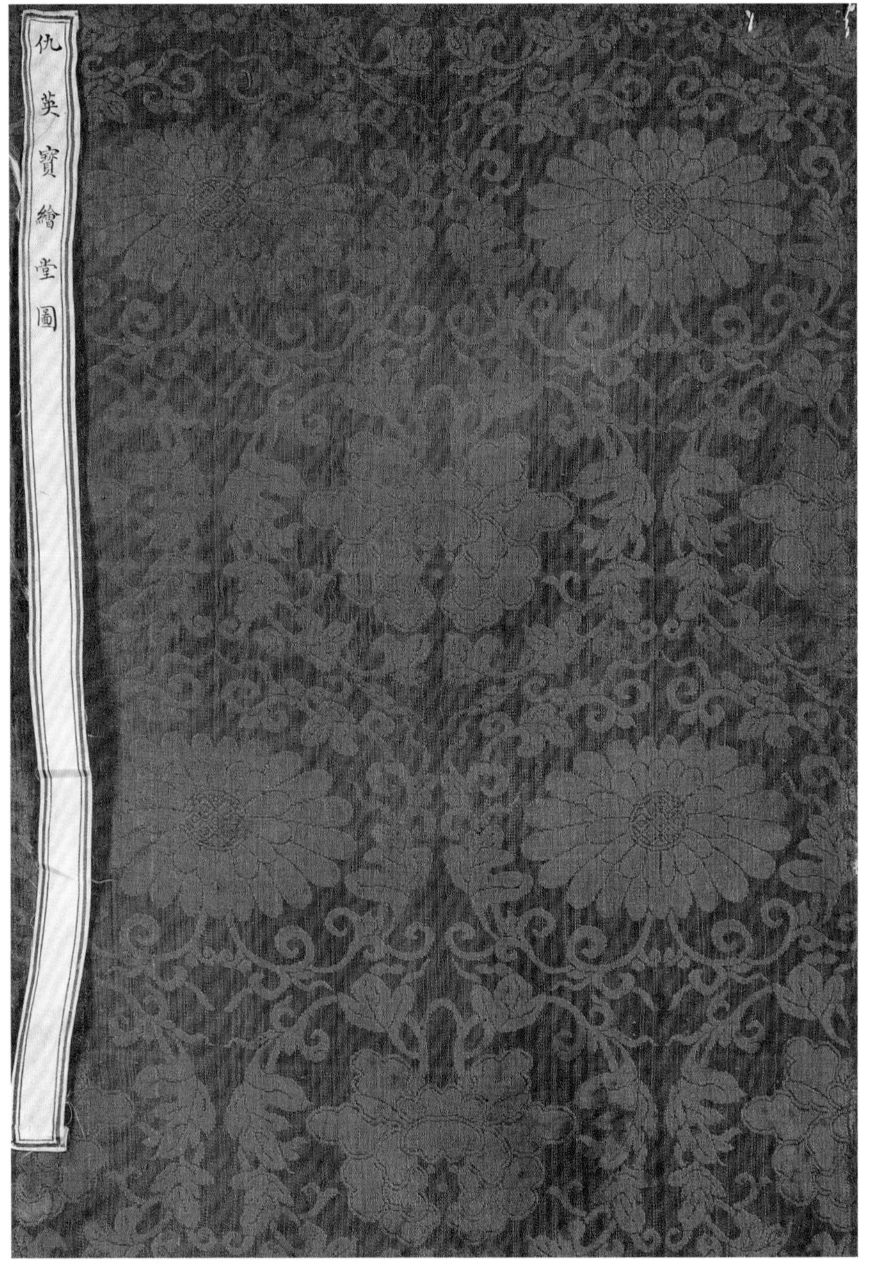

30

紅地蓮花盤縧紋雙層織物
明
長737厘米　寬21.2厘米
清宮舊藏

Silk Fabric with Design of Green Plucked Branch Sprays of Lotus on a Red Ground
Ming Dynasty
Length: 737cm　Width: 21.2cm
Qing Court collection

紅色經、緯綫織平紋地，以綠色經、緯綫織綠色平紋花。其花以圓形組成盤縧紋骨架，在盤縧紋骨架內填織蓮花紋。花紋為兩排一循環，上下交錯排列，組成四方連續圖案。

由於採用紅、綠對比強烈的經、緯綫織花、地，使花、地分明突出，花紋美麗大方，是典型的明代雙層織物。

31

木紅地鳳凰紋雙層織物
明
長38厘米　寬26.5厘米
清宮舊藏

Silk Fabric with Design of White Flying Phoenixes on a Red Ground
Ming Dynasty
Length: 38cm　Width: 26.5cm
Qing Court collection

木紅色經、緯綫織平紋地，以白色經、緯綫織平紋花。花紋兩排一循環，一排為頭朝下飛的鳳，一排為挺胸回首朝上飛的凰，形成兩兩相對翩翩起舞的鳳凰紋。間飾雲紋及八寶中的蓋、罐、盤長、花等紋飾，寓意吉祥。

此織物織工精細，構圖豐滿嚴謹，綫條流暢，花紋清晰秀麗，是明代雙層織物中的佳品。由於是用兩組不同顏色的經、緯綫分別重疊交織表裏的花、地，故除花紋邊緣相連接外，其餘部位皆為上下兩層。

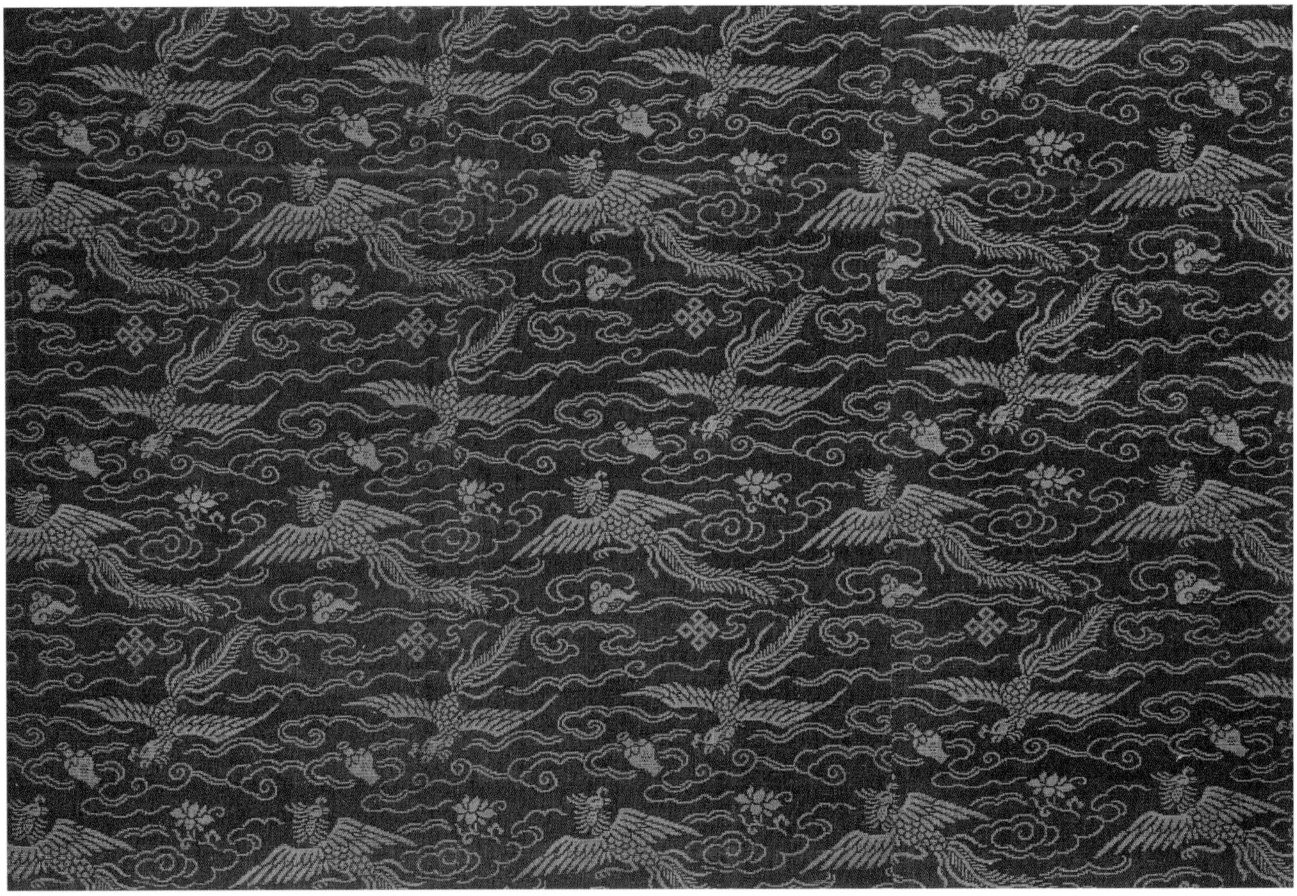

32

青地梅鵲紋雙層織物
明
長23.1厘米　寬24.5厘米
清宮舊藏

Silk Fabric with White Design of Magpies and Plum Blossom on a Blue Ground
Ming Dynasty
Length: 23.1cm　Width: 24.5cm
Qing Court collection

青色經、緯綫織平紋地，以白色經、緯綫織寓意"喜上眉梢"、"慶福"的磬、竹子、喜鵲、梅花、古錢等白色平紋花。其花紋為兩排一循環，以喜鵲為主，第一排是口銜梅花，間飾竹子、磬、梅枝；第二排則銜梅枝，間飾梅枝、竹子、古錢。花紋上下交錯排列，組成四方連續紋飾。

此織物構圖繁縟嚴謹，用色素樸，織造精細，採用對比強烈的經、緯綫織花和地，使花紋醒目，是明代雙層織物珍品。

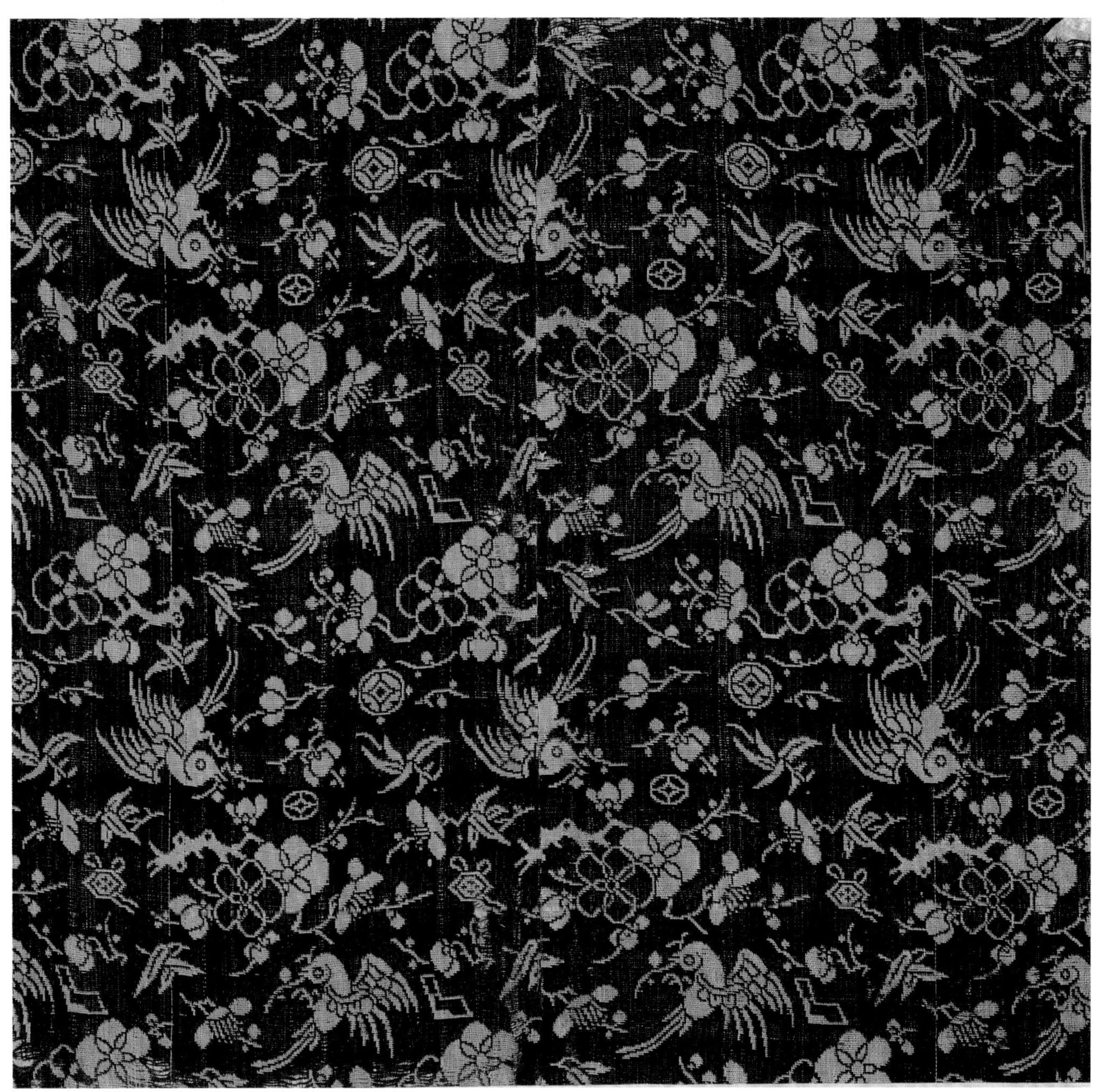

33

藍地福壽雙魚紋雙層織物經皮

明

長35厘米　寬14.5厘米

清宮舊藏

Buddhist Sutra Cover of Silk Fabric with Yellow Design of Fish and Characters "Fu" (Happiness) and "Shou" (Longevity) on a Yellow Ground

Ming Dynasty

Length: 35cm　Width: 14.5cm

Qing Court collection

藍色經、緯綫交織成平紋地，以黃色經、緯綫交織魚及福壽字等黃色平紋花。花紋兩排一循環，第一排四合如意紋內填福字、蓮花，並寶劍雙魚紋；第二排四合如意紋內填壽字、蓮花，並寶劍雙魚紋。花紋上下交錯排列，寓"福壽如意"、"連年有餘"之意。

經皮即經書皮托裱過的裱片，亦稱"裱片"。此經皮構圖巧妙新穎，花、地色綫對比強烈，花紋古樸大方，是明代雙層織物的精品。

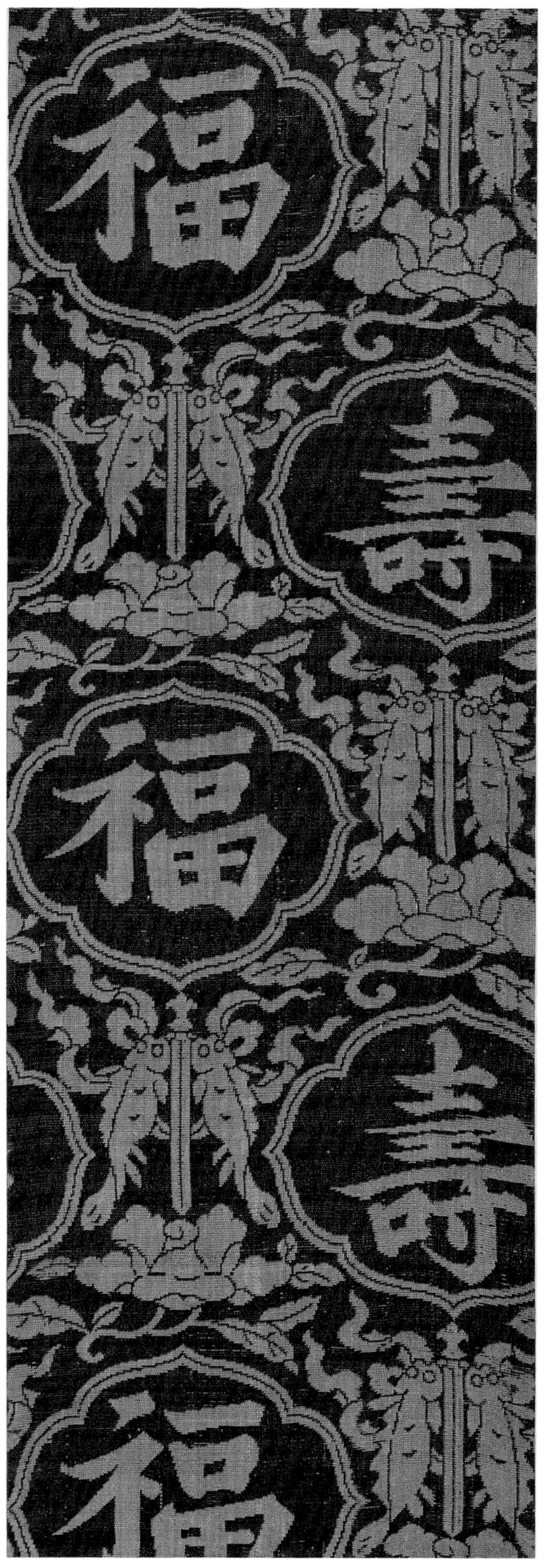

34

綠地龜背球路紋雙層織物

明
長66.5厘米　寬25.8厘米
清宮舊藏

Silk Fabric with White Design of Dragon, Lotus and Tortoise-shell on a Green Ground

Ming Dynasty
Length: 66.5cm　Width: 25.8cm
Qing Court collection

綠色經、緯綫織平紋地，以白色經、緯綫織龜背紋錦地，上飾球路紋，內填各種白色平紋花。球路紋即以一個大圓為中心，四周配以若干小圓，環環相套，在圓形中間再飾其他紋樣。

本雙層織物花紋以大小圓為骨架，大圓內填蓮花，外圓飾奔兔、靈芝紋。兩個大圓間為小圓，內填龍紋，龜背錦紋地中間填團形寶相花，組成四方連續紋飾。寓“福壽連綿”、“靈仙祝壽”之意。

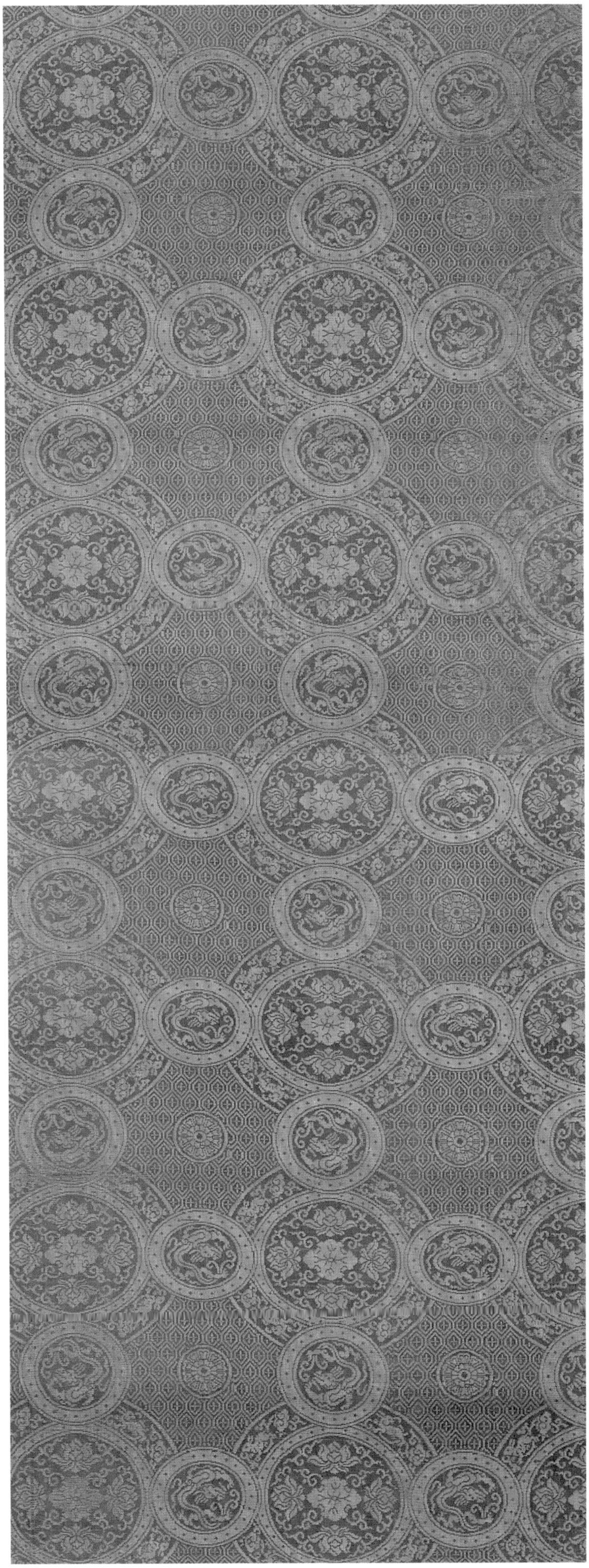

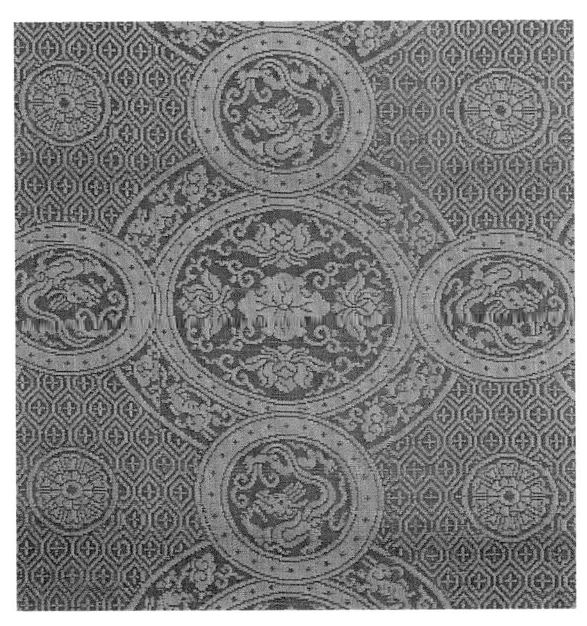

35

雪青地八寶紋雙層織物
明
長35厘米　寬14厘米

Silk Fabric with Yellow Design of Eight Buddhist Emblems on a Lilac Ground
Ming Dynasty
Length: 35cm　Width: 14cm

雪青色經、緯綫織平紋地，以黃色經、緯綫織輪、螺、傘、蓋、花、罐、魚、盤長，即八寶紋。八寶紋又稱八吉祥，是以佛教的八件法器組成的圖紋，含有“八寶生輝”的吉祥寓意。

此織物經緯綫用色對比強烈，使花、地分明，是明代雙層織物的精品。

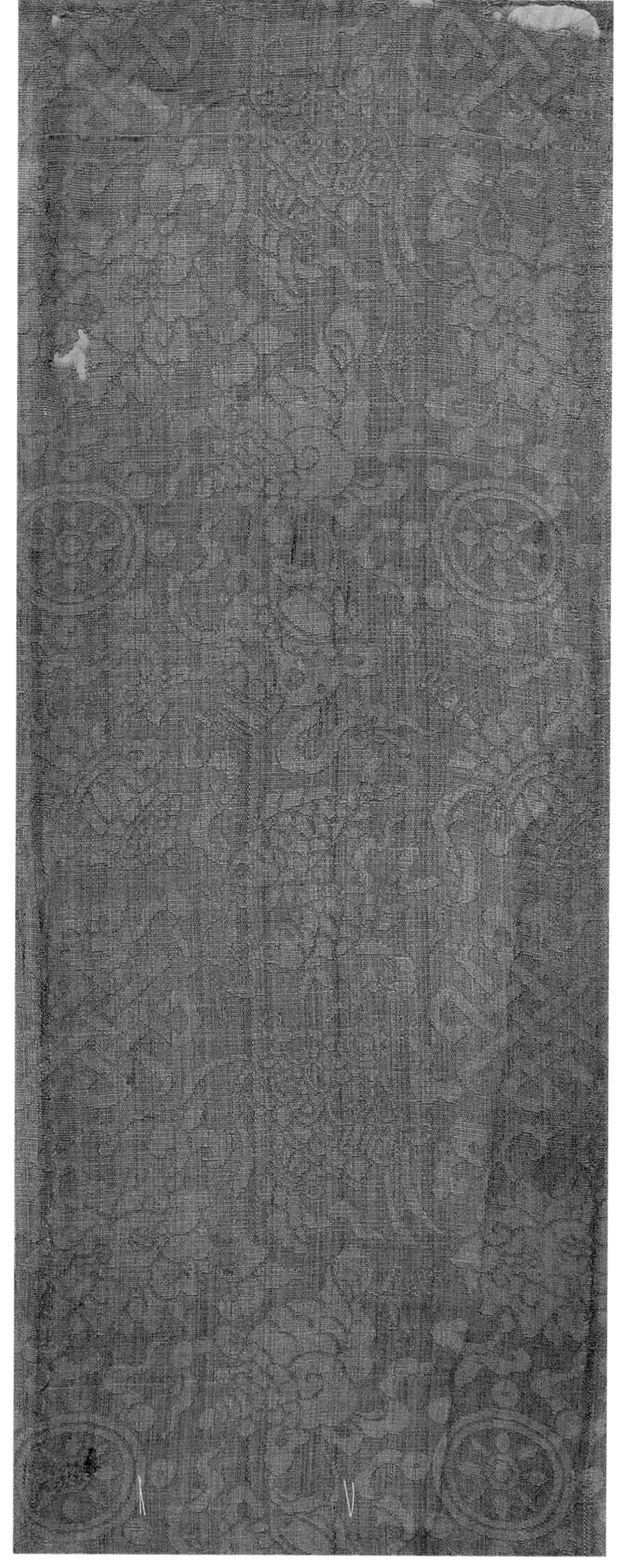

36

白地曲水纏枝蓮紋雙層織物

明
長35厘米　寬28厘米
清宮舊藏

Silk Fabric with Green Design of Interlocking Sprays of Lotus on a White Ground

Ming Dynasty
Length: 35cm　Width: 28cm
Qing Court collection

白色經、緯綫織平紋地，又以綠色經、緯綫織綠色平紋斜卍字（即曲水紋）錦紋地和纏枝蓮紋，蓮花上下交錯排列，組成兩兩相對式的四方連續紋飾。寓“萬壽無邊”、“生生不息”之意。

此織物織工規整細密，構圖繁縟嚴謹，花、地分明，花紋突起，具有鏤雕的透視效果和錦上添花的層次感，是明代雙層織物的精品。

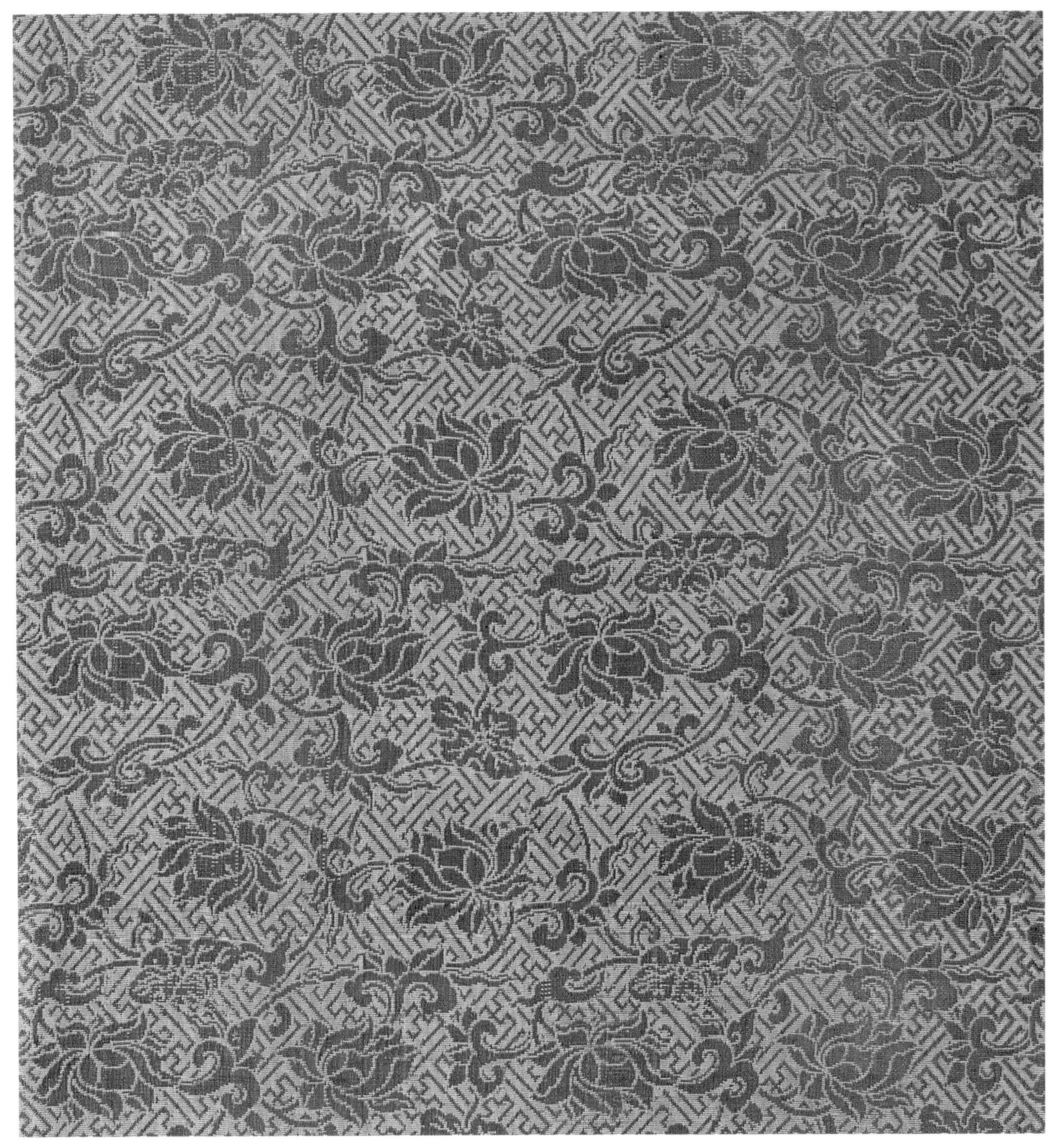

37

橘黃地盤縧四季花卉紋宋式錦

明
長142厘米　寬32厘米
清宮舊藏

Song-styled Brocade with Design of Plucked Branch of Four season Flowers on an Orange Ground

Ming Dynasty
Length: 142cm　Width: 32cm
Qing Court collection

盤縧紋是一種大、中型幾何花紋，在唐代已有。這件明代盤縧四季花卉紋宋式錦，在唐、宋傳統花式基礎上發展而來。以橘黃色經緯綫織地，又以橘黃色紋經，與藍、綠、紅、黃、片金等紋緯交織成曲水、古錢、龜背、矩紋、迴紋、鎖子紋等花縧，花縧的末端互相環套，組成連環式骨架，內填織寓"富貴長壽"之意的四季花卉，花卉的花紋橫向交錯排列，每排花色都不相同，盤縧骨架皆以石青色織邊，片金勾邊，花紋界綫明顯清晰。

此錦以長跑梭工藝織石青、明黃、片金色彩緯，其餘彩緯皆為短跑梭所織，有很強的裝飾效果，是宋式錦中的精品。

錦泛指多彩顯花絲織物，生產工藝要求高，織造難度大，是古代最貴重的織物。宋式錦是明清蘇州的織錦藝人按照宋代錦的組織、花紋特點和風格織造的仿宋錦，在蘇州織錦中非常著名。

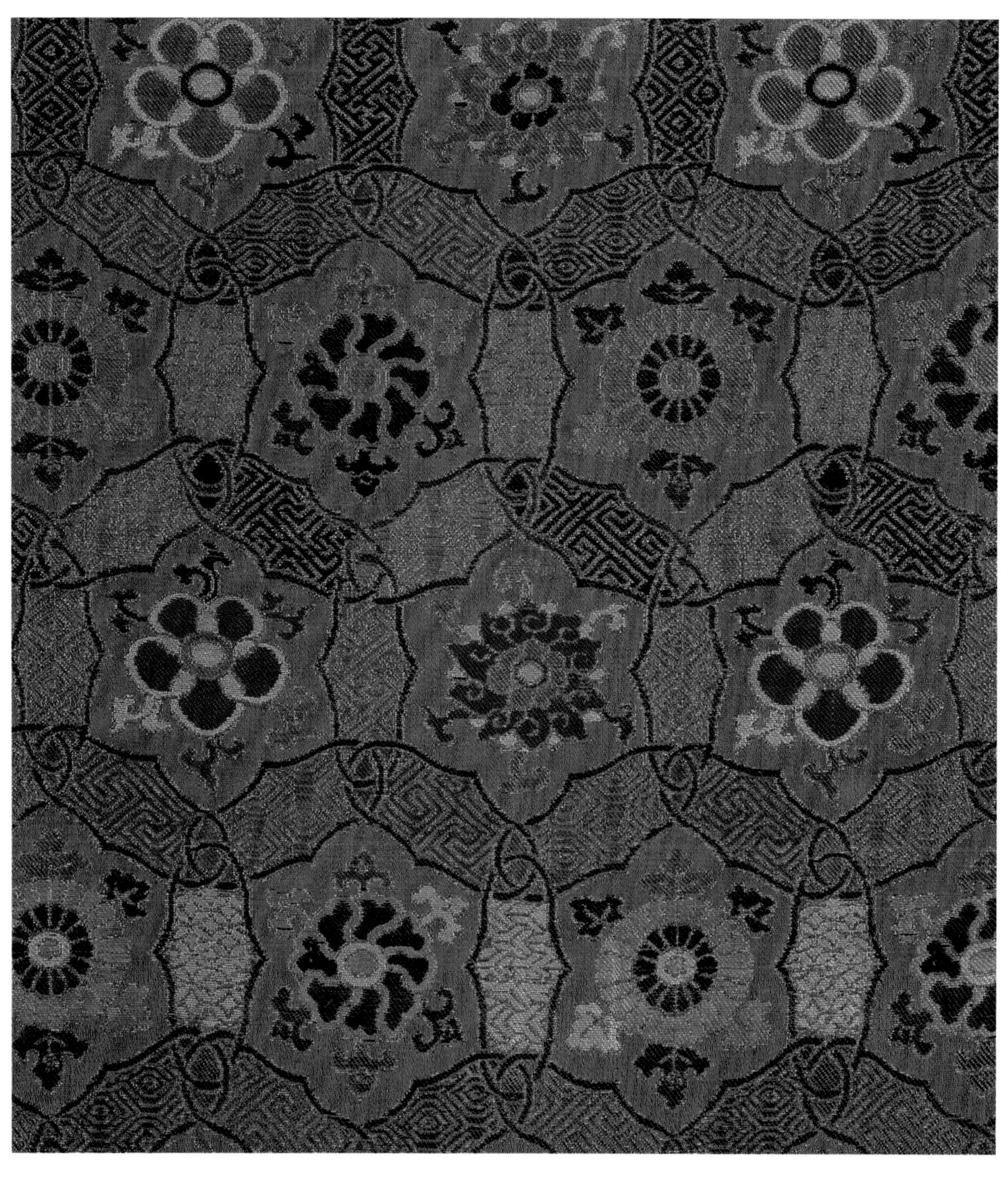

38

紅地四合如意紋天華錦

明
長207厘米　寬75厘米
清宮舊藏

Red Brocade with Design of Heads of Ruyi-scepter in Checks

Ming Dynasty
Length: 207cm　Width: 75cm
Qing Court collection

紅色經緯綫織三枚左向斜紋地，以各色絨綫為紋緯，採用長跑梭和分段換梭工藝織草綠色方棋格紋為基礎，並以品月色方棋格紋呈對角狀與之相疊，構成橫向、縱向交錯排列的幾何形骨架。內填織寶相花、團形朵花、四合如意等紋樣。

此錦骨架結構均衡，簡練得體。花紋造型舒展流暢，配色複雜濃艷而不失莊重，加之巧妙施用片金，極富裝飾性。

天華錦是宋式錦的一種，源於宋代“八達暈”錦，也稱“添花錦”、“錦羣”。以圓、方、菱形等幾何圖形作有規律的交錯重疊，內飾多種紋樣，並在中心處突出較大的花形，形成變化多樣的滿地錦式，素有“錦上添花”之美譽。

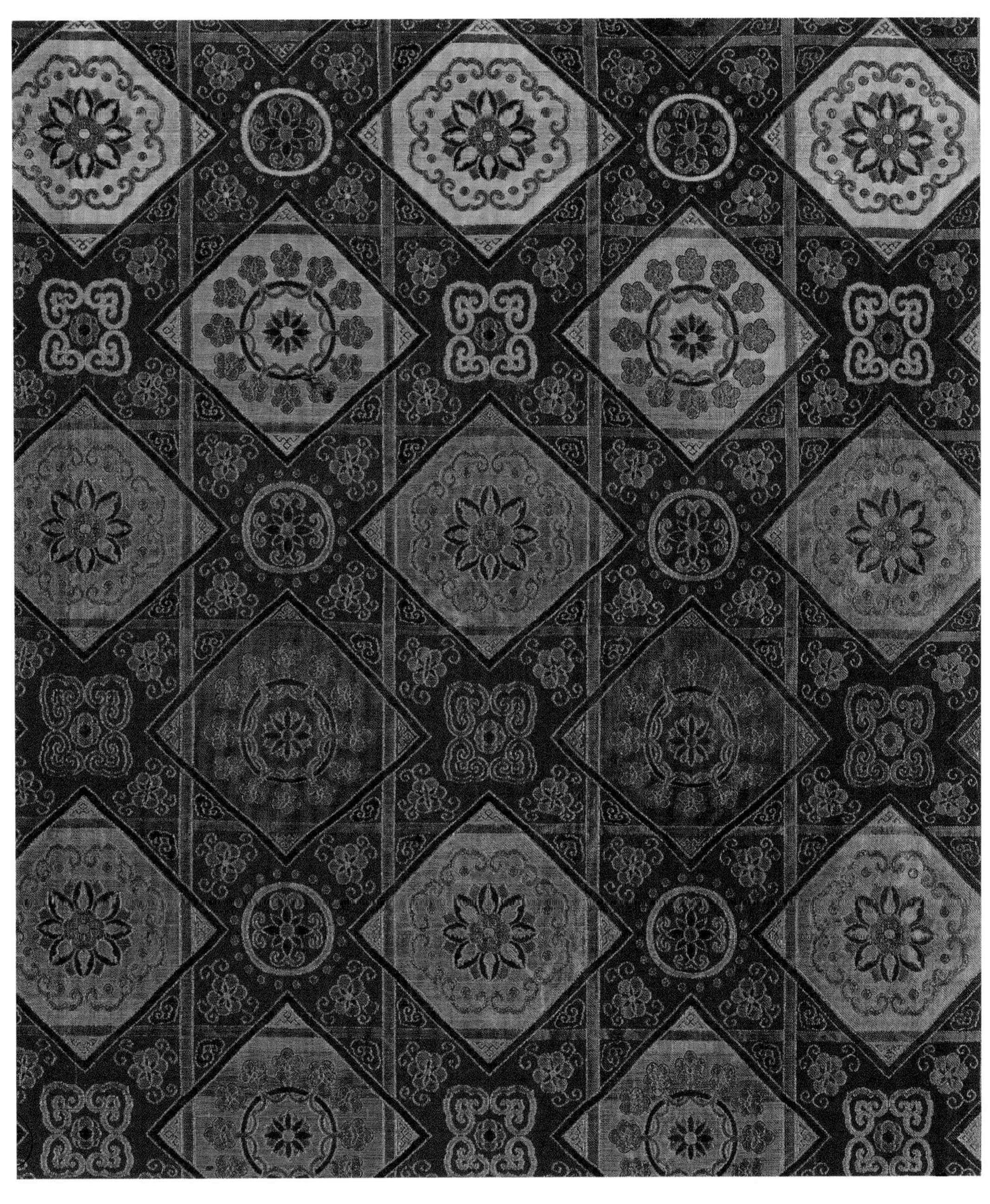

39

木紅地童子愛蓮紋錦

明

長30.5厘米　寬12厘米

Red Brocade with Design of a Child at Play Amid the Lotus Flowers

Ming Dynasty

Length. 30.5cm　Width. 12cm

木紅色經緯綫織三枚右向斜紋地，以片金綫及白、綠、藍、月白等彩色絨綫為紋緯，以分段換梭和緯斜紋提花工藝織“童子愛蓮”圖紋。童子於纏枝蓮花中嬉戲，生動可愛。以“蓮”、“憐”諧音寓“愛憐童子”之意。

此錦配色莊重典雅，花紋局部用片金綫織成，工藝精湛。是明代蘇州織造的佛經封面的殘片。

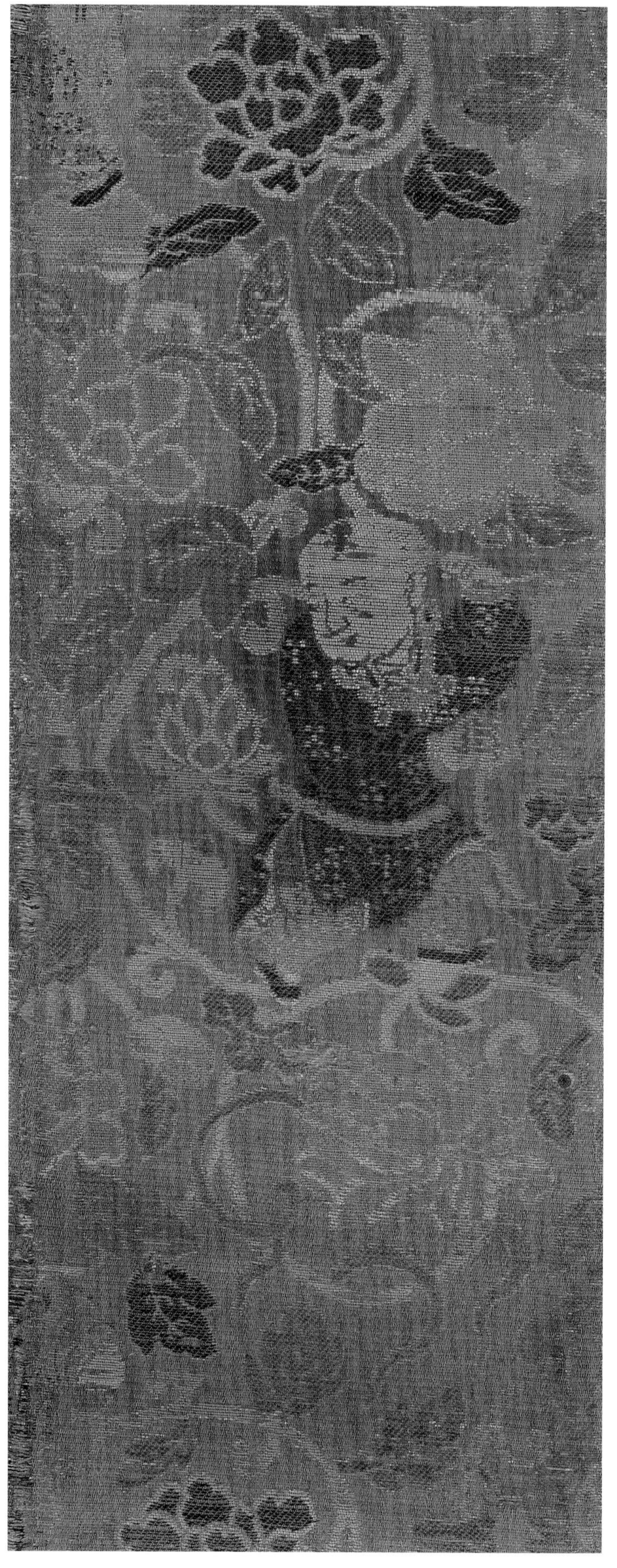

40

月白地曲水團龍鳳花卉紋錦
清早期
長46厘米　寬46.5厘米
清宮舊藏

Moon White Brocade with Design of Flowers and Medallions of Dragons and Phoenixes
Early Qing Dynasty
Length: 46cm　Width: 46.5cm
Qing Court collection

以月白色六枚二飛曲水紋（卍字紋）暗花緞為地。以藍、粉紅、白、綠等色絨綫為紋緯，採用分段換梭、緯斜紋提花工藝織五彩團龍鳳紋為主題紋飾，寓“龍鳳呈祥”之意。在圖案落空之處飾五彩折枝牡丹、玉蘭、海棠、桃、菊等花卉，寓意“玉堂富貴”、“萬壽無疆”。

此錦紋飾配色簡練素雅，用色簡潔，織物的質地比較輕薄，適合服飾之用。

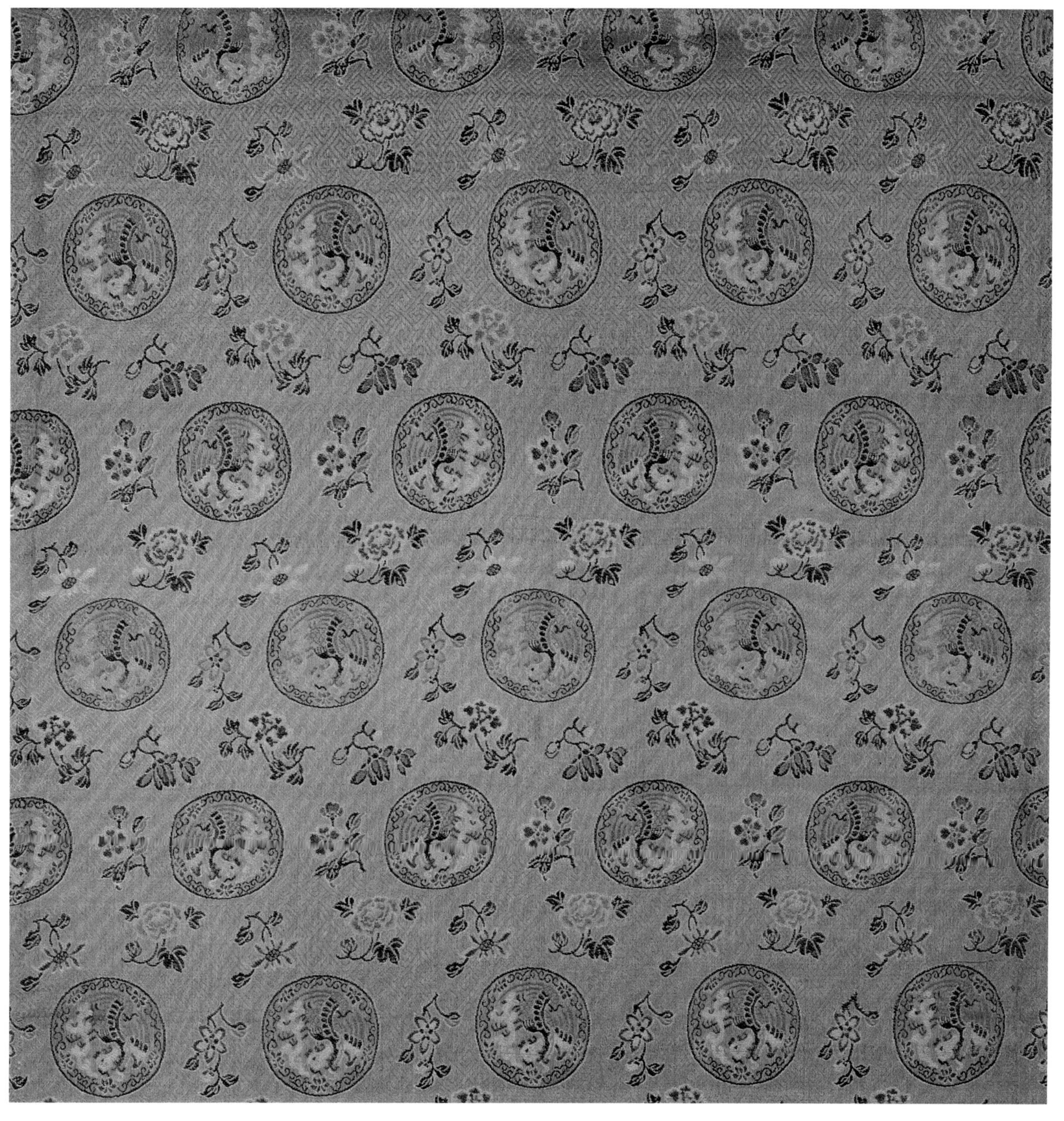

41

湖色地折枝花卉雜寶紋宋式錦

清早期
長100厘米　寬24.5厘米
清宮舊藏

Light Blue Brocade with Design of Plucked Branch Flowers and Miscellaneous Treasures
Early Qing Dynasty
Length: 100cm　Width: 24.5cm
Qing Court collection

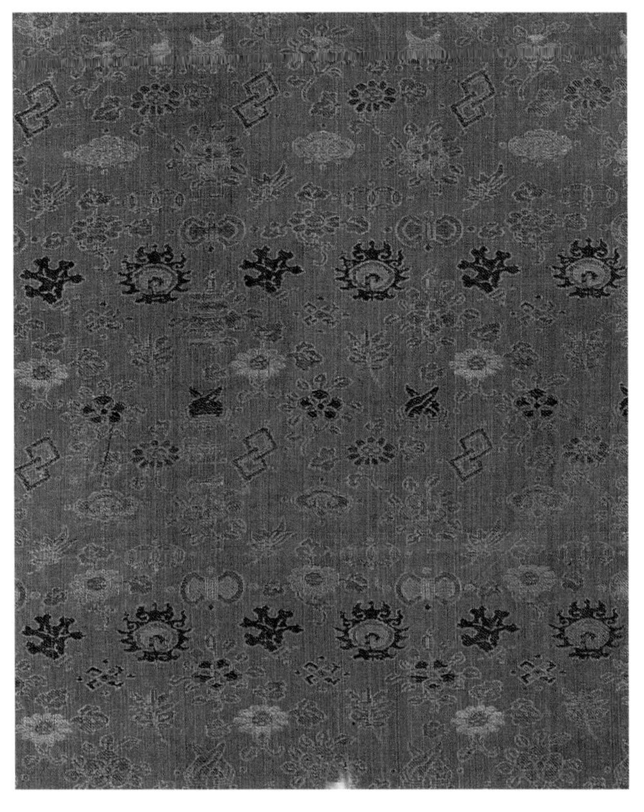

湖色經緯綫織三枚經斜紋地。以綠、藍、紅、黃、絳、杏黃、香色等彩綫為紋緯，採用分段換梭、緯斜紋顯花工藝織珊瑚、火球、如意雲頭、犀角、方勝、古錢等雜寶紋，間飾折枝菊花等朵花紋。圖紋多含“福壽如意”等吉祥意。

此錦花紋精細小巧，設色淡雅，採用宋式錦常用的分段調換色緯的方法以達到豐富色彩的目的，因此出現花紋相同而色彩逐段不同的效果。

42

黑地冰梅紋錦

清康熙
長296厘米　寬76厘米
清宮舊藏

Black Brocade with Design of Ice-crackle and Plum Blossom
Kangxi Period, Qing Dynasty
Length: 296cm　Width: 76cm
Qing Court collection

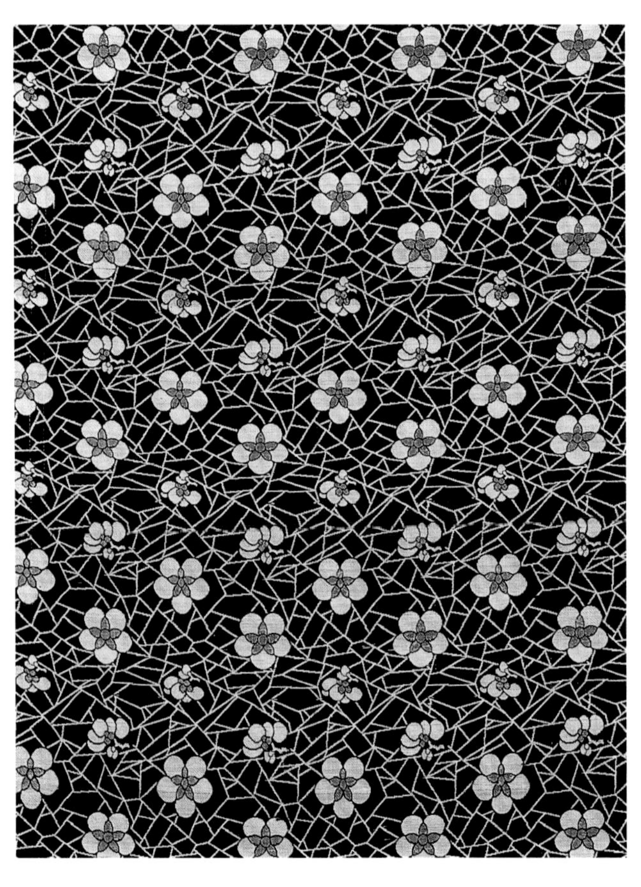

黑色經緯綫織五枚二飛經緞紋地。以片金綫和白色絲綫，即一金一彩為紋緯，提織冰梅紋。滿地不規則冰裂紋並佐以白、金二色的梅花紋樣，形成了綫與面的對比，有“亂中見整”的藝術效果，意境高雅。

此錦採用長跑梭的技法織造花紋，配色少，故質地較輕薄，適合用於服飾或衣物、帽子的鑲邊裝飾，亦可用於囊袋、錦匣、靠墊等。

此錦又稱“彩庫錦”，花紋單位面積小，設計紋樣和挑花結本都比較省工，能在很小的單位面積內設計出富於變化且精巧動人的紋樣。“彩庫錦”一般用色不多，卻精麗悅目，且質地比較輕薄。

43

粉紅地雙獅球路紋宋式錦
清康熙
長69厘米　寬75厘米

Pink Brocade with Design of Two Lions Playing a Ball
Kangxi Period, Qing Dynasty
Length: 69cm　Width: 75cm

粉紅色經緯綫織三枚經斜紋地，以片金綫、大紅、寶藍、月白、綠、米色等彩絨綫為紋緯，採用長跑梭提花工藝織雙獅球路紋。球路的中心為“雙獅戲球”紋，間飾夔龍紋、公雞紋、奔兔及折枝花紋，並在球路行間飾寶相花，寓“功名富貴”等吉祥之意。

此錦織工精細，絲質上乘，質地柔軟，配色反差強烈，在紋飾的邊緣及色階變化之處以片金作絞邊處理（亦稱“包金邊”），使強烈的對比色統一於和諧的基調之中。是清代蘇州官辦織造局的精品。

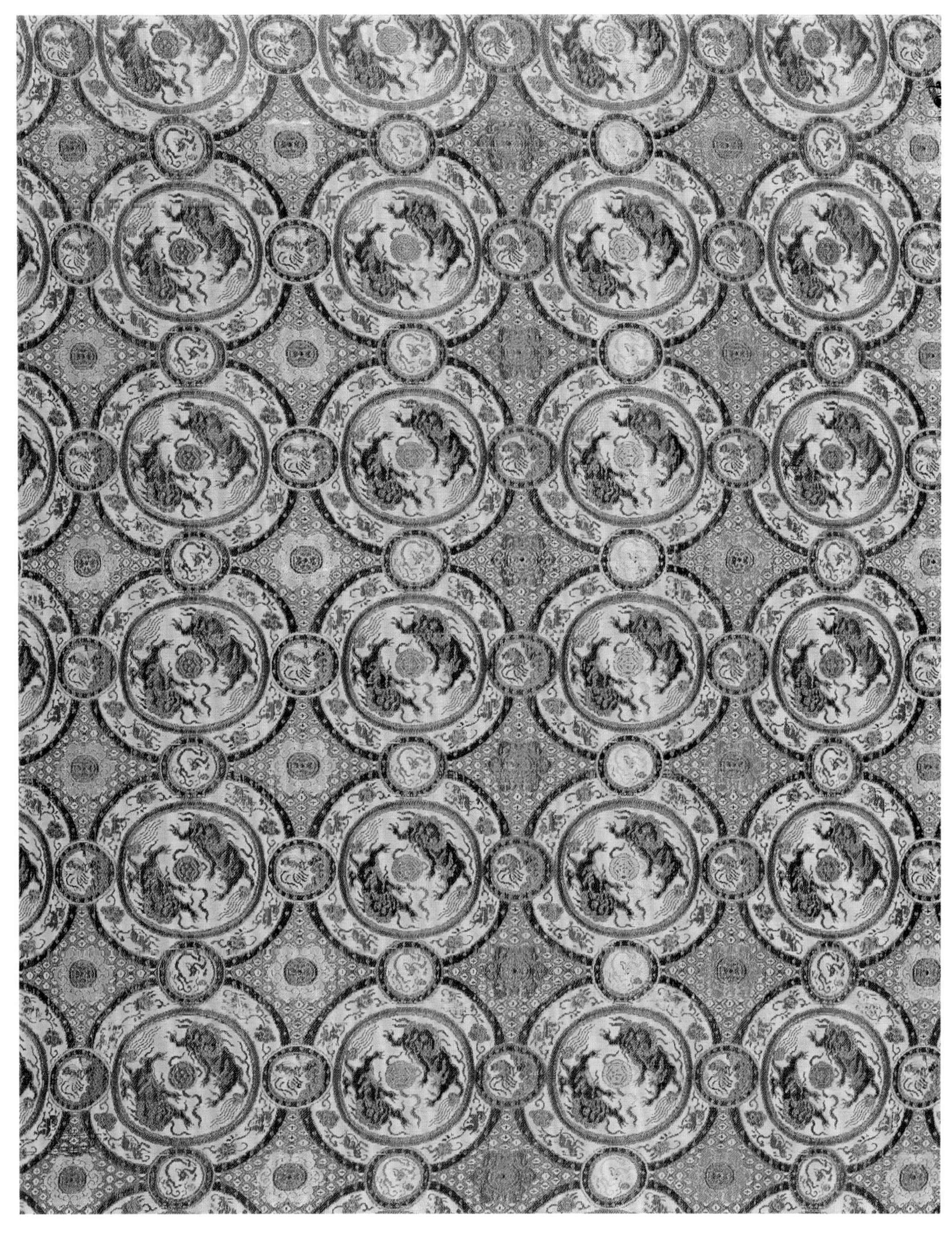

44

深藍地盤絛朵花紋織金錦
清康熙
長58.5厘米　寬76.5厘米

Gold-thread-woven Brocade with Design of Flowers and Coiling Knots on a Deep Blue Ground
Kangxi Period, Qing Dynasty
Length: 58.5cm　Width: 76.5cm

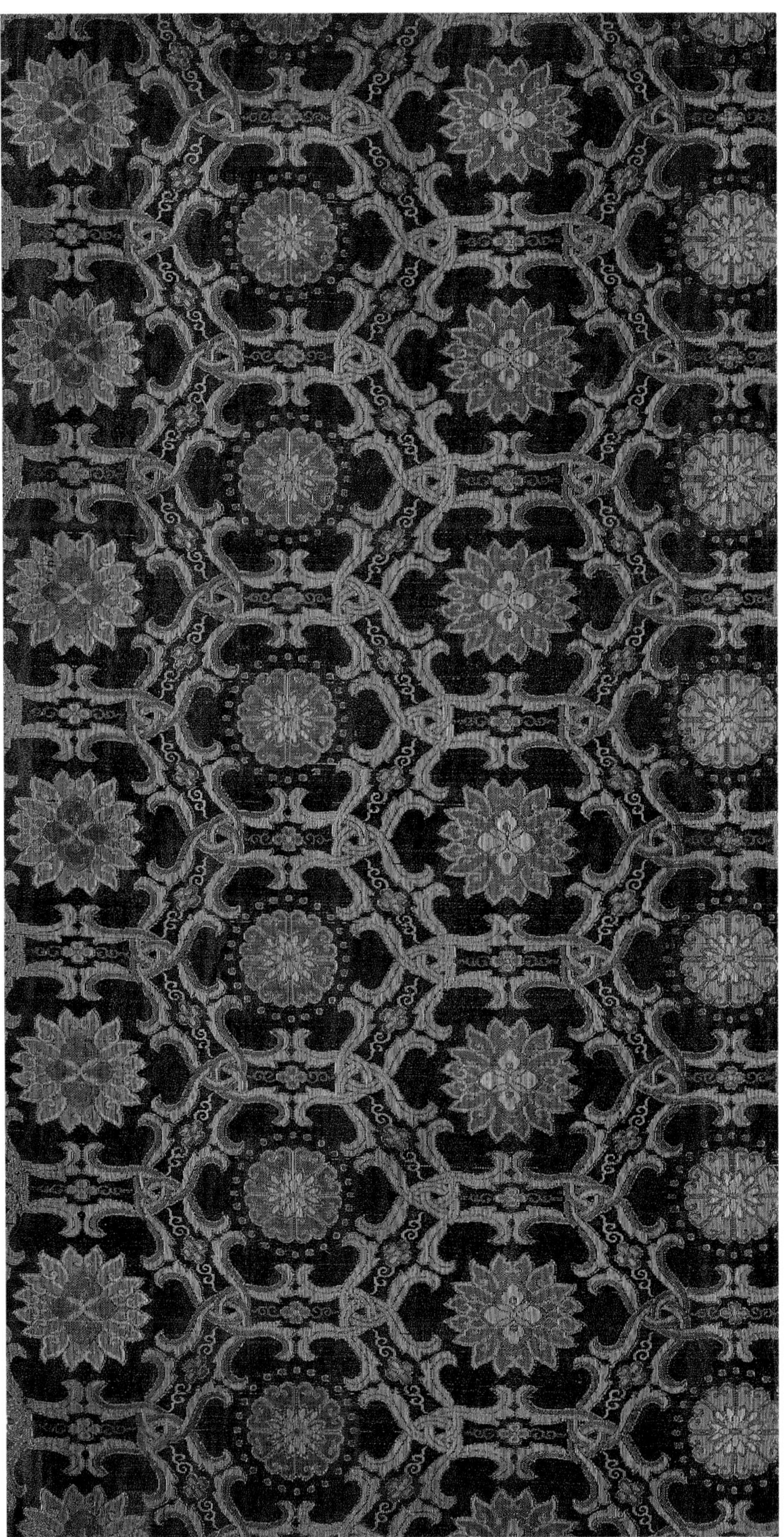

深藍色經緯綫織八枚三飛經面緞紋地，以蝦青色、棗紅色、香色等彩色絨綫及片金綫為紋緯，採用通梭工藝緯向斜紋提織盤絛紋，形成十分規矩的錦紋骨架。又以大紅色、茶色、土黃色絨綫為紋緯，採用分段換梭工藝，緯向斜紋提織蓮花與菊花紋。

此錦比較厚重，圖紋提織十分規矩，配色雖暗，但以片金綫作紋邊修飾，增強了圖紋的層次感，形成明暗相間的效果。

織金錦因在緞地上以金綫或銀綫織出花紋而得名，又名庫錦，有“二色金庫錦”和“彩花庫錦”兩種，屬雲錦類。雲錦是中國傳統織錦，明清時為宮廷織品，以富麗華貴、絢爛如雲而得名。後因只有南京生產，常稱為“南京雲錦”。

45

銀灰地曲水魚藻紋錦

清康熙
長30.5厘米　寬30厘米
清宮舊藏

Bracade with Colored Design of Fish and Seawced

Kangxi Period, Qing Dynasty
Length 30.5cm　Width: 30cm
Qing Court collection

銀灰色經緯綫織六枚二飛不規則經面緞紋地。以粉色、綠色絲綫為紋緯，通梭織粉色曲水紋和綠色水藻紋。同時又以紅、月白、駝、煙、黃、藍等色絲為紋緯，分段換梭織魚紋、朵花紋和海螺紋。“魚”與“餘”諧音，常用來比喻富餘、吉慶和幸運。而藻紋多引伸其意為“潔淨”，古時常用作服裝的飾紋。

此錦配色淡雅，織工精細，是了解清早期織錦工藝的實物資料。

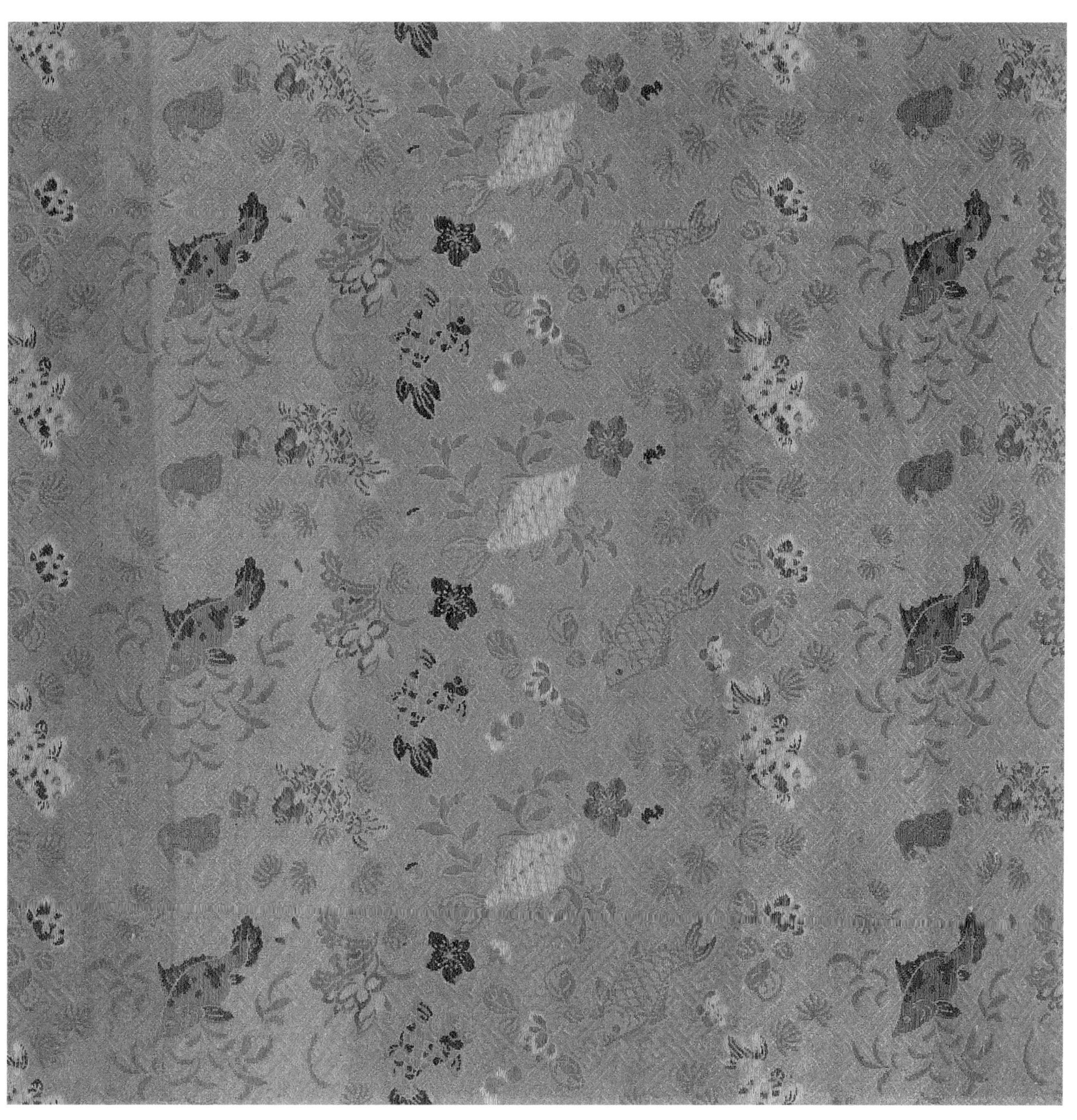

46

藍地團龍八寶紋天華錦
清康熙
長25.2厘米　寬14厘米
清宮舊藏

Brocade with Coloured Design in Geometric Figures on a Blue Ground
Kangxi Period, Qing Dynasty
Length: 25.2cm　Width: 14cm
Qing Court collection

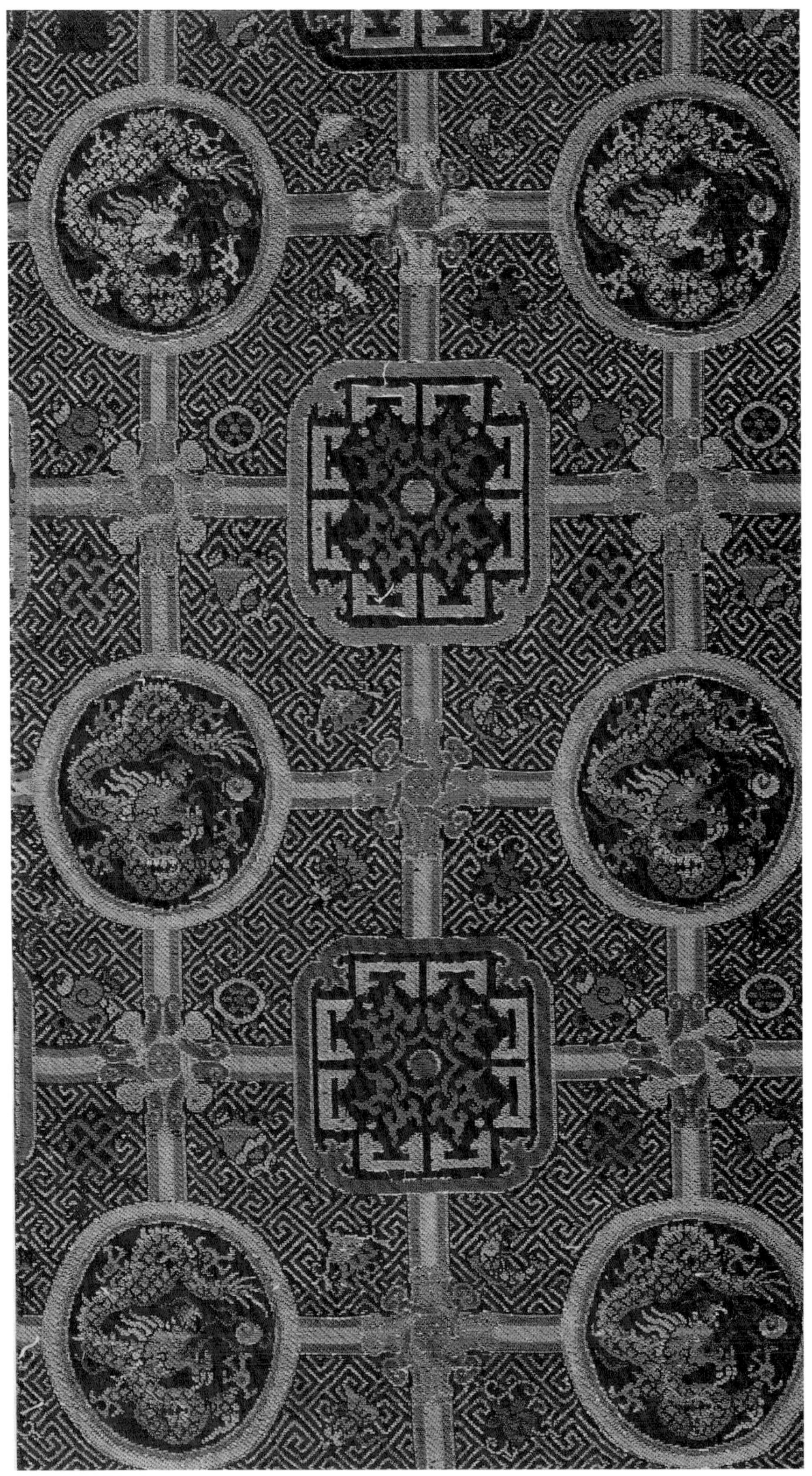

藍色經緯綫織四枚左向經斜紋地，以片金綫及月白、綠色、棕色、香色等彩色絨綫為紋緯，採用通梭技法，以四枚左向緯斜紋提花織幾何圖紋，內織團龍戲珠紋及夔紋，間飾螺、傘、盤長、法輪等八寶和寶相花紋。

此錦織造工藝精湛，是了解清早期仿宋錦工藝的極佳實物資料。

47

醬色地寶相花紋天華錦

清康熙
長56.5厘米　寬21.5厘米
清宮舊藏

Brocade with Coloured Design in Geometric Figures on a Dark Reddish Brown Ground
Kangxi Period, Qing Dynasty
Length: 56.5cm　Width: 21.5cm
Qing Court collection

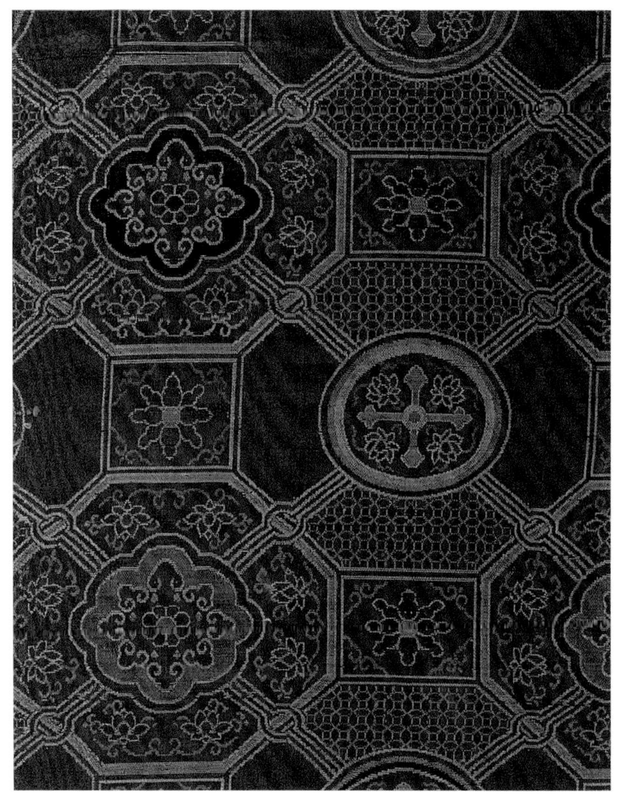

醬色經緯綫織三枚右向經面斜紋地，以香色、薑黃、品月、月白、綠、粉紅等色絲綫為紋緯，以分段換梭，緯向斜紋顯花的工藝織圓形、方形、八角形等幾何圖形作有規律的交錯重疊，組成富於變化的錦式骨架。並在骨架中填織寶相花、十字型花、古錢及蓮花紋。

此錦織工精細規整，錦形和錦紋變化多樣，花紋繁縟但規矩，有“錦中有花，花中有錦”的效果，是清早期較典型的天華錦。

48

藍地瓜蝶紋錦

清康熙
長65厘米　寬73厘米
清宮舊藏

Blue Brocade with Coloured Design of Melons and Butterflies
Kangxi Period, Qing Dynasty
Length: 65cm　Width: 73cm
Qing Court collection

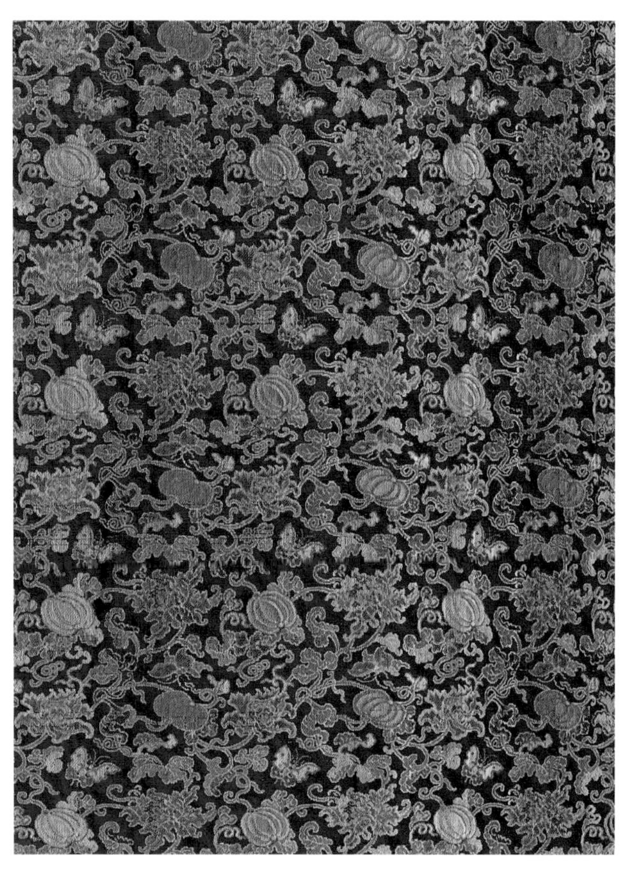

藍色經緯綫織六枚二飛不規則經面緞紋地，以紅、桃紅、綠、白、杏黃、湘色、古銅等色絨綫為紋緯，採用通梭與分段換梭兩種工藝織纏枝牡丹、瓜紋和蝴蝶紋。纏枝牡丹花寓意“富貴綿長”。瓜多籽，蝶與瓞（小瓜）諧音，組合為“瓜瓞綿綿”，寓意“子孫昌盛”。

此錦運用挑花結本的織彩技藝，使花紋工整規矩，並以白色的絨綫將所有花紋作了絞邊處理，使本來雜亂的色彩變得規整，有很強的裝飾性，代表清早期織錦工藝的風格和水平。

49

藍地卍字蝴蝶紋錦

清雍正
長56.5厘米　寬21.5厘米
清宮舊藏

Blue Brocade with Design of a Pair of Butterflies Flying Towards Each Other
Yongzheng Period, Qing Dynasty
Length: 56.5cm　Width: 21.5cm
Qing Court collection

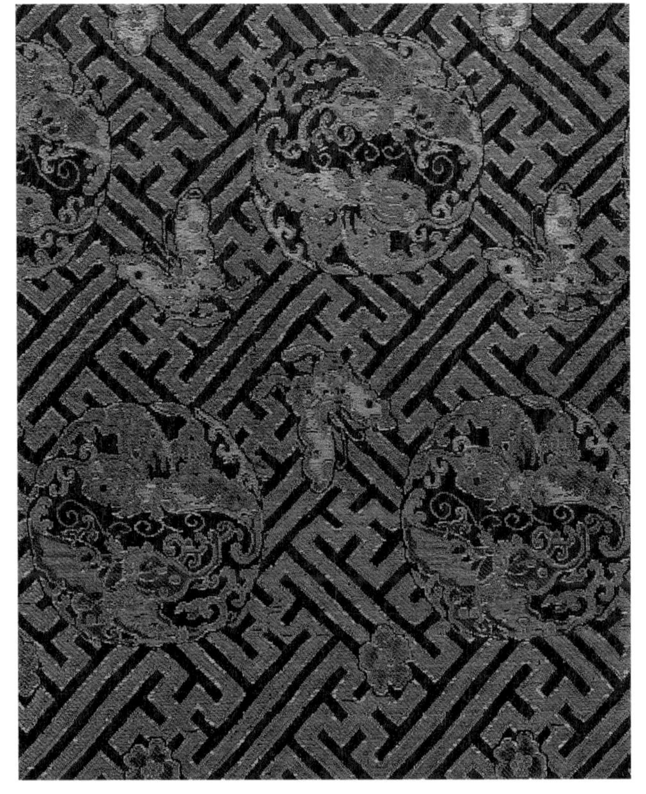

藍色經緯綫織八枚三飛經面緞紋地，以片金綫、綠色彩絲為紋緯，滿地鋪織卍字紋錦地。又以紅、粉、月白、品月、黃、銀灰等色絲綫為紋緯，織寓意為"喜相逢"的兩隻相對起舞的五彩蝴蝶組成的團形圖紋，落空處飾彩蝶及朵花紋。

此錦紋飾以通梭和分段換梭的緯斜紋提花工藝織造，並以片金綫作紋邊裝飾，花紋造型生動，配色鮮活。

50

黃地折枝牡丹菊花紋錦

清雍正
長整匹　幅寬74.5厘米

Yellow Brocade with Design of Plucked Branch Flowers and Butterflies
Yongzheng Period, Qing Dynasty
Length: A bolt of cloth　Width: 74.5cm

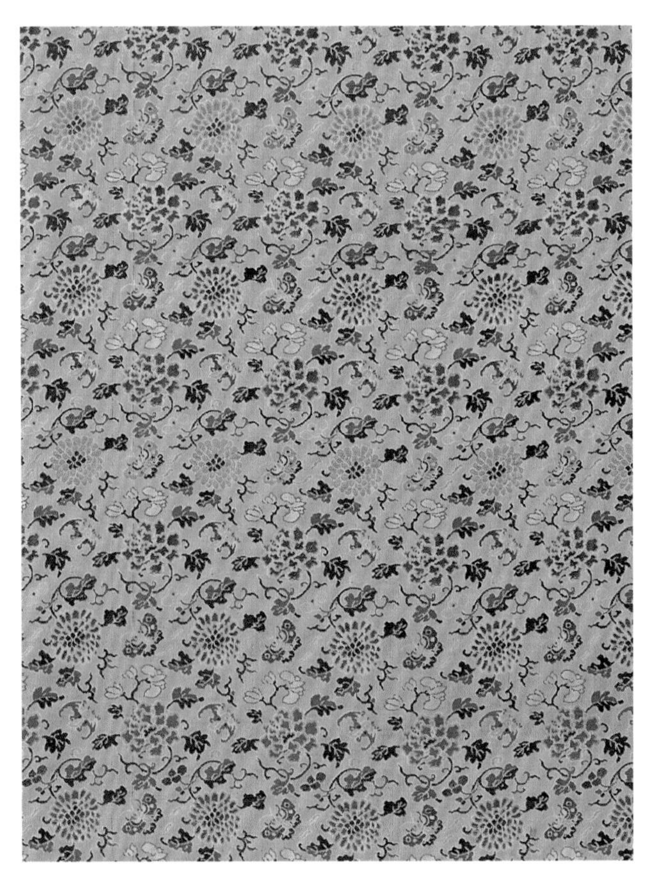

黃色經緯綫織五枚三飛經面緞紋地，以藍色絨綫為紋緯，採用通梭技法以四枚緯斜紋織藍色折枝花紋。又以綠、棗紅、棕、白、粉、絳、駝、香等色絨綫為紋緯，分段換梭提織折枝壽菊、牡丹紋，間飾五彩蝴蝶、蝙蝠紋。寓意"福壽"、"富貴長壽"。端頭分佈夔龍、連續卐字等紋飾。

此錦是一件"炕褥"料，其紋樣和設色均表現出清早期織錦緞的工藝特徵。織錦緞是清代在江南織錦基礎上發展而成的傳統絲織品，是清代蘇州織造織造的以緞紋為地，以三種以上彩緯交織成的重緯織物。

51

紅地百子圖錦
清乾隆
長224厘米　寬72厘米

Red Brocade Quilt Cover with Design of a Hundred Children at Play
Qianlong Period, Qing Dynasty
Length: 224cm　Width: 72cm

紅色經緯綫織六枚二飛不規則經面緞紋地，以棗紅、綠、香、藍、月白、米黃、黃、粉等色絨綫及片金綫為紋緯，採用分段換梭緯斜紋提花工藝織祈求多子多孫、多福多壽的百子圖。端頭以鳳紋、牡丹花、彩蝶等紋樣組成了“鳳穿牡丹”及“捷報富貴”的吉祥圖紋。

此錦織工精細、質地輕柔，是一件織成的被面料。

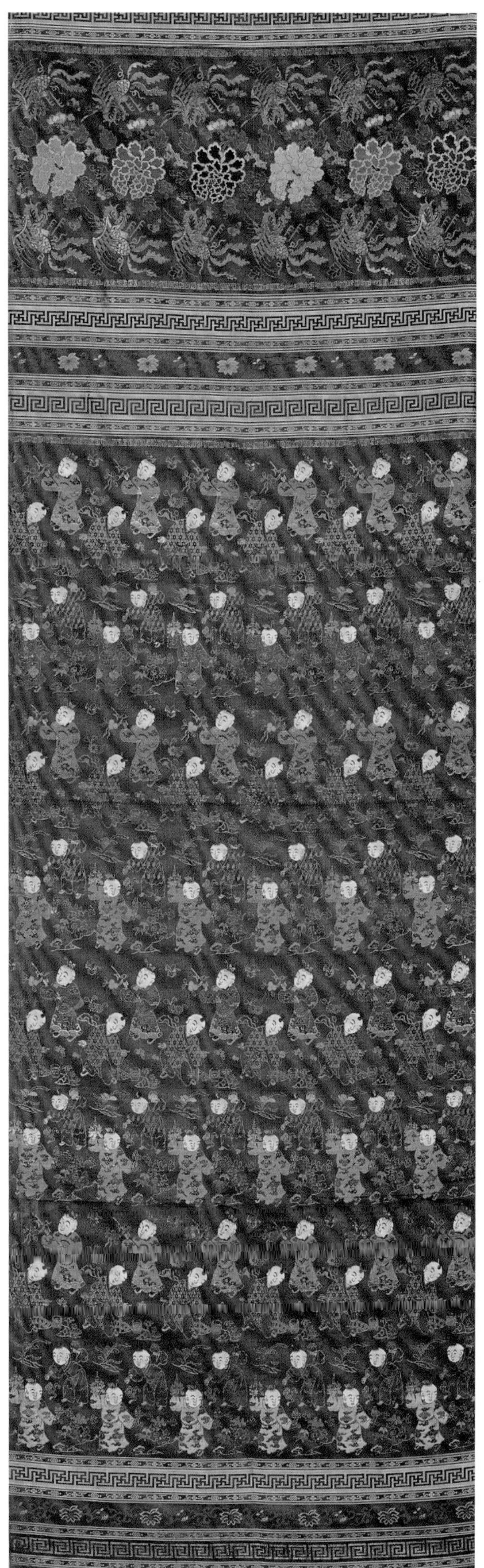

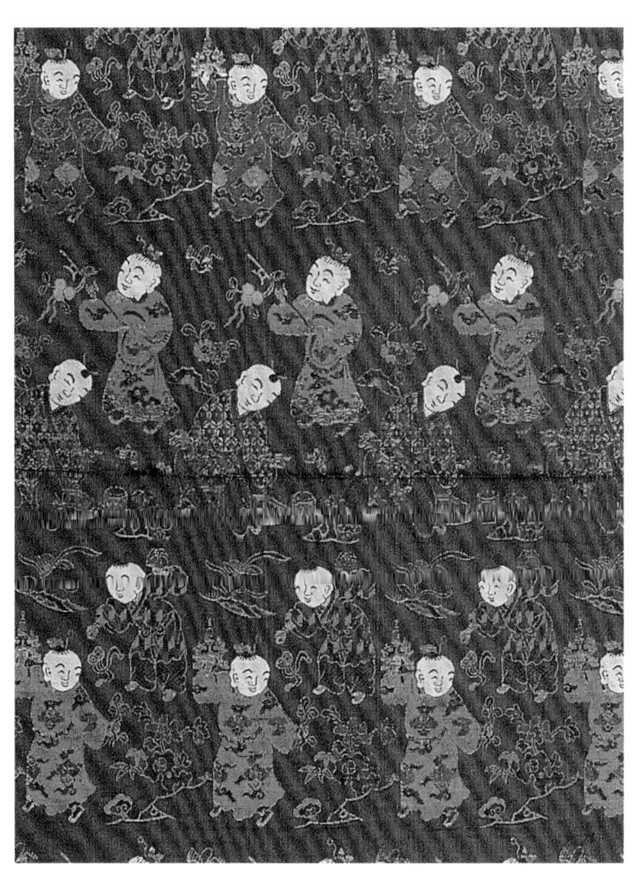

52

湖色地方格朵花紋宋式錦

清乾隆
長64.8厘米　寬26.2厘米
清宮舊藏

Light Blue Brocade with Design of Flowers in Checks

Qianlong Period, Qing Dynasty
Length: 64.8cm　Width: 26.2cm
Qing Court collection

湖色經緯綫織六枚二飛不規則經面緞紋地，以棕色、白色絲綫為紋緯，通梭緯斜紋顯花織不規則藻井紋，內以黃、杏黃、茶、綠色絲綫為紋緯，分段換梭提織菊花、寶相花、十字花等朵花紋。藻井外滿地織蛇皮錦紋。

此錦是宋式錦中的“匣錦”、“小錦”類，產於蘇州，一般用於製作囊、匣或裝幀書畫。

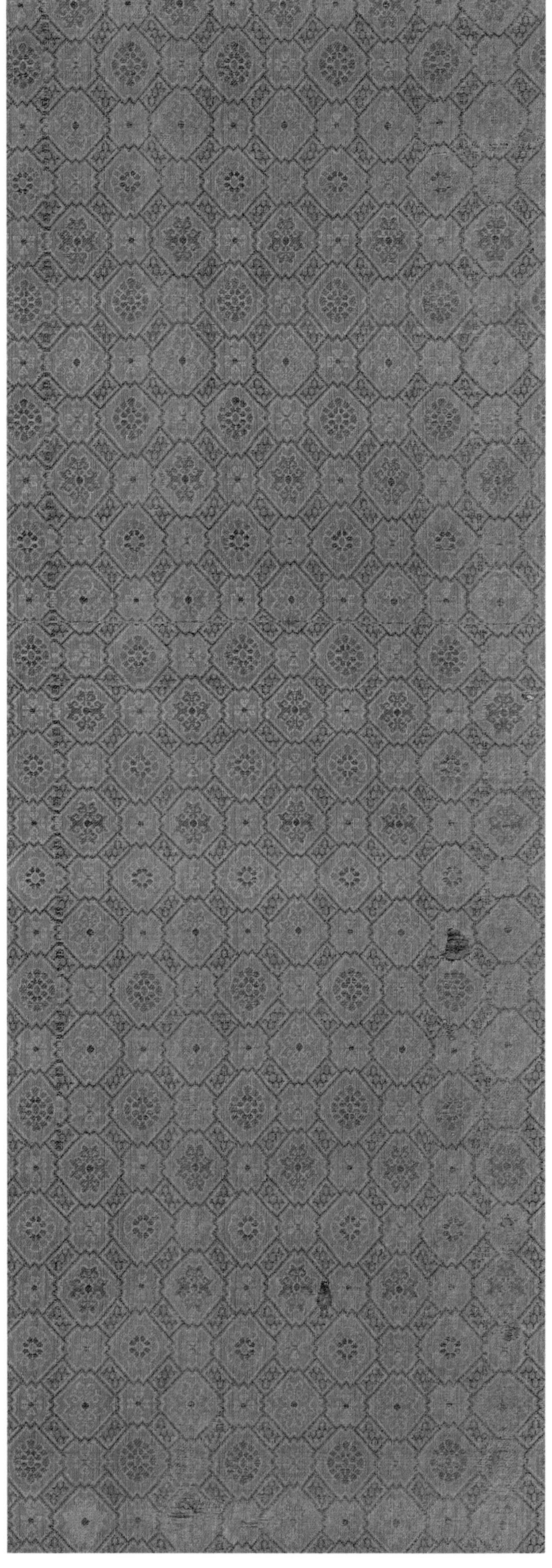

53

藍地靈仙祝壽紋錦
清乾隆
長42厘米　寬33.5厘米
清宮舊藏

Blue Brocade with Design of Lingzhi Fungus and Narcissus Symbolizing Birthday Congratulations
Qianlong Period, Qing Dynasty
Length: 42cm　Width: 33.5cm
Qing Court collection

以藍色經緯綫織八枚三飛經面緞紋地，以綠、月白、紅、黃、銀灰等彩色絨綫為紋緯，分段換梭織靈芝、水仙、竹子、桃子、牡丹花等紋飾，靈芝、水仙為仙草，竹諧音“祝”，桃含“長壽”之意，牡丹為富貴的象徵，此圖紋組合有“靈仙祝壽”，“富貴長壽”的寓意。

此錦織工精細講究，質地輕薄，表面呈一種磨毛起絨的效果，非常獨到。

54

明黃地龜背團龍紋織金錦
清乾隆
長480厘米　寬76.5厘米
清宮舊藏

Gold-thread-woven Brocade with Coloured Design of Tortoise-shell and Dragon Medallions
Qianlong Period, Qing Dynasty
Length: 480cm　Width: 76.5cm
Qing Court collection

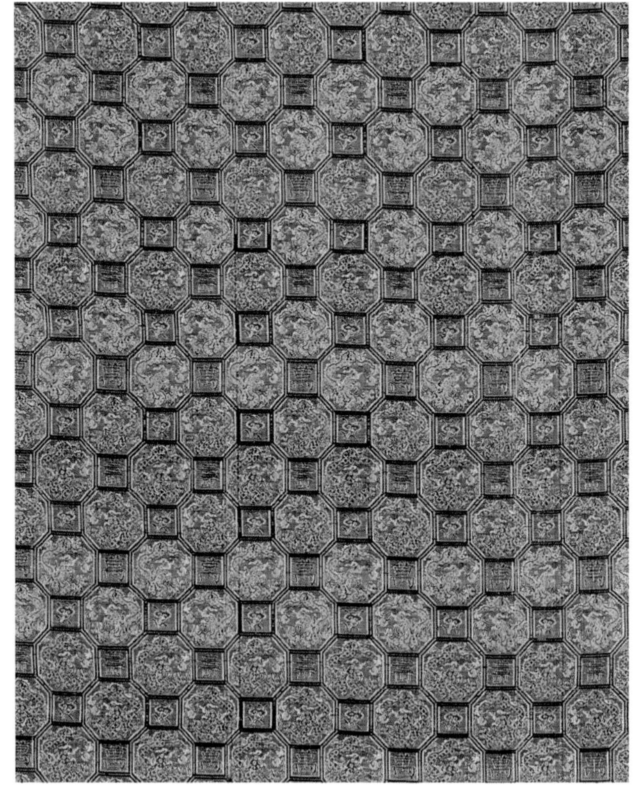

明黃色經緯綫織三枚經斜紋地，滿地鋪織片金綫，又以藍、白、葡灰、綠、黑、大紅等色絨綫為紋緯，長跑梭妝彩織藍、白兩色相間的龜背紋，內添織五彩團龍紋，間飾“萬”、“壽”字及靈芝紋。團龍是皇權的象徵，其設色分別為紅、青、玄、白、黃五色，符合“東、西、南、北、中”五方的概念，龜背紋寓意長壽，靈芝為仙草，加上萬壽字，圖紋整體寓意“萬壽無疆”、“江山永固”。

55

藕荷地蝙蝠古錢紋錦
清乾隆
長72厘米　寬71.5厘米
清宮舊藏

Pale Pinkish Purple Brocade with Auspicious Design of Bats Holding a Coin
Qianlong Period, Qing Dynasty
Length: 72cm　Width: 71.5cm
Qing Court collection

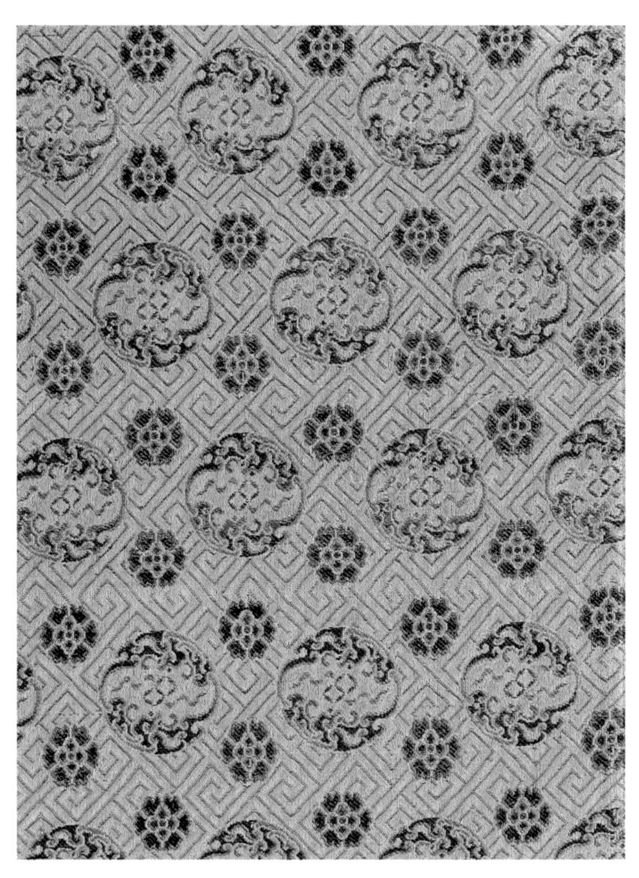

藕荷色經緯綫織六枚三飛不規則經面緞紋地，以棗紅色絨綫與地經交織成卍字紋。又以月白、藍、綠、草綠、大紅等色絨綫長跑梭妝彩織兩隻寫意變形的蝙蝠互捧古錢組成團花，間飾小型綠色團花，組合成諧音“福在眼前”的吉祥圖紋。

此錦用色簡單，重緯較少，絲質上乘，質地柔軟輕薄，適於服飾。

56

錦羣地三多花卉紋錦

清乾隆

長178厘米　寬75厘米

清宮舊藏

Brocade with Floral Design of Peach, Lotus and Chrysanthemum on a Multi-patterned Ground

Qianlong Period, Qing Dynasty

Length: 178cm　Width: 75cm

Qing Court collection

以藍色經緯綫織七枚二飛經緞紋龜背形骨架，骨架內正中飾菊花或寶相花，四周飾古錢紋、斜卐字紋、鎖子紋和方勝紋。組成滿地錦羣紋樣。上以綠、藍、紅、白、黃、捻金綫為紋緯與紋經交織蓮蓬、石榴、佛手、桃等果實。蓮蓬、石榴多子，佛與福諧音，桃有長壽之意，此圖紋組合寓意"多子、多福、多壽"。

此錦構圖繁縟，用色濃重艷麗，織工精湛，花紋絢麗多彩，具有錦上添花的藝術效果，是清代織錦珍品。

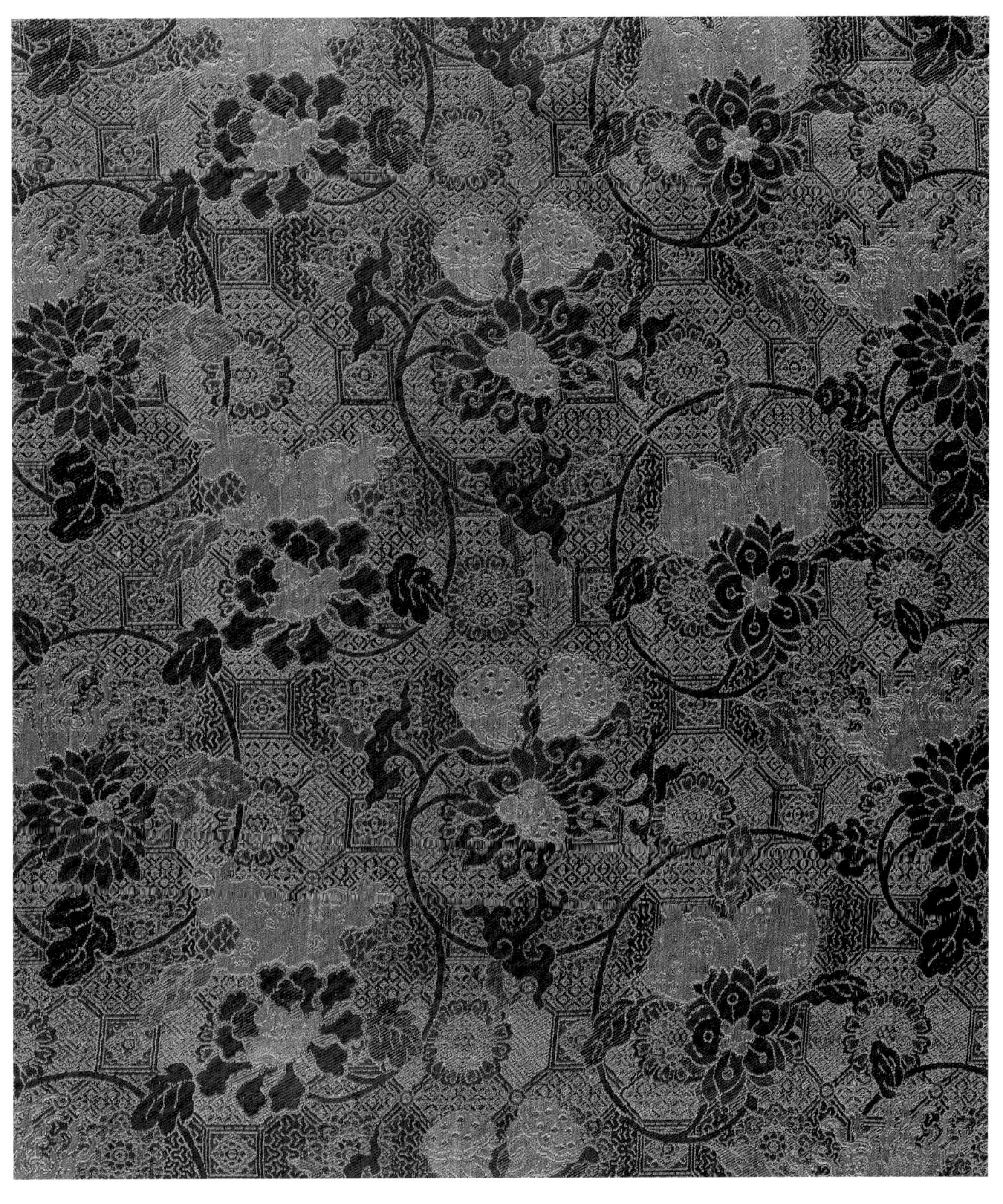

57

黃地纏枝牡丹紋錦
清乾隆
長整匹　幅寬70厘米
清宮舊藏

Yellow Brocade with Design of Winding Sprays of Peonies
Qianlong Period, Qing Dynasty
Length: A bolt of cloth　Width: 70cm
Qing Court collection

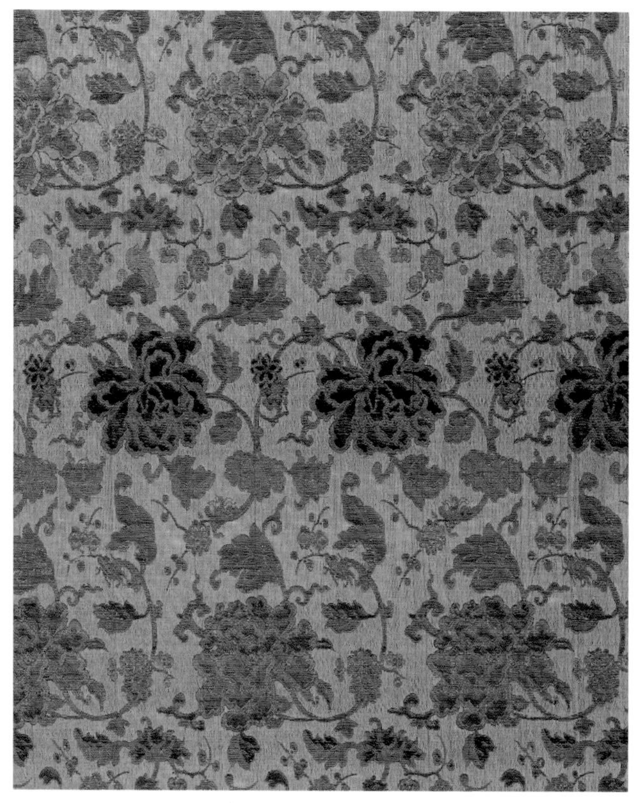

黃色經緯綫織六枚二飛不規則經面緞紋地，以片金綫和綠、藍、寶藍、品月、大紅、玫瑰紅、雪青等色絨綫為紋緯，織橫向交錯排列的纏枝牡丹紋。牡丹花朵碩大鮮艷，枝葉翻轉纏繞，寓富貴之意。

此錦紋飾採用通梭及分段換梭的技法織成，花瓣及枝葉、藤蔓等處均以金綫作紋邊處理，葉片則以金綫作陰影處理。綫條流暢舒展，用色豐富，頗顯雍容富貴之氣。由於質地較厚實，多用於宮中鋪墊、靠背等處。

58

白地龜背折枝牡丹紋錦
清乾隆
長210厘米　寬75.5厘米

Brocade with Coloured Design of Tortoise-shell and Plucked Branch Peonies
Qianlong Period, Qing Dynasty
Length: 210cm　Width: 75.5cm

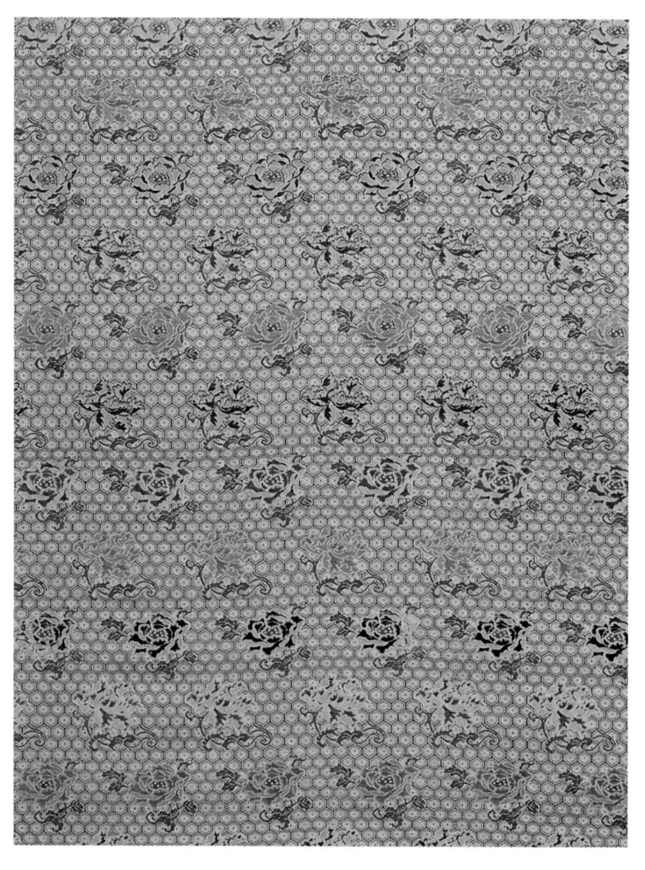

白色經緯綫織八枚三飛經面緞紋地，上以藍色、月白色絨綫為紋緯，通梭提花織龜背錦紋。又分別以香色和米色、紅色和米色、駝色和綠色絨綫為三個色彩單元，分段換梭緯斜紋提花織牡丹花紋。

此錦織造工藝複雜，提花織彩的層次豐富，質地厚實，一般用於宮廷生活用品的裝飾。

59

杏黃地四合如意紋天華錦
清乾隆
長100厘米　寬24.8厘米
清宮舊藏

Apricop Brocade with Coloured Design of Heads of Ruyi-scepter in Checks
Qianlong Period, Qing Dynasty
Length: 100cm　Width: 24.8cm
Qing Court collection

杏黃色經緯綫織六枚二飛不規則緞紋地。以片金綫和綠、藍、品月、紅、粉紅、雪青等色絨綫為紋緯，織兩種不同形式的四合如意紋，間飾十字及朵花紋。

此錦採用通梭、分段換梭和緯斜紋顯花工藝織花紋，並以片金綫做絞邊修飾，花紋層次分明。

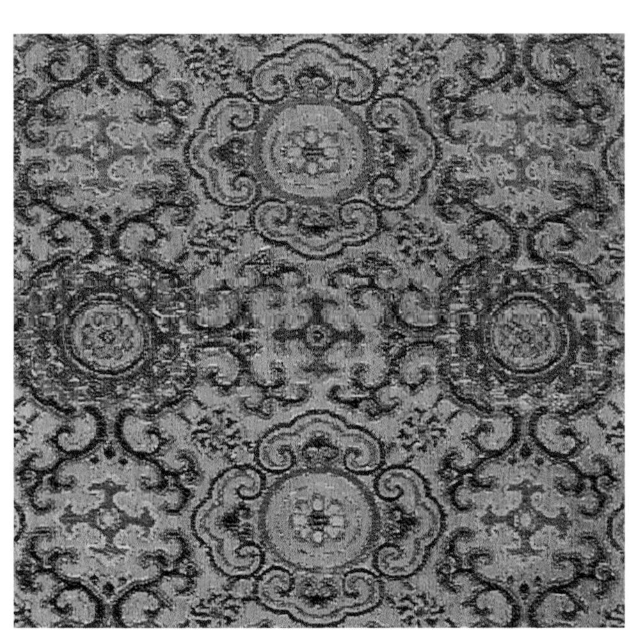

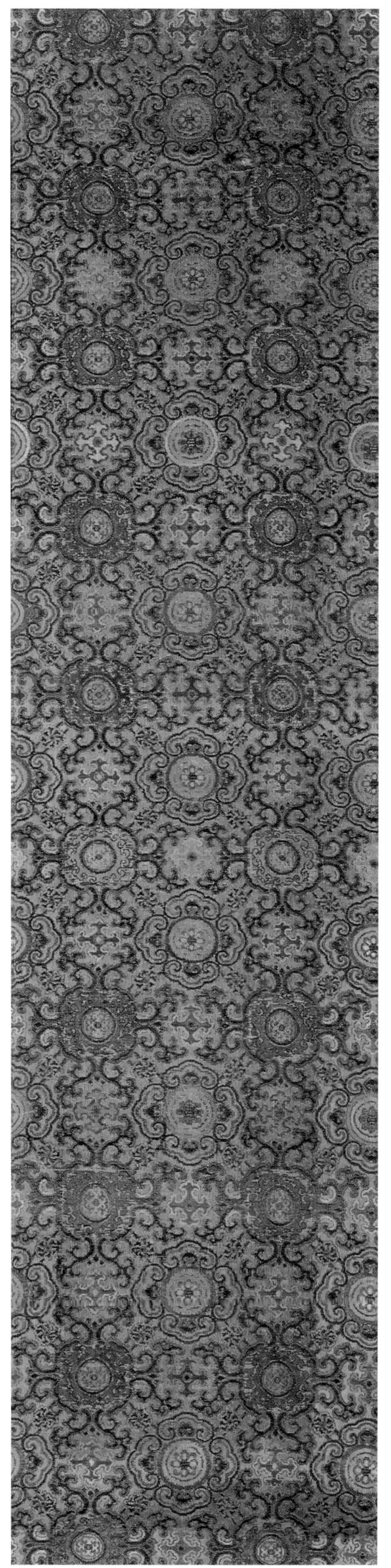

60

杏黃地曲水連環花卉紋宋式錦
清乾隆
長50厘米　寬37厘米
清宮舊藏

Apricot Brocade with Dcsign of Flowers and a Chain of Rings
Qianlong Period, Qing Dynasty
Length: 50cm　Width: 37cm
Qing Court collection

杏黃色經緯綫織三枚經斜紋地，以藍、綠、黃、白等色絨綫為紋緯，採用通梭工藝緯斜紋提織圓形團花，內填織連環紋及牡丹等花卉圖紋。在團花的落空處，以片金綫為紋緯，滿地鋪織曲水錦紋，上飾纏枝寶相花葉紋。此圖紋組合稱為“曲水連環花卉”或“鏡花”。此錦地經為兩根合股並用，每根經綫均作捻絲處理，紋路感極強。配色簡單，巧妙利用紋飾的重疊出現，給人以五光十色感覺，在金色曲水錦紋的襯托下，顯得十分華麗。是清代乾隆年間蘇州仿宋式錦的佳作。

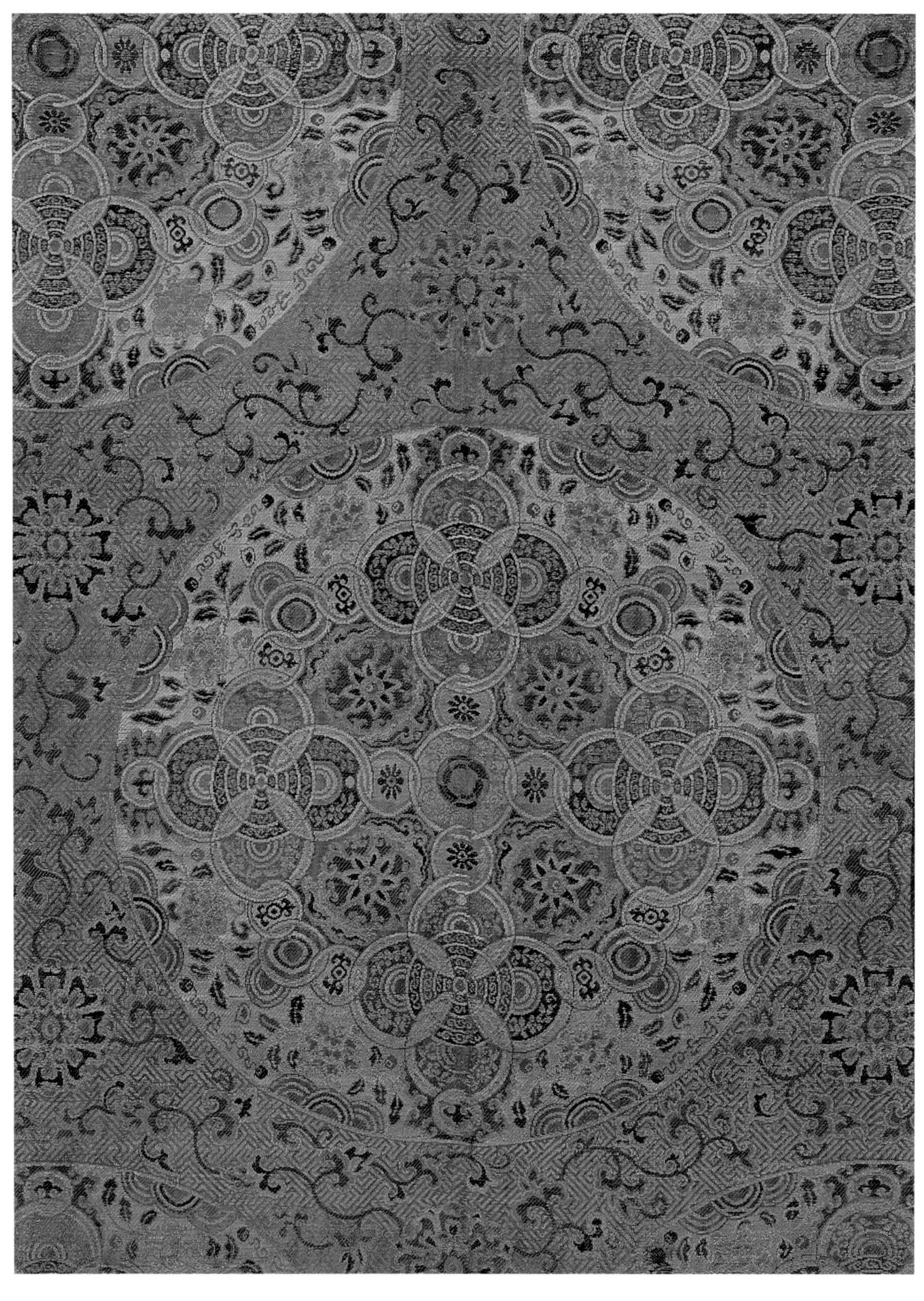

61

藍地燈籠紋錦
清道光
長整匹　幅寬75厘米

Blue Brocade with Lantern Design
Daoguang Period, Qing Dynasty
Length: A bolt of cloth　Width: 75cm

藍色經緯綫織六枚三飛不規則經緞紋地，以片金綫和大紅、草綠、墨綠、月白、白色絨綫為紋緯，提花織五彩燈籠紋及流蘇紋。燈籠中分別飾“吉”、“壽”字和紅色蓮花紋。流蘇以如意、磬、寶相花、盤長、卍字、方勝等雜寶紋組成。寓“吉慶長壽”、“福慶萬壽”之意。機頭織“江南織造臣七十四”款識。

此錦是清人的仿古織錦，以長跑梭織成，燈籠及流蘇均以片金絞邊。“燈籠紋錦”是宋代成都產的錦，因以金綫織成燈籠紋樣的錦紋，故名。

62

黃地折枝牡丹花紋錦
清道光
長整匹　幅寬75厘米
清宮舊藏

Yellow Brocade with Design of Plucked Branch Flowers
Daoguang Period, Qing Dynasty
Length: A bolt of cloth　Width: 75cm
Qing Court collection

黃色經緯綫織八枚三飛經面緞紋地，以紅、瓦灰、粉、淺粉、藍、果綠等色絨綫為紋緯織折枝牡丹花紋。機頭織“江南織造臣七十四”款識。

此錦花紋以分段換梭、緯斜紋提花工藝織造，花頭部分採用兩暈色技法，並巧妙地利用織物地本色組織紋織陰綫的手法，區分兩暈色的色階，使花紋層次感較強，有“堆綾”的效果。

堆綾是刺繡工藝中的一種技法，即用各種顏色的綾子，剪成花樣綾片，堆積粘貼做成圖案，圖案的邊緣用繡綫釘牢。

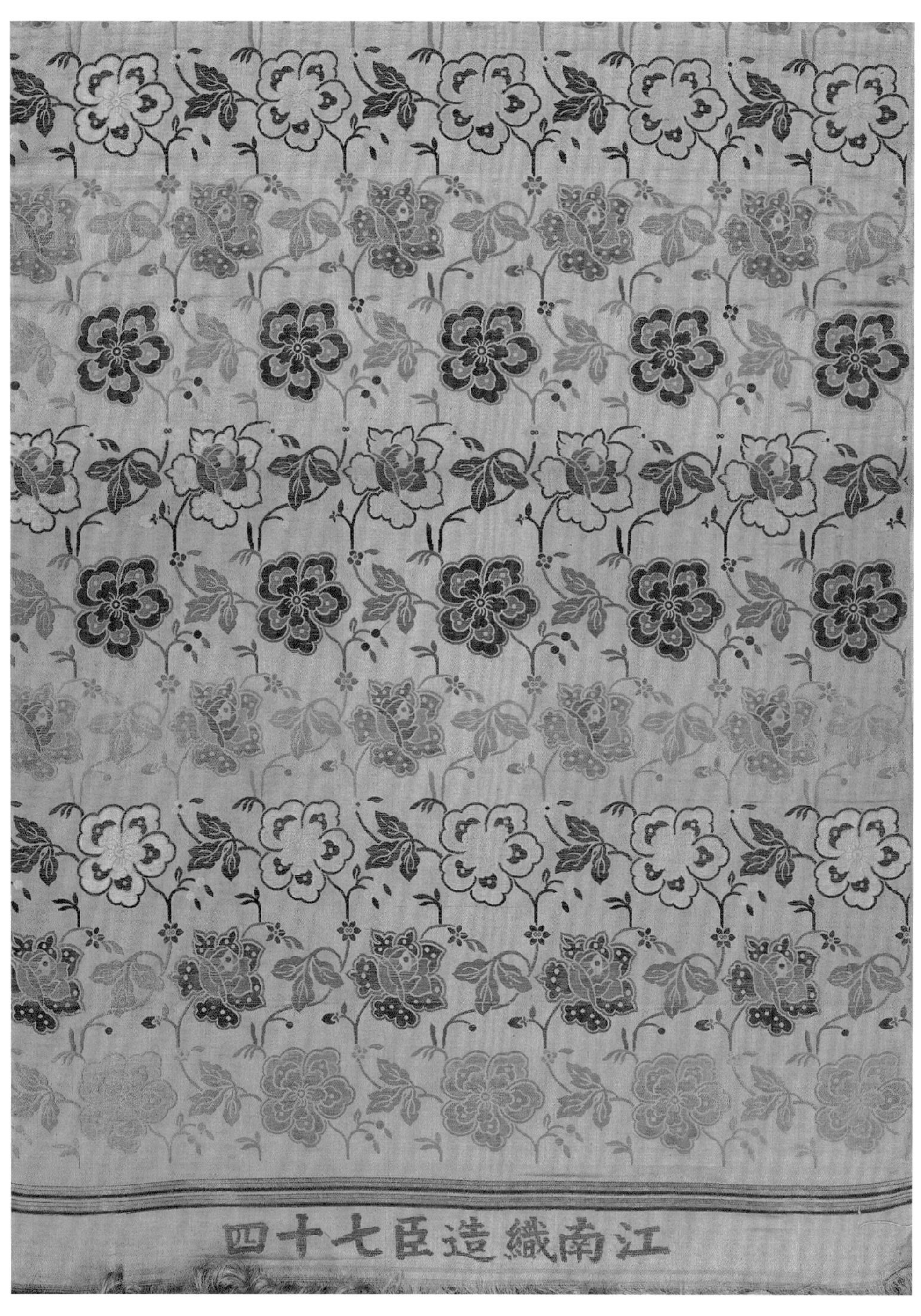

63

青地卍字勾蓮紋織金錦
清咸豐
長整匹　幅寬78厘米
清宮舊藏

Gold-thread-woven Brocade with Design of Training Delineated Lotuses on a Black Swastika-patterned Ground
Xianfeng Period, Qing Dynasty
Length: A bolt of cloth　Width: 78cm
Qing Court collection

青色經緯綫織八枚三飛經面緞紋地，以捻金綫與黃色絲綫合股並用，採用通梭提花工藝，滿地鋪織卍字錦紋，上以五彩絨綫挑織勾蓮紋。

此錦質地厚實，紋飾呈明顯的凹凸感，輪廓綫清晰，一般用於宮廷書套、座褥、靠墊等。

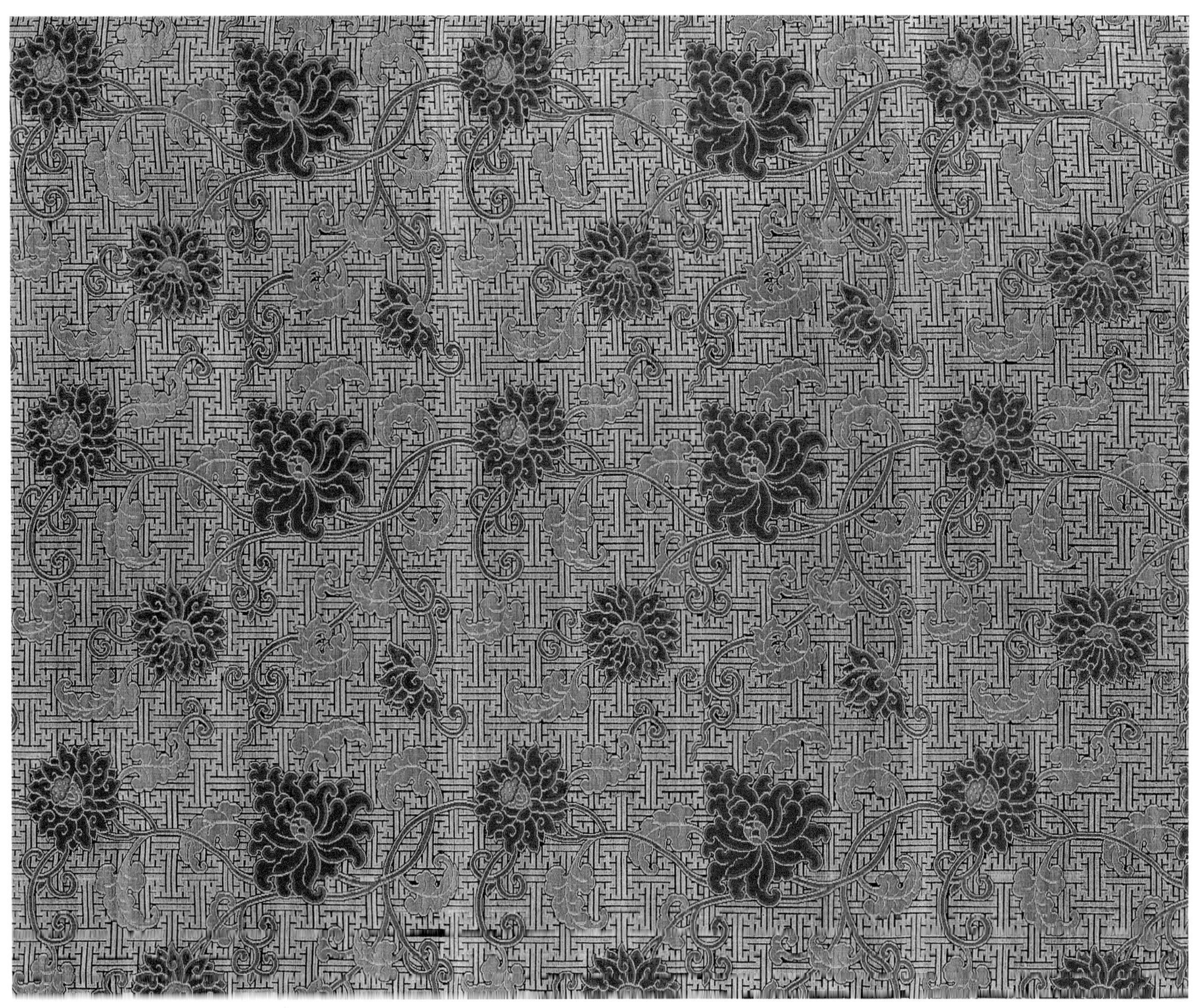

64

紅地如意紋天華錦

清同治
長整匹　幅寬79厘米

Red Brocade with Design of Flower Medallions and Heads of Ruyi-scepter in Geometric Figures
Tongzhi Period, Qing Dynasty
Length: A bolt of cloth　Width: 79cm

紅色經緯綫織八枚經面緞紋地，以捻金綫、片金綫和雪青、墨綠、果綠、寶藍、月白等色絨綫為紋緯，織長方形、菱形、八角形骨架。主題紋樣為如意團花，內飾冰梅紋。周圍襯以滿地菱形錦紋、折枝蓮花紋、鳳戲牡丹紋等。機頭織“江南織造臣忠誠”款識。

此錦以通梭提花工藝織成，質地厚實，紋飾繁複而規矩，採用兩暈色法設色，色彩層次分明。同時又巧妙地運用片金絞邊的手法，達到“錦中有花，花中有錦”的藝術效果。

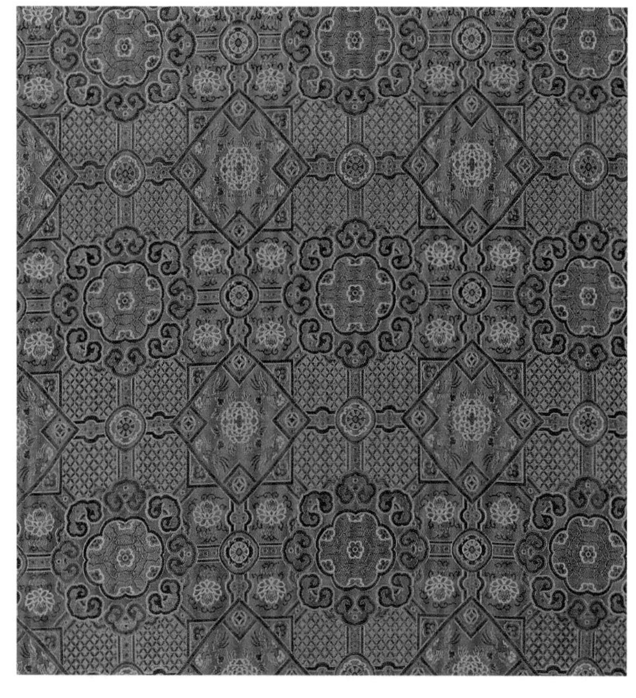

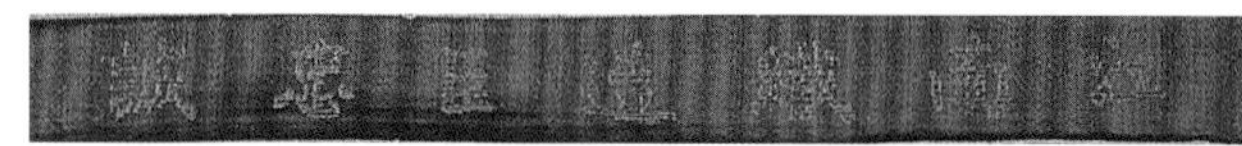

65

絳紅地壽字八吉祥紋織金錦

清光緒
長整匹　幅寬77.5厘米
清宮舊藏

Crimson Brocade with Design of Eight Buddhist Emblems and Character “Shou” (Longevity) Woven with Gold Thread
Guangxu Period, Qing Dynasty
Length: A bolt of cloth　Width: 77.5cm
Qing Court collection

絳紅色經緯綫織八枚三飛經面緞紋地，以捻金綫和綠、薑黃、藕荷、品月、白、桃紅等色絨綫為紋緯織長、圓壽字，間飾法輪、法螺、寶傘、白蓋、蓮花、寶瓶、雙魚、盤長等法器組成的“八吉祥”紋飾，與壽字組合為“長壽吉祥”之意。機頭織“杭州萬隆安字號本機”款識。

此錦選用很粗且幾乎不加捻的絳紅色絨綫為地經，使地子呈現“絨面”效果。在通梭提織花紋時，採用右向斜紋顯花，使花紋的輪廓工整清晰，與地子相呼應，給人以雕絨的感覺。

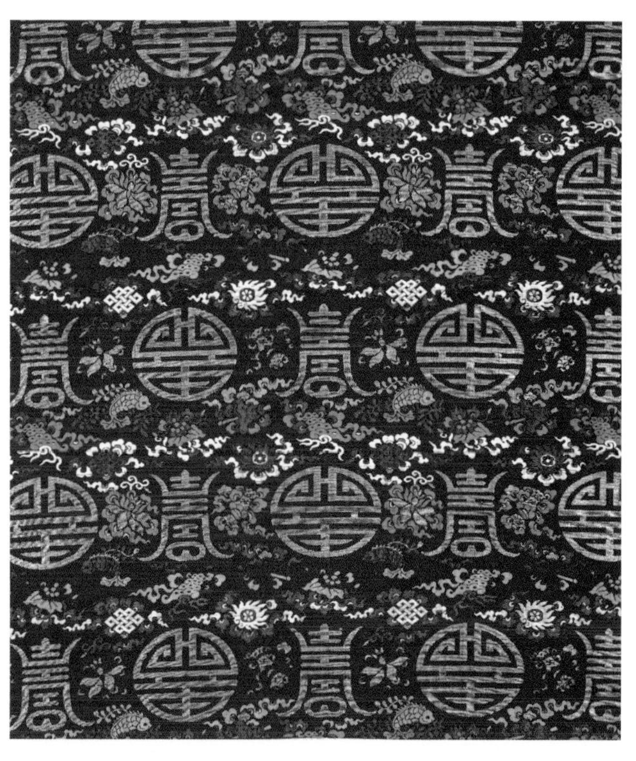

機本號字安隆萬州杭

66

湖色地折枝花卉草蟲紋錦

清光緒
長整匹　幅寬74.5厘米
清宮舊藏

Light Blue Brocade with Design of Plucked Branch Flowers, Plants and Insects

Guangxu Period, Qing Dynasty
Length: A bolt of cloth　Width: 74.5cm
Qing Court collection

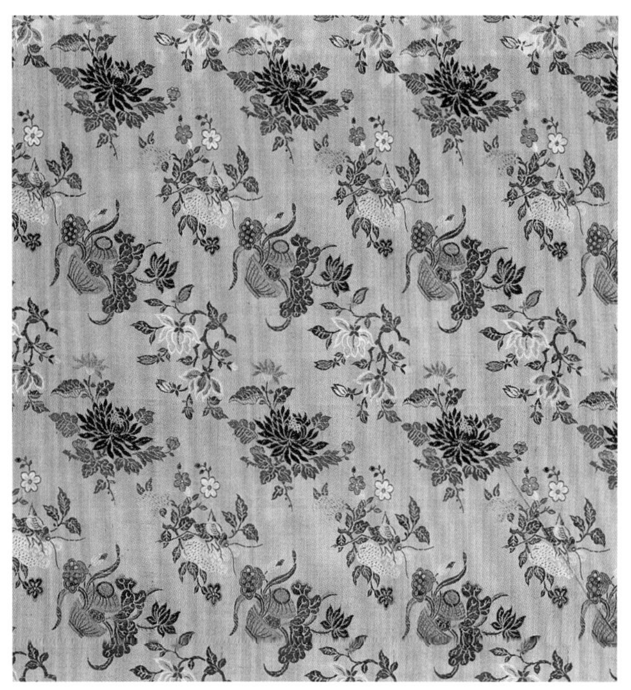

湖色經緯綫織八枚三飛經面緞紋地，以品月、紫、雪青、綠、白、銀灰等色絨綫為紋緯，分段換梭緯斜紋提織折枝玉蘭、菊花、蓮花、蓮實與盒子、佛手與蟈蟈等紋飾。寓意“富貴長壽”、“多福多子”、“和合如意”。機頭織“全盛號本機”款識。

此錦紋飾較小，呈散點狀分佈，配色簡潔，花紋局部多採用單色處理，只有極少的地方採用兩暈色的活色手法，顯得十分素雅。雖是重組織的多層織物，但其質地十分柔軟，適於製作旗袍等。

67

紅地富貴三多紋織銀錦

清晚期
長整匹　幅寬77厘米
清宮舊藏

Brocade with Auspicious Design of Peaches, Pomegranates and Fingered Citrons on a Red Ground Woven with Silver Thread

Late Qing Dynasty
Length: A bolt of cloth　Width: 77cm
Qing Court collection

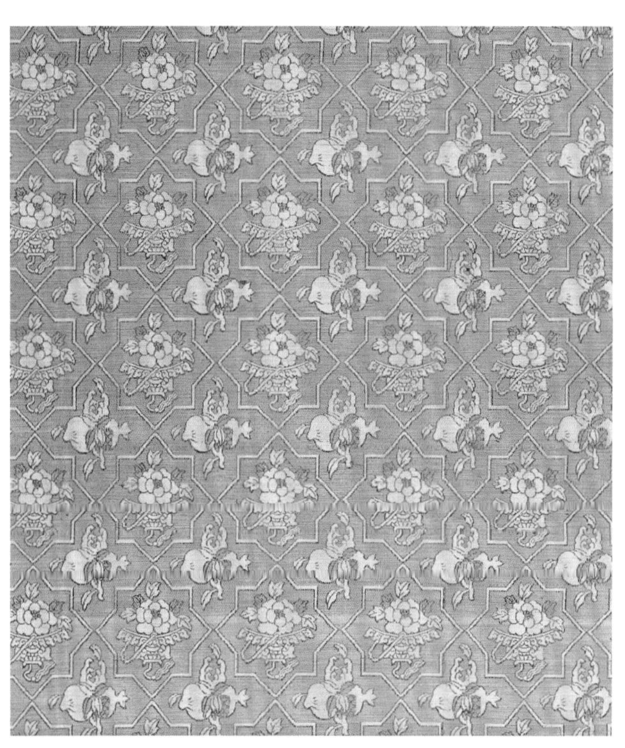

紅色經緯綫織八枚三飛經面緞紋地，以捻銀綫、白、黃等色絨綫為紋緯，採用通梭織彩工藝織出滿地銀花，再利用紅色地起雙綫陰紋，織成多邊形邊框，內飾由佛手、石榴、桃實組成的“三多圖”。寓“多福”、“多子”、“多壽”之意。機頭織“王瑞豐鈞記庫金”款識。

此錦由於是以黃色絨綫合股並用，又用白色絨綫與捻銀綫合股並用，對花紋作局部的修飾，給人以似金非金、似銀非銀的雙色效果，故名“織銀”。

68

紅地折枝玉堂富貴萬壽紋織金錦

清晚期
長整匹　幅寬80厘米
清宮舊藏

Red Brocade with Auspicious Design of Plucked Branch Flowers of Magnolia, Begonia and Peony Woven with Gold Thread

Late Qing Dynasty
Length: A bolt of cloth　Width: 80cm
Qing Court collection

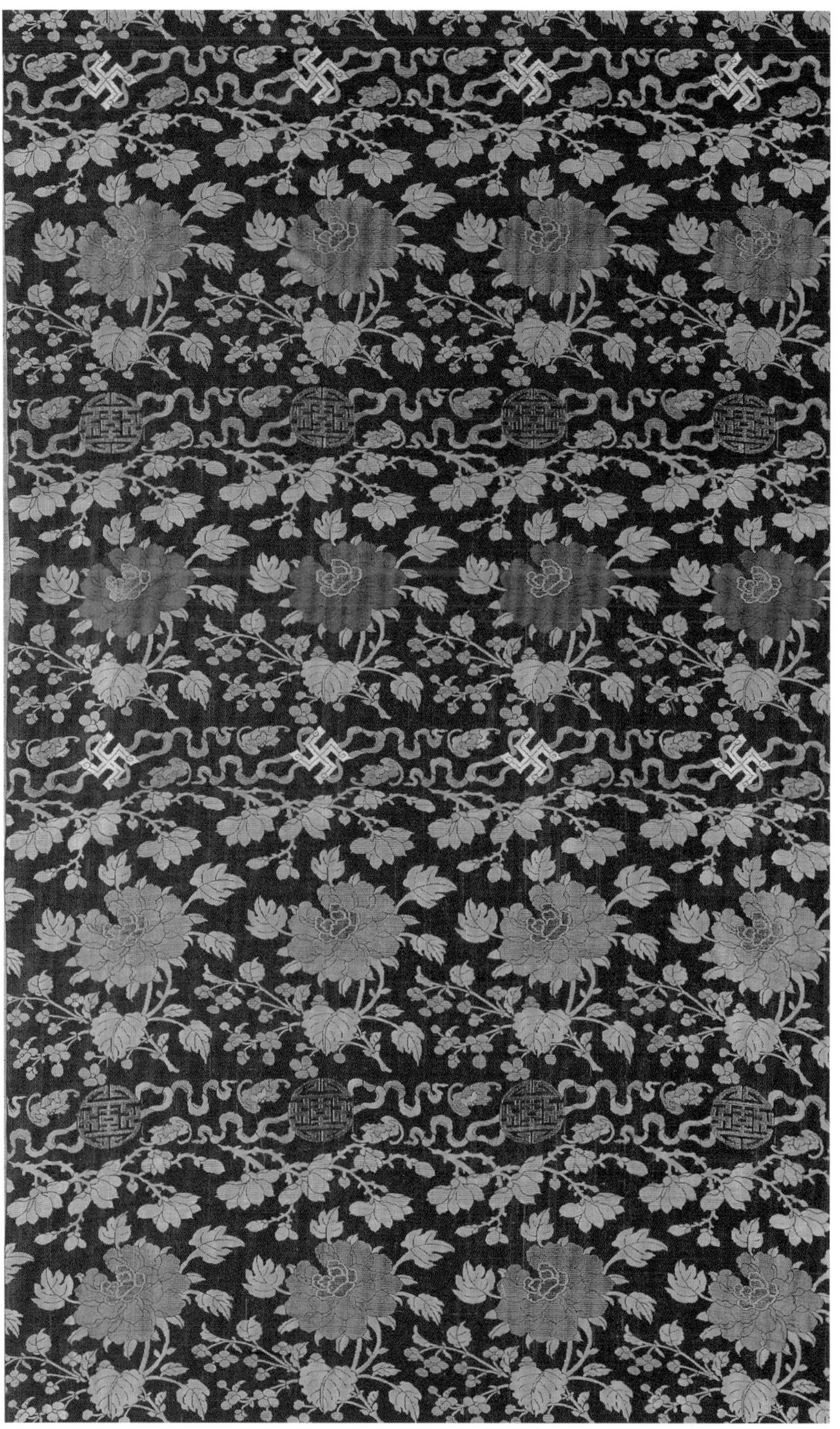

紅色經緯綫織八枚三飛經面緞紋地，以捻金綫及綠、粉、月白、金黃、米等色絨綫為紋緯，織折枝玉蘭、海棠、牡丹等花卉，間飾蝙蝠紋、卐字飄帶紋、金團萬壽字，寓“玉堂富貴”、“福壽萬代”之吉祥意。機頭織“湖北蠶桑局監織金彩緞”款識。

此錦質地輕薄柔軟，花紋採用通梭提花技法織造，牡丹花的花蕊和團萬壽字則採用捻金綫挖梭妝彩的工藝織成，獨具匠心。

69

彩色地富貴三多紋蜀錦被面
清光緒
長288厘米　寬72.5厘米
清宮舊藏

Sichuan Brocade Quilt Cover with Coloured Design of Peonies, Bats, Pomegranates and Peaches
Guangxu Period, Qing Dynasty
Length: 288cm　Width: 72.5cm
Qing Court collection

以黃、紅、綠、藍等八色經綫為地經，與白色地緯交織成彩色條紋地，上以各色經、緯交織成牡丹、蝙蝠、石榴、壽桃紋飾。花紋兩排一循環，交錯排列，一排為牡丹，一排為石榴、壽桃，間飾蝙蝠和玉蘭。寓意“玉堂富貴”、“多子、多福、多壽”。

此錦構圖繁縟，用色艷麗，花、地分明，具有極強的裝飾效果，是蜀錦中的珍品。

蜀錦是對四川成都一帶所產特色錦的通稱，興起於西漢，是中國織錦中歷史最悠久的一種。

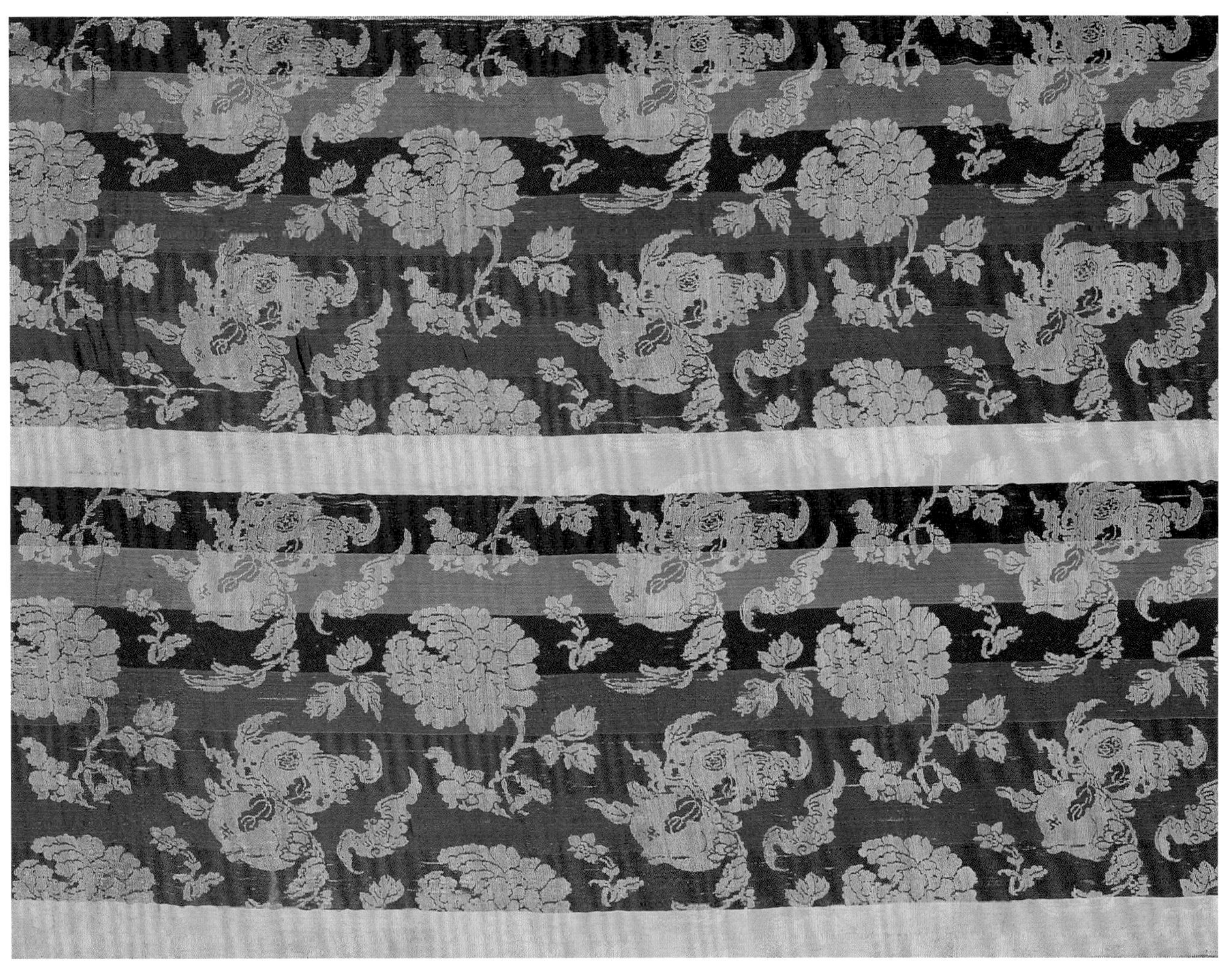

70

黃色地纏枝牡丹紋金寶地錦

清乾隆
長284厘米　寬62.5厘米
清宮舊藏

Brocade with Design of Winding Peonies on a Patterned Ground of Gold Thread
Qianlong Period, Qing Dynasty
Length: 284cm　Width: 62.5cm
Qing Court collection

以雙捻金作地緯與橘黃色地經交織成六枚不規則緯緞紋地，以粉、綠、品月、湖綠、桃紅、湖色、淺粉、片金、捻銀、捻金為紋緯與地經交織成六枚不規則緯緞紋花。主花為牡丹、芙蓉，間飾海棠。寓意"富貴榮華"。

此錦構圖繁瑣，色彩華麗，織造精湛，是乾隆年間織錦藝術的代表，也是南京雲錦的稀世珍品。是做箭囊及各種鋪墊的首選。

金寶地錦是南京雲錦妝花織物中的一個品種，是用捻金（圓金）綫織滿地，在上面再織出五彩繽紛的圖紋，極為富麗堂皇。

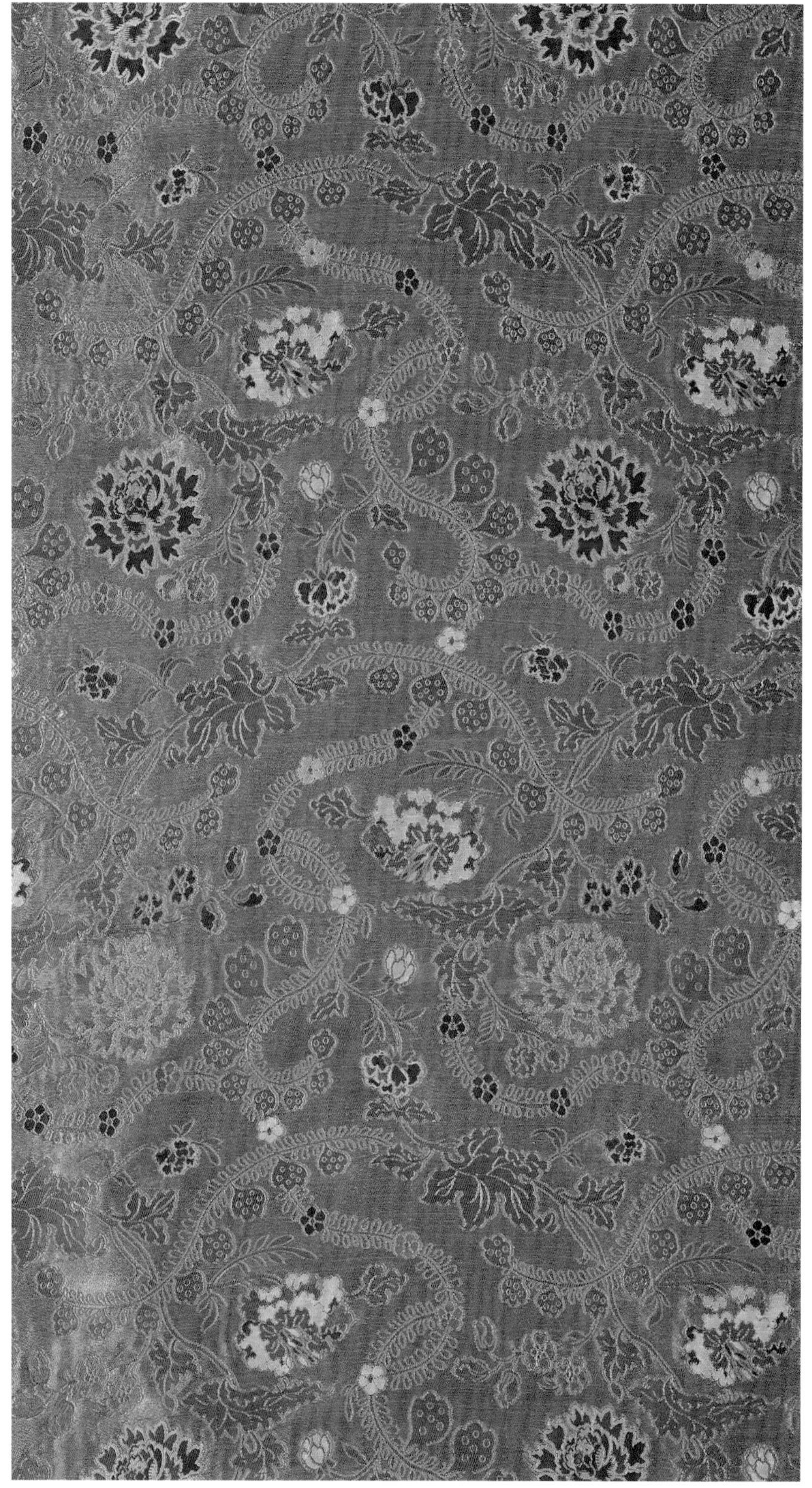

71

月白地牡丹花卉紋金寶地錦

清嘉慶
長354厘米　寬55厘米
清宮舊藏

Moon White Brocade with Peony Design Woven with Gold Thread
Jiaqing Period, Qing Dynasty
Length: 354cm　Width: 55cm
Qing Court collection

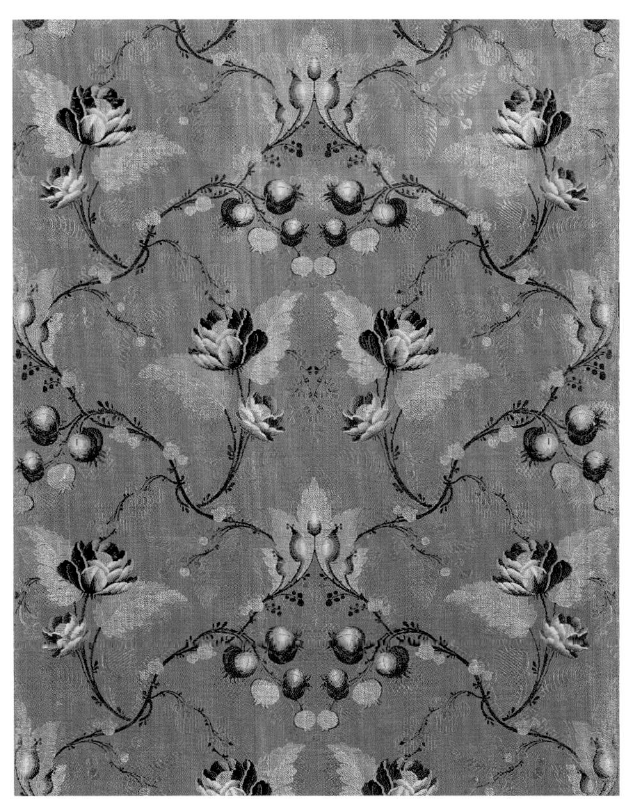

以月白色經緯綫織平紋地，又以捻金綫、片金綫和白、紫、雪青、大紅、桃紅、粉、綠、果綠、黃等色絨綫為紋緯，挖梭妝彩織牡丹花和石榴，呈左右對稱佈局。寓意"富貴多子"。

此錦所用的地經與地緯的直徑比為1：5，因此地面呈明顯的橫直螺紋狀，增強了作品總體質感。牡丹花採用三暈色的手法，花葉則採用織捻金與織片金表現，使作品有較強的立體感和較好的投影視覺效果。再以暗紋花葉佐襯，使圖紋頗具縱深感和凸透感，裝飾效果極佳。

72

紅地牡丹牽牛花紋金寶地錦

清中期
長整匹　幅寬60.5厘米
清宮舊藏

Red Brocade with Design of Trailing Sprays of Flowers on a Patterned Ground Woven with Gold Thread
Middle Qing Dynasty
Length: A bolt of cloth　Width: 60.5cm
Qing Court collection

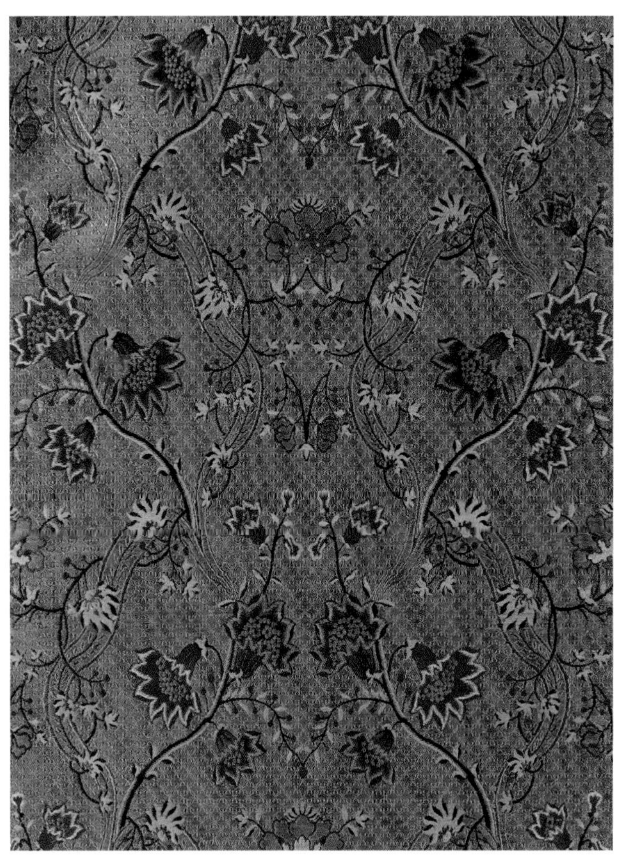

以七枚三飛大紅色經緞面為地，以捻金、片金為紋緯滿地鋪織菱形紋，其上又以紅、白、黑、藍、綠等色絨綫為紋緯挖梭妝彩飾折枝牡丹、牽牛紋。

此錦質地厚實，花紋用色五彩斑斕，多重紋緯顯花的工藝十分獨特。

73

黃地纏枝牡丹芙蓉紋金寶地錦
清中期
長整匹　幅寬63厘米
清宮舊藏

Brocade with Design of Training Branches of Hibiscus and Peony on a Patterned Ground of Gold Thread
Middle Qing Dynasty
Length: A bolt of cloth　Width: 63cm
Qing Court collection

在七枚三飛黃色經緞面上，以捻金綫雙股並用鋪織金地，再以片金綫和玫瑰紫、桃紅、黃、白、綠、果綠、品月、寶藍等色絨綫為紋緯提花妝彩織纏枝牡丹與芙蓉花，寓意“富貴榮華”。

此錦花紋用色獨特，花葉利用捻金綫與捻銀綫作陰陽對比處理，增強了紋飾的立體感與層次感，是清中期金寶地錦的代表作品之一。

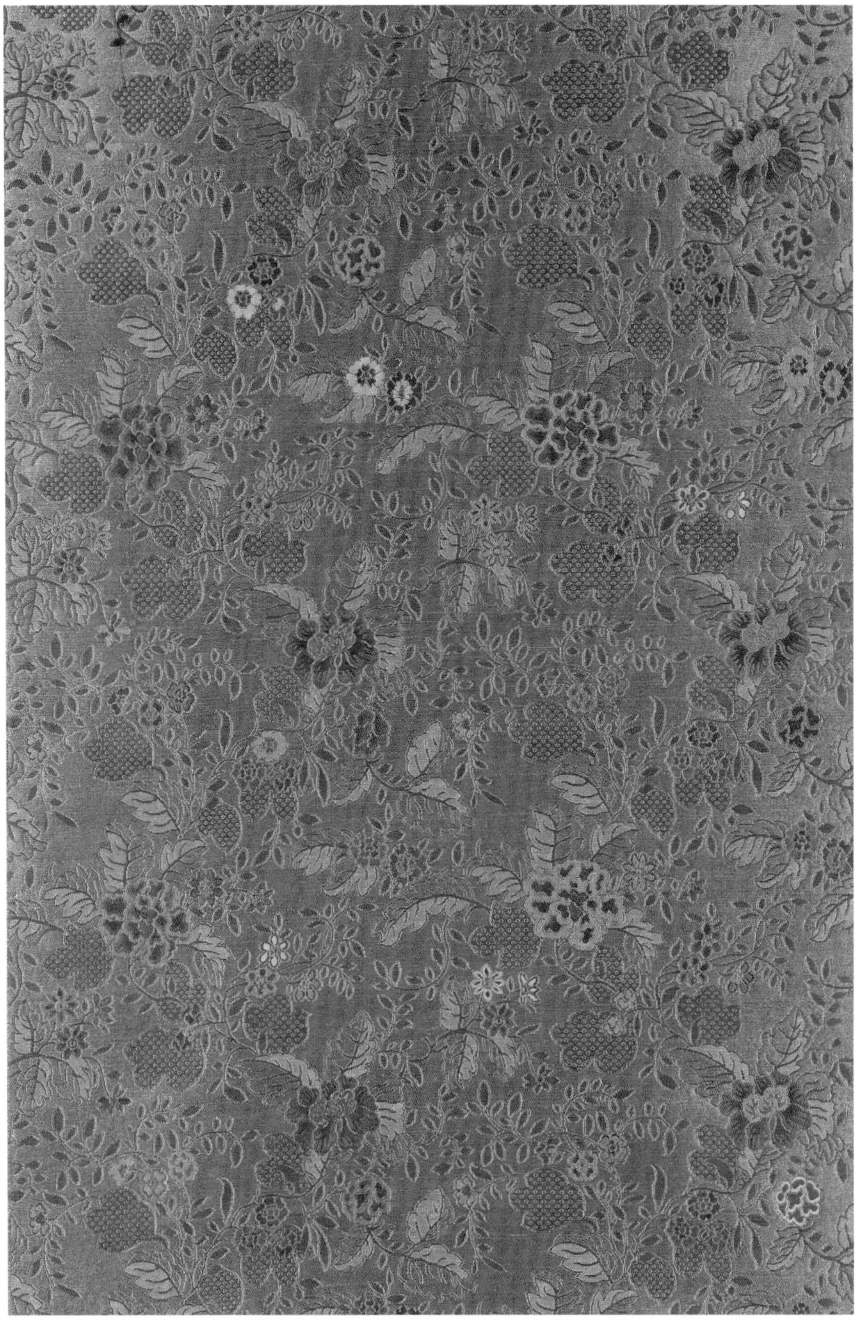

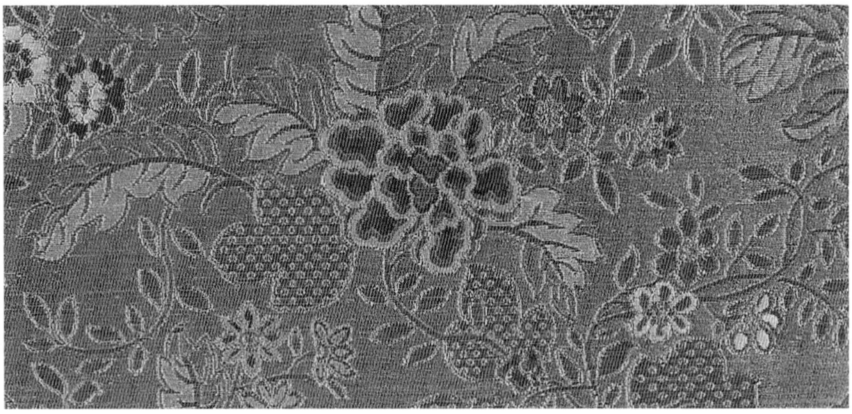

74

淺絳地金銀花紋金寶地錦

清中期
長96厘米　寬54厘米
清宮舊藏

Light Crimson Brocade with Flower Design Woven with Gold Thread on a Silver-patterned Ground

Middle Qing Dynasty
Length: 96cm　Width: 54cm
Qing Court collection

淺絳色經緯綫織五枚二飛經面緞紋地，以捻銀綫、白色絲綫為紋緯，採用通梭技法滿地鋪織銀色菱形花紋，再以淺絳色地經與地緯織瓜、石榴、柿子及西洋花卉紋。有"多子"之寓意。此圖紋組合又似獸面，比較獨特。

此錦質地厚實，織造時以一根白色絲綫、兩根捻銀綫、再一根白色絲綫並列組合為一組，當作一根紋緯來提織銀色花地，因此作品表面紋理有銀星閃爍的效果。

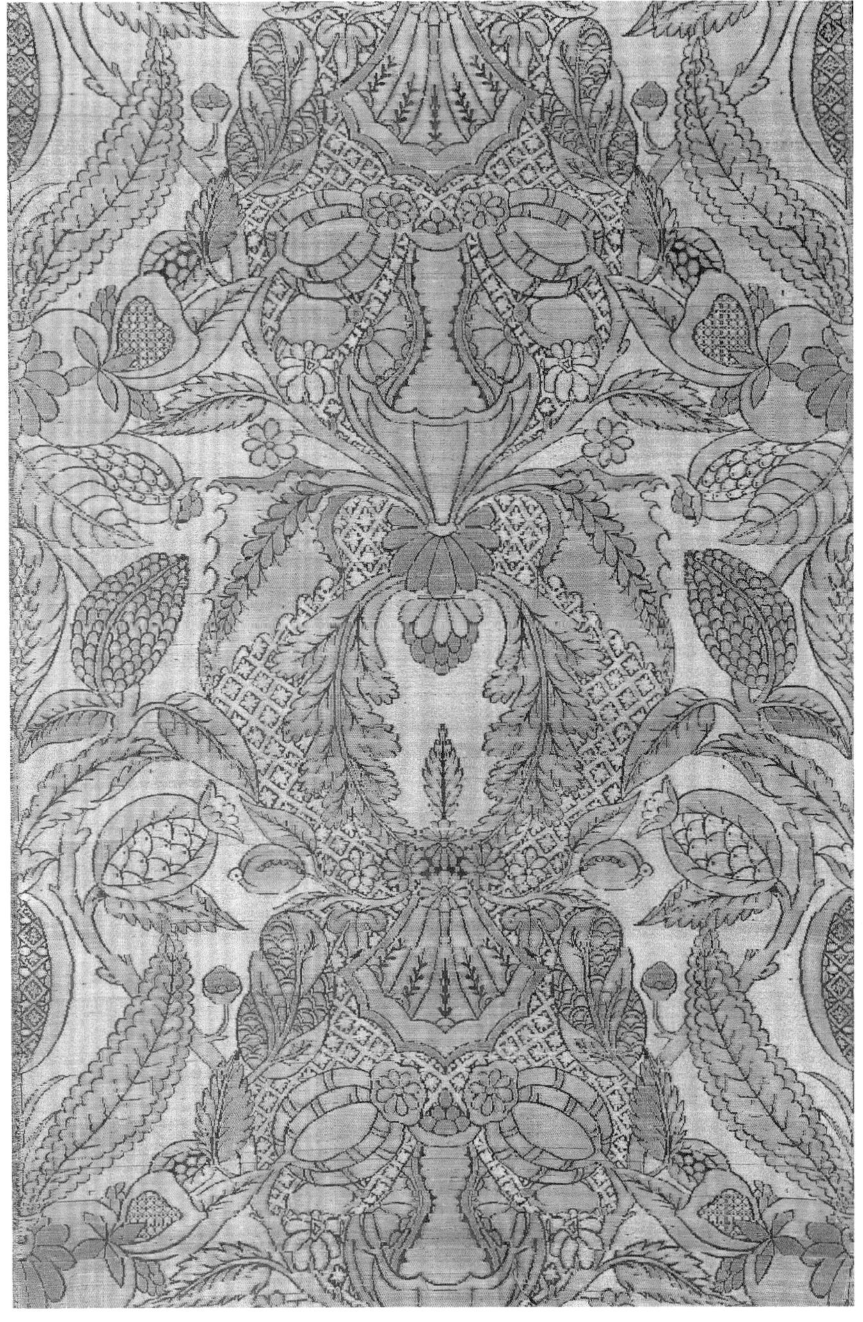

75

綠地花蝶紋廣緞
清
長整匹　幅寬74厘米
清宮舊藏

Green Guangdong Satin with Flower-and-butterfly Design
Qing Dynasty
Length: A bolt of cloth　Width: 74cm
Qing Court collection

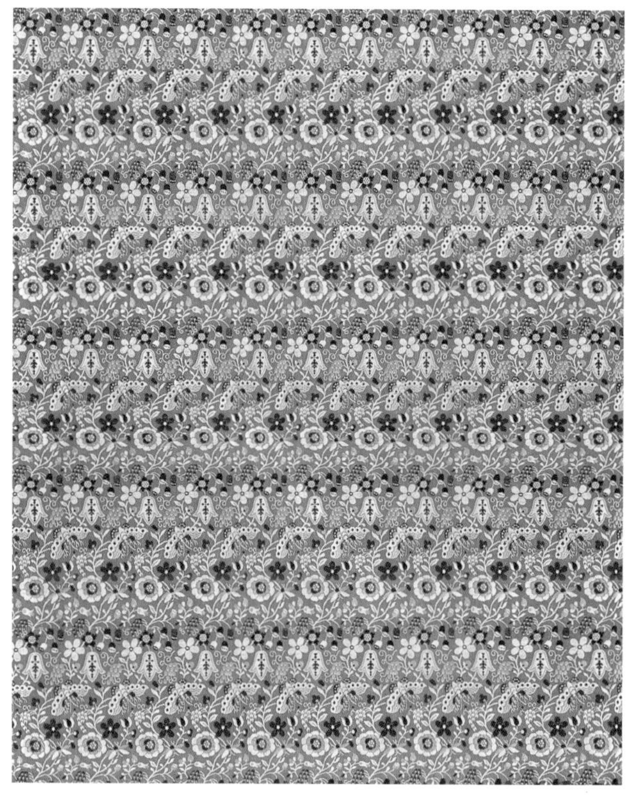

綠色經緯綫織七枚二飛經面緞紋地，以黃、白、棗紅、玫瑰紅、紫等色絨綫為紋緯，通梭妝彩織蝴蝶、蜜蜂和芙蓉、天竹、牽牛等各色花卉紋，寓意吉祥。

緞是用熟絲以緞紋組織織成的絲織品，表面平滑有光澤。廣緞因主要產於中國廣東地區而得名，其織造工藝與錦如出一轍，都是以多彩的紋緯提花織造，屬重經重緯的高級絲織物。

76

綠地花鳥紋廣緞
清
長整匹　幅寬74.5厘米
清宮舊藏

Green Guangdong Satin with Flower-and-bird Design
Qing Dynasty
Length: A bolt of cloth　Width: 74.5cm
Qing Court collection

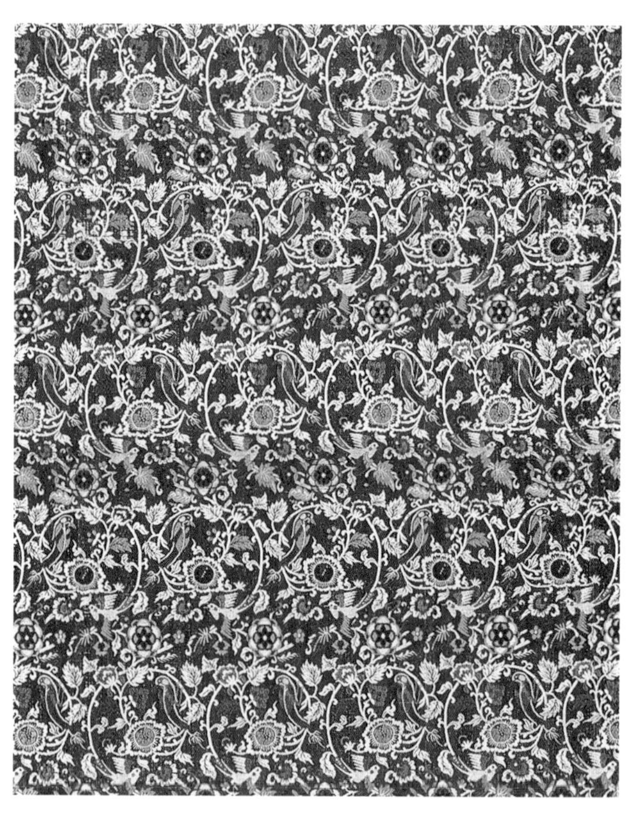

綠色經緯綫織七枚三飛經面緞紋地，以白、黃、絳等色絨綫為紋緯，採用提花織彩工藝織串枝花鳥紋。一鳥在展翅飛舞，其尾羽婉轉與花卉枝蔓纏繞。圖紋呈橫向排列，每排顏色、內容略有不同。

此緞以短跑梭織花紋，又以長跑梭織花的葉子和鳥紋局部，工藝複雜，花紋色彩繁而不亂，鮮艷奪目，充分體現了廣緞以色彩渲染作品的特點。

77

墨綠地折枝花卉紋妝花緞
明嘉靖
長46.5厘米　寬46.5厘米
清宮舊藏

Dark Green Satin with Design of Plucked Branch Sprays of Flowers
Jiajing Period, Ming Dynasty
Length: 46.5cm　Width: 46.5cm
Qing Court collection

墨綠色經緯綫織五枚二飛經面緞紋地，以片金綫和黑、品月、淺綠、黃、銀灰、湘等色絨綫為紋緯，採用挖梭盤織妝彩工藝織寶相花、桃花、牡丹花紋飾，間飾桃實、佛手、石榴。寓“吉祥富貴”、“長壽多子”之意。

此緞織工嚴謹，花紋以圖案化的手法表現，配色簡單，頗顯沉穩持重。

“妝花”是南京雲錦比較複雜的工藝，指用各種彩色緯綫在織物上以挖梭的方法織成花紋。“妝花緞”則是在緞地上以挖梭等妝彩技法織出花紋，是最具代表性的提花絲織品。

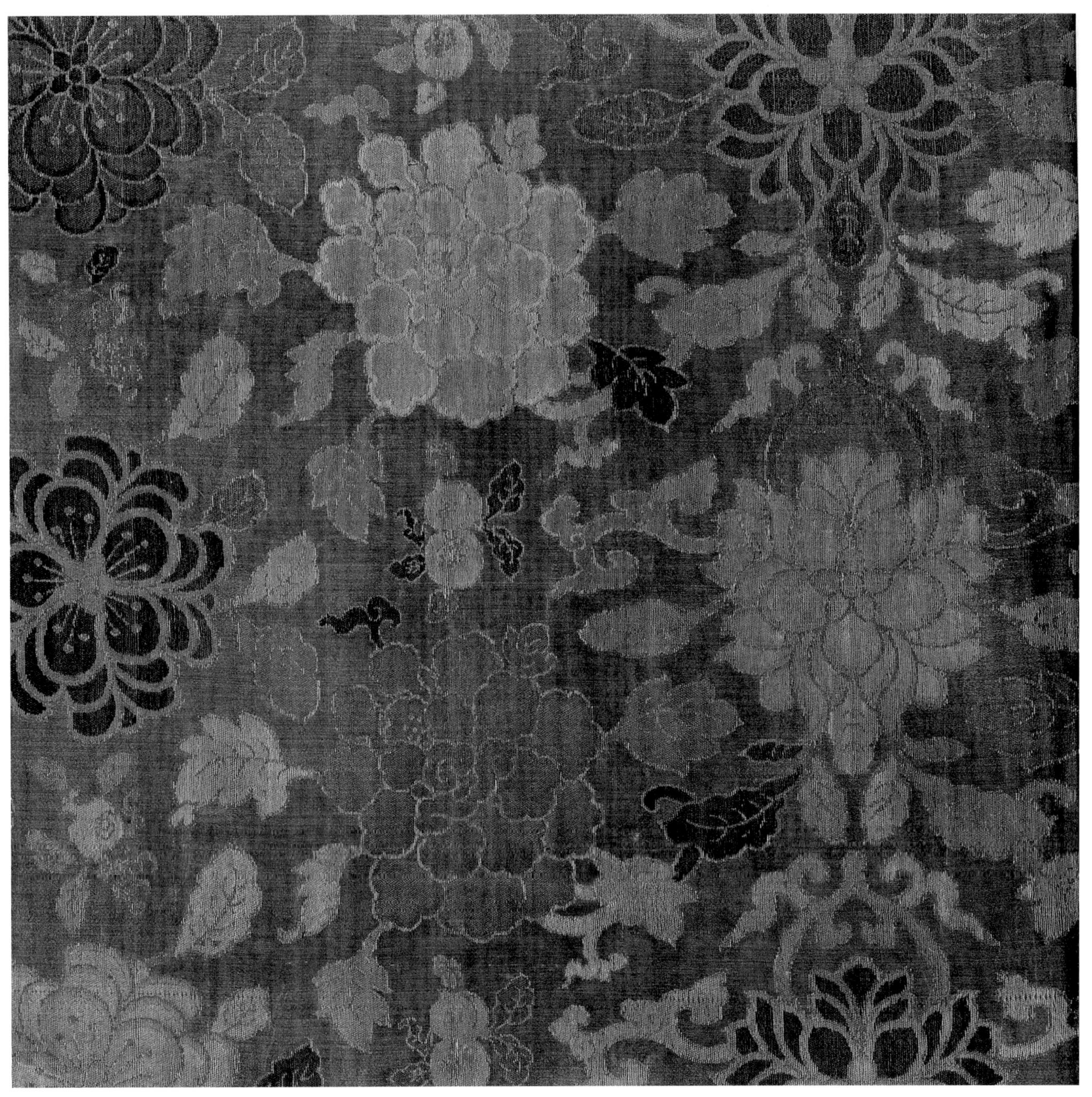

78

綠地雲蟒紋妝花緞
明萬曆
長330厘米　寬67.5厘米

Green Satin with Design of Clouds and Four-clawed Dragons
Wanli Period, Ming Dynasty
Length: 330cm　Width: 67.5cm

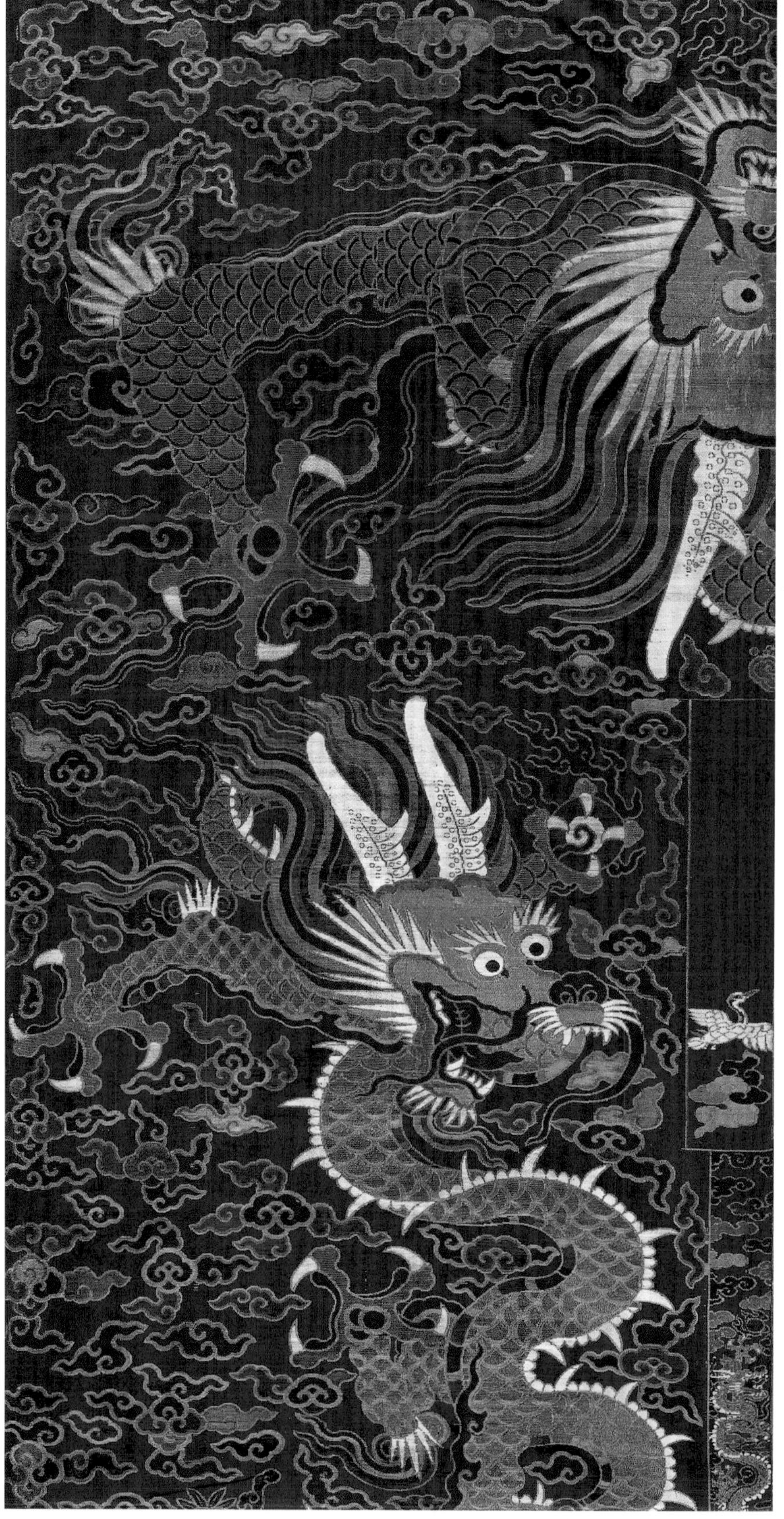

綠色經緯綫織五枚二飛經面緞紋地，以捻金綫和大紅、桃紅、葱綠、墨綠、黃、普藍、品月、雪青、白、黑、絳等色絨綫為紋緯，長跑梭提花妝織"升龍"紋，因其為四爪，依據"五爪為龍，四爪為蟒"的標準，故稱之為"蟒"紋。蟒間飾以五彩如意流雲紋。

此緞妝花工藝嫻熟，用色雖多但繁而不亂，緞紋組織十分疏朗，因明代緞經浮短，故緞面光澤卻不如清代的緞織物亮，是一件不可多得的明代妝花緞蟒袍料珍品。

79

明黃地四季花紋妝花緞

明萬曆
長41厘米　寬41厘米
清宮舊藏

Bright Yellow Satin with Design of Flowers of the Four Seasons
Wanli Period, Ming Dynasty
Length: 41cm　Width: 41cm
Qing Court collection

明黃色經緯綫織五枚二飛經面緞紋地，以片金綫和紅、藍、品月、月白、墨綠等色絨綫為紋緯，挖梭盤織牡丹、蓮花、菊花、梅花等四季花卉，表示一年四季。在織物的落空處飾金色雜寶紋。

此緞是一件夾袱的邊飾，花紋色彩豐富多變，質地相對輕柔，是較典型的明代妝花緞織物。

80

醬色地海棠古錢紋妝花緞

明萬曆
長31厘米　寬25厘米
清宮舊藏

Dark Reddish Brown Satin with Design of Begonia Flowers and Ancient Coins
Wanli Period, Ming Dynasty
Length: 31cm　Width: 25cm
Qing Court collection

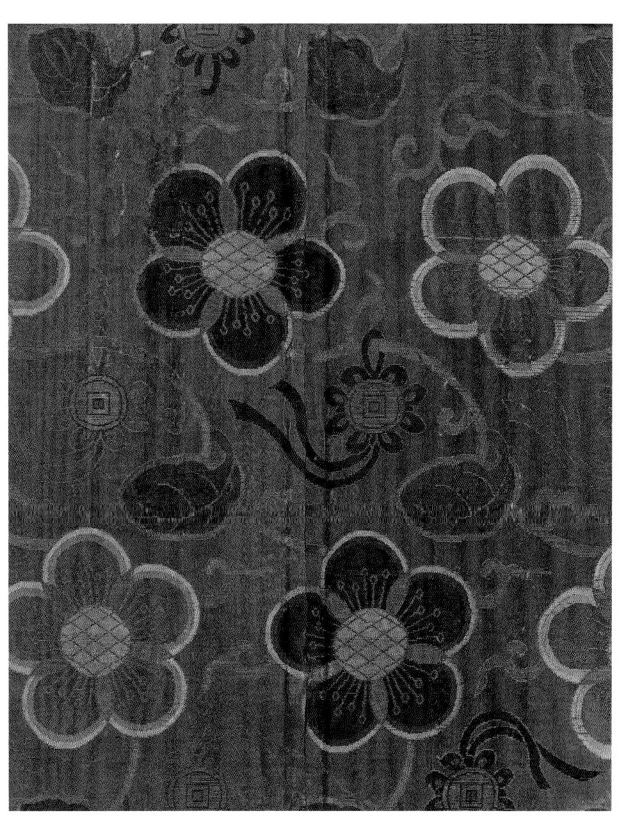

醬色經緯綫織五枚三飛經面緞紋地，以片金綫和香、藍、紅、綠、粉、月白、白等色絨綫為紋緯，挖梭盤織海棠花和以彩條裝飾的古錢紋，寓意"滿堂富貴"。

此緞織造技藝嫻熟，圖紋設計簡單，顏色艷麗而不失沉穩，畫面飽滿，充分體現了明代妝花緞古樸大方的特點。

81

黃地纏枝牡丹蓮花紋妝花緞
明萬曆
長73.5厘米　寬21.5厘米
清宮舊藏

Yellow Satin with Design of Winding Peonies and Lotuses
Wanli Period, Ming Dynasty
Length: 73.5cm　Width: 21.5cm
Qing Court collection

黃色經緯綫織五枚二飛經面緞紋地。以片金綫和紅、粉、藍、品月、月白、綠、黑等色絨綫為紋緯，採用挖梭盤織妝彩技法織纏枝牡丹、蓮花紋，花紋以四則形式排列循環。

此緞花紋配色用兩暈色的手法，花葉的葉脈及花形的邊緣均以片金綫作絞邊處理，是當時南京官辦織局所織精品。多用於宮中帳子、帷幔或經書封面的裝幀。

"則數"是南京雲錦在緞料幅寬尺寸內，橫向排列的單位紋樣數。"四則"就是橫向並列四個花紋。此緞由於運用了妝彩技法，四個單位的花紋式樣一致而顏色各異，充分顯示了妝花織物的特點。

82

木紅地曲水童子愛蓮紋妝花緞

明晚期
長34厘米　寬27厘米
清宮舊藏

Red Satin with Design of Children Playing Lotuses
Late Ming Dynasty
Length: 34cm　Width: 27cm
Qing Court collection

以木紅色絲綫為地經，木紅色棉綫為地緯，織八枚三飛經面緞紋地，又以黃色絨綫滿地鋪織曲水紋，上以五彩絨綫為紋緯妝織"童子愛蓮"紋。圖紋橫向排列，每排童子姿態、花紋顏色各異。

此緞是一件經面的殘片，其地緯是棉質且直徑很粗，質地比較厚實，有明顯的紋理感，加之滿地鋪織的曲水紋錦地，不仔細觀察，會誤認為是錦織物。

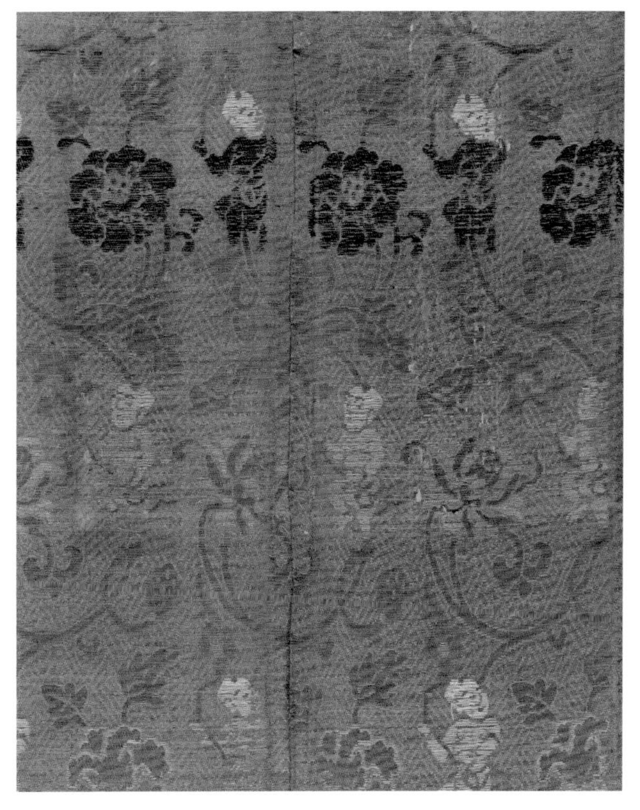

83

木紅地卐字靈芝紋妝花緞

明晚期
長24厘米　寬28厘米
清宮舊藏

Red Satin with Design of Winding Lingzhi Fungus Over Meanders
Late Ming Dynasty
Length: 24cm　Width: 28cm
Qing Court collection

以木紅色絲綫為地經，木紅色棉綫為地緯，織八枚三飛經面緞紋地。以黃、寶藍、粉、月白等色絨綫為紋緯，採用通梭工藝滿地鋪織卐字紋，又以五彩絨綫為紋緯妝織靈芝紋。

此緞地緯為棉質，且直徑較粗，故質地比較厚實。是一件經面的殘片。

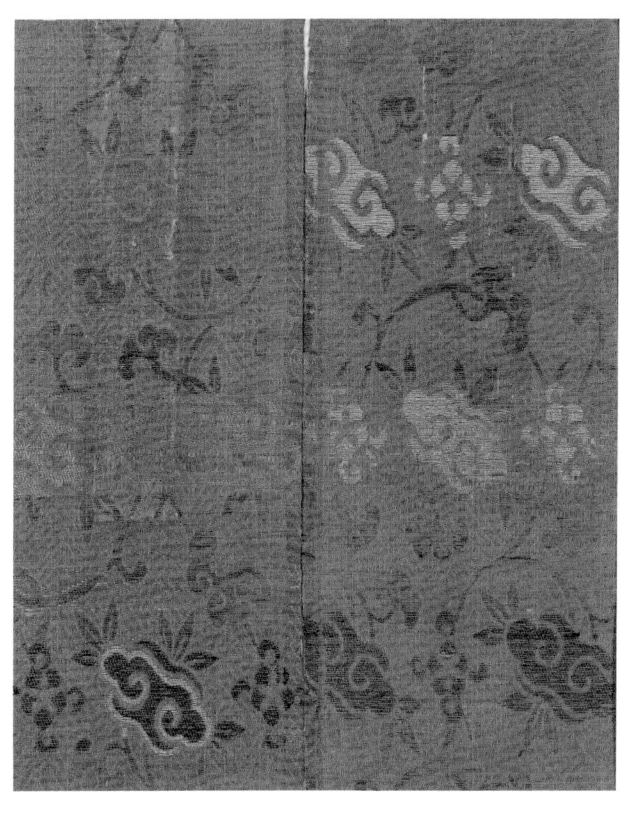

84

紅地纏枝牡丹蓮菊紋妝花緞
明晚期
長142厘米　寬40.5厘米
清宮舊藏

Red Satin with Design of Winding Flowers
Late Ming Dynasty
Length: 142cm　Width: 40.5cm
Qing Court collection

紅色經緯綫織五枚三飛經面緞紋地，以片金綫和墨綠、湖、寶藍、香、白、銀灰等色絨綫為紋緯，採用通梭和挖梭盤織工藝妝彩織牡丹、蓮花和菊花為主題紋飾，寓意吉祥。

此緞妝彩技法自然工整，地組織的織工講究，為典型的明代南京產緞紋織物。

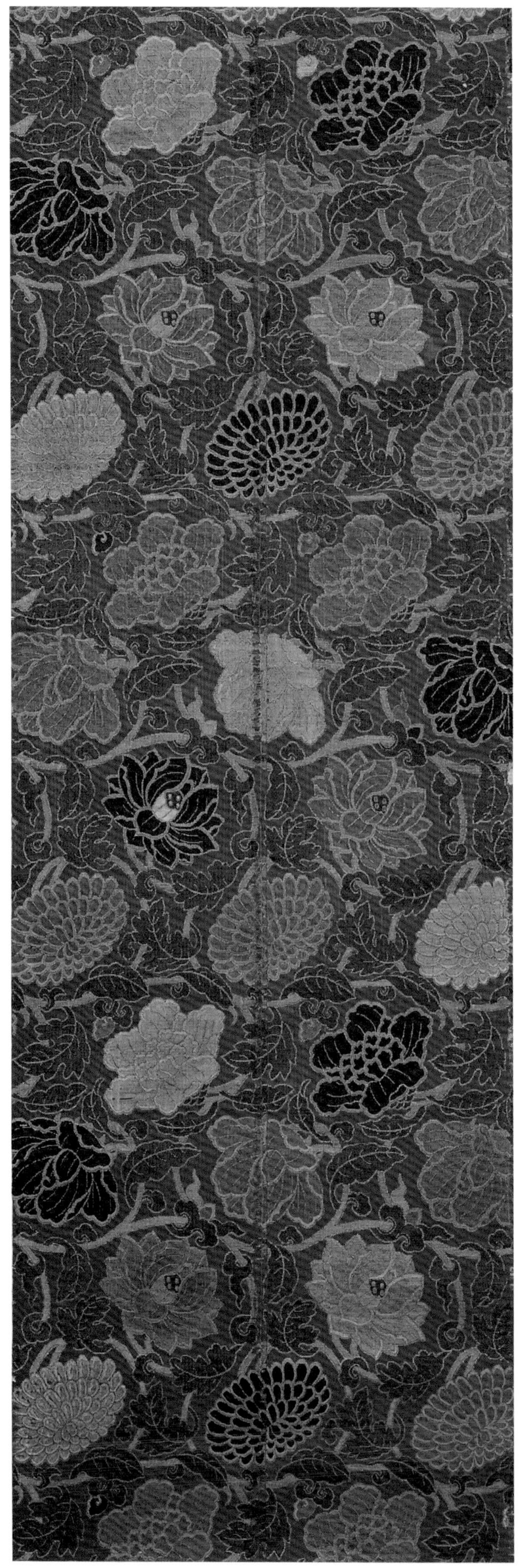

85

綠地纏枝四季花卉紋妝花緞

明
長186厘米　寬90厘米
清宮舊藏

Green Satin with Design of Winding Flowers
Ming Dynasty
Length: 186cm　Width: 90cm
Qing Court collection

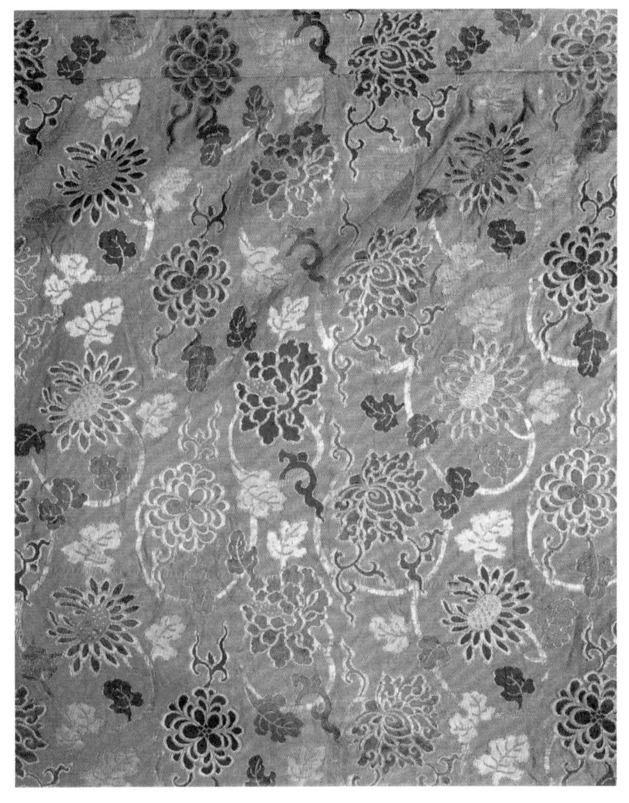

綠色經緯綫織八枚三飛經面緞紋地，以片金綫和白、黃、杏黃、大紅、棗紅、粉紅、藍、綠、果綠、品月、香等色絨綫為紋緯，挖梭妝彩織纏枝牡丹、蓮花、菊花、梅花等四季花卉紋。牡丹和蓮花是雲錦類織物最常見的圖紋。

此緞採用兩暈色手法，色彩變化豐富，色階對比強烈，又以片金綫絞織花邊，產生較強的立體感和裝飾效果。是典型的南京雲錦妝花緞。

86

黃地團龍鳳纏枝花紋妝花緞

明
長57.5厘米　寬34厘米

Yellow Satin with Design of Medallions of Dragon Or Phoenixes and Interlocking Flowers
Ming Dynasty
Length: 57.5cm　Width: 34cm

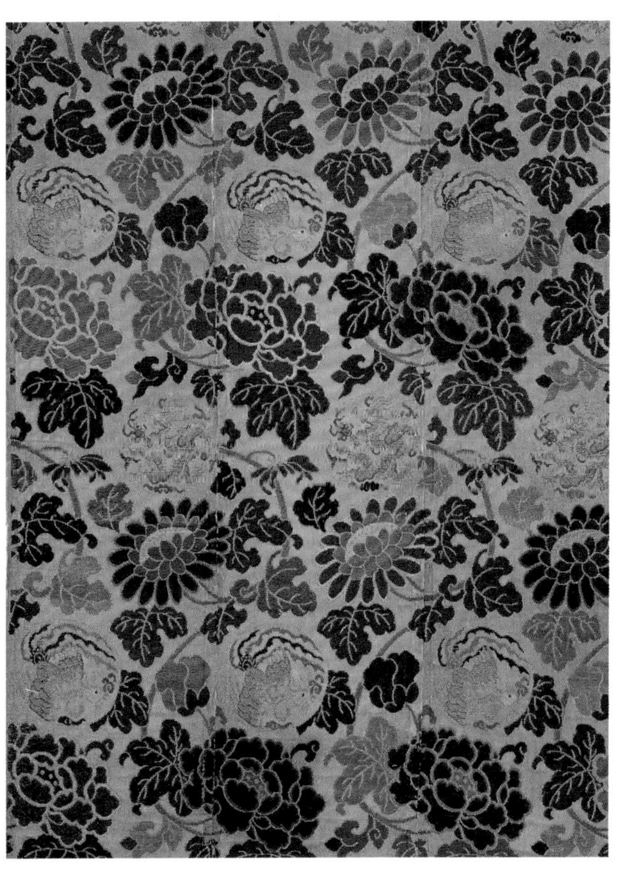

黃色經緯綫織五枚二飛經面緞紋地，以片金綫和紅、綠、墨綠、寶藍、黑，月白等色絨綫為紋緯，挖梭妝彩織團龍、團鳳、纏枝牡丹，菊花等紋樣，有“龍鳳呈祥”、“富貴長壽”的寓意。

此緞運用妝彩技法，每個花紋單位的配色完全不同，並將花紋的輪廓以片金綫作絞邊處理，充分顯示了妝花織物色彩豐富華麗的特點。

87

杏黃地海水雲龍紋妝花緞
明
長37.8厘米　寬28厘米
清宮舊藏

Apricot Yellow Satin with Design of Dragons among Flowers
Ming Dynasty
Length: 37.8cm　Width: 28cm
Qing Court collection

杏黃色經緯綫織五枚三飛經面緞紋地，以片金綫、孔雀羽撚絲和綠、桃紅、藍灰、月白、黃色、薑黃、白、墨綠、粉等色絨綫為紋緯，挖梭妝彩織一條五爪行龍，追逐一火珠，奔騰於海水江崖之上。龍身另一側飾牡丹花、茶花。

此緞是一件殘片，左側應有一同樣龍紋，組合成"二龍戲珠"形式。其造型及妝彩配色的手法均具有典型的明代特徵，是了解明代妝花緞的珍貴實物資料。

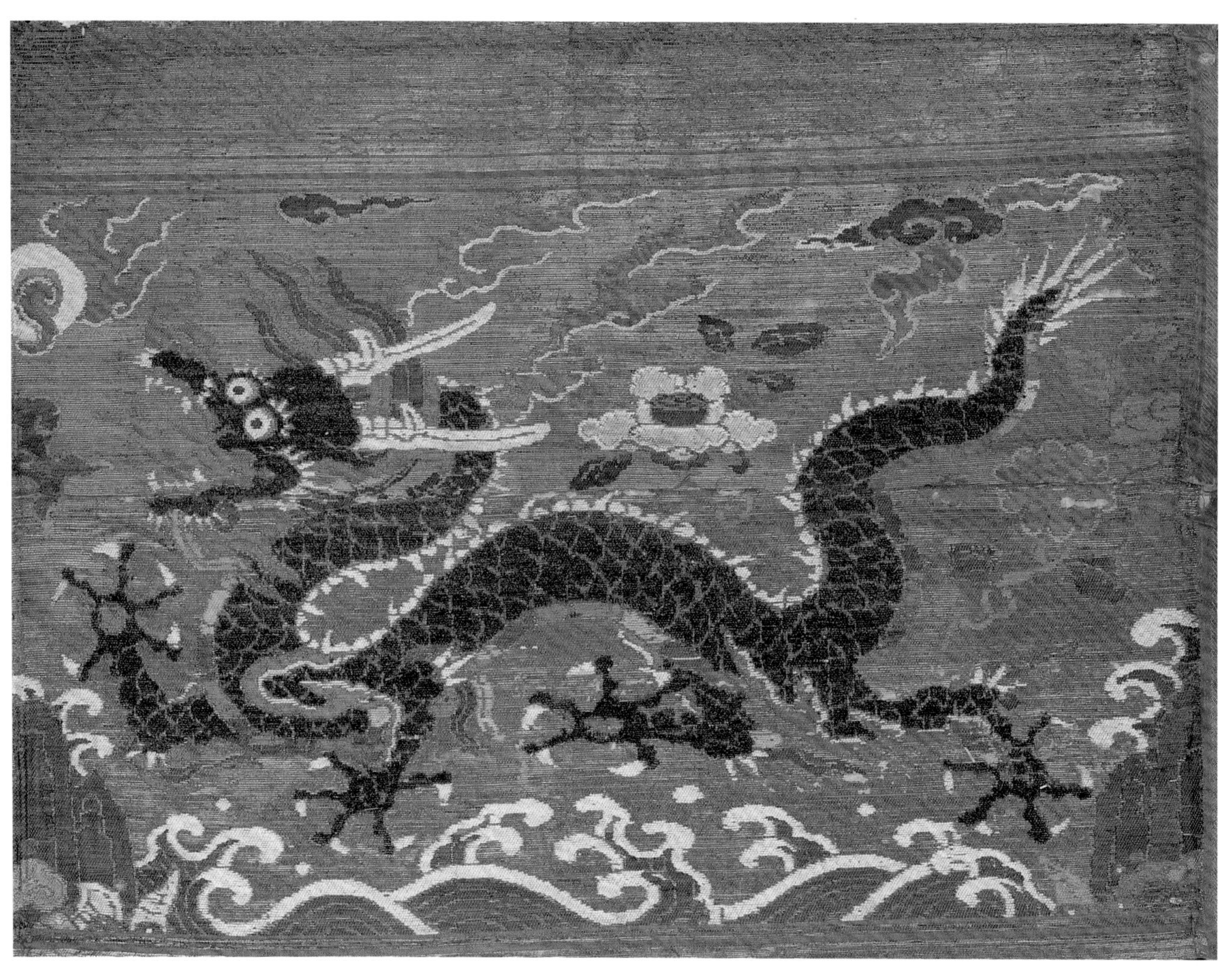

88

紅地魚藻紋妝花緞

明
長35.5厘米　寬12.5厘米
清宮舊藏

Red Satin with Fish-and-seaweed Design
Ming Dynasty
Length: 35.5cm　Width: 12.5cm
Qing Court collection

紅色經緯綫織五枚二飛經面緞紋地，以片金綫和墨綠、綠、杏黃、黃等色絨綫為紋緯，挖梭妝彩織魚藻紋，皆為魚在水藻間穿梭的形式。“魚”與“餘”諧音，常用來比喻富餘、吉慶和幸運。藻紋的引伸意為“潔淨”，古時常用作飾紋。

此緞用色簡練，色彩搭配和諧，古樸大方而不失華麗典雅，具有明代妝花緞的典型特徵。

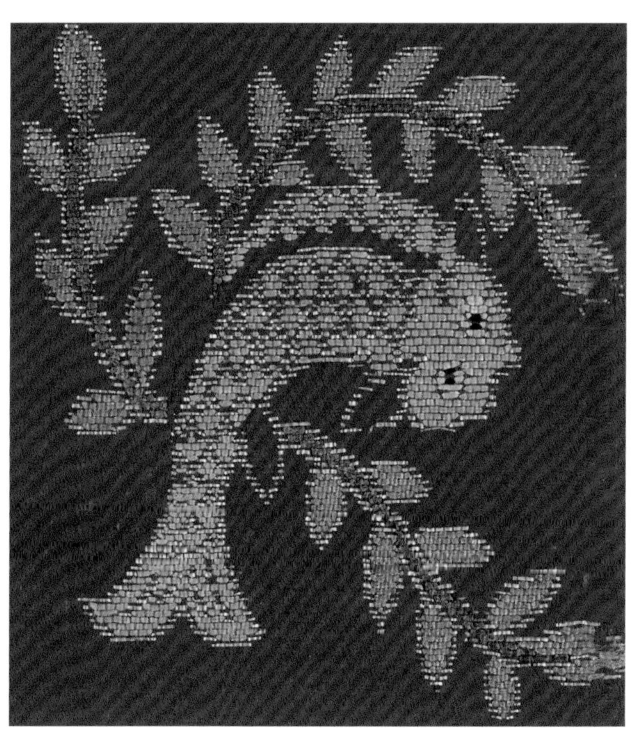

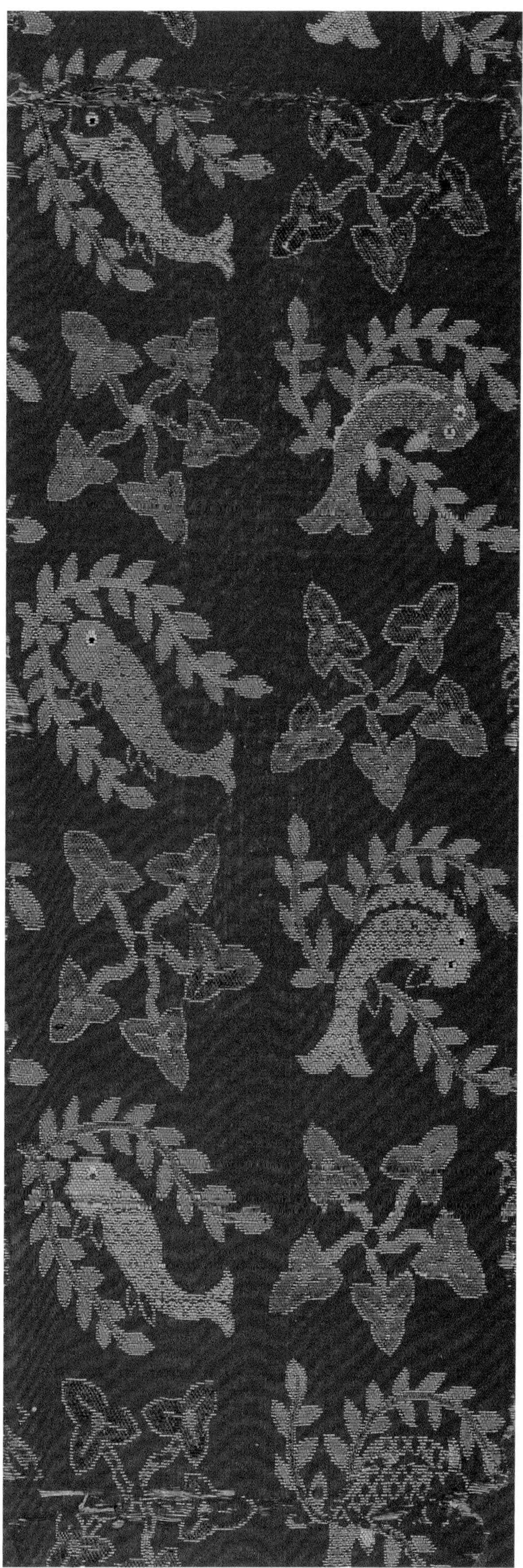

89

黃地折枝海棠菊花紋妝花緞

明

長67厘米　寬21.3厘米

清宮舊藏

Yellow Satin with Design of Plucked Branch Sprays of Begonia and Chrysanthemum

Ming Dynasty

Length: 67cm　Width: 21.3cm

Qing Court collection

黃色經緯綫織五枚二飛經面緞紋地，以片金綫和紅、桃紅、杏黃、綠、藍、品月、黑等色絨綫為紋緯，採用通梭妝彩工藝滿地鋪織菱形十字花紋，十分類似織錦的錦紋地。上以挖梭盤織妝彩技法織折枝海棠、壽菊紋，寓“壽滿堂”之意。

此緞配色簡潔，織工精細，一般用於書畫的裝幀、裝裱及生活實用品的裝飾之用，是較典型的明代妝花緞織物。

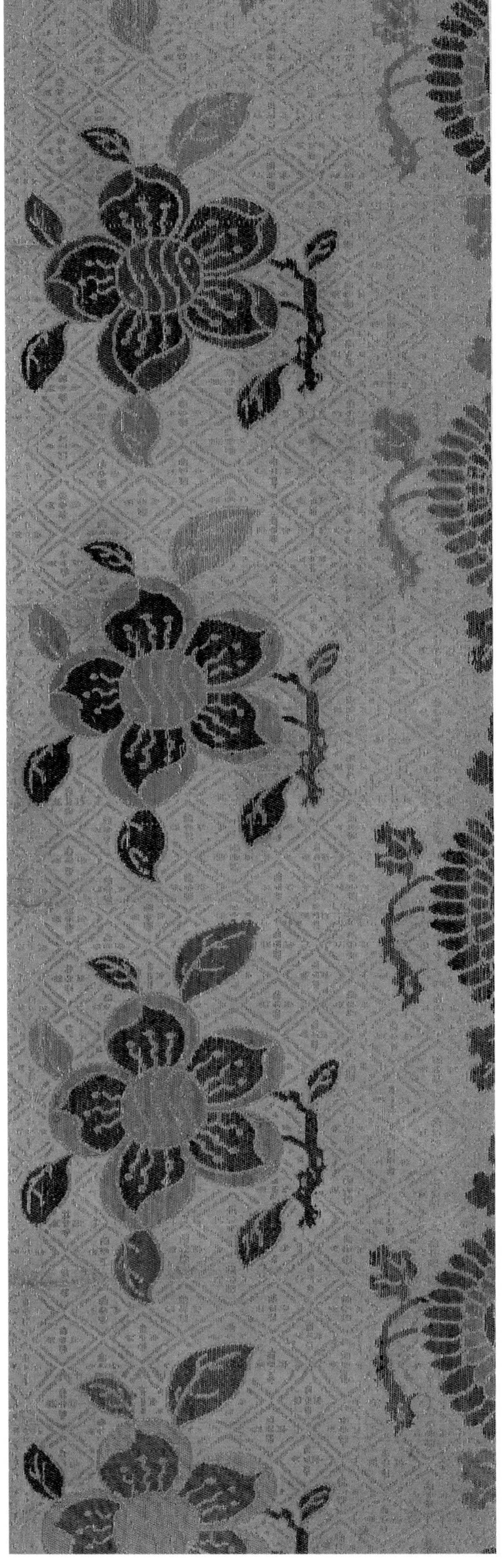

90

綠地仙人祝壽圖妝花緞
明
長53厘米　寬33厘米

Green Satin with Design of Figures and Phoenixes among Flowers
Ming Dynasty
Length: 53cm　Width: 33cm

綠色經緯綫織五枚二飛經面緞紋地，以片金綫和紅、黃、品月、月白、黑、果綠、白、粉、駝等色絨綫為紋緯，挖梭盤織仙人祝壽圖。兩仙女分別捧珊瑚和壽桃，腳踏祥雲行進在海水江崖之上，前有鳳凰引路，旁有蓮花怒放。海水中點綴珊瑚和如意雲紋，蓮花枝葉上有蝠磬紋。圖紋有"祝壽"、"福慶如意"的吉祥寓意。

此緞是一件帳子帳沿的殘片，花紋不完整。其紋飾複雜，織工細緻，織造難度大，設色鮮艷而不失沉穩，為較典型的明代妝花緞。

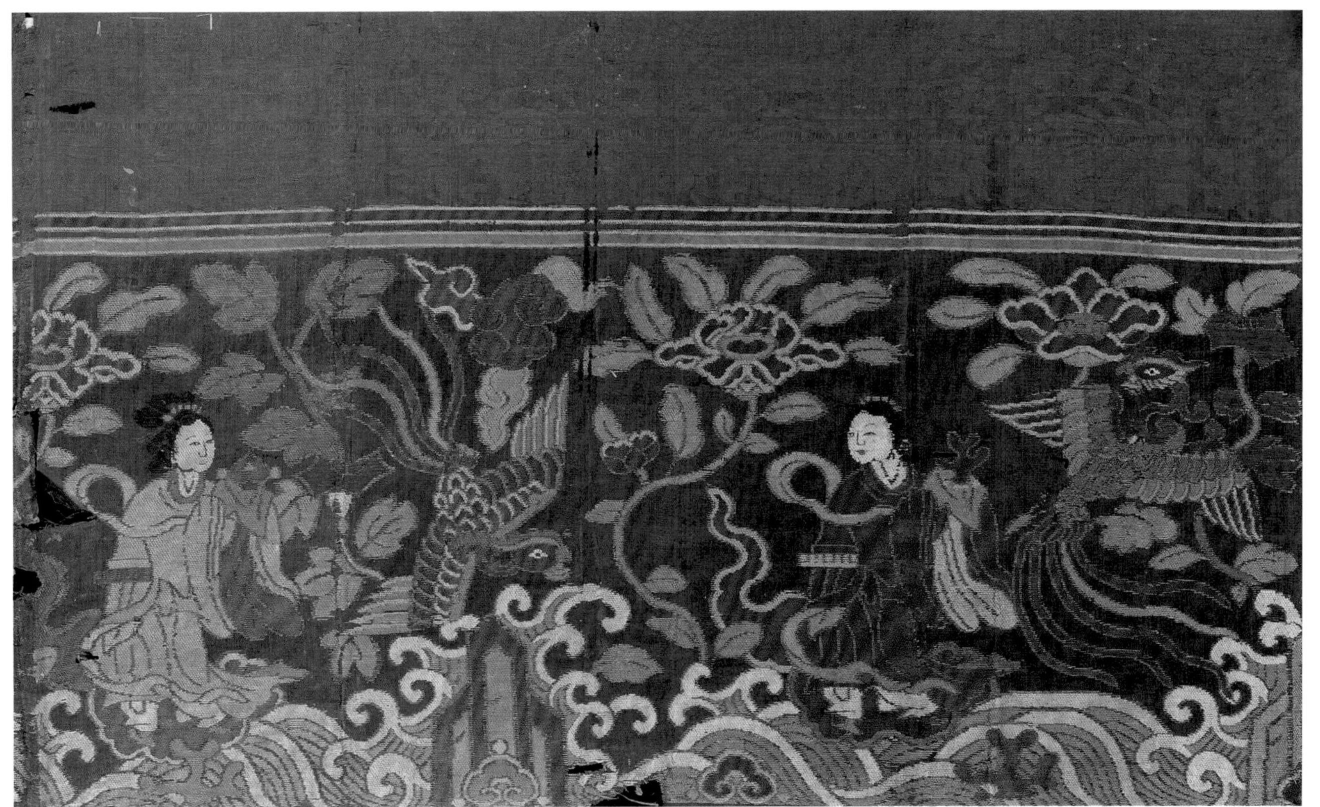

91

綠地飛鳳天馬紋妝花緞

明

長31厘米　寬13厘米

Green Satin with Design of Phoenix and Seahorse

Ming Dynasty

Length: 31cm　Width: 13cm

綠色經緯綫織五枚二飛經面緞紋地，以片金綫和紅、黃、藍、白、粉、果綠等色絨綫為紋緯，通梭妝彩織飛鳳、天馬和海水江崖紋，一鳳在空中盤旋飛舞，四周祥雲繚繞，下方一天馬奔騰在海水江崖之上。上端飾以黃色、粉色彩條紋，下端飾以黃、紅、藍三色如意雲紋。

此緞是經書封面裝幀的殘片，花紋不完整，配色沉穩華麗，織工精細，是了解明代妝花緞極佳的實物資料。

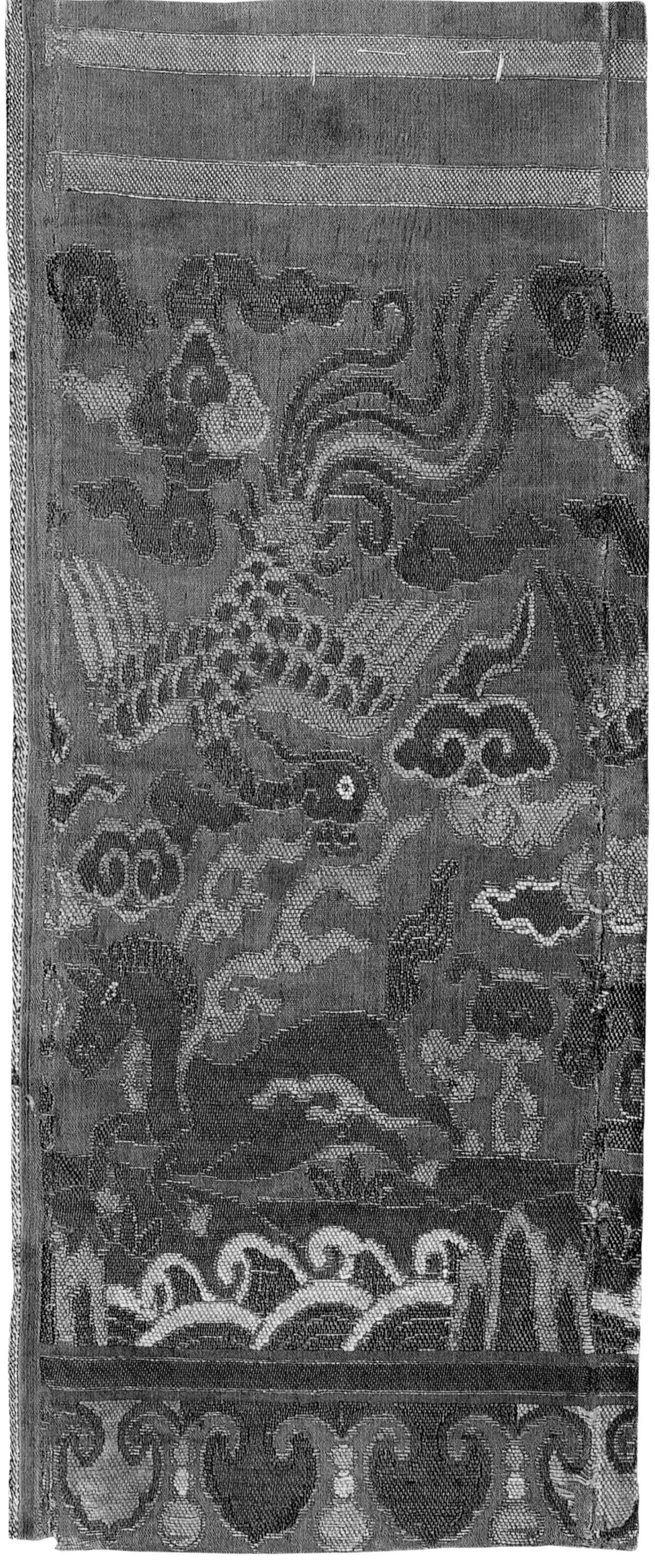

92

綠地龍鳳花卉紋妝花緞

清雍正
單幅長216厘米　寬76.5厘米
清宮舊藏

Green Satin Quilt Cover with Design of Dragons, Phoenixes and Flowers

Yongzheng Period, Qing Dynasty
Length: 216cm　Width: 76.5cm
Qing Court collection

三幅併接而成，皆以綠色八枚三飛經面緞為地，以金綫妝織龍鳳紋，又以墨綠、大紅、粉、木紅、藍、月白、銀灰、香、明黃、杏黃、白等色絨綫挖梭織各種紋飾。中間一幅為正龍紋，雙龍一大一小，上下飛舞，間飾“五福捧壽”、“八寶生輝”、“福慶如意”、“萬合如意”等圖紋。左右兩幅花紋完全相同。上為“鳳穿牡丹”，中間為“二龍戲珠”，間飾“榴開百子”、“萬福來朝”、“福慶如意”等吉祥圖紋。三幅上下兩端的邊飾均為瓜與蝴蝶組合成“瓜瓞綿綿”，寓“多子”之意。

此緞是被面用料，用色鮮艷明快，圖紋豐富，質地輕薄柔軟，美觀實用，代表清代妝花緞的織造水平。

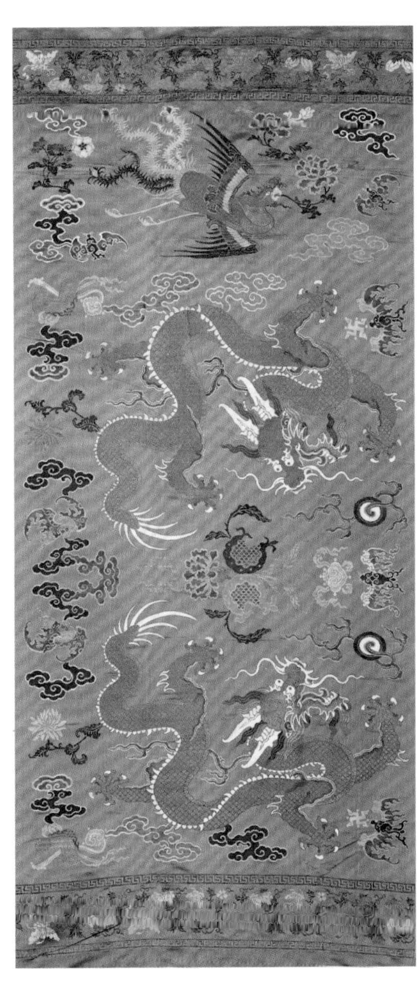

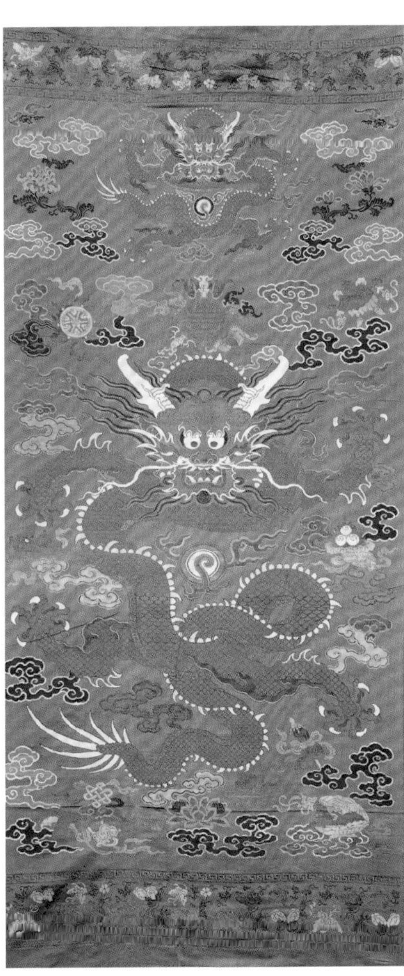

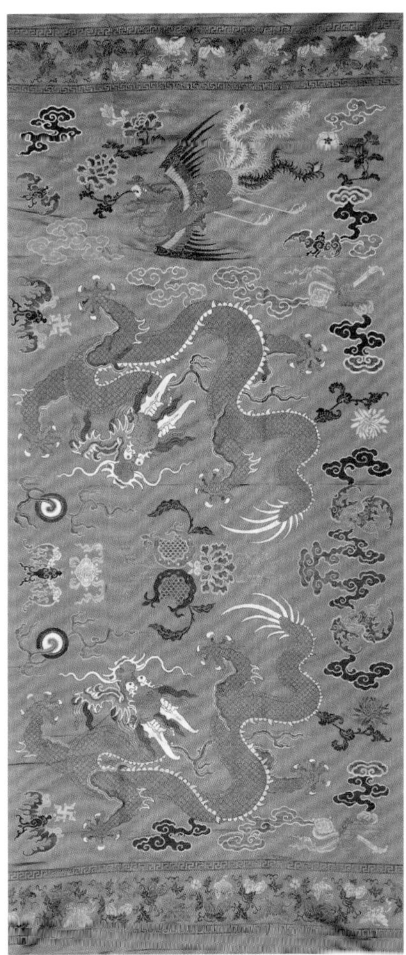

93

黃地折枝花蝶紋妝花緞

清乾隆
長整匹　幅寬78厘米
清宮舊藏

Yellow Satin with Design of Butterflies and Plucked Branch Sprays of Flowers

Qianlong Period, Qing Dynasty
Length: A bolt of cloth　Width: 78cm
Qing Court collection

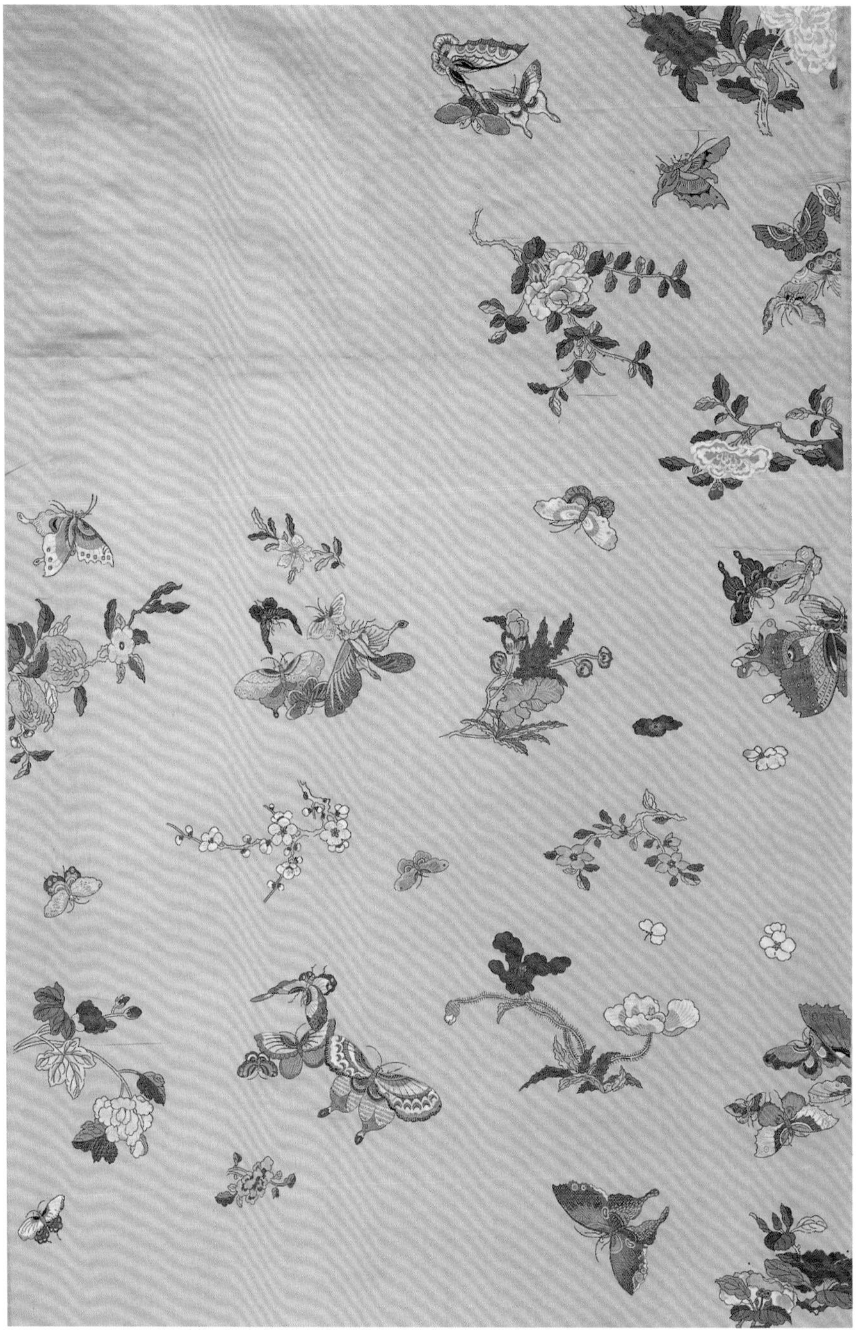

黃色經緯綫織七枚三飛經面緞紋地，以捻金綫和紅、絳、藍、月白、品月、黑、綠、雪青、薑黃、白、淺棕等20餘色絨綫為紋緯，挖梭織蝴蝶和佛手、芙蓉、牡丹、月季、暑葵、虞美人、梅花、桃花等四季花卉圖紋，呈不規則散點狀分佈在底面上。寓“四季長壽”、“多福多壽”之吉祥意。機頭織有“江寧織造臣高晉”款識，已殘。

此緞花姿逼真，配色豐富，清秀典雅。由於露緞地較多，直觀則給人以刺繡的效果，是清代官辦織局——江寧織造專門為宮廷生產的便服袍料。

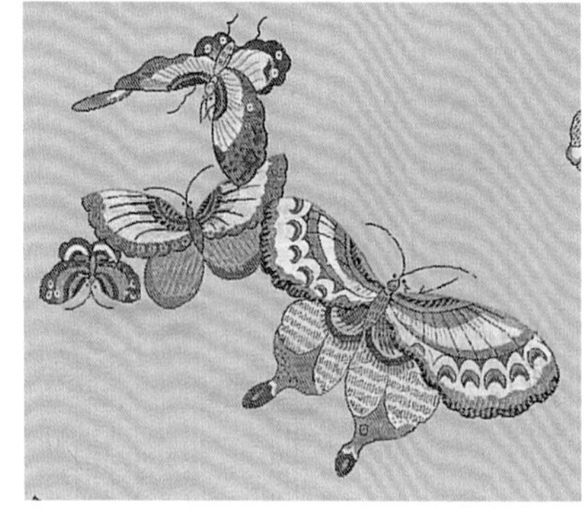

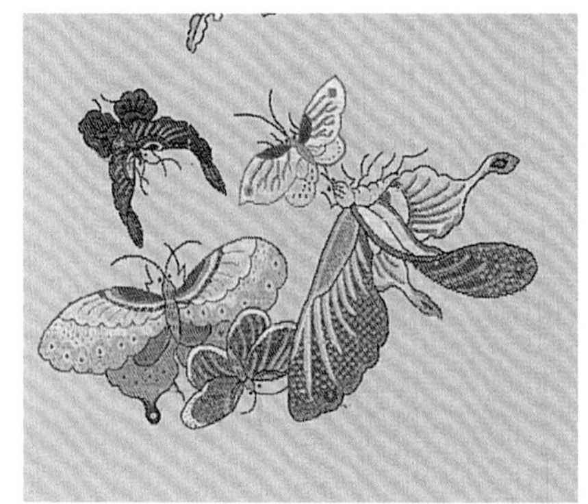

94

明黃地纏枝大洋花紋妝花緞

清乾隆
長整匹　幅寬59.5厘米
清宮舊藏

Bright Yellow Satin with Design of Training Flowers

Qianlong Period, Qing Dynasty
Length: A bolt of cloth　Width: 59.5cm
Qing Court collection

明黃色經緯綫織八枚三飛經面緞紋地，以捻金綫和綠、雪青、淺駝、白、棕、土黃、藍、月白、紅、粉等色絨綫為紋緯，挖梭妝彩織纏枝大洋花紋。並採取"S"形不對稱的手法表現花紋和枝葉。

此緞織造水平很高，花形長達63.5厘米，顯花的紋緯絨綫很粗，妝彩時又採用右向緯斜紋顯花，因此花、地間有較強的凸透感，直觀則有刺繡的韻味。

"大洋花"是乾隆年間十分流行的裝飾圖樣，因花、葉的色彩和造型均受西方藝術風格影響而得名。

95

果綠地牡丹蓮三多紋妝花緞

清嘉慶
長整匹　幅寬76.5厘米
清宮舊藏

Apple-green Satin with Design of Peonies, Lotuses and Three Abundances (Abundant Happiness, Longevity and Male Offspring)

Jiaqing Period, Qing Dynasty
Length: A bolt of cloth　Width: 76.5cm
Qing Court collection

果綠色經緯綫織八枚三飛經面緞紋地，以檸檬、黃、紫、紅、粉、玫瑰、品月、白、銀灰等色絨綫及捻金綫為紋緯，通梭挖花妝彩織纏枝牡丹、蓮花紋，間飾由佛手、帶卍字壽桃、石榴組成的寓意“多福、多壽、多子”的“三多紋 ”和由蝙蝠、“天下太平”雙錢組成的“福在眼前”紋。機頭織“萬源號本機”款識。

此緞花紋單位大，織造難度高。配色多達10餘種，都以兩暈色手法來表現，花葉的邊緣均以土黃色絨綫作絞邊修飾。由於用色較多，當彩色紋緯不用於顯花時，則拋在織物的背後，成為拋浮綫，這也是妝花緞的工藝特點。

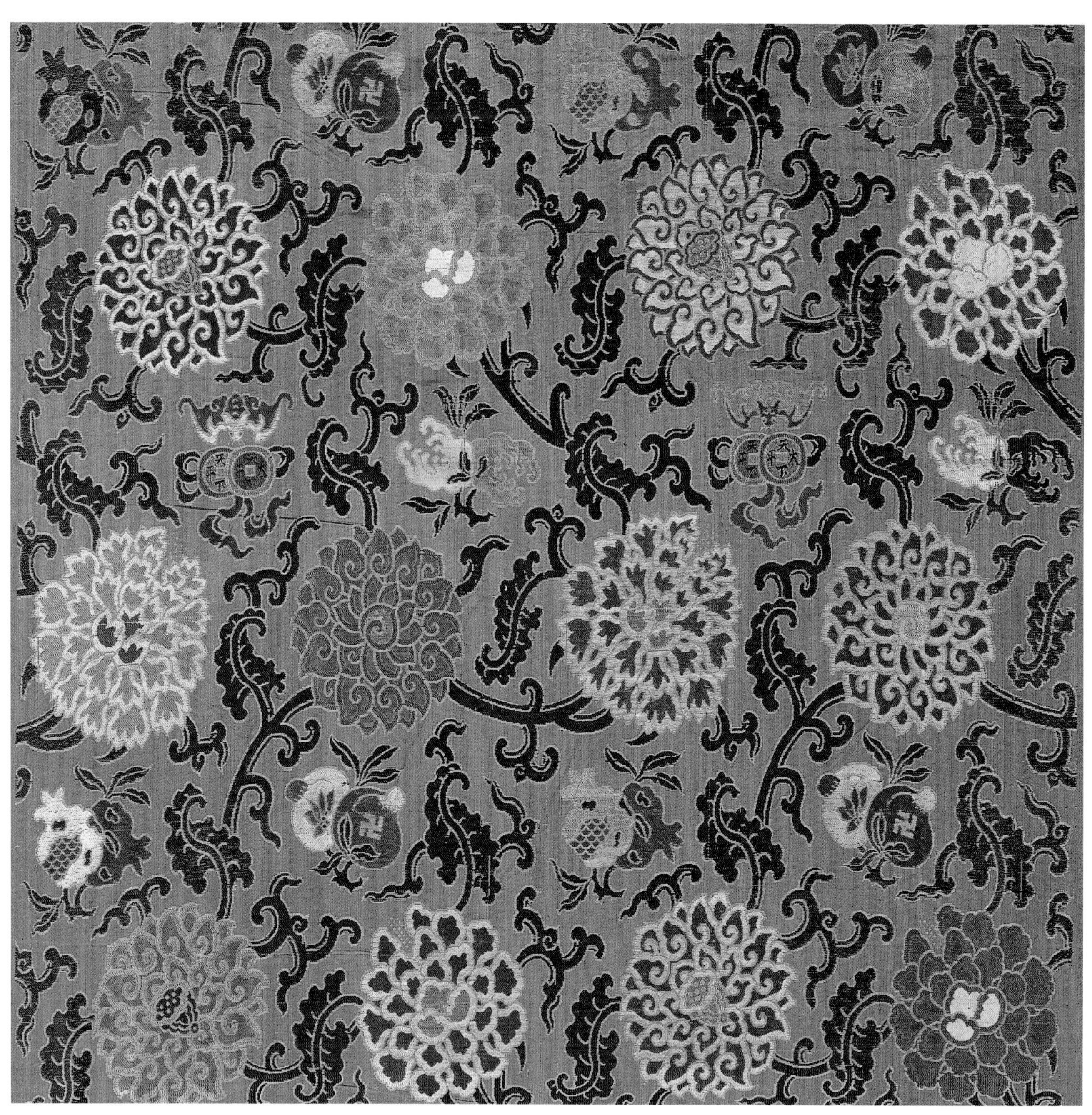

96

紅地五蝠捧壽三多紋妝花緞

清同治
長整匹　幅寬79厘米
清宮舊藏

Red Satin with Design of Five Bats Around the Character "Shou" (Longevity) and Three Abundances (Abundant Happiness, Longevity and Male Offspring)
Tongzhi Period, Qing Dynasty
Length: A bolt of cloth　Width: 79cm
Qing Court collection

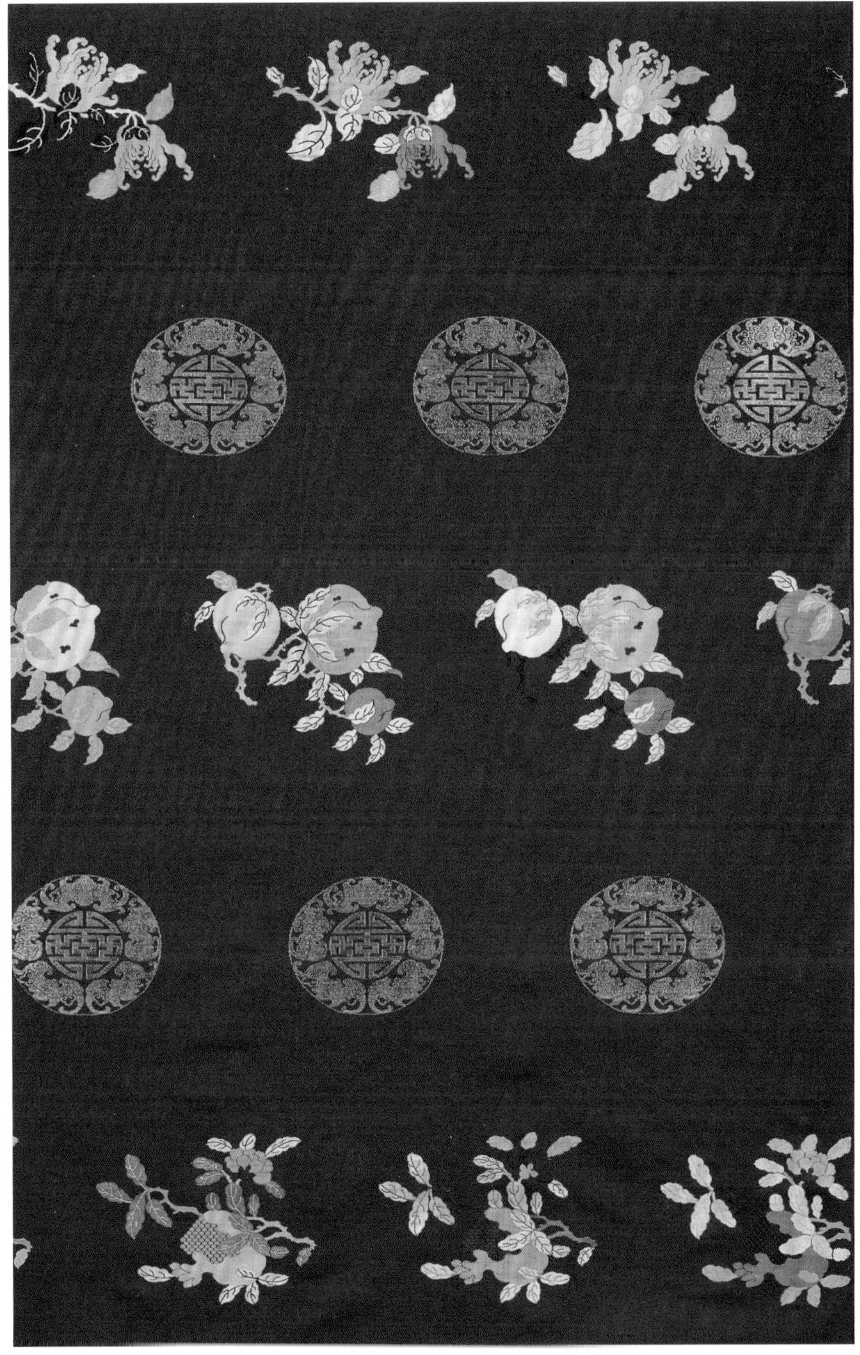

紅色經緯綫織八枚三飛經面緞紋地，以捻金綫和寶藍、雪青、綠、白、黃、粉、月白、米黃、薑黃等色絨綫為紋緯，挖梭妝彩織佛手、桃實和石榴組成的"三多紋"，寓意"多福、多壽、多子"。間飾五隻蝙蝠圍繞一團壽字組成的"五福捧壽"紋。機頭織"湖北蠶桑局監織金彩緞"款識。

此緞緞地平滑光亮，花紋明顯凸出織物地面，看上去似有"補花繡"工藝的效果。而用色單調濃艷、配色反差強烈的特點，則為典型的晚清用色風格。

97

雪青地富貴萬年紋妝花緞氅衣料

清光緒
長770厘米　寬78.5厘米
清宮舊藏

Lilac Satin Material for Making Overcoat with Auspicious Design of Peonies, Swastikas and Bamboos

Guangxu Period, Qing Dynasty
Length: 770cm　Width: 78.5cm
Qing Court collection

以雪青色經緯綫交織成經八枚三飛竹子紋暗花緞地，又以紅、藍、綠、黃等10餘色絨綫和撚金綫為紋緯，與地經交織紋飾，在以長圓壽字圍成的圓環內飾卍字和牡丹紋，寓“富貴萬年”、“富貴長壽”之意。機頭織“江南正源興記本機”款識。

此緞織造細密，構圖別致，花紋突出，色彩變化自如，達到逐花異色的效果，是光緒年間的妝花緞珍品。

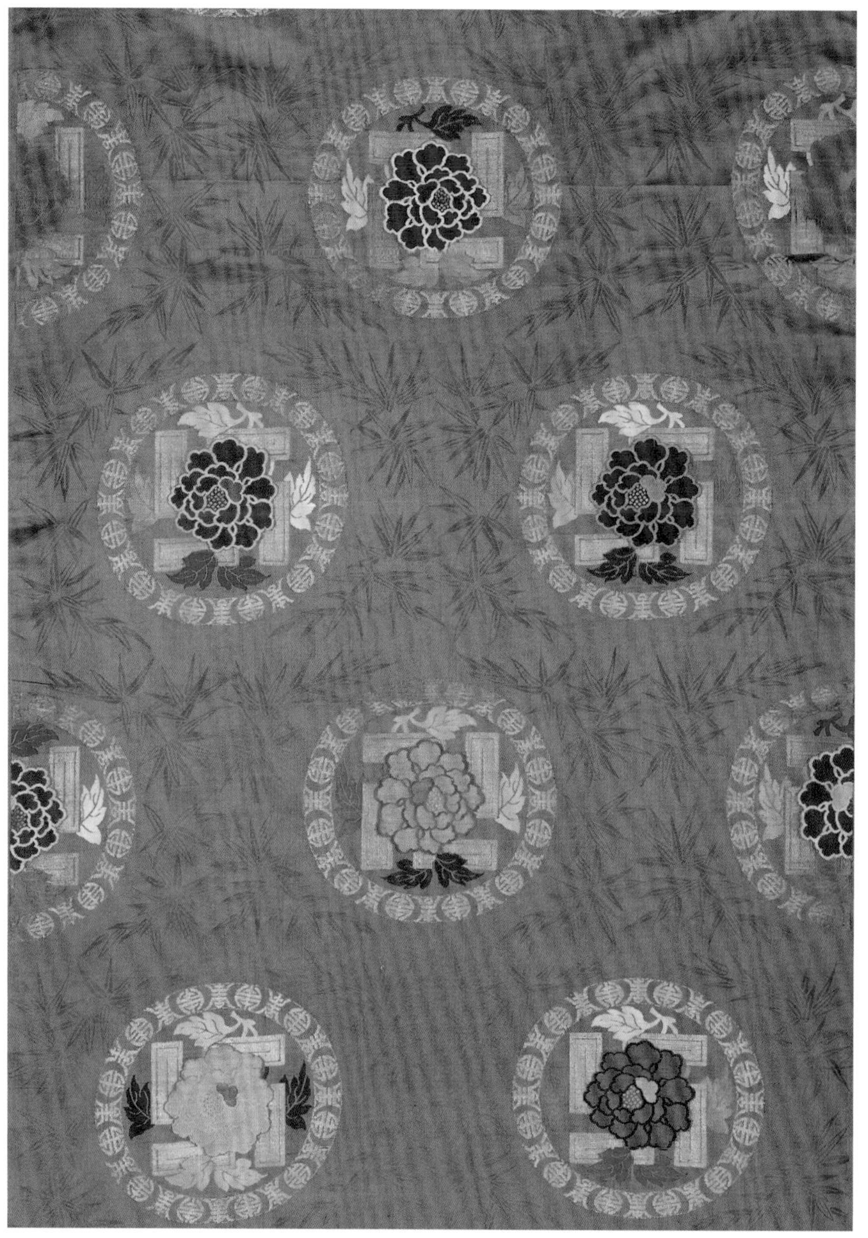

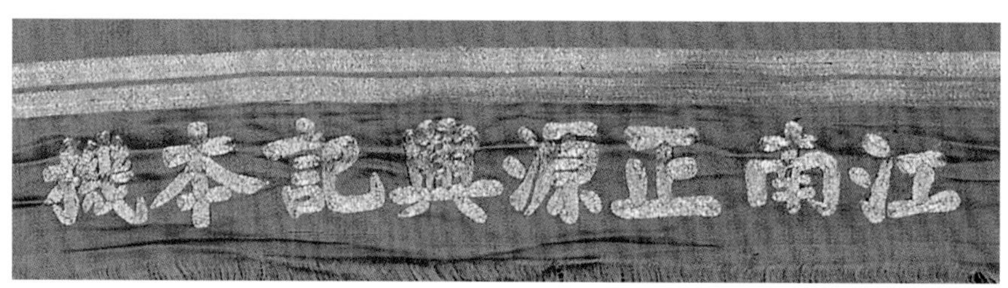

98

寶藍地團桃紋妝花緞馬褂料
清光緒
長398厘米　寬79厘米
清宮舊藏

Sapphire Satin with Design of Medallions of Peach
Guangxu Period, Qing Dynasty
Length: 398cm　Width: 79cm
Qing Court collection

寶藍色經緯綫織八枚三飛經面緞紋地，以撚金綫和綠、土黃、紅、玫瑰紫、雪青、紫等色絨綫為紋緯，挖梭妝彩織三隻仙桃及枝葉組成的團形圖紋，有祝頌長壽的寓意。

此緞織工細膩，花紋配色反差強烈，反映晚清時期圖紋的表現方式和配色特點。

99

寶藍地蘭蝶紋妝花緞馬褂料

清光緒
長整匹　幅寬77厘米
清宮舊藏

Blue Satin with Design of Orchids and Butterflies

Guangxu Period, Qing Dynasty
Length: A bolt of colth　Width: 77cm
Qing Court collection

寶藍色經緯綫織八枚三飛經面緞紋地，以捻金綫和白、綠、湖、薑黃、香、粉、米等色絨綫為紋緯，挖梭盤織蘭花與蝴蝶紋。機頭織“浙杭萬豐載剔選上金華絨賽繡庫緞”款識。

此緞圖紋寫實，對蘭花的花頭以至根鬚都作了非常細緻地刻畫，配色誇張，有刺繡的效果，是非常典型的晚清織品。

100

紅地四合如意雲鳳紋織金緞
明中期
長276.5厘米　寬73厘米
清宮舊藏

Red Satin with Gold Design of Phoenixes and Ruyi-shaped Clouds
Middle Ming Dynasty
Length: 276.5cm　Width: 73cm
Qing Court collection

紅色經緯綫織五枚二飛緞紋地，上用片金綫織出明代所特有的彩雲造型——四合如意雲紋，並間以自然灑脱的飛鳳紋。

此緞表面疏朗、光滑有韌性，顯花效果好，紋飾結構緊密。

織金緞又名“庫緞”，是以經綫加捻較細，緯綫無捻較粗，並以片金綫為紋緯顯花的緞，被按習慣統歸入雲錦類，宮廷中通常用作墊料。中國織繡業使用金綫、金箔的歷史悠久，據史料記載三國時期就有用金箔、金綫於織品上，宋以後織金工藝則得到較大的發展。

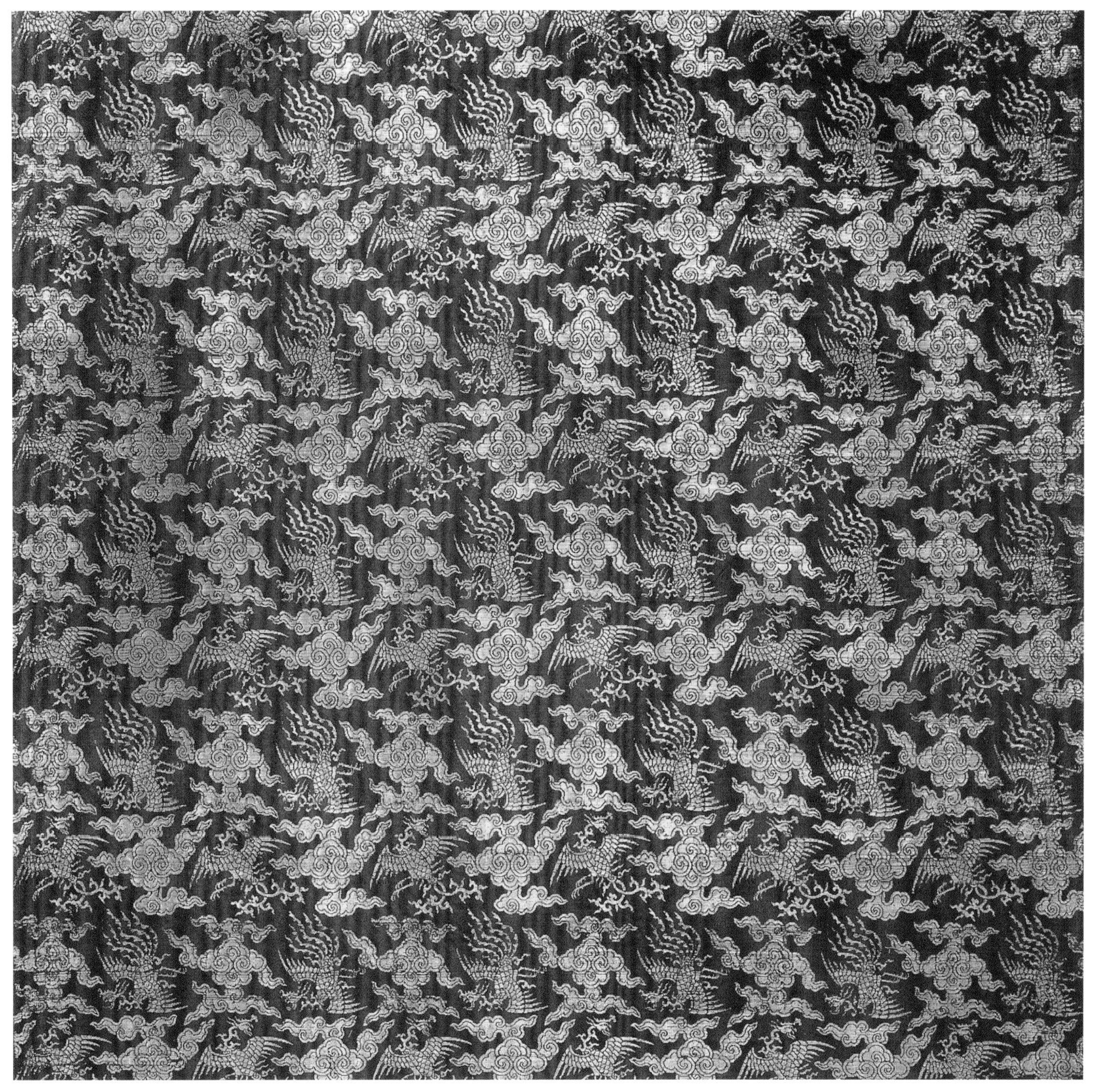

101

青地折枝四季花卉紋織金緞
明萬曆
長26.3厘米　寬41.5厘米
清宮舊藏

Bluish Green Satin with Design of Plucked Branch Four-season Flowers, Woven with Gold Thread
Wanli Period, Ming Dynasty
Length: 26.3cm　Width: 41.5cm
Qing Court collection

青色經緯綫織五枚二飛緞紋地，上以片金綫織出交錯分佈的四季花卉紋，牡丹代表春天，蓮花代表夏天，菊花代表秋天，梅花代表冬天。花紋排列緊密，有一種滿地花的效果。

此緞花紋的設計方法在織金緞中很普遍，因為要把昂貴而有限的金綫充分顯現於織物表面，只能如此緊密地排列花紋。

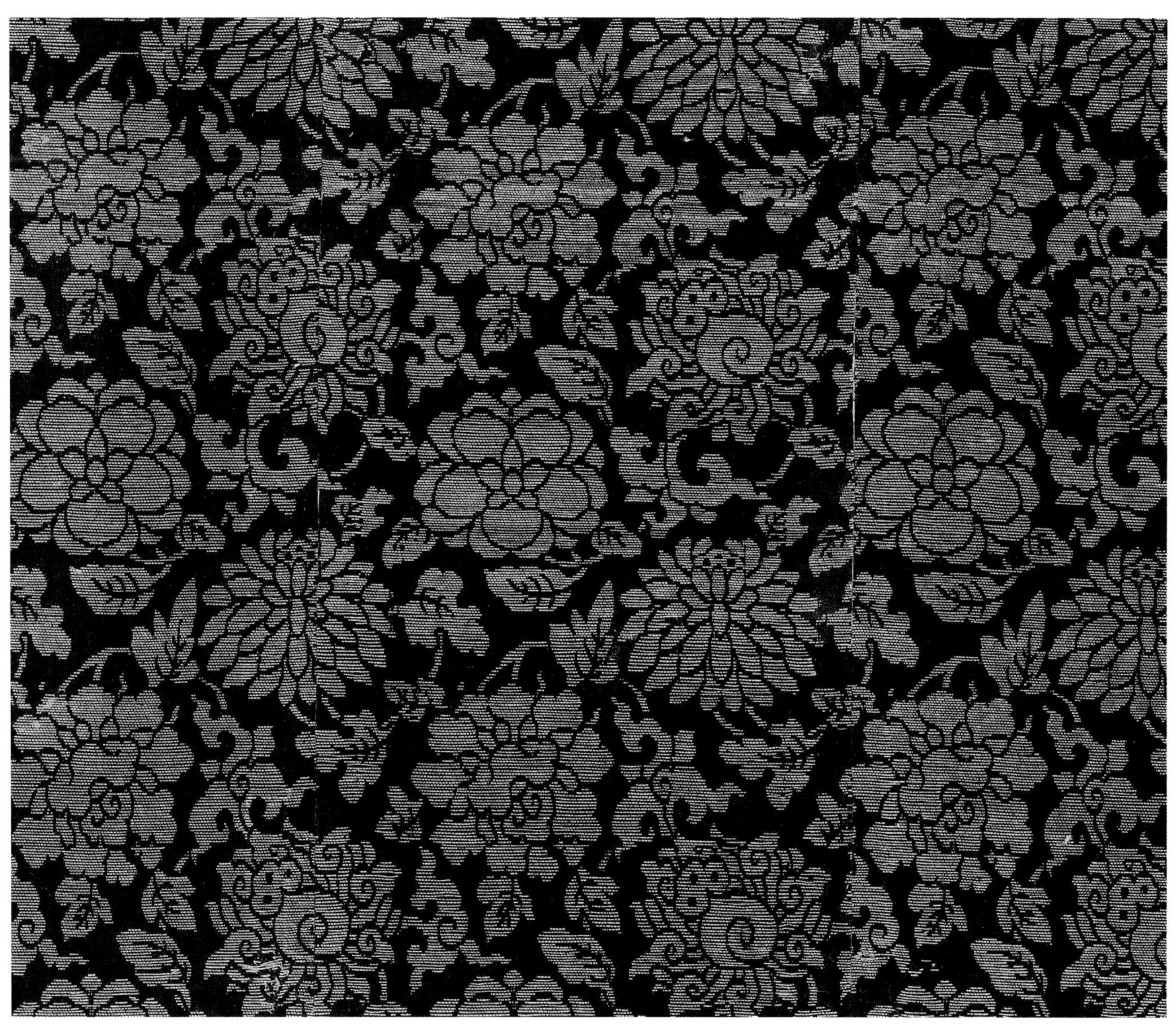

102

白地雲龍紋織金緞
明
長350厘米　寬68厘米

White Satin with Design of Dragons and Clouds, Woven with Gold Thread
Ming Dynasty
Length: 350cm　Width: 68cm

白色經緯綫織五枚二飛緞紋地，上用片金綫織橫向排列的雲龍紋。龍紋圍繞四合如意雲紋上下翻騰飛舞，這是皇家專用紋飾的典型表現手法。

此緞用片金綫織紋飾，使紋飾在光綫照射下閃閃發光，因白色地和金綫反差小，則呈現出暗花織物的效果，是明代較有特色的織品之一。

103

杏黃地八寶纏枝蓮紋織金緞
明
長22厘米　寬61厘米

Apricot Satin with Design of Miscellaneous Treasures and Winding Lotuses, Woven with Gold Thread
Ming Dynasty
Length: 22cm　Width: 61cm

杏黃色經緯綫織五枚二飛緞紋地，以片金綫織蓮花紋。蓮花尖瓣小蓮芯，枝葉大膽地變形誇張，纏繞蓮花並成“S”形。間飾犀角、火珠、珊瑚等雜寶紋。蓮花在佛教裏象徵西方淨土，是孕育靈魂之處，以美、愛、長壽、聖潔的綜合寓意成為傳統吉祥圖案之一。

104

綠地纏枝蓮菊紋織金緞
明
長39厘米　寬29.5厘米

Green Satin with Design of Winding Flowers, Woven with Gold Thread
Ming Dynasty
Length: 39cm　Width: 29.5cm

綠色經緯綫織五枚二飛緞紋地，以片金綫織蓮花、菊花圖紋。蓮花是聖潔的象徵，在佛教中被視為淨土世界的代表。菊花是傲霜之花，君子之花，花中隱逸者，象徵高潔和堅貞不屈，同時也是吉祥、長壽的象徵。

此緞花紋變形誇張，僅蓮花就有三種形式，菊花幾乎成為幾何圖案。整體紋飾顯得生硬呆板，但不乏莊重、嚴肅之感，是經書封面的用料。

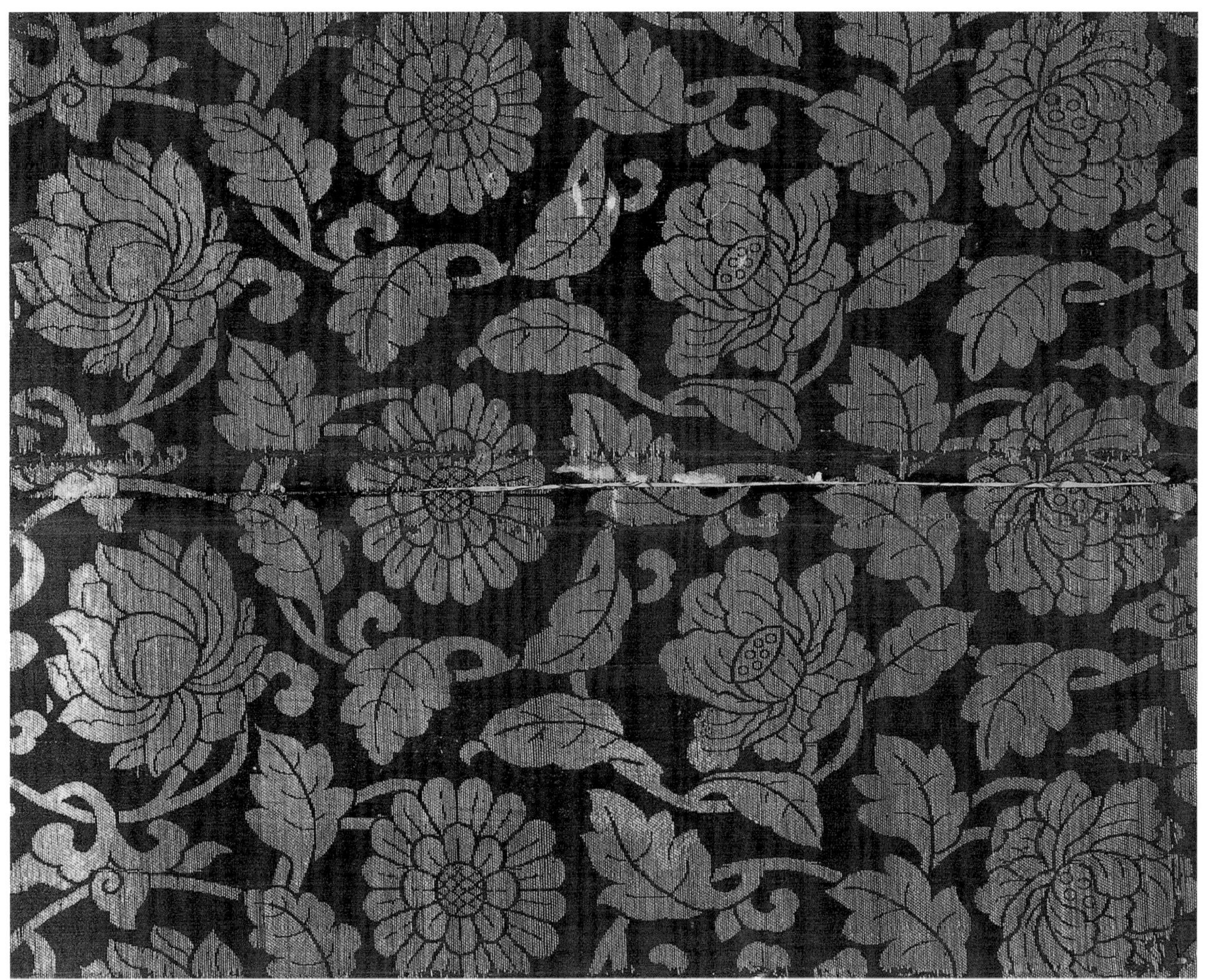

105

藍地纏枝蓮紋織金緞
明
長27厘米　寬33厘米
清宮舊藏

Blue Satin with Design of Winding Lotuses, Woven with Gold Thread
Ming Dynasty
Length: 27cm　Width: 33cm
Qing Court collection

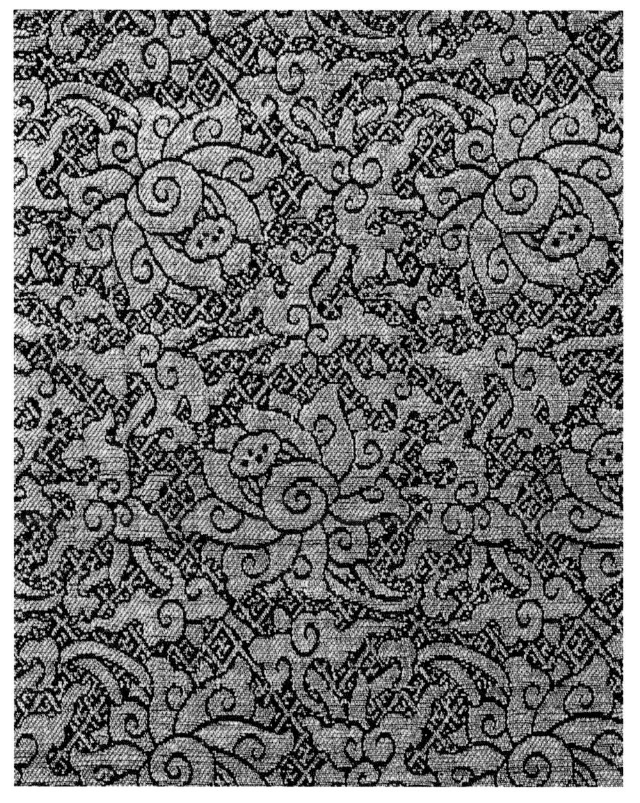

藍色經緯綫織五枚二飛緞紋地，以片金綫織纏枝蓮紋。蓮花排列細密工整，下襯菱形斜卍字紋，幾乎遮蓋了整個藍色緞地。

此緞為了充分利用金綫顯花，片金綫在織完纏枝蓮後繼續織卍字地，使緞地上滿佈金色花紋，金綫顯花已接近極致。同時運用卍字地以襯托較呆板的紋飾，使之呈現立體感和透視效果。

106

明黃地西蕃蓮紋織金緞
清康熙
長整匹　幅寬78厘米
清宮舊藏

Bright Yellow Satin with Design of Passionflowers, Woven with Gold Thread
Kangxi Period, Qing Dynasty
Length: A bolt of cloth　Width: 78cm
Qing Court collection

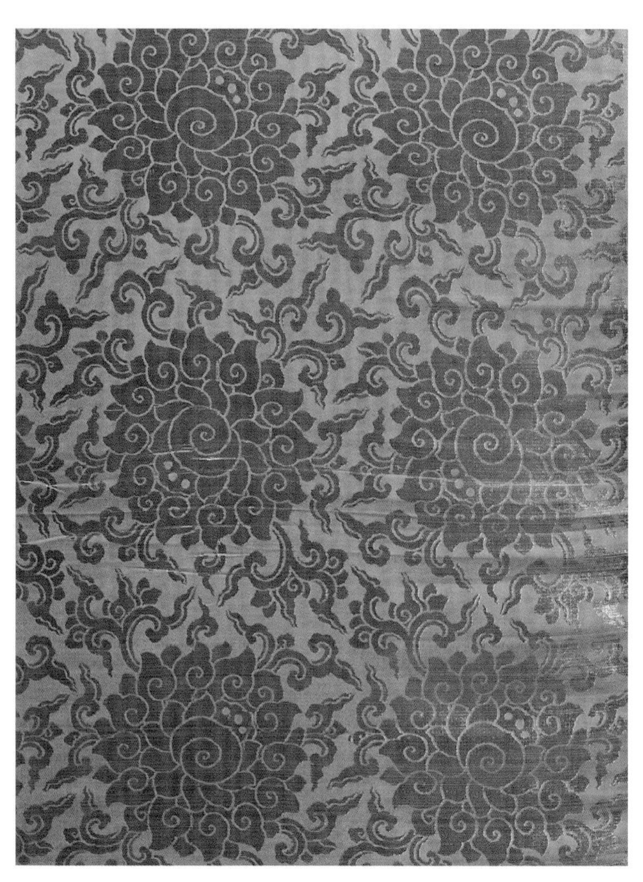

明黃色經緯綫織五枚二飛緞紋地，以片金綫織西蕃蓮紋。蓮花花朵碩大，枝、葉以寫意手法巧妙融合，排列工整，呈現出一種放射狀的曲綫美。

此緞所織蓮紋的直徑近20厘米，在清早期較為常見。這種表現蓮花枝葉的方法，在清代較為普遍，是一種標準模式。

107

綠地鳳凰牡丹紋織金緞
清乾隆
長整匹　幅寬77.5厘米
清宮舊藏

Green Satin with Design of Phoenixes and Peonies, Woven with Gold Thread
Qianlong Period, Qing Dynasty
Length: A bolt of cloth　Width: 77.5cm
Qing Court collection

綠色經緯綫織七枚三飛緞紋地，以圓金綫織盤旋飛舞的鳳凰紋，周圍飾以細密精美的纏枝牡丹花，組合成“鳳穿牡丹”圖，寓意祥瑞、美好。

此緞金綫排列極密，顯花時浮於織物表面，反之則全部抛於織物之下。其金綫用量很大，從側面反映出當時經濟的繁榮，奢華之風日盛。

圓金綫與片金綫的區別主要在於，片金綫是將金箔粘合於紙基上再切成窄條，圓金綫通常以片金螺旋地裹在絲綫上而成。

108

紅地靈仙祝壽紋織金緞
清乾隆
長整匹　幅寬73.5厘米
清宮舊藏

Red Satin with Auspicious Design for Birthday Congratulations, Woven with Gold Thread
Qianlong Period, Qing Dynasty
Length: A bolt of cloth　Width: 73.5cm
Qing Court collection

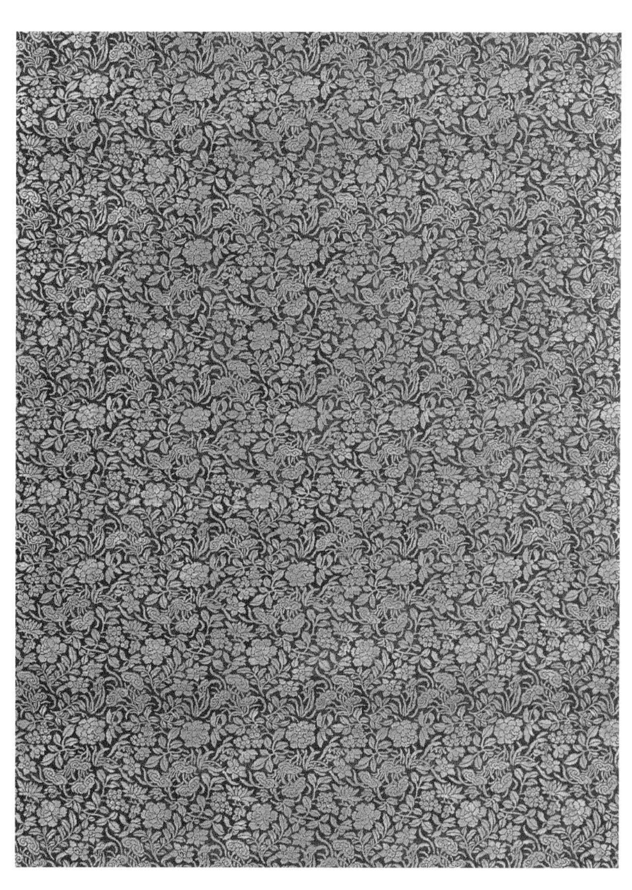

紅色經緯綫織六枚不規則緞紋地，以圓金綫織靈芝、水仙、牡丹、萬年青等紋飾，靈芝、水仙為仙草，萬年青有長壽之意，牡丹表示富貴，此組合為“靈仙祝壽”圖，寓“長壽”、“富貴”等吉祥意。

此緞將不同種類的花卉巧妙地融合在一起，初看覺得有些淩亂，細看就會發現花紋排列規整，輪廓清晰。設計者對各種花卉形態的研究之深可見一斑。

109

綠地牡丹紋織金緞

清
長整匹　幅寬76.5厘米
清宮舊藏

Green Satin with Design of Pinkish Red Peonies, Woven with Gold Thread
Qing Dynasty
Length: A bolt of cloth　Width: 76.5cm
Qing Court collection

綠色經緯綫織七枚二飛緞紋地，用桃紅色絲綫織纏枝牡丹紋，再用雙股圓金綫織牡丹花蕊。間飾方勝、如意、犀角等雜寶紋，寓意吉祥。

此緞的桃紅色絲綫未加捻較粗，織花蕊的圓金綫是雙股並用，使很平淡的紋飾變得生動起來，起到畫龍點睛的效果，這也是清後期織金緞較典型的表現手法。

110

綠地黃纏枝蓮紋二色緞

明
長34.5厘米　寬14厘米

Two-coloured Satin with Design of Yellow Winding Lotuses on a Green Ground
Ming Dynasty
Length: 34.5cm　Width: 14cm

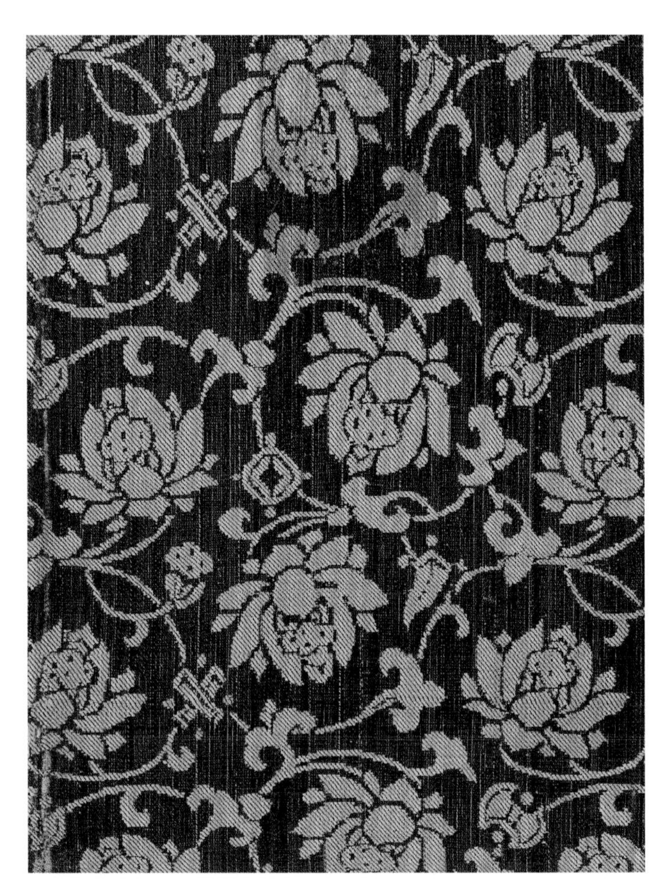

五枚二飛緞紋組織，以較細的綠色絲綫為經綫，以較粗的黃色絲綫為緯綫雙股並用顯花，主題紋飾為纏枝蓮，間飾犀角、古錢、銀錠等雜寶紋。

此緞花紋明顯突出，明快醒目，色彩素雅莊重，是裝幀經書封面的用料。

二色緞又稱“地花兩色庫緞”，清代特稱“內緞”，屬庫緞類，是南京雲錦傳統品種之一。其特點是經緯綫分別用兩種不同的顏色，以經綫為地，緯綫顯花織出地花異色的緞紋織物。

111

品藍地青折枝梅蝶紋二色緞
清光緒
長整匹　幅寬75.8厘米
清宮舊藏

Two-coloured Satin with Design of Black Plucked Branch Sprays of Plums and Butterflies on a Reddish Blue Ground
Guangxu Period, Qing Dynasty
Length: A bolt of cloth　Width: 75.8cm
Qing Court collection

八枚三飛緞紋組織，以品藍色絲綫為經綫，以黑色絲綫為緯綫顯花織梅花和蝴蝶紋，二者交錯分佈，克服了橫向排列花紋的呆板之氣。機頭織“永昇本機庫緞”款識。

此緞紋飾小巧精緻，設色獨特，大膽運用了黑色絲綫顯花，從而形成了品藍地黑花紋，給人以耳目一新的感覺，是較為少見的晚清時期精品織物。

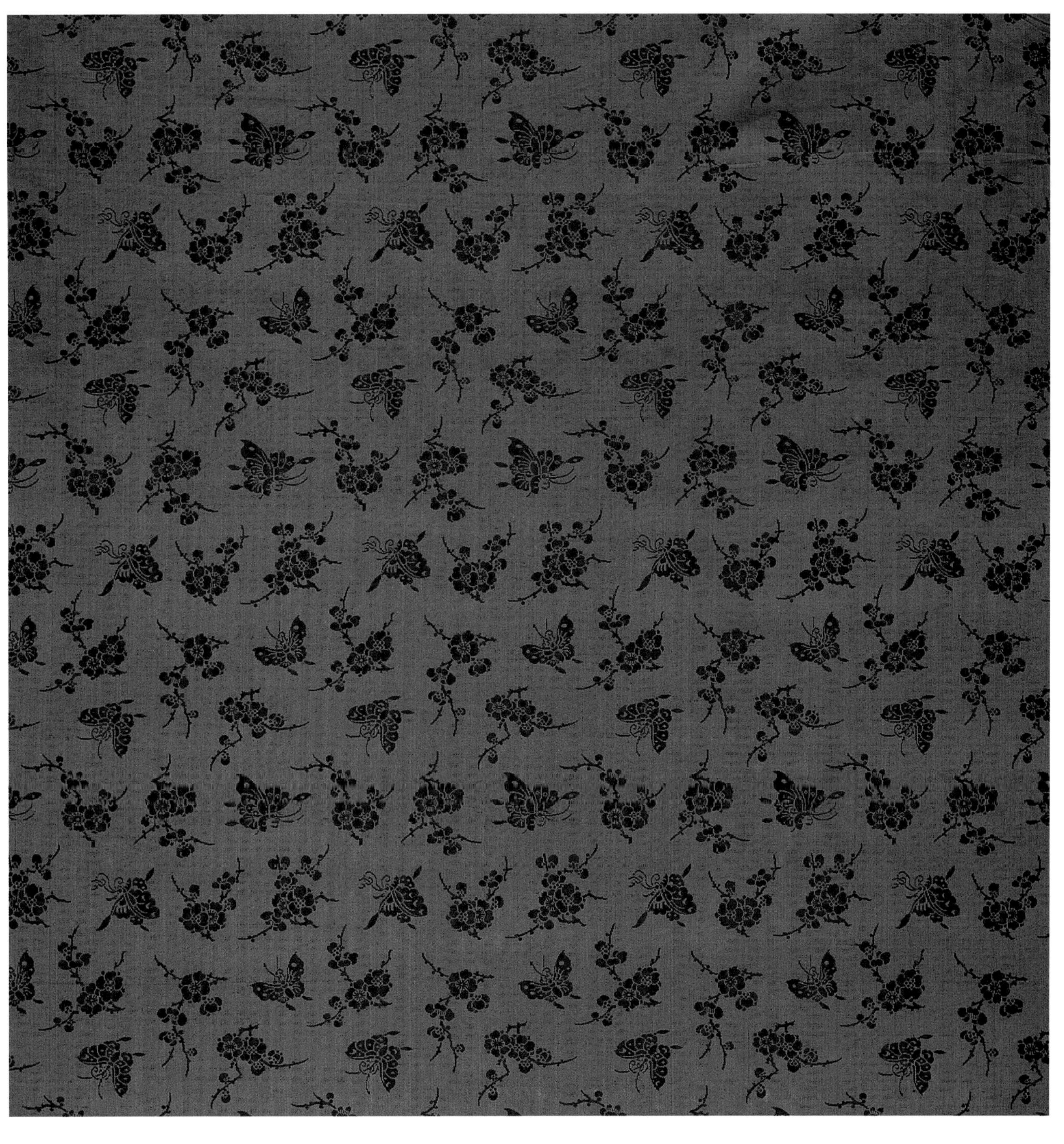

112

綠地鳳穿牡丹紋閃緞
明萬曆
長33.5厘米　寬42.8厘米
清宮舊藏

Shan Satin with Design of Phoenixes and Peonies on a Green Ground
Wanli Period, Ming Dynasty
Length: 33.5cm　Width: 42.8cm
Qing Court collection

五枚二飛緞紋組織，以綠色加強捻較細絲綫為經綫，以木紅色無捻較粗絲綫為緯綫織“鳳穿牡丹”紋，寓祥瑞、幸福之意。

閃緞與二色緞類似，同為經緯綫異色，經綫為地，緯綫為花。不同之處在於閃緞的經綫多為強捻較細，緯綫不加捻較粗，且其組織密度比其他緞類織物小，經綫不能完全覆蓋緯綫，加之經緯綫的顏色存在較大反差，從而通過角度的不同和光綫的折射達到閃色的效果。

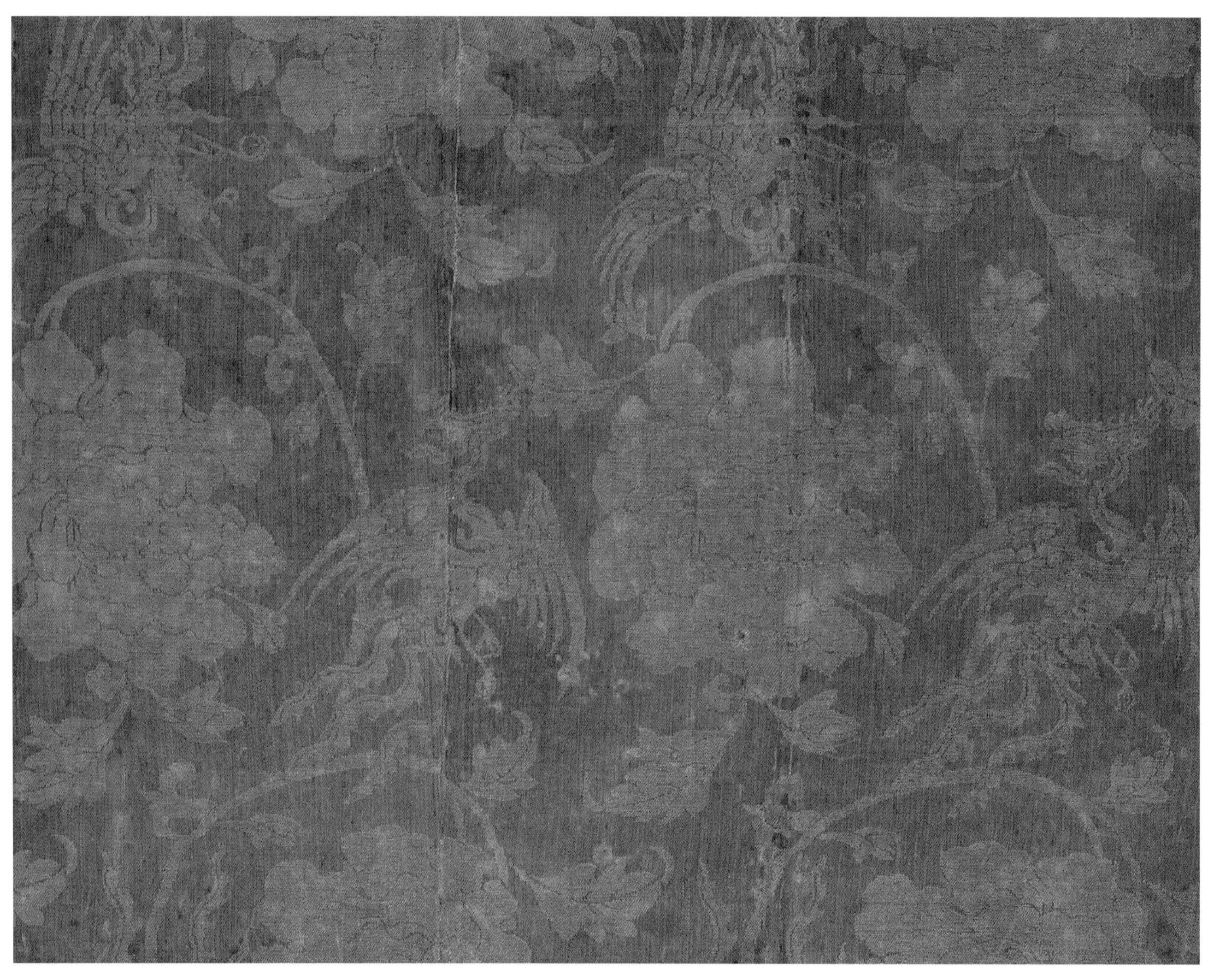

113

藍地牡丹菊花紋閃緞
明
長35.5厘米 寬22.1厘米
清宮舊藏

Shan Satin with Design of Peonies and Chrysanthemums on a Blue Ground
Ming Dynasty
Length: 35.5cm Width: 22.1cm
Qing Court collection

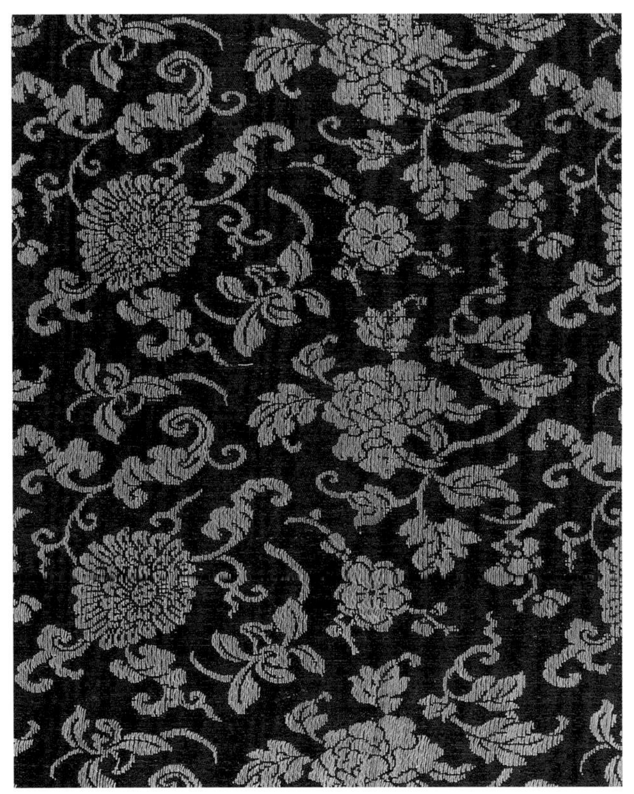

五枚二飛緞紋組織，以藍色加強捻較細絲綫為經綫，淺黃色無捻較粗絲綫為緯綫織折枝牡丹和菊花紋，間飾梅花紋。牡丹象徵富貴，菊花象徵長壽，此組合寓意“富貴長壽”。

閃色技術唐代已有，明清時盛行的閃緞主要是江寧織造生產的。

114

寶藍地百蝶紋閃緞
清
長375厘米 寬77厘米
清宮舊藏

Shan Satin with Design of Hundred Rose Purple Butterflies on a Sapphire Ground
Qing Dynasty
Length: 375cm Width: 77cm
Qing Court collection

八枚三飛緞紋組織，以寶藍色加強捻較細絲綫為經綫，以玫瑰紫色無捻較粗絲綫為緯綫織姿態各異蝴蝶。蝶是美好和吉祥的象徵，因其戀花之性而常用來比喻愛情和美滿婚姻。

此緞蝶紋種類和造型多達8種，且花紋單位達40厘米，織造難度很大。是清代后妃們做坎肩或便服的面料。

115

紅地折枝牡丹紋閃緞
清同治
長1445厘米　寬75厘米
清宮舊藏

Shan Satin with Design of Green Peony Flowers on a Red Ground
Tongzhi Period, Qing Dynasty
Length: 1445cm　Width: 75cm
Qing Court collection

七枚三飛緞紋組織，以紅色加強捻較細絲綫為經綫，以綠色無捻較粗絲綫為緯綫織牡丹花。花紋為兩排一循環，上下交錯排列，寓“富貴無邊”之意。

此緞織造細密，構圖簡練，色彩對比強烈，花紋富麗大方，是閃緞中的珍品。

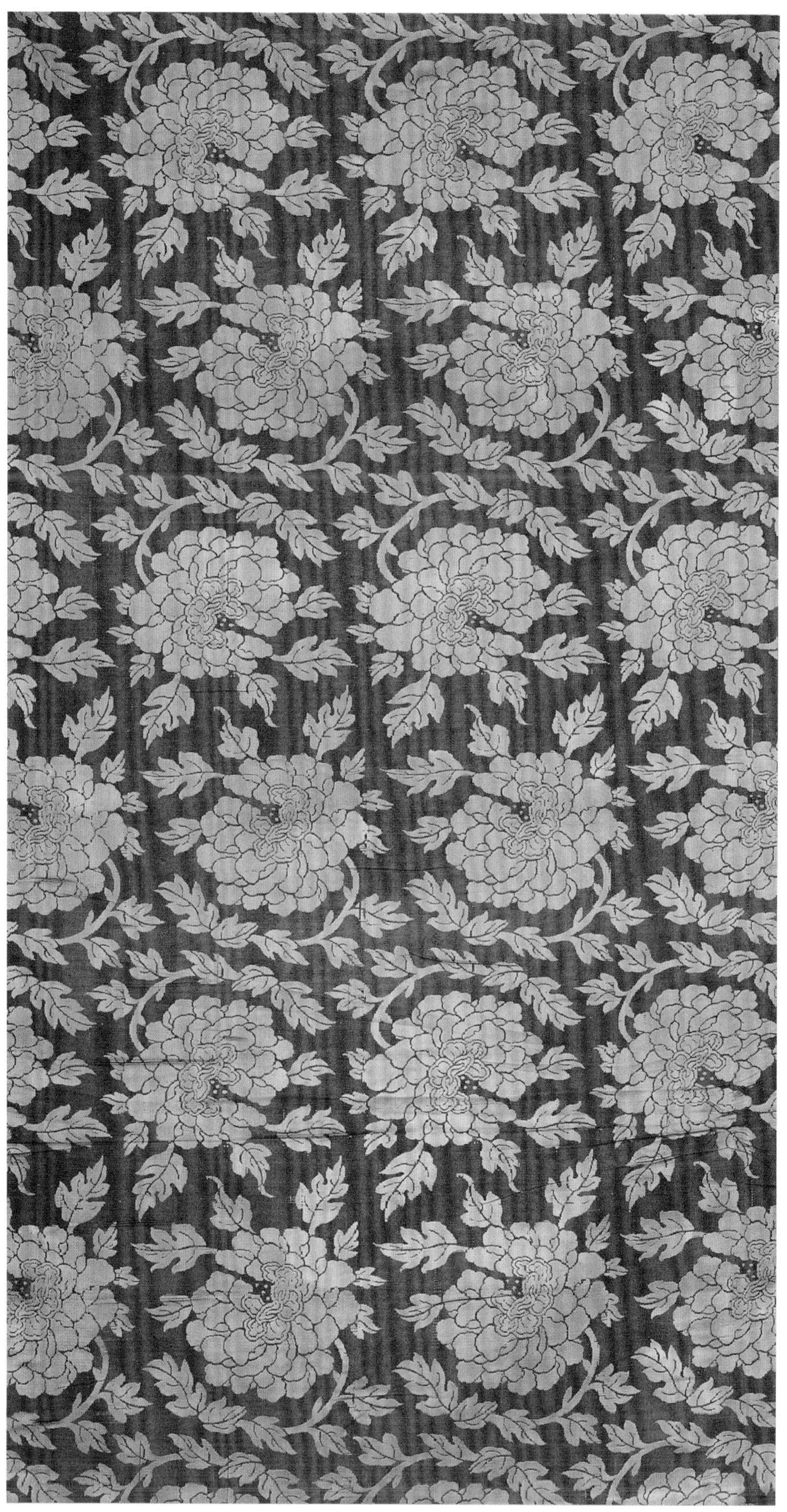

116

湖色地富貴萬年紋鴛鴦緞
清同治
長整匹　幅寬106厘米
清宮舊藏

Light Blue Double-faced Satin with Design of Medallions of Peony and Swastika
Tongzhi Period, Qing Dynasty
Length: A bolt of cloth　Width: 106cm
Qing Court collection

平紋組織，其正面經緯綫均為湖色不加捻，以緯綫顯花織正反卍字和牡丹團花，寓意"富貴萬年"。其反面以品月色緯綫顯花，花紋為菱形迴紋。

鴛鴦緞是清中期以後發展起來的一種織物，屬花緞類。其組織為一經兩緯不加捻，正反兩面均為平紋，緯綫通常為兩色。常織成滿地花形式，將整組緯綫浮於織物表面，以達到兩面異花異色的效果。此緞是后妃們做旗袍的面料。

117

青地折枝牡丹紋泰西緞
清晚期
長540厘米　寬56.2厘米
清宮舊藏

Black Taixi Satin with Design of Plucked Branch Flower Spays
Late Qing Dynasty
Length: 540cm　Width: 56.2cm
Qing Court collection

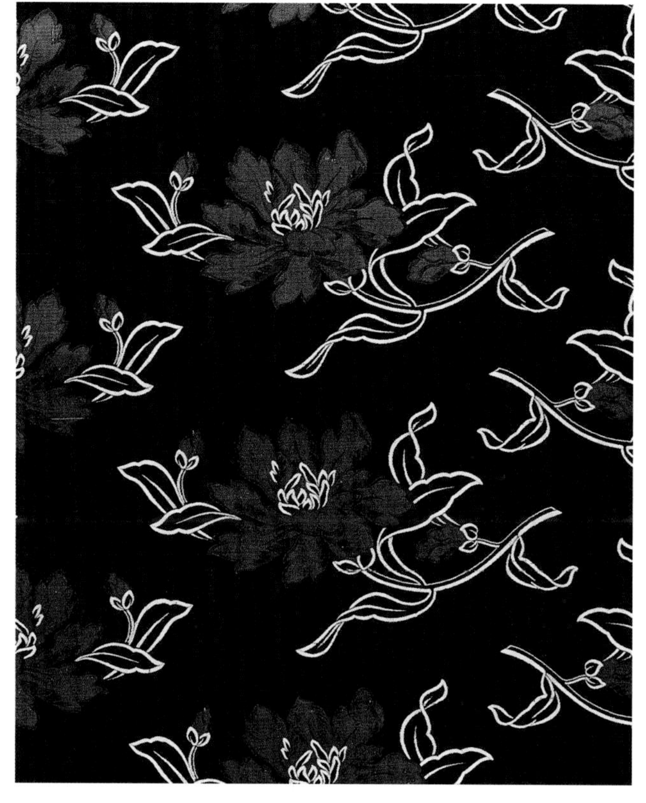

八枚三飛緞紋組織，經綫為黑色加捻，緯綫是兩組，地緯為白色加捻，紋緯為寶藍色無捻。紋飾為折枝牡丹，花紋略有變形，花蕾和花瓣均用寶藍色絲綫勾勒輪廓，而花蕊和枝葉則是用地緯的白色絲綫織出。

此緞配色屬高對比、大反差，給人以較強的視覺衝擊力。

泰西緞是晚清時利用從西方進口的紡織機器生產的織品。其組織密度大且光滑平整，並運用了獨特的組織和顯花方法，給人以耳目一新的感覺。

118

米黃地粉玫瑰花紋泰西緞
清晚期
長556厘米　寬70.5厘米
清宮舊藏

Millet-coloured Taixi Satin with Pink Rose Design
Late Qing Dynasty
Length: 556cm　Width: 70.5cm
Qing Court collection

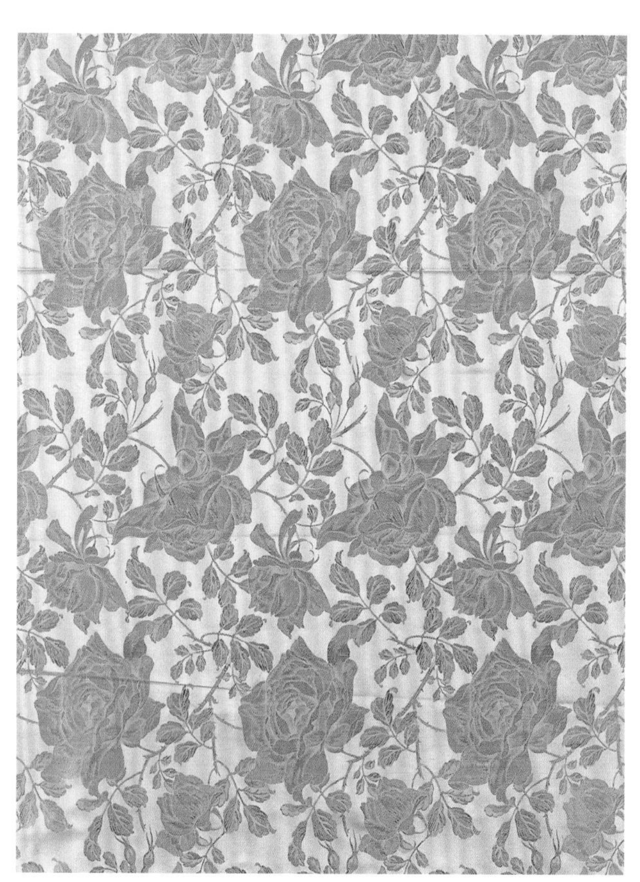

八枚五飛緞紋組織，以米黃色加捻絲綫為經綫，以粉色無捻絲綫為緯綫，運用平紋、斜紋、緞紋等多種組織交織顯花，使玫瑰花的的明暗變化及暈色效果十分明顯，立體感很強，單就紋飾而言已接近現代織物的顯花效果。

泰西緞之所以近似現代織物，與其用西方織機織造密不可分。中國傳統的木織機是手工操作，顯花組織呆板單一，而進口的織機自動化程度高，組織變化十分靈活，遠遠勝過了傳統的木織機。

119

綠色連雲紋暗花緞

明萬曆

長整匹　幅寬67.8厘米

Green Satin with Veiled Clouds Design

Wanli Period, Ming Dynasty

Length: A bolt of cloth　Width: 67.8cm

五枚二飛緞紋組織，經緯綫皆為綠色，經綫為地，緯綫顯花無捻。紋飾為上下交錯串聯的四合如意雲紋。正面地子為亮色反光，花紋為暗色，而反面則正相反，是緯地經顯花，其地子為暗色，花紋為亮色反光。

此緞從組織結構、紋樣設計到顯花方法都具有非常標準的明代特徵，為這一時期典型的暗花緞織物。

暗花緞又稱正反緞，是經緞紋地，緯緞紋花，利用緞紋組織的經緯綫光澤不同顯花，從而達到正反花、地顏色相同而組織不同的效果。通常用來做服飾和幔帳。

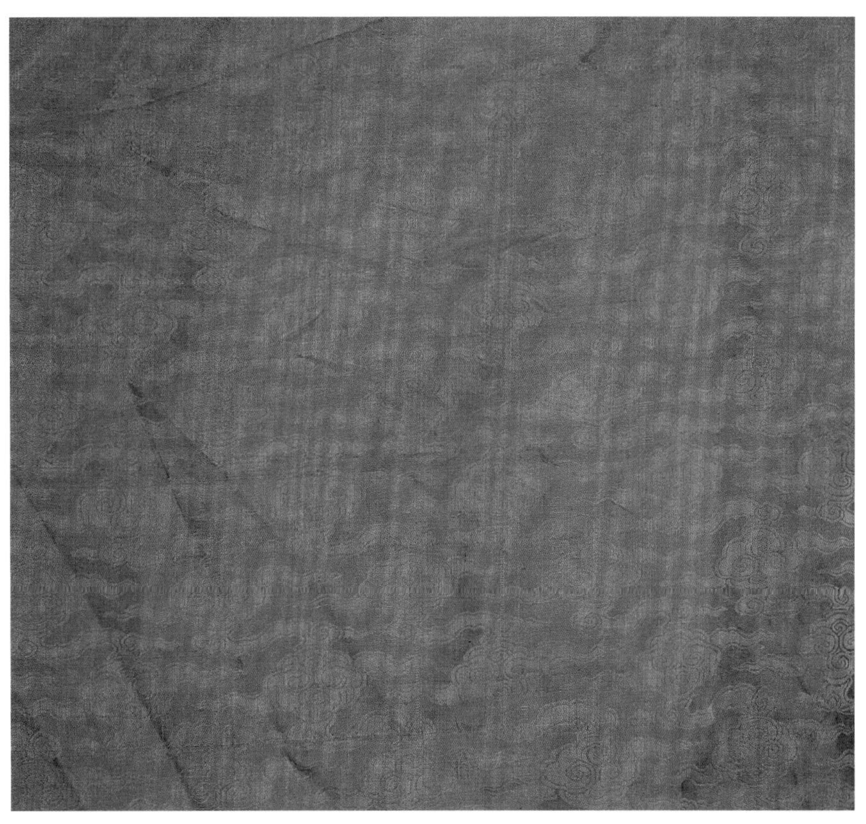

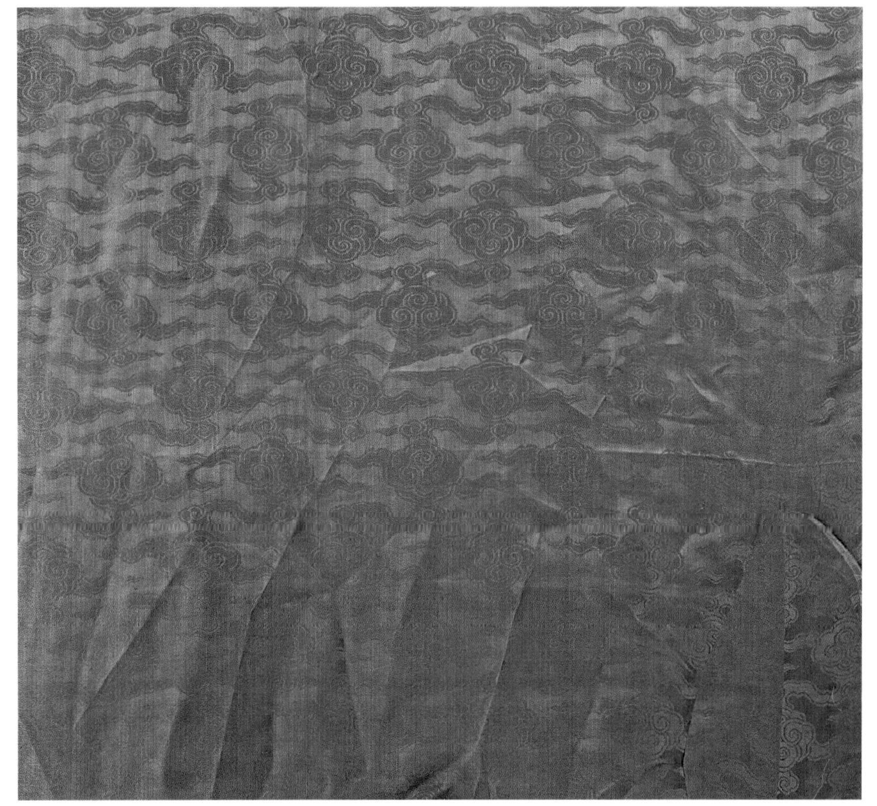

120

香色雲鳳紋暗花緞
明
長49.5厘米　寬17.5厘米

Greenish Brown Satin with Veiled Design of Clouds and Phoenixes
Ming Dynasty
Length: 49.5cm　Width: 17.5cm

五枚二飛緞紋組織，經緯綫皆為香色，經綫加捻較細，緯綫無捻較粗。所織紋飾為雲鳳紋，四朵四合祥雲以流雲相連接，從而形成菱形圖案，其間填充團鳳紋，造型規整豐滿。

此緞以菱形和圓形組合花紋，在棱角之中顯現出圓潤，剛柔並存，相互輝映，使整體紋飾和諧統一，設計理念獨到。

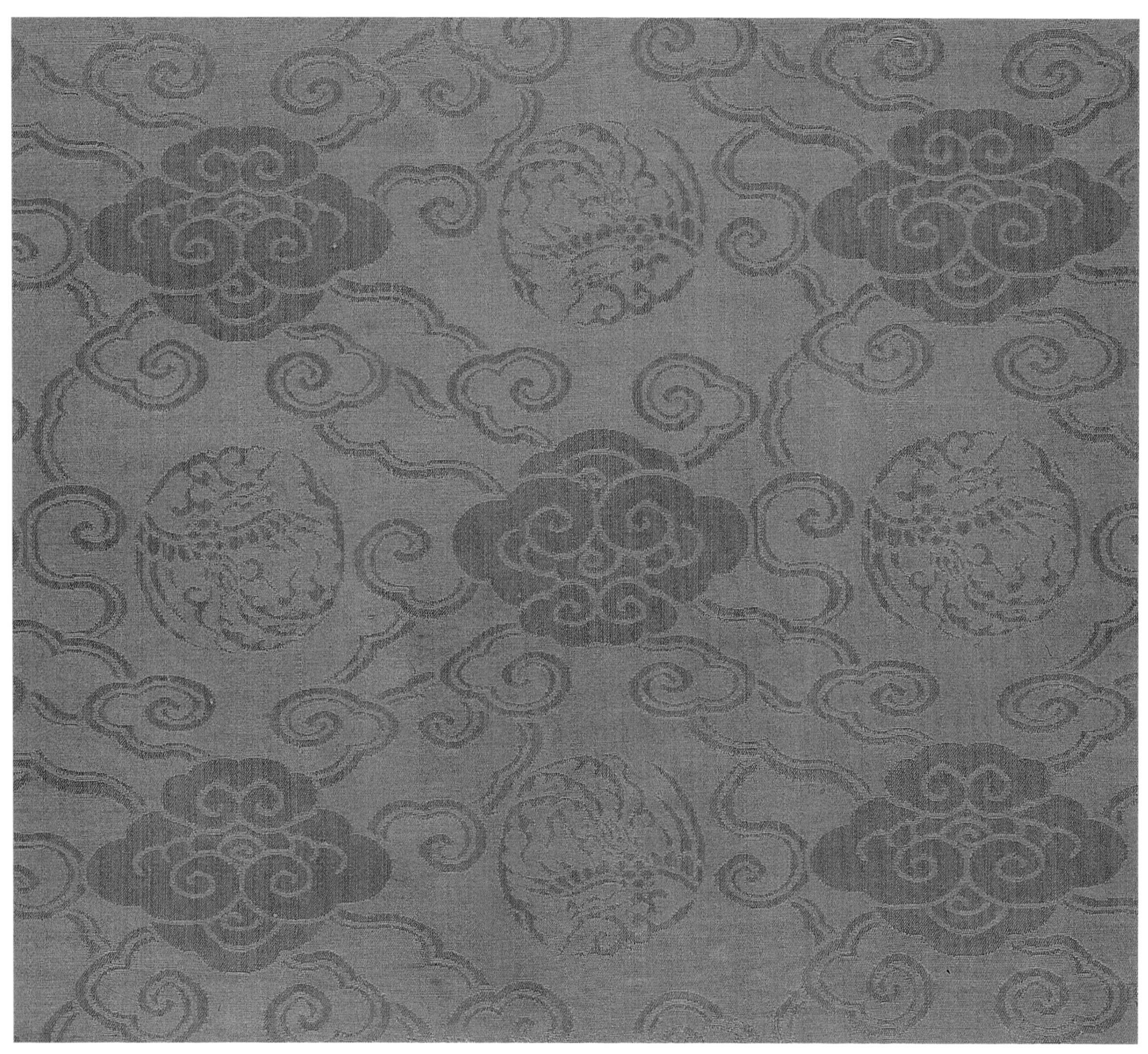

121

絳色蔓草牡丹紋暗花緞

清乾隆
長整匹　幅寬78厘米
清宮舊藏

Crimson Satin with Veiled Design of Peony Medallions and Trailing Grass

Qianlong Period, Qing Dynasty
Length: A bolt of cloth　Width: 78cm
Qing Court collection

八枚三飛緞紋組織，經緯綫皆為絳色，經綫加捻為地，緯綫無捻顯花。以纏枝蔓草為底紋，上飾牡丹團花紋。蔓草長青，且綿延不斷，有長壽之意，牡丹為富貴之花，此組合寓“富貴長壽”意。

此緞表層緊密光亮，亦被稱作“油緞”。蔓草紋在隋唐時期最為流行，所以又稱為唐草。明清時其外形演變日趨完善豐美，成為一種富有特色的裝飾紋樣。

122

藍色卐字扇子紋暗花綾

明

長33厘米　寬12.7厘米

Thin Silk with Veiled Design of Swastika and Fans Over a Blue Ground of Meandered Water

Ming Dynasty

Length: 33cm　Width: 12.7cm

四枚左向斜紋組織，經緯綫皆為藍色無捻，經綫做地，緯綫顯花。以卐字紋做地，間飾摺扇、如意雲頭、卐字、笙四種紋樣，橫向交錯排列。寓意吉祥。

此綾織造工藝精細，花紋設計小巧，織造細膩，是暗花綾中較有代表性的作品。主要用於製作經書封面。

綾是在綺的基礎上發展起來的絲織物，質地輕薄，有斜紋和緞紋兩種，初見於漢代，唐代達到高峯。明清時，其織造技術雖日趨完備，但產量很低，已逐漸為緞所取代。暗花綾是斜紋地上（明晚期開始出現緞紋地）起本色斜紋花的織物，其經緯綫均不加捻。

123

白色纏枝牡丹紋暗花綾

清康熙
長整匹　幅寬60厘米

White Thin Silk with Veiled Design of Winding Peonies
Kangxi Period, Qing Dynasty
Length: A bolt of cloth　Width: 60cm

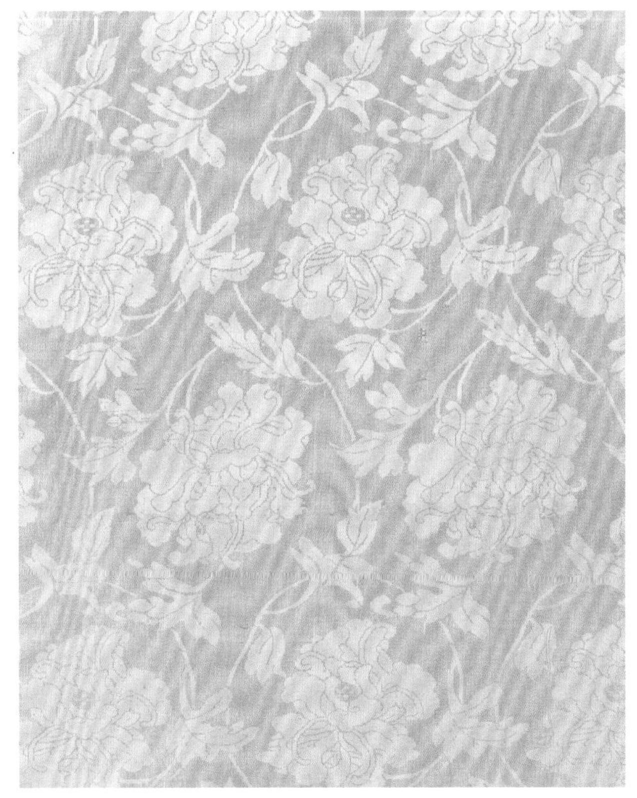

五枚三飛緞紋組織，經緯綫皆白色無捻，經綫為地，緯綫顯花織橫向排列的牡丹紋，上下兩行花蕊相對，枝葉以環形圍繞花頭，形成纏枝效果。

此綾花紋飄逸灑脱，蘊含浪漫色彩，與這一時期織物紋飾莊重、淡雅、規整的風格大相徑庭。

124

湖色地鎖子雲龍紋妝花羅

明
長32.5厘米　寬24厘米
清宮舊藏

Buddhist Sutra Cover of Light Blue Silk Gauze with Coloured Design of Clouds and Dragons
Ming Dynasty
Length: 32.5cm　Width: 24cm
Qing Court collection

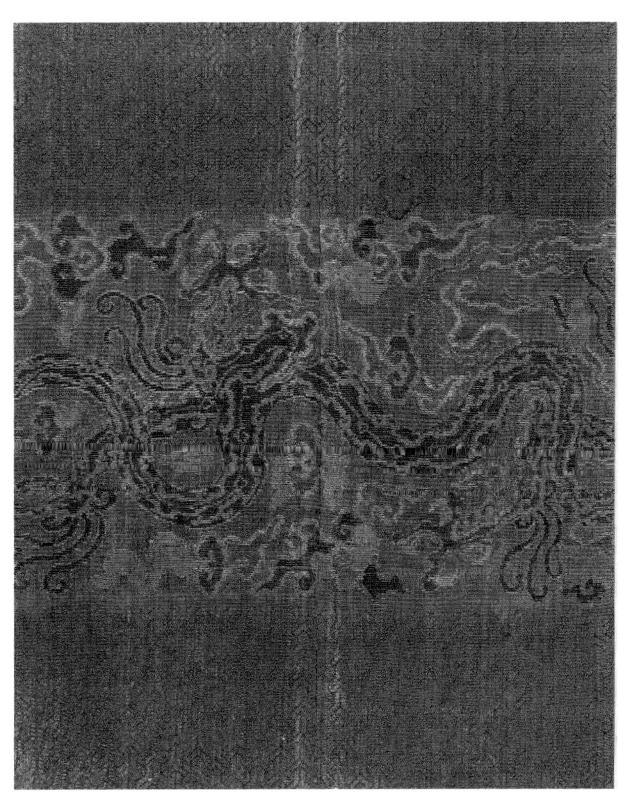

以湖色地經和絞經相絞，再與湖色地緯交織成二經絞平紋羅地，其上以紅、白，藍，綠色絨綫和片金綫為紋緯，與地經交織成斜紋花。正中為在雲霧中飛騰的龍，間飾五色雲。上下為紅色鎖子紋。

此羅花紋皆通梭織，構圖簡潔，用色濃麗，織造細密，用片金織龍鱗並勾雲龍的邊，金彩輝映，是明代妝花羅中的精品。

125

紅地八吉祥朵花紋妝花羅裱片

明
長35.4厘米　寬12.4厘米
清宮舊藏

Cloth Fragment of Red Silk Gauze with Design of Coloured Eight Auspicious Emblems and Flowers

Ming Dynasty
Length: 35.4cm　Width: 12.4cm
Qing Court collection

以紅色地經和絞經相絞，再與紅色地緯交織成二經絞平紋羅地。上以綠、藍、粉、茶綠色絨綫和片金綫為紋緯，與地經交織成輪、螺、傘、蓋、罐、蓮花、魚、盤長等八吉祥紋和菊花、茶花等斜紋花。花紋交錯排列，四排一循環，寓意吉祥。

此羅構圖簡潔，用色豐富，織造細密，用金綫以長跑梭工藝織菊花、蓮花、茶花紋；用絨綫以短跑梭工藝織八吉祥紋，使花紋金彩交融、亮麗突出。是明代的妝花羅精品。

羅是一種質地輕薄，經綫互相絞織的絲織物。妝花羅是南京雲錦妝花織物之一，是以羅為地子，採用長跑梭、短跑梭、挖梭等工藝織彩妝花的多彩提花織物。

126

綠地四合如意雲紋織金羅經皮

明嘉靖
長23.5厘米　寬11.5厘米
清宮舊藏

Buddhist Sutra Cover of Green Silk Gauze with Design of Ruyi-shaped Clouds, Woven with Gold Thread

Jiajing Period, Ming Dynasty
Length: 23.5cm　Width: 11.5cm
Qing Court collection

以綠色地經和絞經相絞，再與綠色地緯交織成三經絞平紋羅地。上以片金綫為紋緯與地經挖梭交織成四合如意雲紋。

此羅構圖簡潔，用色明快，織造規整，綫條流暢，花紋具有立體感，是明代織金羅中的精品。

織金羅屬雲錦類，是一種以羅為地，以片金、捻金為紋緯織花紋的提花織物。南朝梁（502—557年）時已有，發展到元、明、清三朝最盛。

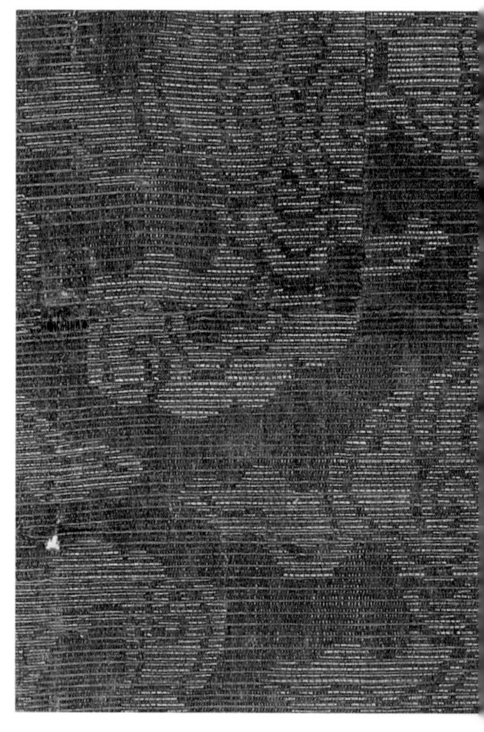

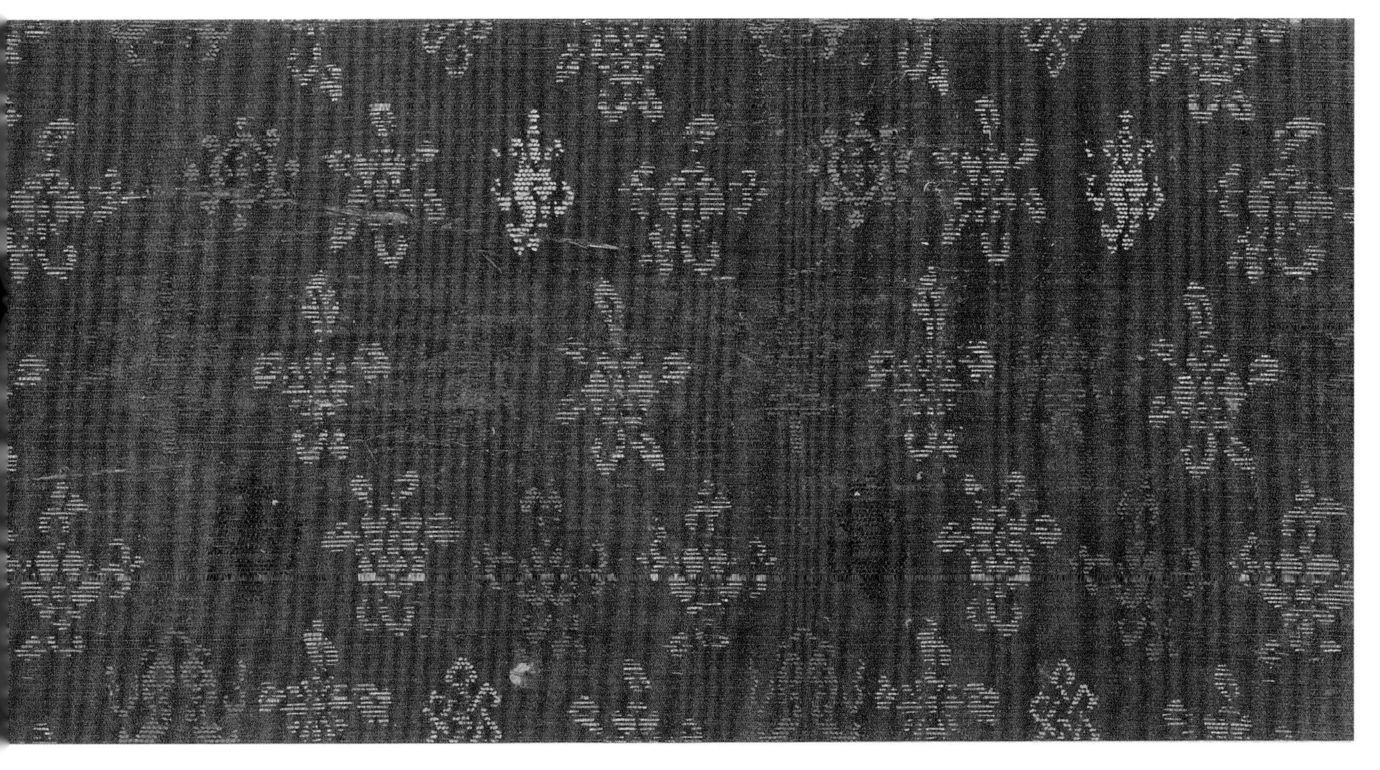

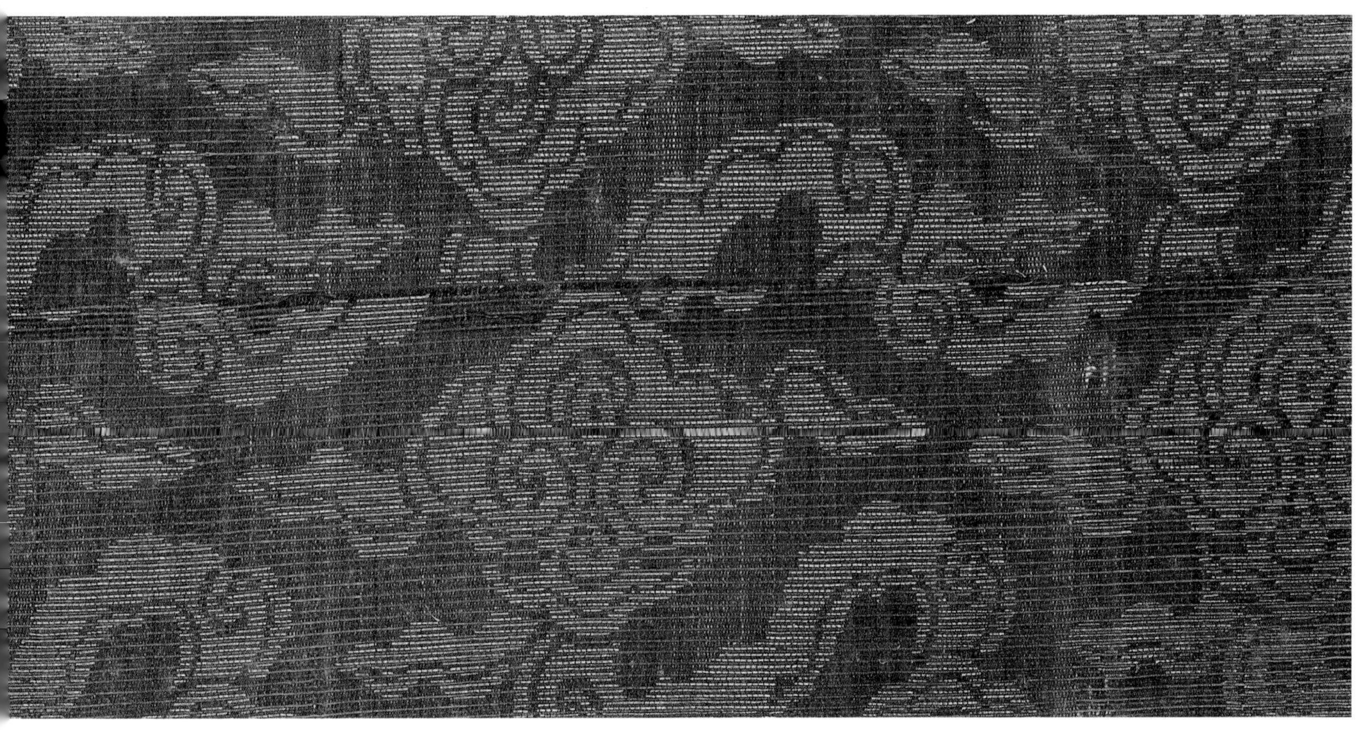

127

紅地纏枝花卉紋織金羅經皮

明嘉靖
長30.5厘米　寬9.5厘米
清宮舊藏

Buddhist Sutra Cover of Red Silk Gauze with Design of Winding Flowers Woven with Gold Thread

Jiajing Period, Ming Dynasty
Length: 30.5cm　Width: 9.5cm
Qing Court collection

以紅色地經和絞經相絞，再與地緯交織成二經絞平紋羅地。上以片金綫為紋緯與地經通梭織纏枝茶花、菊花和勾蓮紋。花紋四排一循環，交錯排列。寓意“富貴長壽”。

128

紅地鳳穿牡丹紋織金羅經皮
明
長35.5厘米　寬14厘米
清宮舊藏

Buddhist Sutra Cover of Red Silk Gauze with Design of Phoenixes and Peonies, Woven with Gold Thread
Ming Dynasty
Length: 35.5cm　Width: 14cm
Qing Court collection

以紅色地經和絞經相絞，再與地緯交織成二經絞平紋羅地。上以片金綫為紋緯與地經通梭交織飛鳳紋，穿梭於牡丹花間，周圍是纏枝菊、蓮和茶花紋。寓"吉祥長壽"之意。

此羅構圖豐滿，用色鮮明，綫條婉轉流暢，是明代織金羅中的珍品。

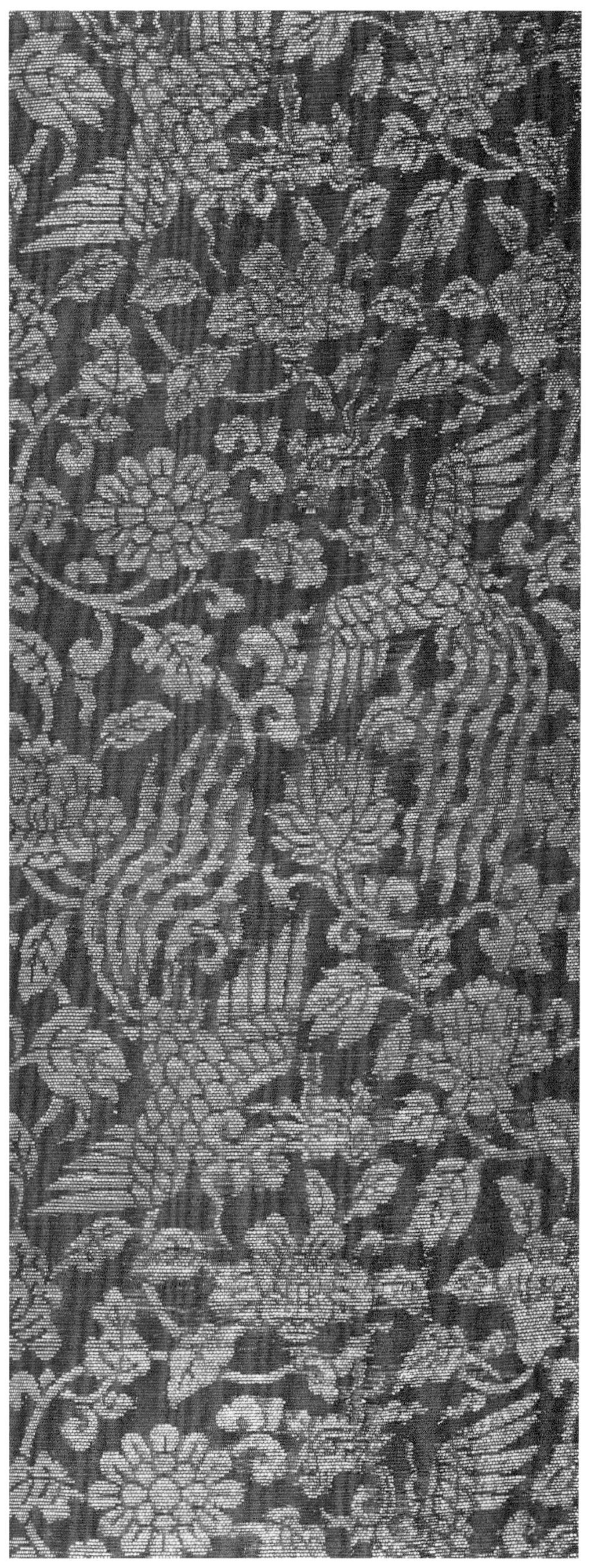

129

藍地翔鸞雜寶紋二色羅
明嘉靖
長33.5厘米　寬28厘米
清宮舊藏

Tow-coloured Silk Gauze with Design of Yellow Flying Phoenixes and Various Treasures on a Blue Ground
Jiajing Period, Ming Dynasty
Length: 33.5cm　Width: 28cm
Qing Court collection

以藍色地經和絞經相絞，再與藍色地緯交織成二經絞平紋羅地。上以黃色絨綫為紋緯與地經通梭交織四合如意流雲紋、翔鸞紋及古錢、銀錠、犀角、珊瑚等雜寶紋。寓意“富貴如意”。

二色羅是在羅地上以另外一種彩綫為紋緯織花，其織物經、緯綫共為兩色，地、花各一色，屬妝花範疇。二色羅始見於明，傳世品不多，清代更少見。

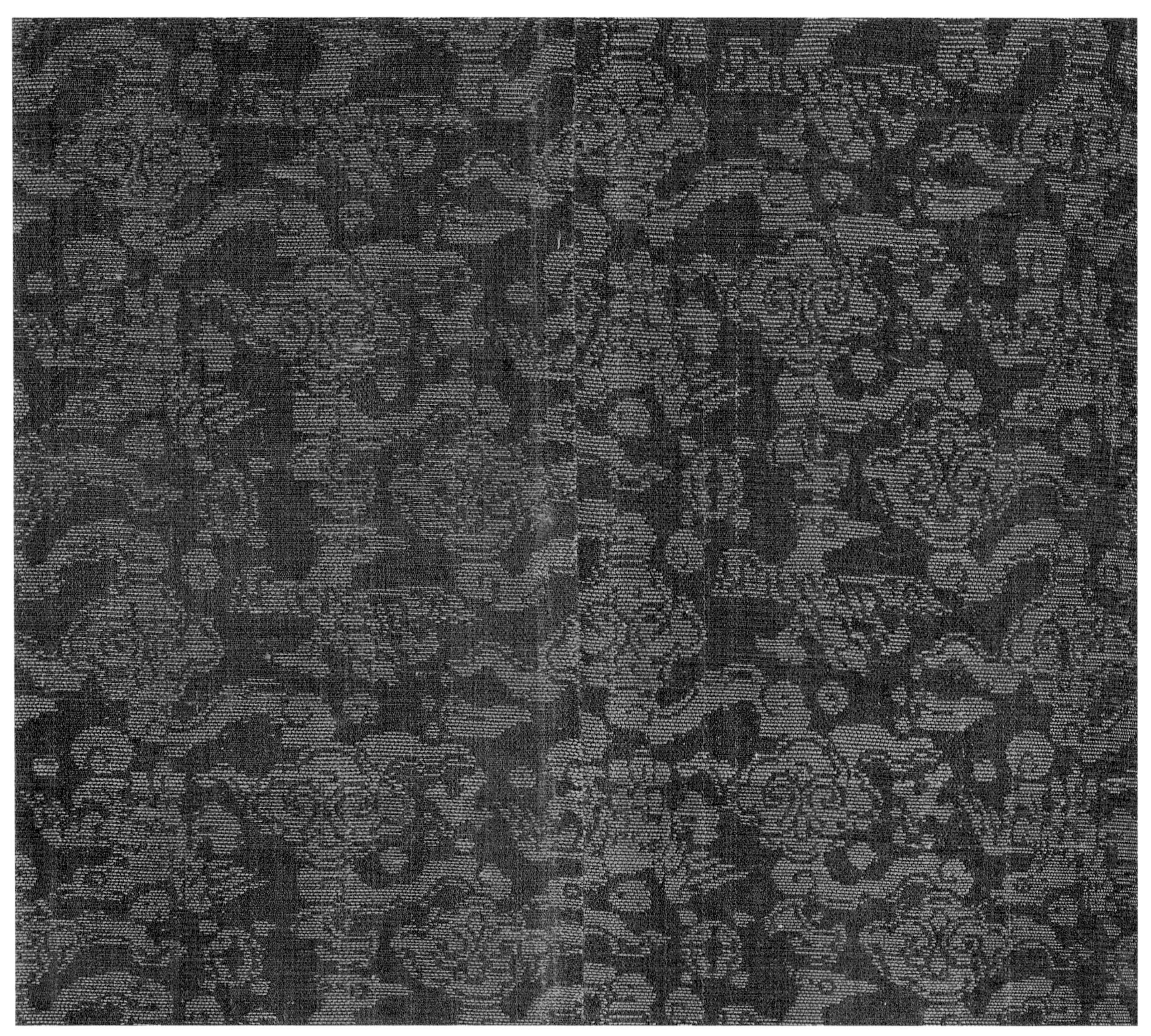

130

黃地纏枝菊蓮紋二色羅經皮
明
長35.5厘米　寬13.5厘米
清宮舊藏

Buddhist Sutra Cover of Two-coloured Silk Gauze with Design of Red Winding Lotuses and Chrysanthemums on a Yellow Ground
Ming Dynasty
Length: 35.5cm　Width: 13.5cm
Qing Court collection

以黃色地經和絞經相絞，再與地緯交織成二經絞平紋羅地。上以紅色絨綫為紋緯與地經通梭交織纏枝菊、蓮紋。寓“長壽”之意。

此羅構圖簡潔，用色明快，花紋形象生動，是明代二色羅中的珍品。

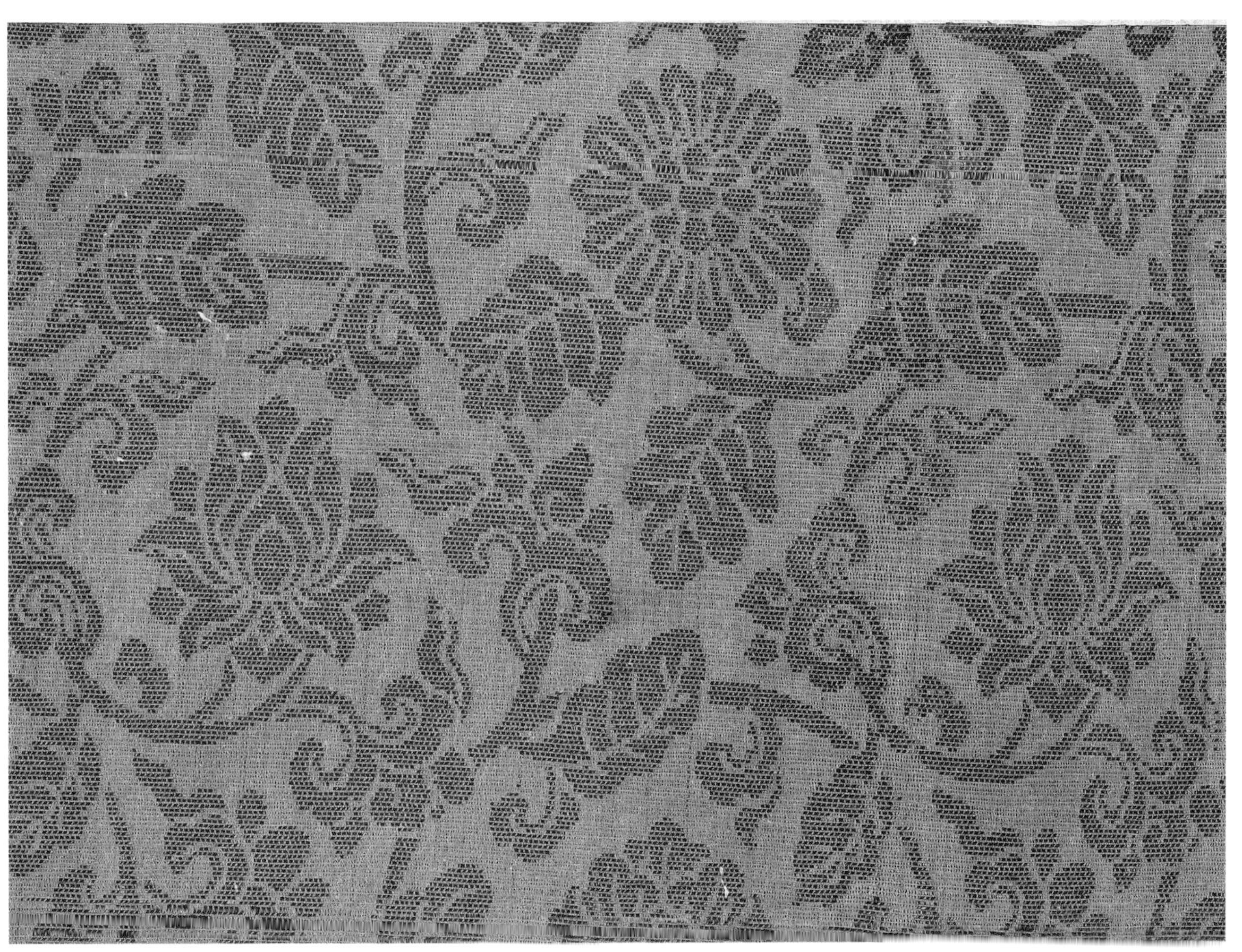

131

絳色地龍鳳穿花紋暗花羅
明晚期
長138厘米　寬42.5厘米

Dark Reddish Brown Silk Gauze with Veiled Design of Dragons and Phoenixes among Flowers
Late Ming Dynasty
Length: 138cm　Width: 42.5cm

以絳色地經和絞經相絞，再與地緯交織成二經絞平紋羅地，又以絳色絨綫為紋緯，與地經絞織成緯斜紋花。以龍鳳紋為主，鳳在上，龍在下，在龍鳳之間襯托以牡丹等花卉，組成“龍鳳呈祥”、“龍鳳穿花”的吉祥紋樣。

此羅花、地清晰，綫條規整流暢，構圖豐滿，織工細膩，是明代暗花羅中的珍品。

暗花羅是在本色地上織本色花的提花織物，戰國時已有，唐至清一直比較流行。

132

粉紅地勾蓮紋暗花羅
清中期
長540厘米　寬57厘米
清宮舊藏

Pink Silk Gauze with Veiled Design of Delineated Lotuses
Middle Qing Dynasty
Length: 540cm　Width: 57cm
Qing Court collection

以粉紅色地經與地緯交織成三梭羅平紋地，上織經三枚左斜紋折枝勾蓮紋。

此羅構圖簡練，織造細密，用經斜紋織花，經浮綫長，故形成暗地亮花的效果，是清中期的暗花羅珍品。

暗花羅有三梭、五梭、七梭羅之區別。其特點是每織過三梭、五梭、七梭平紋後，絞經絞紐一下，絞經變換一次位置。此羅即為三梭羅。

133

黃地纏枝蓮紋妝花綢
明
長36.5厘米　寬13.8厘米

Yellow Silk with Design of Red Winding Lotuses
Ming Dynasty
Length: 36.5cm　Width: 13.8cm

四枚右向斜紋組織，地經為黃色加捻，地緯為黃色無捻，以紅色紋緯斜紋織蓮花、蓮蓬和蓮葉，三者串接成纏枝蓮紋。

綢泛指採用平紋或斜紋組織且質地緊密的絲織物，始見於西漢，明、清時達到高峯，是絲織品中的一大類。妝花綢是在綢地上以一種或多種顏色的緯綫，利用挖梭或長跑梭的技術織成的提花織物。

134

香色地松鼠葡萄紋妝花綢
清乾隆
長41厘米　寬66厘米
清宮舊藏

Greenish Brown Silk with Design of Squirrels and Grapes
Qianlong Period, Qing Dynasty
Length: 41cm　Width: 66cm
Qing Court collection

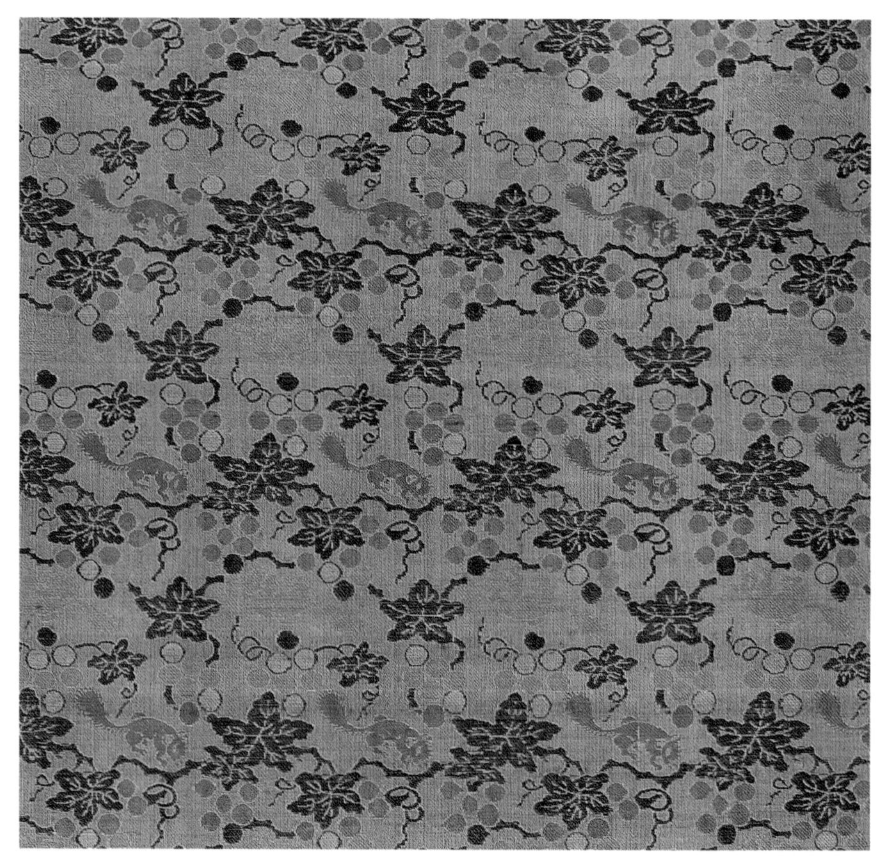

三枚左向斜紋組織，地經為香色加捻較細，地緯為香色無捻較粗。以湖藍、淺棕、藍、杏黃、香、果綠等色絨綫為紋緯，斜紋顯花織連綿不斷的葡萄枝葉、果實和攀爬於其上的松鼠，組合成寓意豐收的吉祥紋樣。

135

杏黃地牡丹蓮花紋妝花綢
清中期
長整匹　幅寬54厘米
清宮舊藏

Apricot Silk with Design of Polychrome Roses
Middle Qing Dynasty
Length: A bolt of cloth　Width: 54cm
Qing Court collection

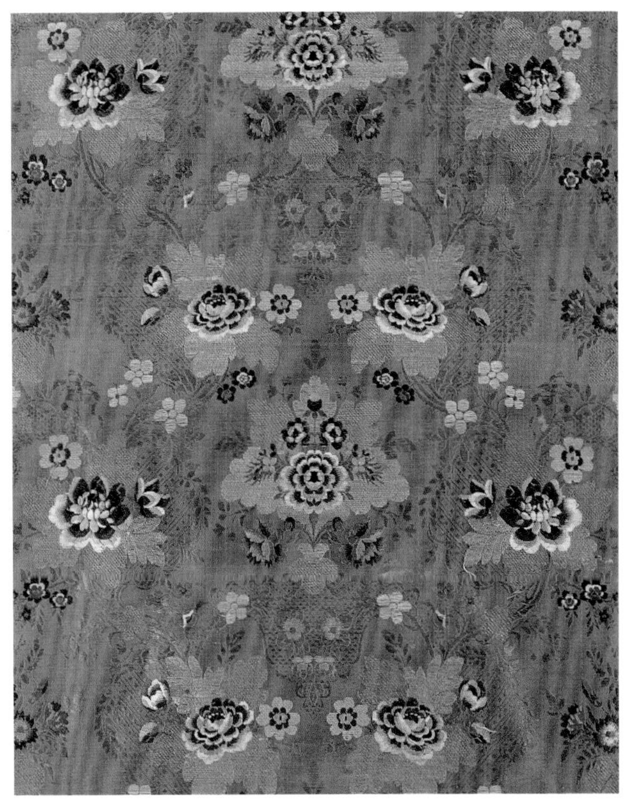

平紋組織，地經和地緯均為杏黃色無捻，以杏黃、綠、紫、黑、白、藍等色紋緯織牡丹、蓮花、水仙等花卉，並以片金、圓金綫織花葉。再以米黃色龍抱柱緯綫織出輔花紋。

此綢用於顯花的紋緯結構複雜，織造難度很大，但顯花效果極佳。在妝花綢中屬於厚重型，是用來製作墊料的。

龍抱柱是指用一根較細的強捻絲綫做柱，再以一根較粗的強捻絲綫以螺旋狀纏繞其上，好像龍纏繞在柱子上一樣。

136

綠地桃實紋妝花綢
清同治
長整匹　幅寬78.7厘米
清宮舊藏

Green Silk with Design of Coloured Peaches
Tongzhi Period, Qing Dynasty
Length: A bolt of cloth　Width: 78.7cm
Qing Court collection

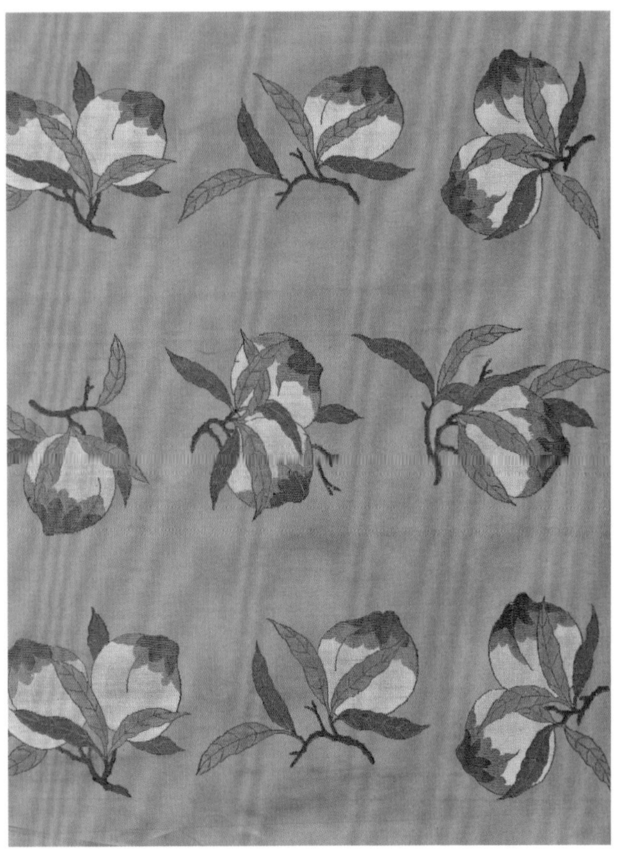

三枚右向斜紋組織，地經為綠色三股並用加捻，地緯為綠色無捻，以紅、粉、白、綠、棕等色絨綫為紋緯挖梭織壽桃圖紋，寓意長壽。

此綢紋緯直徑相當於經綫的5倍，紋飾的紋理較粗，成點陣狀。但色澤艷麗，手法寫實，是清晚期織物紋飾最常見的表現技法。

137

紅地纏枝牡丹蓮菊海棠紋織金綢
明
長66.5厘米　寬49.5厘米
清宮舊藏

Red Silk with Design of Trailing Flowers, Woven with Gold Thread
Ming Dynasty
Length: 66.5cm　Width: 49.5cm
Qing Court collection

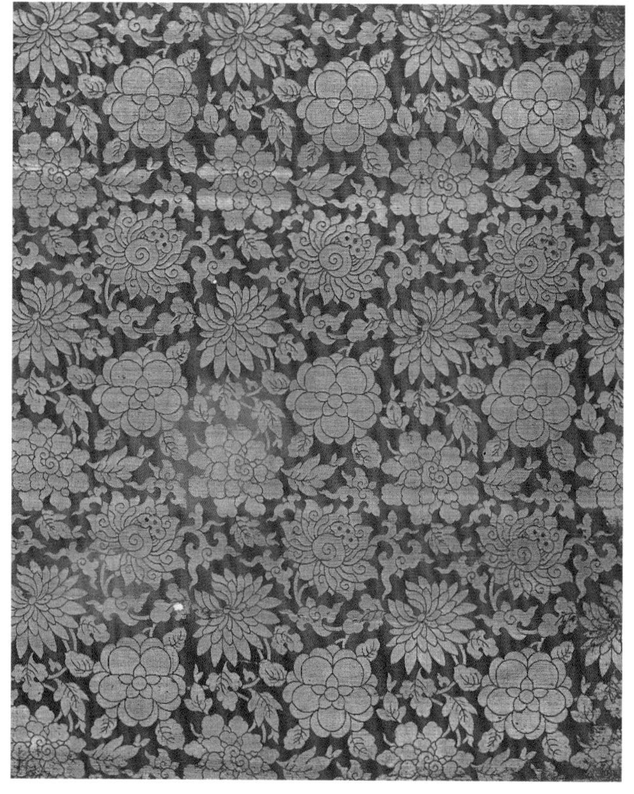

三枚右向斜紋組織，地經為紅色加捻，地緯為紅色無捻，以片金綫為紋緯與地經交織成橫向交錯排列的菊花、海棠、牡丹和蓮花，花卉的枝葉相互連接、交錯、纏繞。寓意“富貴長壽”。

此綢為了充分利用金綫顯花，花紋排列設計十分緊密，略感繁縟。

織金綢是在綢地上用片金或圓金綫織出紋飾，織造成本較高，是綢類中的高級品，通常作為高檔生活用品的裝飾。

138

綠地祥雲八寶紋織金綢
清康熙
長328厘米　寬78厘米
清宮舊藏

Green Silk with Design of Auspicious Clouds and Flowers, Woven with Gold Thread
Kangxi Period, Qing Dynasty
Length: 328cm　Width: 78cm
Qing Court collection

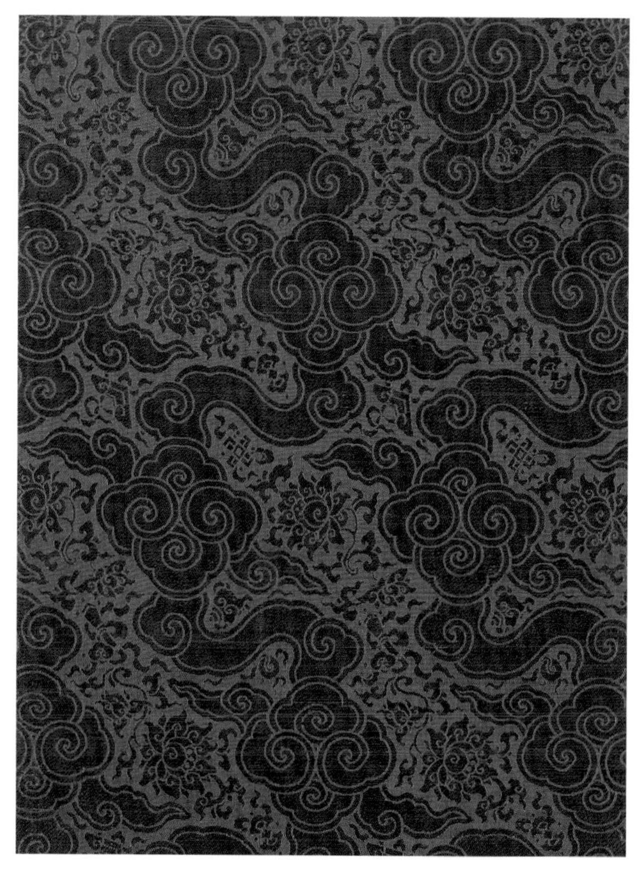

三枚左向斜紋組織，地經為綠色加捻，地緯為綠色無捻，以片金綫為紋緯，與地經交織成緯向斜紋四合如意連雲紋，所有雲紋以優美的“S”形做縱向串連，形態飄逸灑脱，雲紋間飾以蓮花、盤長、磬、螺、珠等八寶紋，既最大限度的利用了金綫，又巧妙地填補了雲紋之間的空白。

139

明黃地八仙八寶雲紋織金綢

清嘉慶
長整匹　幅寬85厘米
清宮舊藏

Bright Yellow Silk with Design of Clouds, Eight Buddhist Emblems and Eight Immortals, Woven with Gold Thread

Jiaqing Period, Qing Dynasty
Length: A bolt of cloth　Width: 85cm
Qing Court collection

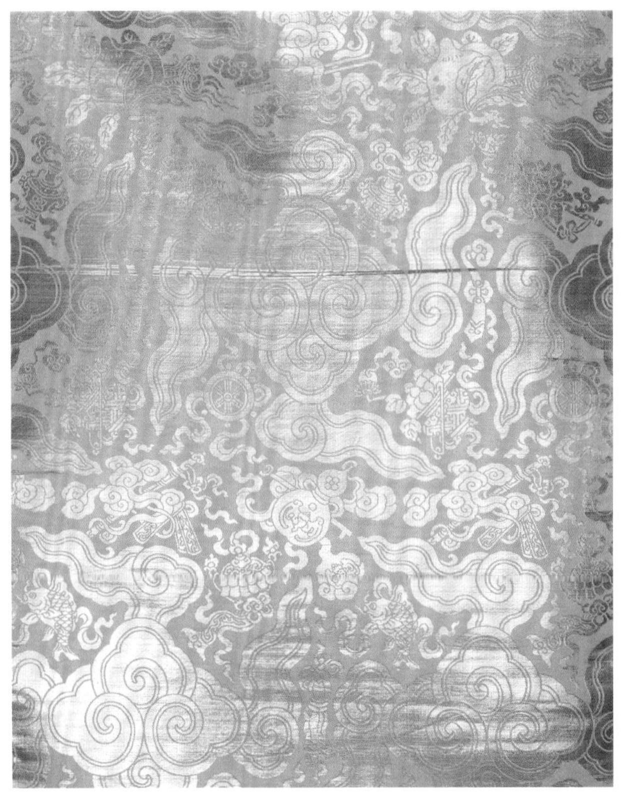

四枚左向斜紋組織，地經為明黃色加捻較細，地緯為明黃色無捻較粗，以片金綫為紋緯，與地經交織成緯向斜紋仿明代四合如意雲紋，輔以法輪、法螺、寶傘、白蓋、蓮花、寶瓶、金魚、盤長等組成的八吉祥紋和以葫蘆、劍、扇、魚鼓、簫、玉板、花籃、荷花等八仙所持法器組成的暗八仙紋，再襯托以壽桃和如意，組成“八仙祝壽”圖，寓吉祥、長壽之意。

此綢織工精細，一組花紋循環單位長度近1米，織造難度很大。

140

木紅地桃壽紋潞綢

明萬曆
長31.7厘米　寬11.6厘米
清宮舊藏

Red Lu Silk with Design of Peaches and Character "Shou" (Longevity)

Wanli Period, Ming Dynasty
Length: 31.7cm　Width: 11.6cm
Qing Court collection

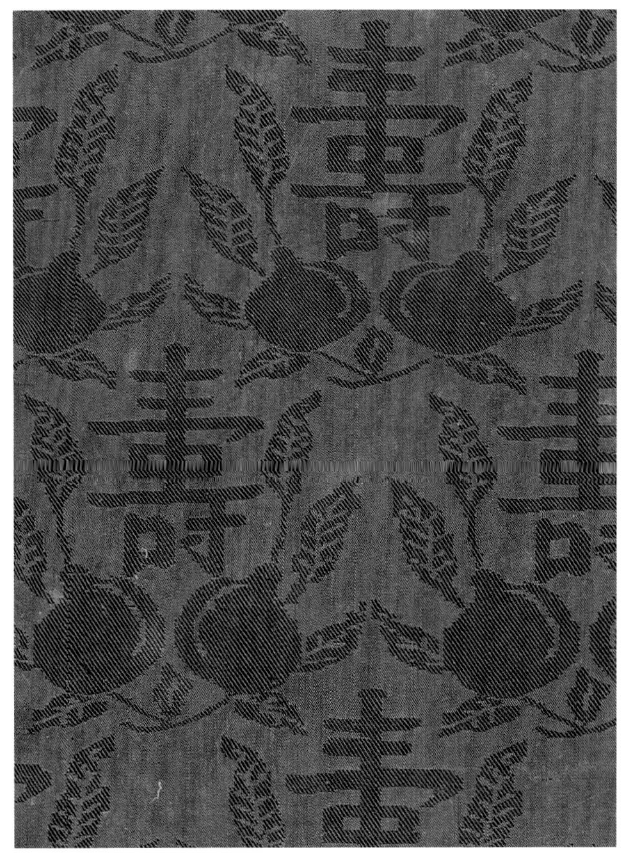

三枚左向斜紋組織，地經為木紅色加捻，地緯為綠色加捻，二者交織成緯六枚斜紋雙桃托“壽”字圖紋。桃實寓意長壽，有壽桃之稱。壽，有長命百歲之意。圖紋組合寓意“長壽”。

潞綢是綢的一種，產於山西，始見於明。其特點是經緯綫不同色，經綫為地，緯綫顯花。

141

木紅地折枝玉蘭花紋潞綢
明萬曆
長30.3厘米　寬12.3厘米
清宮舊藏

Red Lu Silk with Design of Plucked Branch Sprays of Magnolia
Wanli Period, Ming Dynasty
Length: 30.3cm　Width: 12.3cm
Qing Court collection

三枚右向斜紋組織，地經為木紅色加捻，地緯為黃色無捻，經緯交織成緯六枚斜紋折枝玉蘭花，花蕾和花枝延長伸展相互交錯。玉蘭開於春天，有吉祥富貴的寓意。

此綢是製作經書封面的用料。

142

綠地織黃牡丹壽字紋二色綢經皮
明
長35厘米　寬14.5厘米

Buddhist Sutra Cover of Green Lu Silk, Woven with Design of Yellow Peonies and Character "Shou" (Longevity)
Ming Dynasty
Length: 35cm　Width: 14.5cm

綠色地經與黃色地緯交織成經三枚左向斜紋地，以緯六枚左向斜紋織牡丹壽字圖紋。牡丹花間隔交錯排列，空隙處飾"壽"字，成牡丹頂壽狀。寓"富貴長壽"之意。

此綢織工細密，綫條流暢，是明代二色綢中的珍品。

二色綢始見於明，其特點是經、緯綫的色彩不同，經綫織地，緯綫顯花，與閃緞的織法和效果相似。

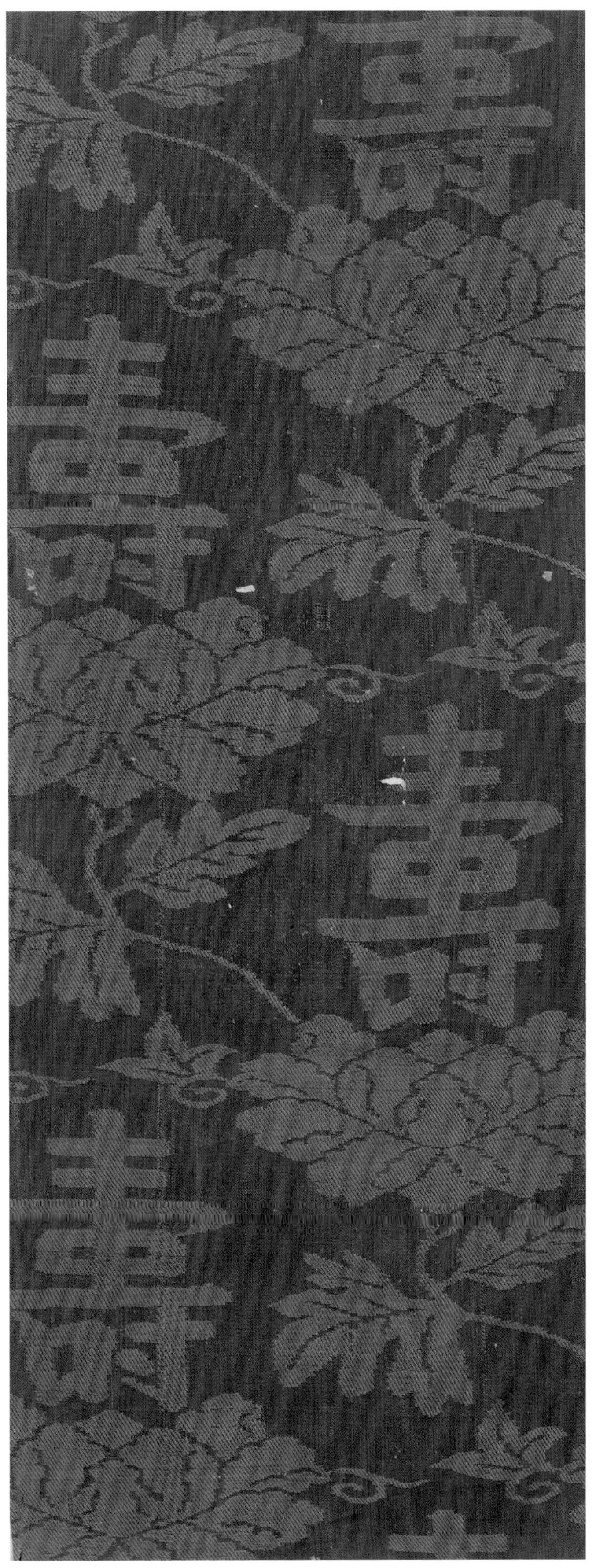

143

藍地織木紅色纏枝牡丹紋二色綢

明
長32.5厘米　寬13厘米
清宮舊藏

Cloth Fragment of Silk, Woven with Design of Red Trailing Peonies Over a Blue Ground

Ming Dynasty
Length: 32.5cm　Width: 13cm
Qing Court collection

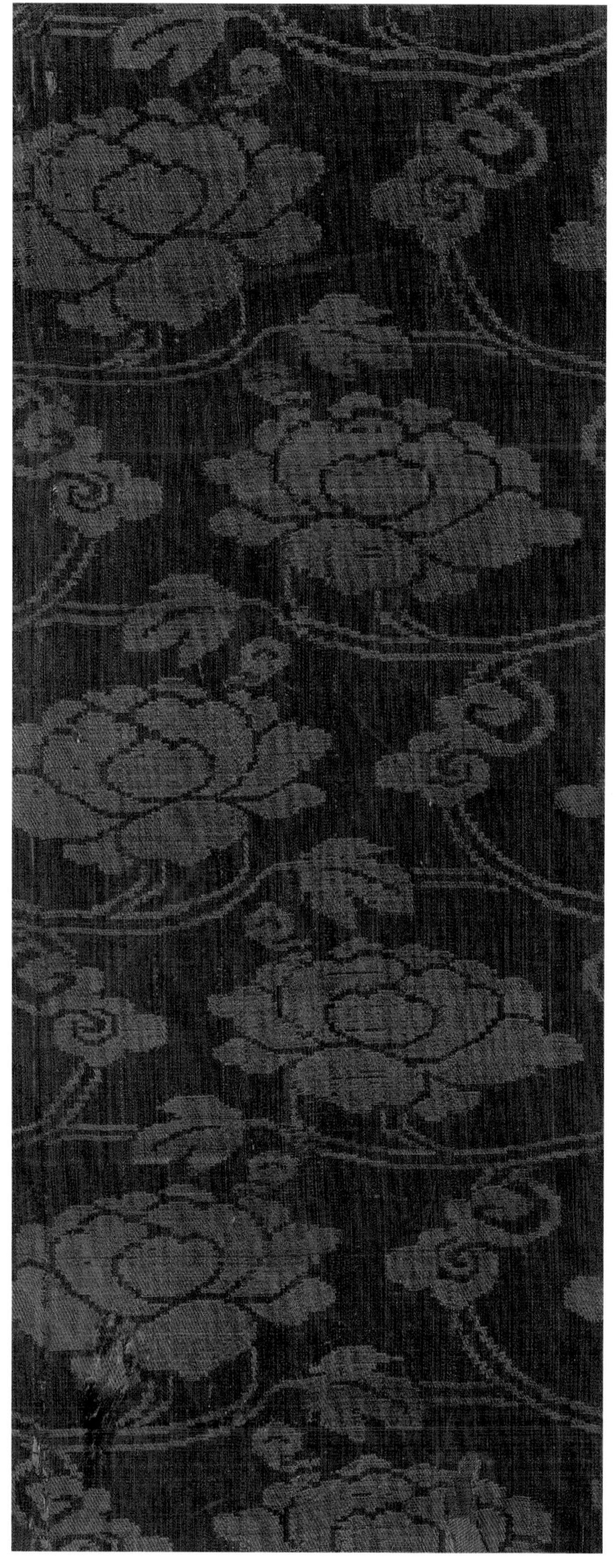

藍色地經與木紅色地緯交織成經三枚左向斜紋地，以緯六枚左向斜紋顯花織交錯排列的纏枝牡丹花為主，旁邊襯托如意雲紋。組合寓意“富貴如意”。

此綢花紋造型誇張，用色對比強烈，織造細緻，是明代二色綢中的精品。

144

絳色地雲鶴紋暗花綢
明
長36.5厘米　寬13.5厘米

Crimson Silk with Veiled Design of Clouds and Cranes
Ming Dynasty
Length: 36.5cm　Width: 13.5cm

絳色經緯綫交織成經三枚右向斜紋地，以緯六枚右向斜紋顯花織四合如意雲紋和飛鶴紋，周圍襯托珊瑚、方勝、火珠、鼓板、古錢等雜寶紋。花紋兩排一循環。

此綢織造細密，綫條規整流暢，花紋清晰，是明代暗花綢織物中的珍品。

暗花綢是在本色經斜紋地上織本色緯斜紋花的提花織物，綢質厚重細密、挺括，綢面光澤較差。是明清時春秋季服裝的主要面料。

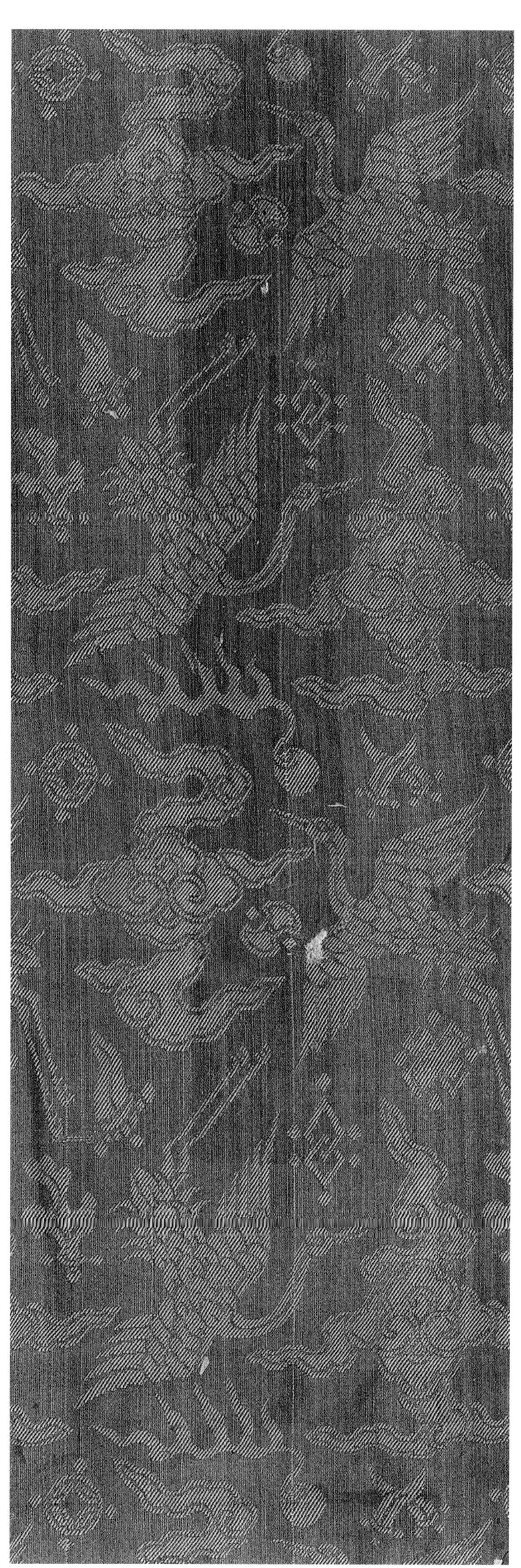

145

杏黃地團荷花雙喜字紋暗花江綢
清同治
長688厘米　寬80厘米
清宮舊藏

Apricot Jiang Silk with Veiled Design of Medallions of Lotus and Character "Shuang Xi" (Double Happiness)
Tongzhi Period, Qing Dynasty
Length: 688cm　Width: 80cm
Qing Court collection

杏黃色經、緯綫交織成經三枚右向斜紋地，以緯六枚右向斜紋顯花織蓮花、雙喜字組成的團形花紋。寓"荷蓮雙喜"之意。

此綢構圖新穎別致，綫條流暢，織造細密，是同治年間的江綢珍品。

江綢是南京織造的絲織品，因清代南京稱"江寧"而得名。是一種經綫加捻，緯綫不加捻，先染色後織，以緯綫顯花的單色暗花織物。質地緊密、平整、挺括。

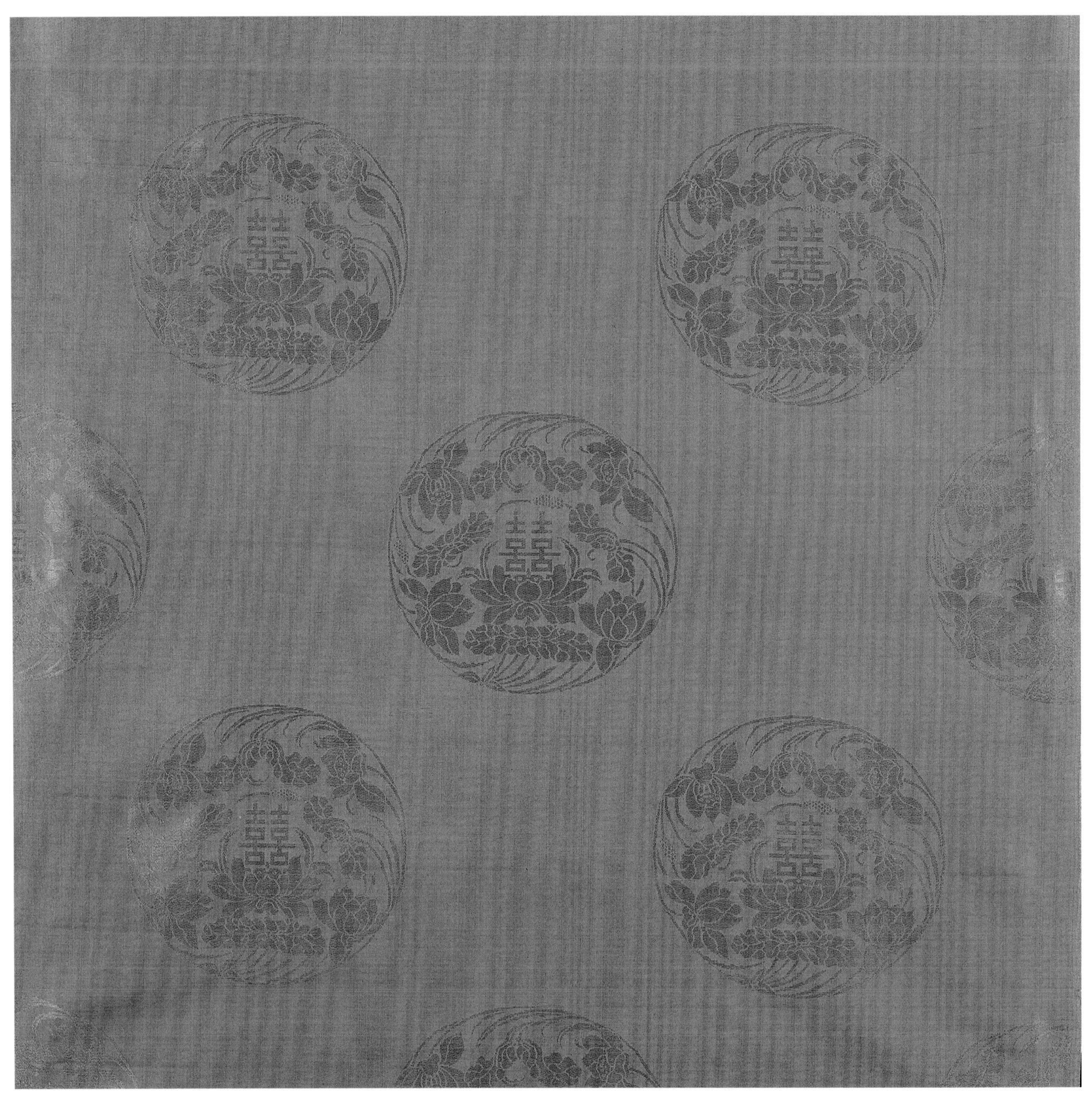

146

黃地兔銜花紋妝花紗
明宣德
長47厘米　寬48.5厘米
清宮舊藏

Yellow Silk Gauze with Polychrome Design of Rabbits and Sweet-scented Osmanthus
Xuande Period, Ming Dynasty
Length: 47cm　Width: 48.5cm
Qing Court collection

黃色經、緯綫織平紋紗地，以捻金、捻銀、棕、墨綠、橘黃、黃、白、藍、粉等色紋緯與地經交織成平紋花。花紋共為三行，第一行為兔銜靈芝，間飾菊花；第二行為兔銜桂花，間飾牡丹；第三行為兔銜靈芝，間飾菊花。兔皆昂首、挺胸，一前腿高高抬起，作承奉式。牡丹、菊花皆用白色勾邊。圖紋有"富貴長壽"等吉祥寓意。

此紗織工精湛，構圖嚴謹，用色艷麗而高雅，花紋以挖梭工藝織成，立體效果明顯。是明早期南京雲錦妝花類織物的珍品。

紗與羅組織類似，除了平紋方孔紗以外，皆為絞經織物。妝花紗是南京雲錦妝花品種之一，常以多色緯綫或金綫、孔雀羽等以挖梭或長跑梭工藝在紗地上織彩妝花。

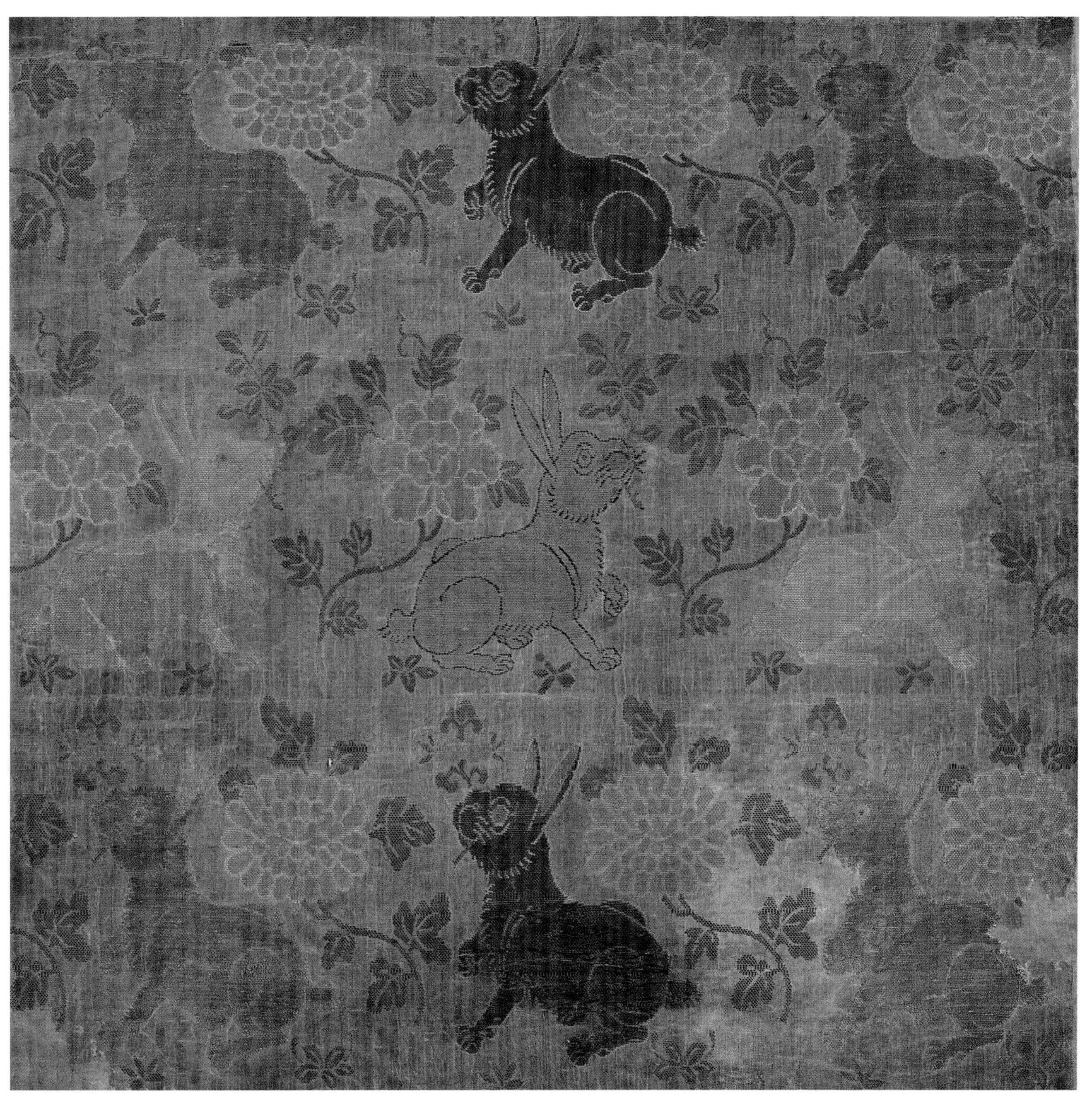

147

紅地蓮花牡丹紋妝花紗
明宣德
長34厘米　寬26.1厘米
清宮舊藏

Red Silk Gauze with Design of Medallions of Lotus and Peony
Xuande Period, Ming Dynasty
Length: 34cm　Width: 26.1cm
Qing Court collection

以平紋方孔紗組織為地，地經為紅色加弱捻，地緯為紅色無捻較粗，以片銀綫和九色無捻絨綫為紋緯，挖梭織蓮花和牡丹紋，四周花卉枝葉纏繞，圍成團花狀。

此紗紋飾抽象寫意，紋理較粗，但色彩變化十分豐富，因使用挖梭工藝織成，有效降低了織物厚度。

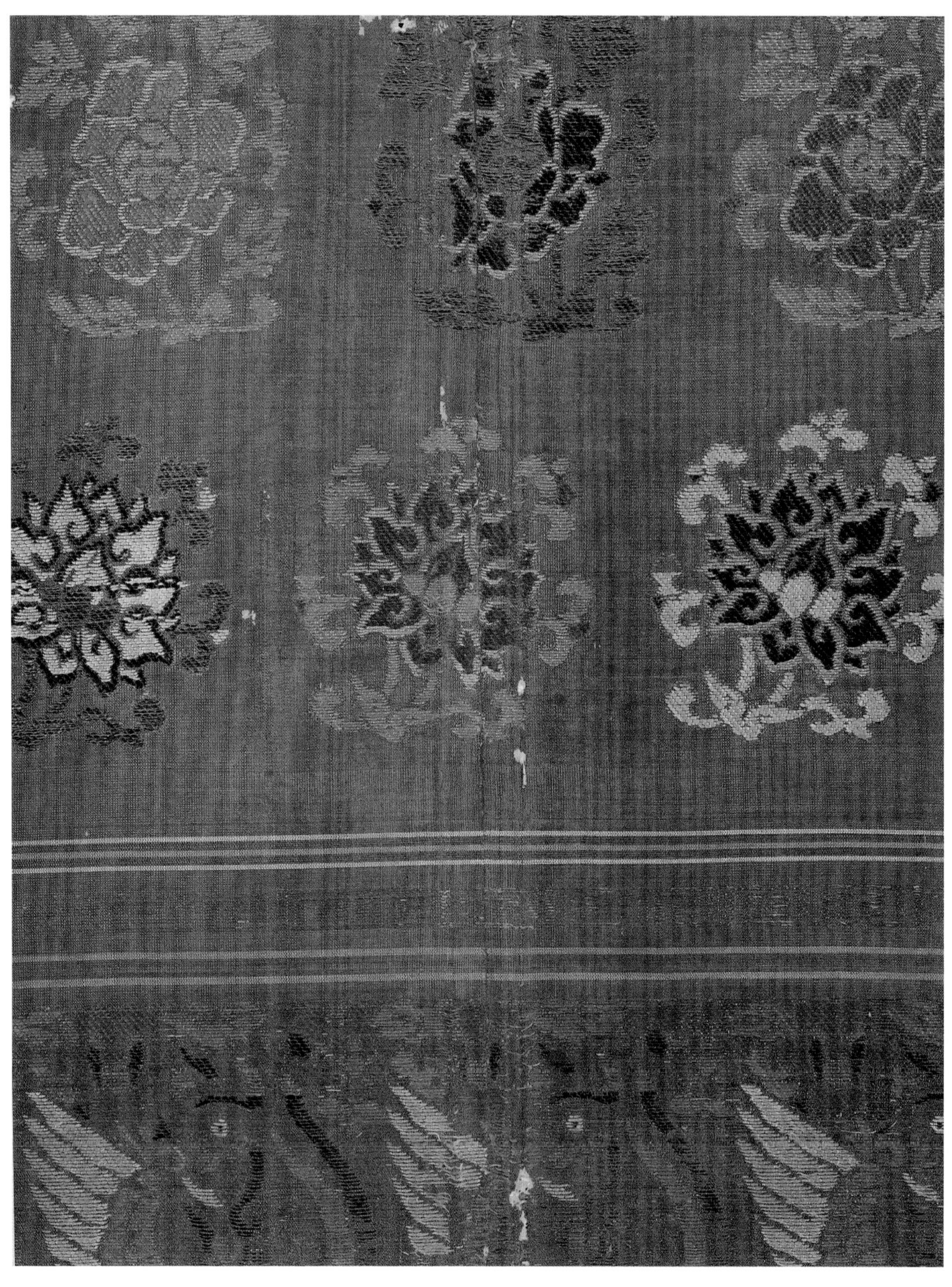

148

紅地奔虎五毒紋妝花紗

明萬曆
長32厘米　寬10.6厘米
清宮舊藏

Red Silk Gauze with Design of Galloping Tigers and Five Poisonous Creatures

Wanli Period, Ming Dynasty
Length: 32cm　Width: 10.6cm
Qing Court collection

以平紋方孔紗組織為地，地經為紅色加弱捻，地緯為紅色無捻較粗，用六色緯綫和片金綫，長跑梭織虎和五毒紋。虎是獸中之王，中國古代敬虎為四方神之一，能驅妖鎮宅，稱“鎮宅神虎”。五毒指蛇、蝎子、蜈蚣、蟾蜍、蜥蜴，用這五種體內帶毒的動物做裝飾，其用意是以毒攻毒，驅災避邪。

此紗是製作經書封面的用料。

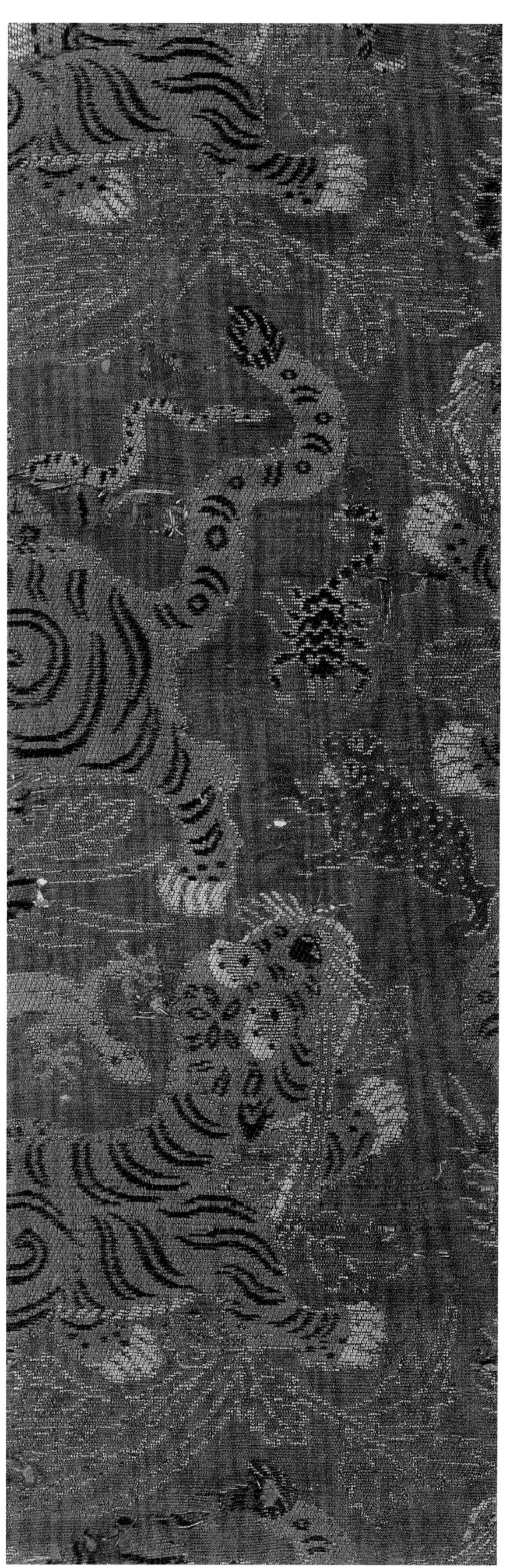

149

黃地纏枝蜀葵紋妝花紗
明晚期
長123厘米　寬32.9厘米
清宮舊藏

Yellow Silk Gauze with Design of Trailing Spays of Mallow
Late Ming Dynasty
Length: 123cm　Width: 32.9cm
Qing Court collection

以平紋方孔紗組織為地，地經為黃色加弱捻，地緯為黃色無捻較粗，用七色緯綫和片金綫，以長跑梭手法織蜀葵和古錢紋。蜀葵開花在夏末，明清時常用它來暗示季節的更替。

此紗所有紋飾都以片金綫鑲邊，金花紋則直接用片金綫織出，雖已年久褪色，但昔日的華麗依舊隱約可見。

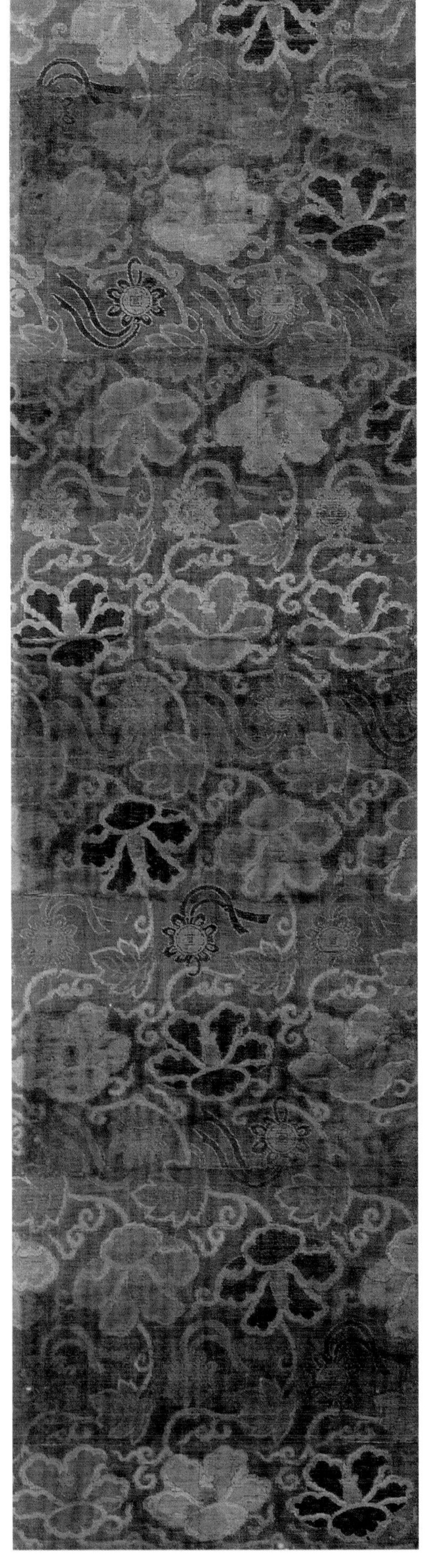

150

藍地雲鶴紋妝花紗
明
長34.2厘米　寬26.2厘米
清宮舊藏

Blue Silk Gauze with Cloud-and-crane Design
Ming Dynasty
Length: 34.2cm　Width: 26.2cm
Qing Court collection

以平紋方孔紗組織為地，地經為藍色加捻，地緯為藍色無捻，用五色緯綫和片金綫，長跑梭織四合如意彩雲和仙鶴紋。鶴在傳説中屬仙禽類，有“鶴壽千年”之説，是吉祥長壽的代表。雲鶴紋是傳統的吉祥圖案，被廣泛用於服裝、家具等地方的裝飾。

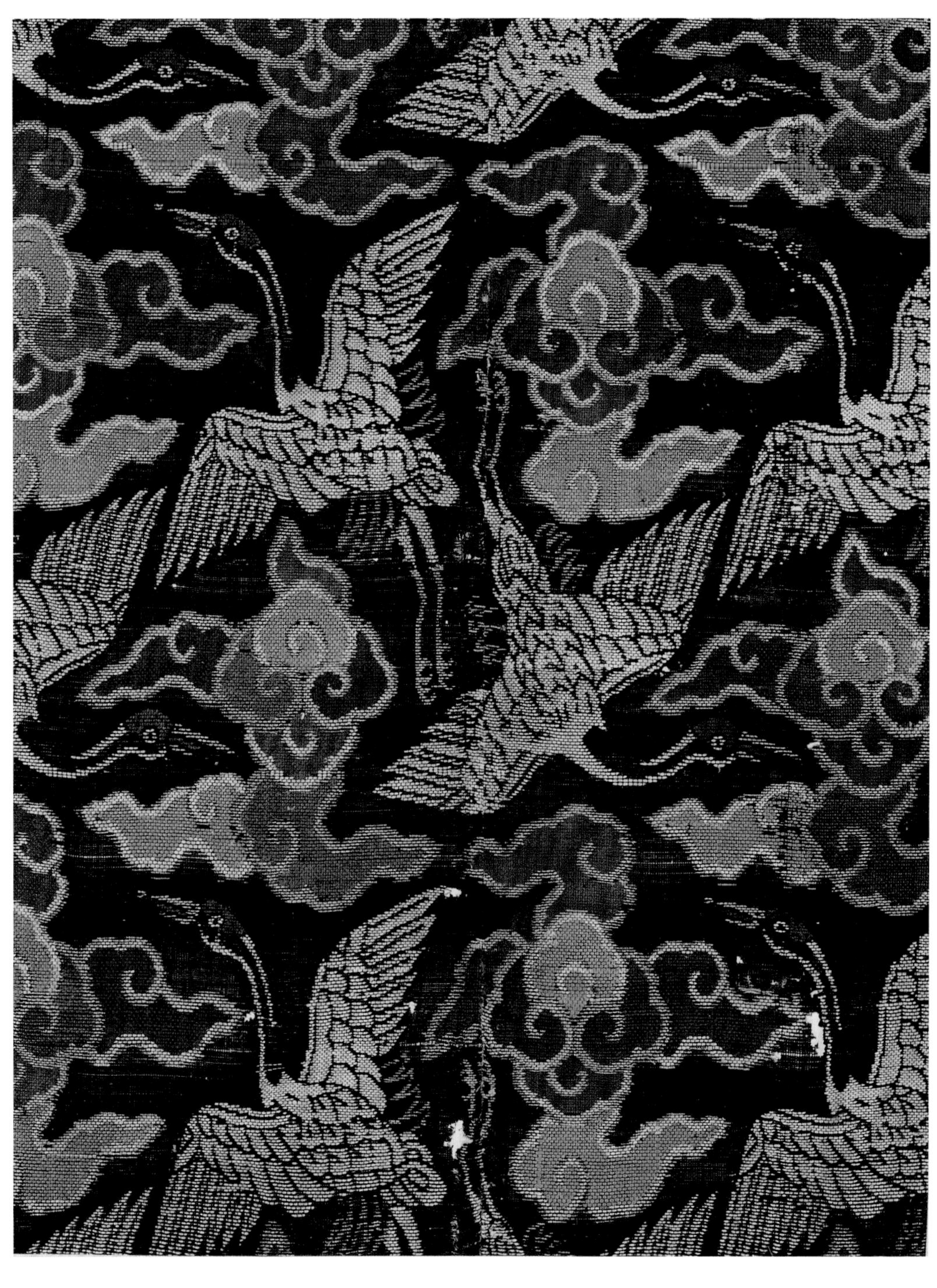

151

黃地鳳鶴紋妝花紗經皮

明

長38.5厘米　寬17厘米

Buddhist Sutra Cover of Yellow Silk Gauze with Design of Phoenixes, Cranes, Lingzhi Funguses and Miscellaneous Treasures

Ming Dynasty

Length: 38.5cm　Width: 17cm

黃色經、緯綫交織成平紋方空紗地，以棕色絨綫為紋緯與地經通梭交織飛鳳和仙鶴紋，間飾靈芝、如意雲頭、雙錢、犀角、珊瑚、方勝等雜寶紋和以鐘、磬、排簫、琴等組成的“八音紋”。寓意吉祥。

此紗織造細密，構圖豐滿而略顯繁縟，是明代妝花紗中的精品。

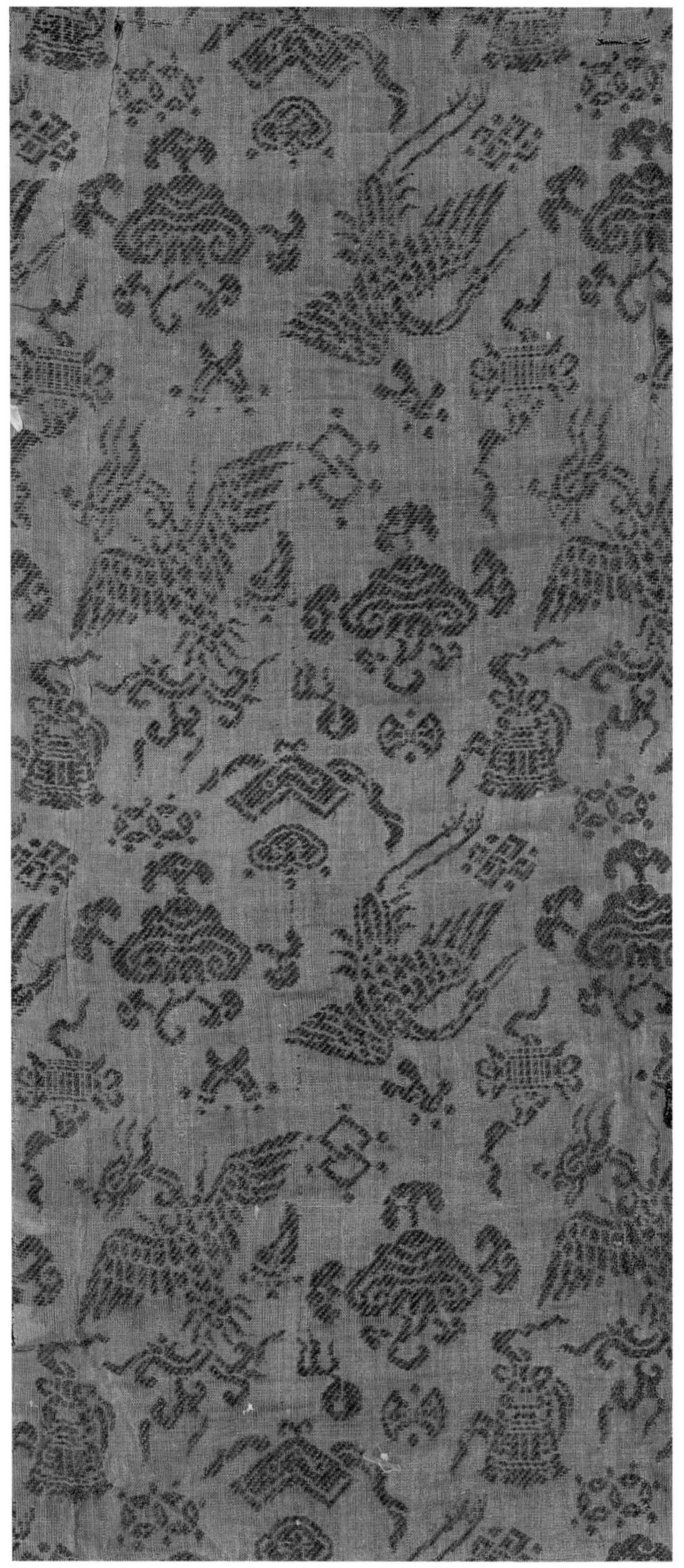

152

藍地彩雲金蟒紋妝花紗袍料

清康熙
長整匹　幅寬74厘米
清宮舊藏

Blue Silk Gauze with Design of Gold Four-clawed Dragon and Rosy Clouds
Kangxi Period, Qing Dynasty
Length: A bolt of cloth　Width: 74cm
Qing Court collection

以平紋方孔紗組織為地，地經為藍色加捻較細，地緯為藍色無捻較粗，用七色緯綫和片、圓金綫，長跑梭織柿蒂形紋，內填織翻騰飛舞的四爪金蟒、彩雲及海水江崖紋。四周則在平紋紗地上起木色絞經四合如意連雲紋。

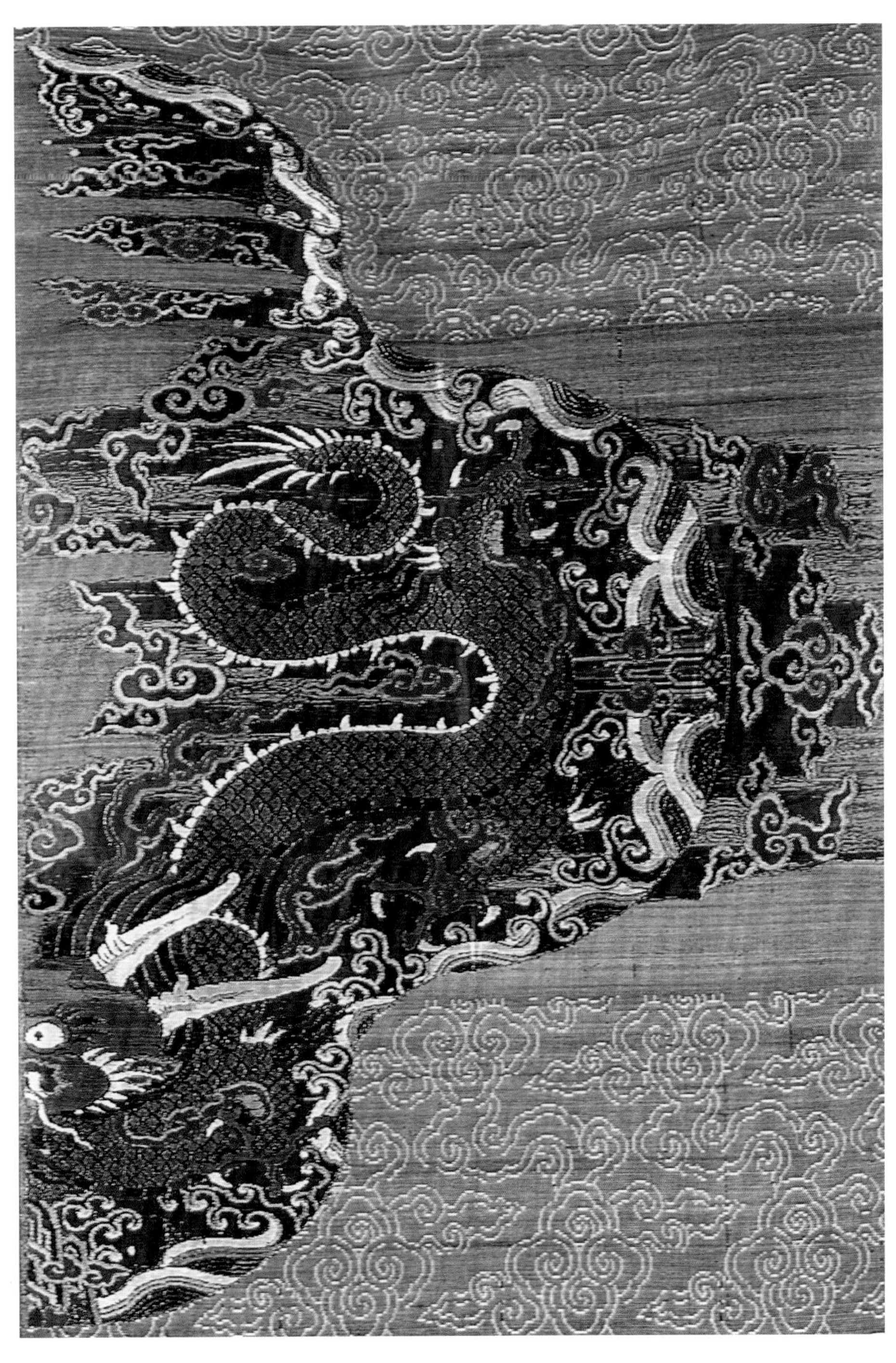

153

綠地纏枝蓮紋織金紗裱片

明

長32厘米　寬11.5厘米

Cloth Fragment of Green Silk Gauze with Design of Winding Lotuses Woven with Gold Thread

Ming Dynasty

Length: 32cm　Width: 11.5cm

綠色經、緯綫交織成平紋方孔紗為地，以片金綫為紋緯與地經交織成纏枝蓮花紋。花紋突出飽滿，生機盎然，光彩奪目。

此紗織造精密，綫條婉轉自如，具有極強的立體感，是明代織金紗中的珍品。

154

天青地團龍鳳紋暗花紗朝袍

清康熙
身長150厘米　兩袖通長206厘米
下襬寬173厘米
清宮舊藏

Court Robe of Sky Blue Silk Gauze with Veiled Design of Medallions of Double-phoenix and Double-dragon

Kangxi Period, Qing Dynasty
Length of robe: 150cm
Overall length of two sleeves: 206cm
Width of the lower hem of robe: 173cm
Qing Court collection

地經和絞經相絞，與地緯交織成二經絞芝麻紗為地，又以地經、絞經與地緯交織雙龍、雙鳳和蓮花紋，組成八團平紋花。前後胸為雙龍、蓮花紋，肩、袖及襟為雙鳳、蓮花紋。寓“龍鳳穿花”之意。

此朝袍為皇帝祭天時所穿，其披肩、馬蹄袖、腰襴、下裳等處皆飾描金雲龍、海水江崖及勾蓮紋，袍領後垂明黃條及背雲等珠寶。是清代的暗花紗珍品。

芝麻地暗花紗，又稱芝麻紗，是以織成似芝麻粒狀的紗孔為地子，以平紋為花，在本色地上織本色花的暗花絲織物，唯清代僅有。是當時夏服普遍使用的絲織品。

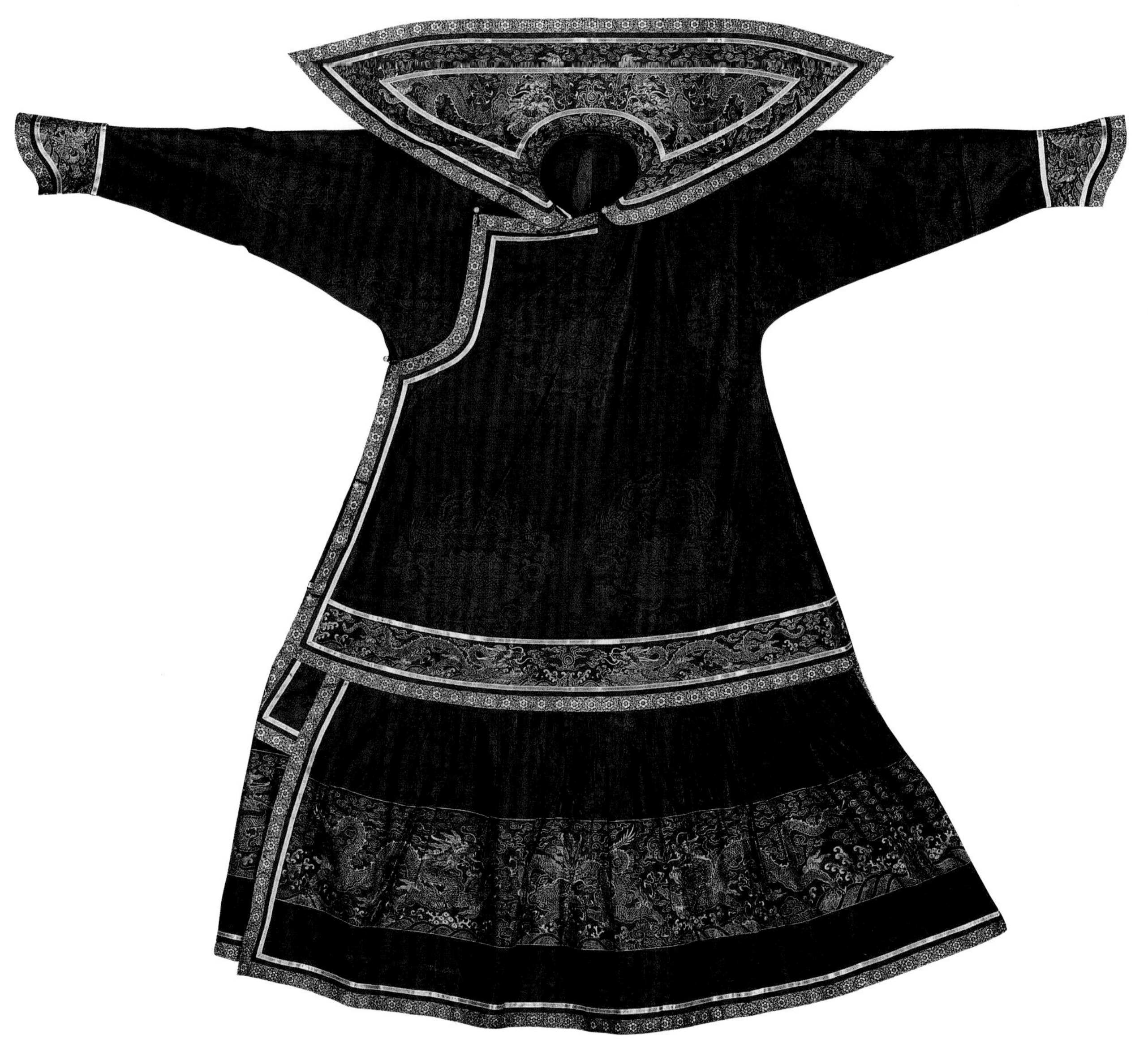

155

沉香地松鼠葡萄紋暗花紗門簾

清康熙
長205厘米　寬80厘米
清宮舊藏

Brownish Black Silk Gauze Portiere with Veiled Design of Squirrels and Grapes

Kangxi Period, Qing Dynasty
Length: 205cm　Width: 80cm
Qing Court collection

沉香色地經與地緯交織成平紋實地紗，以地經和絞經相絞與地緯交織葡萄、松樹、雲、松鼠、蜜蜂、蝴蝶紋等二經絞直經紗紋花。松鼠爬到葡萄蔓上，呈偷葡萄狀，蜂、蝶在葡萄間飛舞。寓意"捷報豐收"。

實地暗花紗，又稱實地紗，在清代十分流行。是以實地紗為地，以二經絞直經紗為花，在本色地上織本色花的暗花絲織品。

156

杏黃地勾蓮紋暗花紗
清嘉慶
長770厘米　寬77厘米
清宮舊藏

Apricot Silk Gauze with Veiled Design of Delineated Lotuses
Jiaqing Period, Qing Dynasty
Length: 770cm　Width: 77cm
Qing Court collection

杏黃色地經和絞經相絞，與地緯交織成二經絞芝麻紗地，又以地經、絞經與地緯交織成上下交錯排列的纏枝勾蓮紋。

此紗構圖簡練豐滿，織造精密，因以芝麻粒狀的紗孔為地，以平紋為花，故收到地虛花實的效果，是嘉慶年間（1796—1820）的暗花紗珍品。

157

明黃地佛手勾蓮紋暗花紗

清道光

長1500厘米　寬73厘米

清宮舊藏

Bright Yellow Silk Gauze with Veiled Design of Delineated Lotuses and Fingered Citrus

Daoguang Period, Qing Dynasty

Length: 1500cm　Width: 73cm

Qing Court collection

黃色地經和絞經相絞，與地緯交織成芝麻紗地，又以地經、絞經與地緯交織成佛手和勾蓮紋，寓“多福長壽”之意。花紋兩排一循環，交錯排列成四方連續紋飾。

此紗織造細密，花、地分明，是道光年間（1821—1850）的暗花紗珍品。

158

月白地蓮花金魚紋暗花紗
清咸豐
長650厘米　寬75.5厘米
清宮舊藏

Moon White Silk Gauze with Veiled Design of Golden Fish and Lotuses
Xianfeng Period, Qing Dynasty
Length: 650cm　Width: 75.5cm
Qing Court collection

月白色地經和絞經相絞，與地緯交織成二經絞直經紗地，以地經、絞經與地緯交織成蓮花、金魚等平紋花，寓"連年有餘"之意。花紋兩排一循環，交錯排列成四方連續紋飾。機頭織有"杭州織造臣慶連"款識，已殘。

此紗織造細密，地、花分明，是咸豐年間（1851—1861）的暗花紗珍品。

直經地暗花紗又稱直經紗，是以二經絞紗為地，以平紋為花的本色地上織本色花的暗花絲織物。最遲宋代已經出現，盛於清代。

159

粉地牡丹紋暗花紗
清光緒
長500厘米　寬95厘米
清宮舊藏

Pink Silk Gauze with Veiled Peony Design
Guangxu Period, Qing Dynasty
Length: 500cm　Width: 95cm
Qing Court collection

粉色地經和絞經相絞，與地緯交織成二經絞直經紗地，以地經、絞經與地緯交織成折枝牡丹紋平紋花，寓“富貴”之意。花紋兩排一循環，交錯排列成四方連續紋飾。

此紗織造細密，地、花分明，是光緒年間（1875—1908）的暗花紗珍品。

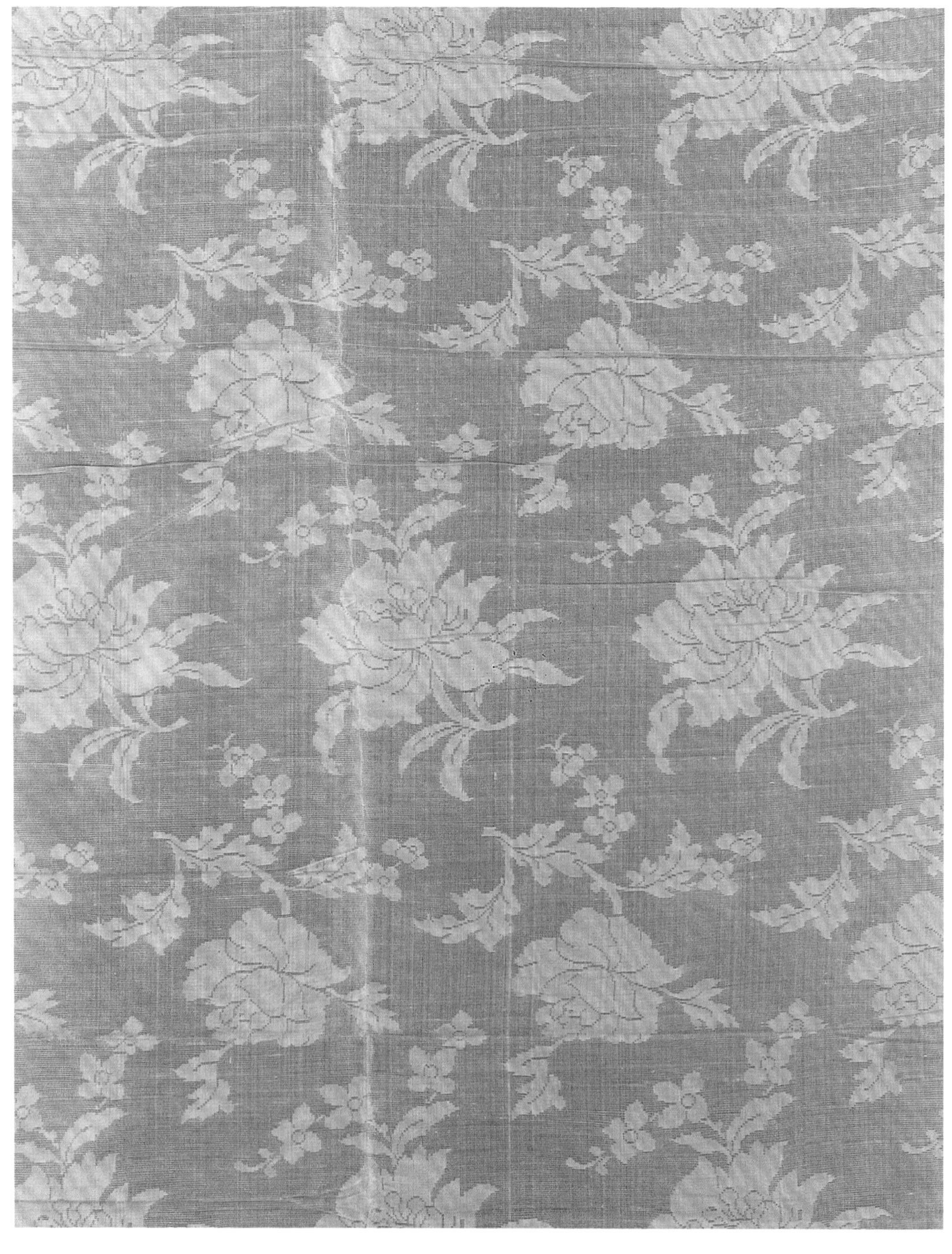

160

米黃地牡丹紋泰西紗
清晚期
長780厘米　寬56.5厘米
清宮舊藏

Taixi Silk Gauze with Coloured Peony Design on a Millet-coloured Ground
Late Qing Dynasty
Length: 780cm　Width: 56.5cm
Qing Court collection

米黃色地經、絞經與地緯交織成三梭平紋，再絞鈕成一排空路為地子，上以八枚三飛緞紋織本色牡丹枝葉，以平紋織花紋的地部，又以藕荷、黑色絨綫為紋緯，採取挖梭妝彩工藝與地經交織牡丹的花蕊和花蕾。

此泰西紗用色淡雅，織造精細，工藝複雜，是清晚期的泰西紗珍品。

泰西紗是清晚期採用從德國進口的紡織機器生產的，在紗地提本色花或彩經顯花、局部加彩妝花的紡織品。

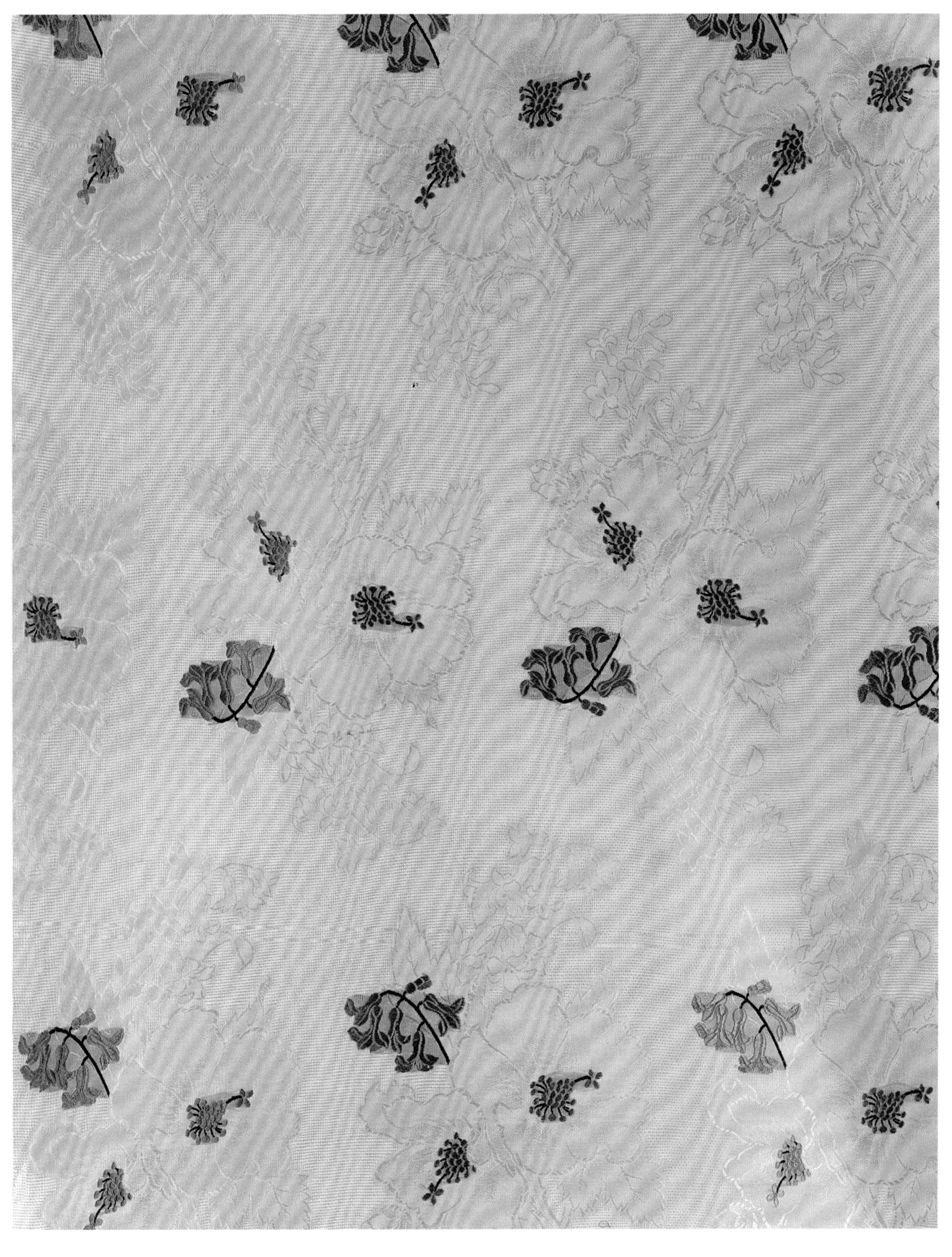

161

月白地牡丹紋泰西紗
清晚期
長736厘米　寬57厘米
清宮舊藏

Taixi Silk Gauze with Peony Design on a Moon White Ground
Late Qing Dynasty
Length: 736cm　Width: 57cm
Qing Court collection

兩根藍色地經和一根絞經相絞，與湖綠色地緯交織成三經絞紗地，在紗地上以平紋織花紋部分的地子，以藍色經八枚三飛緞紋織牡丹花，以湖綠色緯抛綫織牡丹的枝幹並勾牡丹花的邊。花紋亮麗突出，綫條婉轉自如，風韻別致。

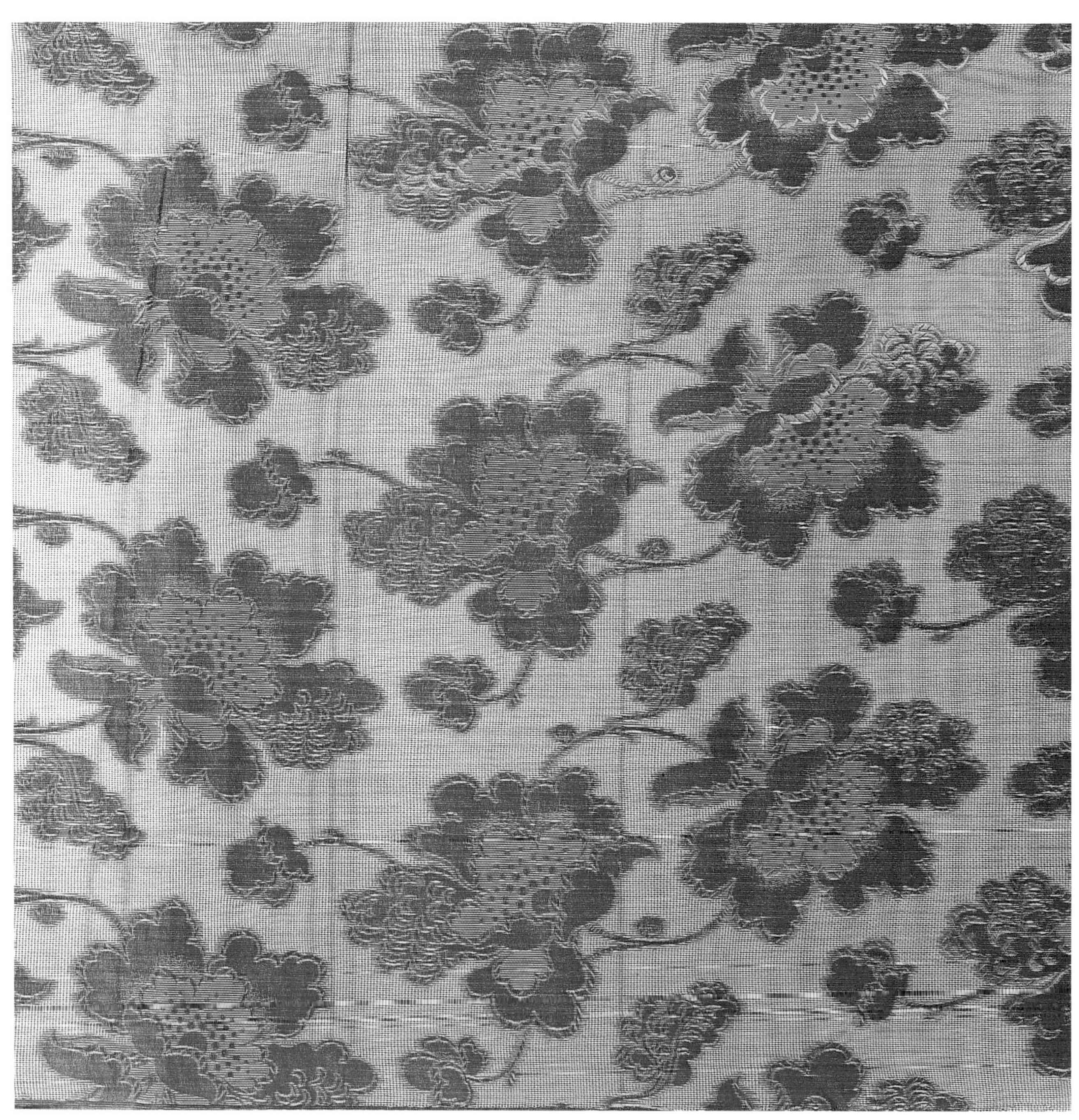

162

灰地纏枝花葉紋回回錦

清乾隆
長288厘米　寬62厘米
清宮舊藏

Mohammedam Brocade with Design of Winding Flowers and Leaves on a Gray Ground

Qianlong Period, Qing Dynasty
Length: 288cm　Width: 62cm
Qing Court collection

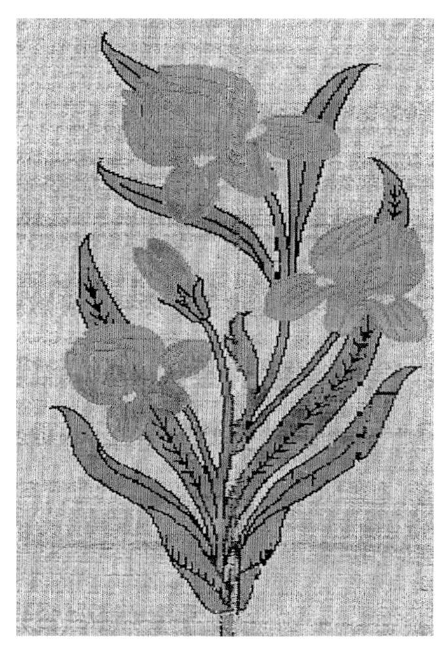

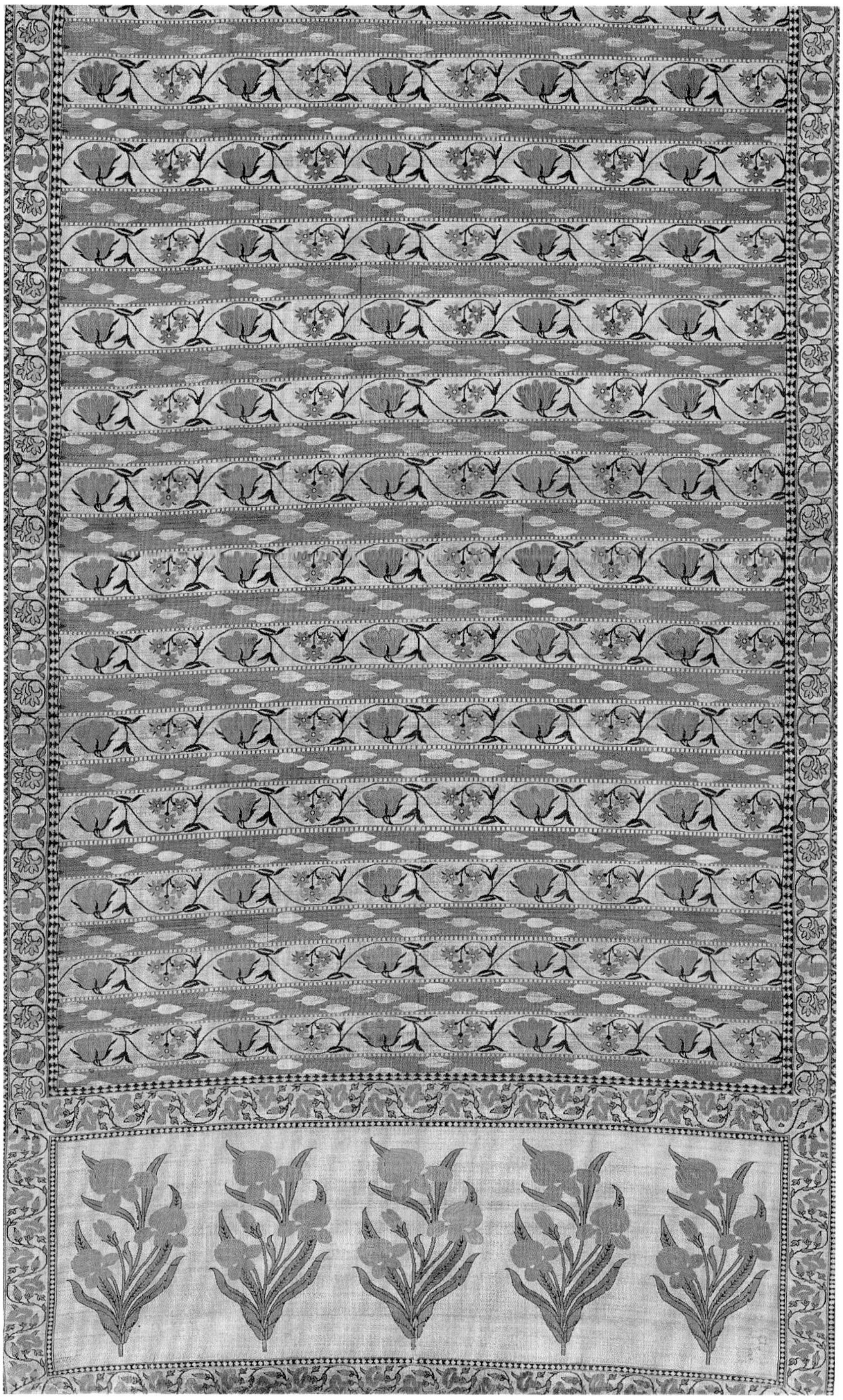

藍色絲綫織平紋地，以灰、橙、綠、駝等色絲綫為紋緯，分段換梭緯斜紋顯花織圖案化的纏枝花葉紋為主題紋飾。兩端則以較大的整株花葉紋為飾，並綴以捻金綫製作的條穗。

回回錦是中國西北地區的織錦，多為維吾爾族織造，花紋具有波斯和中亞地區的藝術風格。特點是多用金綫織花紋，給人華麗絢爛的感覺。

163

絳色地花鳥紋回回錦
清中期
長212厘米　寬73厘米
清宮舊藏

Mohammedam Brocade with Flower-and-bird Design on a Dark Reddish Brown Ground
Middle Qing Dynasty
Length: 212cm　Width: 73cm
Qing Court collection

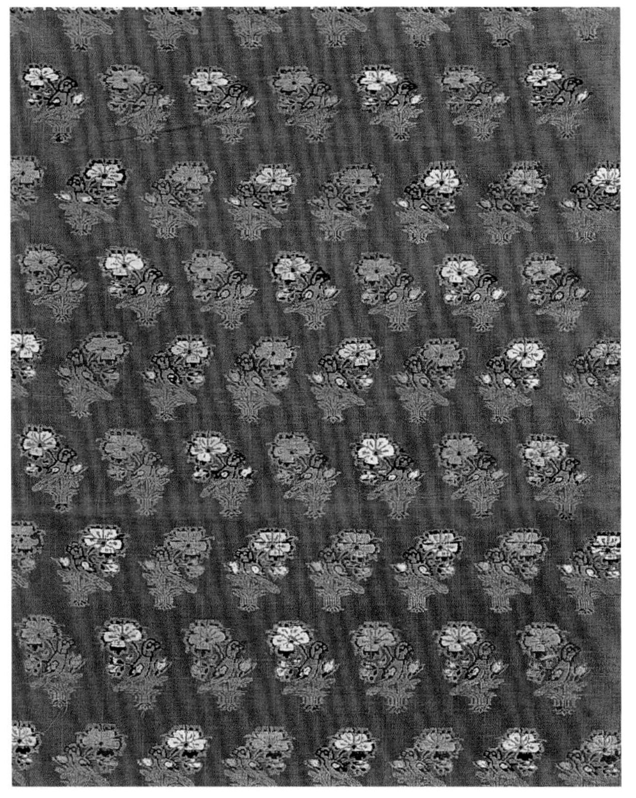

絳色絲綫織平紋地，以捻金綫及白、藍、黑等色絨綫為紋緯，採用長跑梭提花工藝織圖案化的花鳥紋。

此錦花紋花形較小，織工也比較粗糙。地緯的直徑是地經的 3 倍，因此織物地面呈明顯的橫向條紋狀，質地堅挺。就其織造工藝而言，稱“妝花綢”更為恰當。

164

紅地金銀簇花紋回回錦
清同治
長整匹　幅寬73.5厘米
清宮舊藏

Mohammedam Brocade with Design of Bunched Silver Flowers on a Red Ground Woven with Gold Thread
Tongzhi Period, Qing Dynasty
Length: A bolt of cloth　Width: 73.5cm
Qing Court collection

以紅色絲綫織三枚左向經斜紋地，以捻金綫為紋緯，採用通梭技法，緯斜紋顯花滿地鋪織格狀錦紋地。上以捻銀綫挖梭妝彩織樹形團簇花，並在團簇花的左右兩側織對稱分佈的纏枝捲葉花紋為襯托。又以湖綠色絨綫對團簇花作絞邊修飾。以寶藍色及紅色絨綫，利用長跑梭的緯拋綫工藝對花紋及捲葉紋局部作點綴添彩。

此錦由於使用了大量的捻金綫、捻銀綫，所以質地十分厚實，一般用於生活實用品的裝飾。其紋飾設計和配色手法具有濃郁的伊斯蘭文化氣息。是了解清晚期新疆地區織錦工藝極佳的實物資料。

165

淺黃地橫條纏枝花紋回回錦

清
長整匹　幅寬51.5厘米
清宮舊藏

Mohammedam Brocade with Design of Winding Spays of Flowers on a Light Yellow Ground

Qing Dynasty
Length: A bolt of cloth　Width: 51.5cm
Qing Court collection

以淺黃色絲綫為地經，與地緯織四枚斜紋地。上以粉色和黑色絨綫分段換梭織纏枝花紋。兩端則以玫瑰色、綠色、黃色、粉色絨綫為通梭提花織圖案化的整株植物花紋，端頭用捻金綫做穗子為飾。

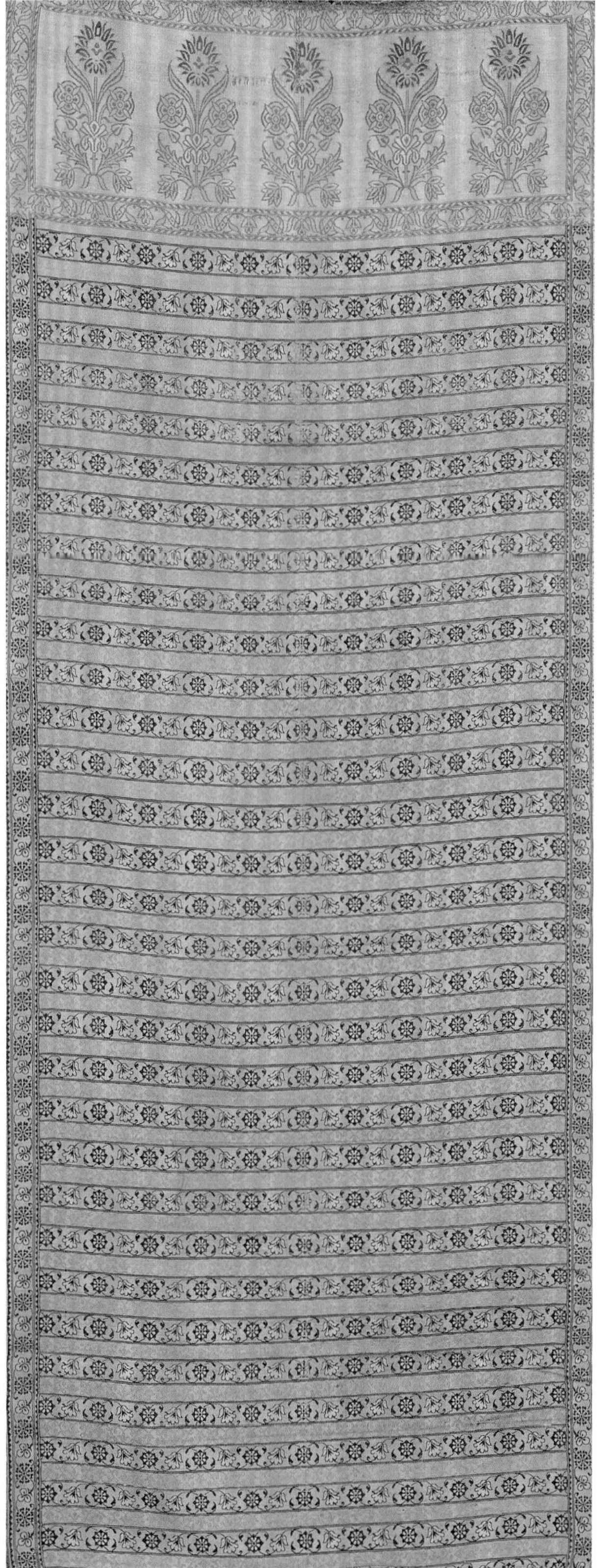

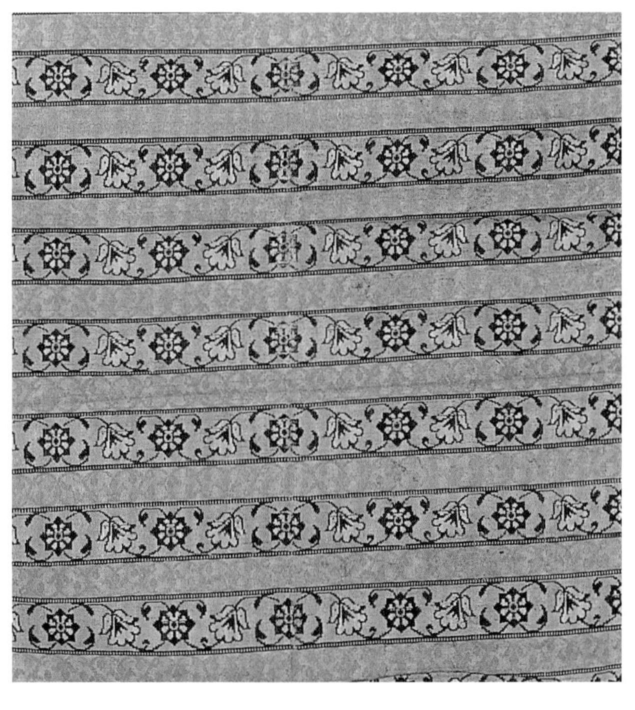

166

玫瑰紫地胡桃紋回回妝花緞

清中期
長整匹　幅寬77厘米
清宮舊藏

Satin with Walnut Design Over a Rose-purple Ground

Middle Qing Dynasty
Length: A bolt of cloth　Width: 77cm
Qing Court collection

以玫瑰紫色地經與地緯交織成五枚三飛經面緞紋地，以捻金綫、捻銀綫和紅、月白、茄紫、綠等彩絨綫為紋緯，挖梭妝彩織橫向排列的胡桃形紋，也稱之為"拜丹姆"紋，內以挖梭活色的手法妝織五彩纏枝變形花葉紋。間飾金色三角形花葉紋，以此打破作品中紋樣平列佈置的呆板局面。此緞紋樣及色彩的設計均帶有濃厚的西域風情和明顯的伊斯蘭文化風格，是新疆維吾爾族的傳統絲織物。

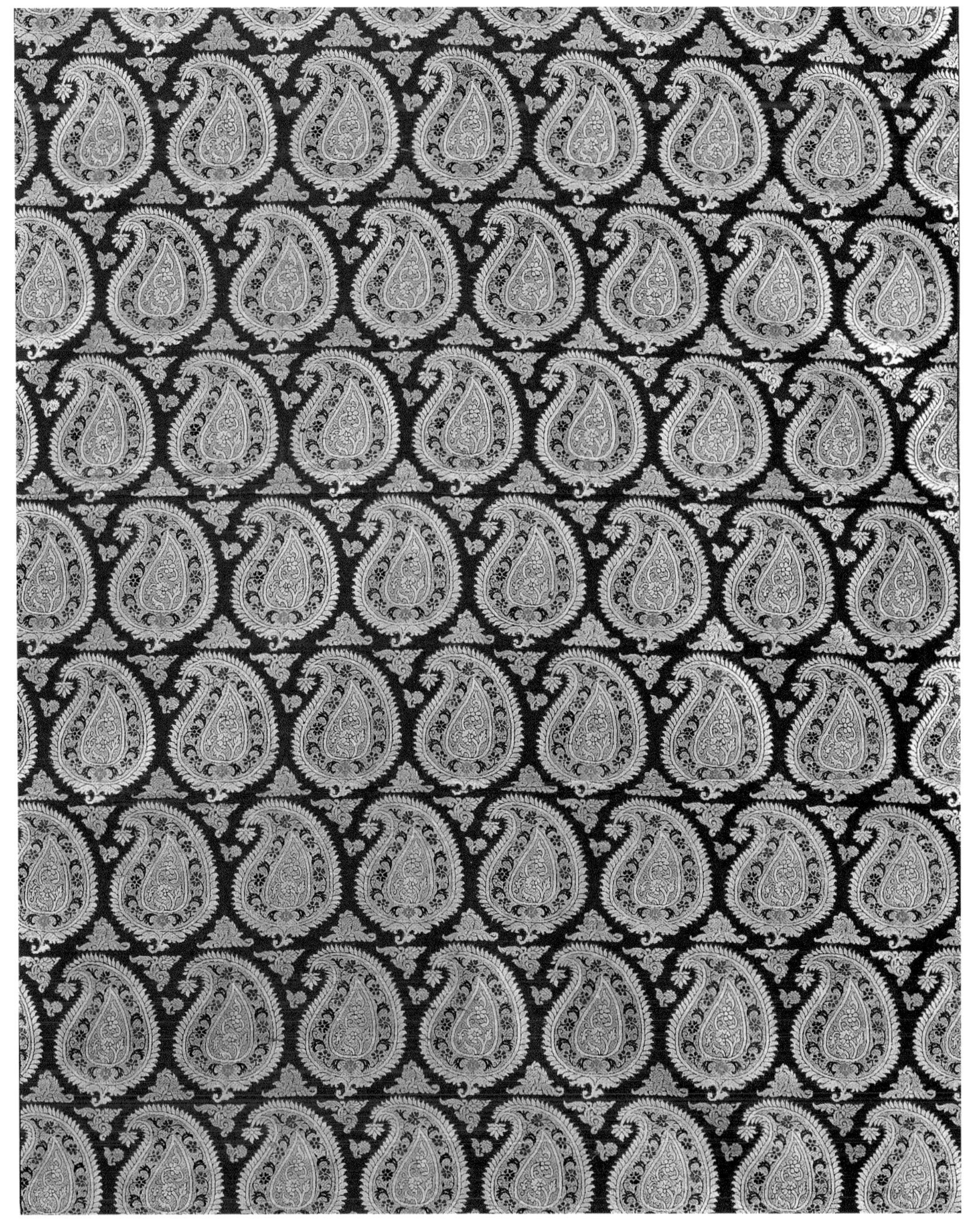

167

綠地幾何紋和闐綢
清乾隆
長180厘米　寬38厘米
清宮舊藏

Hetian Silk Woven with Coloured Geometric Design on a Green Ground
Qianlong Period, Qing Dynasty
Length: 180cm　Width: 38cm
Qing Court collection

綠色絲經與棕色棉緯交織成經四枚斜紋地。再以白、綠、藕荷、黃、紅等色的經綫與緯綫交織成各色橢圓形團花紋。

此綢織造細膩，構圖複雜別致，經綫的不同顏色是採用分段扎染工藝染成的，用色豐富鮮麗，是乾隆年間的和闐綢珍品。

和闐綢又稱“愛德利斯綢”或“舒庫拉綢”，是新疆維吾爾族的傳統絲織品，明清時在新疆地區非常流行，是當地居民喜愛的衣裙用料。

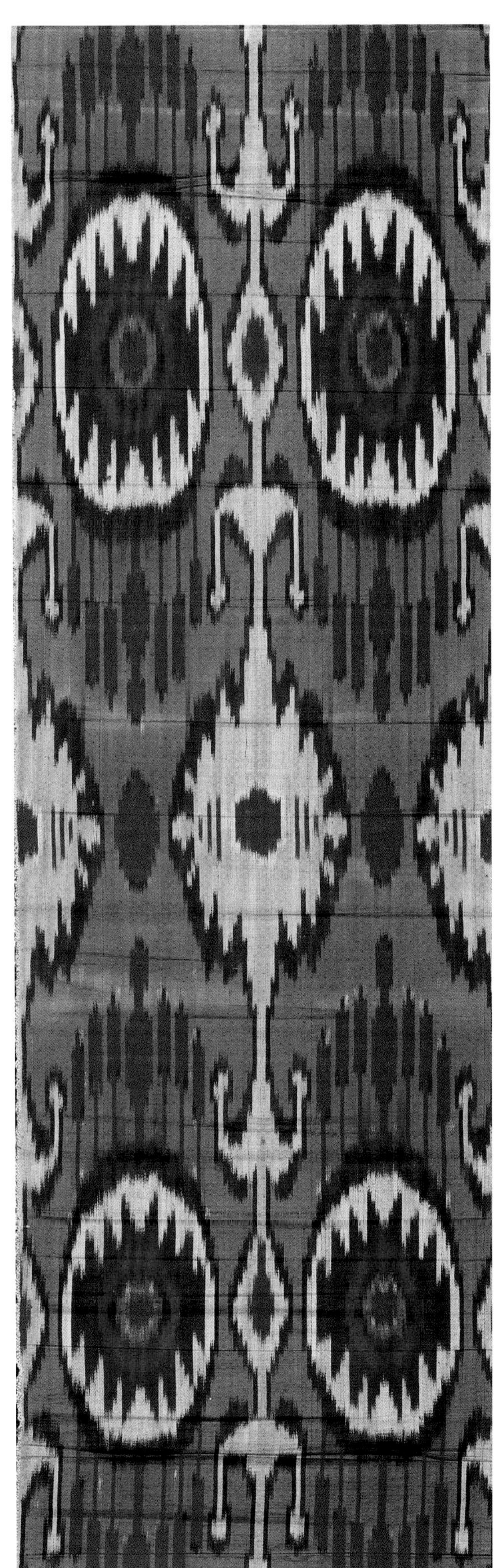

168

彩織胡桃紋和闐綢
清乾隆
長352厘米　寬34.8厘米
清宮舊藏

Hetian Silk with Coloured Walnut Design
Qianlong Period, Qing Dynasty
Length: 352cm　Width: 34.8cm
Qing Court collection

彩色絲經與青色棉緯交織成四枚經斜紋地和花。紫色部分為地，以綠、白、紅等色經綫與緯綫交織形成五顏六色的胡桃形紋飾。

此綢織造精密，色彩豐富，花紋奇特，是清中期新疆地區進貢宮廷的珍品。

和闐綢是先把經綫牽在織機上，再按照花紋採取分段扎染的方法，把每根經綫按花紋所需的色彩染成彩經，然後與地緯交織而成的織品。

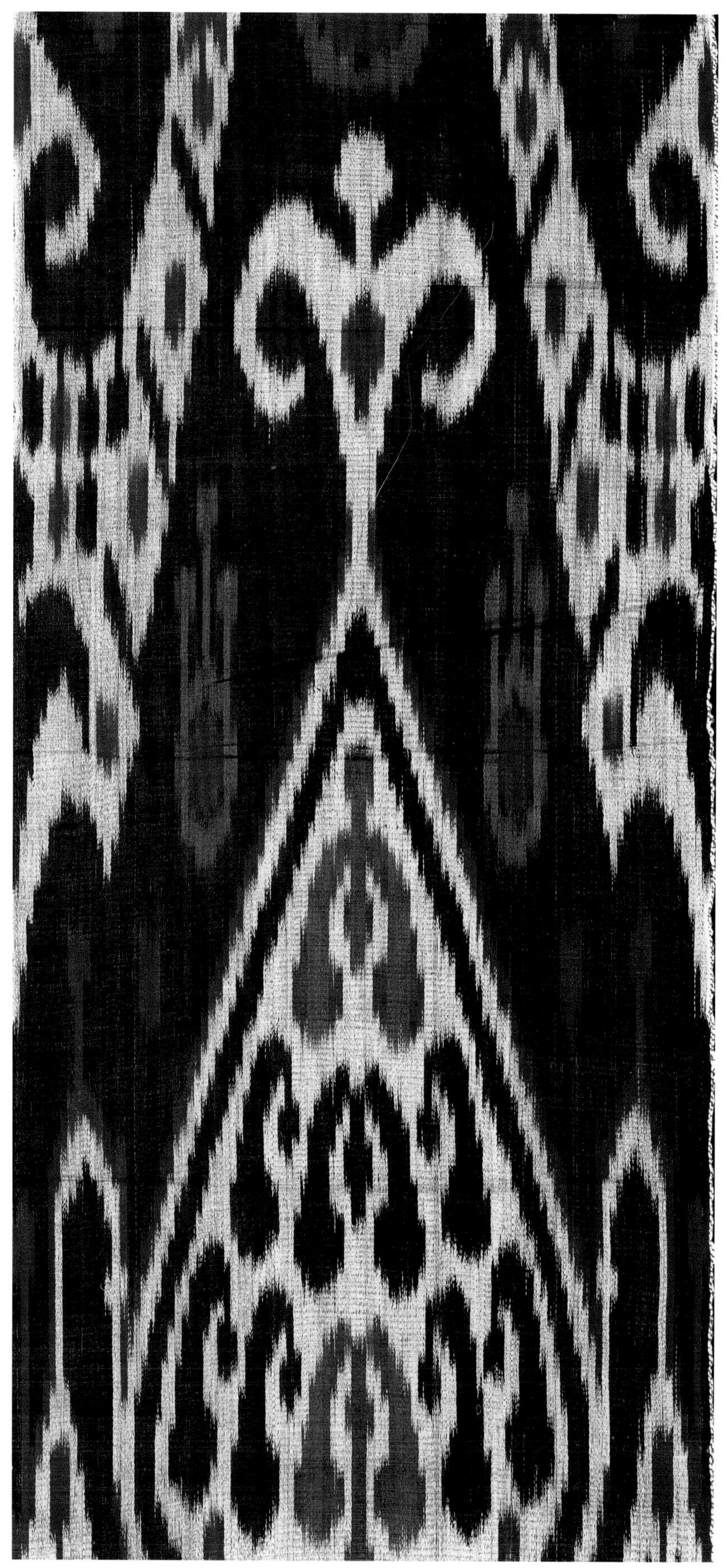

169

彩織花樹紋和闐綢
清乾隆
長179厘米　寬38厘米
清宮舊藏

Hetian Silk, Woven with Coloured Thread
Qianlong Period, Qing Dynasty
Length: 179cm　Width: 38cm
Qing Court collection

彩色絲經與駝色棉緯交織成四枚經斜紋地和花，以綠色為地，以紅、黃、紫、白、藕荷色經綫與緯綫織以鳳尾為主體的花樹形花紋。

此綢織造細膩，構圖繁縟，色彩華麗，是清中期新疆進貢的和闐綢精品。

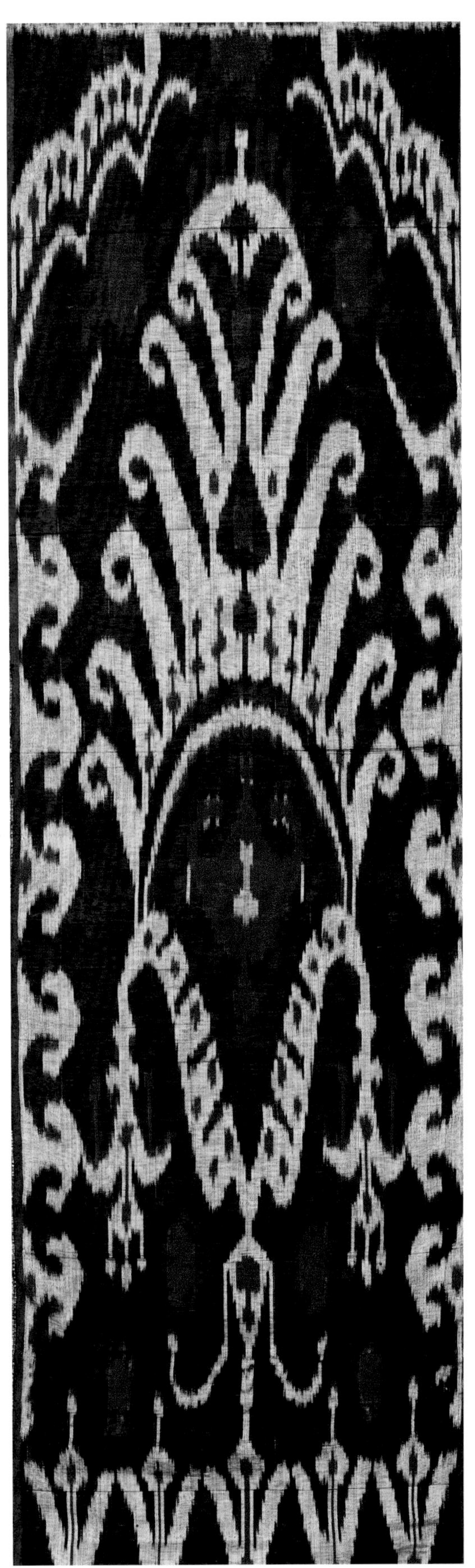

170

彩織花紋和闐綢
清乾隆
長240厘米　寬42.5厘米
清宮舊藏

Hetian Silk, Woven with Coloured Patterns
Qianlong Period, Qing Dynasty
Length: 240cm　Width: 42.5cm
Qing Court collection

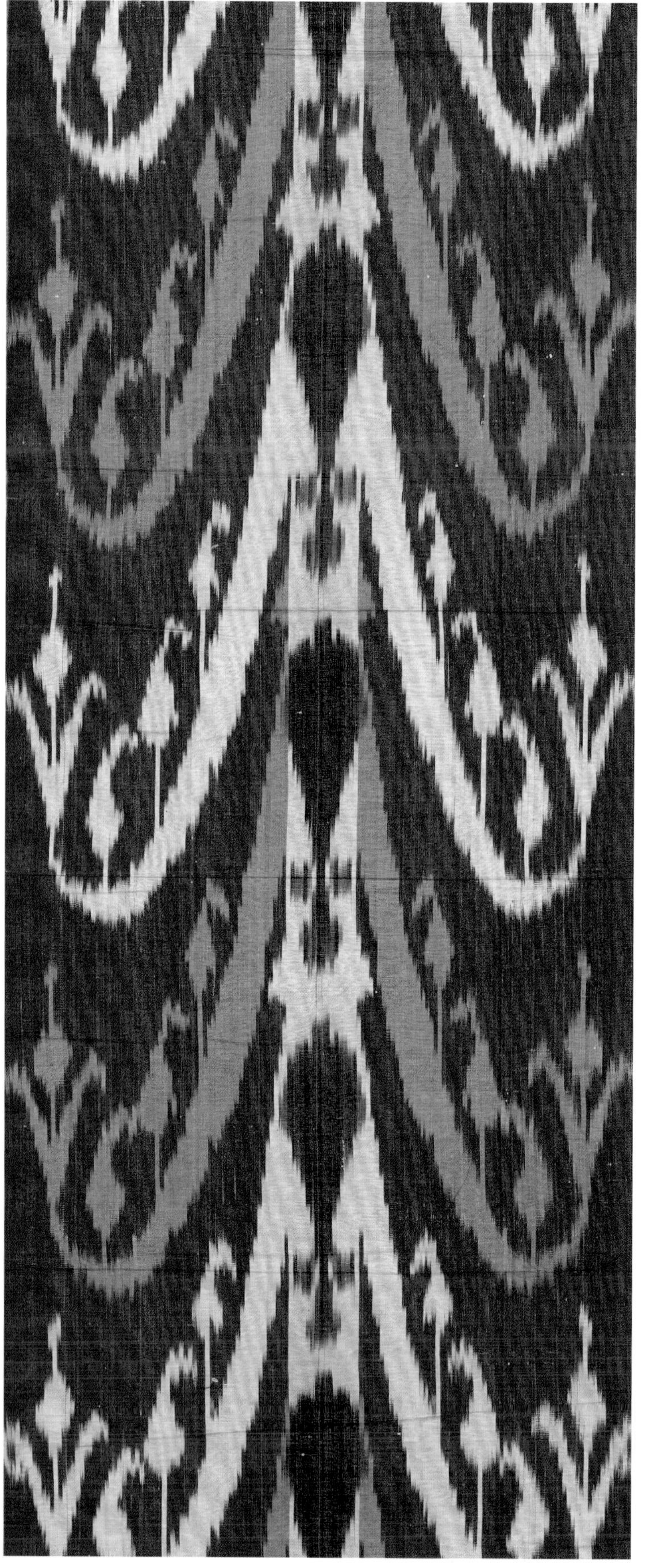

彩色絲經與白色棉緯交織成平紋地和花。其以紅色為綢地，以黃、白、墨綠、草綠四色經綫與緯綫織各種圖案化的花紋，呈樹狀分佈。

此綢織造精密，用色艷麗，是新疆和闐織造的具有代表性的絲織品之一。

171

彩織菱形紋阿爾泌壁衍綢

清乾隆
長518厘米　寬32.4厘米
清宮舊藏

Aerbi Biyan Silk with Coloured Lozenge Design
Qianlong Period, Qing Dynasty
Length: 518cm　Width: 32.4cm
Qing Court collection

彩經與紅色緯綫交織成平紋地和花。以白色為地，以黃、紅、藍、紫、綠色經綫組成菱形骨架，內填朵花式花紋。

此綢織造細膩，構圖獨特，與和闐綢一樣採取分段扎染工藝把經綫染成多種顏色，使織物質地輕柔、色彩豐富、花紋似錦。是新疆阿爾泌壁衍綢中的珍品。

阿爾泌壁衍綢是新疆獨有的絲織品，織造工藝與和闐綢相同。其實物僅見於故宮藏的清代貢品，是研究新疆絲織品的珍貴資料。

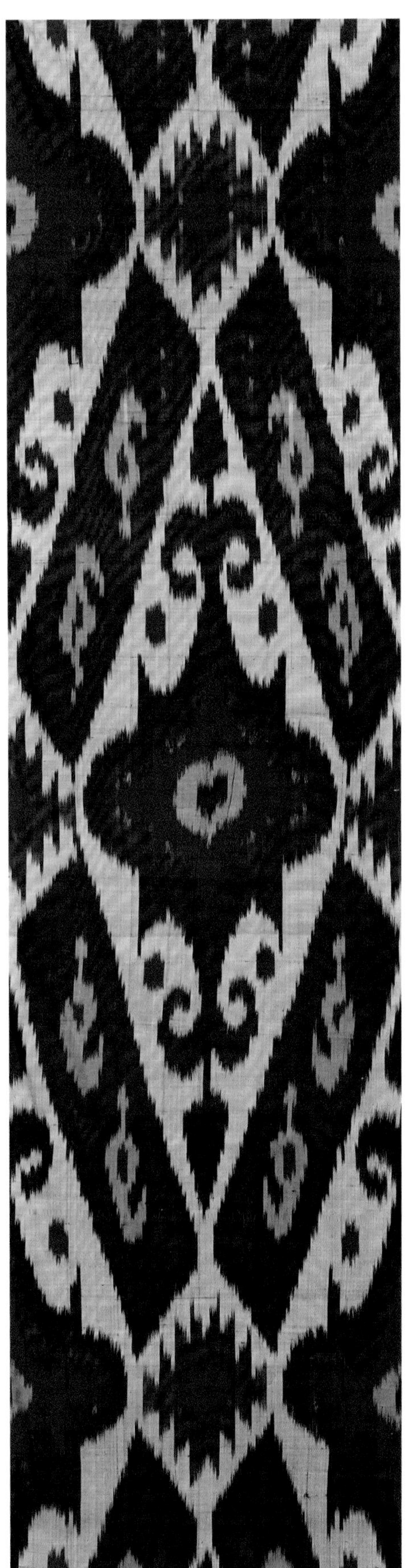

172

彩織幾何紋阿爾泌璧衍綢
清乾隆
長615厘米　寬40.2厘米
清宮舊藏

Aerbi Biyan Silk with Coloured Geometric Design
Qianlong Period, Qing Dynasty
Length: 615cm　Width: 40.2cm
Qing Court collection

彩經與棗紅色地緯交織成棕色平紋地，上以黃、綠、品藍、白、紅等色經綫與緯綫交織幾何形骨架，內填多種花紋。

此綢織造精湛，構圖奇特，用色富麗，暈色自然，具有填彩的藝術效果，是阿爾泌璧衍綢中的精品。是新疆婦女衣裙的首選面料。

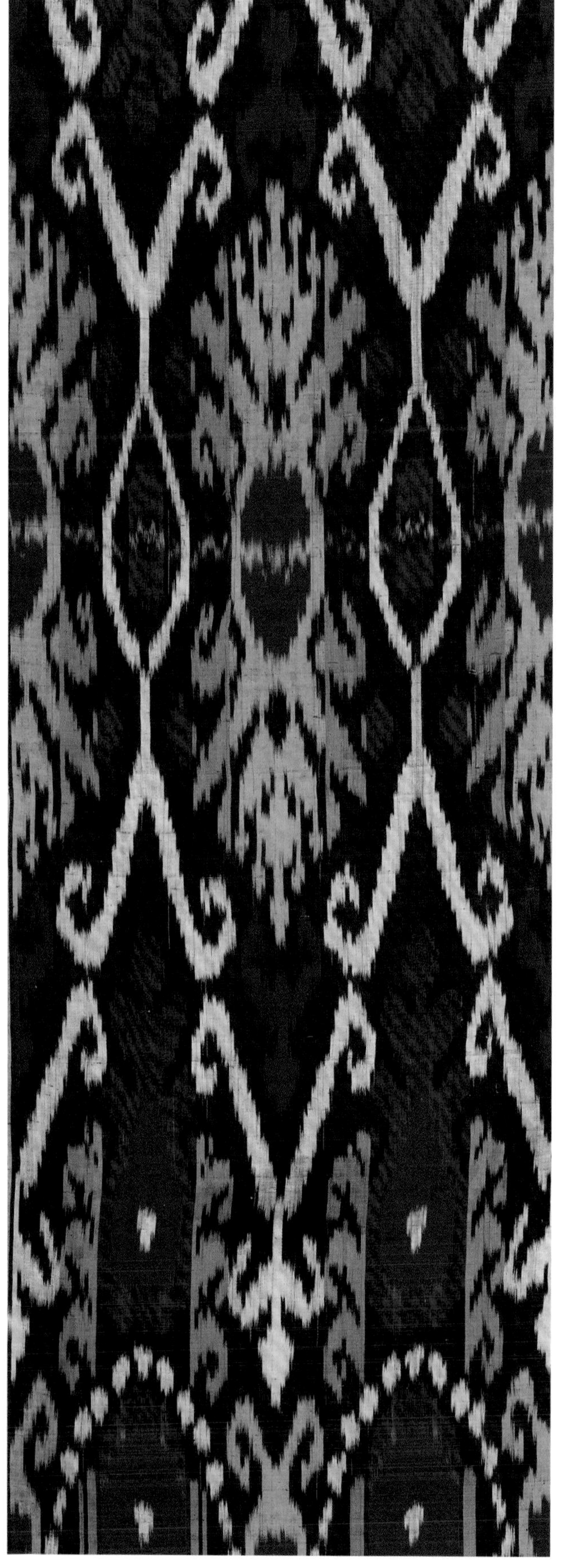

173

彩織樹紋瑪什魯布
清乾隆
長386厘米　寬41.8厘米
清宮舊藏

Mashilu Fabric, Woven with Coloured Tree Design
Qianlong Period, Qing Dynasty
Length: 386cm　Width: 41.8cm
Qing Court collection

葡灰色絲經與綠色棉緯交織成四枚經斜紋固結地及豎條紋，又以分段扎染的各色經綫與假織緯交織成絨毛地和花。以綠色絨毛為地，以白、藏藍、寶藍，黄、紅五色絨毛組成似花樹又似流蘇的幾何形紋飾。

此布織造精湛，構圖新穎，用色富麗，暈色自然，是乾隆時新疆和闐地區織造的起絨織物珍品。

瑪什魯布宋代已有，元代叫"怯綿裏"，到清代在新疆地區已十分盛行。其織造方法與和闐綢相同，是新疆所獨有的染經起絨織物。主要用作各種鋪墊。

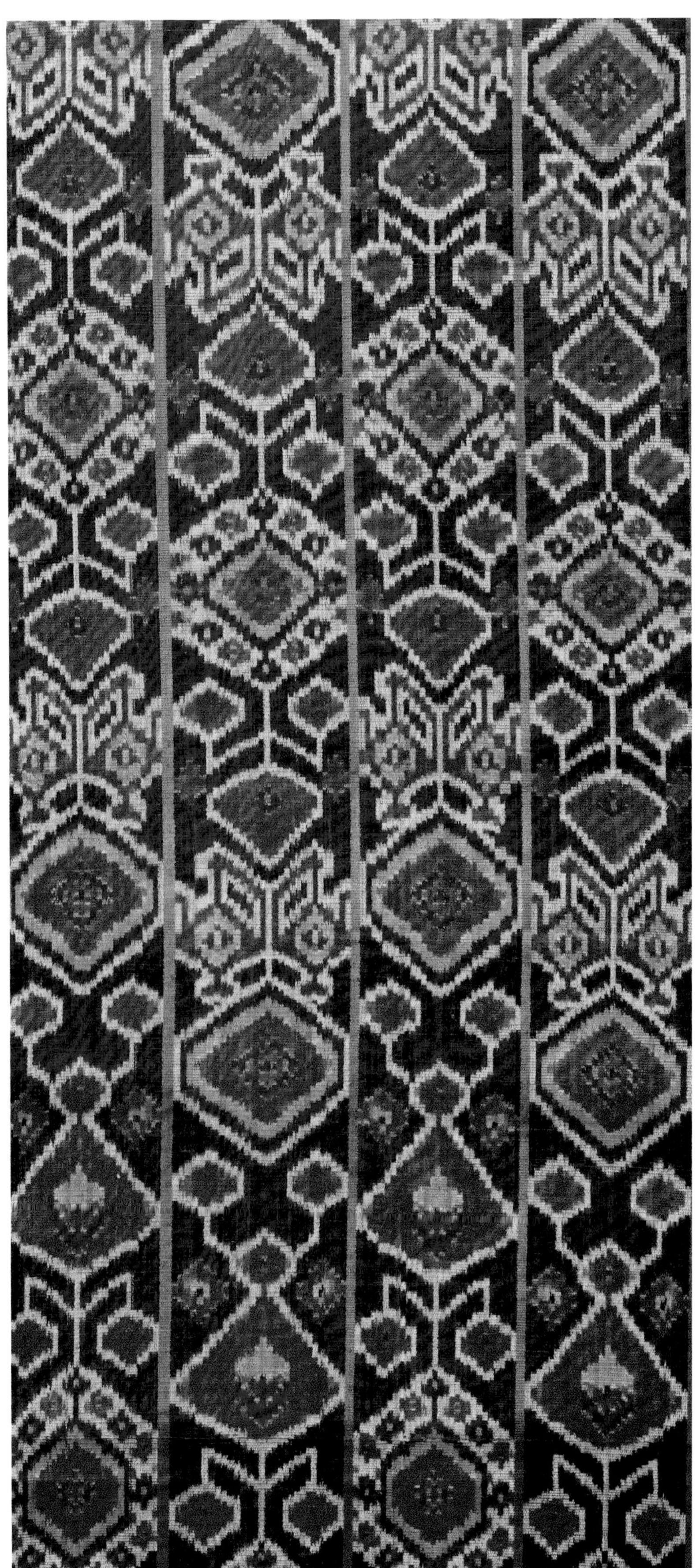

174

彩織幾何紋瑪什魯布

清乾隆

長362厘米　寬41.2厘米

清宮舊藏

Mashilu Fabric, Woven with Coloured Geometric Design

Qianlong Period, Qing Dynasty

Length: 362cm　Width: 41.2cm

Qing Court collection

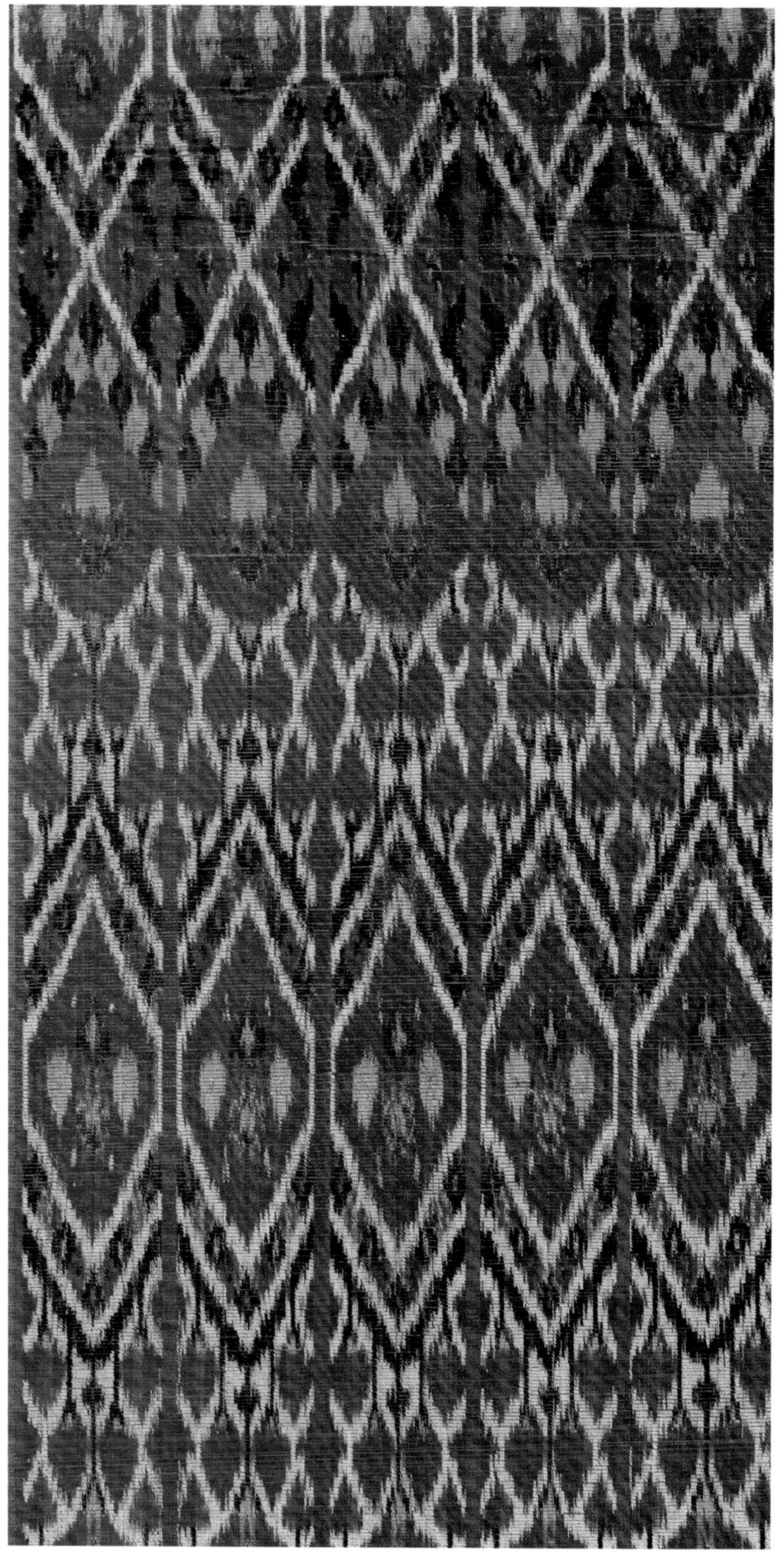

紅色絲經與紅色棉緯交織成四枚經斜紋固結地，又以分段扎染的各色彩經與假織緯交織成絨毛地和花。以紅色絨毛為地，以白、綠、黃三色絨毛組成各色菱形花紋。

此布織造精密，構圖繁瑣，用色豐富濃麗，是新疆進貢的佳品。

175

彩織豎條波浪紋瑪什魯布
清乾隆
長522厘米　寬39.5厘米
清宮舊藏

Mashilu Fabric, Woven with Coloured Design of Vertical Strips and Waves
Qianlong Period, Qing Dynasty
Length: 522cm　Width: 39.5cm
Qing Court collection

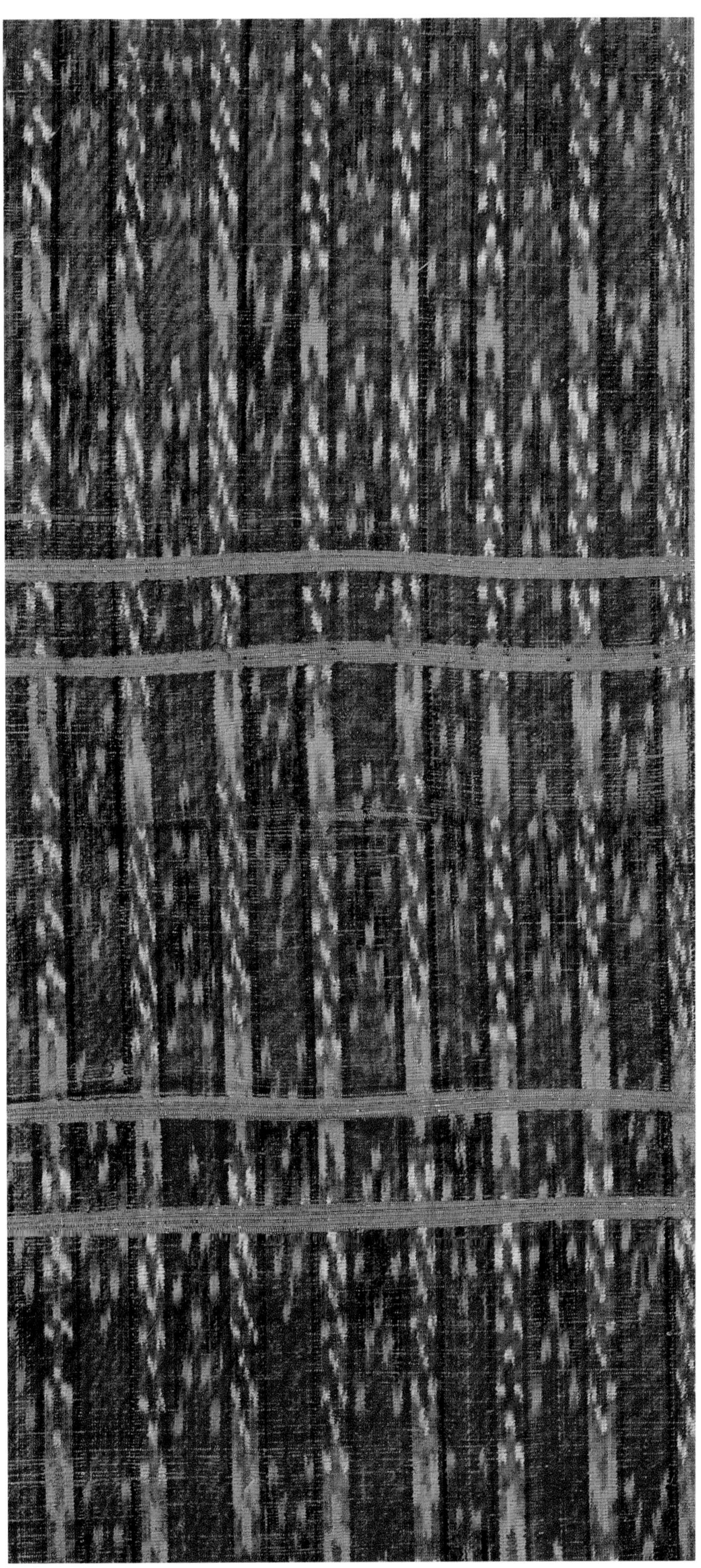

木紅色絲經與木紅色棉緯交織成四枚經斜紋固結地，又以分段扎染的彩經與假織緯交織成絨毛地、花。以紅色絨毛為地，以香、黃、綠、藍、白等色絨毛織成豎條紋及波浪紋，又以片金為紋緯與木紅色絲經交織成金橫條紋。

此布織造精細，構圖簡練，色彩豐麗，是新疆進貢的瑪什魯布精品。

176

彩織豎條菱形紋瑪什魯布
清乾隆
長260厘米　寬42.7厘米
清宮舊藏

Mashilu Fabric, Woven with Coloured Design of Vertical Strips and Lozenges
Qianlong Period, Qing Dynasty
Length: 260cm　Width: 42.7cm
Qing Court collection

木紅色絲經與木紅色棉緯交織成四枚經斜紋固結地及豎條紋。又以分段扎染的彩經與假織緯交織成以綠色絨毛為地，以白、紅、藍、黃色絨毛顯似流蘇一般的菱形花紋。

此布織造細密，構圖繁縟，用色富麗，是新疆織造的起絨織物精品。

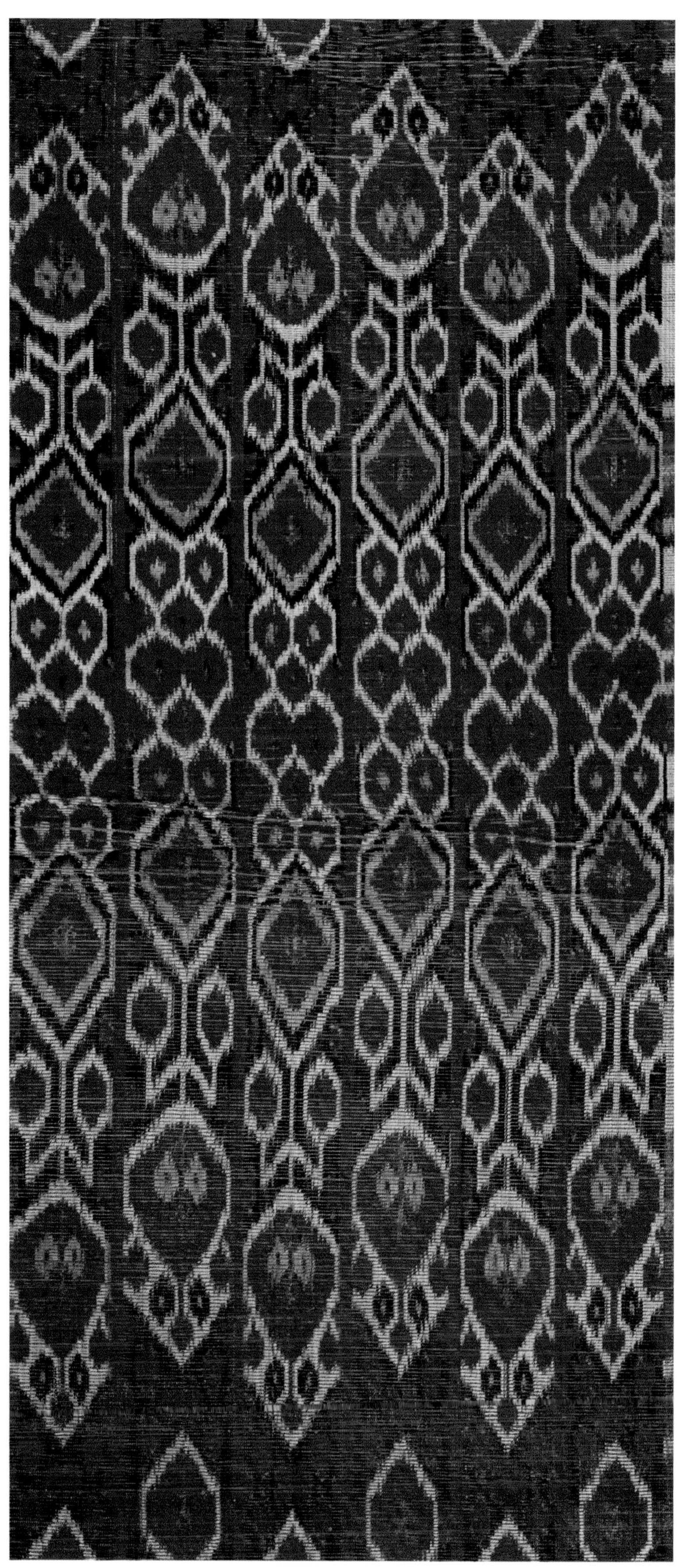

177

深棕色地織彩幾何朵花紋壯錦
清乾隆
長450厘米　寬150厘米
清宮舊藏

Zhuang Brocade with Geomatric and Floral Design Over a Dark Brown Ground
Qianlong Period, Qing Dynasty
Length: 450cm　Width: 150cm
Qing Court collection

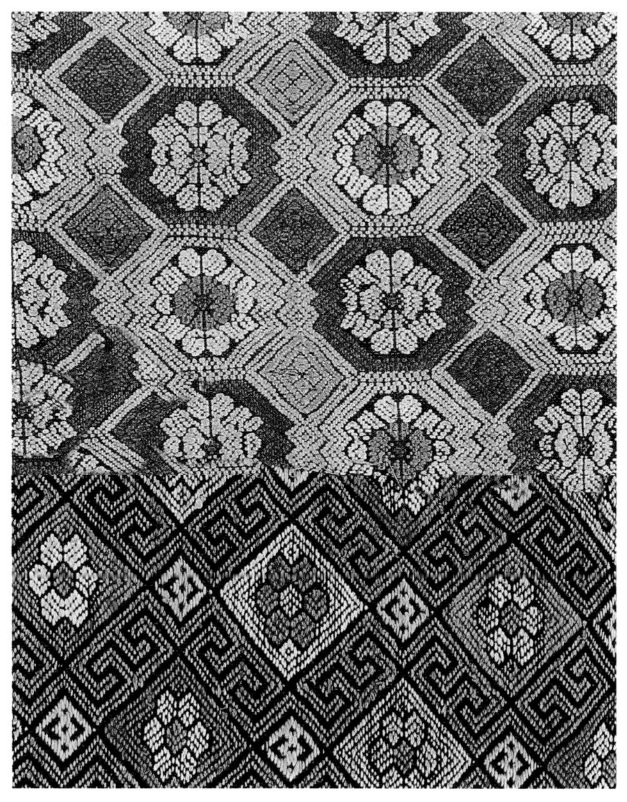

以深棕色棉綫為地經、地緯，交織成平紋錦地，上以黃、杏黃、紅、白、粉、雪灰、綠、銀灰等10餘色絲綫為紋緯，與地經通梭交織連續循環的幾何、龜背紋骨架，內挖梭盤織朵花紋。

壯錦又稱絨花被，是中國西南部壯族生產的極具民族特色的織品。其工藝是用棉或麻的纖維做經綫，以彩絲作緯織入起花。紋樣多為幾何形，組織複雜，色彩鮮明，對比強烈，具有濃艷粗獷的藝術風格。

178

駝色地織彩斜卍字朵花紋壯錦
清乾隆
長656厘米　寬54厘米
清宮舊藏

Zhuang Brocade with Swastika and Floral Design Over a Light Tan Ground
Qianlong Period, Qing Dynasty
Length: 656cm　Width: 54cm
Qing Court collection

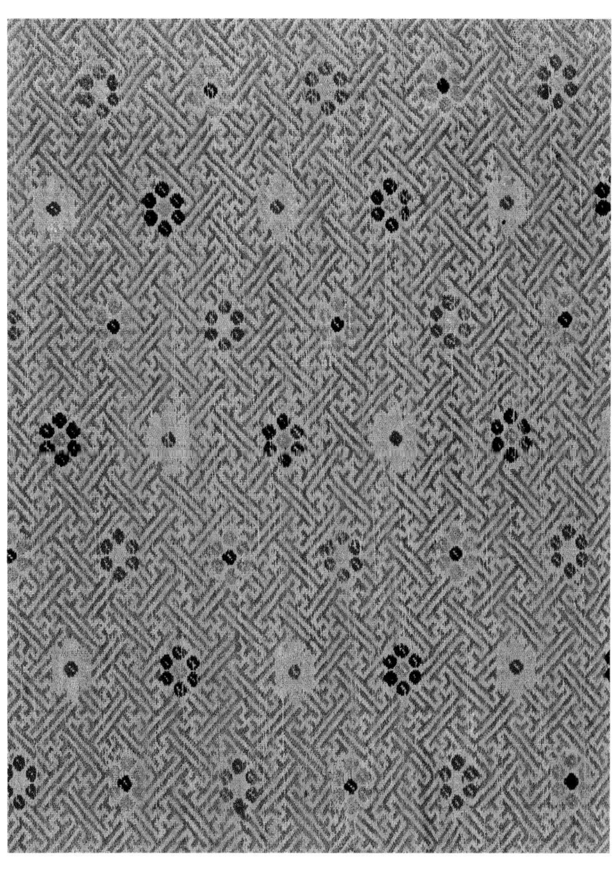

以白、駝色棉綫為地經，以駝色棉綫為地緯交織平紋錦地。上以杏黃、明黃、青、粉、豆綠、紅等色絲綫為紋緯與地經交織緯三枚斜卍字和朵花紋。

此錦斜卍字為通梭織，朵花為挖梭織，花紋綫條靈活，色彩豐富，織造工藝精密細緻，是壯錦中的佳品。

繡品

Embroideries

179

白綾地繡彩羅漢誦經圖冊頁
明
長25.8厘米　寬22.7厘米
清宮舊藏

Album Leaf of White Thin Silk Embroidered with Coloured Design of Arhat Chanting Buddhist Scripture
Ming Dynasty
Length: 25.8cm　Width: 22.7cm
Qing Court collection

以白色素綾為底襯，以黃、藍、綠、白、黑為主色調，用11色絨綫繡《羅漢誦經圖》。羅漢頭頂經書，着長袍，雙手持唸珠誦經，腳踏如意，行於滔滔海水之上。頭上方顯現端坐在祥雲中的阿彌陀佛。前方為白雲掩映的山峯。用色淡雅，構圖簡練。

此冊頁是顧繡珍品，運用2—3暈色法，以滾針、平金、齊針、釘綫、散套針等針法繡製而成。繡工細膩。

顧繡即明代上海顧氏之刺繡，亦稱為“露香園顧繡”。從明嘉靖三十八年（1559）進士顧名世時始著稱於世。明清時期，顧繡風靡長江中下游地區，尤以名世孫媳韓希孟的“韓媛繡”最為著名。

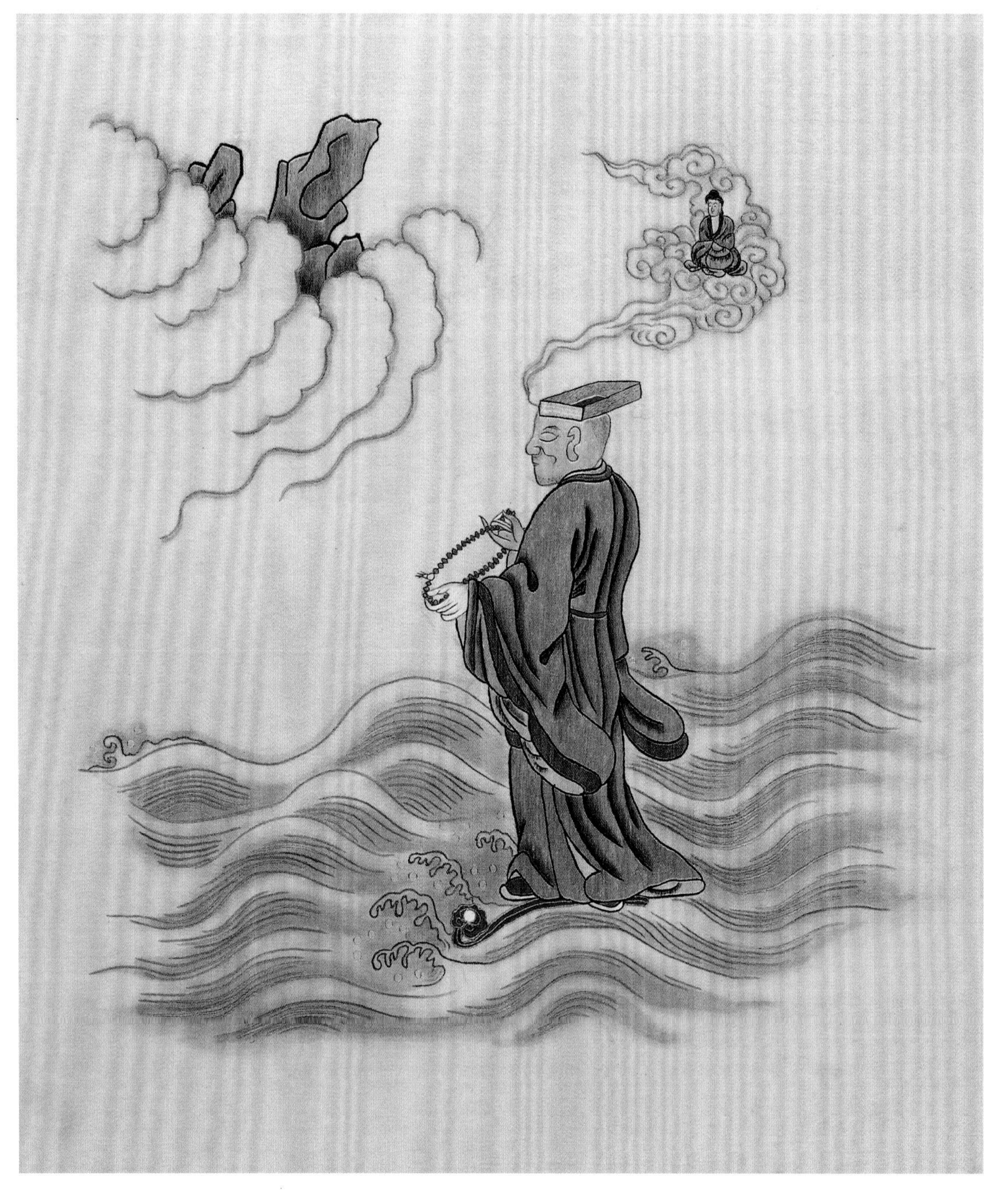

180

白綾地繡觀音誦經圖冊頁
明
長25.4厘米　寬22.8厘米
清宮舊藏

Album Leaf of White Thin Silk Embroidered with Design of Avalokitesvara Chanting Buddhist Scripture
Ming Dynasty
Length: 25.4cm　Width: 22.8cm
Qing Court collection

以白色素綾為底襯，以黑、黃、綠、紫紅、藍、白為主色調，用14色絨綫繡《觀音誦經圖》。正中的觀音菩薩着長袍，端坐在蒲團上誦經，一童子手捧淨瓶侍立，身後幾莖竹子高聳入雲。天空中一飛鳥盤旋。

此冊頁是明代顧繡代表作，以滾針繡的柳枝、齊針繡的竹節和釘綫繡的觀音髮髻，皆栩栩如生，精美逼真。亦有散套針、打籽針、施毛針等針藝。運用2—3暈色法，在刺繡同時還採用補色、借色等手法，使繡品色彩豐富，實為佳作。

顧繡的最大特點是以素綾作底襯，以染補繡，以針代筆，構圖豐滿，景物濃淡有致，空間層次清晰，繡面生動逼真，古樸高雅，題材廣泛。使刺繡既有繪畫效果，又有繪畫無法企及的細膩質感，達到運針如運筆的最高境界。

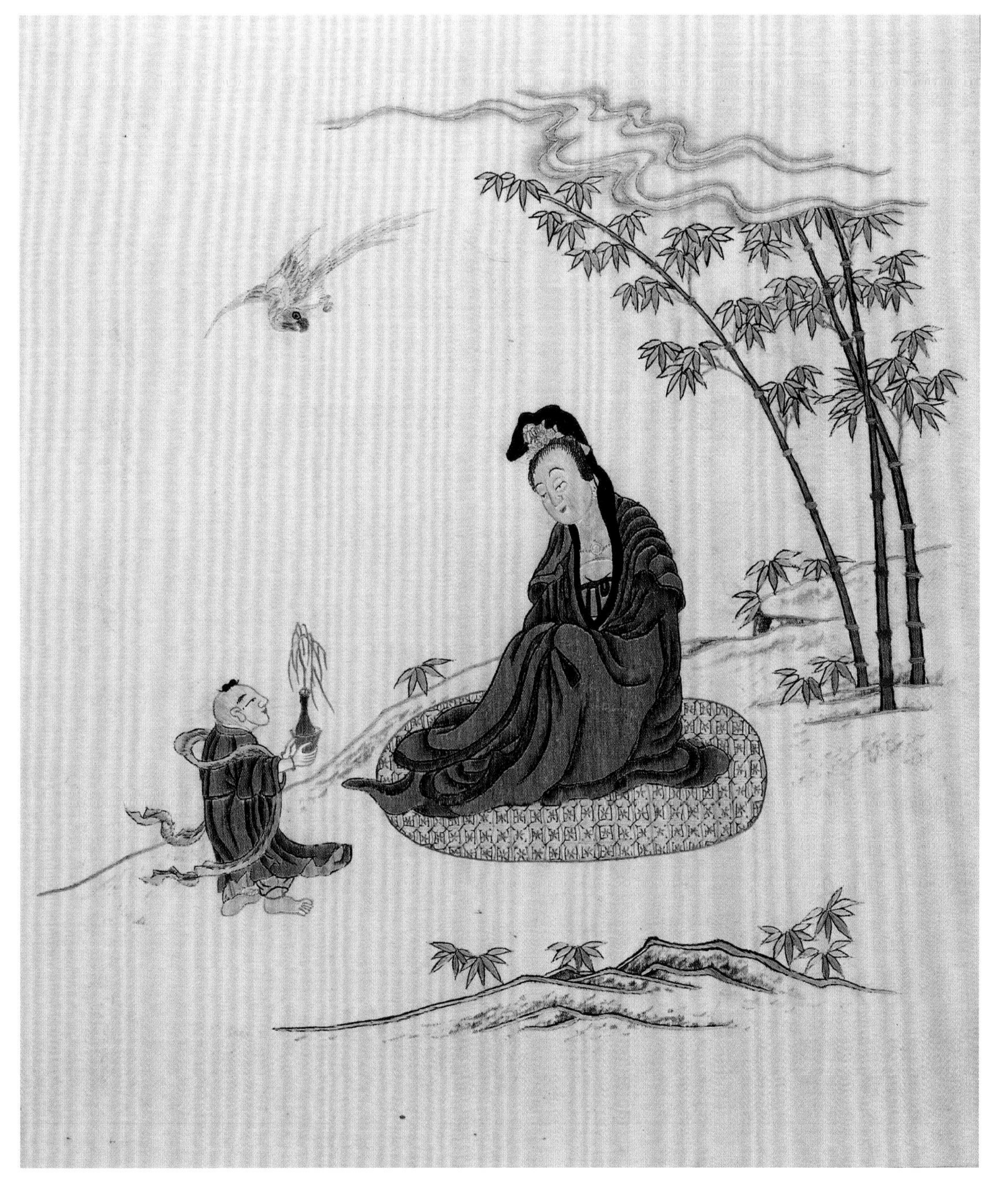

181

白綾地繡彩白猿獻壽圖冊頁
明
長25.8厘米　寬22.7厘米
清宮舊藏

Album Leaf of White Thin Silk Embroidered with Coloured Design of White Ape Offering Birthday Congratulations
Ming Dynasty
Length: 25.8cm　Width: 22.7cm
Qing Court collection

以紅、黑、藍、白、黃為主色調，用11色絨綫繡《白猿獻壽圖》。正中一羅漢端坐在山石上，持經卷，手扶膝，目視面前的白猿，白猿捧壽桃獻壽。背後是陡峭山崖。白猿為祥瑞的象徵，桃代表長壽，圖紋寓“吉祥長壽”之意。

此冊頁是顧繡作品，運用2—3暈色法，以齊針、釘綫、散套針、車輪針、虛實針、雞毛針等針法繡成。用色古樸典雅，繡工精湛，針法靈活。

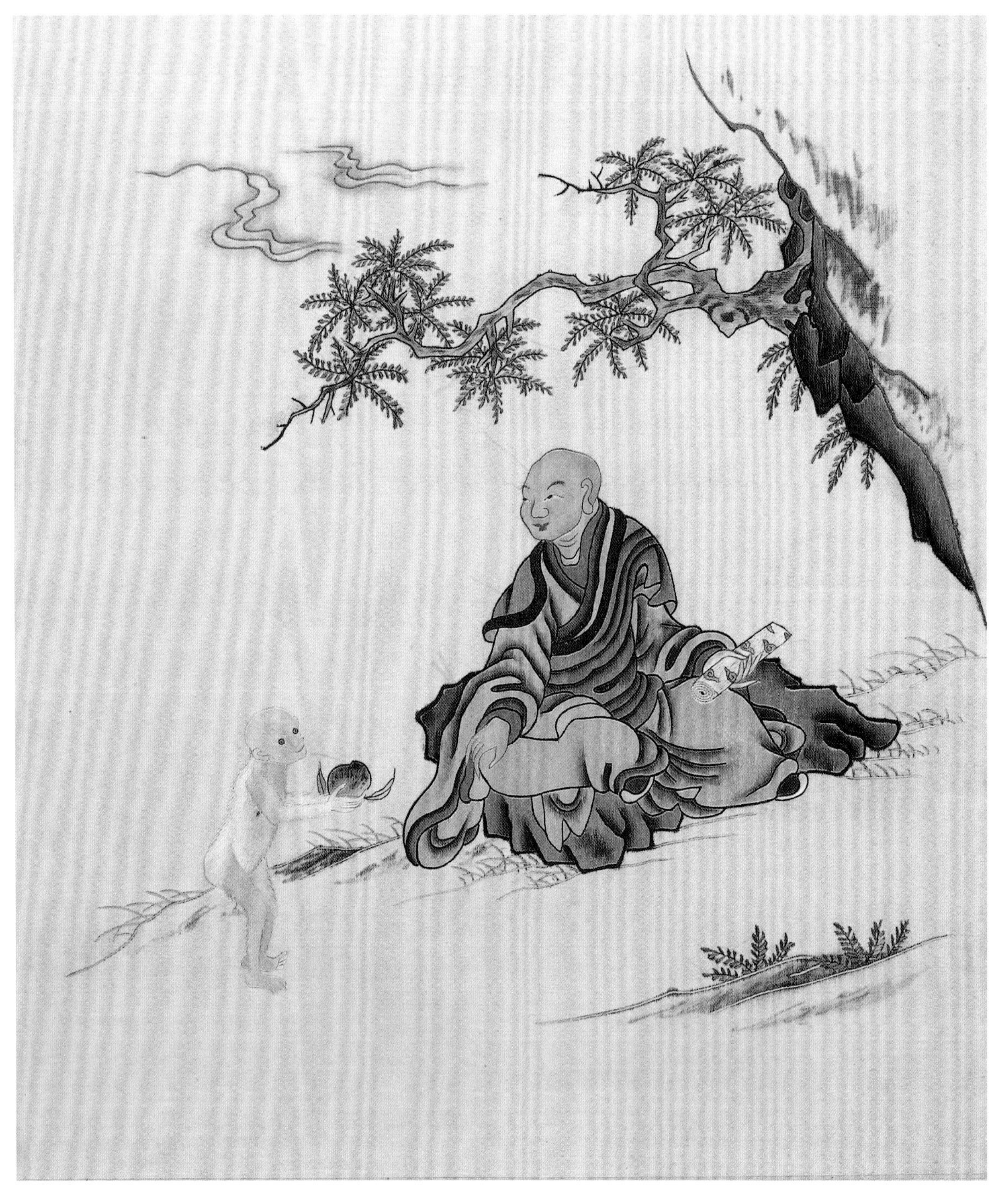

182

白綾地繡淺彩羅漢渡海圖冊頁

明

長26.5厘米　寬22.8厘米

清宮舊藏

Album Leaf of White Thin Silk Embroidered with Light Coloured Design of Arhat Crossing the River

Ming Dynasty

Length: 26.5cm　Width: 22.8cm

Qing Court collection

以黃、棗紅、棕色、銀灰為主色調，用10色絨綫繡《羅漢渡海圖》。羅漢濃眉大眼，咧嘴大笑，着長袍，袒胸露懷，扛一根木杖，挑着經卷和行囊，右手持唸珠，赤腳站在軟囊上。下面是海水滔滔，天空中流雲飄拂。

此冊頁是顧繡作品，運用2—3暈色法，以滾針、齊針、雞毛針、散套針、網繡等工藝繡成。在衣服和肌膚的明暗交替處，用顧繡特有的補色法過渡，效果自然和諧。

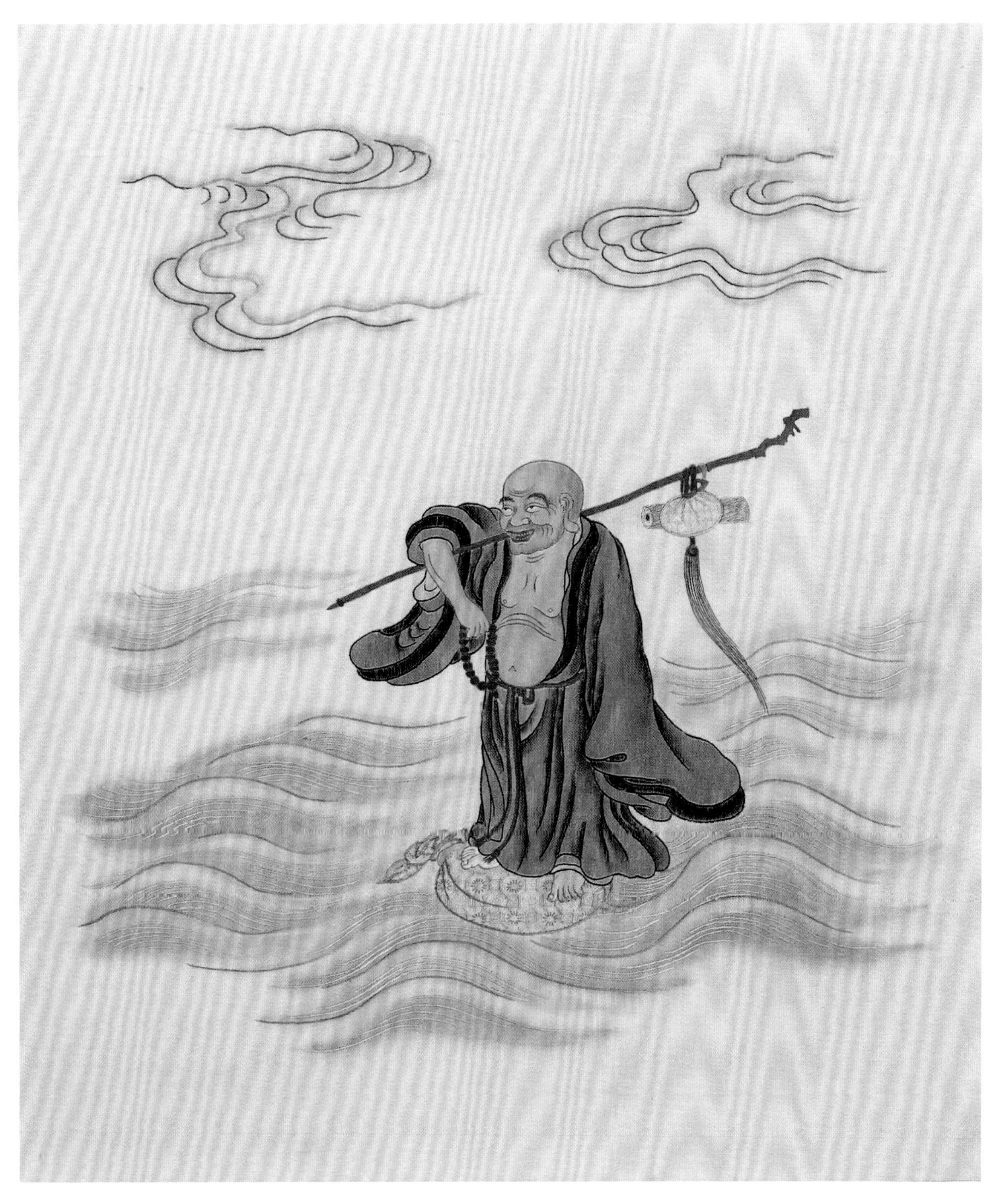

183

白綾地繡彩羅漢馴獅圖冊頁
明
長26.4厘米　寬22.7厘米
清宮舊藏

Album Leaf of White Thin Silk Embroidered with Coloured Design of Arhat Breaking in a Lion
Ming Dynasty
Length: 26.4cm　Width: 22.7cm
Qing Court collection

以粉、白、黃、藍、黑為主色調，用11色絨綫繡《羅漢馴獅圖》。羅漢高鼻大耳、面帶微笑，蹺着二郎腿，坐在山石上，指着一隻昂首挺胸的小獅子，作馴獅狀。身後山石上長一株紫藤樹，周圍點綴竹子及小草。

此冊頁是顧繡精品，運用2—3暈色法，運用松針、齊針、車輪針、釘綫、散套針等針藝。為達到生動逼真的效果，獅子的頭、尾、腹背的毛髮甚至眼眉都採用不同針法，用針細膩嚴謹、綫條流暢，用色古樸大方，如若天成。

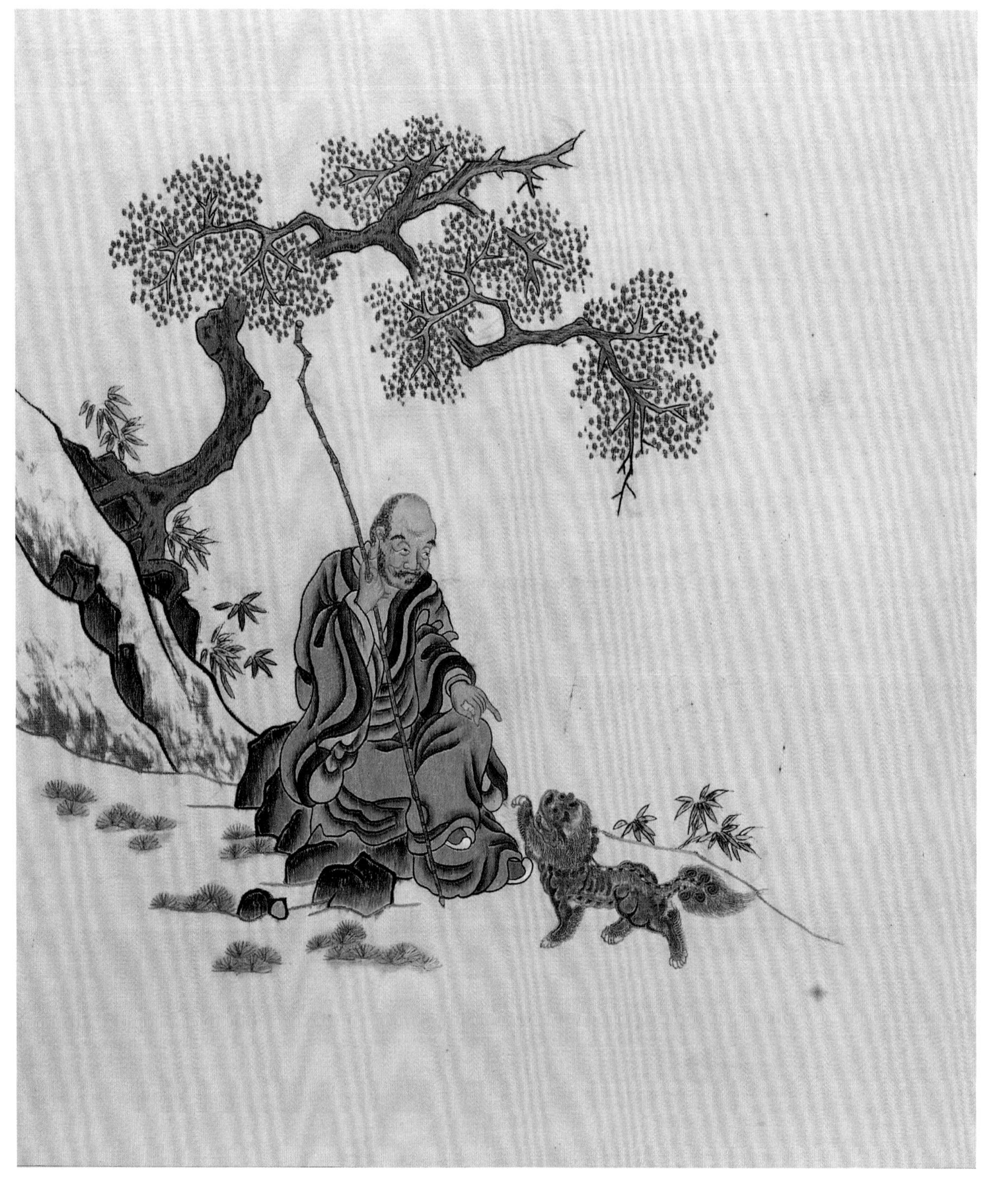

184

白綾地繡彩羅漢朝瑞圖冊頁

明

長26.4厘米　寬22.7厘米

清宮舊藏

Album Leaf of White Thin Silk Embroidered with Design of Arhat Making an Auspicious Worship

Ming Dynasty

Length: 26.4cm　Width: 22.7cm

Qing Court collection

以藍、白、棕、黑、褐為主色調，用10色絨綫繡《羅漢朝瑞圖》。羅漢騎梅花鹿，牽轡頭，持香爐，回首仰望下落的蓮花。前方是高聳入雲的山峯及蒼翠的梧桐樹，四周襯以竹葉。

此冊頁是顧繡作品，運用2—3暈色法，以滾針、散套針、齊針、施毛針等針法繡成。用色素雅，繡工精密細膩，運針如運筆，頗有繪畫效果。

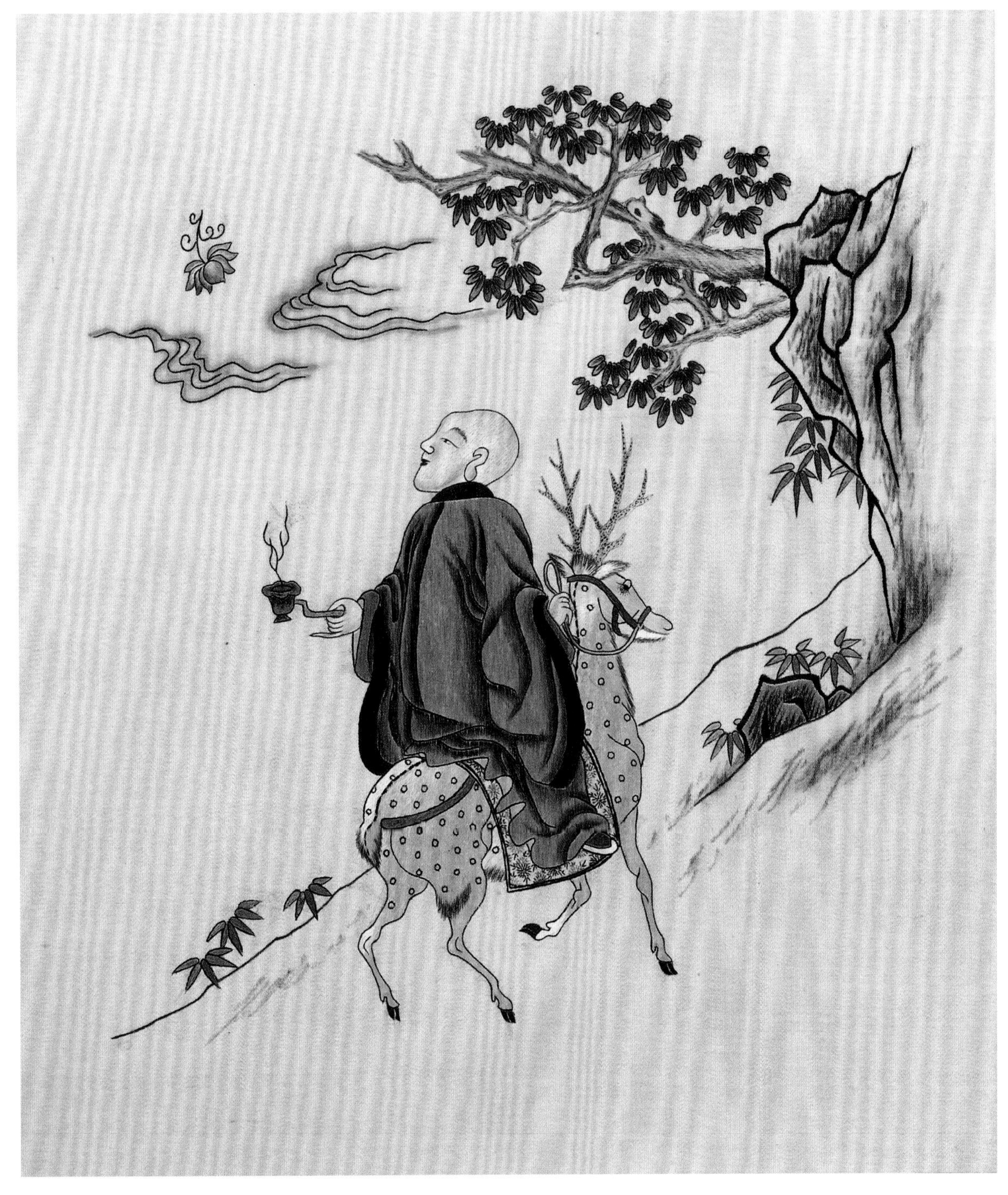

185

白綾地繡彩羅漢祝福圖冊頁
明
長26.3厘米　寬22.8厘米
清宮舊藏

Album Leaf of White Thin Silk Embroidered with Coloured Design of Arhat Making Blessings
Ming Dynasty
Length: 26.3cm　Width: 22.8cm
Qing Court collection

以黑、藍、綠、黃、棗紅為主色調，用13色絨綫繡《羅漢祝福圖》。戴襆頭、穿長袍的中年男子，抱一童子，注視着羅漢。羅漢持禪杖立於長滿竹子的山坡前，左手撫摩童子頭頂，面帶微笑，似在為小孩祝福。遠處是祥雲繚繞的山嶺。

此冊頁是顧繡的代表作，運用2—3暈色法，以滾針、散套針、亂針、齊針、釘綫等針法繡成。

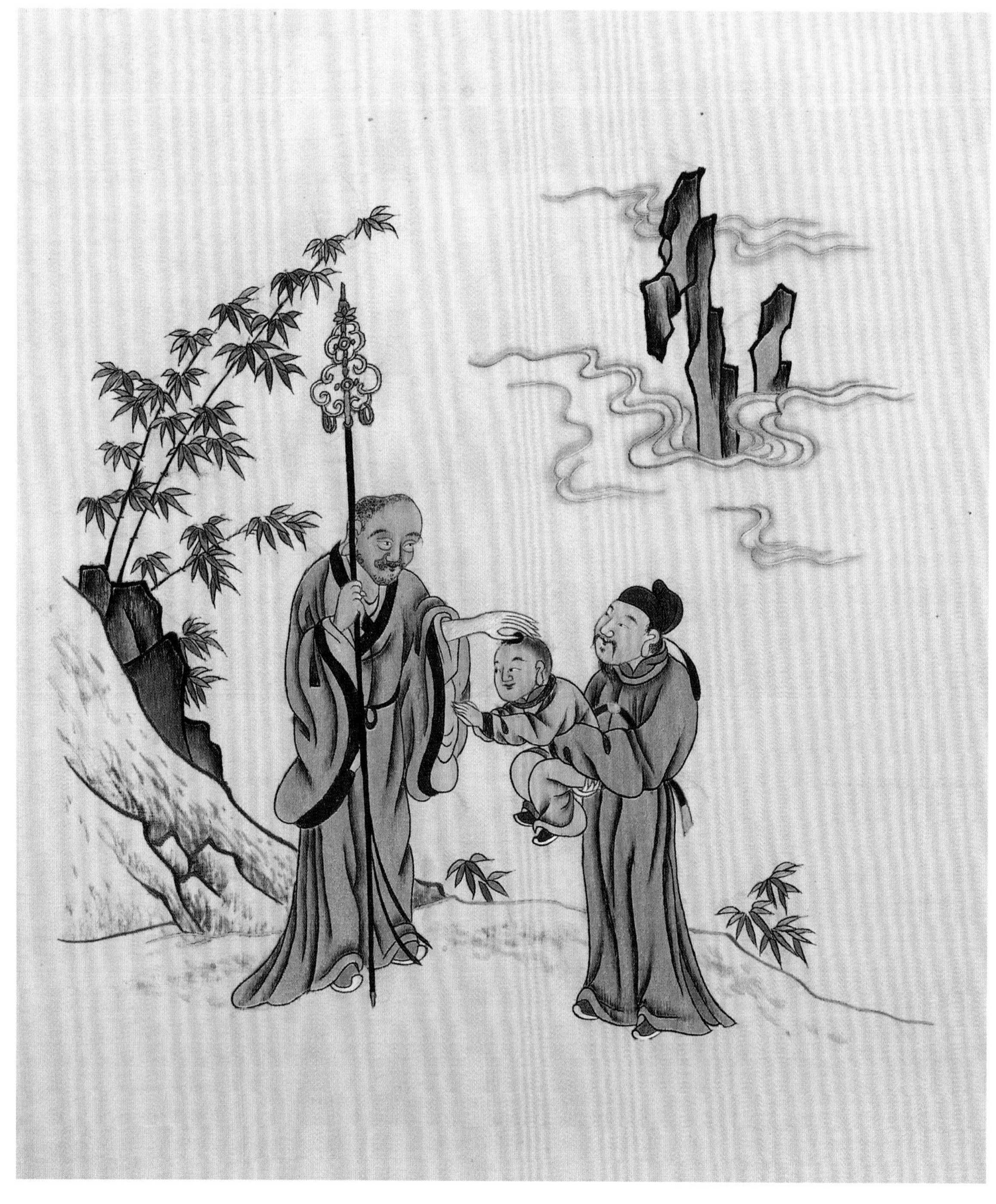

186

髮繡觀音大士像

清康熙

長101厘米　寬27厘米

Avalokitesvara Image of Hair Embroidery

Kangxi Period, Qing Dynasty

Length: 101cm　Width: 27cm

以米色綾為底襯，以黑髮為繡綫。菩薩神態祥和，持淨瓶柳枝，衣帶飄揚。像上方墨書五言詩一首，並鈐印。最上方詩塘以泥金為地，上墨書《般若波羅蜜多心經》全文，末署：康熙己巳歲麥秋浴佛日焚香敬書　諸淑，並鈐"諸淑"、"孟學"二方印。

此件髮繡珍品，用釘綫工藝繡成，針跡細密，頭髮絲絲可見，衣飾飄逸自如，人物姿態優美，形象逼真。

髮繡是顧繡的一個品種，以髮代綫，利用頭髮的自然色澤及細、柔、光、滑的特性繡成作品。以針跡細密，色彩柔和，質樸素淨取勝。

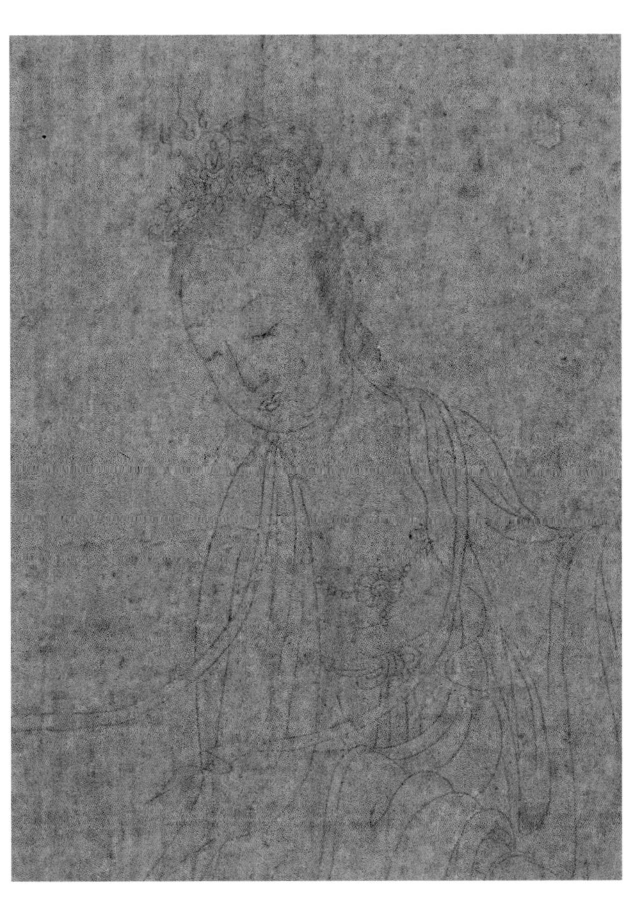

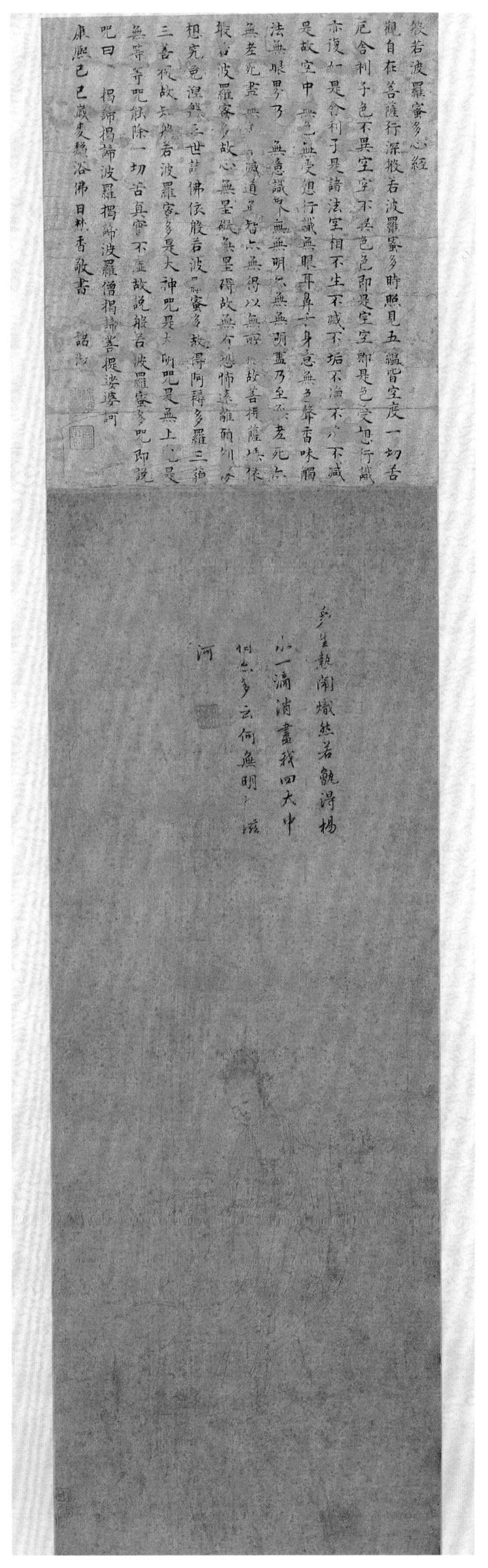

187

駝色綢繡五彩芙蓉石榴綬帶圖屏心

清乾隆
長59.5厘米　寬89.5厘米
清宮舊藏

Screen of Light Tan Silk Cloth Embroidered with Polychrome Design of Hibiscuses, Pomegranates, Paradise Flycatchers

Qianlong Period, Qing Dynasty
Length: 59.5cm　Width: 89.5cm
Qing Court collection

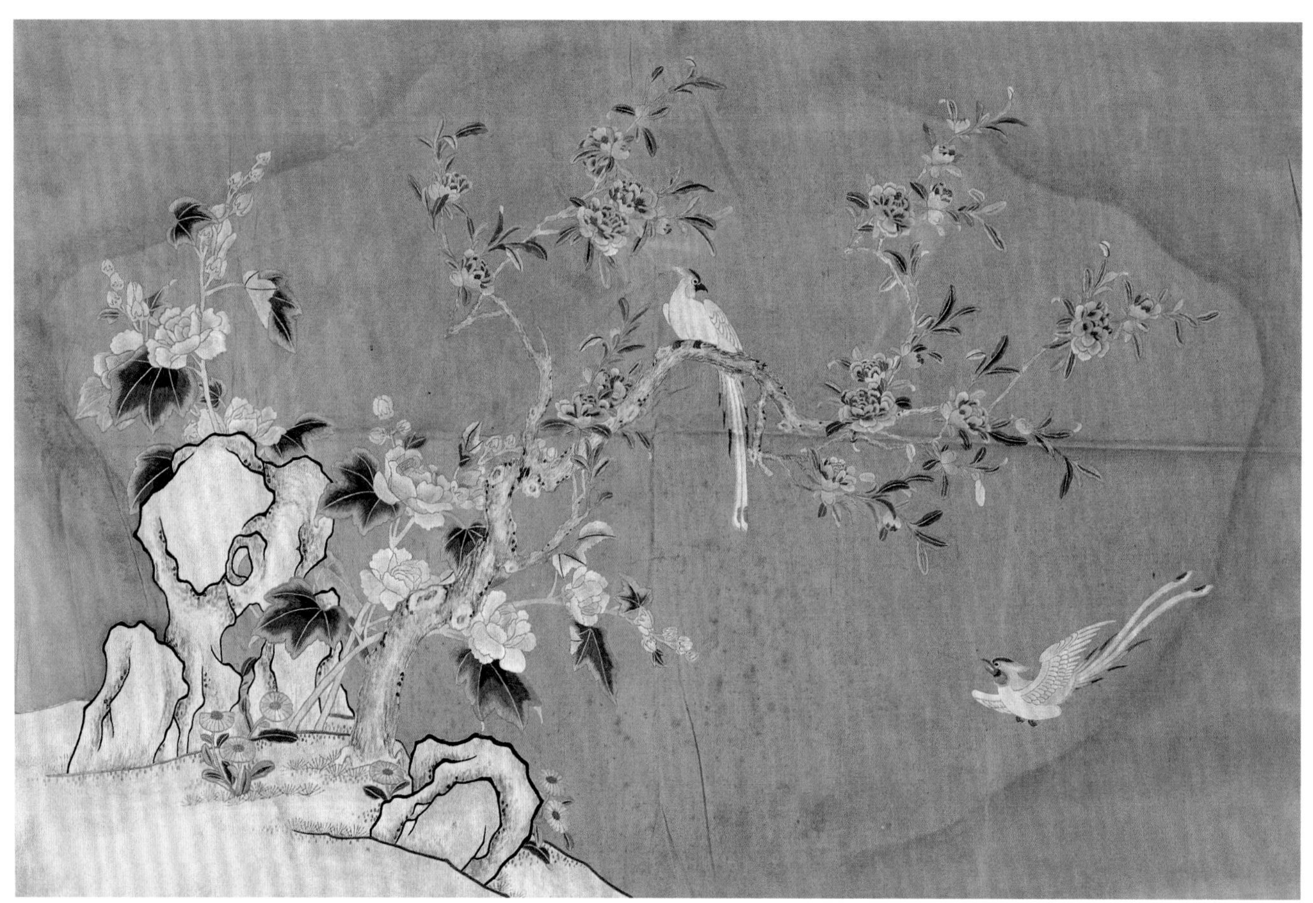

以駝色綢為底襯，用五彩絨綫繡《芙蓉石榴綬帶圖》。正中一株花繁葉茂的石榴樹，兩隻綬帶鳥一落於樹枝，一在空中盤旋飛舞，樹旁幾枝淡雅的芙蓉花怒放，並以壽石等襯托。石榴花象徵多子，綬帶鳥、壽石象徵長壽，芙蓉象徵富貴，圖紋寓“富貴、長壽、多子”之意。

此屏心是顧繡作品，運用2—3暈色法，以散套針為主，以其他富於變化的針法為輔，根據不同花紋影像施用不同的針法。如用施毛針繡綬帶鳥的羽毛；齊針繡綬帶鳥的尾毛；雞毛針繡石榴樹的葉；平套針繡奇石、地、樹幹、芙蓉花、葉及石榴花等。另外，為了追求繪畫的筆意，還在局部巧妙施加渲染，以畫補繡，使之更具有大自然神韻。

188

米色綾地繡球海棠圖中堂
清同治
長119厘米　寬37厘米

Vertical Scroll Embroidered with Big-leaf-hydrangea
Tongzhi Period, Qing Dynasty
Length: 119cm　Width: 37cm

米色綾為底襯，以綠、藍、黃、紅、白為主色調，用15色絨綫繡《繡球海棠圖》。盛放的繡球花枝繁葉茂。下面襯托着盛開的海棠。

此中堂是同治年間的顧繡精品，運用2—3暈色法。構圖簡練，繡工精細，用色深淺濃淡適度，由於採用雞毛針繡繡毬、海棠的葉片，用齊針繡海棠的枝幹及繡毬花細嫩的枝幹，用松針繡海棠細長的花心莛，用打籽針繡海棠花的花蕊，使花紋氣韻生動，色彩自然寫實。

中堂是國畫裝裱中直幅的一種體式，懸掛在堂屋正中牆壁之上。

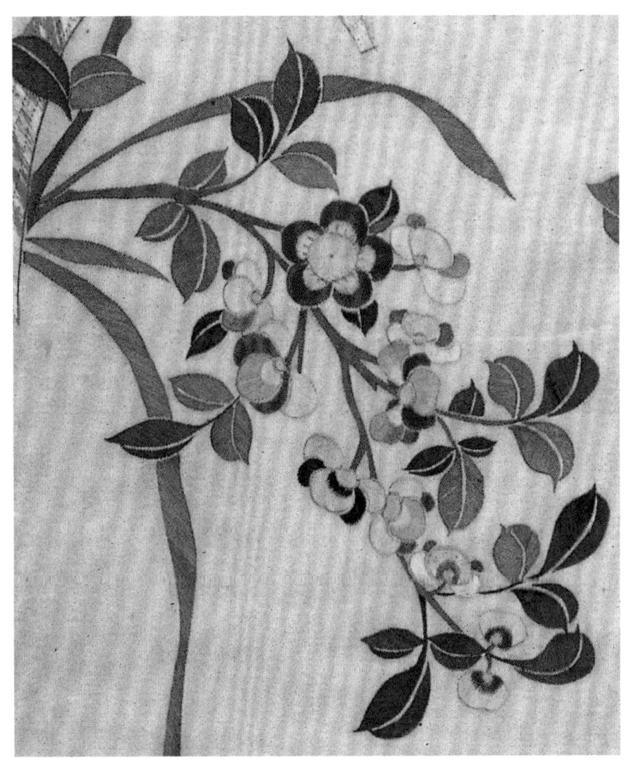

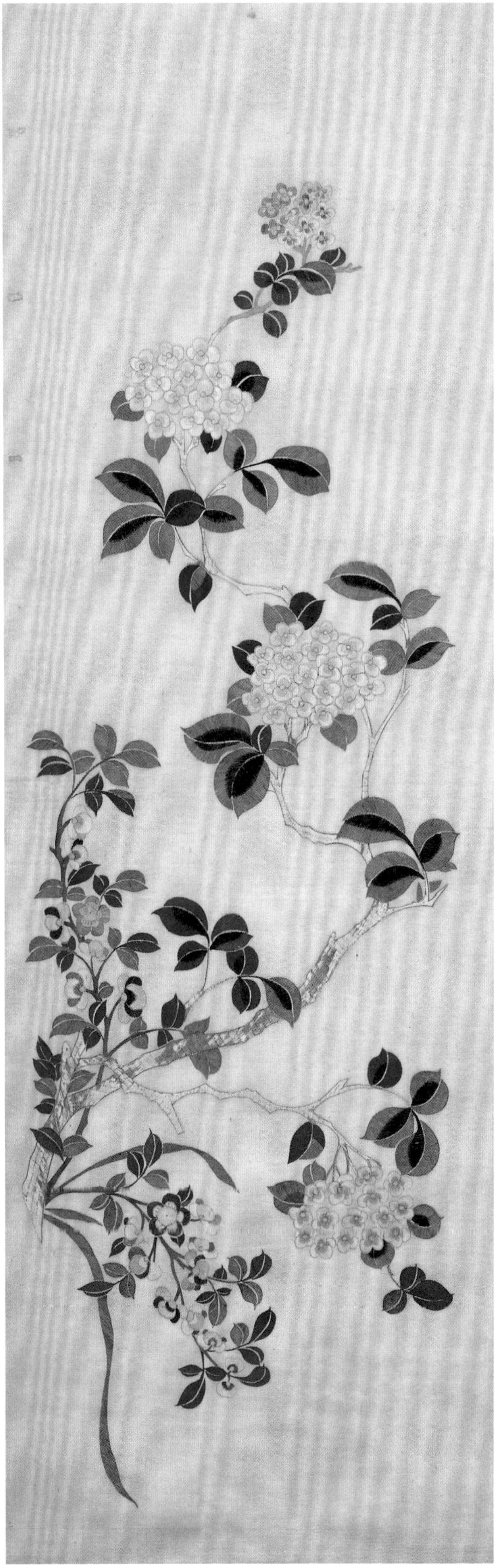

189

明黃緞灑綫繡雲龍紋吉服袍料
明萬曆
長148.5厘米　寬144厘米
清宮舊藏

Bright Yellow Satin Material for Making Formal Dress, Embroidered with Design of Clouds and Dragons
Wanli Period, Ming Dynasty
Length: 148.5cm　Width: 144cm
Qing Court collection

以雲龍紋暗花緞為面料，上綴柿蒂形雲龍雜寶紋雲肩。雲肩以紅色直經紗為底襯，以棗紅色雙股衣綫繡菱形錦紋地，又以紅、綠、藍、黃、白為主色調，用10餘色衣綫、絨綫及撚金綫繡製花紋。正中為正面過肩龍兩條，作戲珠式，間飾靈芝紋。四周為海水江崖紋及寶珠、古錢、犀角、珊瑚等雜寶紋。

此袍料是明代京繡佳品，運用2—4暈色法，以正戧針、反戧針、接針、滾針、齊針、平金、蹙金、釘綫等技法繡成。構圖豐滿，用色豐富，繡工精細，針腳齊整。

京繡是明清時期北京的地方繡，以繡服飾、日用品為主，尤以繡戲衣最出名。京繡受宮廷繡影響較大，其平金工藝最為著名，素有“南繡北平”之稱。平金是用金綫在繡面上盤出圖案的工藝。

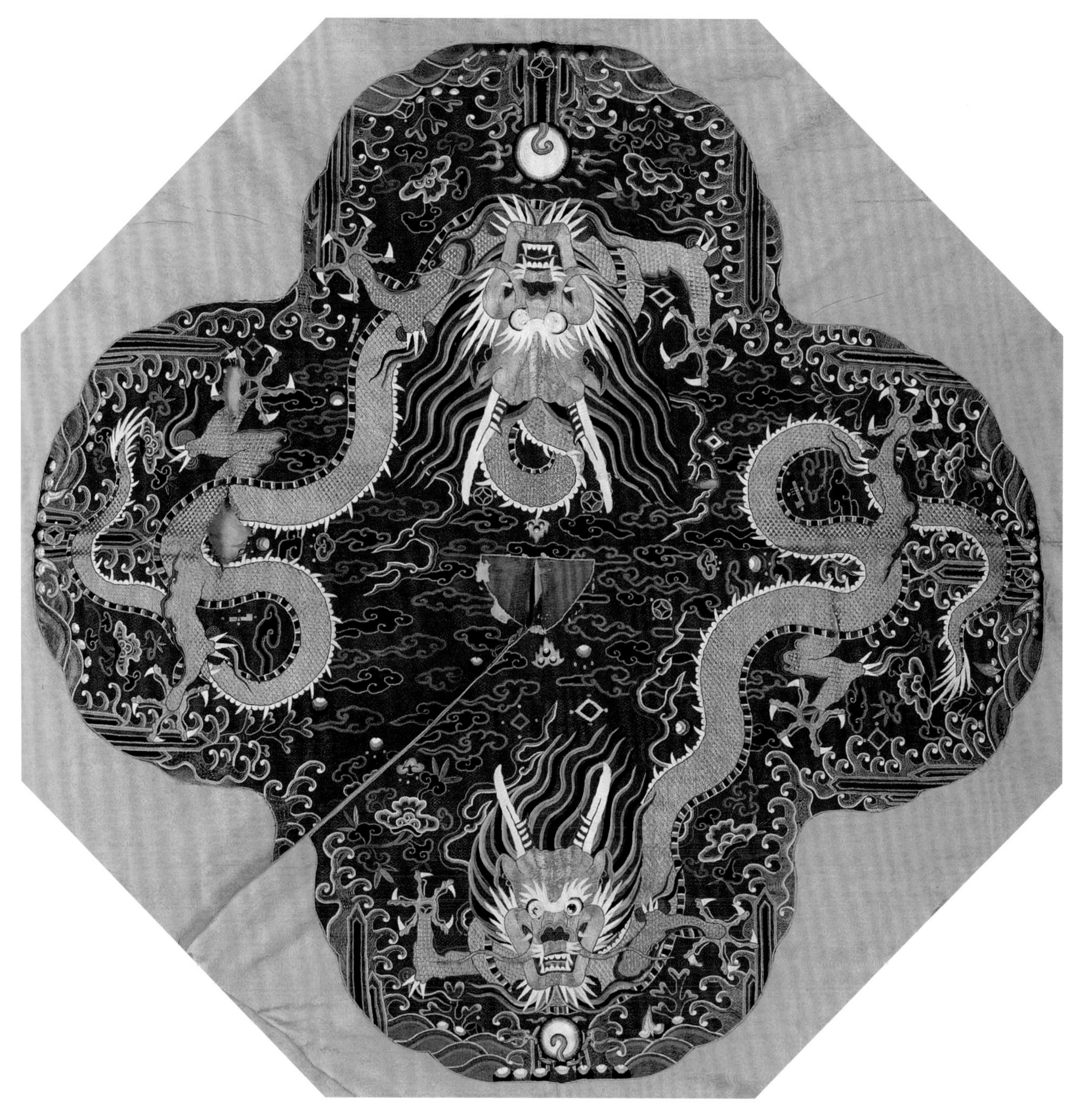

190

明黃緞灑綫繡雲龍紋吉服袍料

明萬曆

身長147.5厘米　兩袖通長144厘米

下襬寬142厘米

清宮舊藏

Bright Yellow Satin Material for Making Formal Dress, Embroidered with Design of Clouds and Dragons

Wanli Period, Ming Dynasty

Length of dress: 147.5cm

Overall length of two sleeves: 144cm

Width of the lower hem of dress: 142cm

Qing Court collection

以明黃色雲龍紋暗花緞為面料，上綴柿蒂形雲龍紋雲肩。雲肩以紅色直經紗為底襯，以香色雙股衣綫數紗孔繡菱形錦紋地，又以綠、紅、藍、黑、黃為主色調，用20色雙股衣綫及絨綫繡製花紋。中央為五色雲及呈二龍戲珠式的龍紋8條，間飾靈芝紋，四周飾海水江崖紋。

此袍料是京繡精品，運用3—4暈色法，以衣綫繡錦紋地、雲及龍的身軀；又以絨綫繡龍嘴、角、髮、眉、爪、腹、脊和火珠、靈芝、海水江崖等紋飾，構圖繁縟嚴謹，花紋明暗有序，用色濃艷明麗，繡工細膩精巧。

灑綫繡是京繡的一個品種，根據花紋的需要，按針腳的長短數紗孔有規律地運針。屬紗繡範疇。

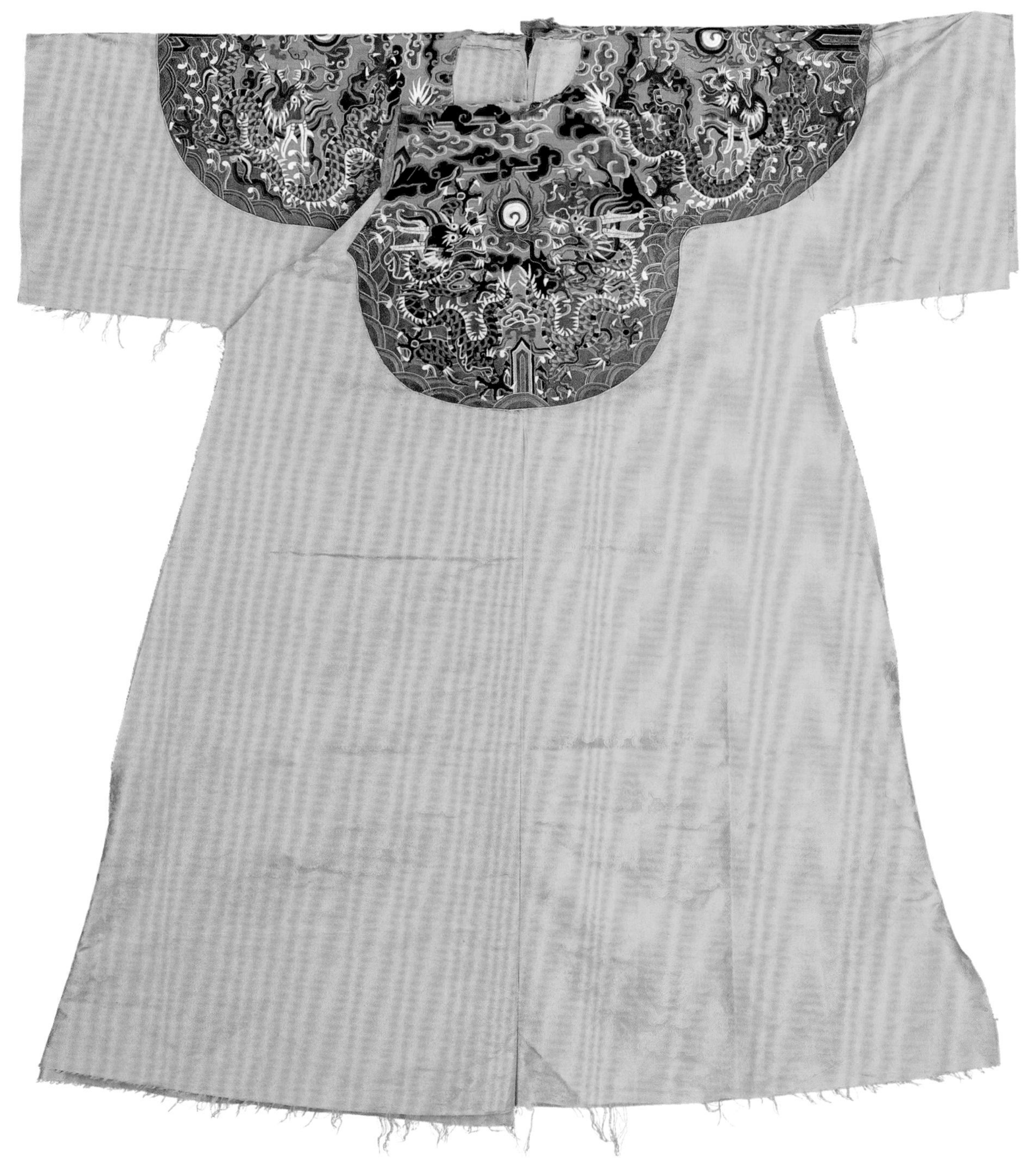

191

明黃緞灑綫繡金龍花卉紋吉服袍料
明萬曆
身長148厘米　兩袖通長139厘米
下襬寬136厘米
清宮舊藏

Bright Yellow Satin Material for Making Formal Dress, Embroidered with Design of Flowers and Golden Dragons
Wanli Period, Ming Dynasty
Length of dress: 148cm
Overall length of two sleeves: 139cm
Width of the lower hem of dress: 136cm
Qing Court collection

以雲龍紋暗花緞為面料，上綴柿蒂形金龍花卉紋雲肩。雲肩以紅色直經紗為底襯，以明黃色雙股衣綫繡菱形錦紋地，又以紅、藍、綠、黃、白為主色調，用10餘色衣綫、絨綫及捻金綫繡製花紋。正中為正面過肩龍，前後各一，間飾雜寶紋及牡丹、茶花、蜀葵、石榴等花卉紋，寓意"富貴滿堂"、"長壽多子"。四周襯以海水江崖紋。

此袍料是京繡精品，構圖嚴謹，設色濃重富麗。運用2—4暈色法，繡工精湛，運針出神入化，共有齊針、正戧針、反戧針、接針、打籽針、刻鱗針、十字針、集套針、釘綫、網繡、平金、蹙金等多種工藝。

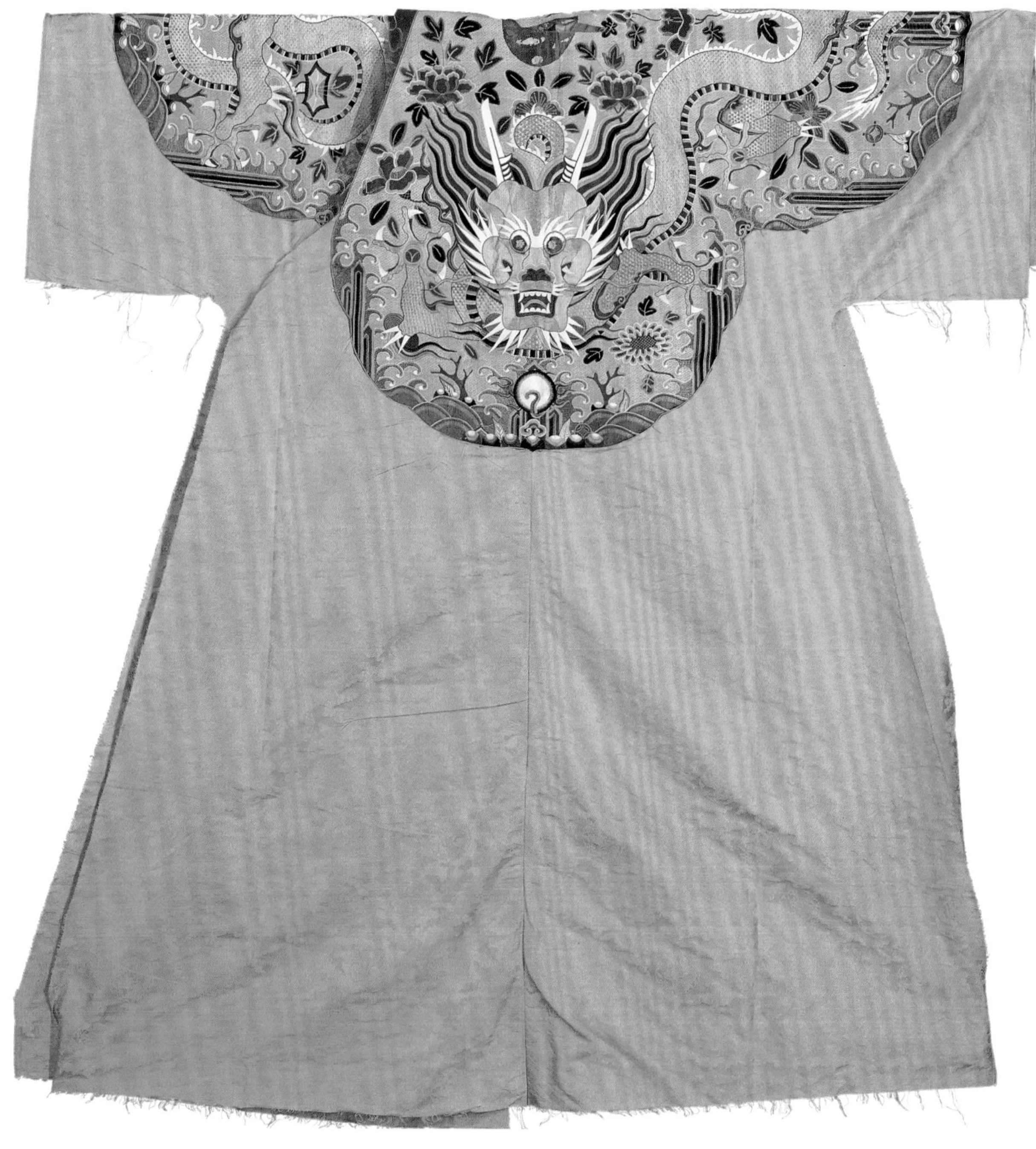

192

灑綫繡綠地五彩菊花紋經皮

明

長30厘米　寬14厘米

Green Buddhist Sutra Cover, Embroidered with Five-coloured Chrysanthemum Design

Ming Dynasty

Length: 30cm　Width: 14cm

紅色直經紗為底襯，以淺綠色衣綫繡菱形錦紋地，上以綠、紅、黃、藍為主色調，用18色衣綫和絨綫繡製花紋。正中一株怒放的菊花，上部為如意雲紋，下部繡海水江崖紋。

此經皮是京繡作品，運用2—4暈色法，採取正串、散套針、網繡、釘綫、接針、齊針、反戧針等針技。由於以光澤較差的衣綫繡雲紋和菊葉，以光澤較強的絨綫繡菊花，形成暗地亮花的效果。花瓣採用反戧針，使邊緣齊整突出，富有層次感。

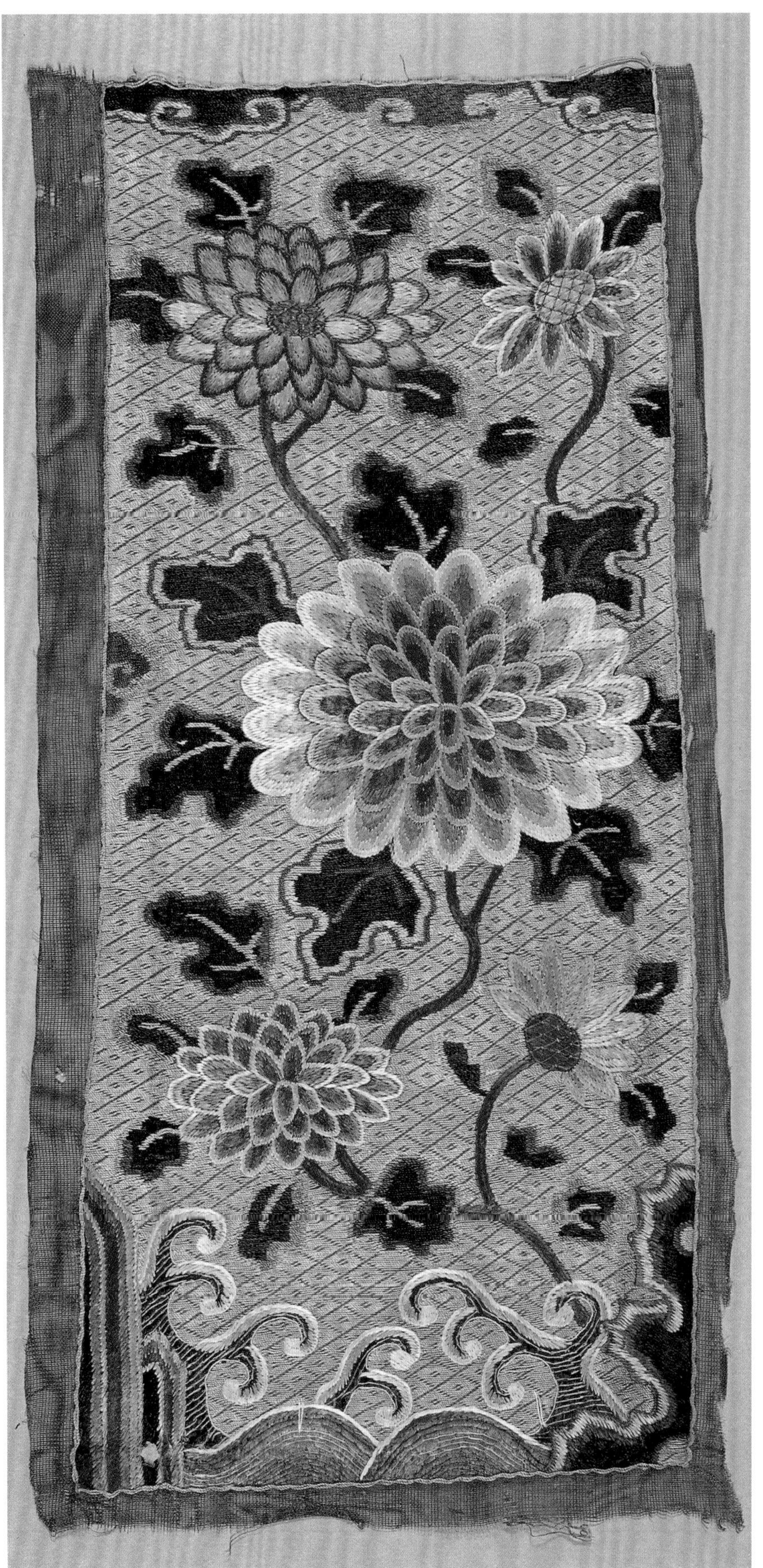

193

灑綫繡蜀葵荷花五毒紋經皮

明

長30厘米　寬27厘米

Buddhist Sutra Cover, Embroidered with Dcsign of IIollyhocks, Lotuscs and thc Five Poisonous Creatures

Ming Dynasty

Length: 30cm　Width: 27cm

以黃色直經紗為底襯，用紅色衣綫繡菱形錦紋地，又以紅、藍、綠、白為主色調，用10餘色衣綫和絨綫繡花紋。下部為蜀葵和蓮花，在蜀葵花碩大的葉子上飾五毒紋。上部飾如意雲紋。五毒指蛇、蝎子、蜈蚣、蟾蜍、蜥蜴，用作裝飾，有驅災避邪的目的。

此經皮是京繡作品，運用2—3暈色法，以散套針、正戧針、齊針、緝綫、反戧針等針法繡成。用綫講究，繡工嫻熟精湛。

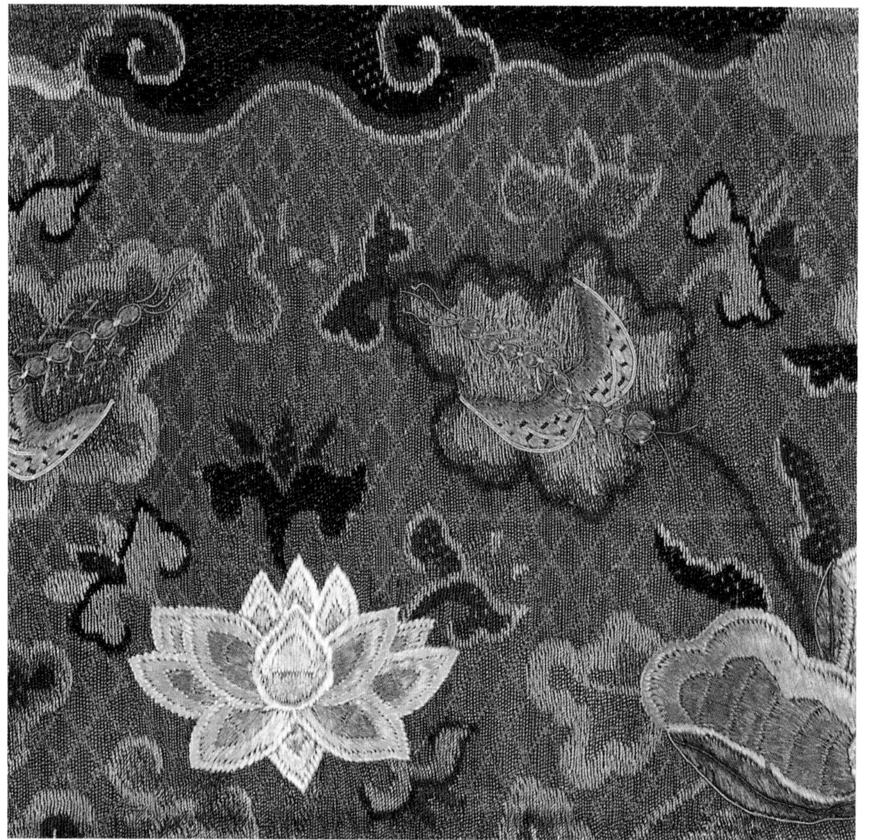

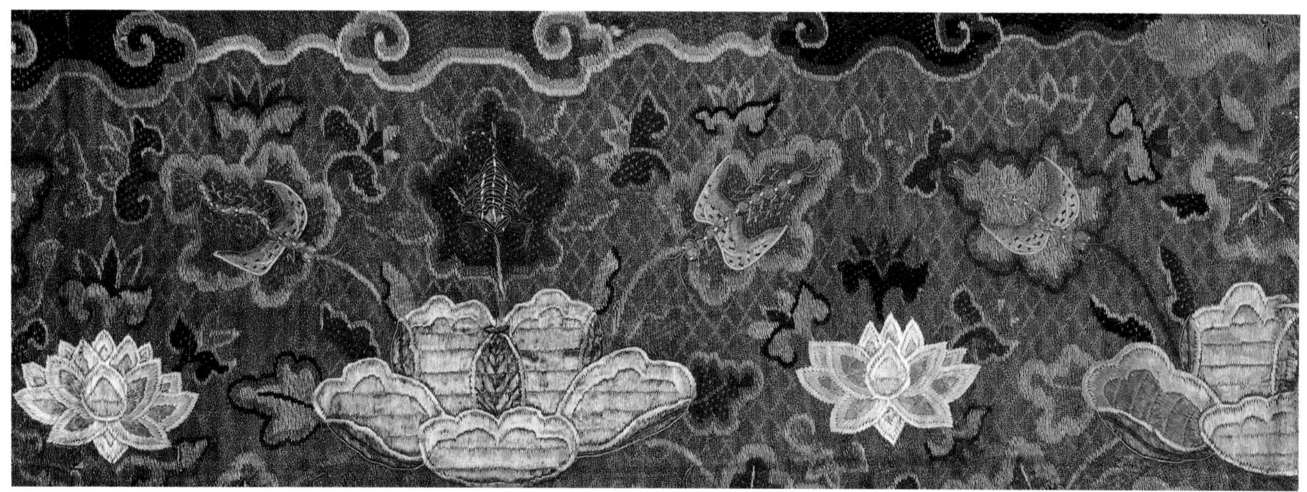

194

灑綫繡判官打鬼圖經皮

明

長35厘米　寬15.5厘米

Buddhist Sutra Cover, Embroidered with the Scene of a Judge in Hades Beating Ghost

Ming Dynasty

Length: 35cm　Width: 15.5cm

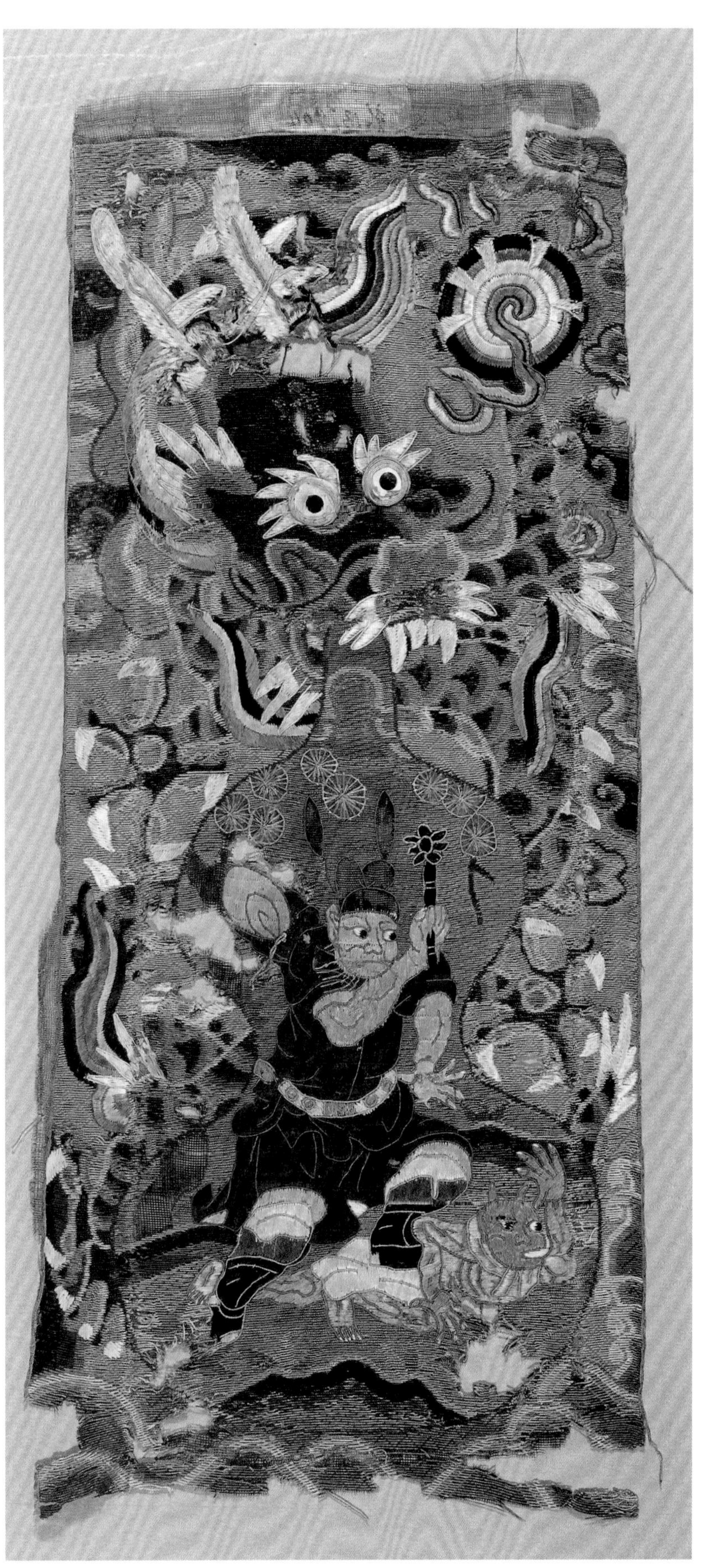

以黃色直經紗為底襯，用黃色衣綫繡菱形錦紋地，以紅、黃、藍、綠、白為主色調，用10餘色衣綫和絨綫繡判官打鬼圖。上部一龍緊緊抓着一個火珠，作戲珠式。龍口吐出碩大的葫蘆，內繡松樹、山崗，及戴烏紗帽，雙目圓睜，着袍服，高舉判官筆，腳下踩鬼的判官。

此經皮是京繡作品，運用2—3暈色法，以反戧針、齊針、散套針、緝綫、高繡、松針、滾針、刻鱗針、正戧針等工藝繡成。

195

灑綫繡藍地仙鶴雜寶紋經皮
明
長36厘米　寬14.5厘米

Blue Buddhist Sutra Cover, Embroidered with Design of White Cranes and Miscellaneous Treasures
Ming Dynasty
Length: 36cm　Width: 14.5cm

以紅色直經紗為底襯，以藍色雙股衣綫繡菱形錦紋地。又以紅、黃、粉、墨綠、果綠、草綠、白、黑色絨綫及雙股衣綫和捻金綫繡仙鶴雜寶紋。兩隻仙鶴分別銜書卷和桃實，上下飛舞。四周飾古錢、銀錠、犀角、方勝、梅花紋。圖紋有“賀壽”之吉祥意。

此經皮是京繡作品，運用2—3暈色法，以刻鱗針、網繡、打籽針為主，兼用散套針、齊針、接針、釘綫等針法繡製。紋飾簡潔典雅。

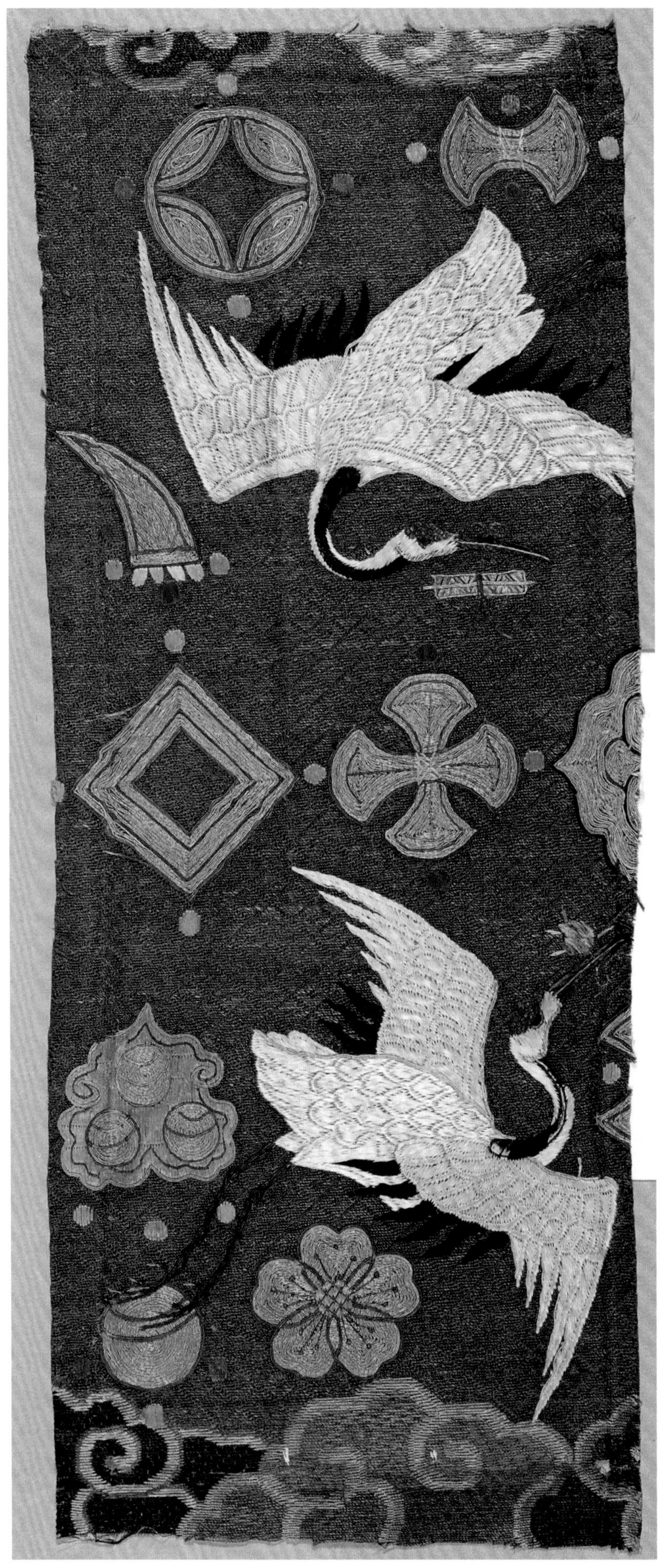

196

灑綫繡香色地龍戲珠紋經皮
明
長15.5厘米　寬37厘米

Deep Yellow Buddhist Sutra Cover, Embroidered with Blue Design of Dragon Playing with Pearl
Ming Dynasty
Length: 15.5cm　Width: 37cm

以絳色紗為底襯，以香色雙股衣綫繡菱形地，又以紅、綠、藍為主色調，用12色衣綫及絨綫繡龍戲珠紋。藍色龍側身奔騰在彩雲中，鬚髮飄舞，回首仰視火珠。身後一紅色龍僅露一首和前爪，似在追逐火珠。

此經皮是京繡珍品，運用2—4暈色法，以正1絲串至15絲串工藝繡五色雲和龍身，採用反戧針、正戧針、齊針、釘綫等針法繡火珠，龍的眼、角、髮、爪尖及背腹的鰭。繡工複雜精湛。

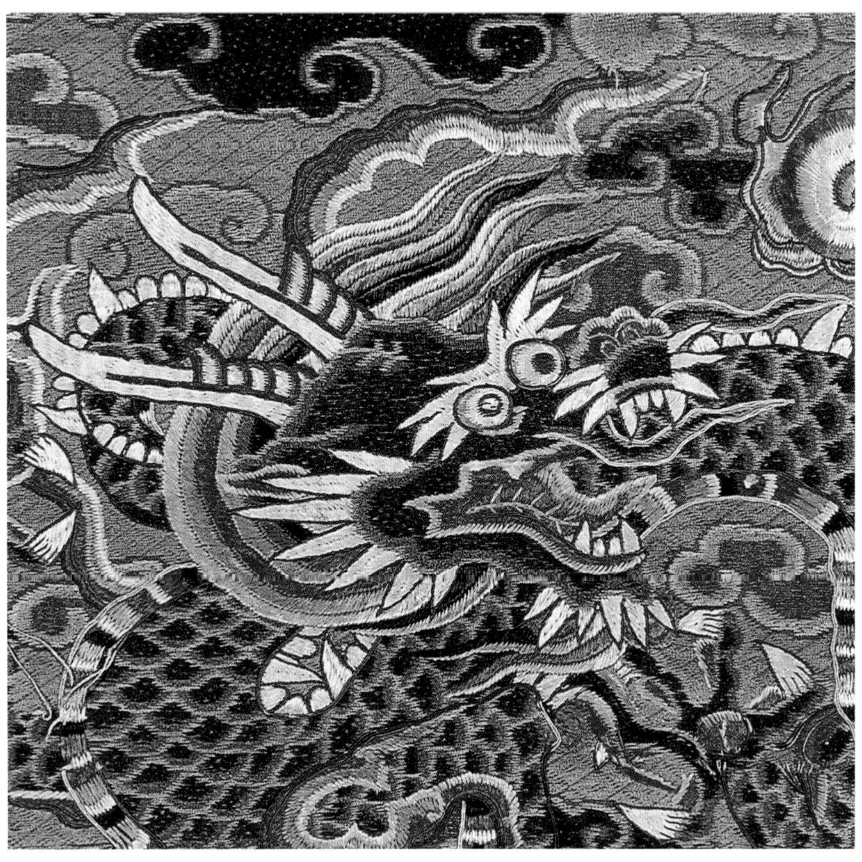

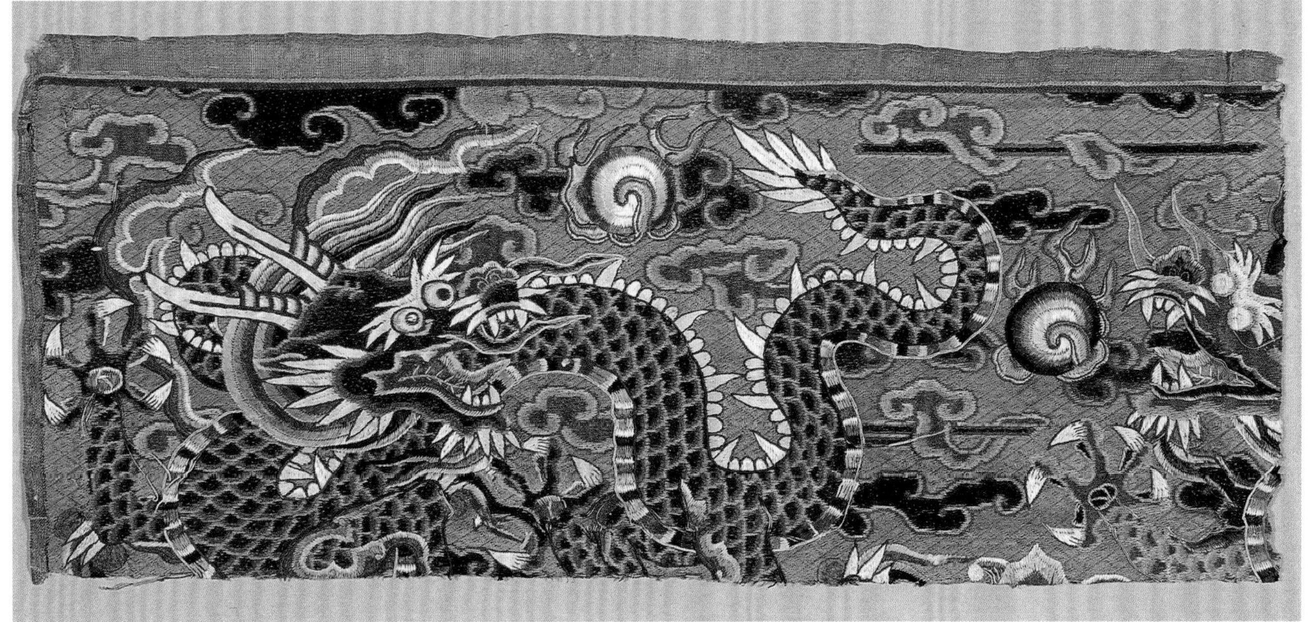

197

灑綫繡果綠地鳳凰葫蘆紋經皮

明

長35厘米　寬16厘米

Apple Green Buddhist Sutra Cover, Embroidered with Design of Phoenix and Double-gourd

Ming Dynasty

Length: 35cm　Width: 16cm

以黃色綢為底襯，以果綠色絨綫繡地子，上以紅、黃、綠、藍、白為主色調，用10餘色絨綫和捻金綫繡鳳凰葫蘆紋。一隻鳳凰在天空飛舞，周圍是蓮、菊、海棠等花卉紋，寓“鳳穿花”意。左上方一葫蘆勾於海棠花藤之上，內飾如意雲頭。下為海水江崖並珊瑚、寶珠等紋。葫蘆諧音福祿，葫蘆勾藤寓意“長壽連綿”、“子孫萬代”。

此京繡作品運用2—3暈色法，用網繡繡葫蘆，用正戧針繡花瓣，用蹙金繡鳳的身軀及翅膀，用接針繡海水的水紋，輔以齊針、釘綫、平金等針藝繡製。

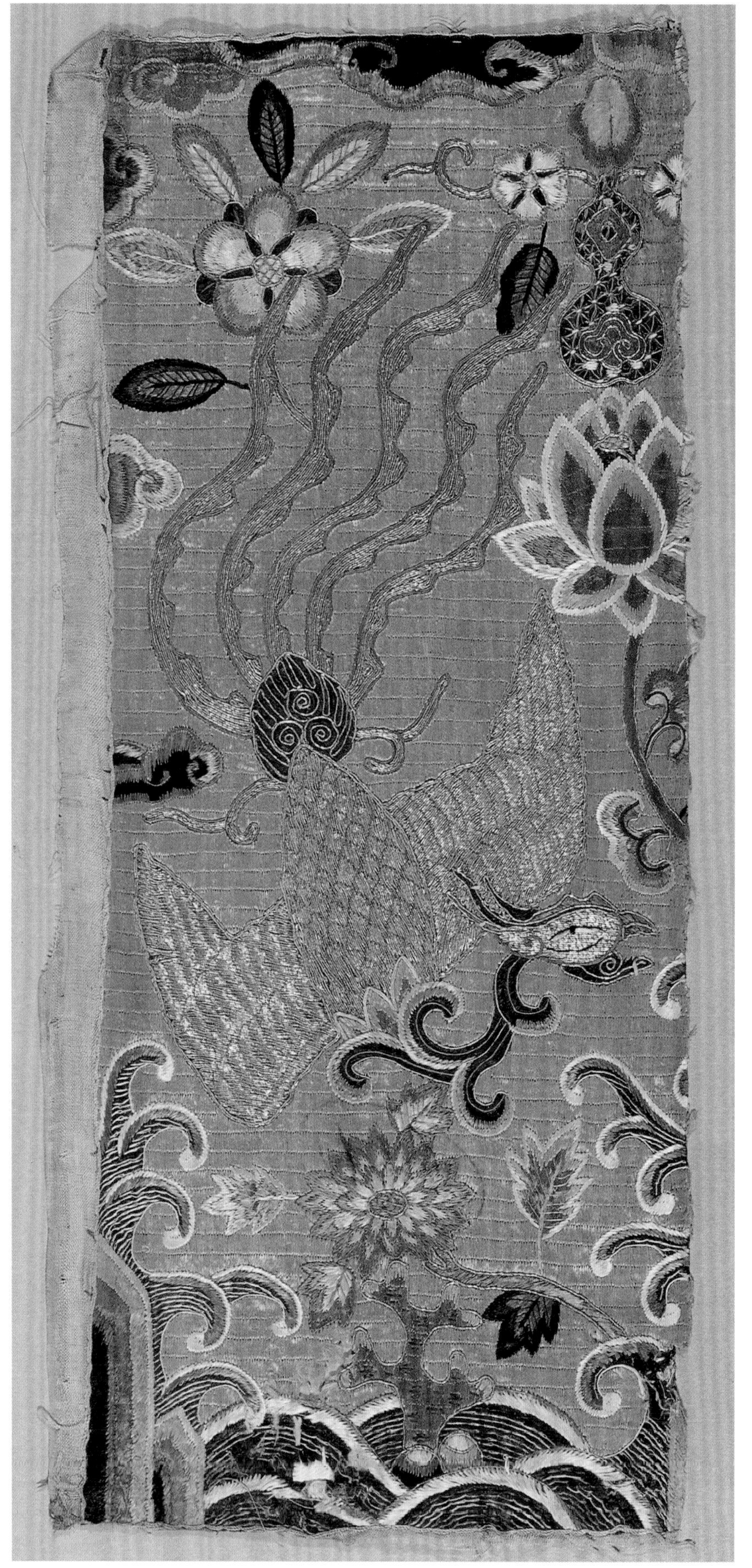

198

灑綫繡果綠地鳳凰葫蘆紋經皮

明

長35厘米　寬17.5厘米

Apple Green Buddhist Sutra Cover, Embroidered with Design of Phoenix and Double-gourd

Ming Dynasty

Length: 35cm　Width: 17.5cm

以紅色綢為底襯，以果綠色絨綫繡地子，又以紅、黃、綠、藍、白為主色調，20餘色絨綫及捻金綫繡鳳凰、枝葉纏繞的葫蘆、海棠花和如意雲紋，寓“福壽綿長”、“子孫萬代”之意。下方飾寶珠、珊瑚和海水江崖紋。

此經皮是京繡作品，運用2—3暈色法，以正戧針、散套針、滾針、平金、蹙金、網繡、釘綫等針法繡製而成。

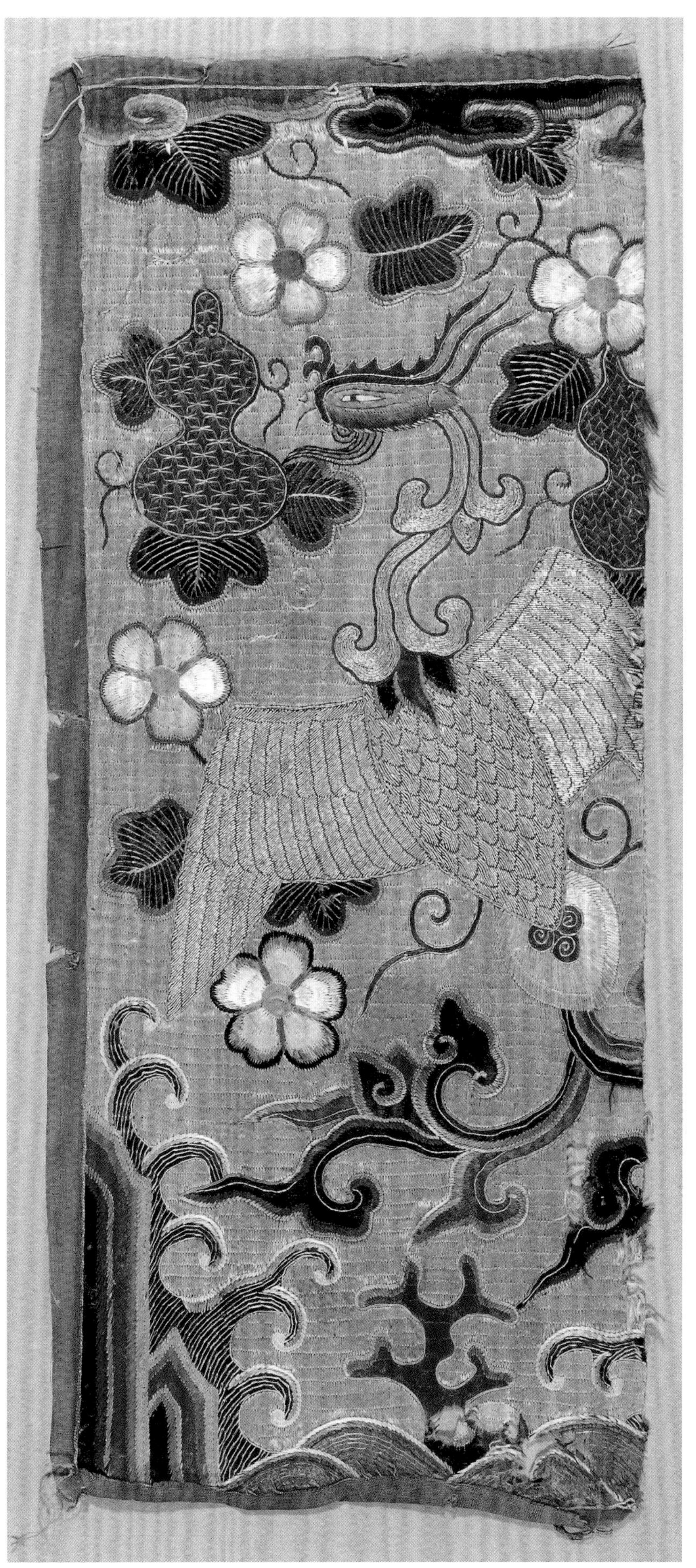

199

灑綫繡鵲橋相會圖經套
明
長32厘米　寬12厘米

Buddhist Sutra Slipcase, Embroidered with Design of Figures and Pavilions
Ming Dynasty
Length: 32cm　Width: 12cm

以紅色直經紗為底襯，以紅、綠、黃、白為主色調，用10餘色絨綫、衣綫及捻金綫繡《鵲橋相會圖》。牛郎織女為仙人裝束，皆持笏板，在侍者引導下乘祥雲來到鵲橋相聚。背景是祥雲繚繞的天宮、波光粼粼的天河和喜鵲等。

此經套是京繡精品，運用2—3暈色法，以正1絲串至15絲串、散套針、齊針、接針、釘綫、網繡、平金等針藝繡製，用色濃麗，構圖新穎。

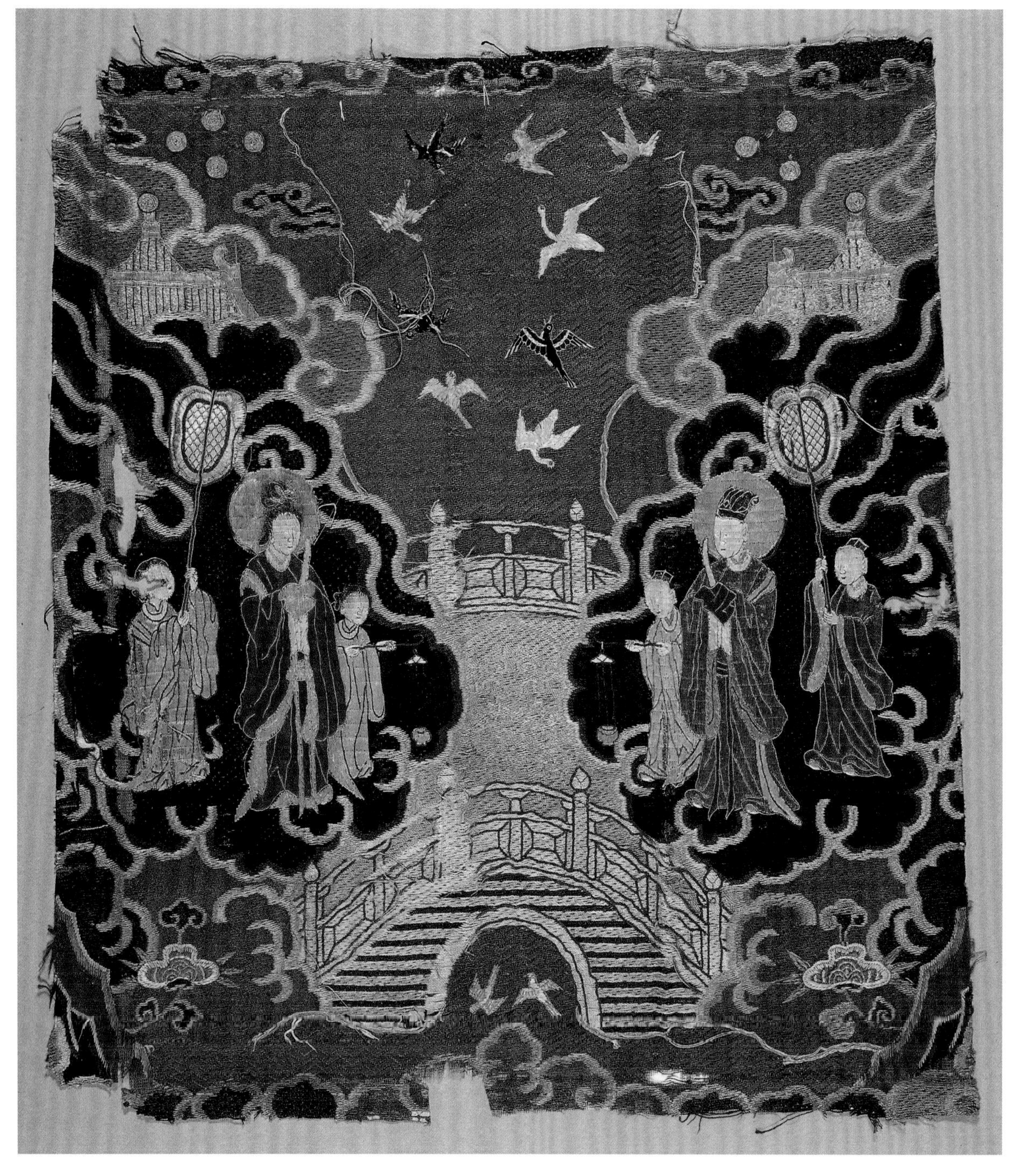

200

灑綫繡綠地五彩仕女鞦韆圖經皮

明

長35厘米　寬32.5厘米

Green Buddhist Sutra Cover, Embroidered with Polychrome Design of Beautiful Women Having a Swing

Ming Dynasty

Length: 35cm　Width: 32.5cm

以紅色直經紗為底襯，以果綠色雙股衣綫繡菱形錦紋地，又以紅、藍、黃、綠、白為主色，用10餘色衣綫、絨綫及捻金綫繡《仕女鞦韆圖》。仕女着紅色圓領大袖袍服坐在鞦韆上，侍女推蕩鞦韆。四周襯以茶花、桃花和如意雲紋，一派春意盎然。

此經皮是京繡作品，運用2—3暈色法。用不同的繡綫及平金、緝綫、散套針、齊針等針法繡製不同的花紋，從而達到不同的效果，是其成功之處。

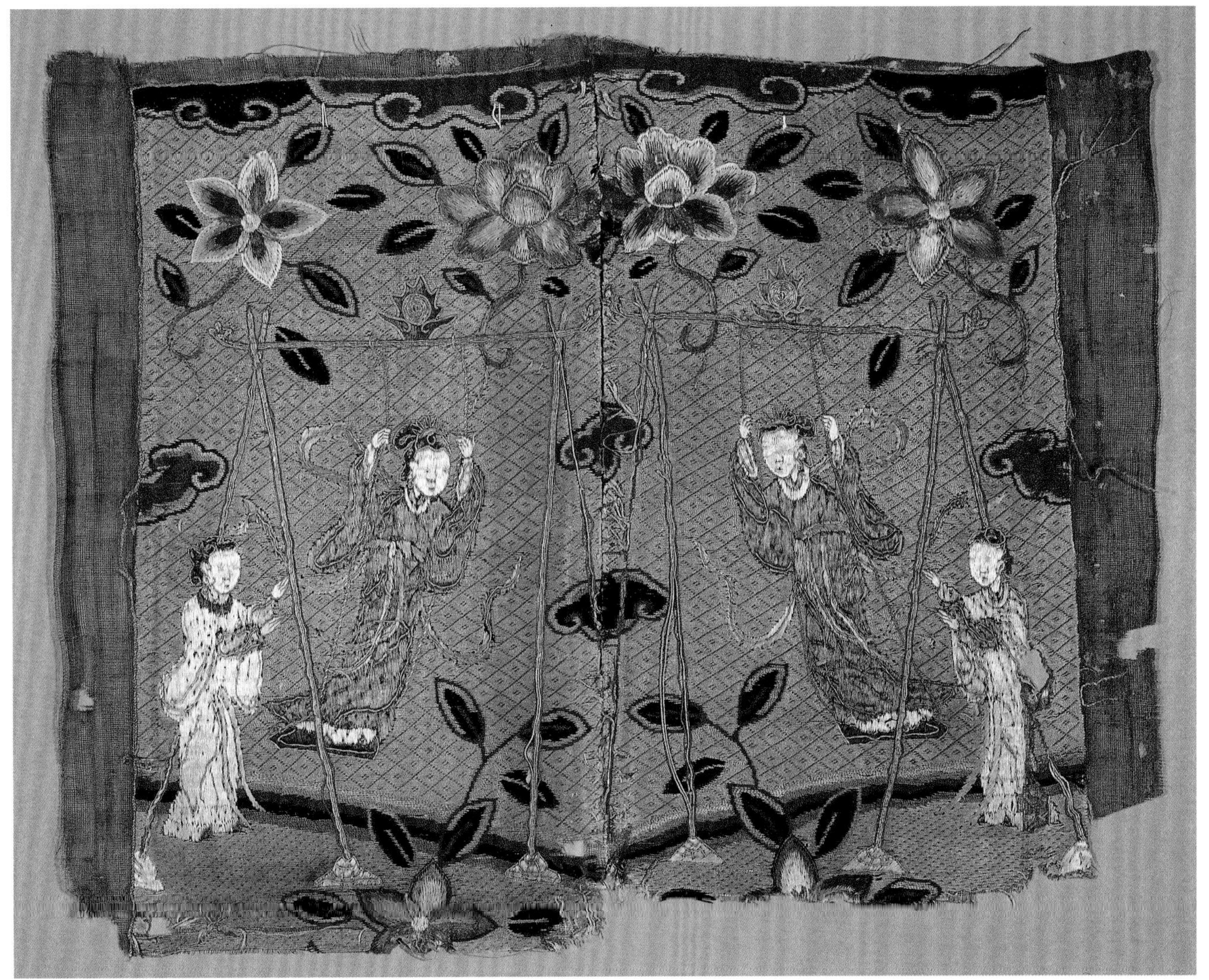

201

灑綫繡靈仙祝壽圖經皮

明

長39厘米　寬14厘米

Buddhist Sutra Cover, Embroidered with Design of Glossy Ganoderma, Narcissus and Bamboo

Ming Dynasty

Length: 39cm　Width: 14cm

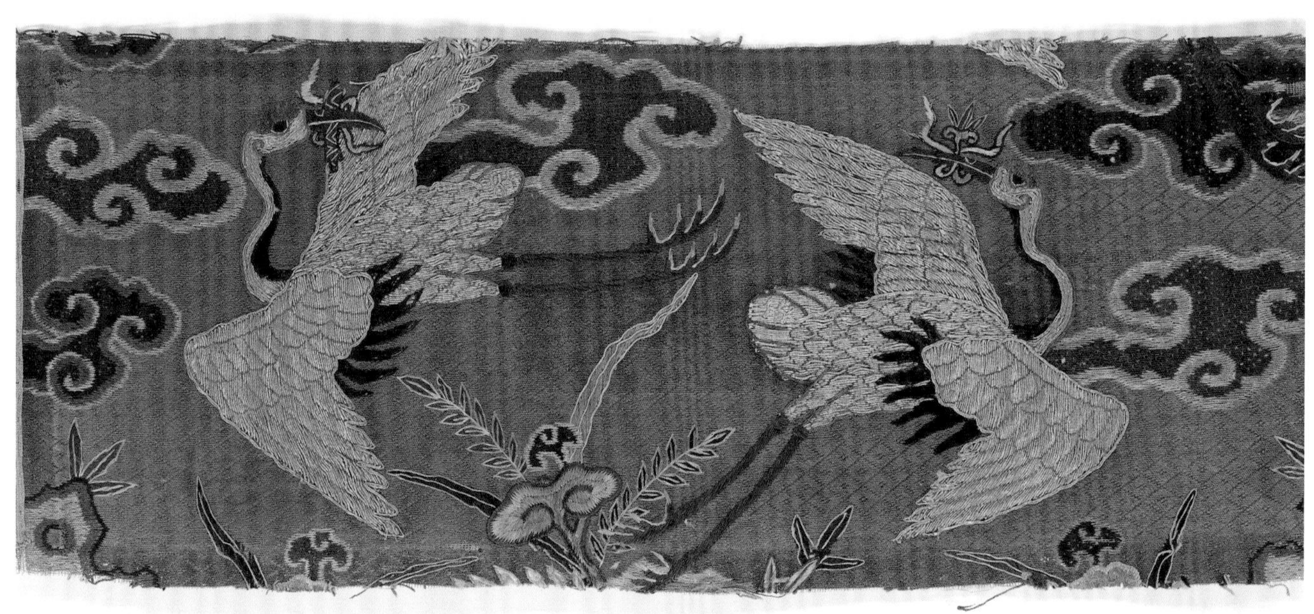

以淺粉色直經紗為底襯，以紅色衣綫繡方棋紋錦地，又以藍、綠、黃、紅、黑為主色調，用10餘色衣綫、絨綫及捻金綫繡兩隻仙鶴分別口銜書卷和靈芝飛舞，周圍祥雲繚繞，下部是壽石、靈芝、竹葉等紋飾。寓“靈仙祝壽”之意。

此經皮是明代京繡精品，運用2—3暈色法，以平金、蹙金、正串、齊針、車輪針、扎針等刺繡針法繡製。構圖簡練，繡工精湛。

202

金地繡五彩雲龍紋袍料

清順治
身長140厘米　兩袖通長132厘米
下襬寬128厘米
清宮舊藏

Golden Material for Making Formal Dress, Embroidered with Clouds and Dragon Design in Five Colours

Shunzhi Period, Qing Dynasty
Length of dress: 140cm
Overall length of two sleeves: 132cm
Width of the lower hem of dress: 128cm
Qing Court collection

以明黃色綢為底襯，以撚金綫鋪繡袍地，上以紅、綠、藍、白、黑為主色調，用16色絨綫及撚赤金綫、孔雀羽綫繡龍戲珠紋，間飾銀錠、古錢、寶珠、珊瑚、鐘、磬、如意、雲、卍字等紋飾，下襬為海水江崖紋。圖紋寓“江山萬代”、“吉慶如意”之意。

此袍料是順治年間（1644—1661）京繡的稀世珍品，運用2—4暈色法，暈色自然。以反戧針、接針等針法為主，並輔以正戧針、刻鱗針、雞毛針、散套針、釘綫、高繡等針技繡成，繡工精湛。

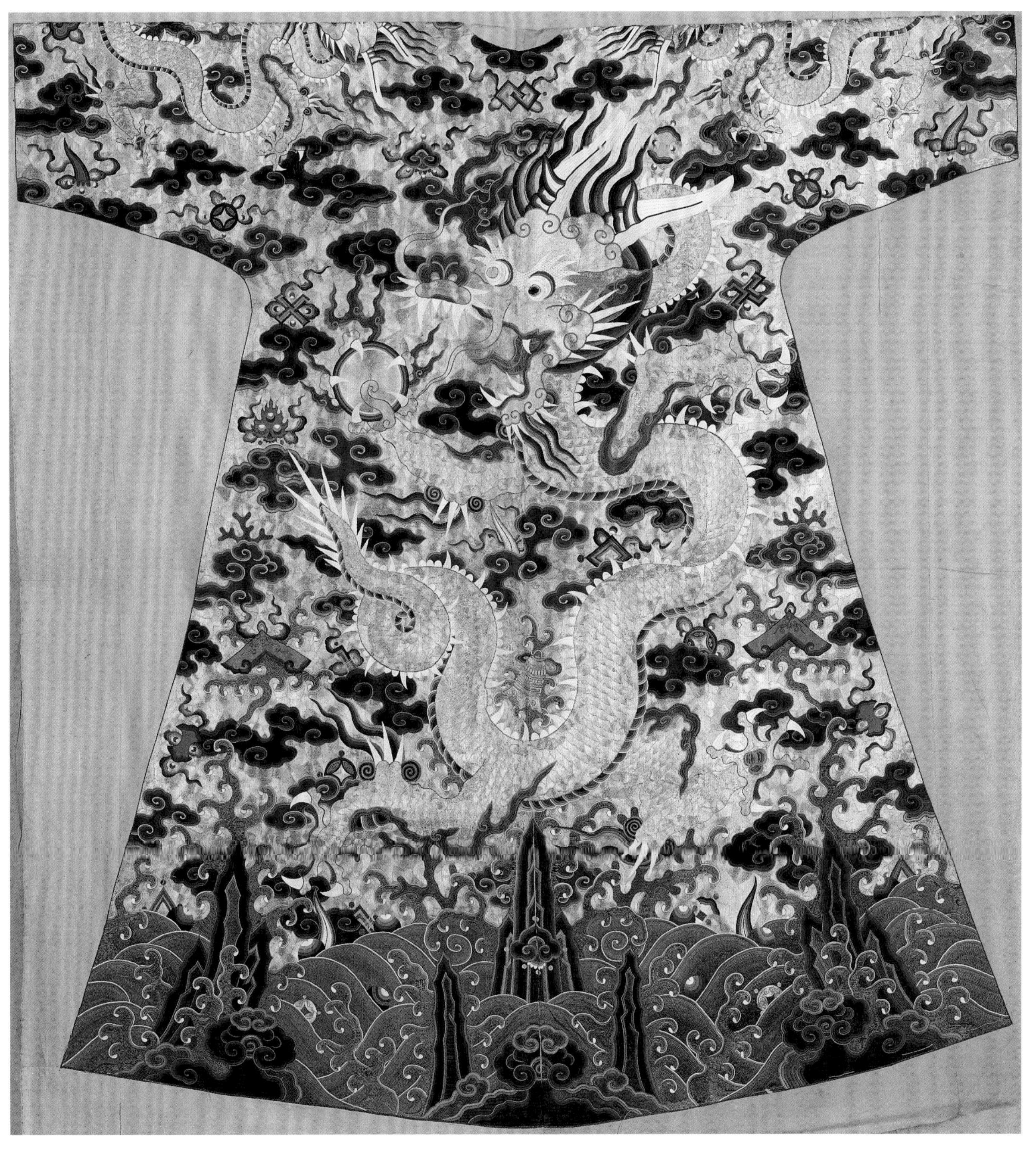

203

納紗繡五彩荷花鷺鷥圖桌帷
清雍正
長273厘米　寬82.3厘米
清宮舊藏

Tablecloth of Petit Point Gauze, Embroidered with Design of Lotuses and Mandarin Ducks in Five Colours
Yongzheng Period, Qing Dynasty
Length: 273cm　Width: 82.3cm
Qing Court collection

此桌帷是雍正年間（1723—1735）的納紗繡珍品，以白色直經紗為底襯，以朱紅色絨綫納地子，用五彩絨綫納《荷花鷺鷥圖》。水中荷花盛開，鷺鷥口銜河螺小魚。空中春燕上下追逐嬉戲。山坡及河岸上繡柳樹、萬年青、茶花、靈芝等花草。寓意“一路榮華”、“長壽富貴”。上部鑲方棋紋地，篆書“壽喜壽，河清海宴，壽喜壽”紋腰，每個字均由雙夔龍環抱。正中一壽字頂卍字，有萬壽意。運用2—4暈色法，以反戧針、正戧針、雞毛針、散套針、接針等針法繡成。用色豐富濃重艷麗，繡工精細。

納紗繡亦稱戳紗繡，源於蘇繡，後被京繡採用，此繡品就是京繡作品。其工藝是根據花紋的需要，數紗孔穿納花紋。有正串、斜串兩種，繡綫與緯綫垂直的為正串，繡綫與緯綫成45度角的為斜串。

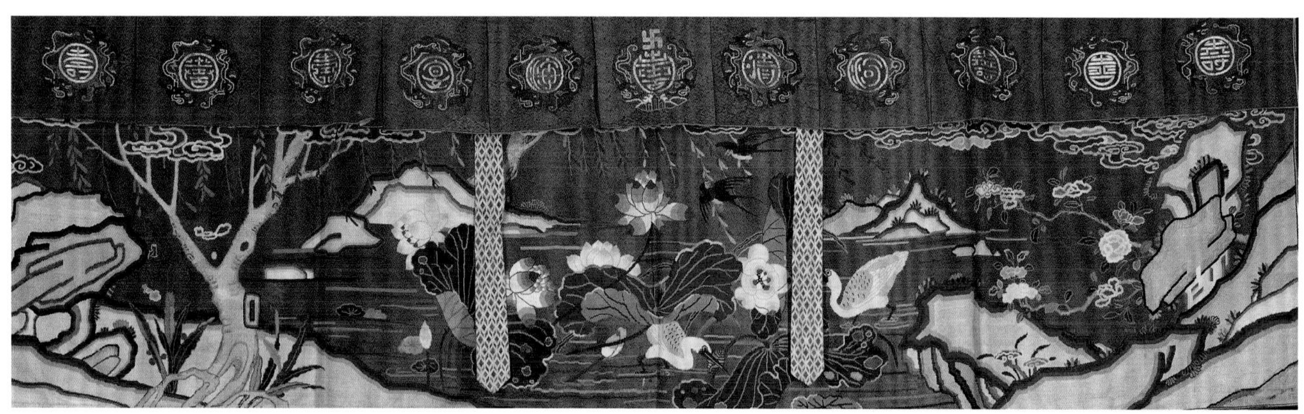

204

絳色地紗繡紅蝠雲蟒紋吉服袍料
清乾隆
長292厘米　寬156厘米
清宮舊藏

Dark Reddish Purple Gauze Material for Making Formal Dress, Embroidered with Design of Clouds, Bats and Pythons
Qianlong Period, Qing Dynasty
Length: 292cm　Width: 156cm
Qing Court collection

以絳色直經紗為面料，以藍、紅、綠、白、黃、黑為主色調，用25色絨綫及撚金綫繡戲珠蟒紋九條。間飾五色雲、紅色蝙蝠及磬、暗八仙紋。下襬繡海水江崖及寶珠、古錢等紋飾。有"洪福齊天"、"福慶如意"及"八仙祝壽"等吉祥寓意。

此袍料是京繡作品，運用2—4暈色法，以正串、打籽針、鎖繡、滾針、緝綫、高繡、平金等針法繡製。構圖嚴謹，用色豐富艷麗，繡工精密。

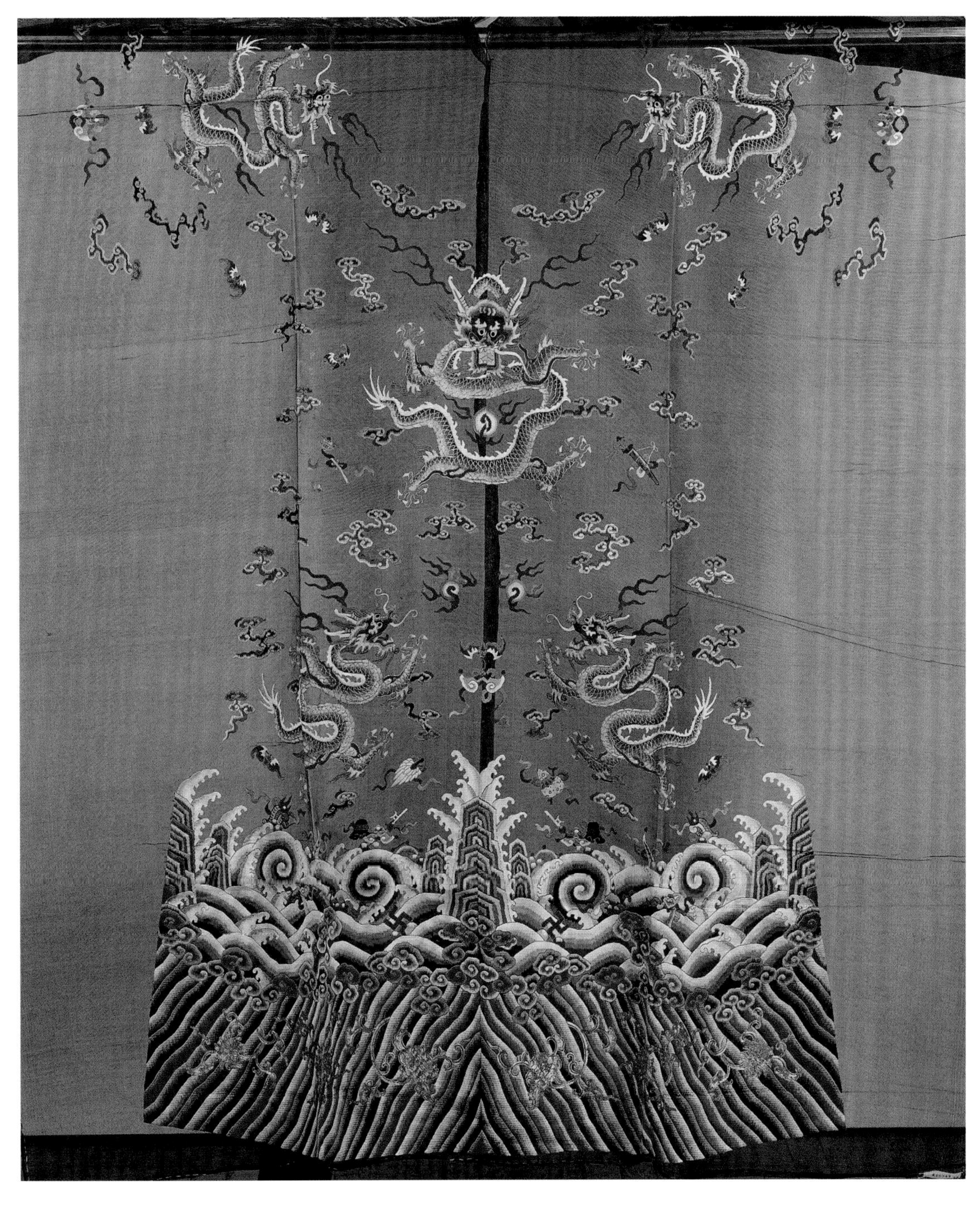

205

藍綢地平金銀纏枝菊花蟒紋吉服袍料
清乾隆
身長153厘米　兩袖通長145厘米
下襬寬147厘米
清宮舊藏

Blue Silk Material for Making Formal Dress, Embroidered with Design of Winding Sprays of Chrysanthemums and Pythons
Qianlong Period, Qing Dynasty
Length of dress: 153cm
Overall length of two sleeves: 145cm
Width of the lower hem of dress: 147cm
Qing Court collection

面料為藍色綢，以黑色強捻的龍抱柱綫及捻金綫繡金蟒九條，滿地飾纏枝菊花紋，下襬為海水江崖、竹子、桃實等紋飾。圖紋有祝頌長壽之意。

此袍料是乾隆年間京繡平金的珍品，運用二暈色法，以緝綫、平金、平銀、釘螺鈿等方法繡製。由於用金綫盤釘蟒的鱗片，用銀綫釘菊花紋，使蟒紋金光閃爍，極具皇家氣派。

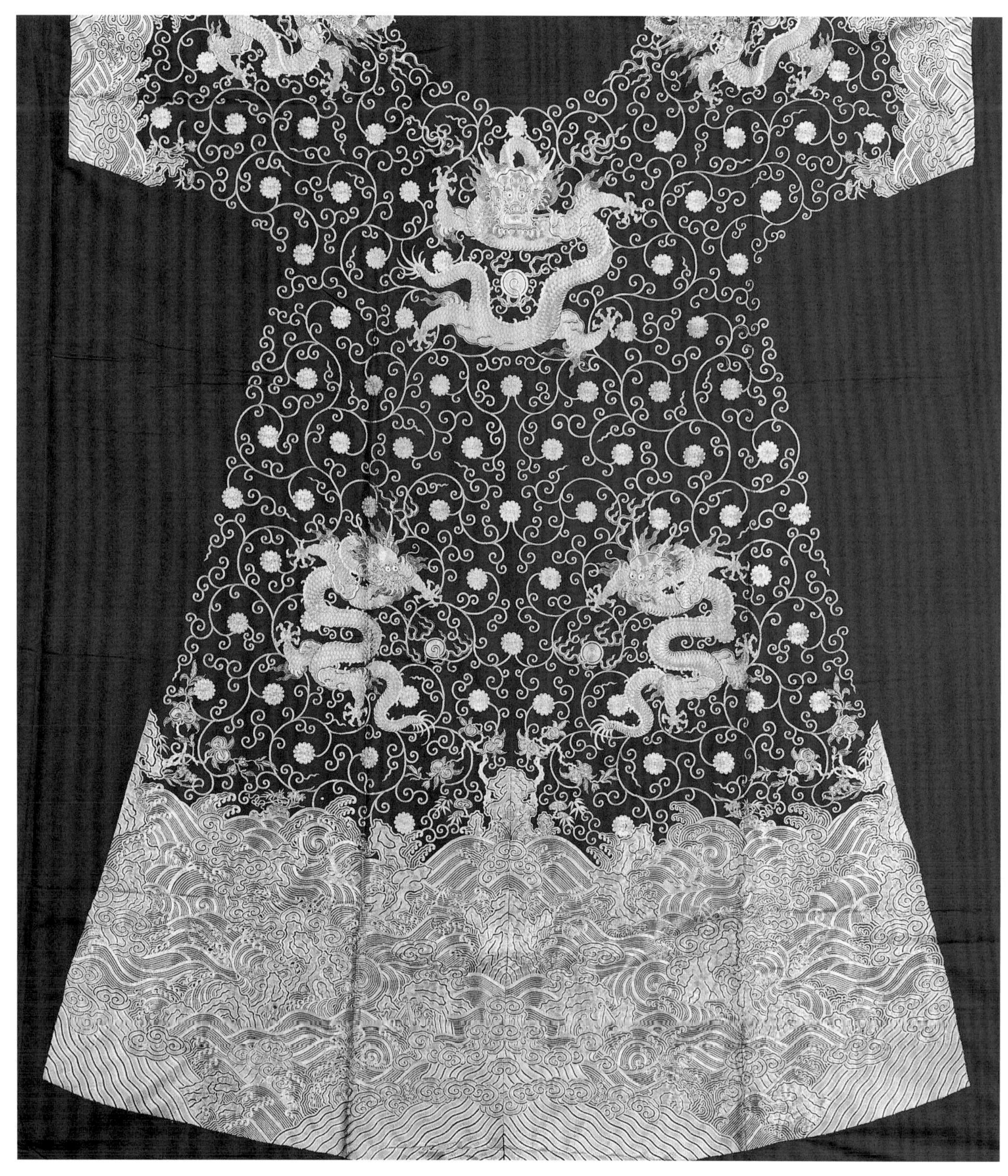

206

紅緞繡八團蓮蝠花卉紋有水便服袍料
清嘉慶
長296厘米　寬152厘米
清宮舊藏

Red Satin Material for Making Ordinary Dress, Embroidered with Design of Eight Posies and Waves
Jiaqing Period, Qing Dynasty
Length: 296cm　Width: 152cm
Qing Court collection

紅色緞面，以捻金、捻銀、孔雀羽綫繡勾蓮、蝙蝠組成的八團主體花紋。團花之間飾以折枝蘭、梅、竹、菊“四君子”紋及萱草、靈芝、水仙、石榴、海棠、月季、蝙蝠等紋飾，寓“靈仙祝壽”、“子孫滿堂”等意。下襬為海水江崖紋。

此袍料是京繡作品，運用二暈色法，以平金、平銀、釘綫等針藝繡製，構圖豐滿，色彩明麗，雍容華貴，是后妃便服袍料。

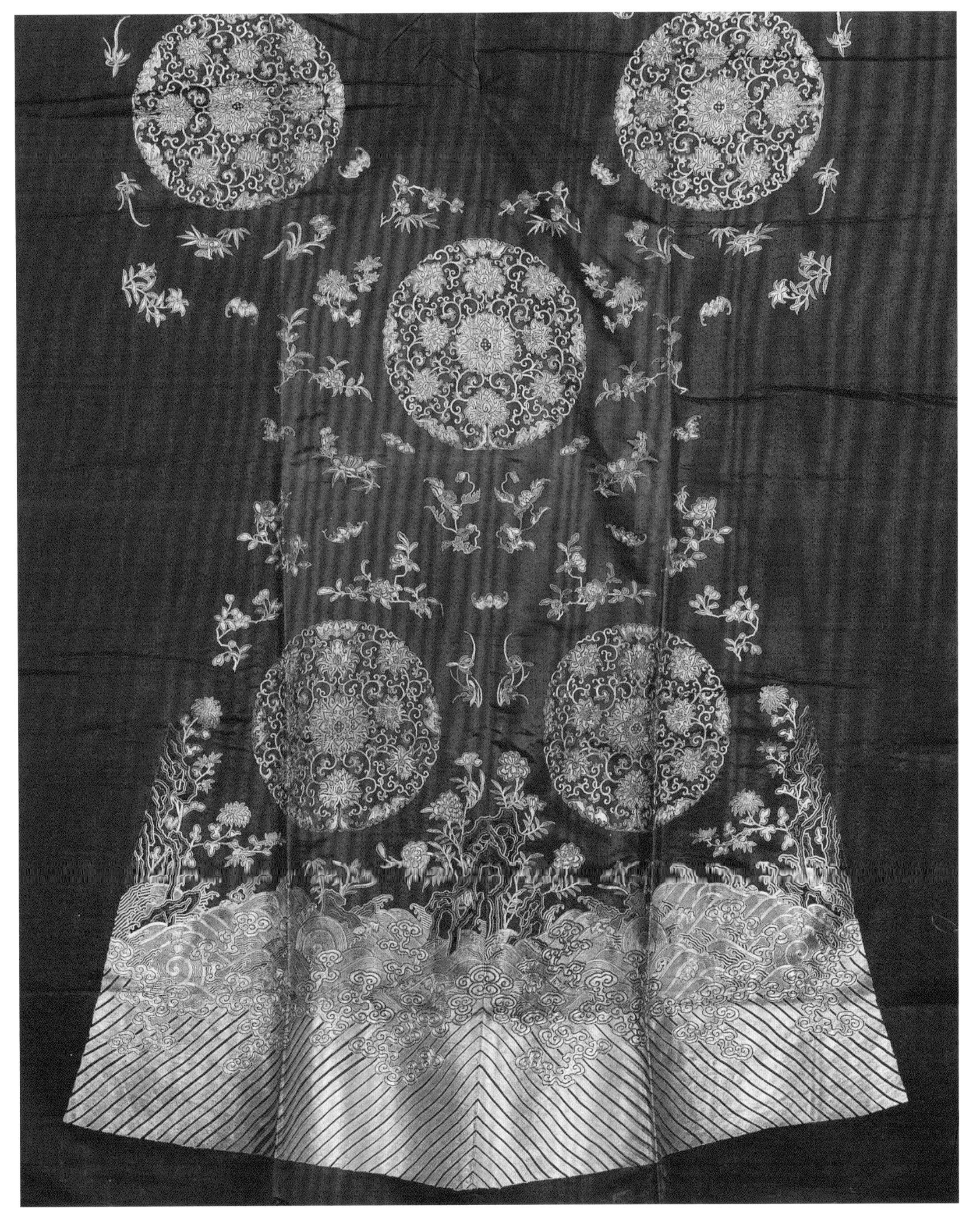

207

湖色緞釘綾繡牡丹紋馬褂料
清晚期
身長61厘米　兩袖通長137厘米
下襬寬82厘米
清宮舊藏

Satin Material in Light Green Colour for Making Mandarin Jacket, Embroidered with Peony Design

Late Qing Dynasty
Length of mandarin jacket: 61cm
Overall length of two sleeves: 137cm
Width of the lower hem of jacket: 82cm
Qing Court collection

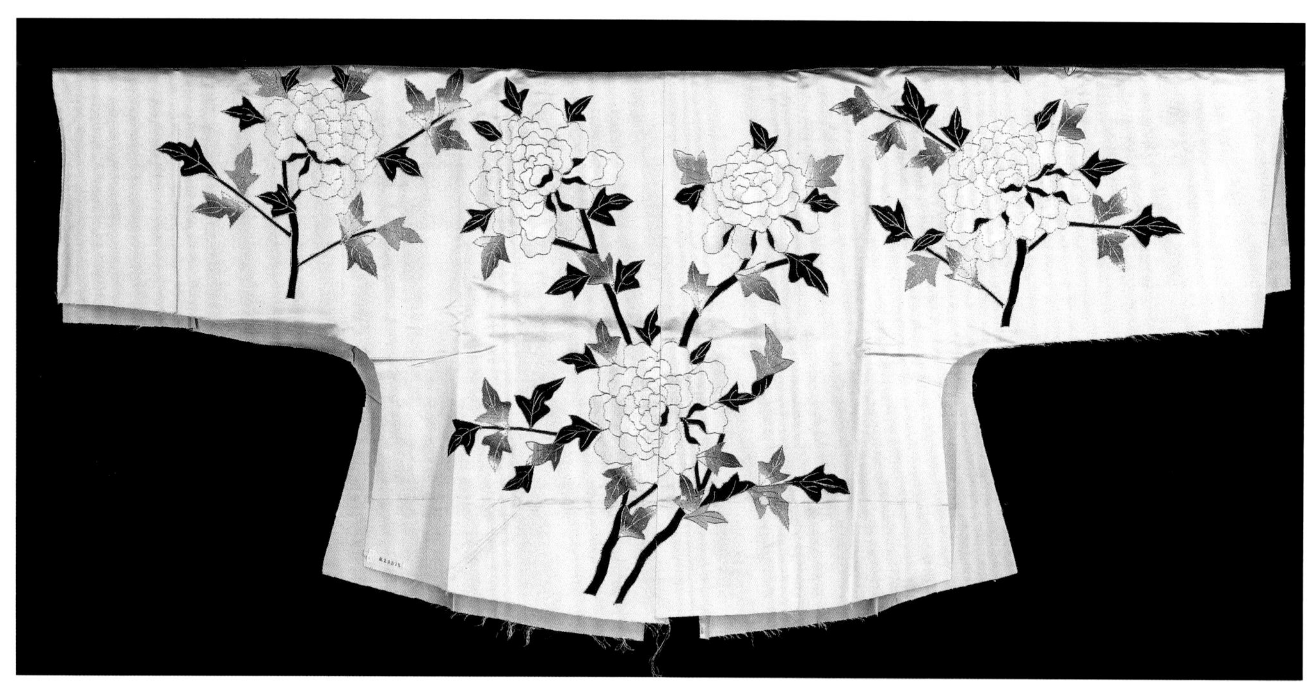

湖色緞馬褂料，以黑、白、米色綾及捻金綫，以釘綾、平金等工藝繡製寓“富貴”之意的整枝牡丹紋飾，並用染色法顯示牡丹的色彩變化，用捻金綫勾花瓣及葉邊，使花紋暈色自然，層次突出，文雅大方。

釘綾繡又稱堆綾繡，是京繡的一個品種，是用綾子剪成花樣，堆積黏貼成圖案，再以繡綫釘牢邊緣。

208

藍灰色緞納鳳戲牡丹紋棉便服袍料
清晚期
身長149.5厘米　兩袖通長154厘米
下襬寬104厘米
清宮舊藏

Bluish-grey Satin Material for Making Cotton-padded Ordinary Robe, Embroidered with Design of Phoenixes Playing with Peonies

Late Qing Dynasty
Length of robe: 149.5cm
Overall length of two sleeves: 154cm
Width of the lower hem of robe: 104cm
Qing Court collection

在藍灰色緞面上，以深藍色雙股衣綫繡菱形錦紋地及鳳戲牡丹紋。上下各繡盛開的牡丹兩株，鳳鳥在牡丹間飛舞。下襬繡平立水海水江崖紋。

此繡品工藝源於高麗（今朝鮮），故稱“高麗納”，是朝鮮進貢的貢品。光緒年間，宮廷裏有了縫紉機，開始仿照高麗納的工藝繡製服裝花紋。此袍料就是清宮仿高麗納的製品。這種繡製服裝紋飾的方法，至今還廣泛採用。

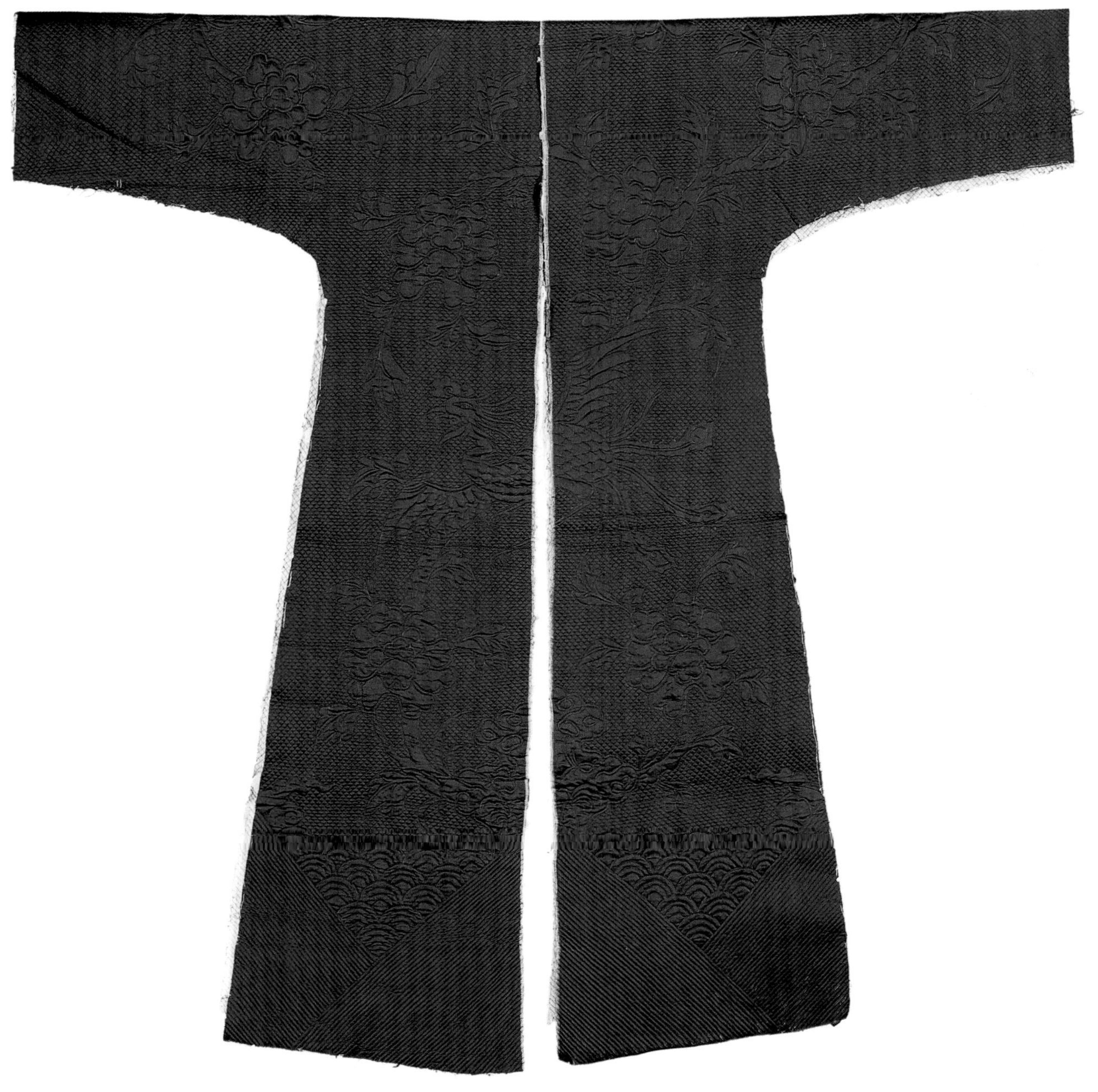

209

明黃緞繡五彩團龍紋吉服袍料
明晚期
長180厘米　寬130厘米
清宮舊藏

Bright Yellow Satin Material for Making Formal Dress, Embroidered with Four Coloured Medallions of Dragon
Late Ming Dynasty
Length: 180cm　Width: 130cm
Qing Court collection

以紅、藍、綠、黃、白為主色調，用16色絨綫及捻金綫在明黃色緞面上繡四組團龍紋飾。龍皆張牙舞爪，追逐火珠，周圍祥雲環繞。

此袍料是明代蘇繡的珍品，運用2—3暈色法，以散套針、齊針、平金、蹙金等針藝繡製。

蘇繡指以蘇州為中心的刺繡，是中國四大名繡之一。蘇繡歷史悠久，宋代初具規模，明時形成自己獨特的風格，清代達到鼎盛。當時皇室繡品，多出自蘇州繡工之手。

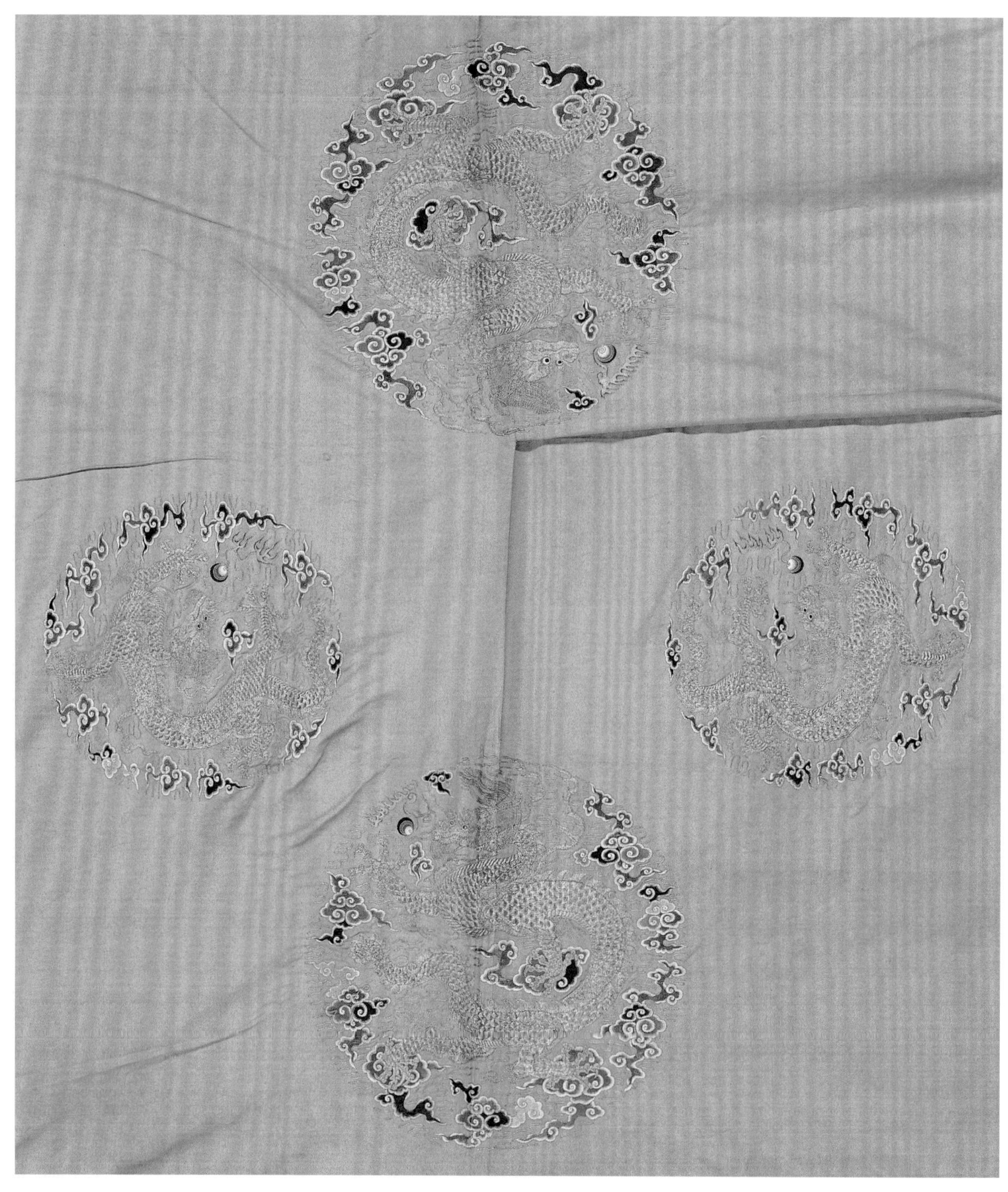

210

藍緞繡五彩鳳凰紋桌帷
明
長99.5厘米　寬92.5厘米

Blue Satin Tablecloth, Embroidered with Five-coloured Peacock Design
Ming Dynasty
Length: 99.5cm　Width: 92.5cm

在藍色緞面上，以紅、綠、黃、灰、白等色絨綫及捻金綫、孔雀羽綫繡鳳凰等紋飾。正中有一展翅昂首的鳳凰，兩旁是如意雲及博古紋。下為海水江崖和蓮花紋。上沿繡三盞並列的燈籠紋，燈籠上飾如意雲及菊花紋，並以書卷、古錢、扇等雜寶紋組成流蘇。

此桌帷是明代蘇繡精品，運用2—4暈色法，以接針、齊針、散套針、松針、雞毛針、反戧針、平金、蹙金、網繡、釘綫等針法繡製。

蘇繡繼承和發揚了宋代繡畫的傳統技巧，講究以針代筆，繡工細密不露針跡，絲埋圓轉自如，繡面平整，配色和諧。後又吸收顧繡及西洋畫的特點，強調繡品光綫明暗對比，富有立體感。

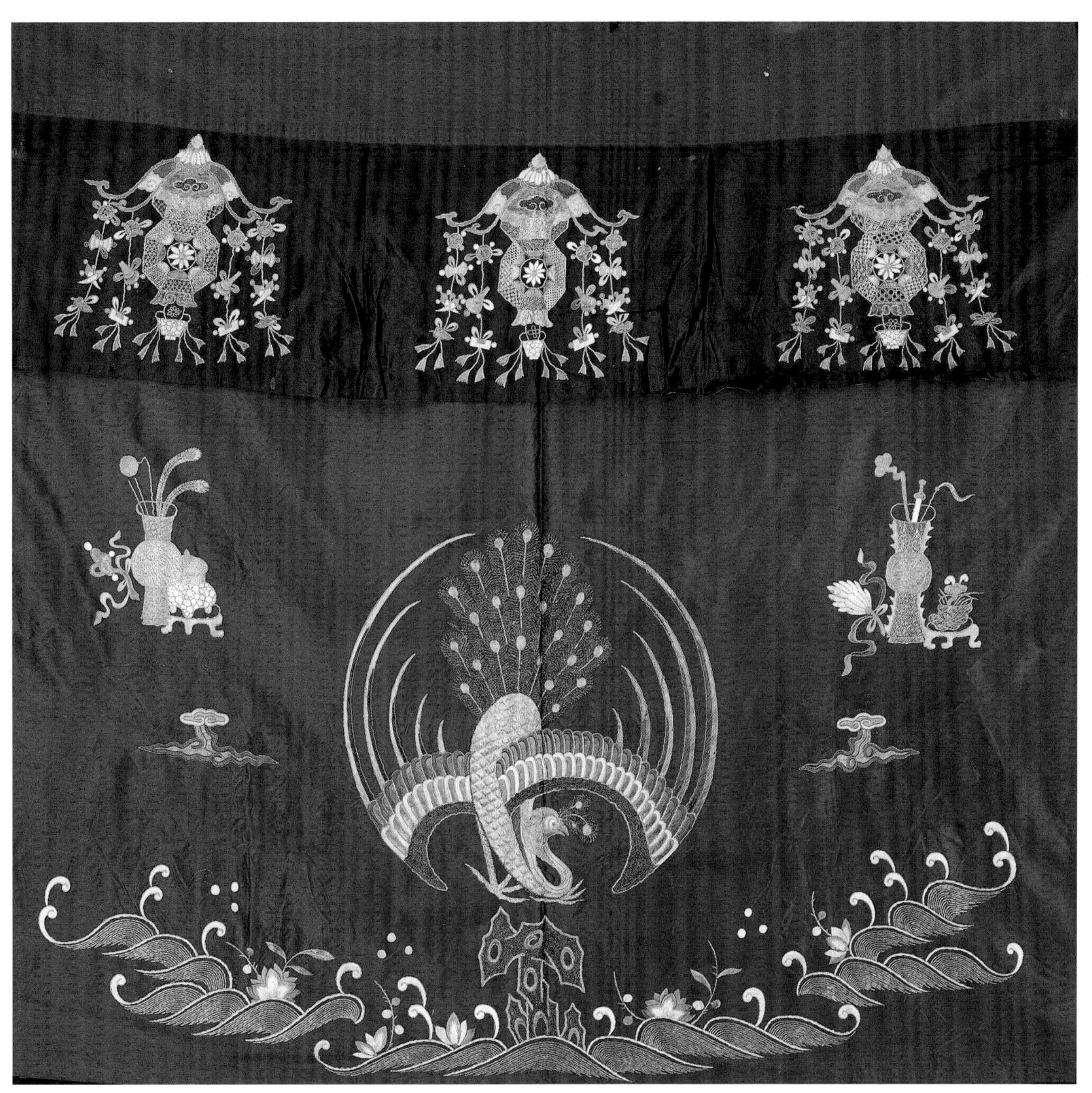

211

絳色緞繡五彩團花紋便服袍料
清雍正
長310厘米　寬152厘米
清宮舊藏

Dark Reddish Purple Satin Material for Making Formal Dress, Embroidered with Coloured Design of Flowers
Yongzheng Period, Qing Dynasty
Length: 310cm　Width: 152cm
Qing Court collection

絳色緞面，以藍、紅、綠、黃、白為主色調，用21色絨綫繡折枝花組成的八團花卉紋。在團花之間飾水仙、靈芝、蝙蝠、桃、牡丹紋。圖紋多含“長壽”、“富貴”、“多子”等吉祥寓意。

此袍料是雍正年間的蘇繡精品，運用2—3暈色法，以齊針、正戧針、打籽針、雞毛針、接針、扎針、松針、攙和針等針法繡製。用色明快，繡工精密。特別是用攙和針繡的花瓣，使花紋深淺變化自如，具有極強的立體感。

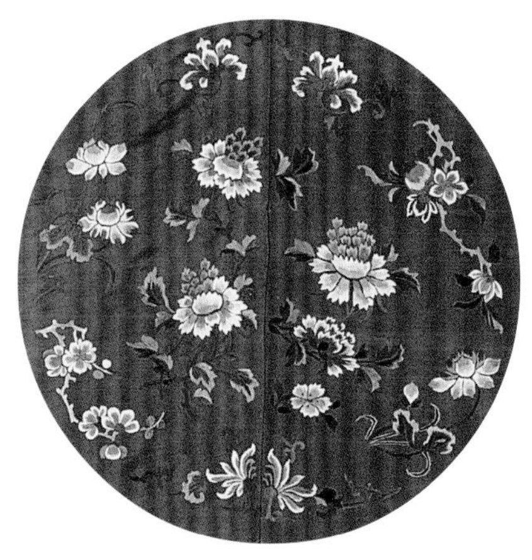

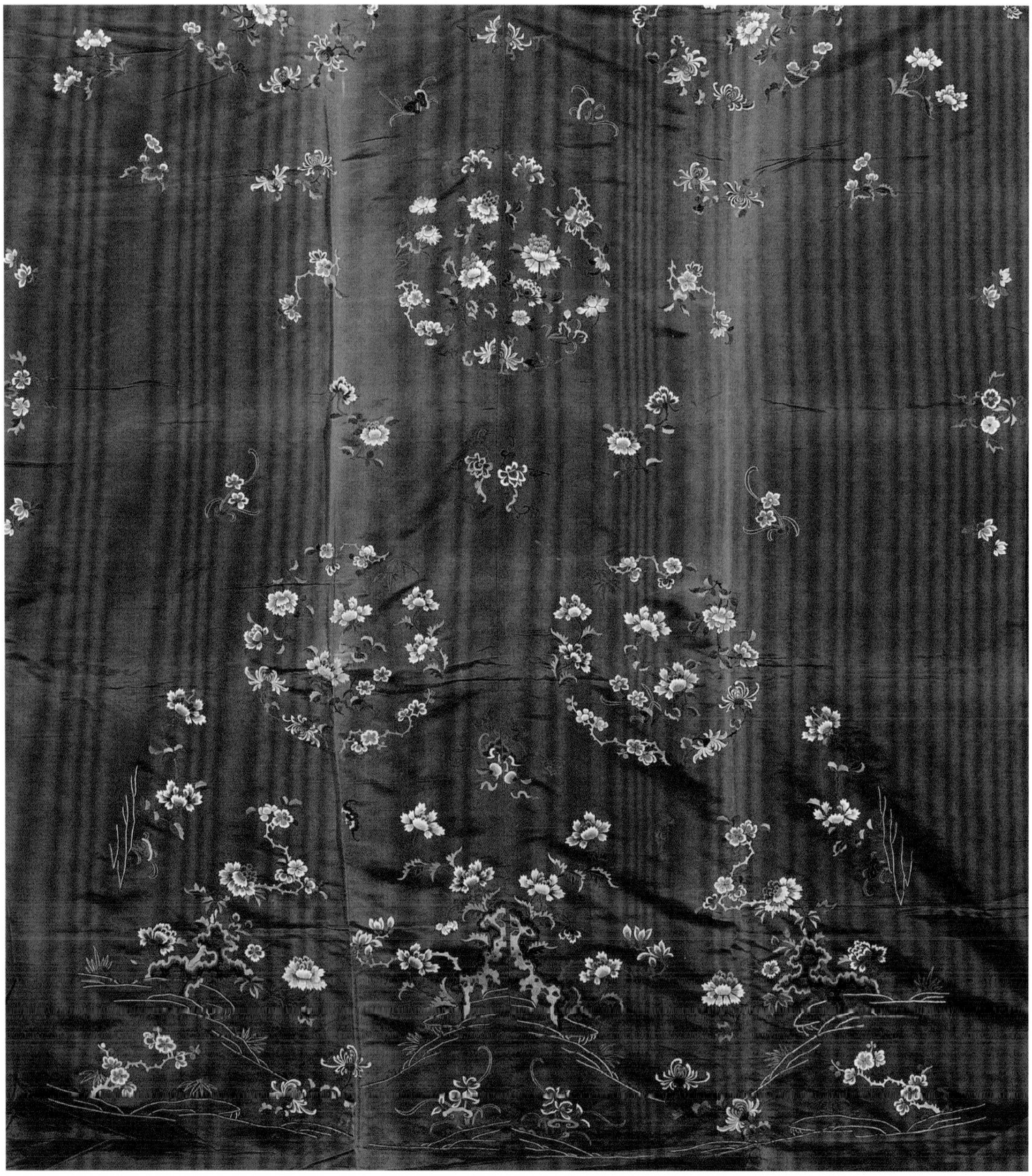

212

明黃緞繡五彩雲龍紋吉服袍料
清乾隆
身長155厘米　兩袖通長156厘米
下襬寬158厘米
清宮舊藏

Bright Yellow Satin Material for Making Formal Dress, Embroidered with Coloured Design of Clouds, Bats, Dragons and the Eight Immortals
Qianlong Period, Qing Dynasty
Length of dress: 155cm
Overall length of two sleeves: 156cm
Width of the lower hem of dress: 158cm
Qing Court collection

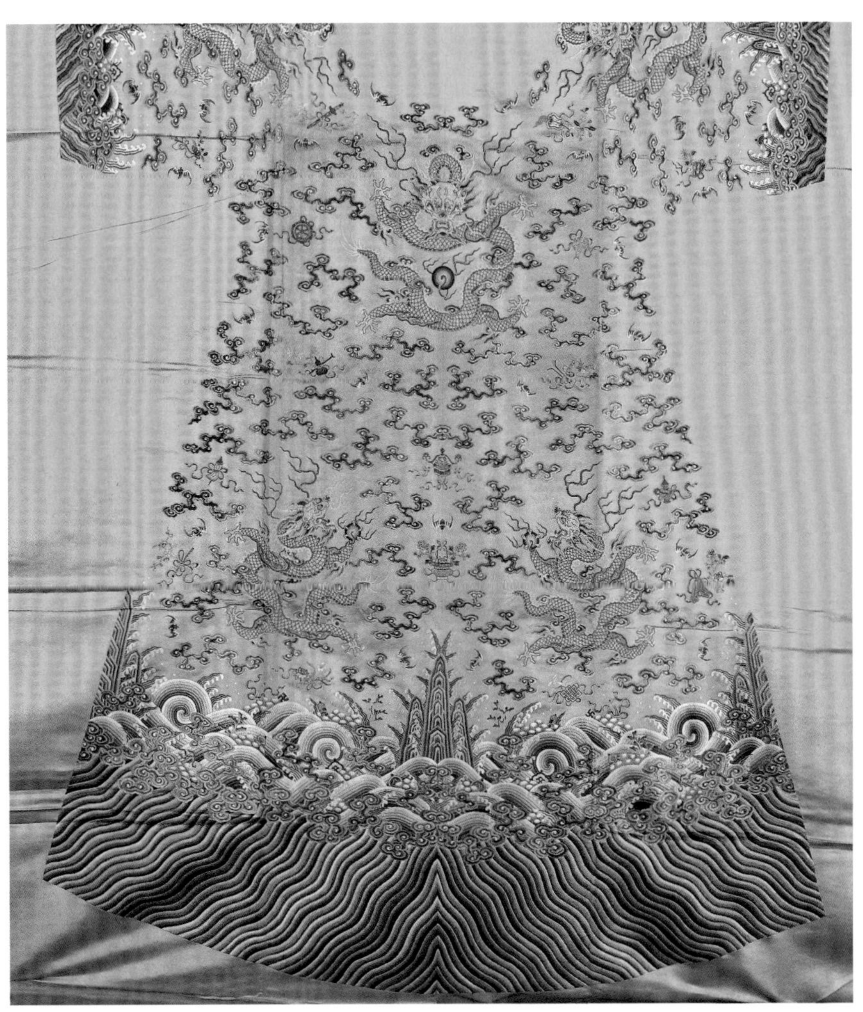

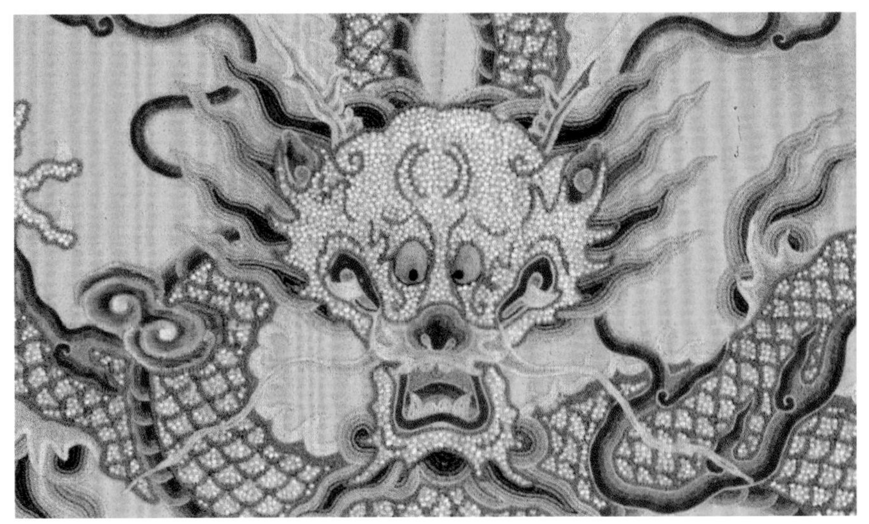

明黃色緞面，以紅、藍、綠、黃、白為主色調，用18色絨綫及捻銀綫、小珍珠繡龍紋九條，皆做戲珠之式。間飾雲紋、紅色蝙蝠、暗八仙紋和八吉祥紋。寓意“洪福齊天”、“長壽如意”。下襬為水海水江崖紋，上飾珊瑚、寶珠、古錢、如意雲頭、書畫等紋飾。

此袍料是蘇繡作品，運用2—5暈色法，以緝珠技法繡龍紋、並輔以散套針、打籽針、雞毛針、齊針、平銀、平金、高繡、滾針、網繡等針藝，工藝精湛，是皇后的吉服袍料。

213

明黃緞繡五彩雲龍鶴壽紋吉服袍料
清乾隆
身長148厘米　兩袖通長148厘米
下襬寬151厘米
清宮舊藏

Bright Yellow Satin Material for Making Formal Dress, Embroidered with Coloured Design of Clouds, Cranes, Bats, Dragons and Characters "Shou" (Longevity)
Qianlong Period, Qing Dynasty
Length of dress: 148cm
Overall length of two sleeves: 148cm
Width of the lower hem of dress: 151cm
Qing Court collection

明黃色緞面上，以藍、綠、紅、黃、白、黑為主色調，用20色絨綫及龍抱柱綫、捻銀綫、串珍珠等繡龍戲珠紋九條。間飾寓"洪福齊天"、"福壽雙全"、"松鶴延年"、"海屋添籌"、"靈仙祝壽"之意的五色雲、蝙蝠、團壽字、松樹、桃樹、靈芝、亭閣及銜籌的仙鶴。下襬為海水江崖紋。

此袍料是蘇繡作品，是皇帝壽誕所穿的吉服袍料。運用2—4暈色法，以散套針、齊針、打籽針、松針等針法繡製，尤其是用打籽針繡的仙鶴頭頂，用螺鈿片釘繡的龍眼珠，用串珠盤釘的龍鱗，用松針繡的松樹針葉，使花紋栩栩如生，頗有神韻。

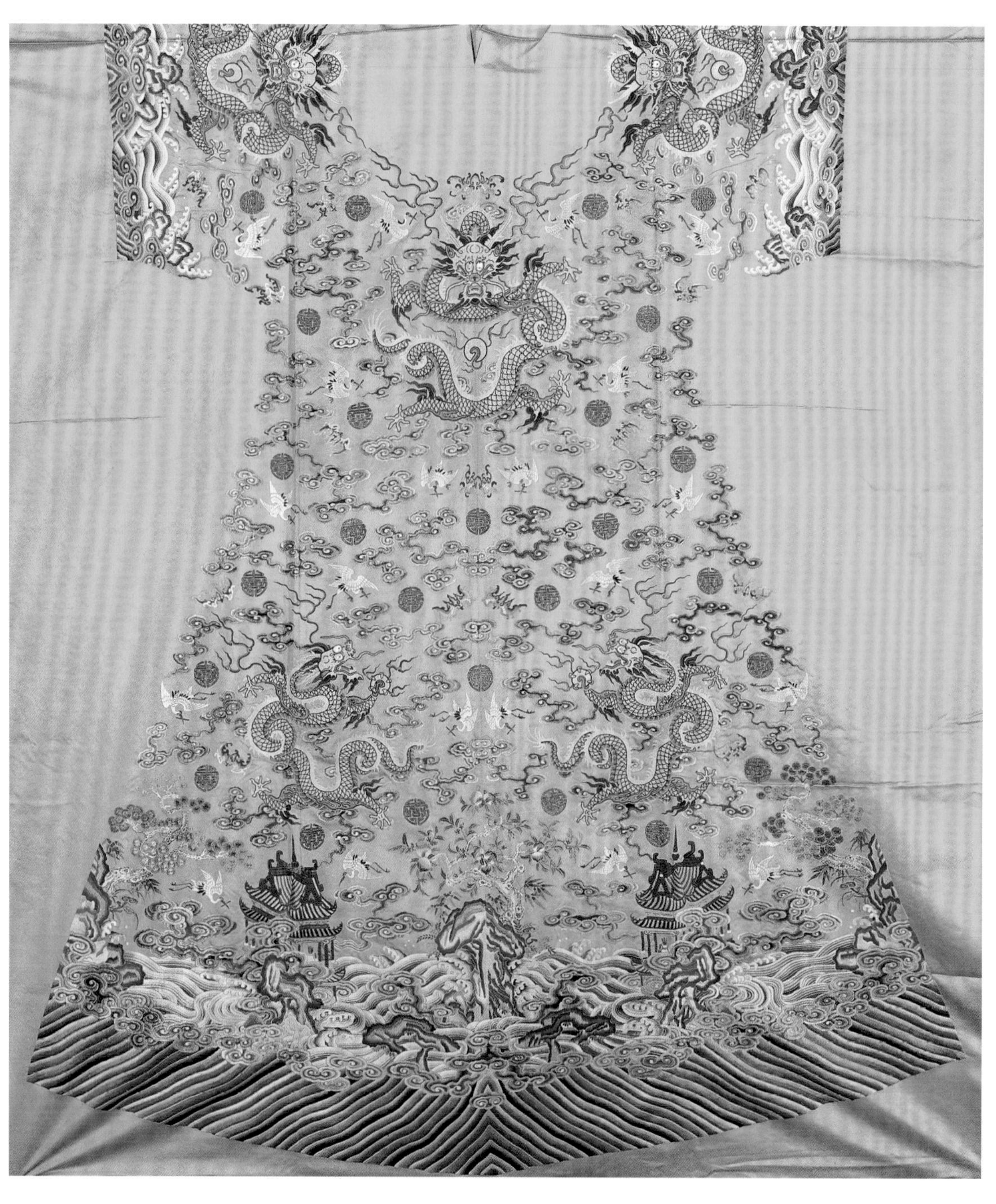

214

絳色實地紗繡五彩海屋添籌圖便服袍料

清乾隆
長290厘米　寬152厘米
清宮舊藏

Dark Reddish Purple Gauze Material for Making Formal Dress, Embroidered with Coloured Auspicious Design for Wishing an Elder a Happy Birthday

Qianlong Period, Qing Dynasty
Length: 290cm　Width: 152cm
Qing Court collection

以絳色實地紗為面料，以紅、黃、綠、藍、白、黑為主色調，用17色絨綫繡八團"海屋添籌"圖。海中升起一閣和一插有籌碼的寶瓶，仙鶴口銜用帶子繫着的古錢、磬和如意形籌向閣飛來。四周襯以蝙蝠、松樹、桃樹、靈芝、菊花、水仙、壽石紋。寓意吉祥。

此袍料是乾隆年間的蘇繡精品，運用2—3暈色法，採取散套針、齊針為主，兼用松針、刻鱗針、雞毛針等針法繡製。用色豐富，繡工精密。

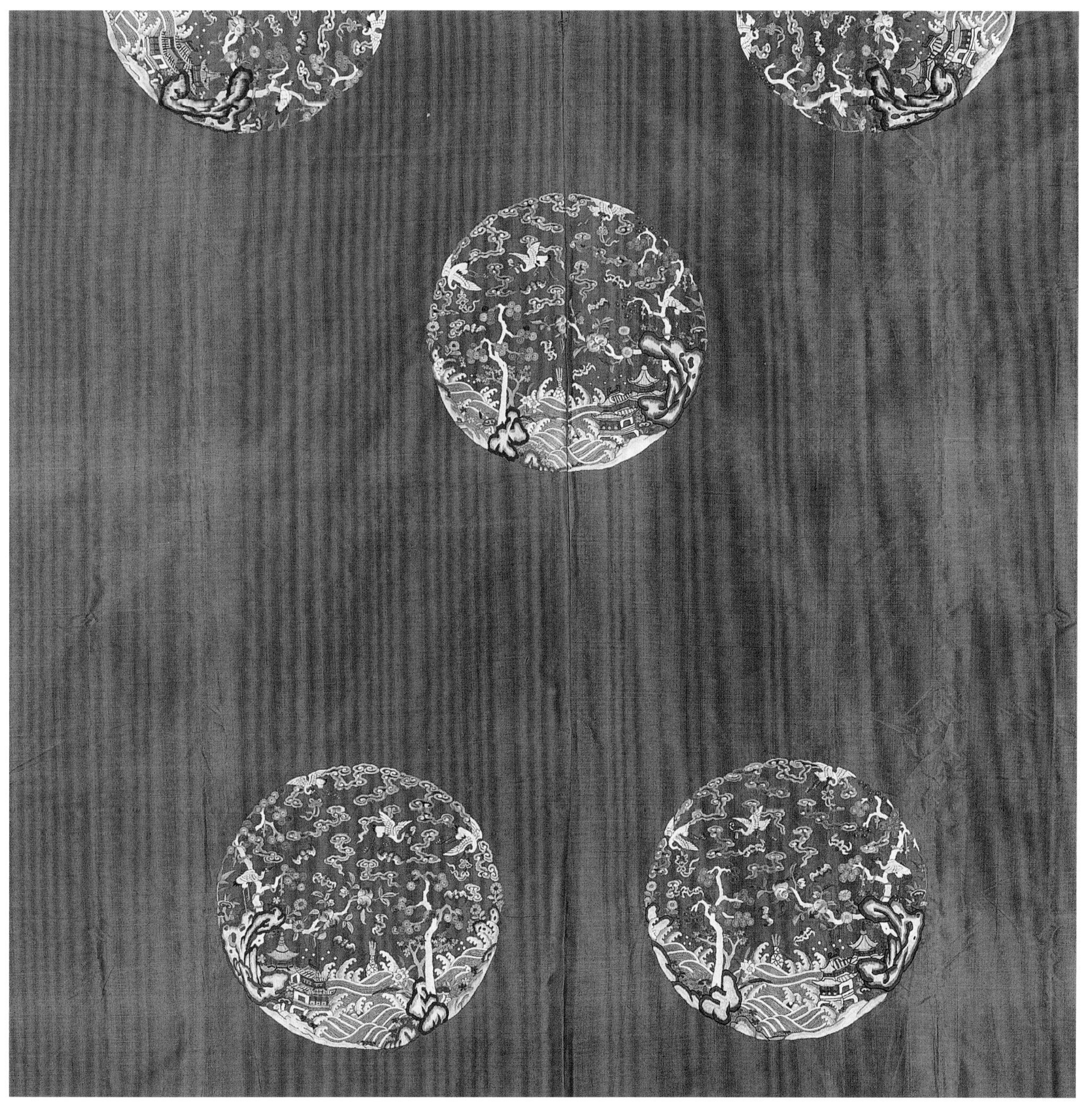

215

明黃緞繡五彩龍蝠團花紋吉服袍料

清乾隆
身長147厘米　兩袖通長106厘米
下襬寬123厘米
清宮舊藏

Bright Yellow Satin Material for Making Formal Dress, Embroidered with Coloured Design of Flowers, Bats and Dragons

Qianlong Period, Qing Dynasty
Length of dress: 147cm
Overall length of two sleeves: 106cm
Width of the lower hem of dress: 123cm
Qing Court collection

明黃色緞面，以紅、藍、綠、黃、白為主色綢，用24色絨綫、龍抱柱綫及珍珠串繡龍紋九條。空隙處滿飾勾蓮紋和以如意雲頭紋圍成的團花，內分別填壽菊、桃、蝙蝠和卍字等紋飾。寓"福壽萬年"、"五福捧壽"等意。下襬為海水江崖及八寶紋。

此袍料是蘇繡作品，運用2—6暈色法，以緝珠繡為主，輔以散套針、打籽針、雞毛針、滾針、齊針、集套針、高繡等針法繡製。是皇太后、皇后、皇貴妃壽誕時所穿的吉服袍料。

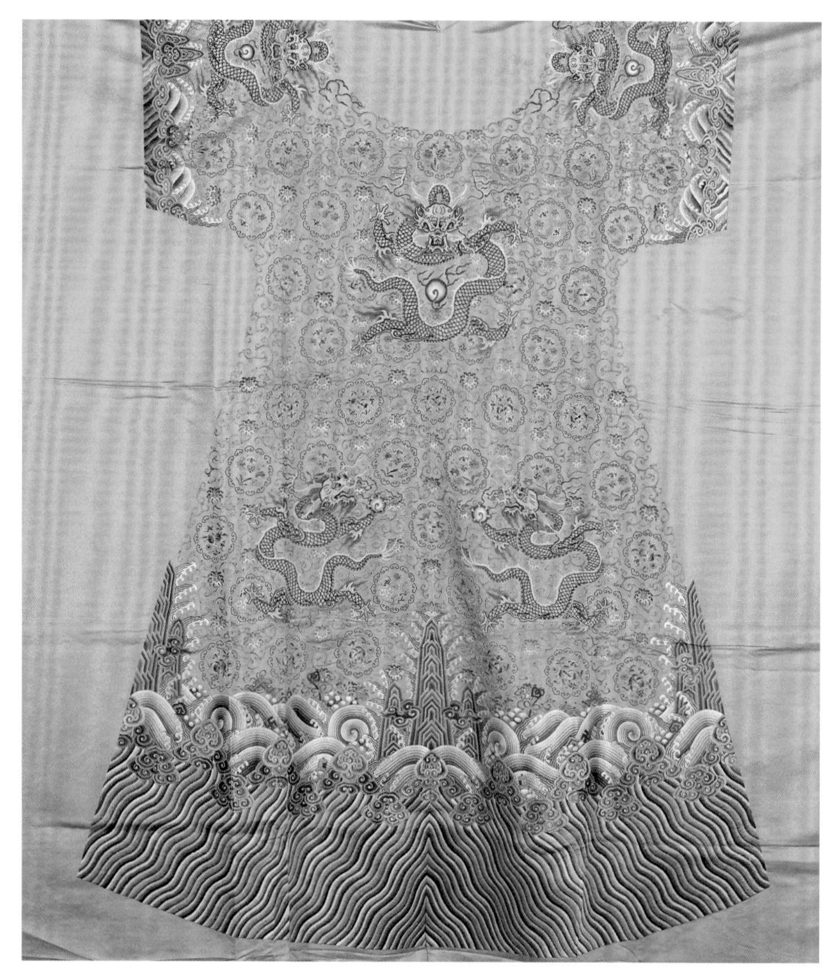

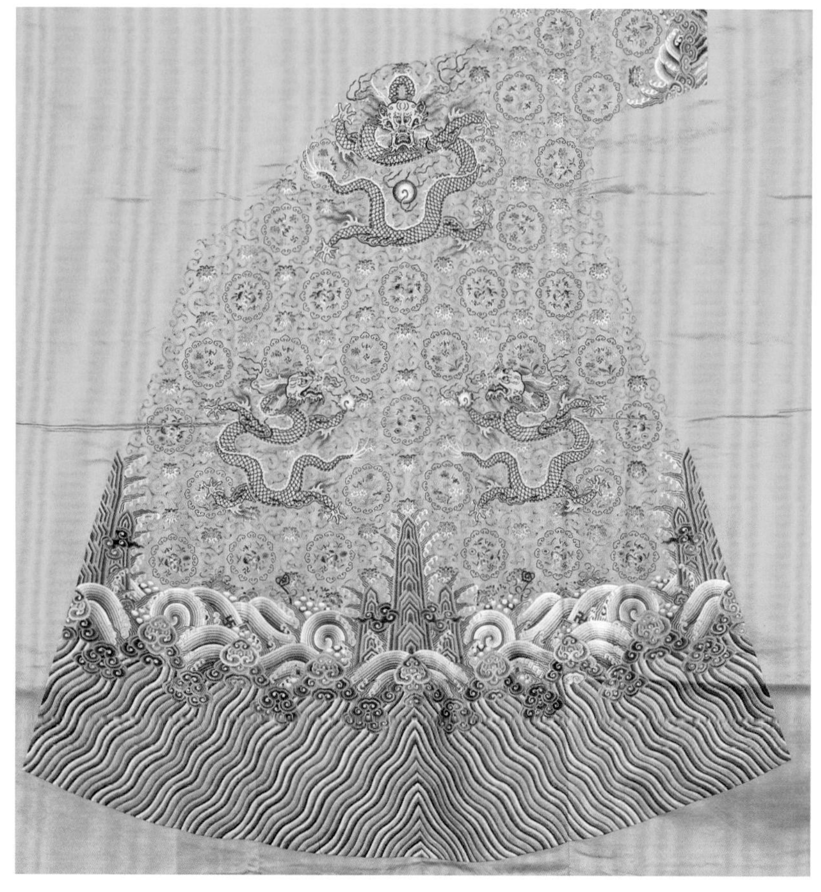

216

石青綢繡五彩八團雲龍紋吉服褂料
清乾隆
長307厘米　寬156厘米
清宮舊藏

Azurite Blue Silk Material for Making Formal Dress, Embroidered with Coloured Design of Clouds, Bats, the Eight Immortals and Dragons
Qianlong Period, Qing Dynasty
Length: 307cm　Width: 156cm
Qing Court collection

以石青色綢為面料，以紅、藍、綠、黃、白為主色綢，用20餘色絨綫及捻金綫繡八團"金龍舉壽"紋，金龍姿態各異，但頭頂皆繡一壽字，含"獻壽"、"祝壽"意。龍紋四周以如意雲、蝙蝠、折枝桃、暗八仙及海水江崖等紋飾圍成團狀。寓"福壽如意"等意。

此褂料是乾隆年間蘇繡的代表作品之一，運用2—4暈色法，以散套針、刻鱗針、平金為主，輔以齊針、滾針、車輪針、辮繡、接針、打籽針等針藝繡製。是皇太后、皇后壽誕所穿的吉服褂料。

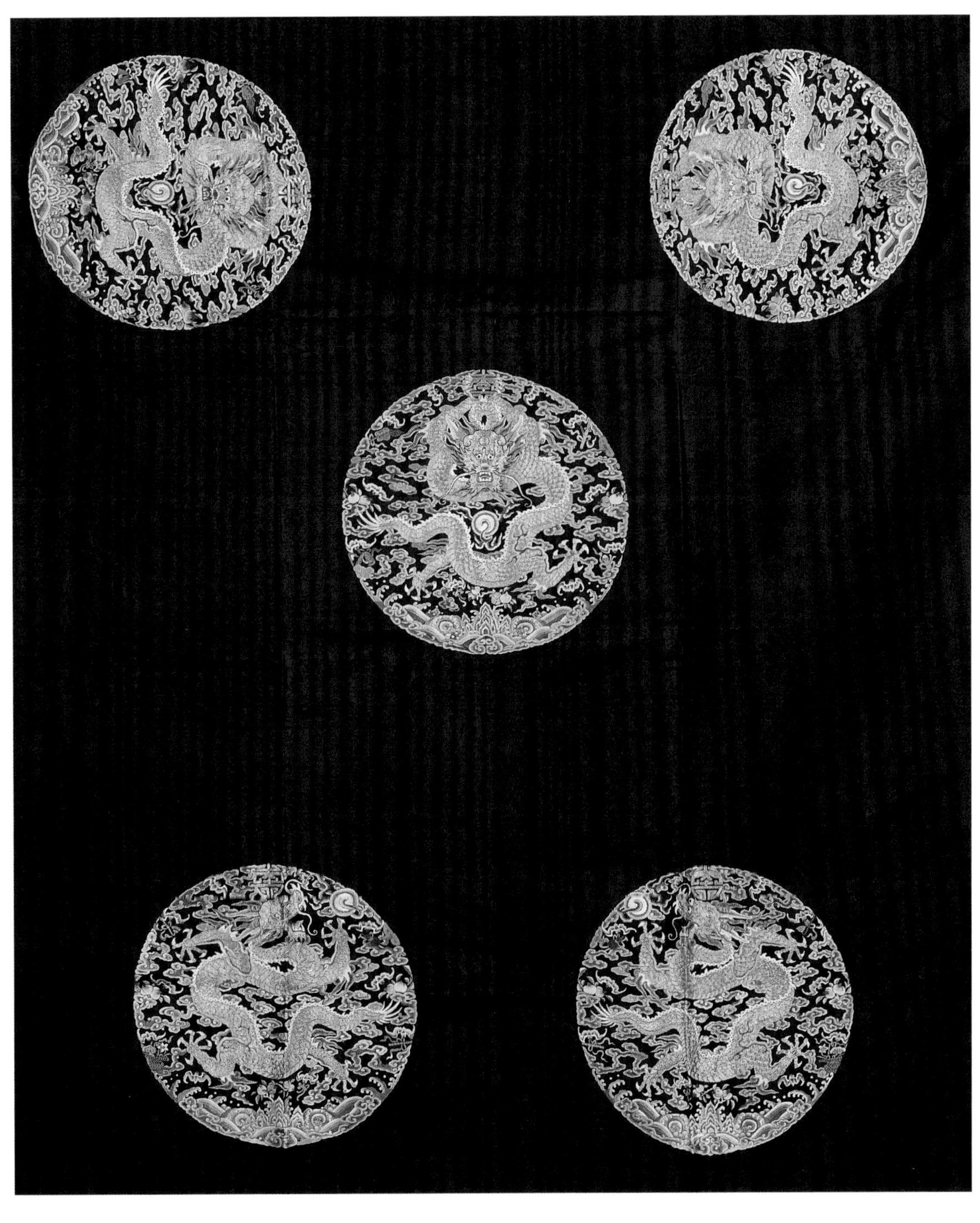

217

石青緞繡五彩丹鶴朝陽紋方補
清乾隆
長36厘米　寬36厘米
清宮舊藏

A Square of Patch of Azurite Blue Satin, Embroidered with Coloured Design of Red-crested Crane Worshiping the Sun
Qianlong Period, Qing Dynasty
Length: 36cm　Width: 36cm
Qing Court collection

以石青色緞為底襯，以紅、綠、藍、黃、白為主色調，用22色絨綫及捻金綫繡"丹鶴朝陽"等圖紋。正中一仙鶴仰視紅日，展翅欲飛，有"一品當朝"的含義。四周則滿佈如意雲、壽桃、蝙蝠及八吉祥紋。下方是海水江崖和雜寶紋，在海中有一瓶，內插三戟，戟身懸掛一磬，旁有一魚，以諧音寓意"平升三級"、"吉慶有餘"。

此方補是蘇繡作品，運用2—3暈色法，以散套針、車輪針、刻鱗針、平金為主，輔以打籽針、齊針、雞毛針等針藝繡製，是清代一品文官官服上的補子。

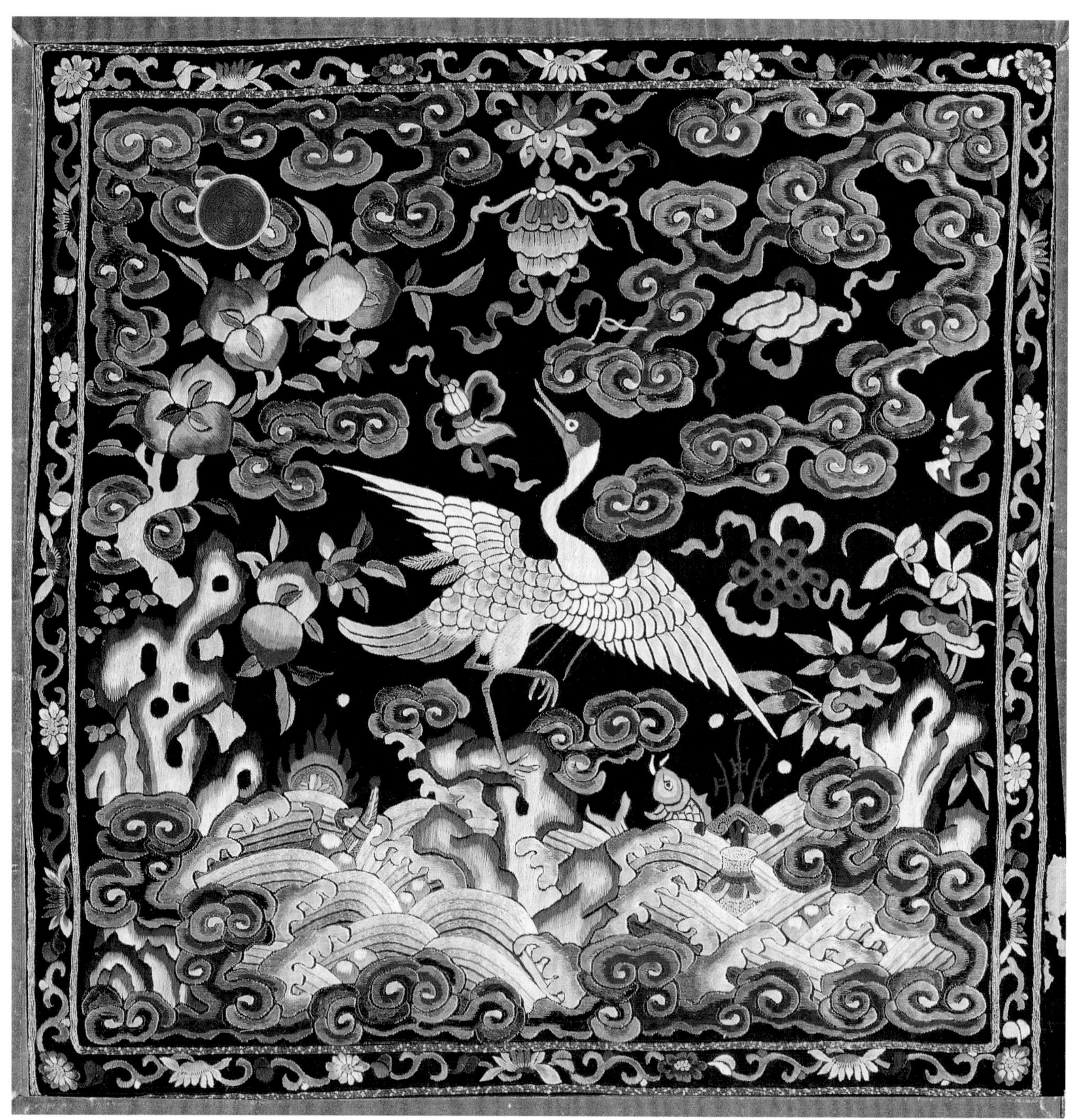

218

紅緞繡花卉紋夾被
清乾隆
長275厘米　寬210厘米
清宮舊藏

Red Satin Double-layered Quilt, Embroidered with Floral Design
Qianlong Period, Qing Dynasty
Length: 275cm　Width: 210cm
Qing Court collection

紅色緞面，以紅、綠、白、黃為主色調，用26色絨綫繡芙蓉、月季、靈芝、天竹、水仙、牡丹、菊花、蘭花、桃花、萱草、石榴、荷花、梅花、牽牛、桂花、茶花、玉蘭等花卉紋。有“富貴榮華”、“長壽多子”等吉祥寓意。被頭為石青色緞，正中繡勾蓮、蝙蝠、磬和雙魚紋，寓意“福慶有餘”。兩側為蝙蝠、八吉祥等吉祥紋飾，呈散點左右對稱式。

此夾被是蘇繡作品，運用2—5暈色法，以齊針、松針、散套針、雞毛針、打籽針、正戧針等工藝繡製，構圖豐滿，用色豐富艷麗。根據花紋特徵採用不同的針法，是此繡品的最大特點。

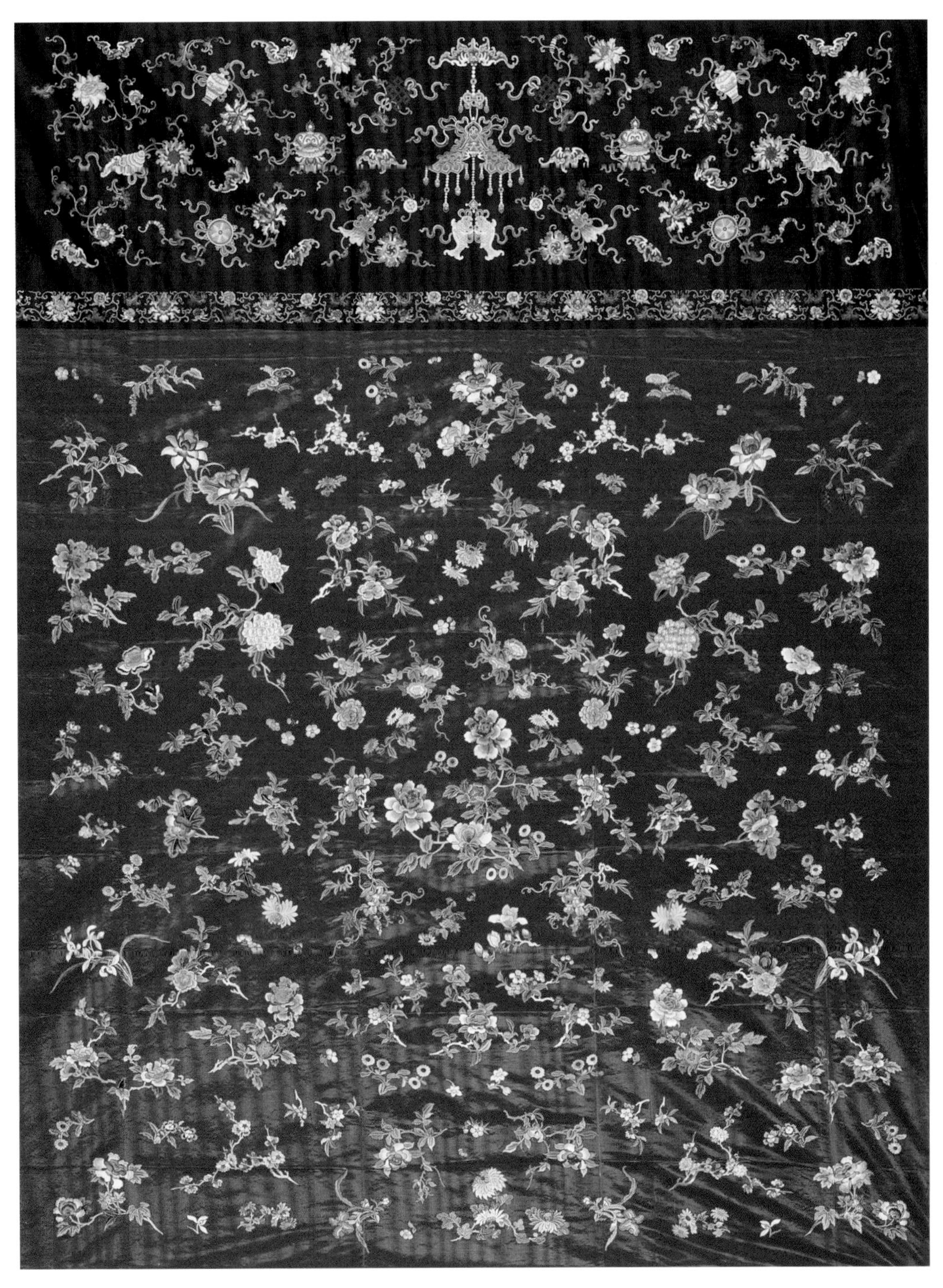

219

白綾繡五彩玉堂富貴圖
清乾隆
長110厘米　寬73厘米

White Thin Silk, Embroidered with Coloured Auspicious Design of Birds and Flowers
Qianlong Period, Qing Dynasty
Length: 110cm　Width: 73cm

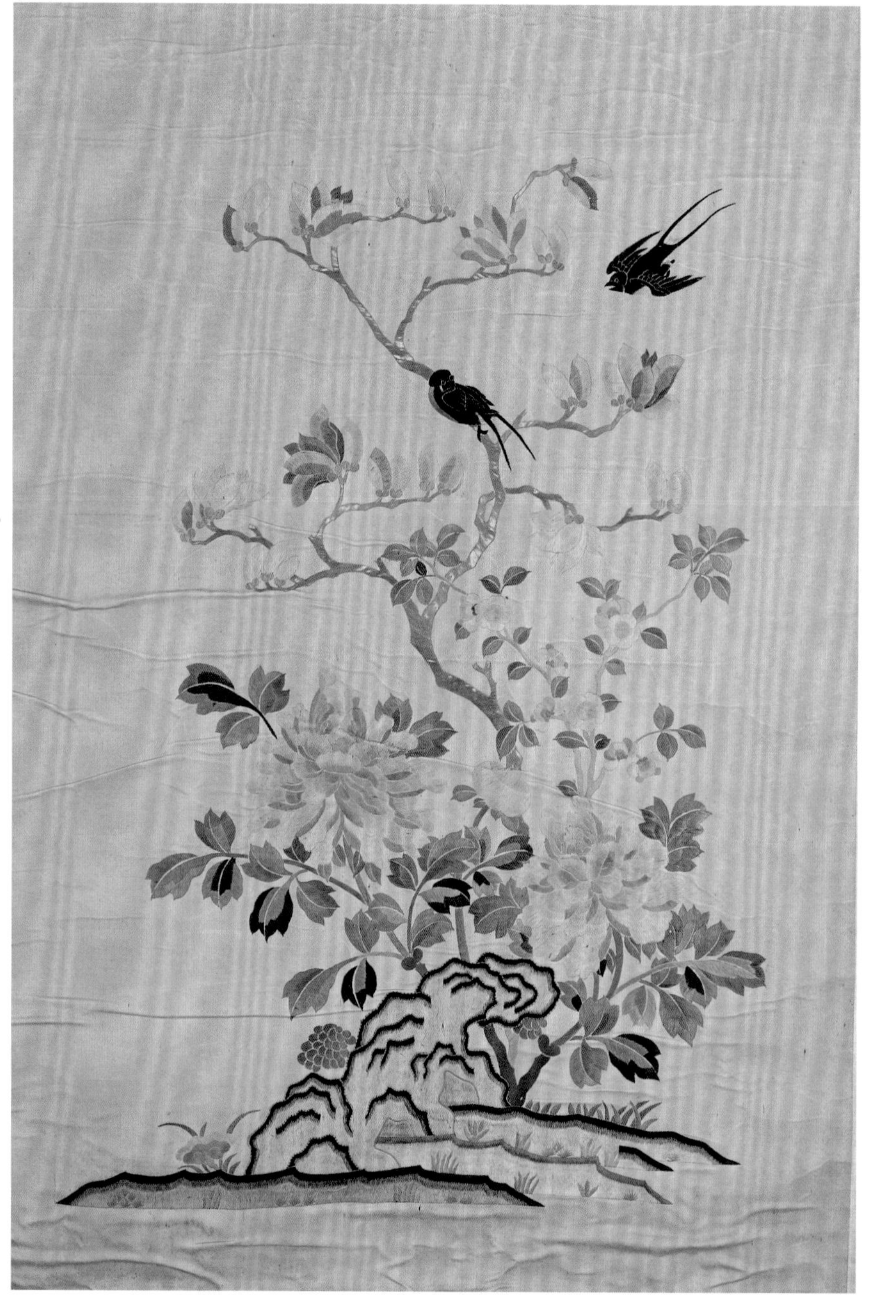

白色綾為底襯，以藍、綠、紅、白、黃、黑為主色調，用19色絨綫及捻金綫繡製一樹玉蘭盛開，兩隻春燕一棲於枝頭，一在空中飛翔，旁有海棠襯托，樹下牡丹怒放，並有太湖石和靈芝紋。寓“玉堂富貴”，“靈仙祝壽”之意。

此圖是蘇繡佳品，運用2—3暈色法，以正戧針繡牡丹的葉、花及玉蘭花、海棠花，用雞毛針繡海棠葉，用齊針繡牡丹、玉蘭、海棠的枝幹，並輔以刻鱗針、松針、散套針、平金等針法完成。

220

明黃綢繡彩地山水樓閣圖貼落
清中期
長147厘米　寬68.5厘米
清宮舊藏

A Vertical Scroll of Bright Yellow Silk, Embroidered with Coloured Design of Pavilions and Landscape
Middle Qing Dynasty
Length: 147cm　Width: 68.5cm
Qing Court collection

明黃色綢地上，以藍、紅、綠、白、黃、黑為主色調，用12色絨綫繡山水樓閣圖。畫面上水波浩淼，綠樹掩映，幾座水榭樓閣點綴其間，遠處山峯錯落，雲靄重重。一派江南水鄉安靜祥和的景致。

此貼落是蘇繡精品，運用2—3暈色法，以滾針繡雲、水、柳枝，用散套針繡山、樓閣，用網繡繡樓閣的窗欞、水榭，用齊針繡樹葉及浮萍，又輔以松針、緝綫等針法。用色典雅，繡工精密，具有遠近深邃的透視效果。

貼落是古時殿堂牆上裱貼的裝飾畫，多為繪畫，也有刺繡畫。

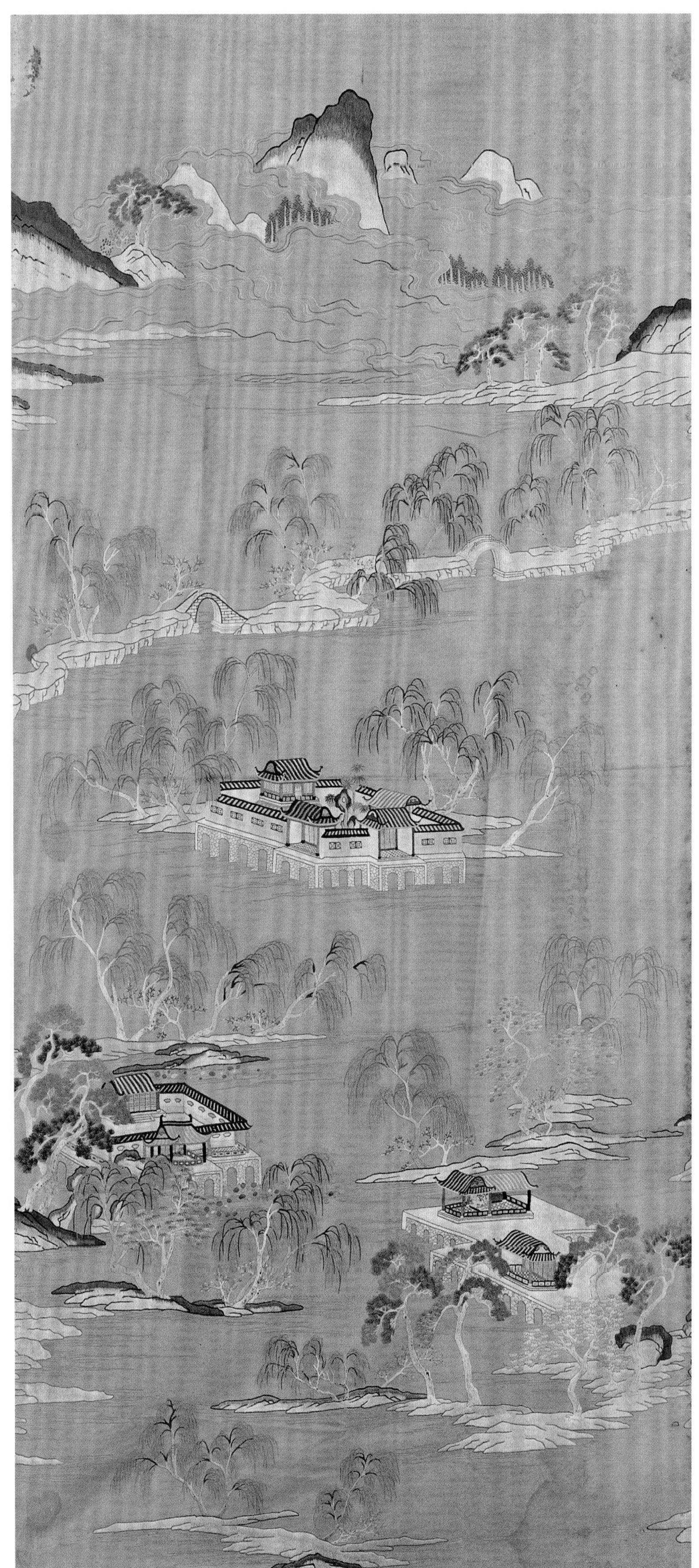

221

石青緞繡五彩雲鶴紋戲衣料

清嘉慶
身長79厘米　兩袖通長238厘米
下襬寬110厘米
清宮舊藏

Azurite Blue Satin Material for Making Stage Costume, Embroidered with Coloured Design of Clouds and Cranes
Jiaqing Period, Qing Dynasty
Length of costume: 79cm
Overall length of two sleeves: 238cm
Width of the lower hem of costume: 110cm
Qing Court collection

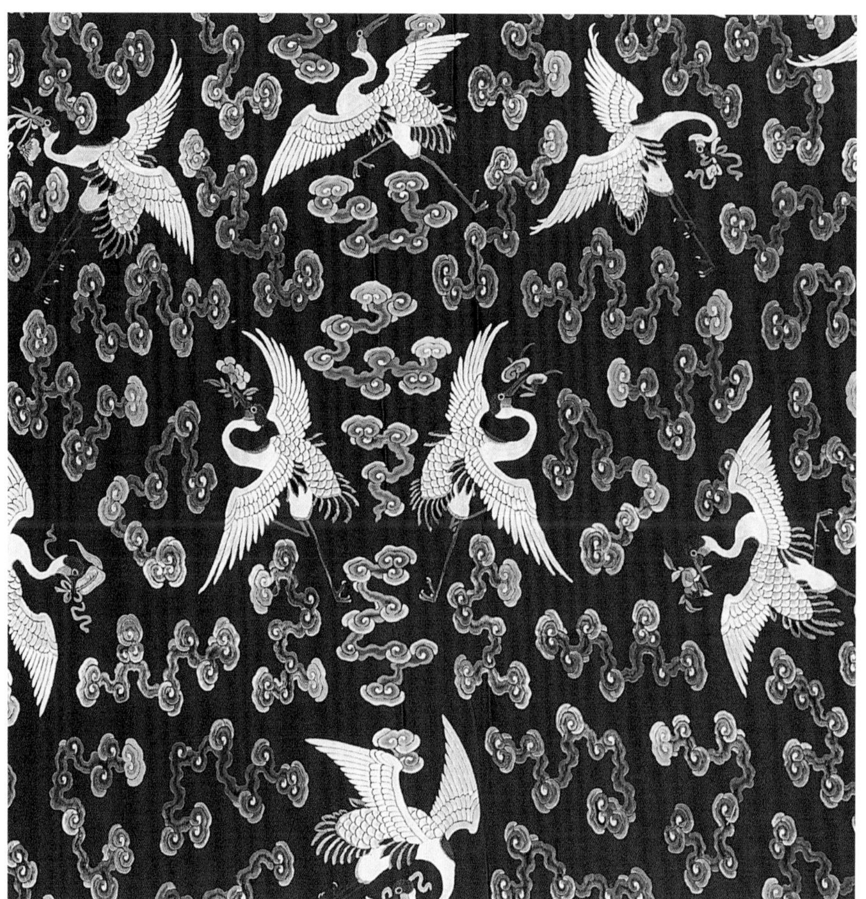

石青色緞面，以藍、綠、黃、紅、白、黑為主色調，用18色絨綫繡雲鶴紋。在滿佈的如意形流雲間，數隻仙鶴口中分別銜靈芝、菊花、桃、水仙、如意、磬、籌紋飾飛舞。有"靈仙祝壽"、"海屋添籌"等吉祥寓意。

此戲衣料是蘇繡作品，運用2—3暈色法，以刻鱗針、散套針、打籽針、滾針、齊針、扎針等針法繡製。

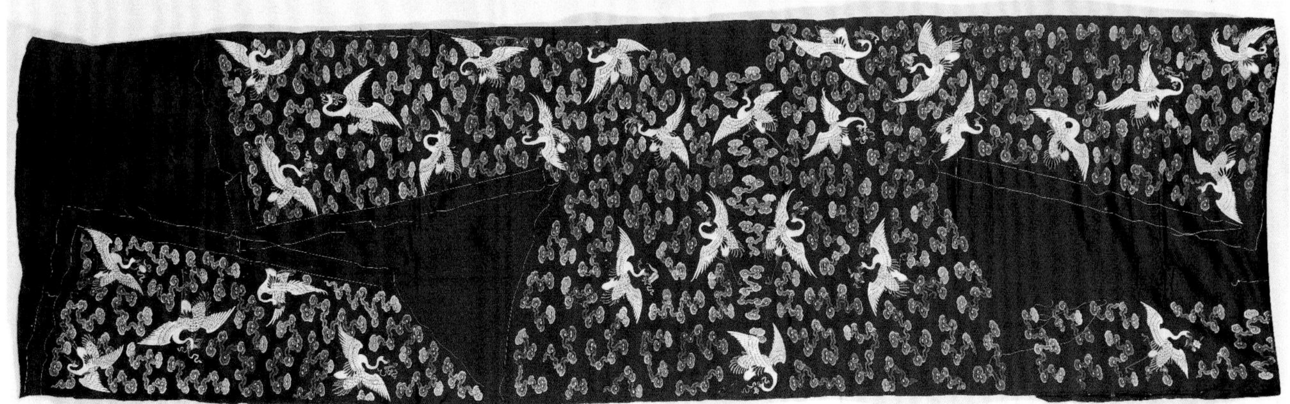

222

綠緞繡五彩牡丹花卉紋便服袍料
清嘉慶
長262厘米　寬155厘米
清宮舊藏

Green Satin Material for Making Daily Wear, Embroidered with Coloured Floral Design
Jiaqing Period, Qing Dynasty
Length: 262cm　Width: 155cm
Qing Court collection

綠色緞為面，以紅、綠、藍、黃、黑為主色調，用22種彩色絨綫繡花卉紋，以折枝牡丹為主題，間飾桃花、菊花、月季、石榴花、壽菊、蘭花、虞美人、梅花、靈芝、藤蘿、石竹子、荷花、萱草、海棠等。有富貴、多子、長壽等吉祥的含義。

此袍料是蘇繡作品，運用2—3暈色法，以打籽針、正戧針為主，同時採用松針、齊針、滾針、雞毛針等針法繡製，繡工細膩，是后妃們穿用的便服袍料。

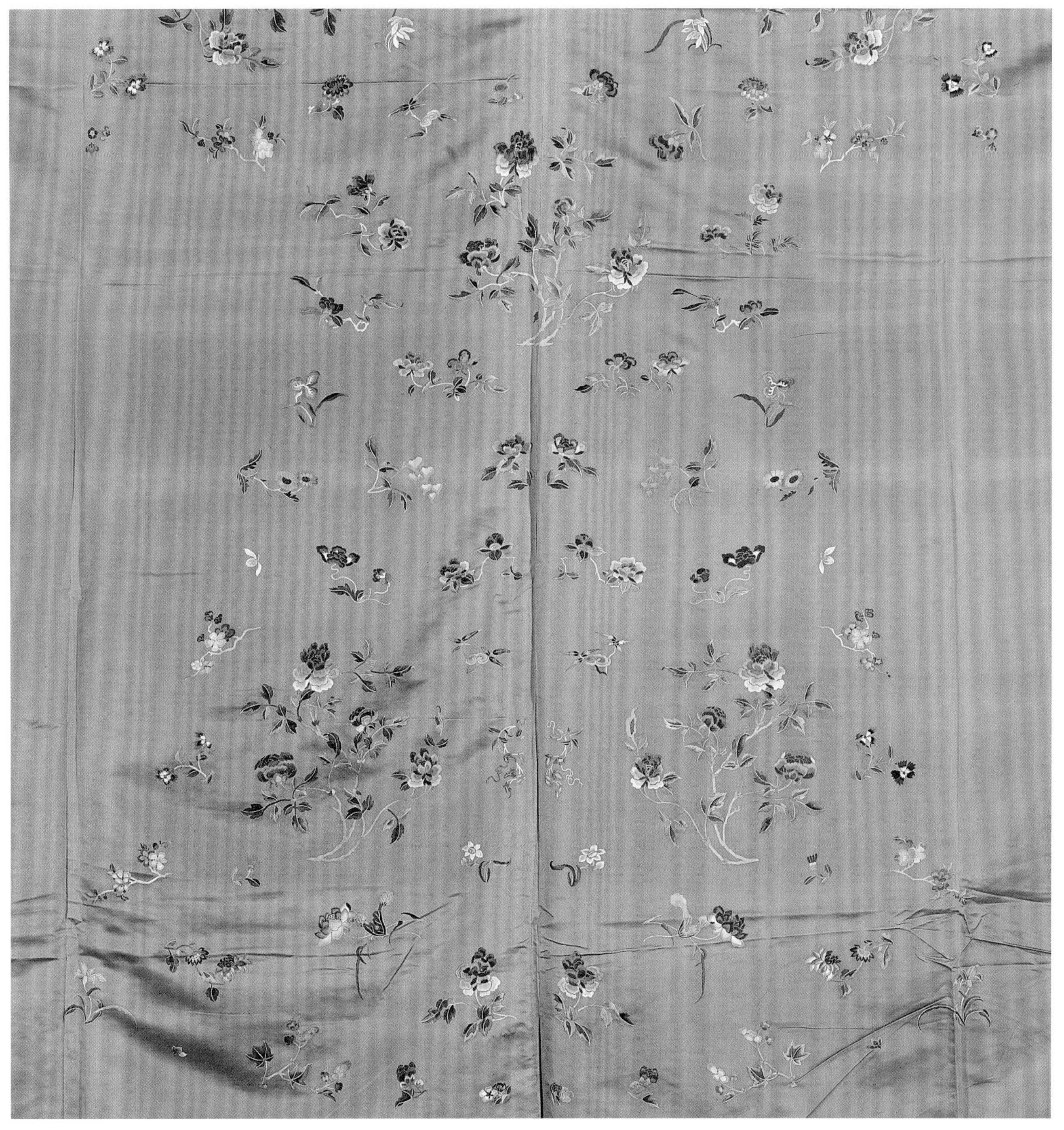

223

石青緞繡五彩芙蓉花卉紋補子
清嘉慶
長39.5厘米　寬39厘米
清宮舊藏

A Piece of Patch of Azurite Blue Satin, Embroidered with Coloured Floral Design
Jiaqing Period, Qing Dynasty
Length: 39.5cm　Width: 39cm
Qing Court collection

以石青色緞為底襯，以紅、綠、黃、藍、白為主色調，用15色絨綫繡芙蓉、菊花、桂花等組成的團花紋飾。有“富貴長壽”的寓意。

此補子是蘇繡作品，運用2—4暈色法，以打籽針繡中間的大芙蓉花和菊花的花蕊，用龍抱柱綫勾芙蓉花的花瓣邊，再輔以散套針、接針、施毛針、雞毛針、緝綫等針技繡製。

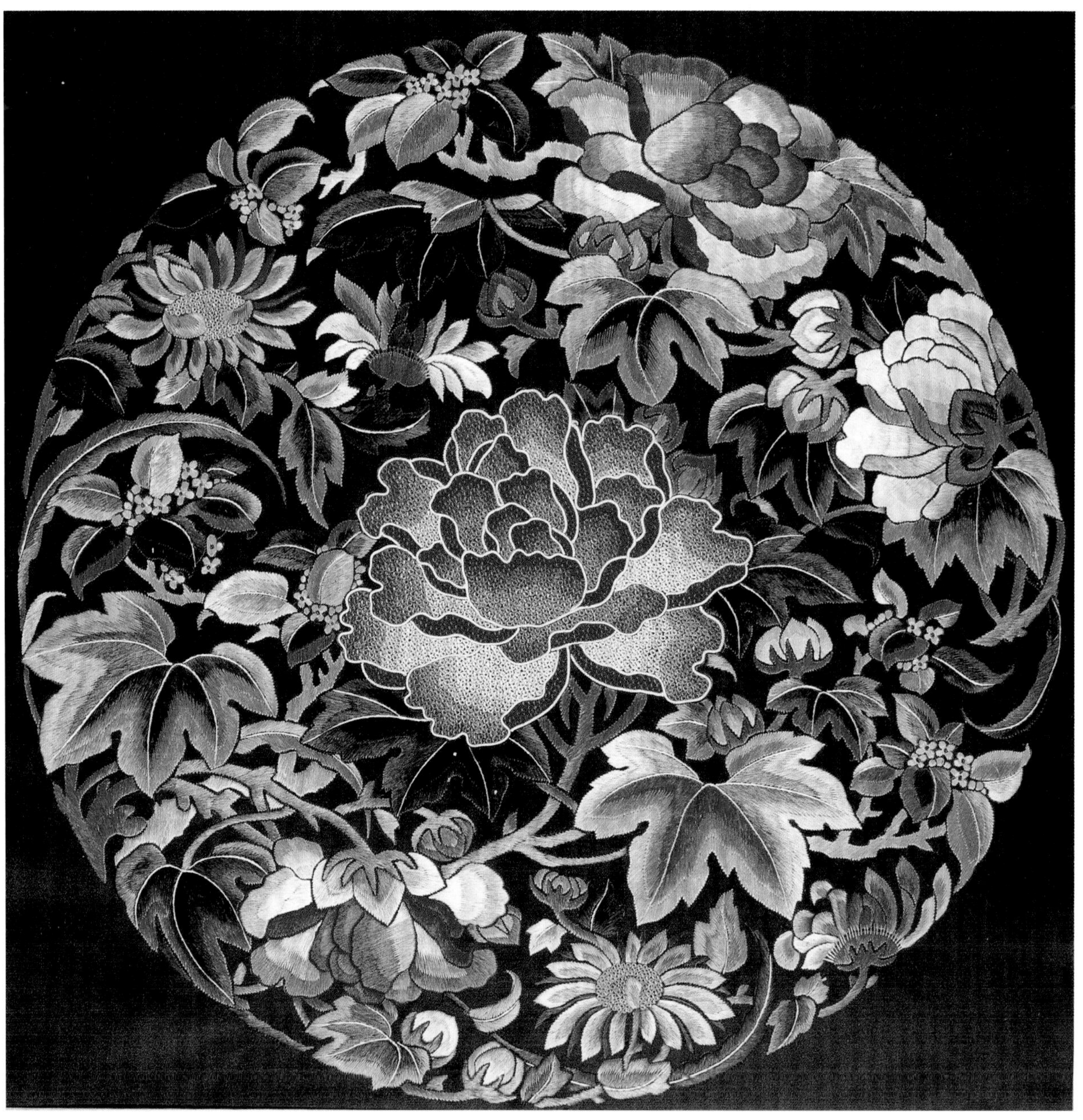

224

綠緞繡五彩四季花卉紋被面
清嘉慶
長275厘米　寬211.5厘米
清宮舊藏

Green Satin Quilt Cover, Embroidered with Floral Design in Five Colours
Jiaqing Period, Qing Dynasty
Length: 275cm　Width: 211.5cm
Qing Court collection

綠色緞面，以紅、綠、藍、黃、白為主色調，用26色絨綫繡牡丹、芙蓉、玉蘭、蘭花、桃花、荷花、菊花、梅花、月季、水仙、海棠、茶花、桂花、石榴花、牽牛、天竹、蜀葵、靈芝等四季花卉紋，呈散點式穿插交錯排列。被頭上除四季花卉之外，還飾以蝙蝠。圖紋組合有“春秋長壽”、“四季榮華”、“長壽多子”等吉祥寓意。

此被面是嘉慶年間的蘇繡精品，運用2—4暈色法，以散套針、齊針、施毛針、十字針、車輪針、雞毛針、打籽針、平套針、松針、滚針等十多種針法並用繡成，用色豐富，構圖繁縟而不顯雜亂。

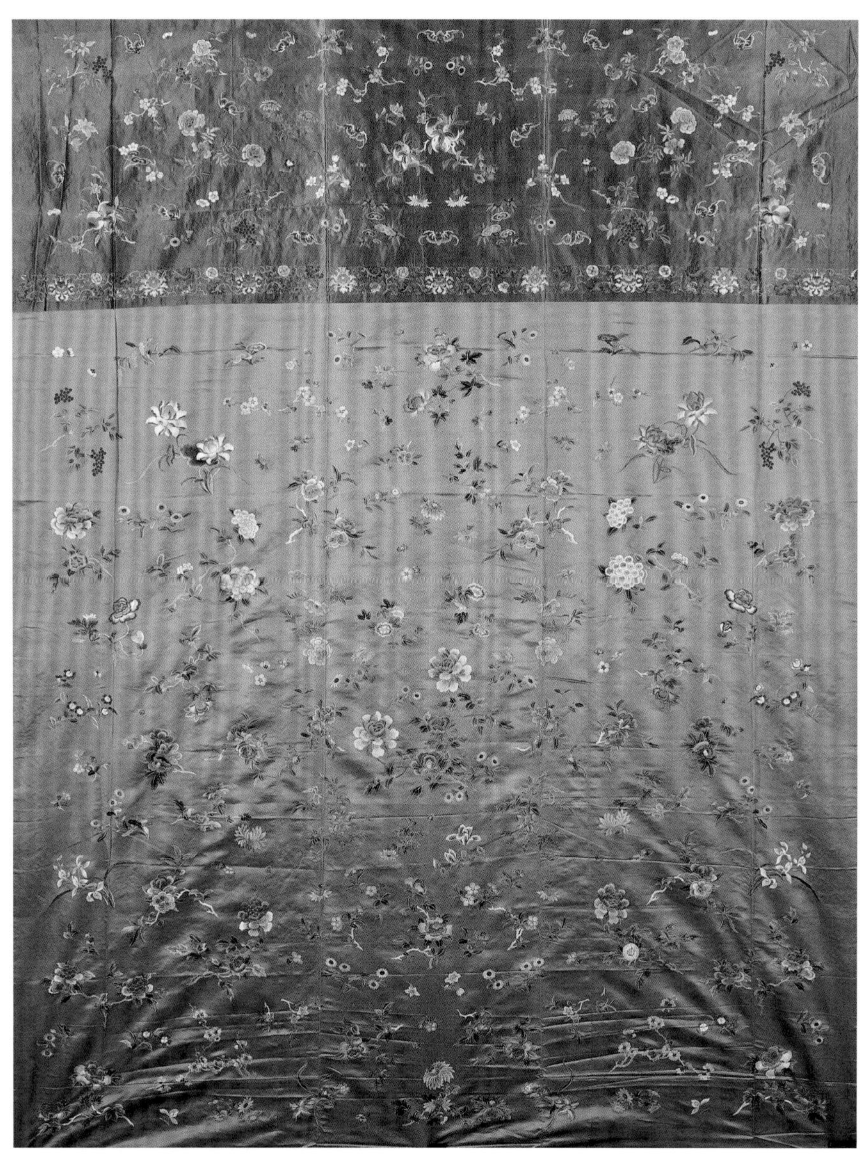

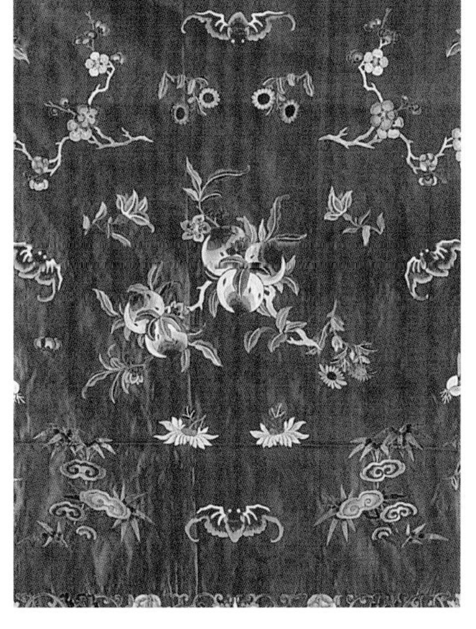

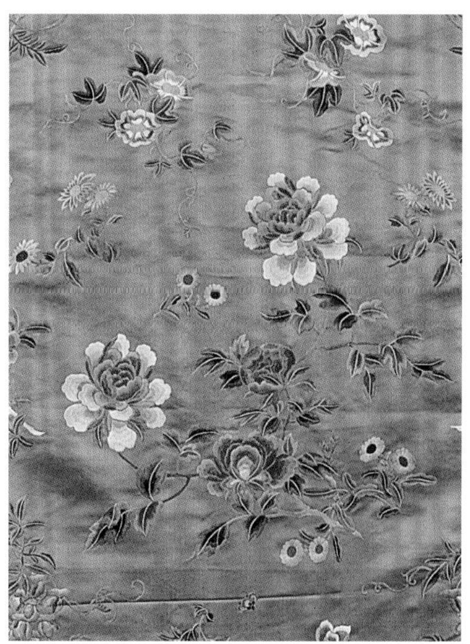

225

紅緞繡八團夔鳳花卉紋便服袍料

清道光
長295厘米　寬154厘米
清宮舊藏

Red Satin Material for Making Daily Wear, Embroidered with Eight Medallions of Kui-dragon and Phoenix

Daoguang Period, Qing Dynasty
Length: 295cm　Width: 154cm
Qing Court collection

紅色緞面，以紅、藍、綠、黃、白為主色調，用20餘色絨綫和捻金綫、捻銀綫繡夔鳳、雲、靈芝、八吉祥、海水江崖及口銜桃、勾蓮的蝙蝠組成的主體花紋八團，寓“福壽”之意。團花之間和袍下襬飾靈芝、壽石、壽菊、牡丹、桃花、梅花、月季、茶花、海棠及蝙蝠等紋飾，寓“四季榮華”、“靈仙祝壽”之意。

此袍料是道光年間的蘇繡珍品，運用2—4暈色法，以打籽針、正戧針為主，兼用散套針、齊針、刻鱗針、雞毛針、滾針、平金等針藝繡製。

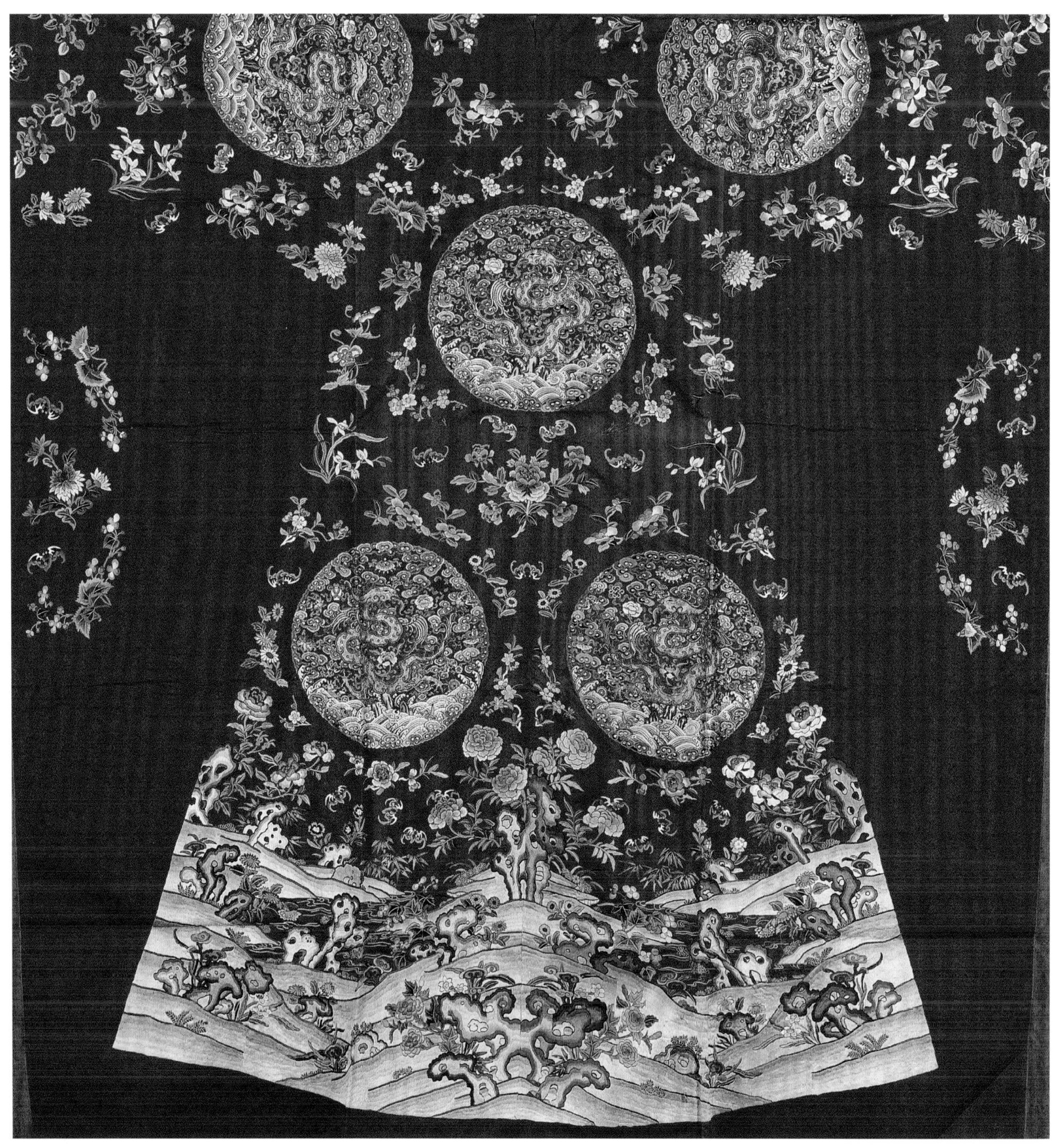

226

桃紅綢繡花籃花卉紋襯衣料
清道光
長298厘米　寬148厘米
清宮舊藏

Peach Red Silk Material for Making Underclothes, Embroidered with Baskets of Flowers
Daoguang Period, Qing Dynasty
Length: 298cm　Width: 148cm
Qing Court collection

以桃紅色綢為面料，以藍、綠、紅、黃、白為主色調，用18色絨綫繡以海棠、桃花、荷花、蘆葦、茶花、蘭花、桂花、靈芝組成的花籃八個，寓"長壽富貴"之意。間飾折枝月季、桂花、茶花、梅花、蘭花、菊花及在花間起舞的蝴蝶紋，寓意吉祥。

此襯衣料是蘇繡作品，運用2—4暈色法，以正戧針繡花瓣，用雞毛針繡蘭花細長的葉片，用打籽針繡菊花、梅花等的花蕊，輔以齊針、滾針、松針、扎針、接針、釘綫等針技繡製。

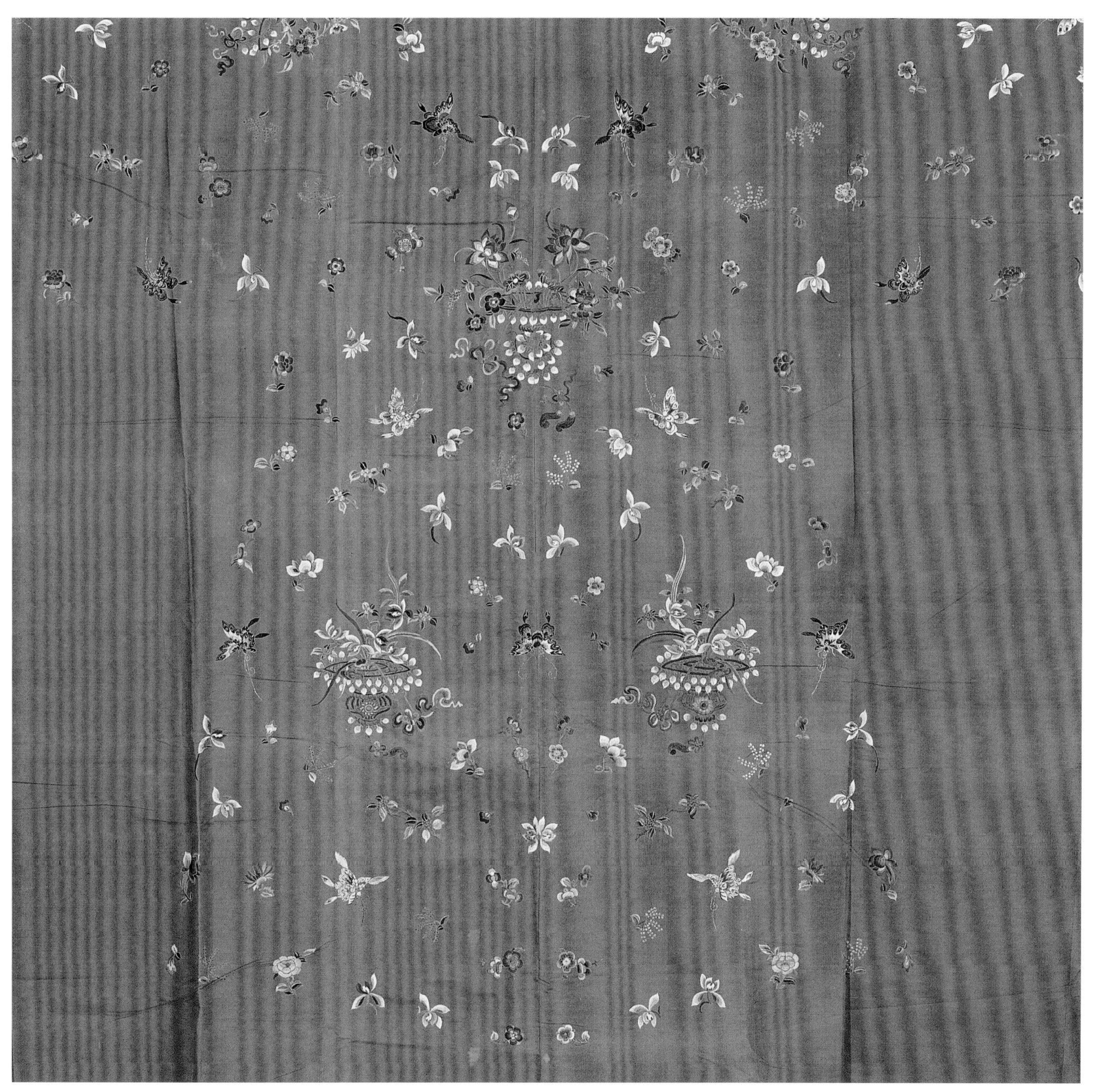

227

綠緞繡八團花卉紋便服袍料

清道光
長310厘米　寬145厘米
清宮舊藏

Green Satin Material for Making Daily Wear, Embroidered with Eight Medallions of Flowers

Daoguang Period, Qing Dynasty
Length: 310cm　Width: 145cm
Qing Court collection

綠色緞面，以紅、綠、黃、黑、白為主色調，用15色絨綫繡以茶花、松樹、水仙、天竹、梅花等組成的八團花卉紋飾，有“靈仙祝壽”、“富貴長壽”等寓意。

此袍料是蘇繡作品，運用2—3暈色法，以雞毛針、正戧針、齊針、滾針、打籽針、松針等針技繡製，用色濃淡相宜，繡工工整細密。是后妃們所穿便服的袍料。

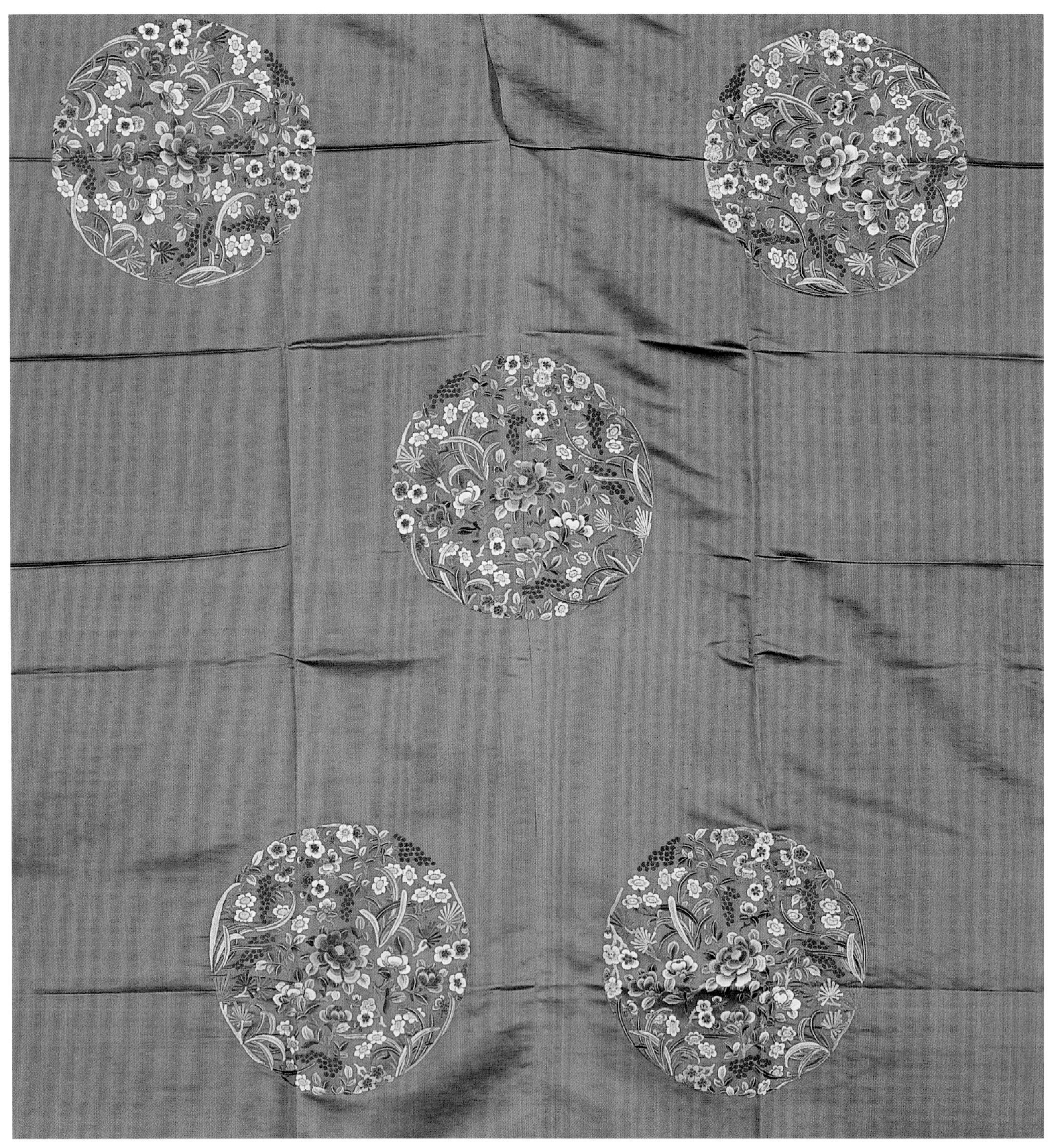

228

金黃緞繡五彩福壽齊天紋便服袍料
清道光
長308厘米　寬192厘米
清宮舊藏

Golden Satin Material for Making Daily Wear, Embroidered with the Coloured Symbolic Design of Happiness and Longevity
Daoguang Period, Qing Dynasty
Length: 308cm　Width: 192cm
Qing Court collection

金黃色緞面，以藍、綠、紅、白、黑為主色調，用13色絨綫繡福字、壽桃、天竹、荸薺紋飾。薺與齊諧音，此圖紋寓“福壽齊天”之意。

此袍料是道光年間的蘇繡佳品，運用2—5暈色法，以正戧針、散套針、齊針、雞毛針、滾針等針藝繡製。構圖新穎別致，用色明麗，繡工精密。

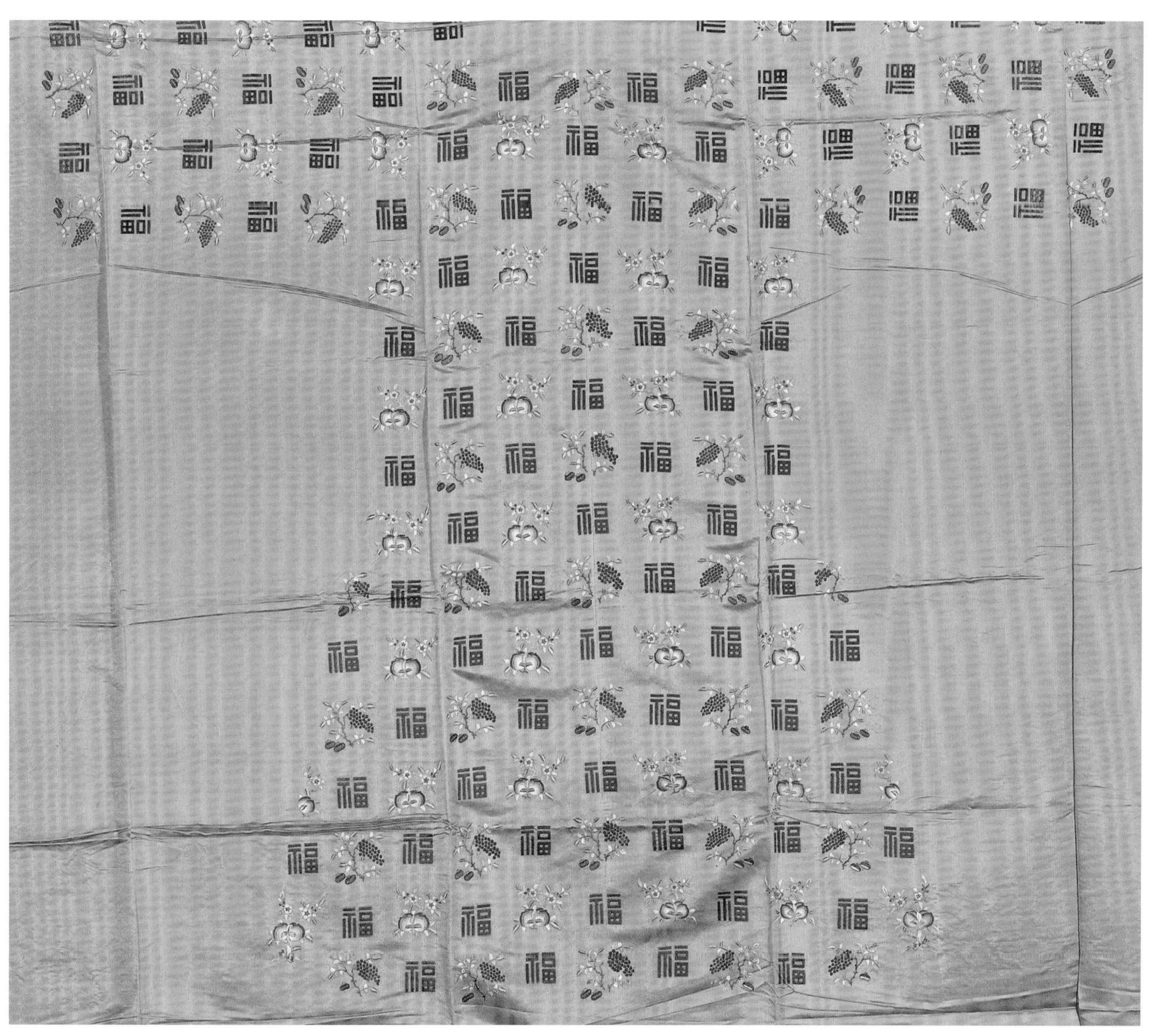

229

粉色緞繡桃蝠花卉八吉祥紋夾被
清道光
長271.5厘米　寬212厘米
清宮舊藏

Pink Satin Quilt with Linings, Embroidered with Flower and Bat Design
Daoguang Period, Qing Dynasty
Length: 271.5cm　Width: 212cm
Qing Court collection

粉色緞面，以紅、藍、綠、黃、白為主色調，用25色絨綫繡壽桃、蝙蝠、天竹、梅花、水仙、壽菊、萱草等紋飾，寓意“富貴長壽”、“宜男多子”。在米黃色緞的被頭上繡螺、盤長等八吉祥及蝙蝠、磬、古錢、靈芝等紋飾，寓“福慶如意”、“長壽吉祥”之意。

此夾被是蘇繡作品，運用2—3暈色法，以緝綫繡海螺的螺紋及斑點，用雞毛針繡花葉，用正戧針繡靈芝、水仙、桃花，再配合散套針、齊針、打籽針、滾針、刻鱗針等工藝繡製。用色艷麗，針法嫻熟。

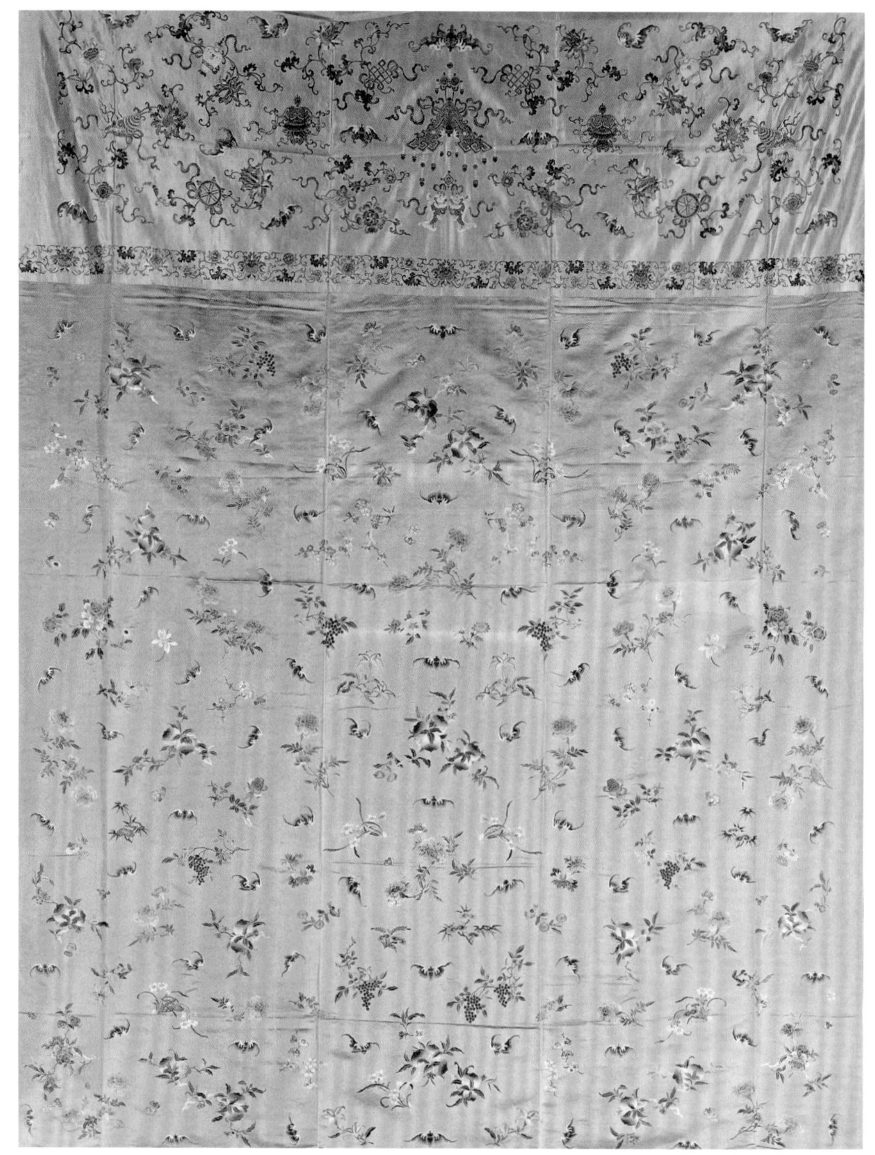

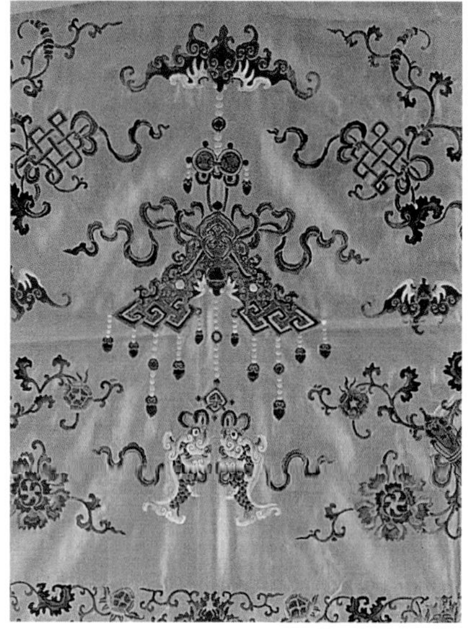

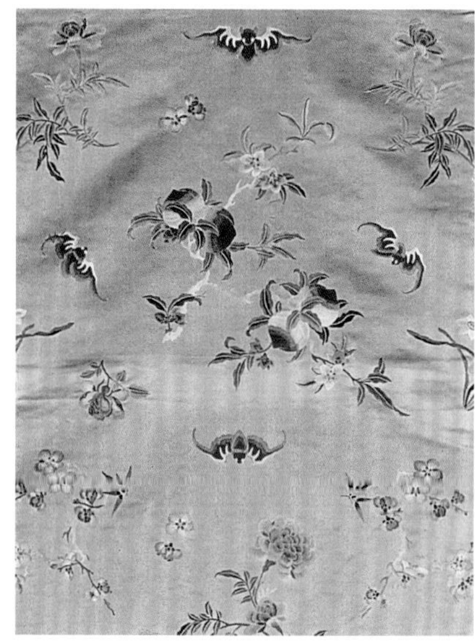

230

藕荷色緞繡五彩鳳穿花紋便服袍料
清咸豐
長310厘米　寬148厘米
清宮舊藏

Pale Pinkish Purple Satin Material for Making Daily Wear, Embroidered with Phoenix and Flower Design in Five Colours
Xianfeng Period, Qing Dynasty
Length: 310cm　Width: 148cm
Qing Court collection

藕荷色緞面，以綠、黃、白、紅、藍、黑為主色調，用24色絨綫及捻金綫繡鳳凰、牡丹和菊花紋。牡丹和菊花怒放，幾隻鳳凰盤旋於花間。有"鳳穿牡丹"、"富貴長壽"的吉祥寓意。

此袍料是咸豐年間的蘇繡精品，運用2—5暈色法，以正戧針繡花瓣，以打籽針繡花蕊，以扎針繡鳳尾翎的梗和繡鳳爪，以施毛針繡尾翎的茸毛，再輔以齊針、刻鱗針、滾針、平金等針藝，有極強的層次感。

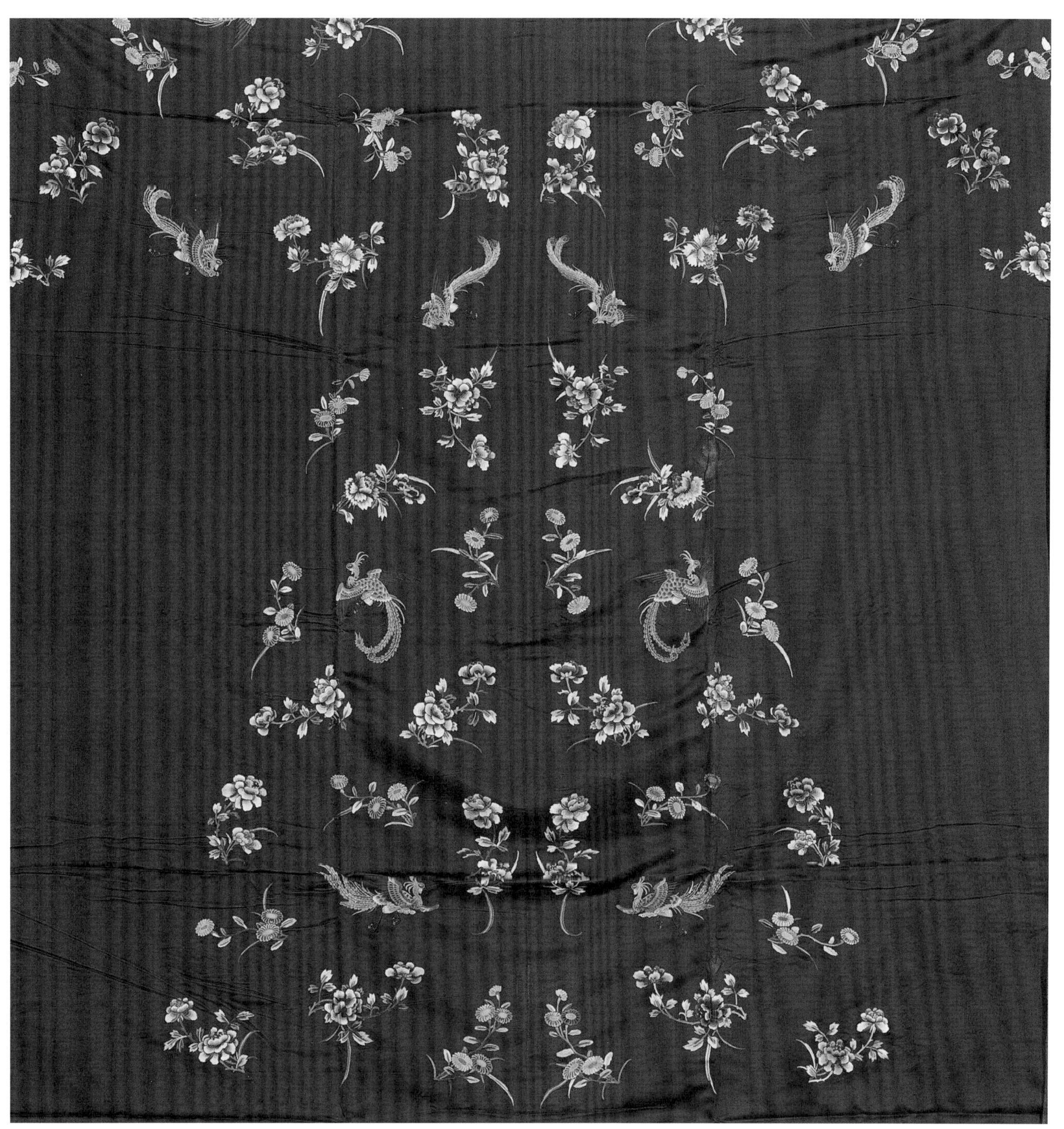

231

品藍綢繡五彩福壽花卉紋便服袍料
清咸豐
長296厘米　寬158厘米
清宮舊藏

Greenish Blue Silk Material for Making Daily Wear, Embroidered with Design of Flowers and Bats in Five Colours
Xianfeng Period, Qing Dynasty
Length: 296cm　Width: 158cm
Qing Court collection

以品藍色綢為面料，以紅、黃、綠、白為主色調，用14色絨綫及串珊瑚、小珍珠繡靈芝、水仙、天竹、壽桃及纏繞綵帶的蝙蝠紋飾。寓意“靈仙祝壽”、“福壽萬代”。

此袍料是咸豐年間的蘇繡珍品，運用2—6暈色法，以緝綫繡、雞毛針、打籽針、正戧針、齊針等針法繡製，其中天竹的紅豆和水仙的花瓣分別用珊瑚珠和珍珠繡成，用料珍貴，用色豐富柔和，花紋秀麗典雅。

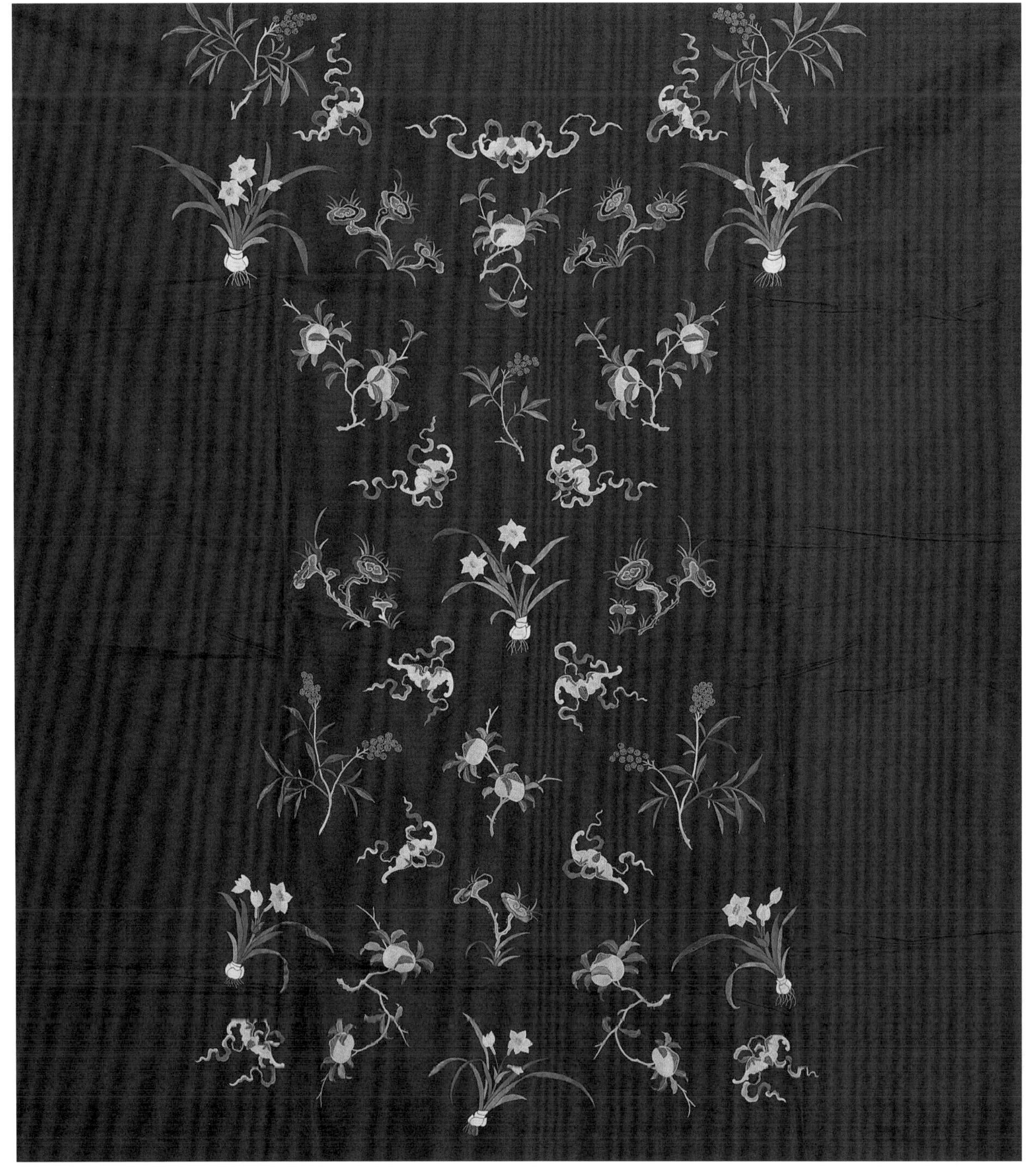

232

月白緞繡蝶鳥四季花卉紋便服袍料

清咸豐

長301厘米　寬149厘米

清宮舊藏

Moon White Satin Material for Making Daily Wear, Embroidered with Design of Flowers, Butterflies and Birds

Xianfeng Period, Qing Dynasty

Length: 301cm　Width: 149cm

Qing Court collection

月白色緞面，以藍、黃、綠、白、紅、黑為主色調繡折枝月季、桃花、壽菊、海棠、蓮花、芙蓉、桂花、茶花、牡丹、水仙、秋葵、萱草、佛手、竹子、梅花、蘭花、石榴花等花卉及蝴蝶、春燕、喜鵲等。有“四季榮華”、“長壽多子”等吉祥寓意。

此袍料是蘇繡作品，運用2—3暈色法，以正戧針、雞毛針、散套針、齊針為主，輔以接針、松針、打籽針等針法繡製。是后妃們平時所穿便服的袍料。

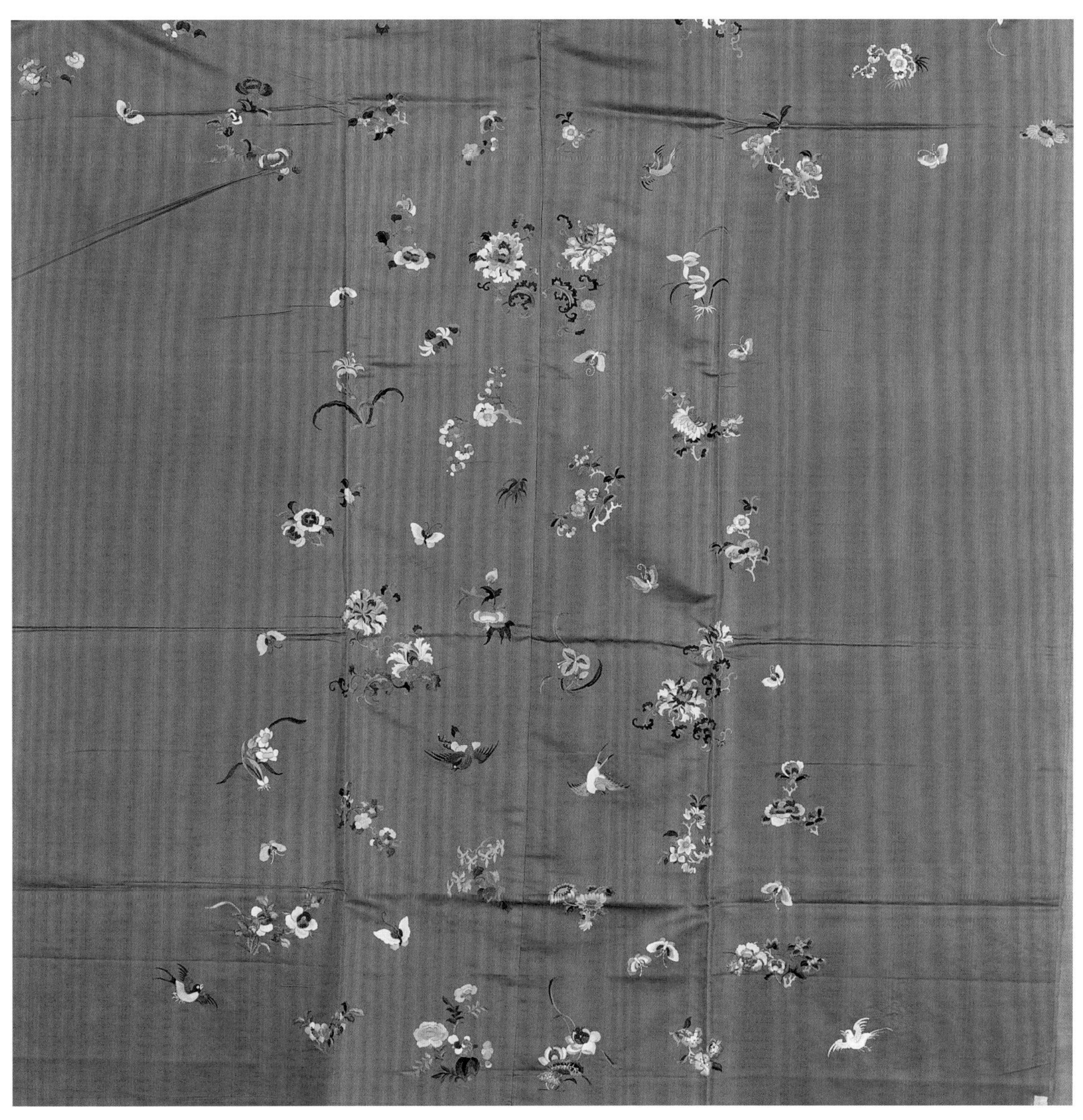

233

品月緞繡五彩花卉紋便服袍料
清咸豐
長282厘米　寬154厘米
清宮舊藏

Greenish White Satin Material for Making Daily Wear, Embroidered with Floral Design in Five Colours
Xianfeng Period, Qing Dynasty
Length: 282cm　Width: 154cm
Qing Court collection

品月色緞面，以綠、紅、黃、白為主色調，用19色絨綫繡團花紋，主要有蘭花、荷花、牡丹、芙蓉、壽菊、天竹、萱草、靈芝、竹子、玉蘭、梅花、石榴花、水仙、牽牛花等。分別含有"富貴"、"長壽"、"多子"的寓意。

此袍料是蘇繡作品，運用2—4暈色法，以齊針繡花的枝蔓，以正戧針繡花及葉片，以接針繡花蕊。用色豐富，繡工精湛，是后妃們所穿便服的袍料。

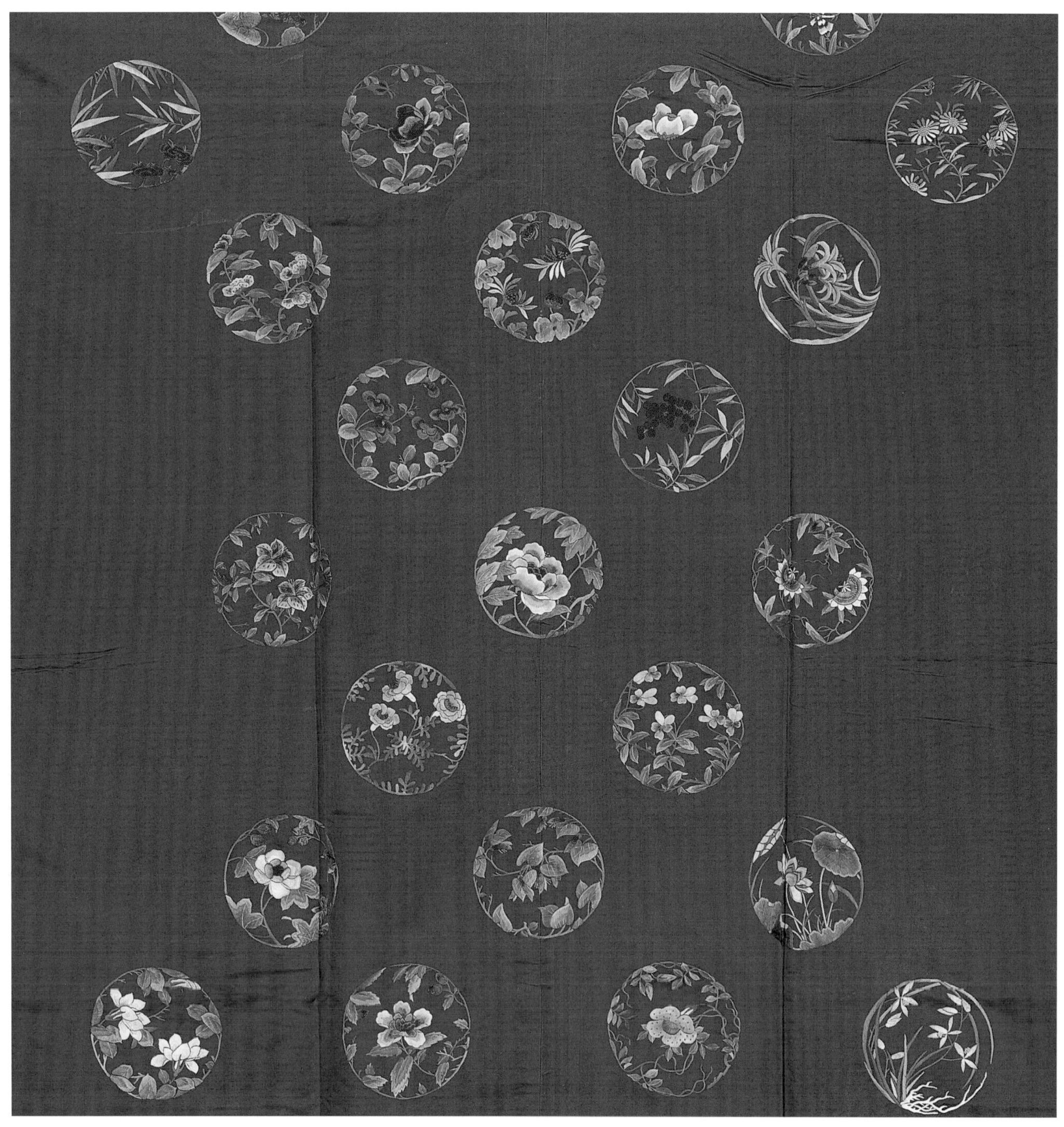

234

藕荷綢繡花籃花卉紋襯衣料

清咸豐

長314厘米　寬150厘米

清宮舊藏

Pale Pinkish Purple Silk Material for Making Underclothes, Embroidered with Baskets of Flowers

Xianfeng Period, Qing Dynasty

Length: 314cm　Width: 150cm

Qing Court collection

以藕荷色綢為面料，以綠、紅、藍、黃、白為主色調，用16色絨綫繡裝有牡丹、大竹等花卉的花籃，花籃飄帶結成盤長式。四周襯以天竹、桂花、靈芝、葡萄、水仙、葫蘆勾藤、梅花及口銜靈芝的飛鶴和口銜桃實的蝙蝠等紋飾。有“富貴長壽”、“福壽多子”等吉祥寓意。

此襯衣料是蘇繡作品，運用2—3暈色法，以網繡、正戧針、雞毛針、刻鱗針、扎針、齊針、打籽針、接針、滾針、松針等針法繡製。

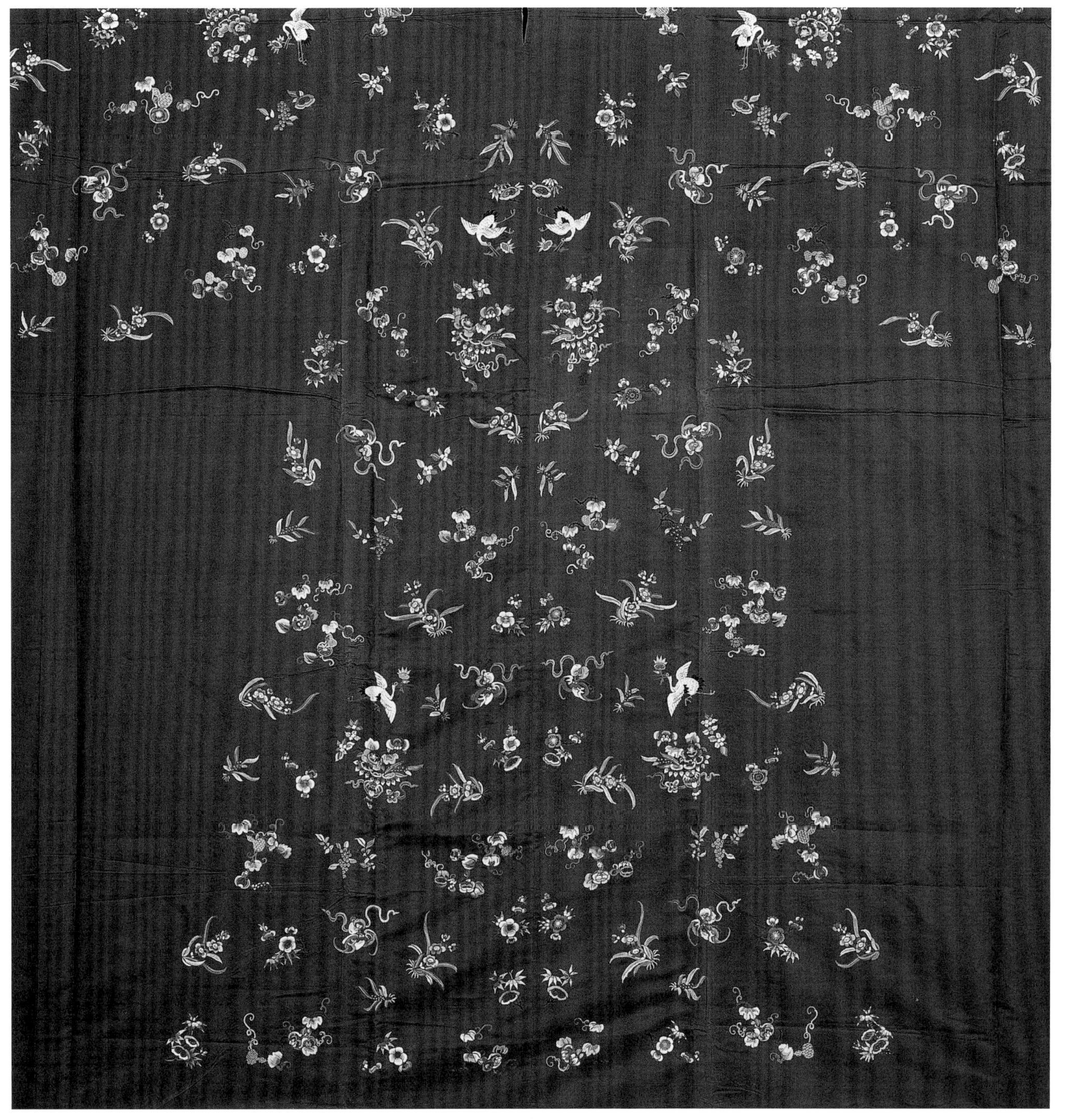

235

藕荷綢繡五彩八團五穀豐登紋便服袍料

清咸豐

長300厘米　寬148厘米

清宮舊藏

Pale Pinkish Purple Silk Material for Making Daily Wear, Embroidered with Coloured Design of Bumper Grain Harvest

Xianfeng Period, Qing Dynasty

Length: 300cm　Width: 148cm

Qing Court collection

以藕荷色綢為面料，以紅、綠、藍、黃、白為主色調，用17色絨綫繡團花紋，團花正中為一蓮花燈，燈旁有雙魚和兩隻口銜穀穗的鵪鶉，組成寓"五穀豐登"、"連年有餘"、"歲歲平安"之意的紋飾。四周以牡丹、萬年青、石榴、芙蓉、菊花、天竹、桂花圍成團花邊飾，寓意"富貴榮華"、"長壽多子"。

此袍料是蘇繡作品，運用2—4暈色法，以雞毛針、刻鱗針、正戧針為主，兼用齊針、滾針、扎針等針技繡製，是后妃在正月十五燈節時所穿便服的袍料。

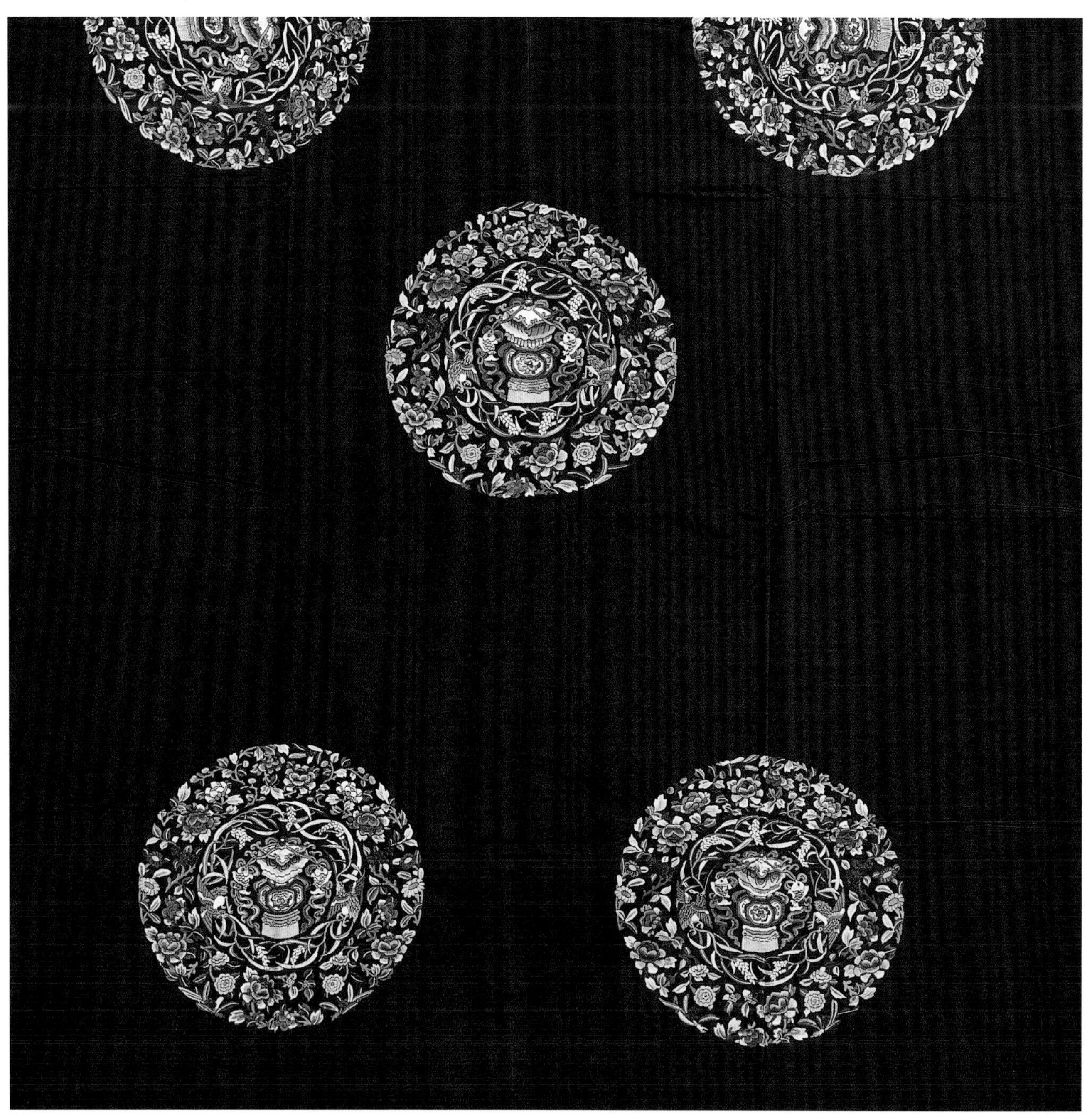

236

絳色緞繡彩鳳戲牡丹團花紋襯衣料
清咸豐
長282厘米　寬144厘米
清宮舊藏

Dark Reddish Purple Satin Material for Making Daily Wear, Embroidered with Coloured Design of Phoenixes Playing with Peonies

Xianfeng Period, Qing Dynasty
Length: 282cm　Width: 144cm
Qing Court collection

絳色緞面，以湖綠、淺綠、淺果綠、黑等色絨綫繡"鳳戲牡丹"團花紋，團花正中吐艷盛開的牡丹一棵，牡丹旁繡山石小草，一隻鳳凰單腿立於山石之上，展翅欲飛。

此襯衣料是蘇繡作品，運用2—4暈色法，以正戧針、雞毛針、扎針為主，兼用齊針、接針等工藝繡製。構圖簡練，繡工細密工整。

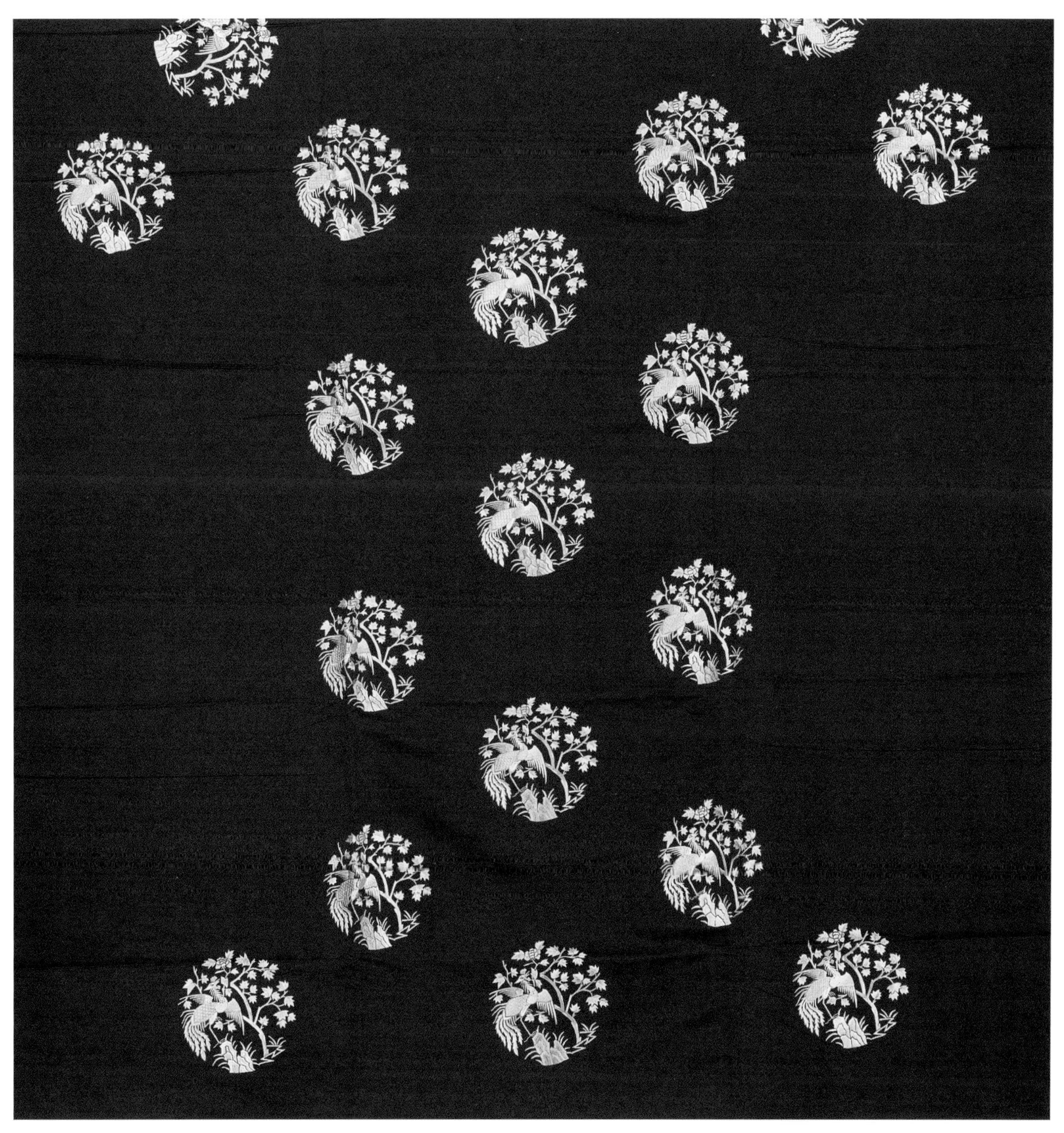

237

綠緞繡五彩海棠金壽字紋便服袍料
清同治
身長133厘米　兩袖通長188厘米
下襬寬101厘米
清宮舊藏

Green Satin Material for Making Daily Wear, Embroidered with Coloured Design of Begonias and Golden Characters "Shou" (Longevity)
Tongzhi Period, Qing Dynasty
Length of dress: 133cm
Overall length of two sleeves: 188cm
Width of the lower hem of dress: 101cm
Qing Court collection

綠色緞面，以藍、綠、黃、紅、白為主色調，用15色絨綫及捻金綫，繡製團壽字及海棠紋飾。寓"壽滿堂"之意。

此袍料是同治年間的蘇繡珍品，運用2—3暈色法，以正戧針、齊針、平金等針法繡製。構圖簡練，繡工細密。

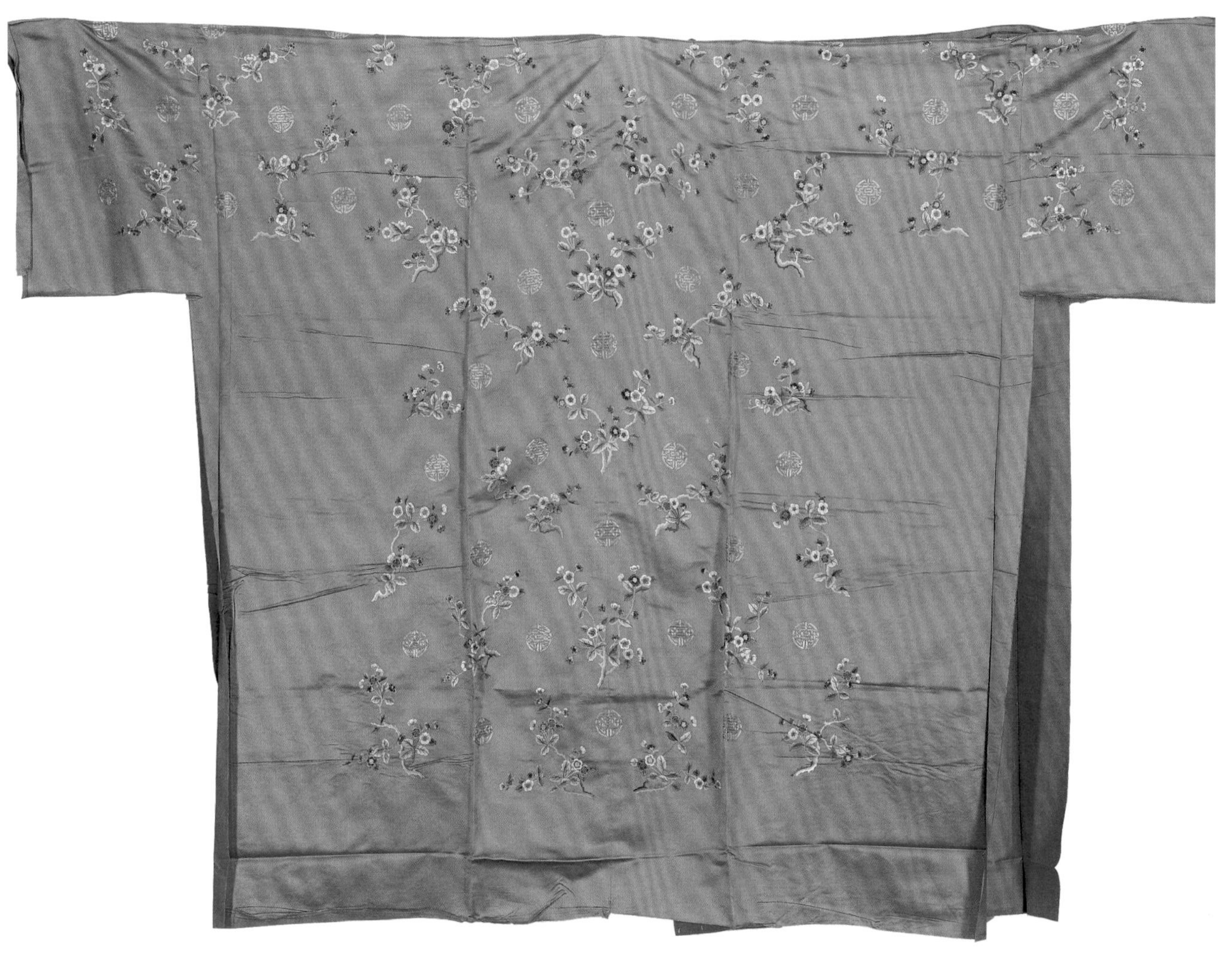

238

絳色綢繡彩梅花紋便服袍料
清同治
長300厘米　寬154厘米
清宮舊藏

Dark Reddish Purple Silk Material for Making Daily Wear, Embroidered with Plum Blossom Design
Tongzhi Period, Qing Dynasty
Length: 300cm　Width: 154cm
Qing Court collection

以絳色綢為面料，以玫瑰紅、黃、綠、白、黑為主色調，用13色絨綫繡整枝梅花紋飾。梅花與蘭花、竹子、菊花，並稱為花中“四君子”，多用來比喻人的高潔和正直。人們又常以梅花的五瓣，象徵福、祿、壽、喜、財。

此袍料是同治年間的蘇繡精品，運用二暈色法，以松針繡梅花心莛，用打籽針繡花蕊，用散套針繡樹幹，用正戧針繡花瓣。繡工細膩，花紋色彩變化自然，富有層次感和立體效果。

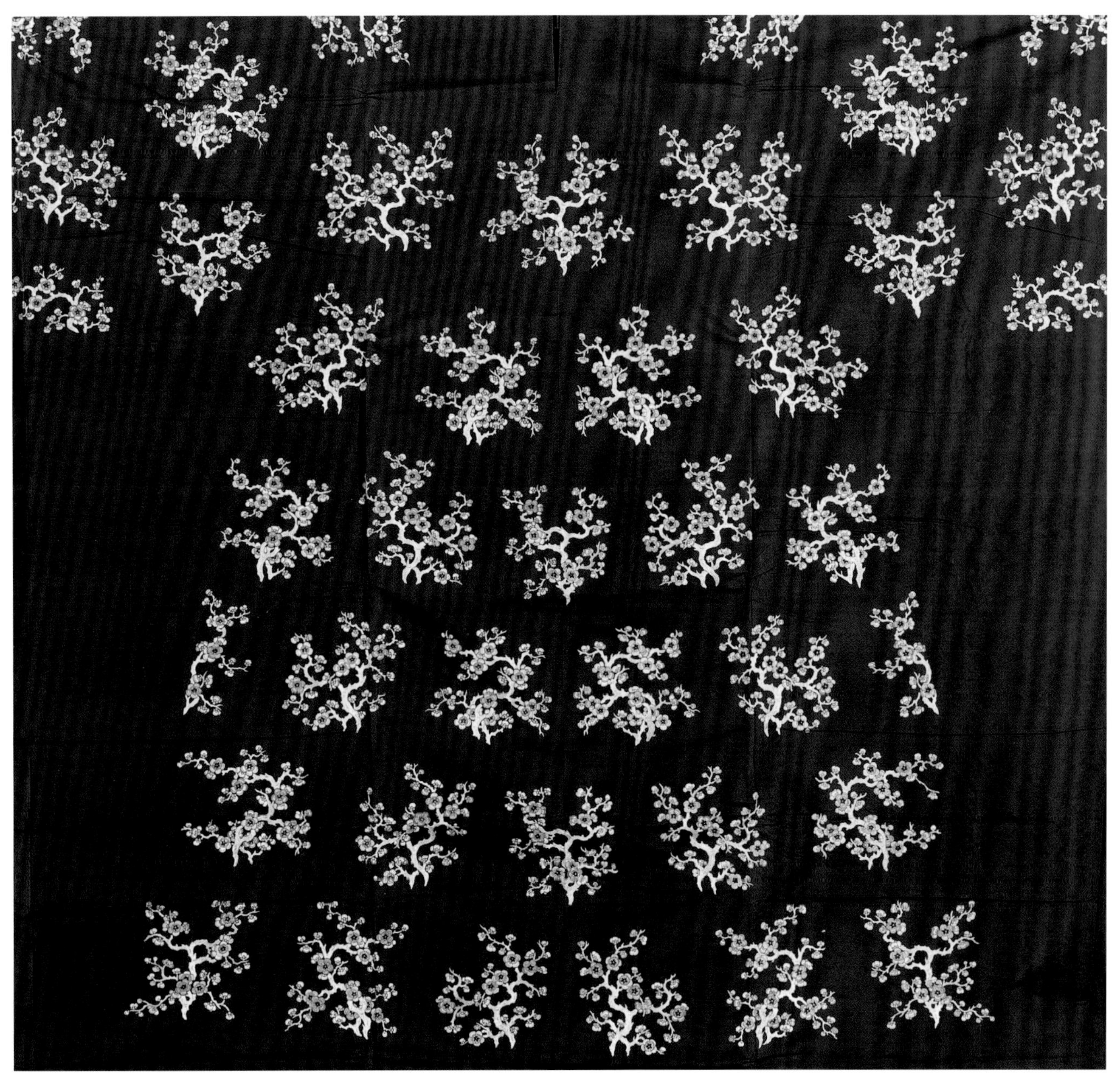

239

石青緞繡五彩蝠壽水仙紋馬褂料
清同治
長166厘米　寬384厘米
清宮舊藏

Azurite Blue Satin Material for Making Mandarin Jacket, Embroidered with Coloured Design of Bats, Characters "Shou" (Longevity) and Narcissus
Tongzhi Period, Qing Dynasty
Length: 166cm　Width: 384cm
Qing Court collection

石青色緞面，以綠、白、紅、粉、桃紅、月白、黑等色絨綫及捻金綫繡水仙、蝙蝠和團壽字紋飾。五隻蝙蝠圍繞一團壽字飛舞，四周水仙盛開。寓"五福捧壽"之吉祥意。

此馬褂料是蘇繡作品，運用二暈色法，以正戧針、雞毛針為主，兼用滾針、齊針、接針等針法繡製。是后妃們平時所穿馬褂料。

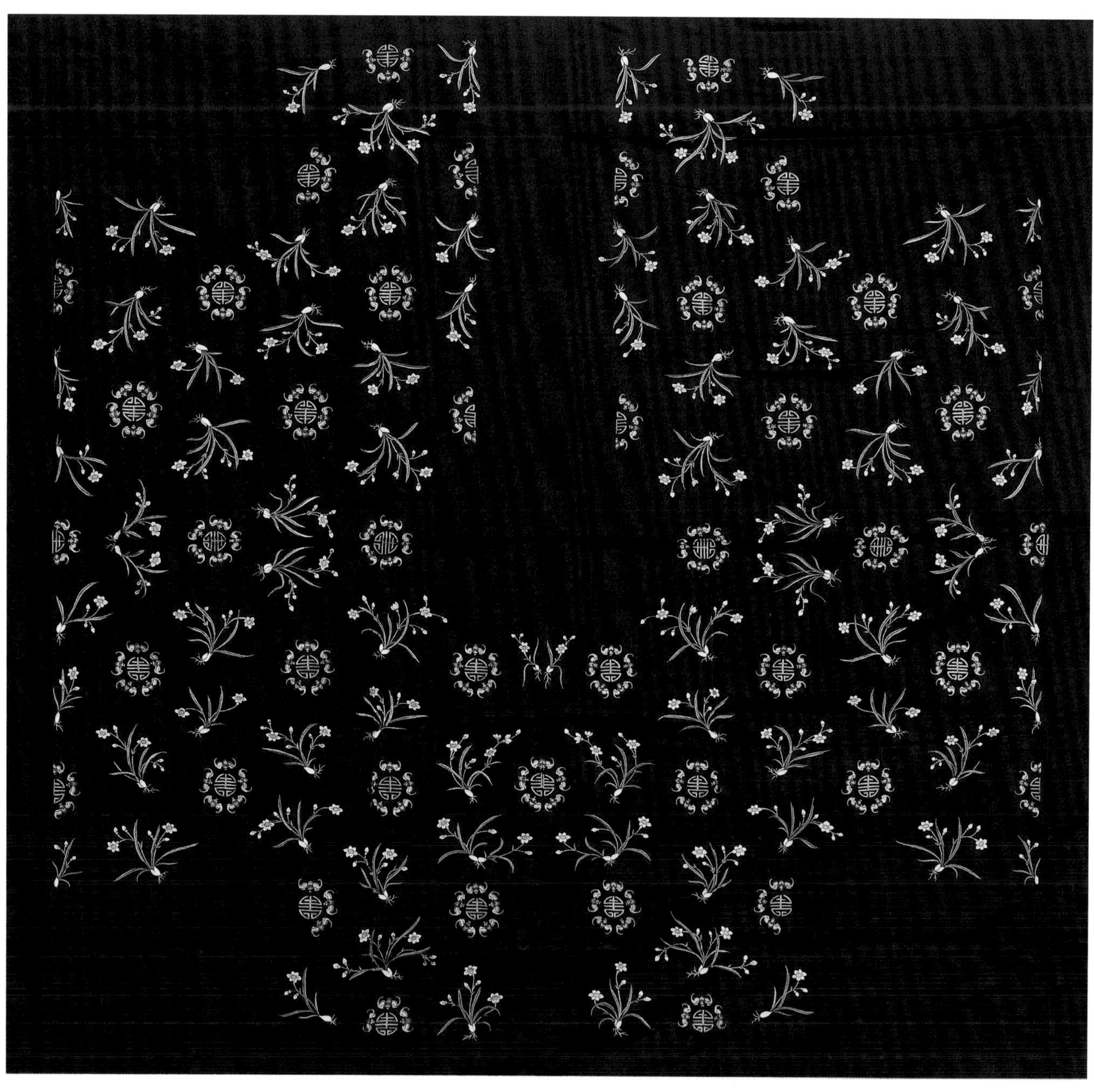

240

明黃綢繡彩八團喜鵲登梅圖便服袍料

清光緒

長310厘米　寬156厘米

清宮舊藏

Bright Yellow Silk Material for Making Daily Wear, Embroidered with Coloured Design of Magpies, Plum Blossoms and Character "Shuangxi" (Double Happiness)

Guangxu Period, Qing Dynasty

Length: 310cm　Width: 156cm

Qing Court collection

以明黃色綢為面料，以藍、綠、黃、白、紅為主色調，用24色絨綫、串珊瑚珠、串珍珠及捻金綫繡大紅的雙喜字和整枝的梅花，梅花枝頭有喜鵲飛舞，組成"喜鵲登梅圖"，以諧音寓"喜上眉梢"之意。下為古錢、戟、靈芝、方勝、蝠磬和海水江崖等吉祥紋飾。

此袍料是蘇繡精品，運用2—4暈色法，以緝珠、平金、散套針、正戧針、滾針、齊針、扎針等針法繡製。其中雙喜字以珊瑚珠繡成，梅花則用小珍珠繡成，用色豐富華麗，繡工細密。是皇后、皇貴妃喜慶之日所穿便服的料子。

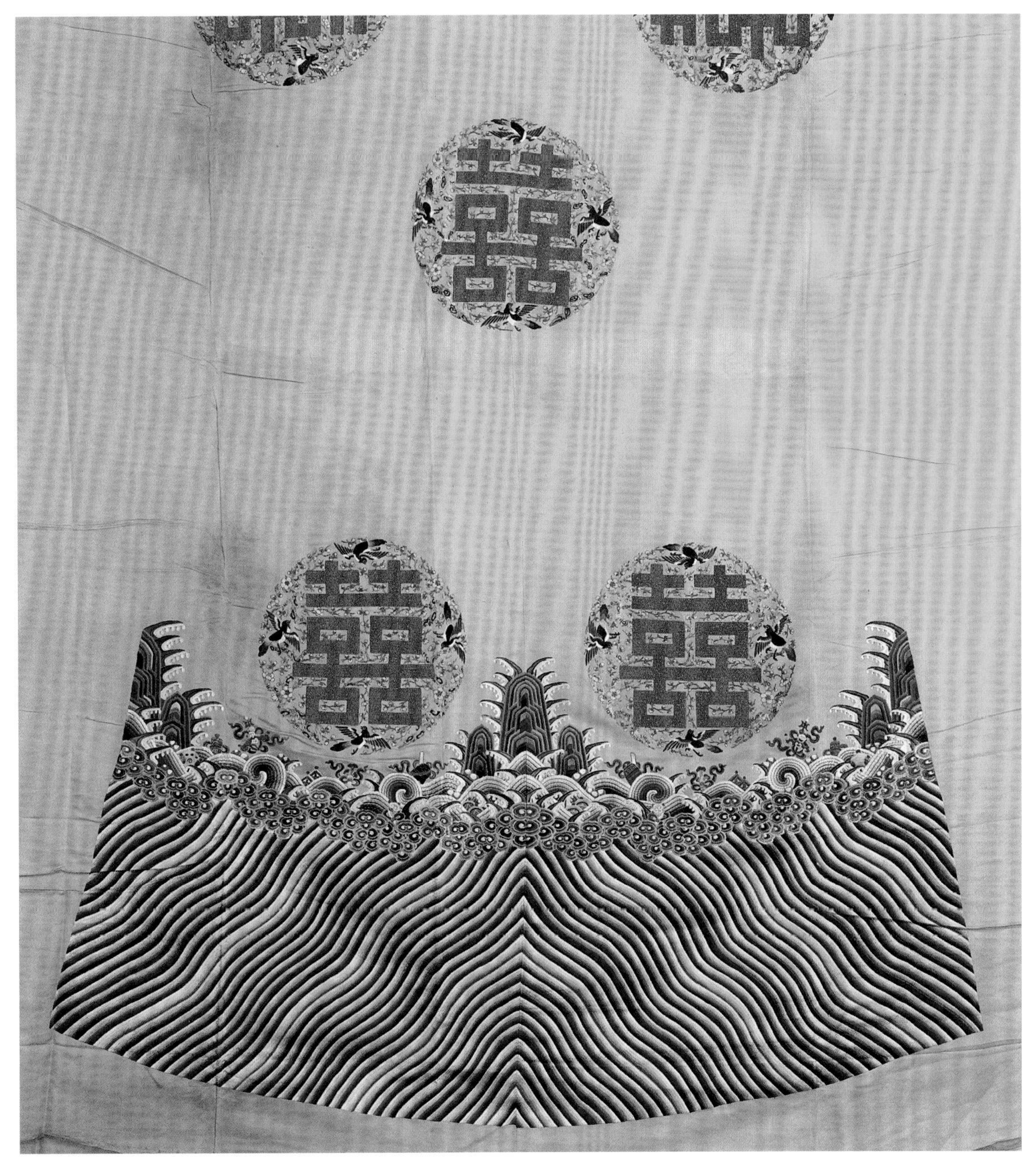

241

綠綢繡蘭桂紋便服袍料
清光緒
長320厘米　寬158厘米
清宮舊藏

Green Silk Material for Making Daily Wear, Embroidered with Design of Orchids and Sweet-scented Osmanthus
Guangxu Period, Qing Dynasty
Length: 320cm　Width: 158cm
Qing Court collection

以綠色綢為面料，以綠、紅、藍、白、黃為主色調，用10餘色絨綫繡製蘭花和桂花紋飾。蘭花、桂花組合，因二者皆有異香，常用以比喻美才盛德或君子賢人。或以"蘭桂齊芳"比喻子孫興旺。

此袍料是蘇繡作品，運用2—3暈色法，以正戧針、齊針、打籽針、雞毛針等針法繡製。構圖簡潔，用色自然和諧，繡工細密，是慈禧所穿便服的袍料。

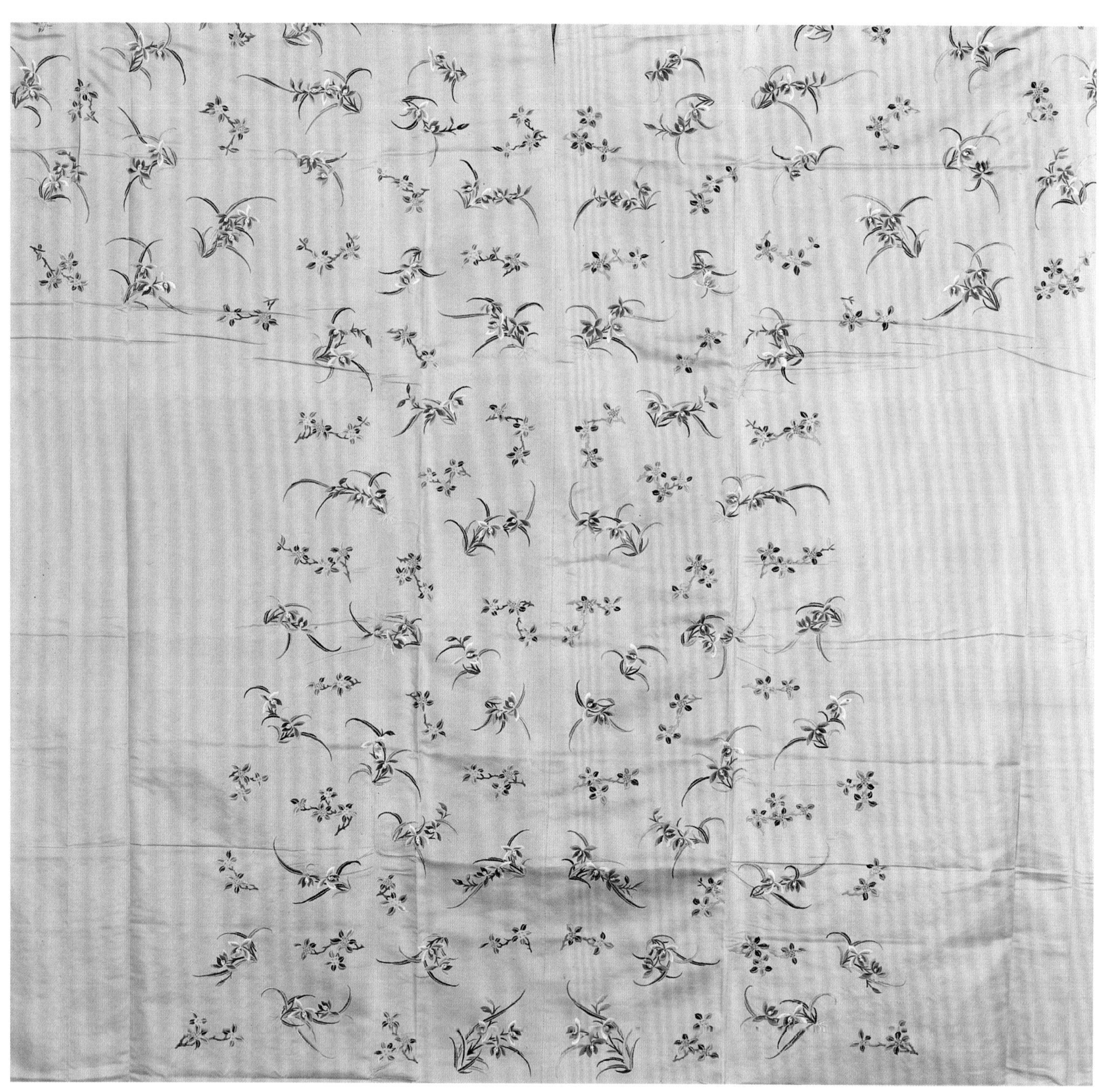

242

品月緞繡五彩靈芝金壽字紋便服袍料

清光緒

長314厘米　寬212厘米

清宮舊藏

Greenish White Satin Material for Making Daily Wear, Embroidered with Coloured Design of Lingzhi Funguses and Golden Character "Shou" (Longevity)

Guangxu Period, Qing Dynasty

Length: 314cm　Width: 212cm

Qing Court collection

品月色緞面，以藍、綠、黃、白、玫瑰紅、黑為主色調，用25色絨綫及捻金綫繡製五色靈芝和圓壽字紋飾。寓"靈仙祝壽"之意。

此袍料是蘇繡作品，運用2—5暈色法，以正戧針、攙和針為主，兼用刻鱗針、齊針、平金等針法繡成。花紋金彩輝映，艷麗奪目。

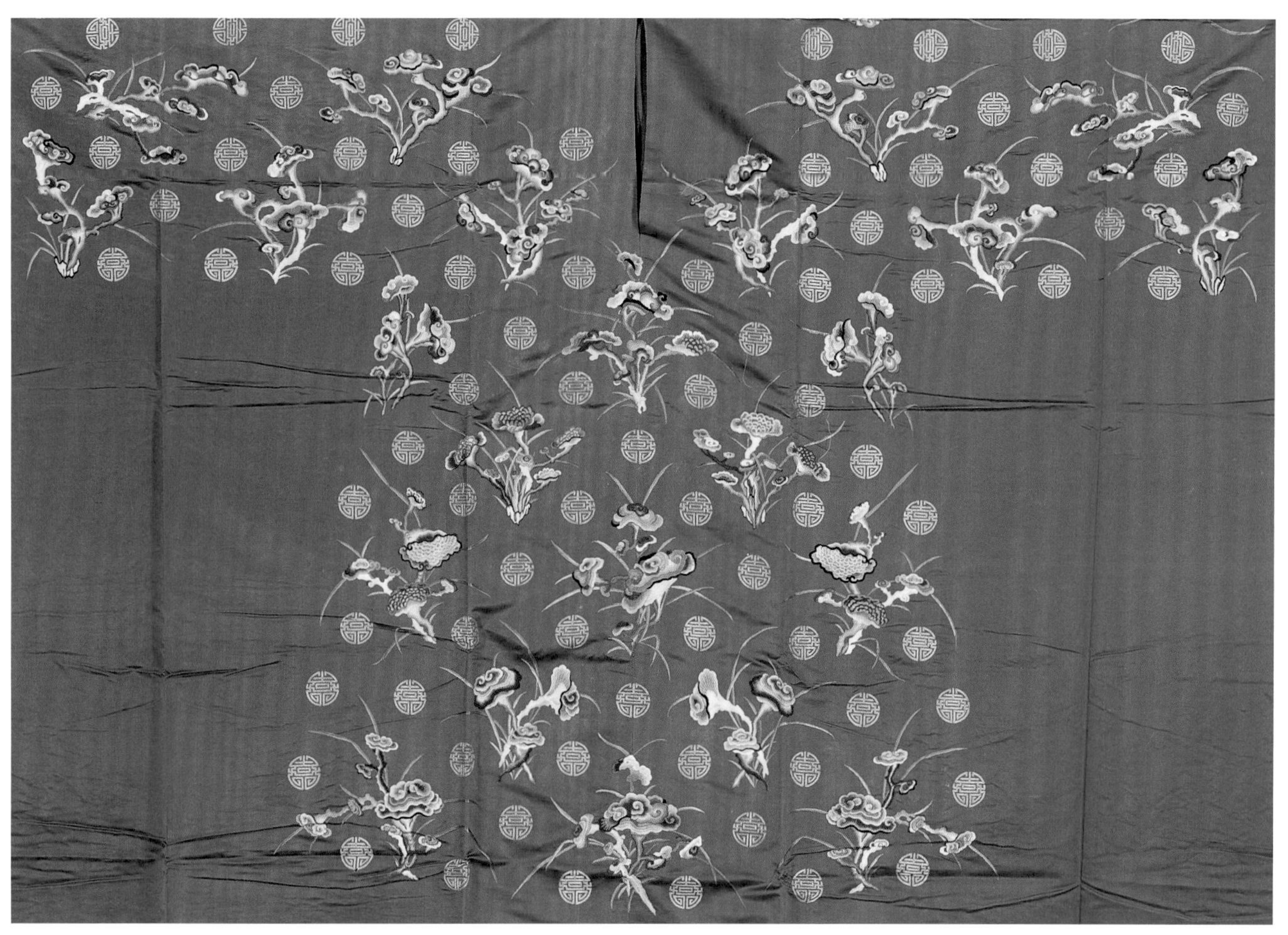

243

藕荷緞繡折枝梅蝶紋便服袍料
清光緒
長312厘米　寬149厘米
清宮舊藏

Pale Pinkish Purple Satin Material for Making Daily Wear, Embroidered with Design of Plum Blossoms and Butterflies
Guangxu Period, Qing Dynasty
Length: 312cm　Width: 149cm
Qing Court collection

藕荷色緞面，以藍、黃、紅、綠、黑、白為主色調，用13色絨綫繡製梅蝶紋。一枝枝色彩各異的梅花吐艷盛開，旁邊有蝴蝶翩翩飛舞。

此袍料是蘇繡作品，運用2—3暈色法，以正戧針、齊針、打籽針、松針、滾針等針技繡製。構圖簡潔，用色豐富鮮艷，繡工細膩。

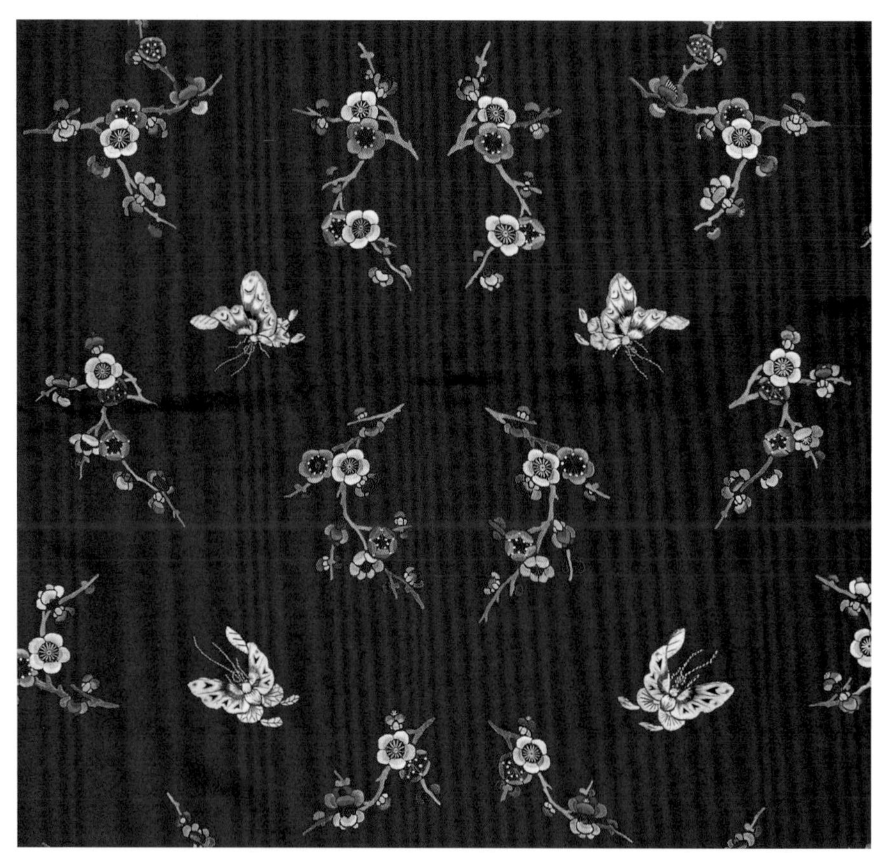

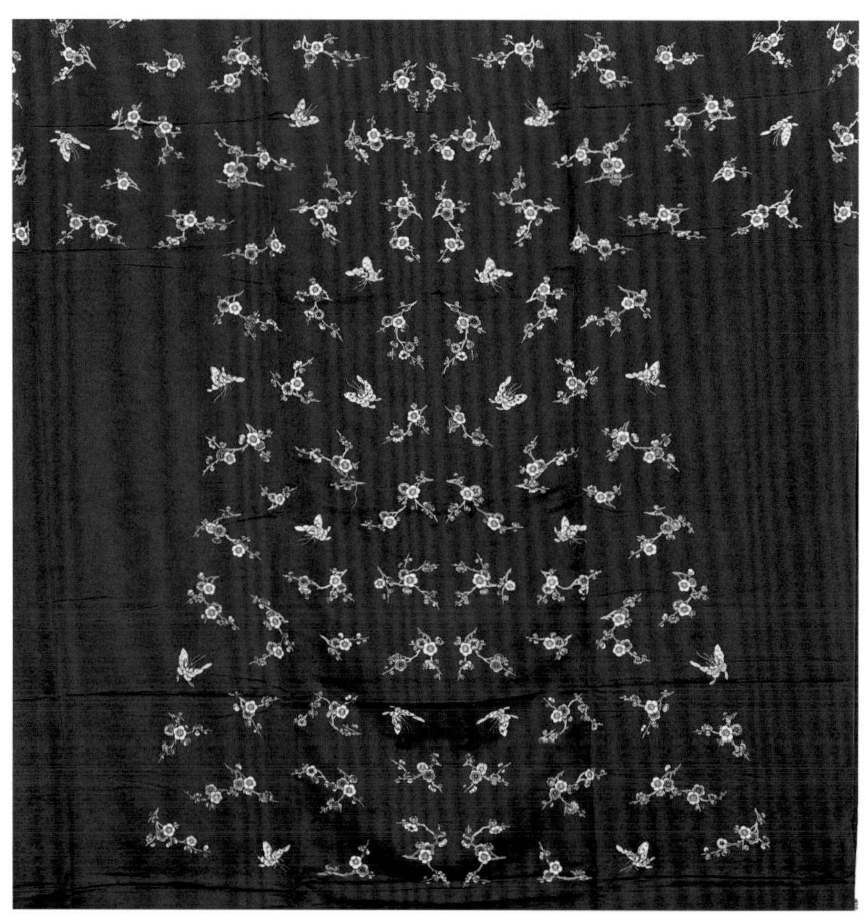

244

紅緞繡五彩蓮花圓壽字紋便服袍料

清光緒

長304厘米　寬228厘米

清宮舊藏

Red Satin Material for Making Daily Wear, Embroidered with Coloured Design of Lotuses and Round Character "Shou" (Longevity)

Guangxu Period, Qing Dynasty

Length: 304cm　Width: 228cm

Qing Court collection

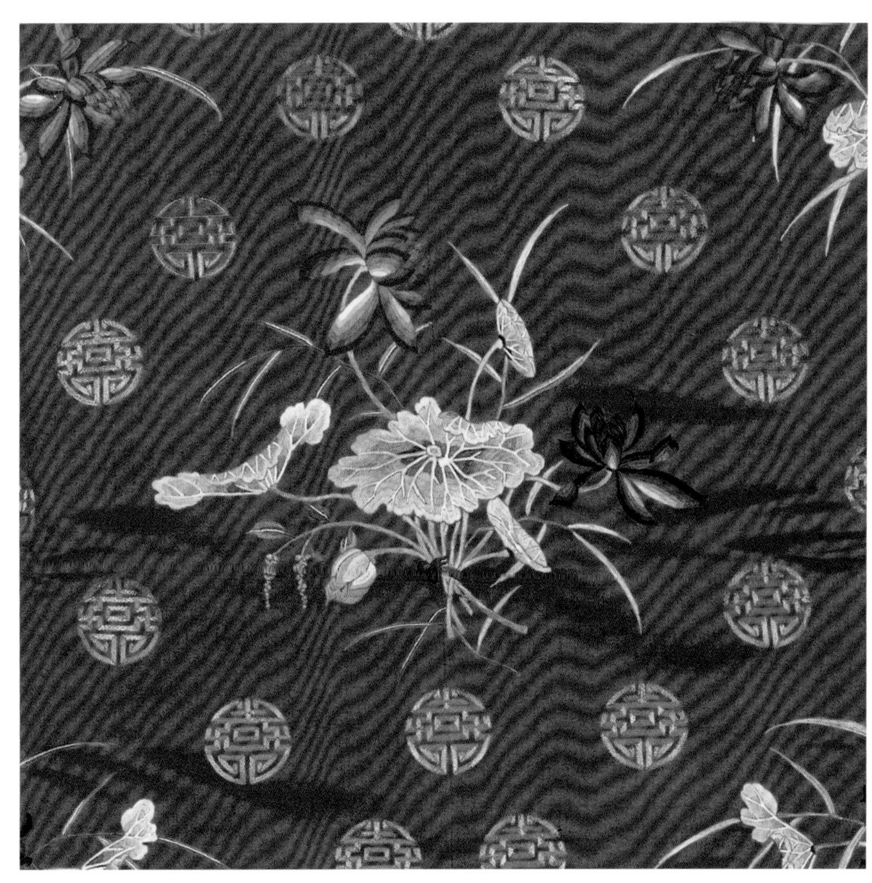

紅色緞面，以藍、紅、綠、黃、白為主色調，用23色絨綫及捻金綫繡捆成一束束的蓮花、蓮實、蓮葉和蘆葦，落空處滿飾圓壽字紋。蓮實多子，此圖紋寓意“長壽多子”。

此袍料是光緒年間的蘇繡珍品，運用2—5暈色法，以打籽針繡蓮籽，用正戧針繡蓮花及蓮葉，輔以齊針、雞毛針、滾針、平金等針法。構圖簡練，繡工細密。

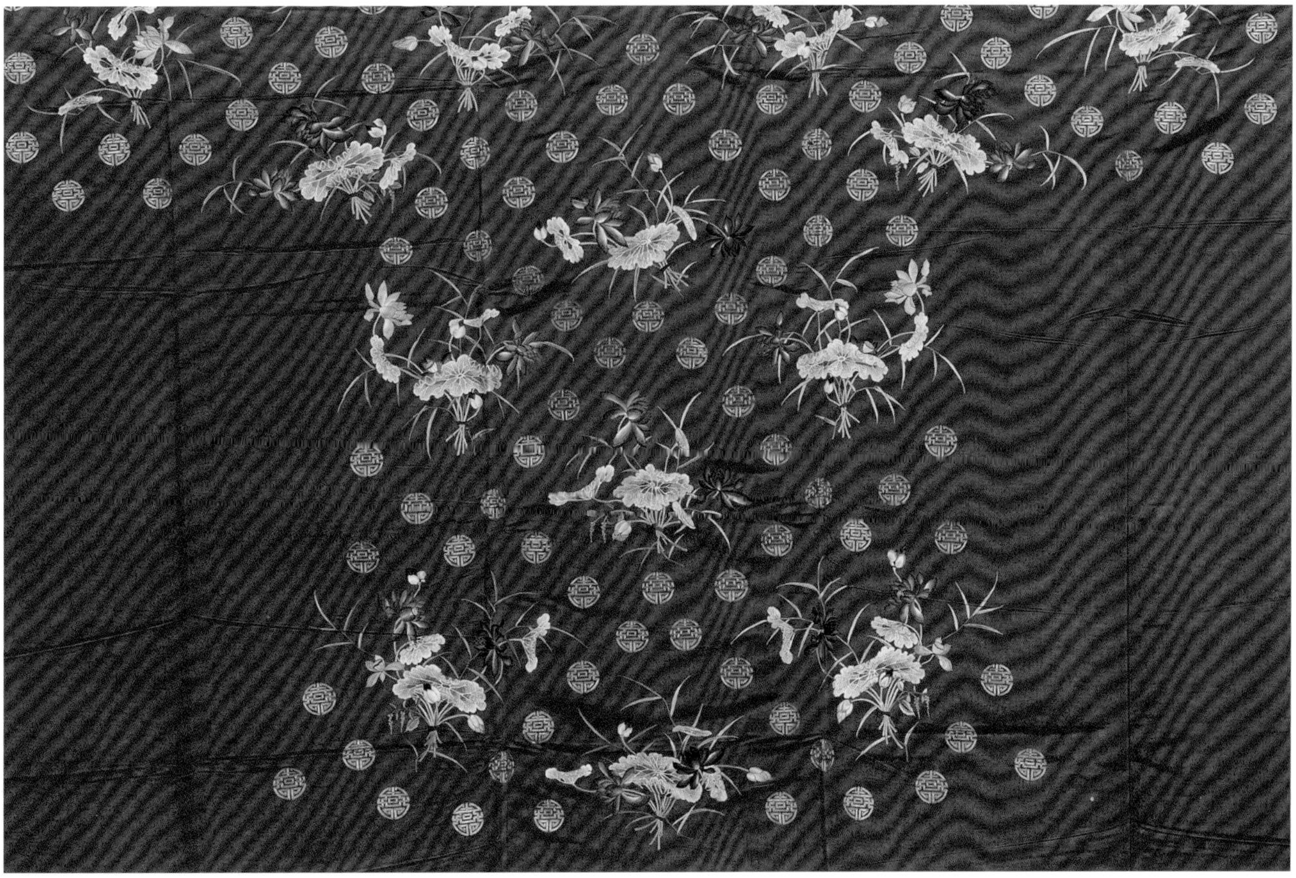

245

湖色綢繡彩松鶴花卉紋便服袍料
清光緒
身長133厘米　兩袖通長198厘米
下襬寬105厘米
清宮舊藏

Light Green Silk Material for Making Daily Wear, Embroidered with Coloured Design of Pines, Cranes and Flowers
Guangxu Period, Qing Dynasty
Length of dress: 133cm
Overall length of two sleeves: 198cm
Width of the lower hem of dress: 105cm
Qing Court collection

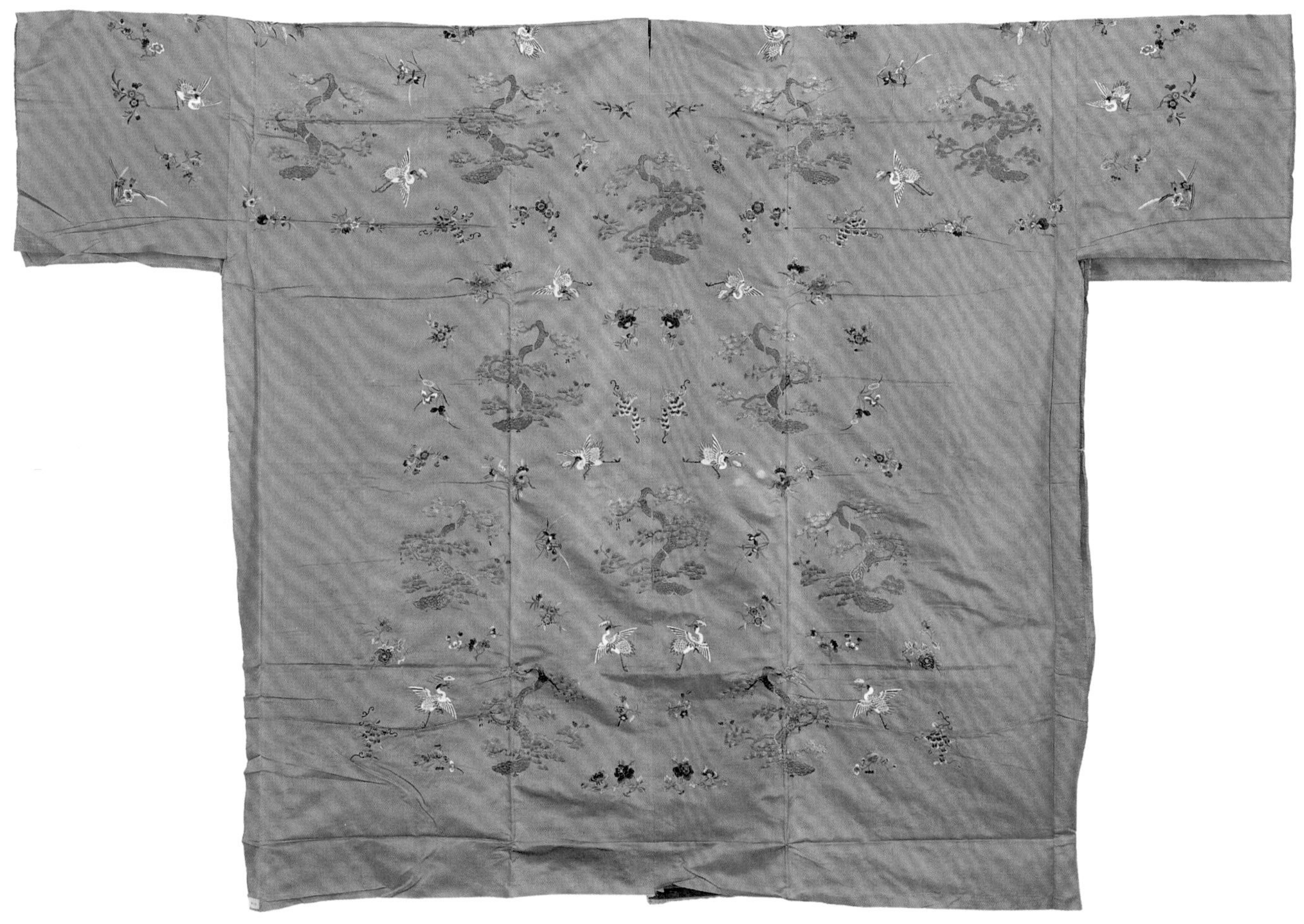

以湖色綢為面料，以藍、綠、黃、粉、白、黑為主色調，用15色絨綫繡以松鶴紋為主的紋飾，松樹勁拔挺立，仙鶴口銜靈芝飛舞，四周襯以菊、靈芝、茶花、牡丹、葡萄、石榴花、海棠花、蘭花、玉蘭、桃、水仙等紋飾。松鶴組合為“鶴壽松齡”，寓意長壽。其他圖紋則寓“富貴長壽”、“富貴多子”之意。

此袍料是蘇繡作品，運用2—3暈色法，以松針、刻鱗針、扎針為主，兼用正戧針、齊針、打籽針、滾針等針法。花紋形象生動，栩栩如生。

246

湖色綢繡海棠水草金魚紋氅衣料
清光緒
身長148厘米　兩袖通長228厘米
下襬寬156厘米
清宮舊藏

Light Green Silk Material for Making Overcoat, Embroidered with Design of Seaweeds, Begonias and Fishes
Guangxu Period, Qing Dynasty
Length of overcoat: 148cm
Overall length of two sleeves: 228cm
Width of the lower hem of overcoat: 156cm
Qing Court collection

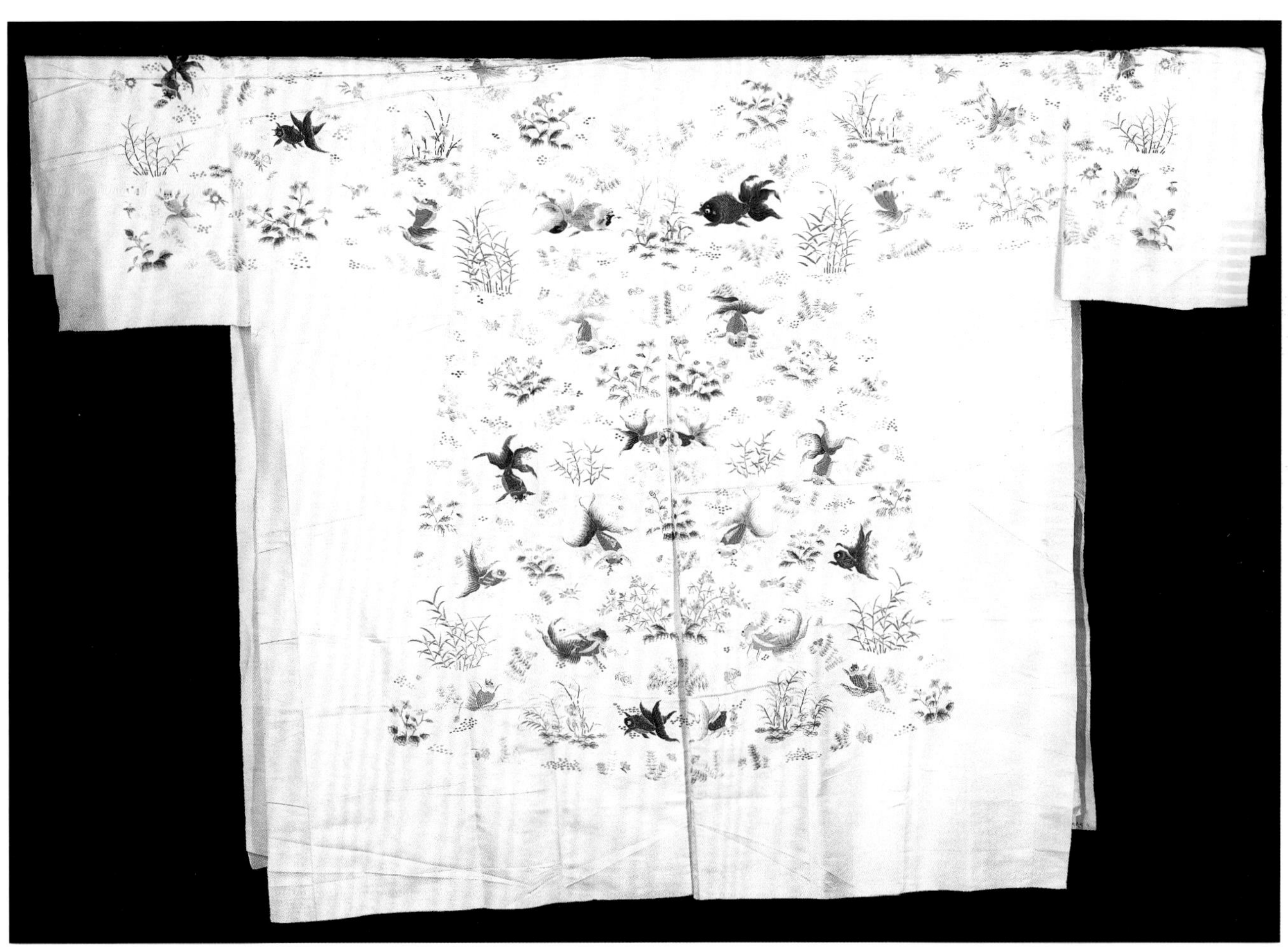

以湖色綢為面料，以玫瑰紅、藍、綠、黃、白、藕荷為主色調，用24色絨綫及撚金綫繡蘆葦、浮萍、水草、海棠及金魚等紋飾。有"金玉滿堂"的寓意。此氅衣料是蘇繡作品，運用2—4暈色法，以正戧針、刻鱗針、車輪針、齊針為主，兼用打籽針、松針、散套針、雞毛針等針法繡製。

247

明黃緞繡彩葡萄蝴蝶紋氅衣料
清光緒
長304厘米　寬148厘米
清宮舊藏

Bright Yellow Satin Material for Making Overcoat, Embroidered with Coloured Design of Grapes and Butterflies
Guangxu Period, Qing Dynasty
Length: 304cm　Width: 148cm
Qing Court collection

明黃色緞面，以綠、玫瑰紅、黑、白、黃為主色調，用16色絨綫及捻金綫繡果實飽滿的葡萄和在葡萄間翩翩起舞的蝴蝶。葡萄多果實，蝶與捷諧音，此圖紋有“捷報多子”的寓意。

此氅衣料是蘇繡作品，運用2—4暈色法，以齊針、正戧針、散套針、滾針、扎針、平金等工藝繡製，是后妃日常所穿氅衣的衣料。

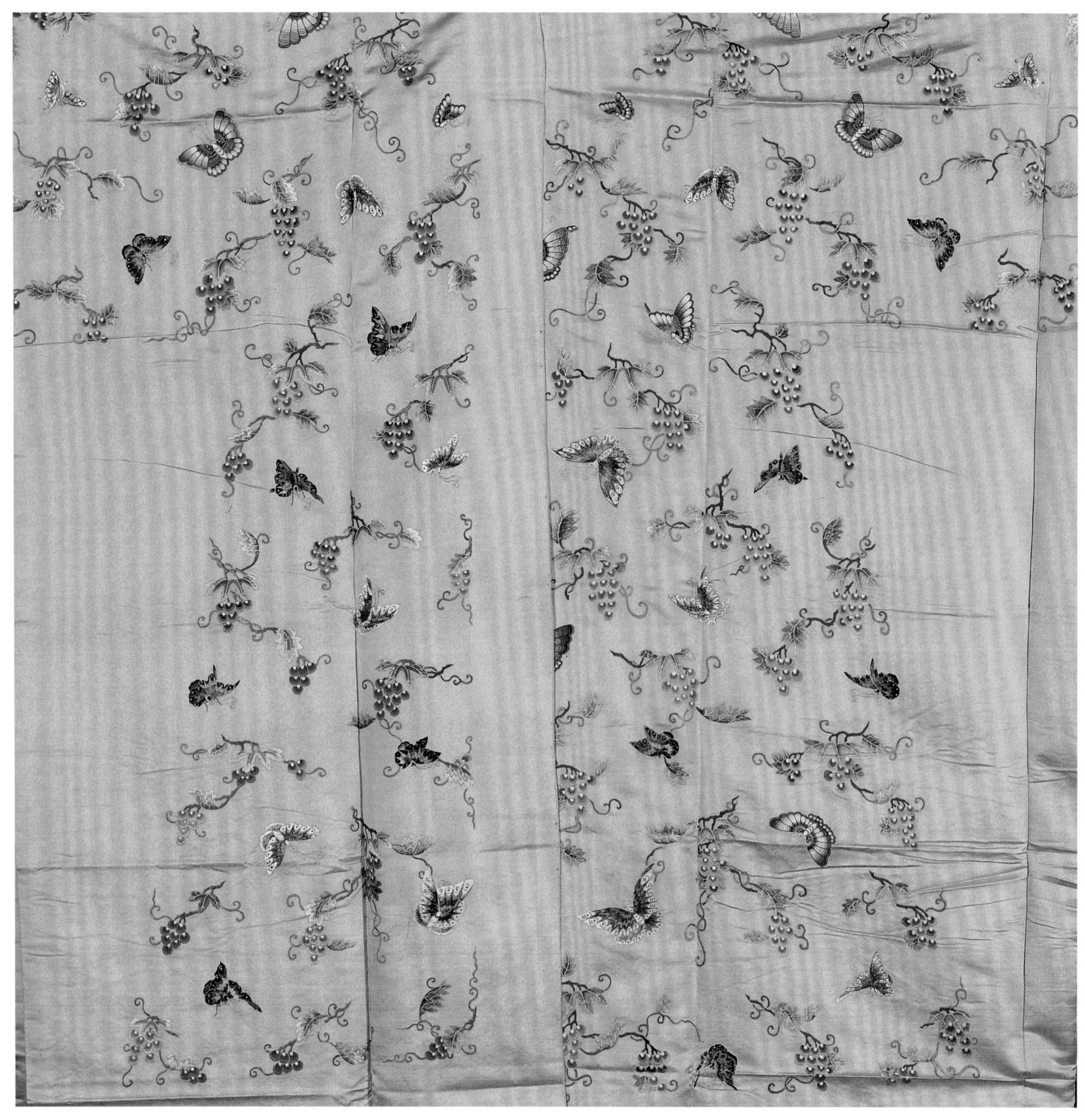

248

湖色綢繡淺彩葡萄玉蘭壽字紋馬褂料

清光緒
長80厘米　寬74厘米
清宮舊藏

Light Green Silk Material for Making Mandarin Jacket Embroidered with Light Coloured Design of Grapes, Magnolia Flowers and Characters "Shou" (Longevity)

Guangxu Period, Qing Dynasty
Length: 80cm　Width: 74cm
Qing Court collection

以湖色綢為面料，以灰、藍、黃、藕荷、白為主色調，用16色絨綫及捻金綫繡玉蘭花和葡萄果實，其間襯托金圓壽字紋飾。有"富貴"、"長壽"、"多子"的寓意。

此馬褂料是蘇繡作品，運用2—3暈色法，以正戧針繡玉蘭和葡萄的葉、果實，用打籽針繡葡萄的頂部，再配合以齊針、平金等針藝。用色明快和諧，繡工細膩。

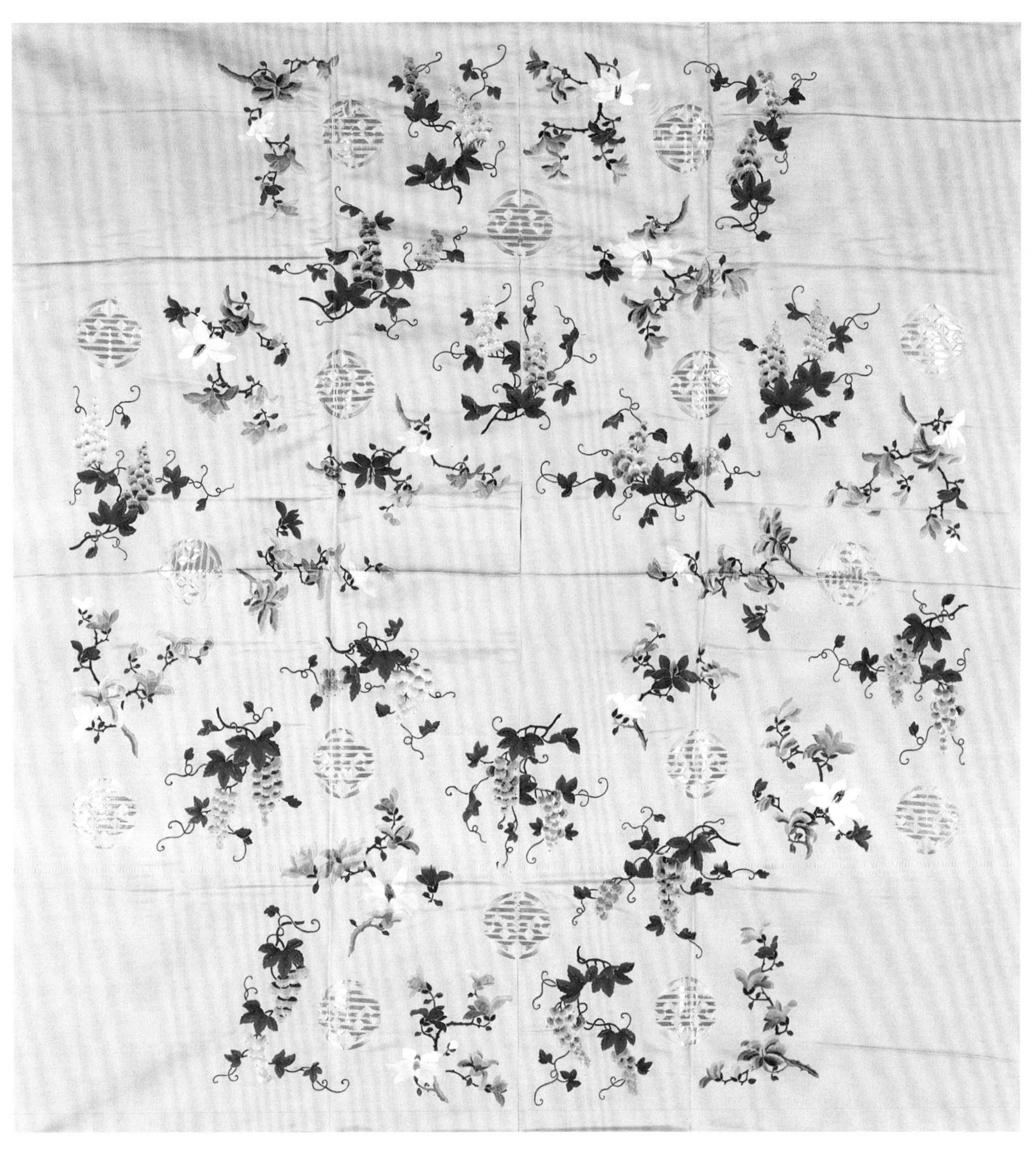

249

雪灰綢繡五彩博古紋對襟緊身料

清光緒
長78厘米　寬144厘米
清宮舊藏

Pale Pinkish Grey Silk Material for Making Close-fitting Underclothes, Embroidered with Coloured Design of Antiques

Guangxu Period, Qing Dynasty
Length: 78cm　Width: 144cm
Qing Court collection

雪灰色綢為面料，以藍、綠、紅、黃、白為主色調，用27色絨綫及捻金綫、捻銀綫繡罐、盤、筆筒、壺、古幣、花盆、古琴、鼎、書畫等博古紋，寓意"清雅高潔"。在花盆、鼎、盤等器物內分別飾牡丹、海棠、桂花、蘭花、石榴、佛手、桃子、柿子、如意、菊花、梅花、珊瑚等紋飾。寓"玉堂富貴"、"事事如意"、"長壽多子"之意。

此緊身料是光緒年間的蘇繡精品，運用2—6暈色法，以散套針、齊針、松針、滾針為主，兼用打籽針、接針、平金、平銀等多種針法繡製。

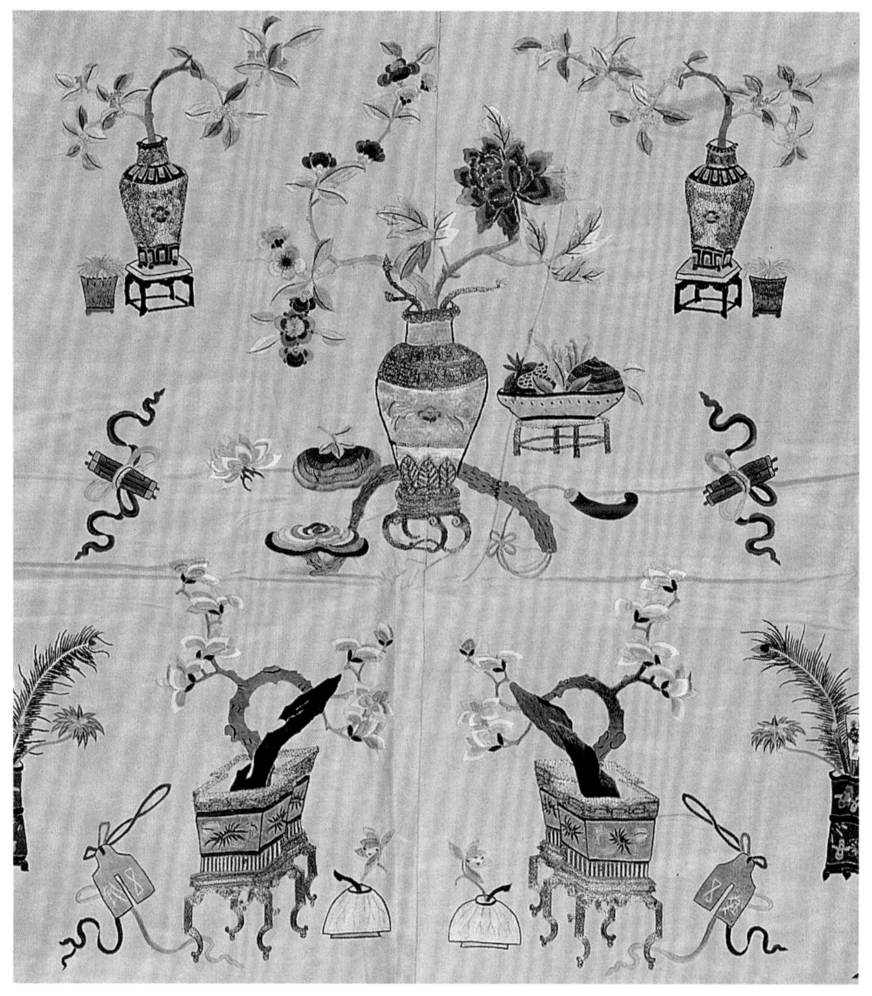

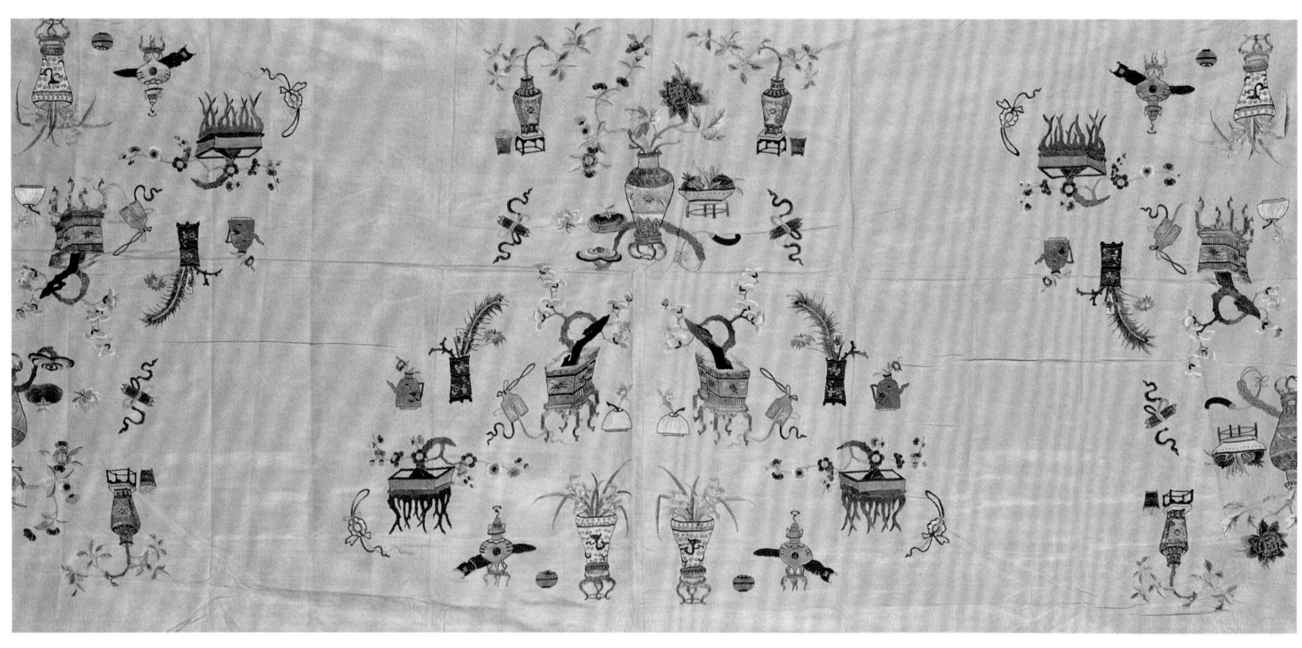

250

紅緞繡五彩漁樵耕讀圖墊料
清光緒
長121.5厘米　寬152.2厘米
清宮舊藏

Red Satin Material for Making Cushion, Embroidered with Coloured Design of Fishermen, Woodcutters, Farmers and Readers
Guangxu Period, Qing Dynasty
Length: 121.5cm　Width: 152.2cm
Qing Court collection

紅色緞面，以綠、紅、藍、白、黃為主色調，用34色絨綫及捻金綫繡《漁樵耕讀圖》。畫面由上到下，有的童子在亭子裏讀書；有的童子在牽牛、耕地；有的童子在砍柴、捕魚。此圖紋除以“漁樵耕讀”寓“國泰民安”之外，還是一幅百子圖，寓“長壽多子”、“子孫興旺”之意。

此墊料是光緒年間的蘇繡精品，是帝后大婚時洞房裏所用的墊料。運用2—4暈色法，以正戧針、平金、網繡、高繡、滾針、亂針、散套針等多種工藝繡製。構圖嚴謹豐滿，空間層次分明。特別是用亂針繡牛毛；用網繡繡背簍、竹筐；用滾針繡水波及柳條，如若天成。

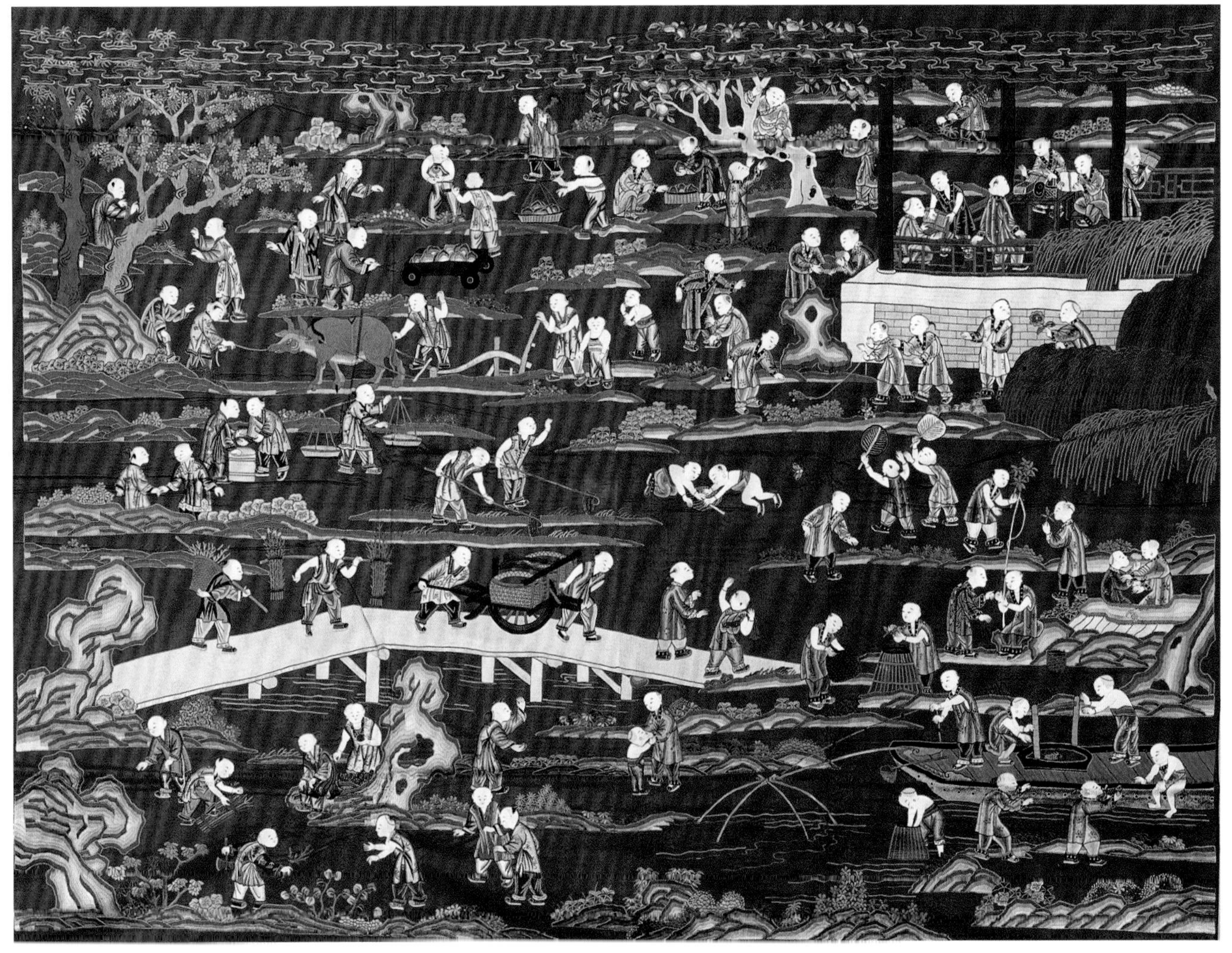

251

紅緞繡百子圖墊料
清光緒
長134厘米　寬97.5厘米
清宮舊藏

Red Satin Material for Making Cushion, Embroidered with Hundred Children Design
Guangxu Period, Qing Dynasty
Length: 134cm　Width: 97.5cm
Qing Court collection

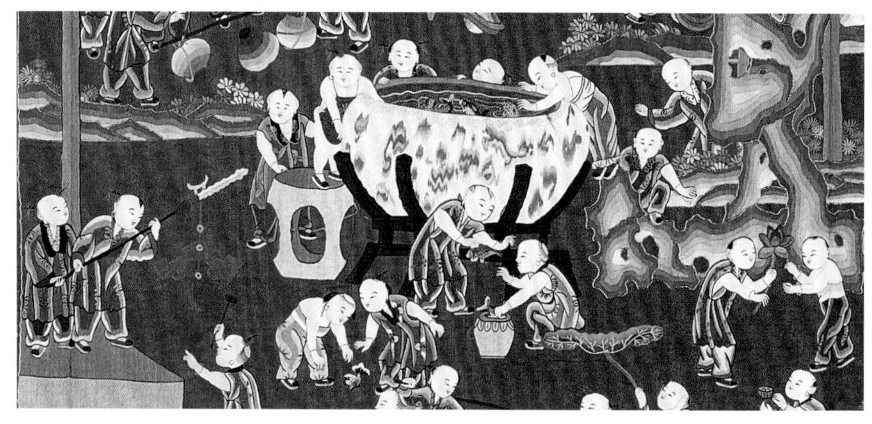

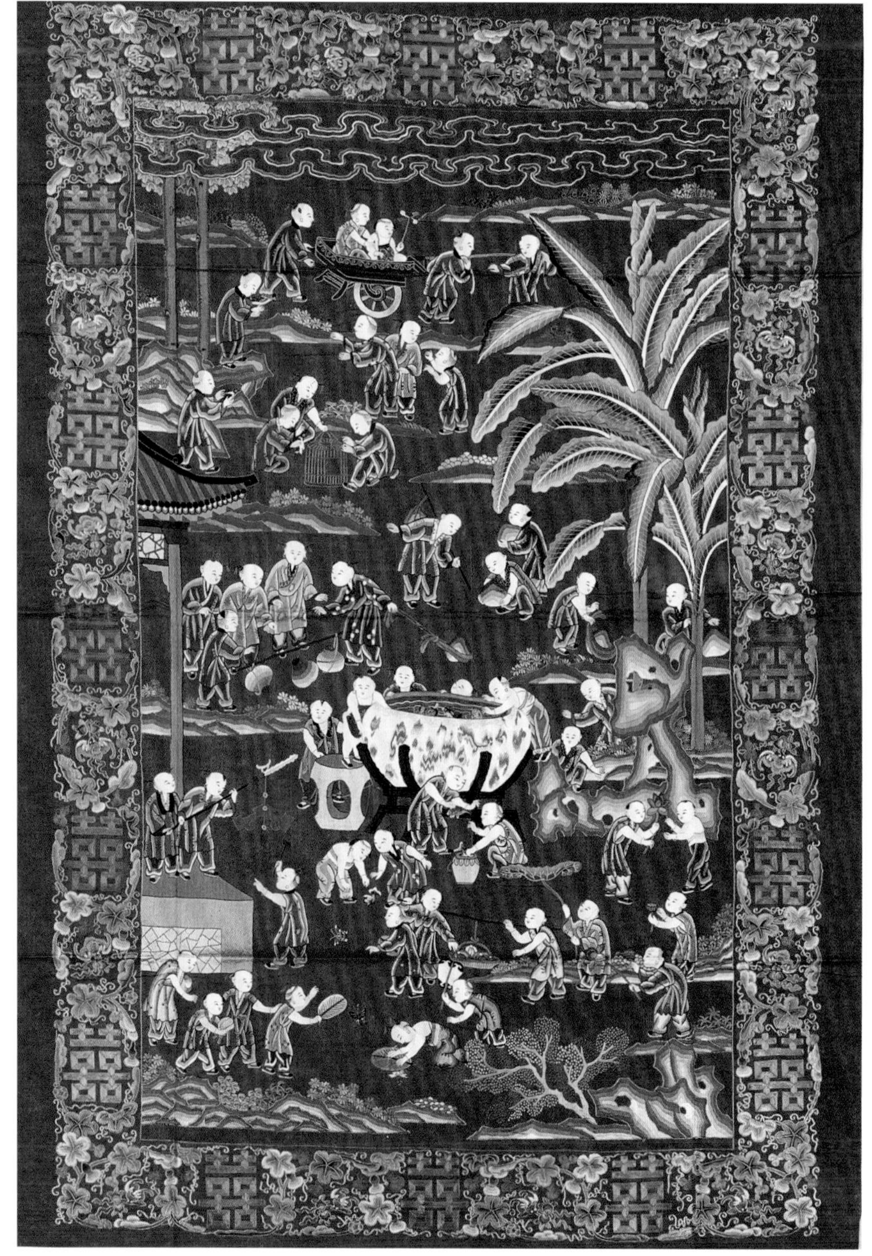

紅色緞面，以藍、綠、黃、紅、白為主色調，用20餘色絨綫及捻金綫繡百子圖。畫面上方有童子運桃、抱桃、抬桃；中部是童子圍着魚缸觀魚、捕魚；下方左側一童子持戟，下懸一磬，旁一童子持小錘欲敲，中間有童子抬瓜、撲蝶；右側是童子持蓮。有“長壽多子”、“吉慶有餘”、“瓜瓞綿綿”、“童子愛蓮”等寓意。百子圖四周以葫蘆藤蔓纏繞的雙喜字及口銜桃實的蝙蝠為邊飾，寓“子孫萬代”、“福壽雙喜”之意。

此墊料是光緒年間的蘇繡精品，運用2—4暈色法，以齊針、正戧針、松針、散套針、網繡、緝綫、平金等針法繡製。

252

紅緞繡五彩百子圖墊料

清光緒
長116厘米　寬97.5厘米
清宮舊藏

Red Satin Material for Making Cushion, Embroidered with Coloured Design of Hundred Children at Play
Guangxu Period, Qing Dynasty
Length: 116cm　Width: 97.5cm
Qing Court collection

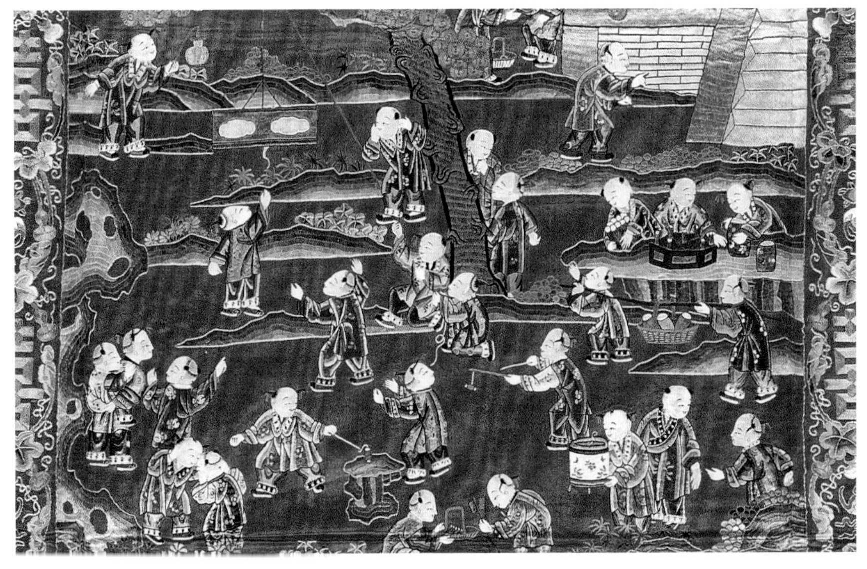

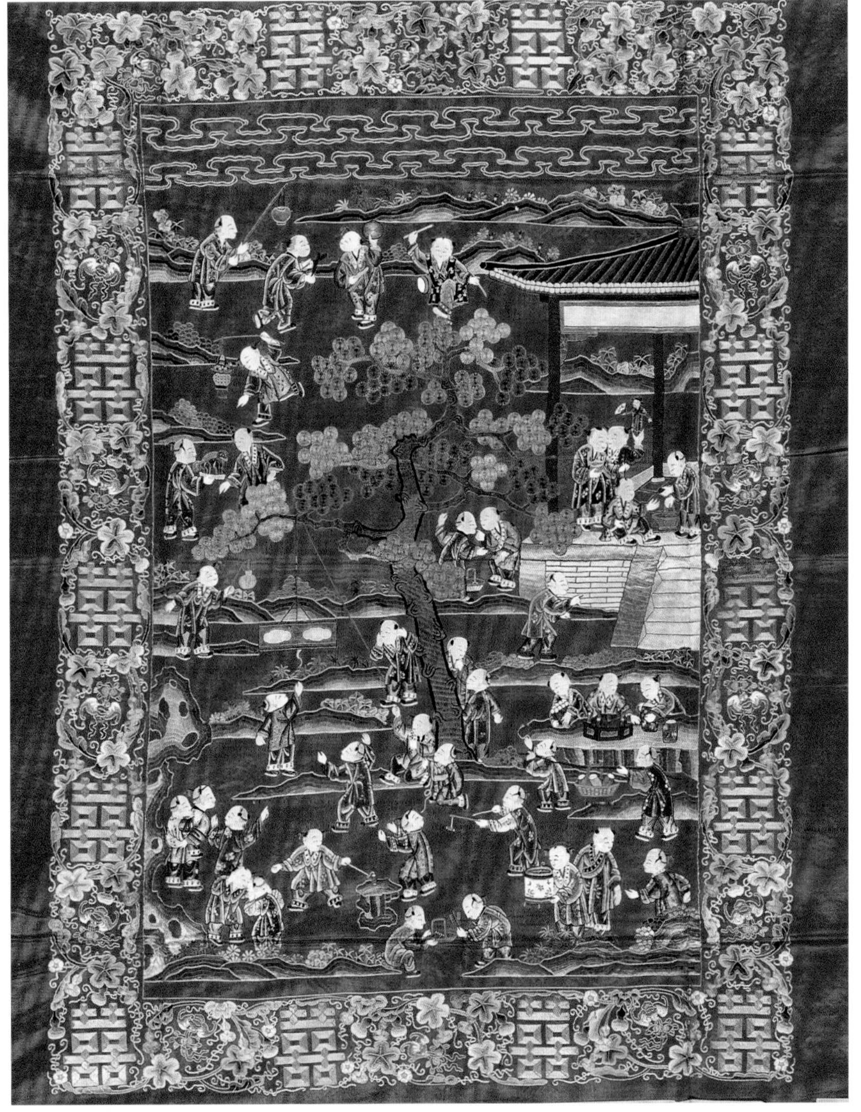

紅色緞面，以五彩絨綫、衣綫及捻金綫繡百子嬉戲的場面。畫面以坡地、奇石、亭子為背景，在中間繡一棵老松樹，樹下有童子在放爆竹，寓意“竹報平安”。右上方亭子內外，有幾個童子在耍木偶。左上方有童子在打腰鼓、敲鑼、挑燈，一派歡樂喜慶的節日氣氛。百子圖以葫蘆、雙喜字及口銜桃的蝙蝠為邊飾，寓意吉祥。

此墊料是蘇繡作品，運用2—4暈色法，以正戧針、散套針、齊針、打籽針、滾針、施毛針、松針、高繡、平金、緝綫、網繡等多種針法繡製。圖紋既有筆墨之趣，又有筆墨達不到的細膩質感。用不同針法表現不同的場面和人物，是其成功之處。

253

紅緞繡百子放風箏圖墊料

清光緒
長129.5厘米　寬96.5厘米
清宮舊藏

Red Satin Material for Making Cushion, Embroidered with Design of Hundred Children at Kiteflying

Guangxu Period, Qing Dynasty
Length: 129.5cm　Width: 96.5cm
Qing Court collection

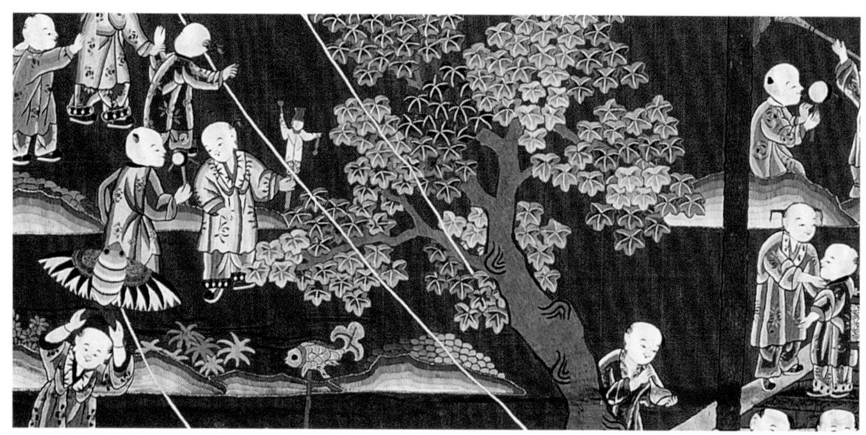

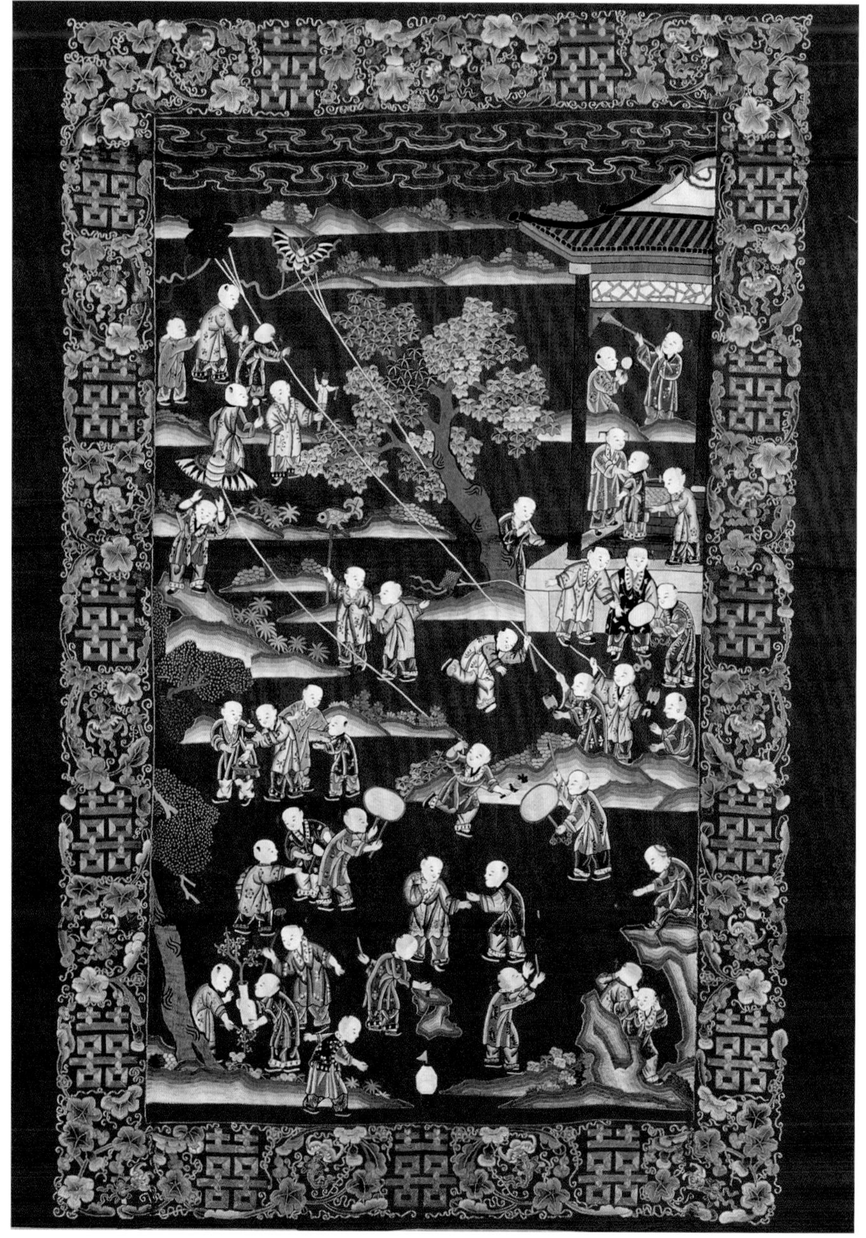

紅色緞面，以紅、綠、藍、黃、藕荷、黑為主色調，用23色絨綫及捻金綫繡百子放風箏等圖紋。畫面正中樹下有童子在放蝙蝠、蝴蝶、紅福字、龜背紋等各式風箏，旁有一童子持魚形燈；左側有童子在搖撥浪鼓、耍木偶；右側亭子裏有童子吹嗩吶；下方有童子放炮竹，還有童子手持插梅枝的花瓶。寓“福壽如意”、“竹報平安”等意。四周以葫蘆、金雙喜字及口銜桃子的蝙蝠為邊飾，寓意吉祥。

此墊料是蘇繡精品，運用2—4暈色法，以散套針、齊針、正戧針、滾針、松針、刻鱗針、網繡、平金、高繡、緝綫等針法繡製。

254

紅緞繡五彩一路封爵紋凳墊料

清光緒
長119.5厘米　寬60.5厘米
清宮舊藏

Red Satin Material for Making Stool Cushion, Embroidered with Coloured Design of Auspicious Flowers and Deer

Guangxu Period, Qing Dynasty
Length: 119.5cm　Width: 60.5cm
Qing Court collection

紅色緞面，上以紅、綠、黃、藍、白為主色調，用17色絨綫繡以牡丹、桂花、海棠組成的團花，正中繡一梅花鹿，鹿背上馱一爵，爵身繡卐字紋。緞面四角亦飾以牡丹、桂花、海棠組成的紋飾。因"鹿"與"路"諧音，此圖寓"一路封爵"之意。

此墊料是蘇繡作品，運用2—3暈色法，以攙針、齊針等技法繡製。構圖巧妙，富有創意。

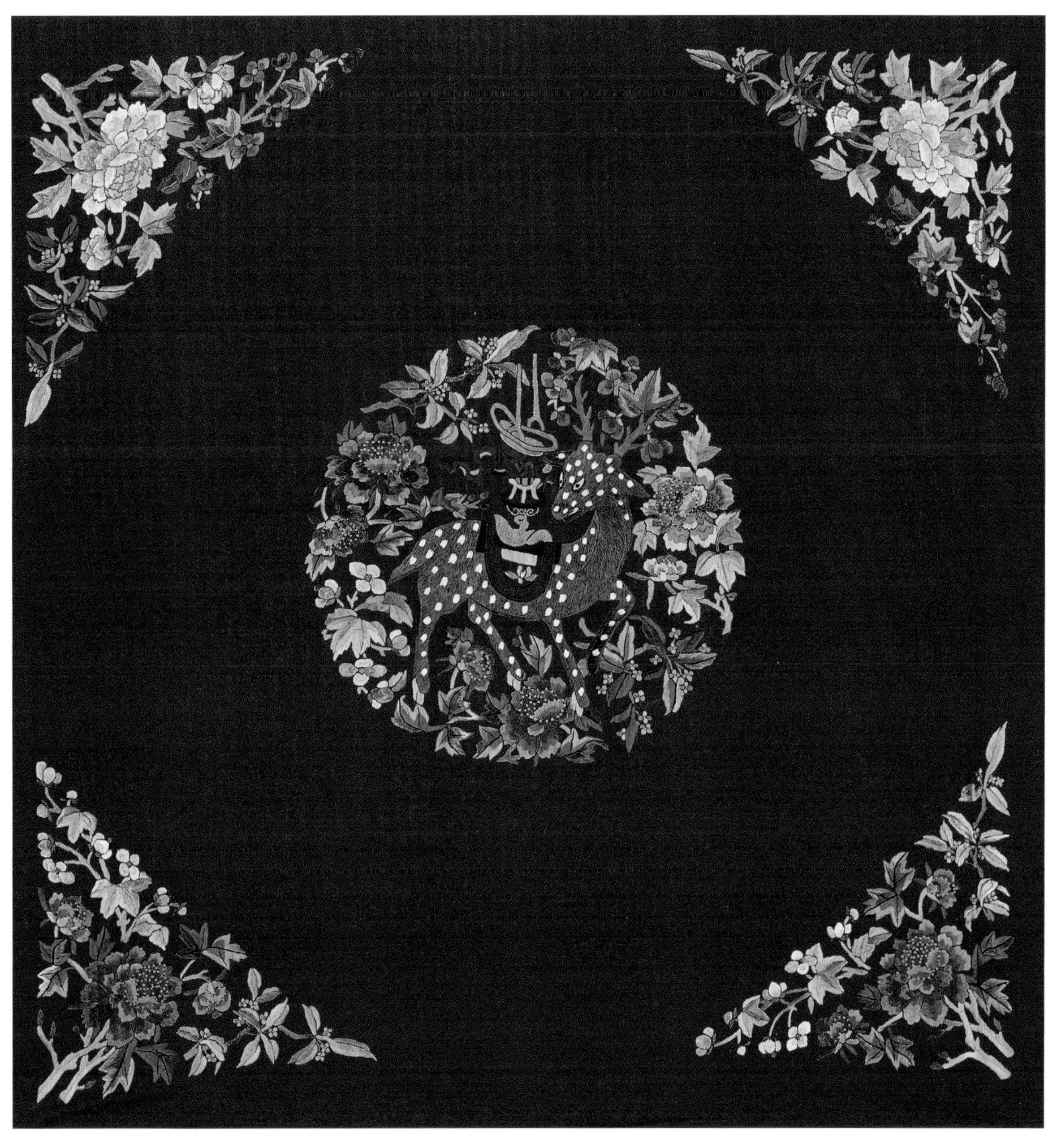

255

紅緞繡五彩花籃紋凳墊料
清光緒
長97.5厘米　寬85厘米
清宮舊藏

Red Satin Material for Making Stool Cushion, Embroidered with Coloured Design of Basket of Flowers
Guangxu Period, Qing Dynasty
Length: 97.5cm　Width: 85cm
Qing Court collection

紅色緞面，上以紅、藍、黃、綠、白為主色調，用20色絨綫及捻金綫繡製圖紋。正中為一花籃，內裝牡丹、葡萄、石榴、菊花、蘭花、梅花等花卉，枝葉婉轉，與底部桃實相呼應。花籃提樑為如意形，底飾如意雲紋。在花籃以外四角，分別以月季、豆角、蓮花、牡丹、葡萄、菊花、梅花和蝴蝶組成四季花卉紋。

此墊料是蘇繡作品，運用2—5暈色法，以網繡、釘綫、刻鱗針為主，兼用正戧針、散套針、打籽針、接針、齊針、平金等工藝繡製。

256

紅緞繡五彩百子戲圖帳料
清光緒
長153厘米　寬154厘米
清宮舊藏

Red Satin Material for Making Mosquito Net, Embroidered with Coloured Design Symbolizing the Five Blessings
Guangxu Period, Qing Dynasty
Length: 153cm　Width: 154cm
Qing Court collection

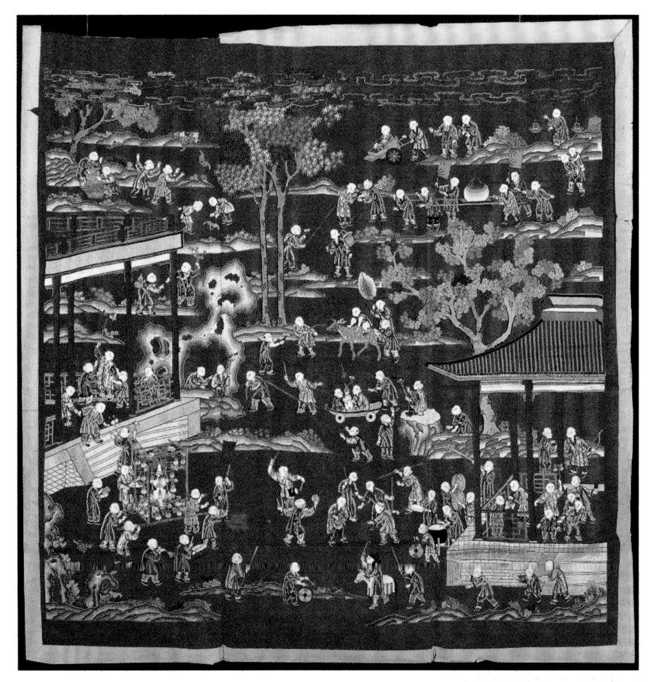

紅色緞面，以紅、藍、綠、黃、白為主色調，用30色絨綫和撚金綫繡百子戲圖，童子有的在捉蝙蝠、抬壽桃、牽鹿、抬葫蘆，寓“納福”、“送壽”、“送祿”、“送子”之意；有的懷抱一瓶，內插戟和如意，寓“吉慶平安”等意。還有的在敲鑼打鼓、嬉戲玩耍，間飾亭子、小山、大樹等紋飾。

此帳料是蘇繡作品，運用2—5暈色法，以散套針、正戧針為主，兼用齊針、松針、雞毛針、滾針、反戧針、網繡、緝綫、平金等技法。構圖繁縟，用色鮮艷，繡工精湛，是帝后大婚時洞房所用的帳料。

257

紅緞繡百子觀蝠圖寶座靠背料
清光緒
長87厘米　寬97厘米
清宮舊藏

Red Satin Material for Making Throne Cushion, Embroidered with Design of One Hundred Children Watching Bats
Guangxu Period, Qing Dynasty
Length: 87cm　Width: 97cm
Qing Court collection

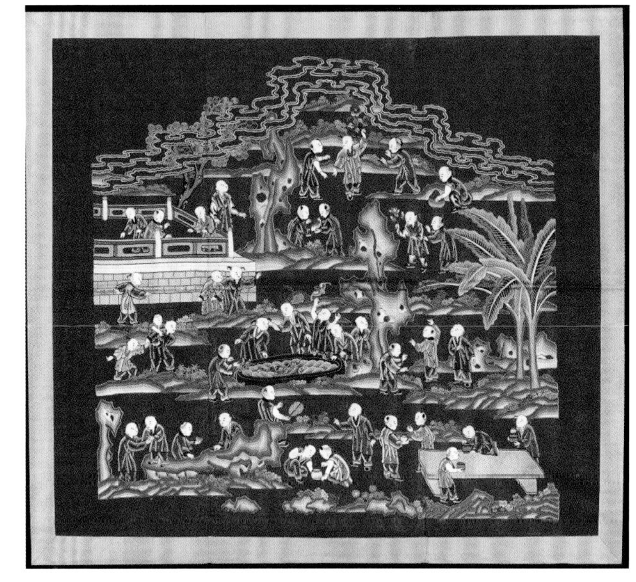

紅色緞面，以紅、黃、綠、藍、白為主色調，用20色絨綫及撚金綫繡百子觀蝠圖。畫面中間為一盛滿水且落有蝙蝠的大盆，周圍有童子圍繞觀看蝙蝠，畫面上方的童子有的在搬運桃子；有的手舉牡丹、玉蘭；下方有童子在撲蝶、鬥蟋蟀。有“福從天降”、“玉堂富貴”、“長壽多子”等吉祥意。

此靠背料是蘇繡作品，運用2—5暈色法，以齊針、滾針、松針、接針、散套針、正戧針、雞毛針、高繡、平金、緝綫等針法繡製。是皇帝大婚時洞房寶座所用的墊料。

258

紅緞繡五彩太平有象圖桌帷料

清光緒
長94厘米　寬80厘米
清宮舊藏

Red Satin Material for Making Tablecloth, Embroidered with Coloured Design Symbolizing Peace and Lucky
Guangxu Period, Qing Dynasty
Length: 94cm　Width: 80cm
Qing Court collection

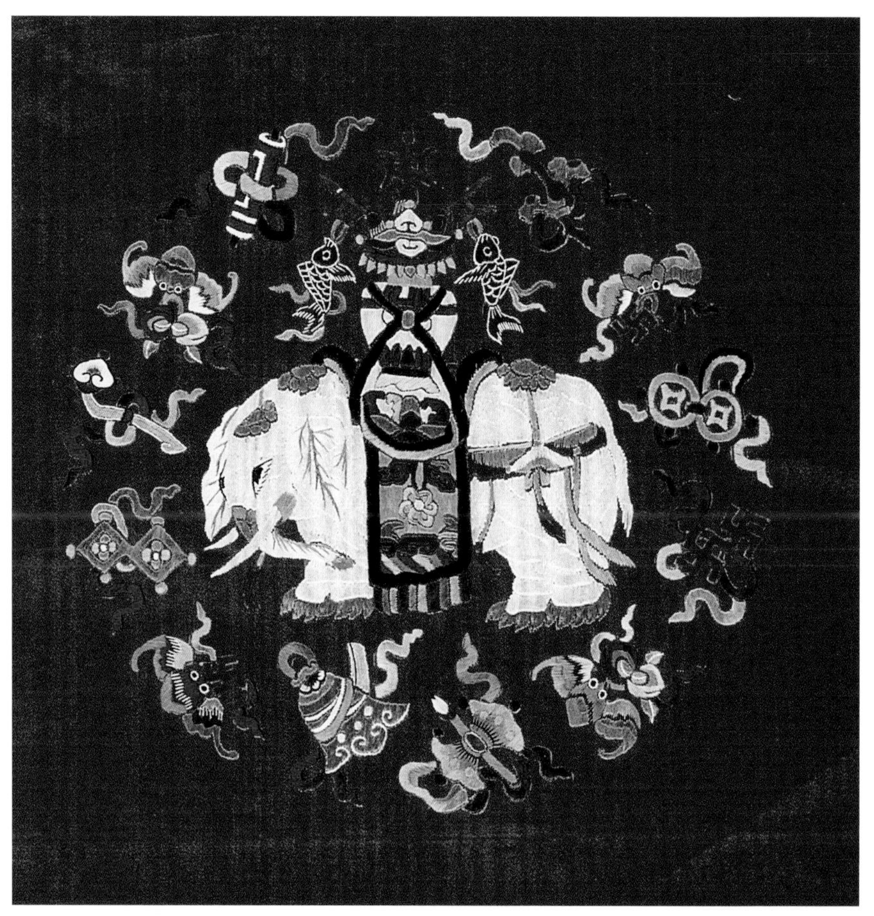

紅色緞面，以紅、藍、綠、黃、白為主色調，用16色絨綫繡太平有象花紋。大象背馱寶瓶，瓶內插着三根戟，中間的戟上掛着磬，兩邊的戟掛着魚，以諧音寓意“太平有象”、“平升三級”、“吉慶有餘”。周圍以象徵吉祥的犀角、方勝、如意、書畫、鐘、銀錠、卍字、古錢、珊瑚、桃及蝙蝠組成團形邊飾。

此桌帷是清晚期的蘇繡佳品，運用2—3暈色法，以齊針、接針、滾針、正戧針、散套針等針藝繡製。

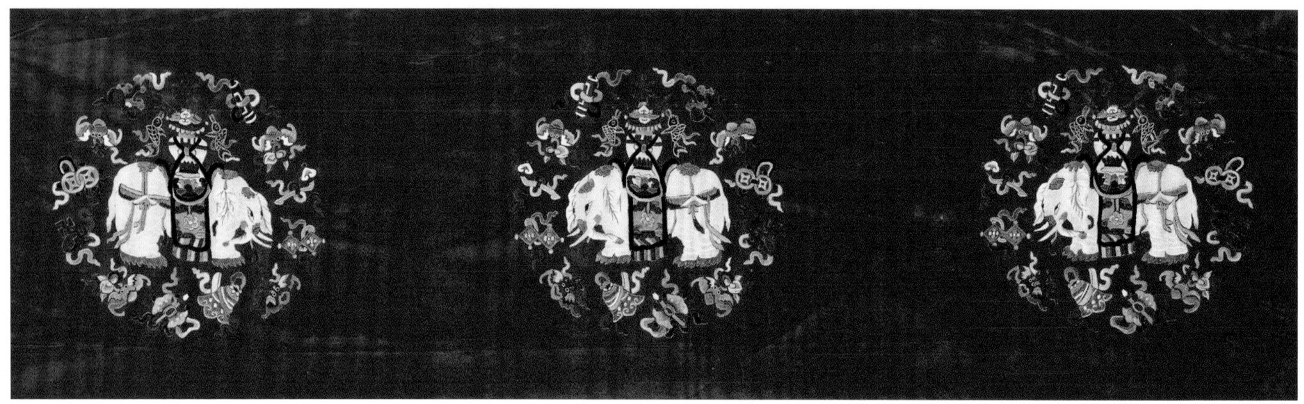

259

綠緞繡五彩蓮蝠紋夾被
清光緒
長278厘米　寬213厘米
清宮舊藏

Green Satin Quilt with Linings, Embroidered with Lotus Design in Five Colours
Guangxu Period, Qing Dynasty
Length: 278cm　Width: 213cm
Qing Court collection

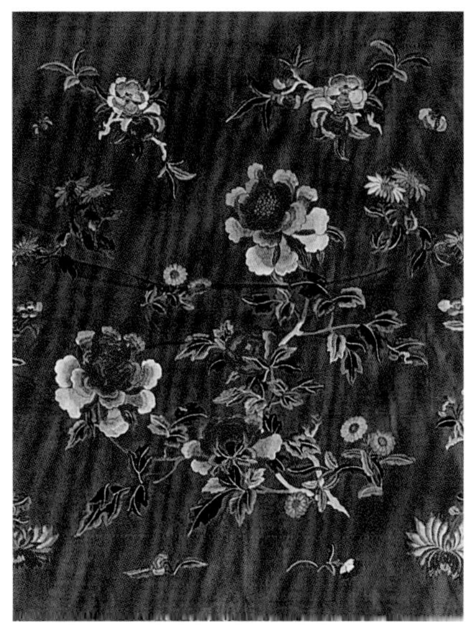

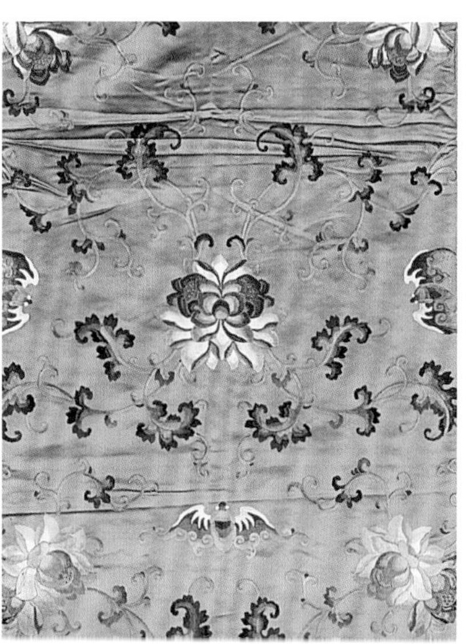

綠色緞面，以大紅、白、綠、黃、藍為主色調，用20色絨綫繡蓮花和蝙蝠紋。蓮花盛開，枝蔓纏繞，間飾展翅飛翔的蝙蝠，寓"連福"之意。被頭以葡灰色緞繡折枝牡丹、菊花、石竹子、虞美人、天竹、桂花、牽牛花、月季、桃花等花卉，有"富貴長壽"的吉祥寓意。

此夾被是清晚期的蘇繡佳品，運用2—3暈色法，以齊針、打籽針、正戧針、滾針、高繡等多種針法繡製。為了追求立體效果，花蕊多用打籽針繡製，蝙蝠的眼珠多用高繡繡成。

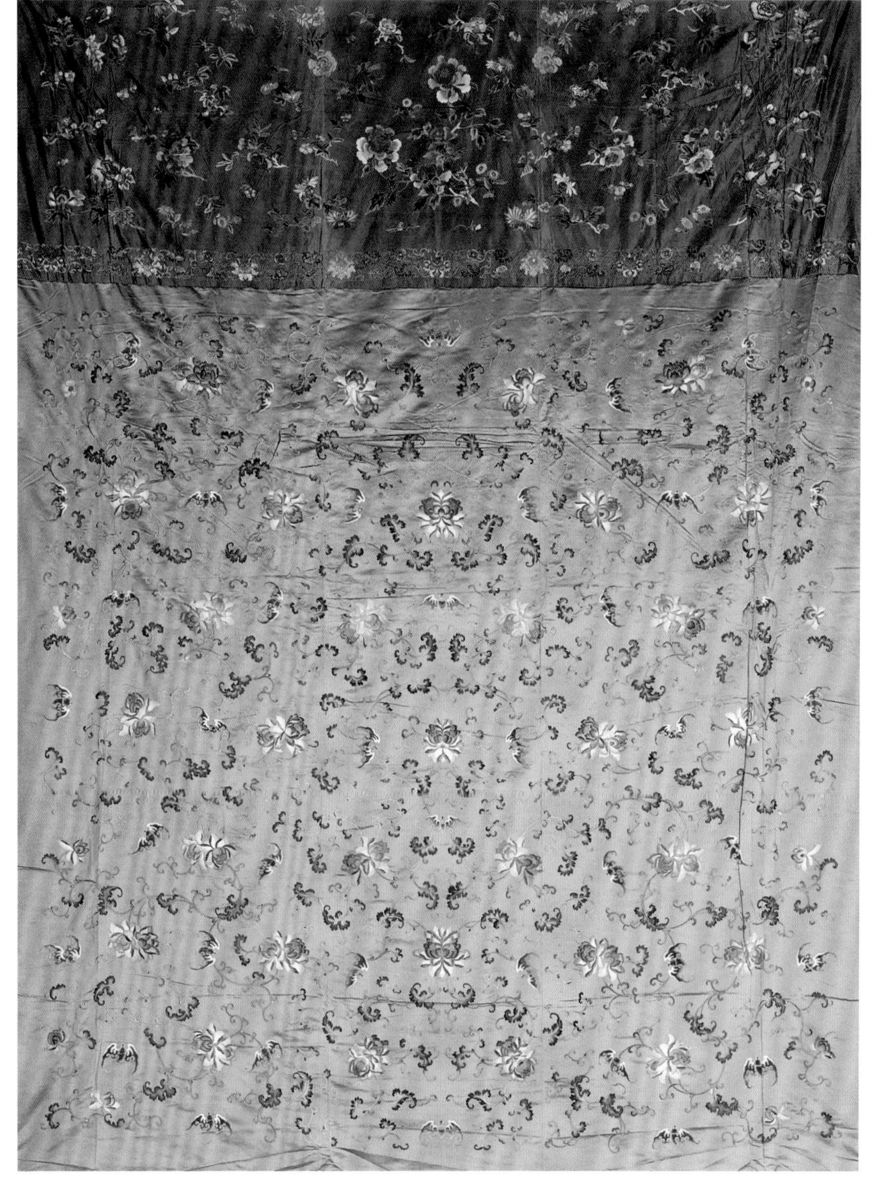

260

紅緞繡五彩八仙人物圖對聯料
清光緒
長310厘米　寬48.5厘米
清宮舊藏

Red Satin Material for Making a Pair of Scrolls, Embroidered with Coloured Design of the Eight Immortals and Characters "Shou" (Longevity)
Guangxu Period, Qing Dynasty
Length: 310cm　Width: 48.5cm
Qing Court collection

紅色緞面，以藍、紅、黃、綠、白為主色調，用18色絨綫及捻金綫繡八仙人物圖。右側上聯自上而下繡呂洞賓、張果老、曹國舅、韓湘子。左側下聯自上而下繡漢鍾離、藍采和、鐵拐李、何仙姑。八仙皆腳踩祥雲，周圍以團壽及蝙蝠口銜用綵帶繫着的桃、古錢、如意雲等為飾，組成"八仙祝壽"紋飾。

此對聯是蘇繡作品，運用2—3暈色法，以齊針、滾針、打籽針、扎針、接針、網繡、平金、高繡等多種針技繡製。尤其以打籽針繡的鐵拐李的頭髮；用扎針繡的竹筒和簫；用接針繡的漢鍾離的髫鬚，生動逼真，活靈活現。

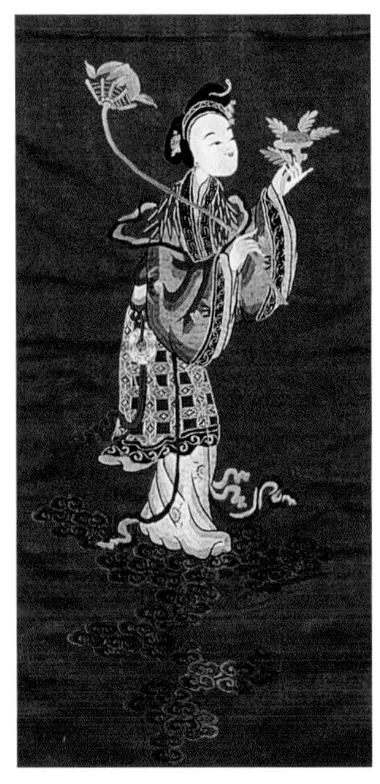

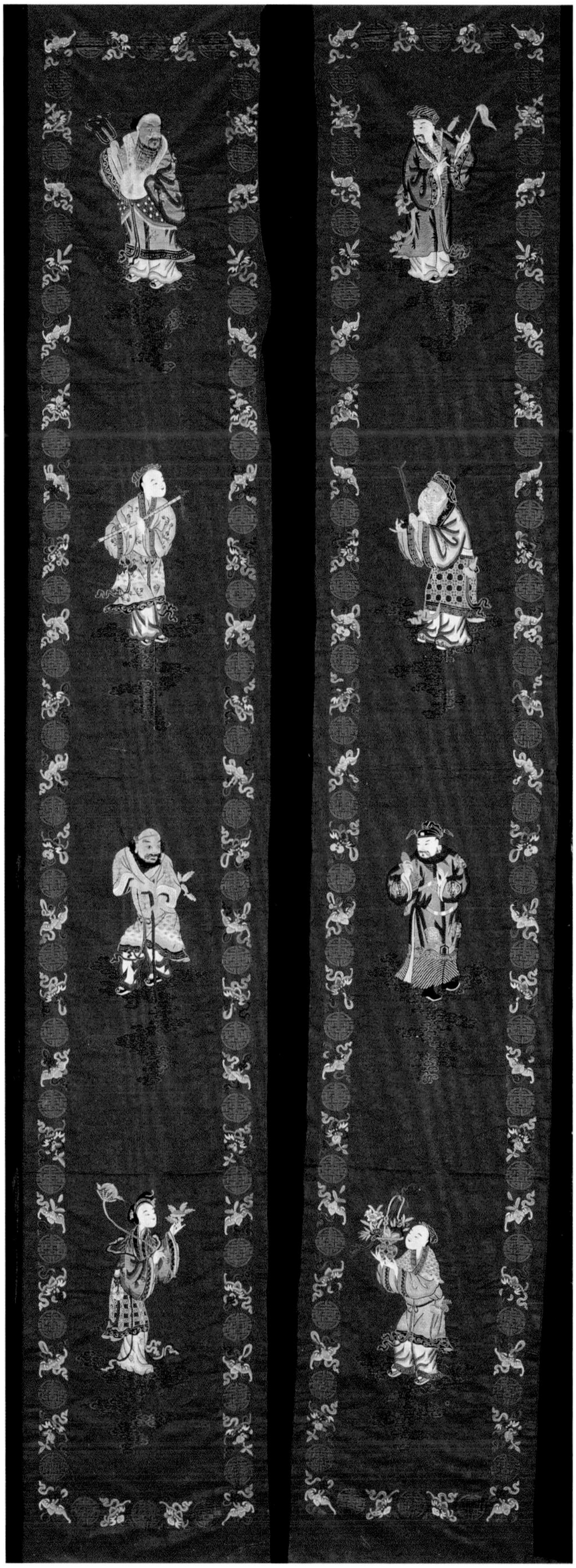

261

紅綾地繡五彩鳳穿花紋經皮
明
長36厘米　寬13.5厘米

Red Silk Cover for Buddhist Sutra, Embroidered with Coloured Design of Phoenix among Flowers
Ming Dynasty
Length: 36cm　Width: 13.5cm

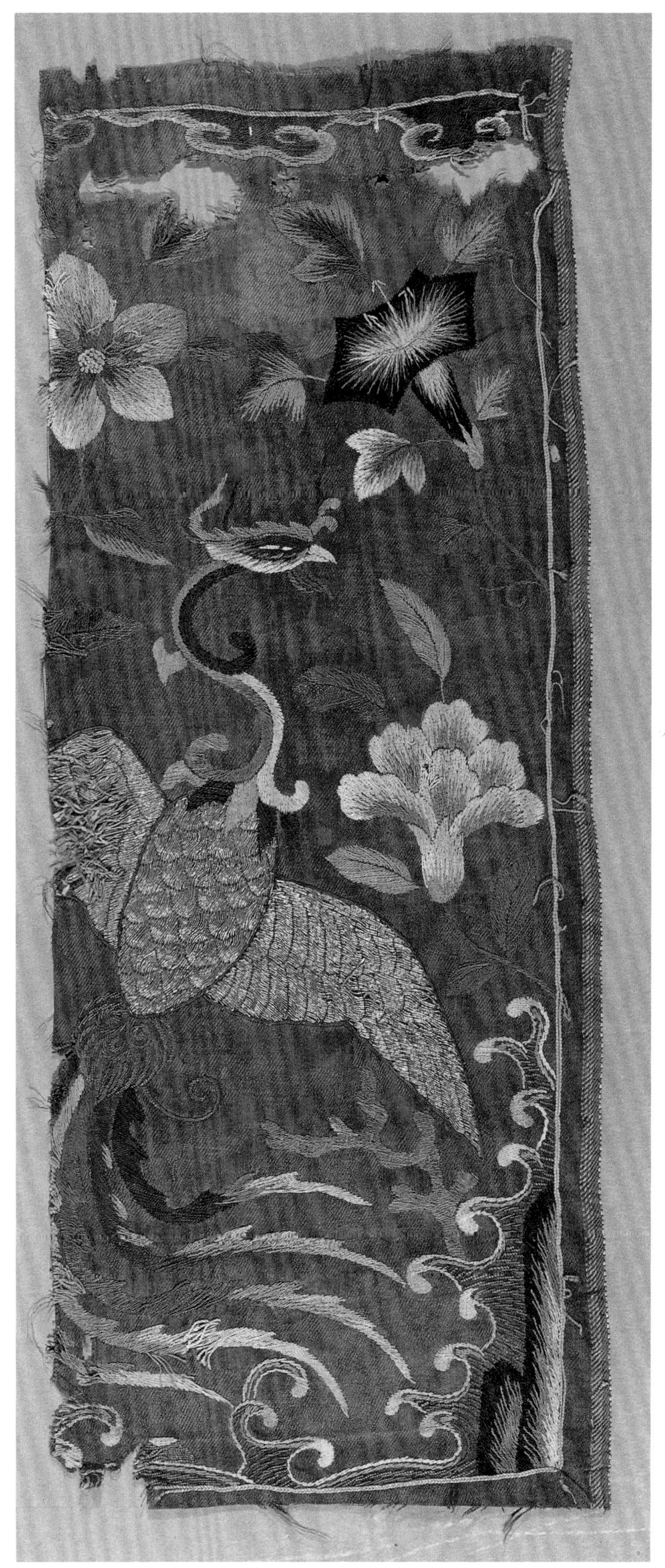

以紅色四合如意雲紋暗花綾為面料，以紅、黃、藍、綠、白為主色調，用10餘色衣綫及捻金銀綫繡隱喻“鳳穿花”之意的翔鳳、牽牛花、玉蘭、海棠和海水江崖紋。

此經皮是明代魯繡的精品，運用2—3暈色法，以散套針、蹙金為主，兼用齊針、接針、釘綫、打籽針等針法繡製。特別是以用強捻龍抱柱綫為蹙金的鳳凰勾邊，並用散套針繡花紋，使圖案皆高出綾地，具有很強的立體效果。

魯繡是以山東為中心的地方繡，在西漢時，山東刺繡工藝已盛行於民間，並有了專業繡工。明清時，魯繡成為中國著名的地方繡之一。其繡品不僅有服飾用品，亦有觀賞性藝術品。

262

紅綾地繡纏枝蓮紋經皮
明
長37厘米　寬28厘米

Red Silk Cover for Buddhist Sutra, Embroidered with Design of Trailing Sprays of Lotus
Ming Dynasty
Length: 37cm　Width: 28cm

以紅色折枝荷花、蓮花、牡丹、福壽字紋暗花綾為面料，以綠、藍、粉、黃、白為主色調，用10餘色衣綫和捻金綫繡纏枝蓮花紋。

此經皮是明代魯繡精品，運用2—3暈色法，以散套針、齊針、平金等工藝繡製。綫條強勁有力，花紋雅拙奔放，用色濃重鮮艷。

魯繡的特點是多以暗花綾綢織物作底襯，以雙股合捻衣綫為繡綫繡花。用綫粗，針綫長，絲理疏朗，蒼勁渾厚，是具有北方民族藝術風格的刺繡品。

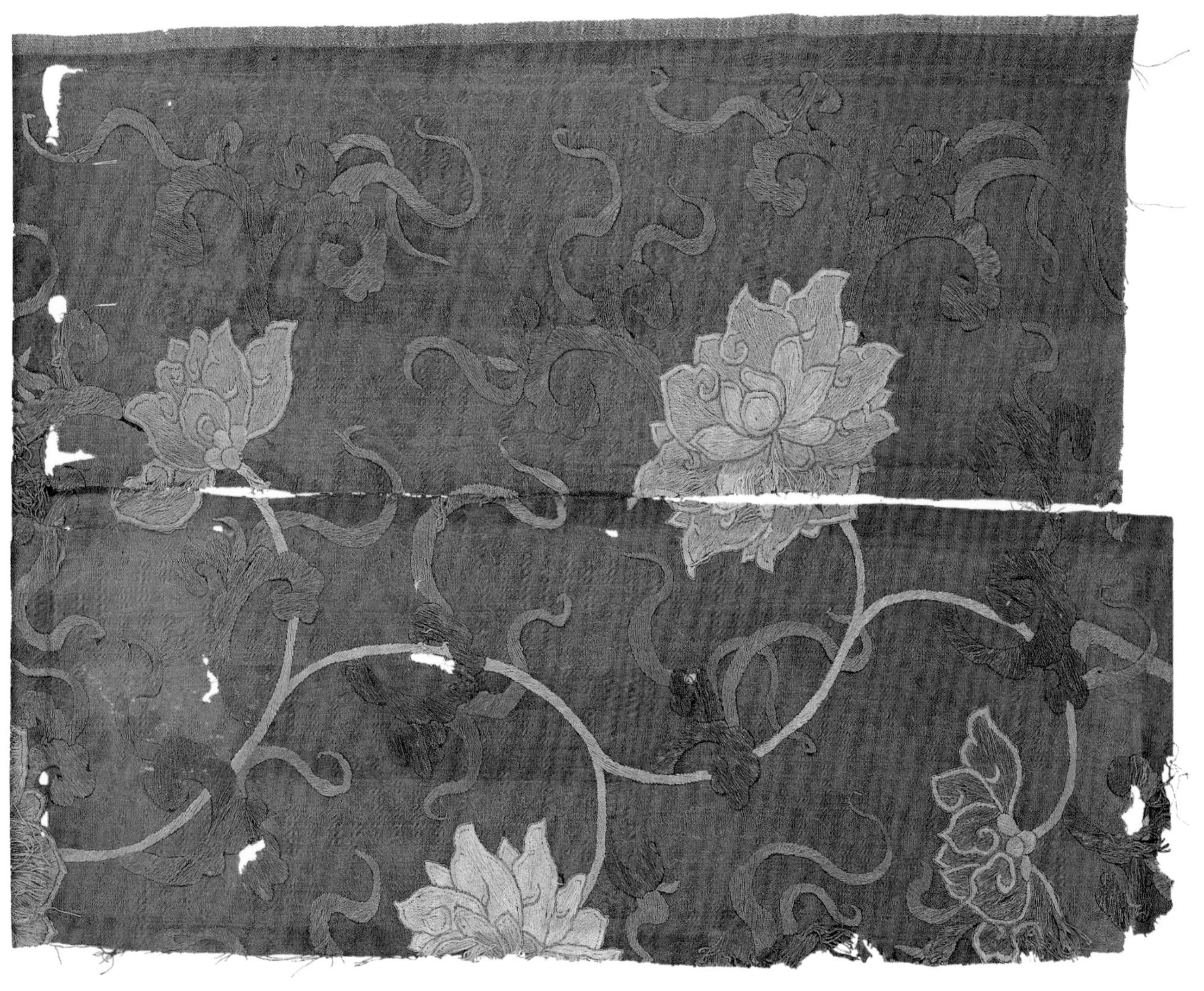

263

香色緞繡五彩花鳥紋門簾

清乾隆
長318厘米　寬111.5厘米
清宮舊藏

Deep Yellow Door Curtain Made of Satin, Embroidered with Design of Birds and Flowers in Five Colours

Qianlong Period, Qing Dynasty
Length: 318cm　Width: 111.5cm
Qing Court collection

香色緞面，以粉、綠、灰、棕、雪青、黑、白等色衣綫為繡綫，繡孔雀、牡丹等紋飾。畫面下部為土地、河流、太湖石。一側岸上海棠、牡丹、菊花、芍藥盛開。花草間鷺鷥和仙鶴昂首站立，間有蝴蝶飛舞。空中一對飛燕在戲鬧追打。對岸有一對孔雀，立於牡丹、水仙等花草叢中。身旁是藤蘿纏繞的玉蘭樹，樹枝上落着鸚鵡、喜鵲等飛禽。旁邊桃樹枝頭一綬帶鳥展翅欲飛。花木間還有各種姿態的蝴蝶和蜜蜂往來穿梭。寓意吉祥。

此門簾是乾隆年間的魯繡珍品，構圖豐滿，設色豐富明快。運用2—3暈色法，以齊針、扎針、散套針、松針、施毛針、接針、網繡、反戧針、雞毛針、車輪針、刻鱗針、高繡等十多種針法繡製。工藝雖繁縟複雜，然針針不苟，絲理清晰，極見功力。

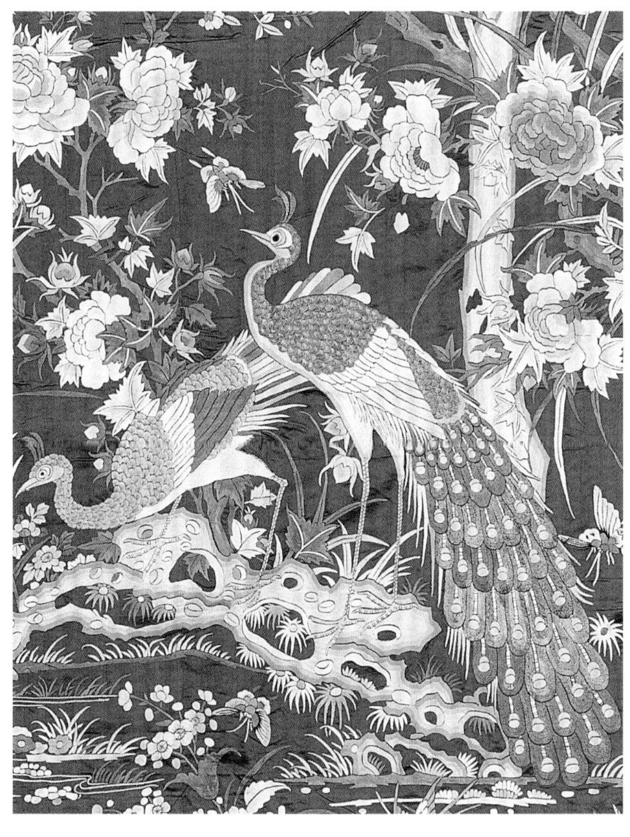

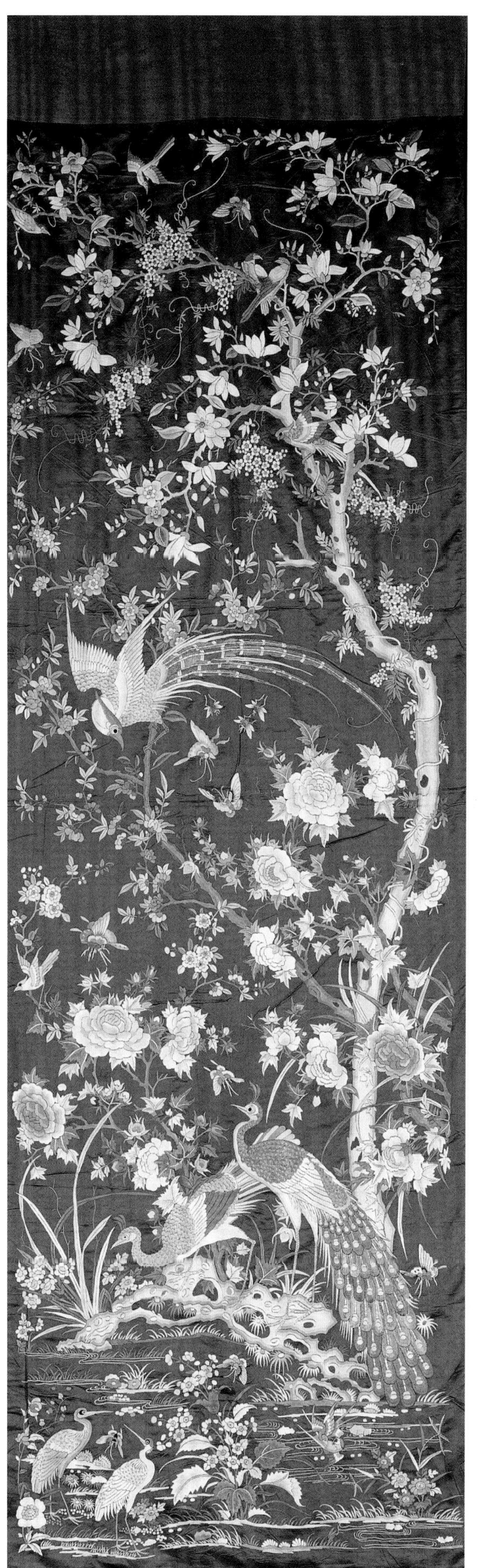

264

醬色綢滿繡孔雀羽地金蟒紋袍料
清嘉慶
長306厘米　寬149厘米
清宮舊藏

Dark Reddish Brown Silk Material for Making Formal Dress, Embroidered with Design of Golden Pythons on a Ground of Peacock Feather
Jiaqing Period, Qing Dynasty
Length: 306cm　Width: 149cm
Qing Court collection

以醬色綢為面料，以綠色孔雀羽綫滿繡袍地，上以紅、黃、綠、藍、白為主色調，用22色絨綫及捻金綫、捻銀綫繡金蟒九條，蟒間飾寓意“福壽”、“八仙賀壽”、“壽山福海”之意的雲、蝠、鶴、暗八仙、八吉祥、桃、海水江崖等紋飾。

此袍料是廣繡珍品，運用2—4暈色法，以平金、刻鱗針為主，兼用散套針、正戧針、齊針、打籽針、施毛針、集套針、勒針、滾針、接針、車輪針、釘綫、緝綫、網繡、高繡等針法繡製。用色明麗，繡工細膩。

廣繡亦稱“粵繡”，泛指廣東的刺繡品，為中國四大名繡之一。始見於明代，清晚期流行較廣。其繡品有衣飾、插掛屏、荷包扇套、繡畫等。

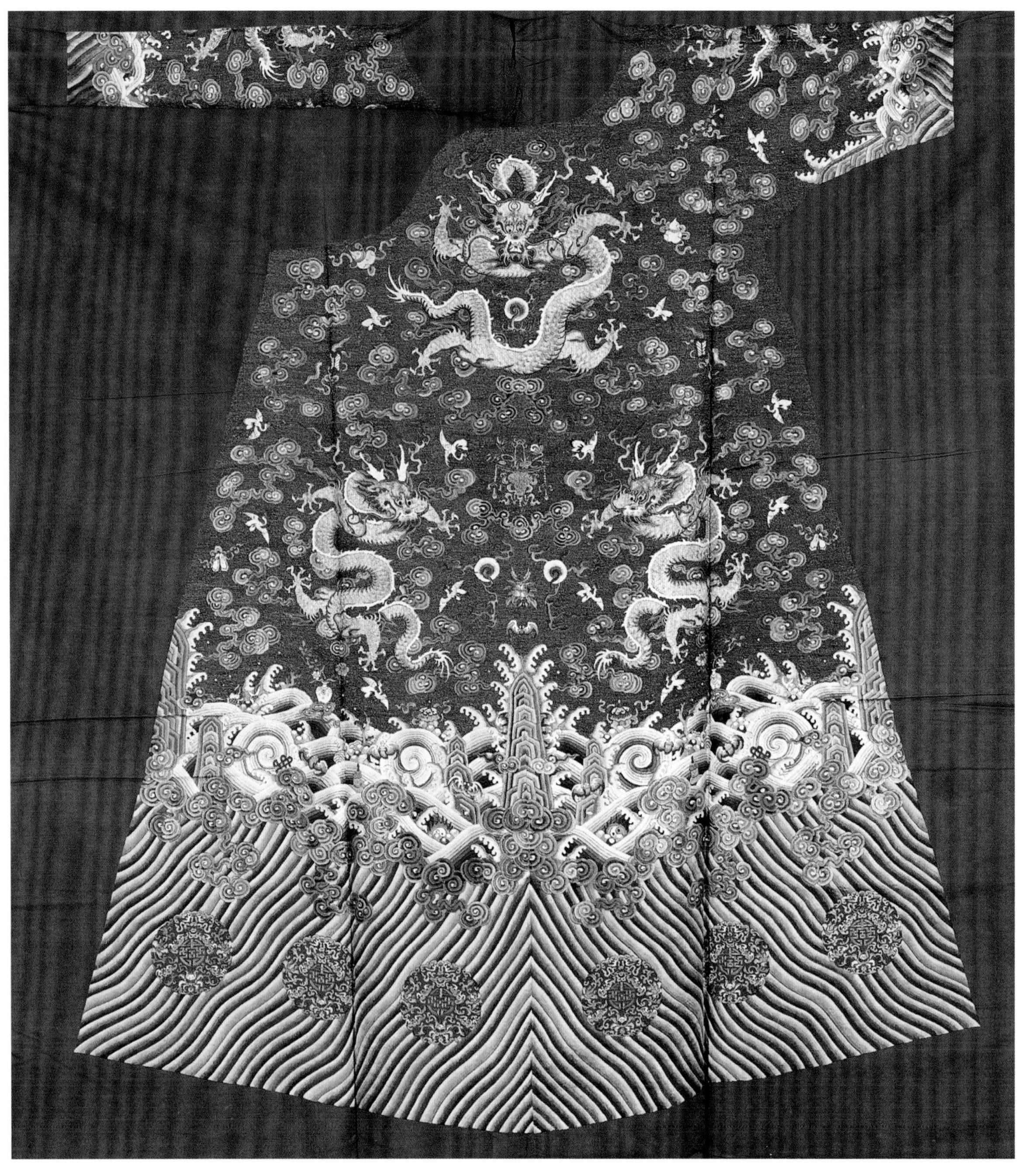

265

白緞繡青鸞獻壽圖掛屏心
清光緒
長88厘米　寬57.5厘米
清宮舊藏

Hanging Scroll of White Satin, Embroidered with Design of Phoenix, Lingzhi Fungus, Narcissus and Bats Symbolizing Birthday Congratulations
Guangxu Period, Qing Dynasty
Length: 88cm　Width: 57.5cm
Qing Court collection

白色緞面，以粉、藍、白、黃、綠、黑為主色調，用20餘色絨綫繡青鸞獻壽等圖紋。一鸞鳳昂首立於壽石上，旁邊生長着靈芝，水中水仙叢生，兩隻蝙蝠在空中飛舞，寓"青鸞獻壽"、"靈仙祝壽"、"福壽如意"之意。左上繡七言題詩一首："幽蘭開處月微茫，秋水凝神黯淡妝。曉砌露濃空見影，隔簾風細但聞香。"後鈐"花長好 月長圓 人長壽"陰文印一方。

此屏心是光緒年間的廣繡佳品，運用2—3暈色法，採用散套針繡壽山石和鸞鳳的羽毛，用勒針繡腿，用車輪針繡眼圈，用高繡繡眼珠，用松針繡小草，花紋生動自然，美觀大方。

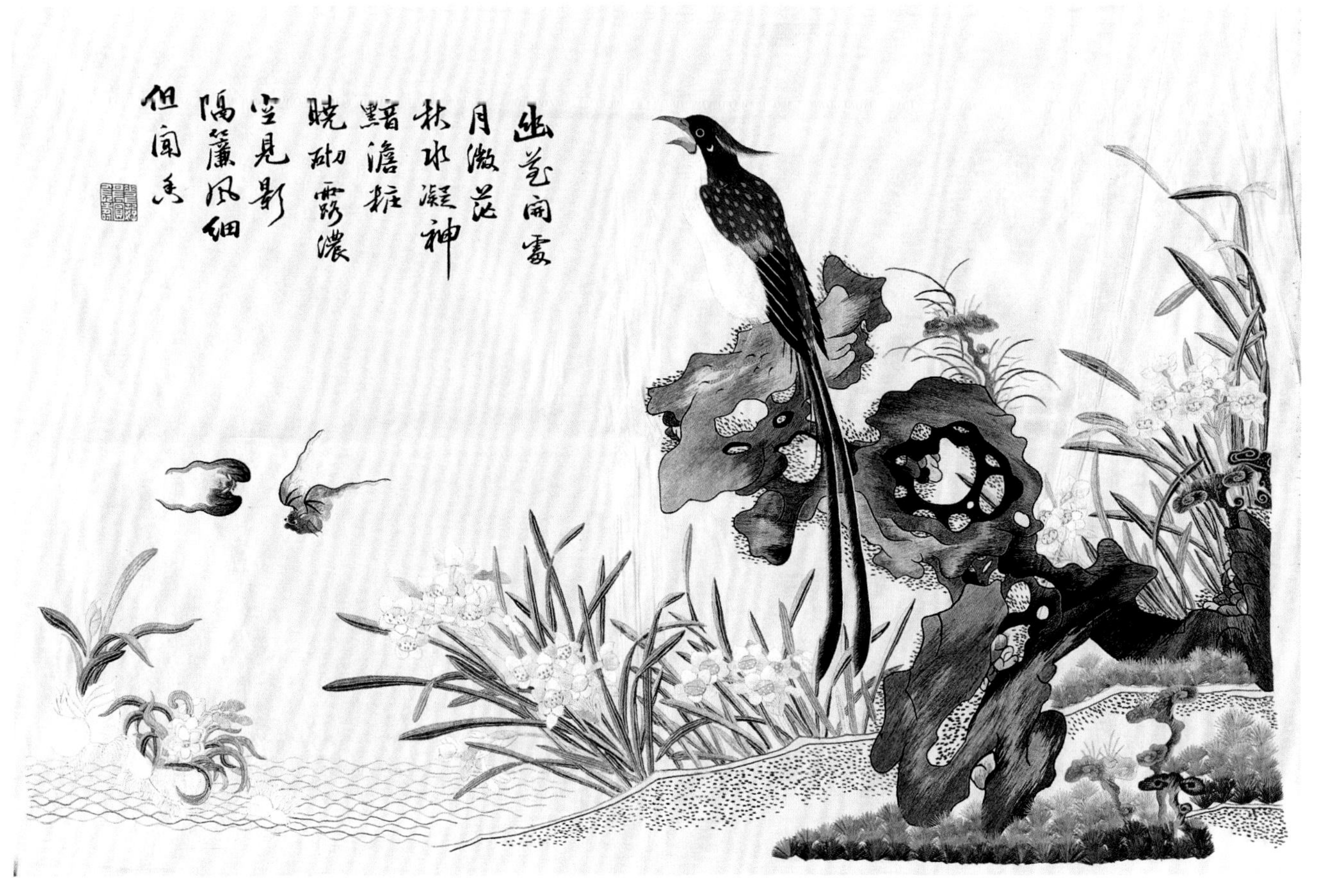

266

白緞繡芙蓉翠鳥圖掛屏心

清光緒
長88厘米　寬57.5厘米
清宮舊藏

Hanging Scroll of White Satin, Embroidered with Design of Hibiscus and Kingfishers

Guangxu Period, Qing Dynasty
Length: 88cm　Width: 57.5cm
Qing Court collection

白色緞面，以紅、藍、綠、黃、白、黑為主色調，用近30色絨綫繡芙蓉翠鳥圖。水面上，一莖芙蓉怒放，一隻翠鳥抓住芙蓉花枝俯視水面，兩隻鴛鴦結伴飛來。左上繡七言題詩一首："六月芙蓉正盛時，畫船長記醉題詩。世間光景元無盡，花落荷枯又一奇。"

此屏心是廣繡作品，運用2—3暈色法，以刻鱗針繡翠鳥的羽毛，用車輪針繡翠鳥的眼圈及河水，用散套針繡芙蓉花。花紋形象生動，如若天成。

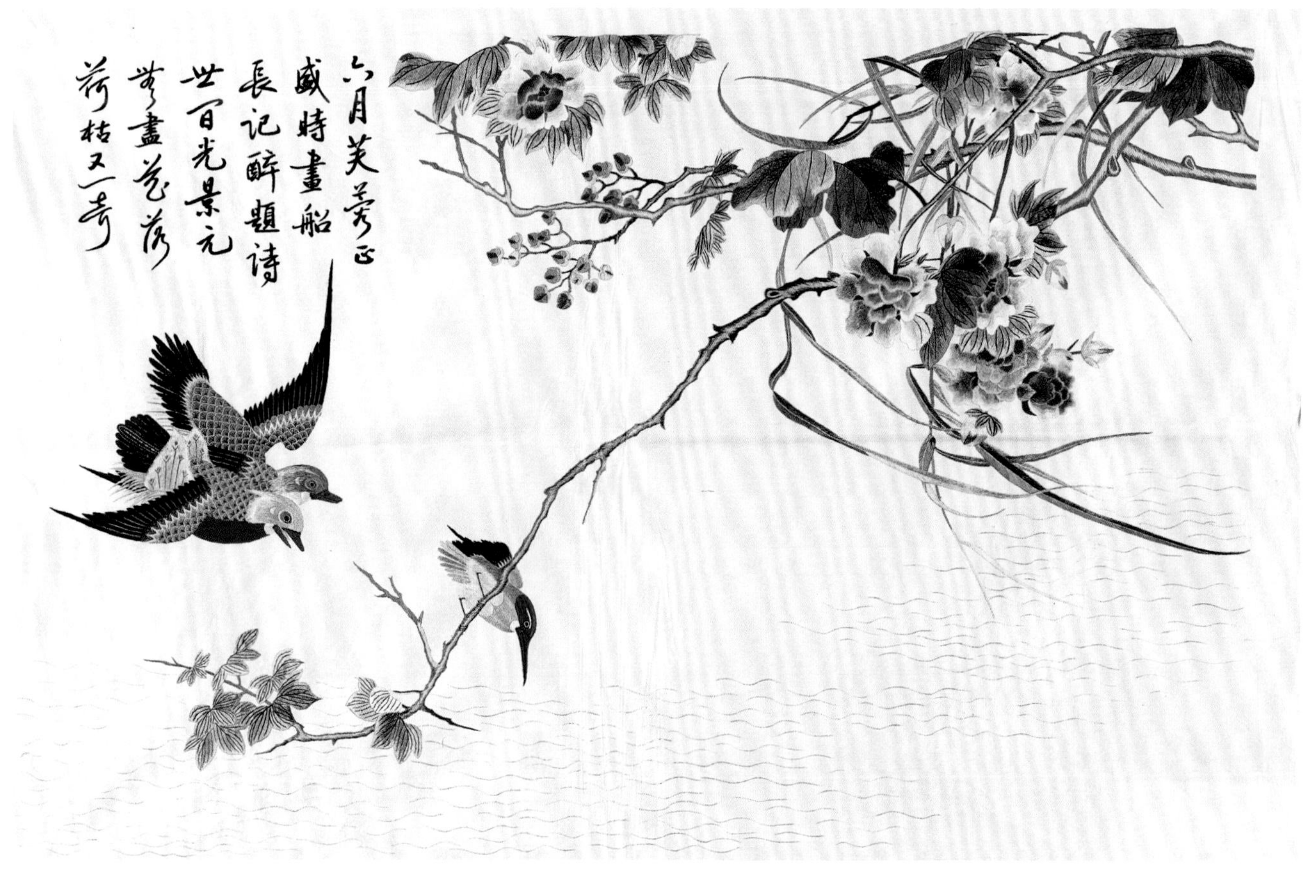

267

白緞繡五彩梧桐鳳凰圖掛屏心
清光緒
長88厘米　寬57.5厘米
清宮舊藏

Hanging Scroll of White Satin, Embroidered with Coloured Design of Flowers and Birds
Guangxu Period, Qing Dynasty
Length: 88cm　Width: 57.5cm
Qing Court collection

以白色緞為底襯，以紅、黃、黑、綠、白為主色調，用26色絨綫繡梧桐鳳凰等圖紋。一棵枝葉茂密、碩果纍纍的梧桐樹上棲息着一隻白色鳳凰，樹下壽石旁菊花盛開，遠處幾隻雀鳥朝鳳凰飛來，有"百鳥朝鳳"的吉祥含義。右上繡五言題詩一首："孤秀嶧陽嶺，萋萋出眾林。春光雜鳳影，秋月弄圭陰。"

此屏心是廣繡作品，運用2—4暈色法，以刻鱗針、雞毛針、施毛針、滾針、齊針、正戧針、打籽針、接針、散套針、車輪針、勒針等針法繡製。

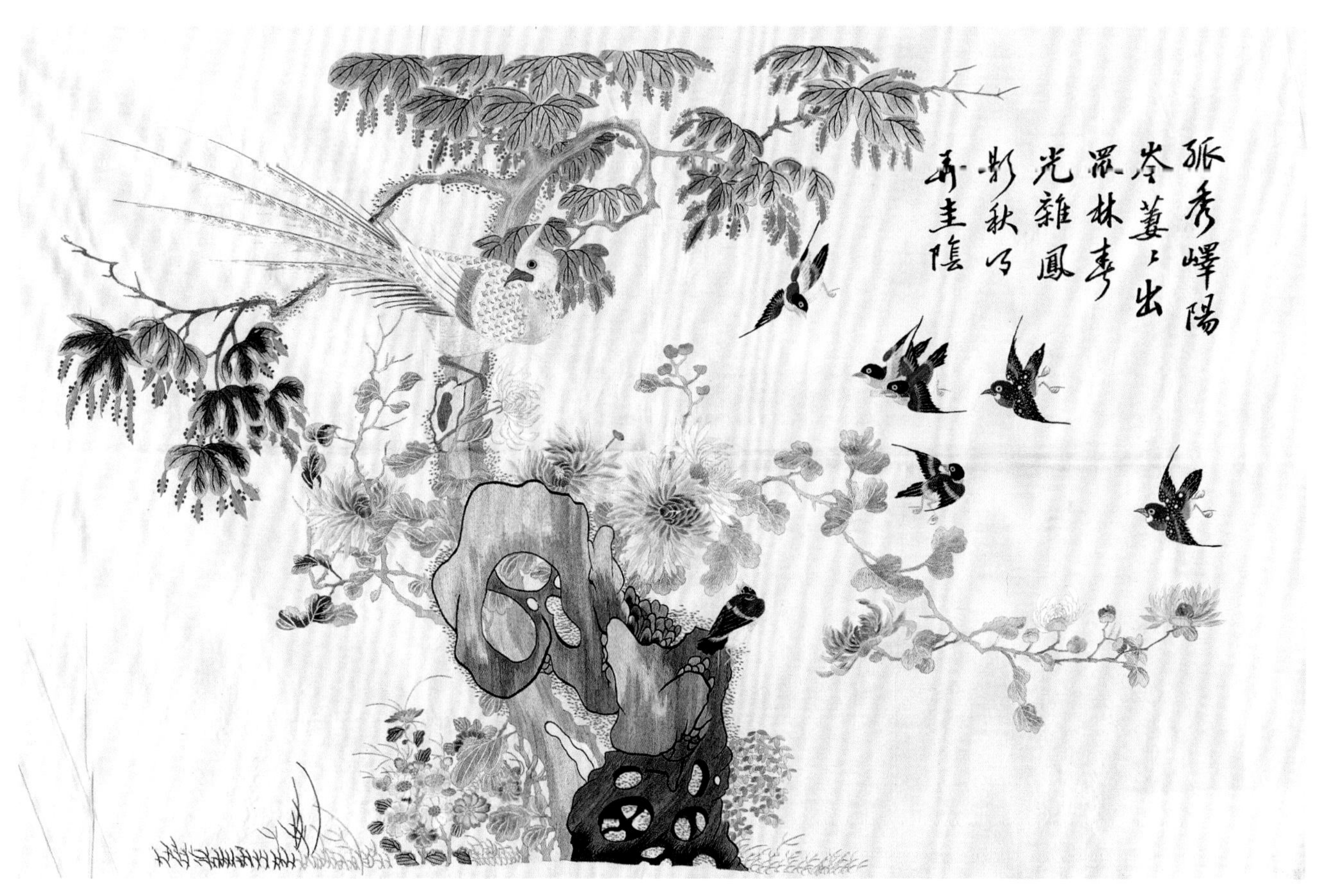

268

白緞繡彩春燕荷花蜻蜓圖掛屏心
清光緒
長88厘米　寬57.5厘米
清宮舊藏

Hanging Scroll of White Satin, Embroidered with Coloured Design of Swallows, Lotus and Dragonfly
Guangxu Period, Qing Dynasty
Length: 88cm　Width: 57.5cm
Qing Court collection

白色緞面，以粉、綠、黃、藍、白為主色調，用16色絨綫繡春燕、荷花、蜻蜓等圖紋。右側繡荷花和蘆葦，在枝頭落着翠鳥，空中有春燕、蜻蜓飛舞。左上角繡五言詩一首：“碧沼停寒玉，紅渠映綠波。妝凝朝日麗，香逐晚風多。”

此屏心是廣繡作品，運用2—3暈色法，以打籽針、施毛針為主，輔以勒針、滾針、齊針等針法繡製。構圖和諧，繡工精密工整。

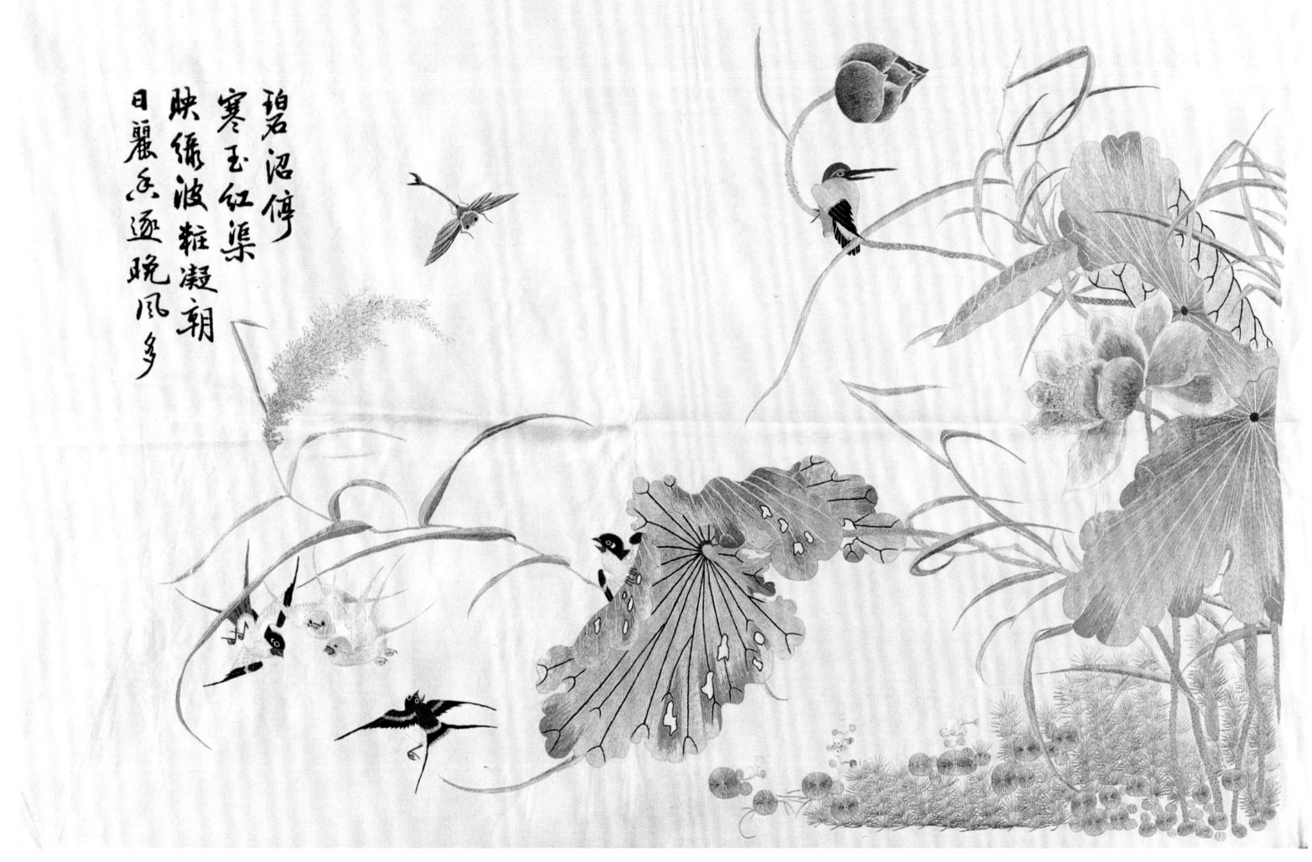

269

白緞繡五彩繡球錦雞虞美人圖掛屏心

清光緒

長88厘米　寬57.5厘米

清宮舊藏

Hanging Scroll of White Satin, Embroidered with Coloured Design of Silk Ball, Poppy and Pheasant

Guangxu Period, Qing Dynasty

Length: 88cm　Width: 57.5cm

Qing Court collection

以白色素緞為底襯，以五彩絨綫繡繡球、錦雞和虞美人等圖紋。在枝葉高大的繡球花樹旁虞美人花盛開，一隻錦雞立於壽石上回首凝望，有"錦上添花"寓意。間以竹子、飛雀做點綴。右下繡七言題詩一首："劍血多年尚有神，楚歌聲裏弄殘春。迎風似舞腰肢細，文采煌煌點綴新。"

此屏心是廣繡作品，運用2—3暈色法，以散套針、齊針、滾針、勒針、雞毛針、車輪針、釘綫、擻和針、刻鱗針、松針、施毛針等工藝繡製。特別是以施毛針繡錦雞的羽毛；以散套針繡錦雞的頭、頸、腹等部茸毛；以刻鱗針繡錦雞背、胸的茸毛；以車輪針繡錦雞的眼圈的針法處理，給人以運針如筆而針針不苟的感覺，實為難得的佳作。

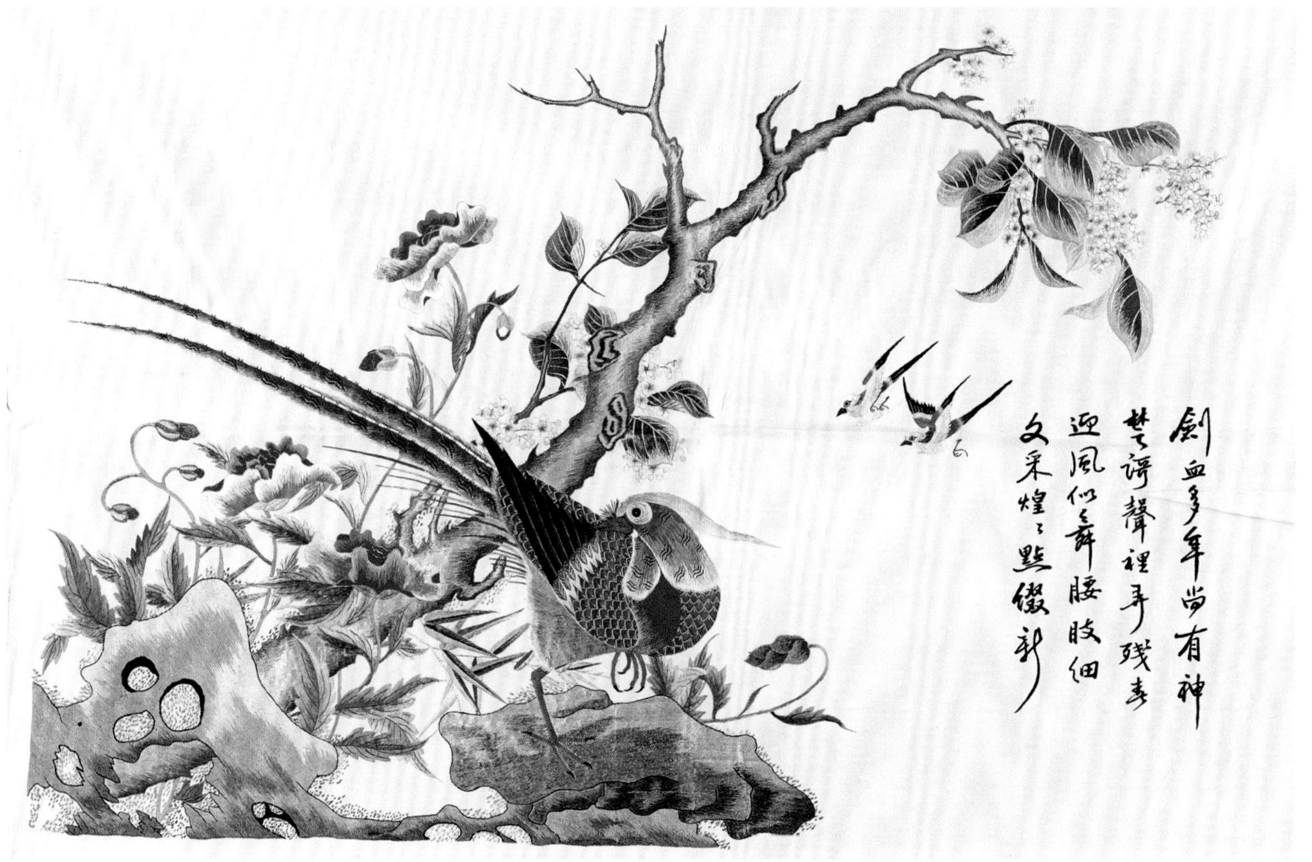

270

白緞繡花鳥蝴蝶圖掛屏心

清光緒
長88厘米　寬57.5厘米
清宮舊藏

Hanging Scroll of White Satin, Embroidered with Design of Flowers, Birds and Butterflies

Guangxu Period, Qing Dynasty
Length: 88cm　Width: 57.5cm
Qing Court collection

白色緞面，以紅、黃、白、藍、綠為主色調，用27色絨綫繡花、鳥、蝴蝶等圖紋。在高大的奇石上爬滿盛開的金銀花，上方有一對綬帶鳥，下有菊花、瓜蔓和蝴蝶點綴。右側有月季、萱草及蝴蝶。圖紋有“長壽多子”等寓意。右上繡七言題詩一首：“向日凌雲志氣豪，同將雅態寫離騷。詩人曾比賢君子，猶與黃花品更高。”後鈐“花長好 月長圓 人長壽”印。

此屏心是清晚期的廣繡佳品，運用2—3暈色法，以散套針繡奇石；用打籽針繡凌霄花心；用齊針繡小草，使畫面真實生動，活潑秀麗，極富裝飾效果。

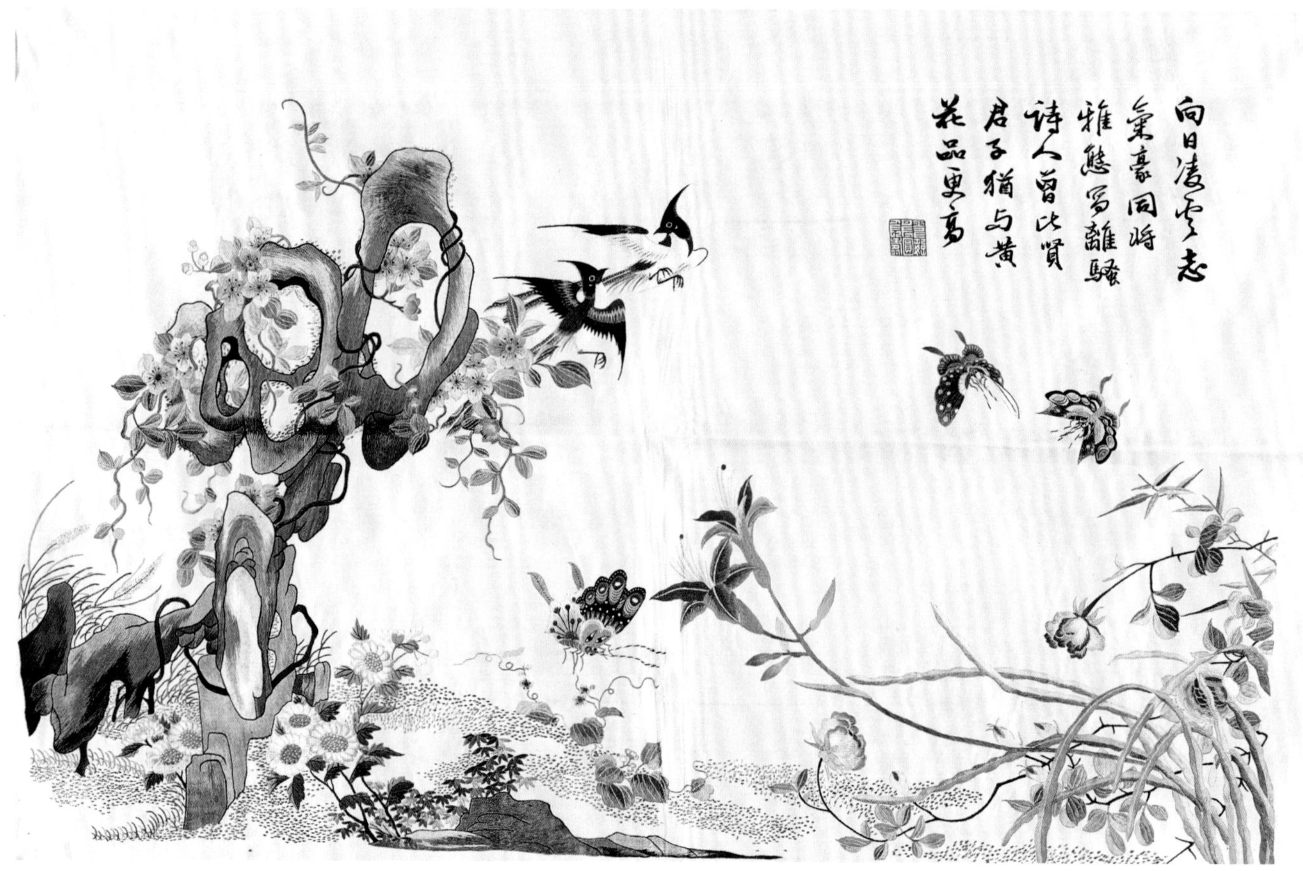

271

明黃緞繡五彩百鳥朝鳳紋緊身料

清光緒
長89.7厘米　寬159.5厘米
清宮舊藏

Bright Yellow Satin Material for Making Close-fitting Underclothes, Embroidered with Coloured Design of a Hundred Birds Paying Homage To the Phoenix

Guangxu Period, Qing Dynasty
Length: 89.7cm　Width: 159.5cm
Qing Court collection

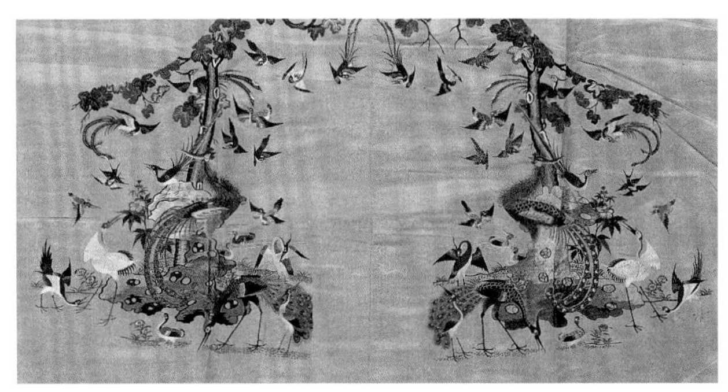

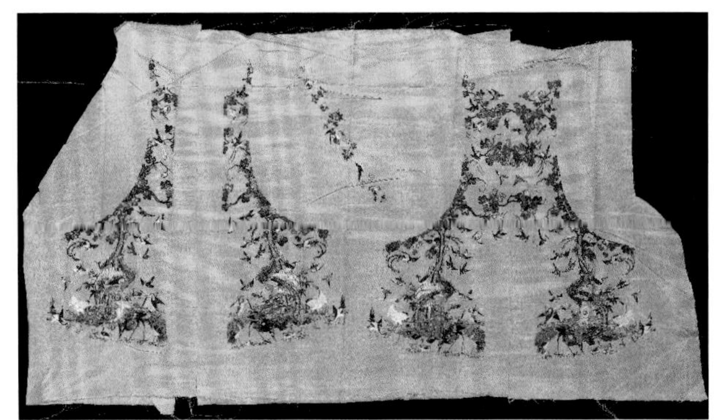

明黃色緞面，用五色絨綫繡對稱的百鳥朝鳳圖。左右各繡枝繁葉茂的梧桐樹一棵，樹下繡一鳳昂首立於山石之上，鳳的周圍及樹間共繡形態各異的鳥108隻。有“百鳥朝鳳”之意，108亦為天地之吉數，寓意祥瑞美好。

此緊身料是廣繡精品，運用2—3暈色法，以散套針、齊針、松針、滾針等針法繡製。構圖豐滿，用色艷麗，繡工精細。是皇后、皇貴妃平時所穿的緊身料。

272

鵝黃緞繡五彩功名富貴圖鞋面

清光緒
長24厘米　寬16厘米
清宮舊藏

Light Yellow Stain Instep, Embroidered with Coloured Design of Cocks Looking for Food

Guangxu Period, Qing Dynasty
Length: 24cm　Width: 16cm
Qing Court collection

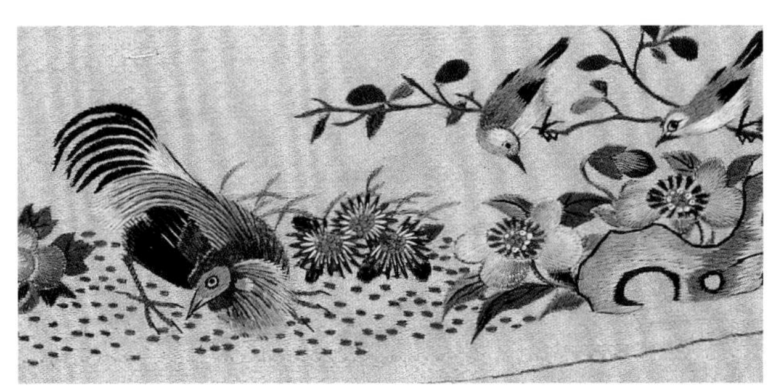

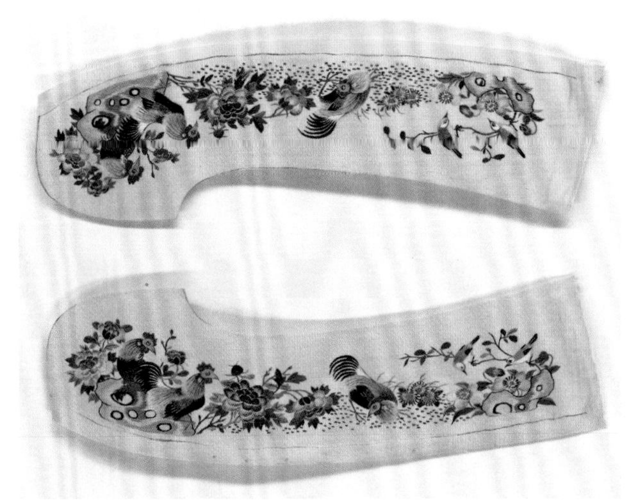

鵝黃緞面，以紅、綠、黃、藍、白為主色調，用28色絨綫繡公雞、花鳥等紋飾。一隻公雞曲腿俯身，側首目視右前方的草坪，作捕食狀；另兩隻雞均半臥在右邊的太湖石上。石間、草坪上點綴牡丹、菊花，樹上落着兩隻翹尾俯身、目視下方的黃鸝。牡丹為富貴花，公雞取其“公”與“功”諧音，寓意“功名富貴”。

此鞋面是清晚期的廣繡精品，運用2—3暈色法，以攙和針繡雞胸茸毛，用滾針繡雞毛，用勒針繡雞冠，用車輪針繡雞眼圈，用齊針繡雞尾，使圖紋十分生動逼真。同時輔以滾針、散套針、打籽針等工藝繡製。

273

白綾繡五彩花鳥圖掛屏

清光緒

長281厘米　單扇寬102厘米

清宮舊藏

White Silk Hanging Scroll, Embroidered with Coloured Design of Flowers and Birds

Guangxu Period, Qing Dynasty

Length: 281cm　Width: 102cm

Qing Court collection

八扇成堂，以紅木雕雲蝠長圓壽字為框，白色綾為底襯，上以綠、黃、紅、白、黑為主色調，用20餘色絨綫在每扇上各繡一圖紋組合，分別為：荷花、燕子；菊花、鸚鵡；松樹、仙鶴；玉蘭、牡丹、錦雞；天竹、壽石、蘭花、綬帶鳥；紫藤、野鴨；梅花、壽石、竹子、鵪鶉；桃樹、白頭翁等。分別有“河清海宴”、“松鶴延年”、“錦上添花”、“安居樂業”、“白頭到老”等寓意。每屏左下角皆有“四川勸工局繡製”款識。

此屏是光緒年間的蜀繡珍品，運用2—4暈色法，以滾針、刻鱗針、扎針、接針、攙和針、車輪針、齊針、

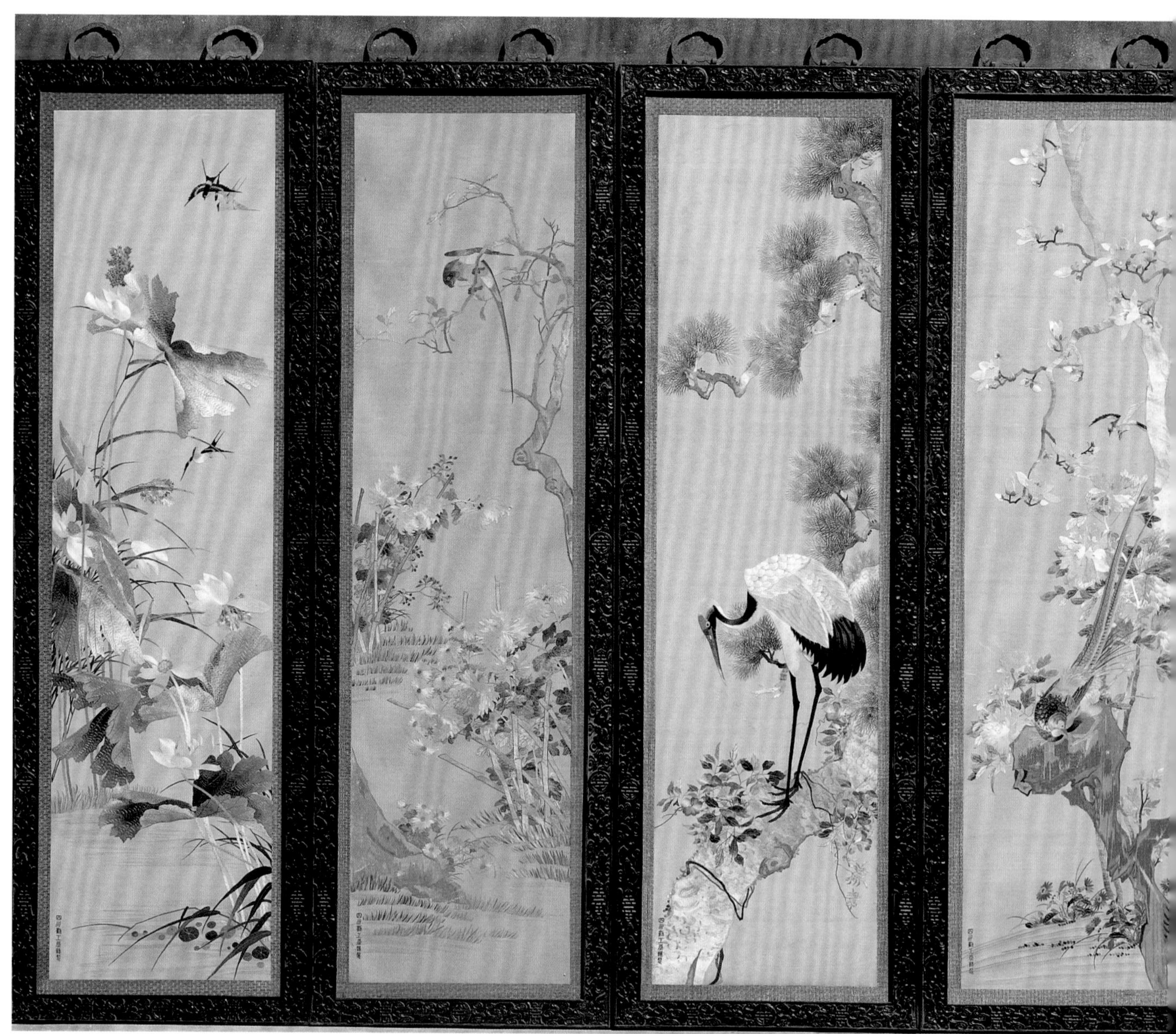

雞毛針、施毛針、松針、打籽針、網繡、高繡等工藝繡製。其水、地、草、花、各種禽鳥的羽毛、茸毛甚至小到眼珠都分別以不同針法繡製，使花紋形神兼備，姿態優美、具有極強的立體感和裝飾性。

蜀繡是以四川成都為中心的地方繡，又稱“川繡”，晉以前已有，與蜀錦並稱為蜀中之寶，是中國四大名繡之一。蜀繡以軟緞和彩絲為主要原料，構圖簡練，繡工平齊，設色華麗。

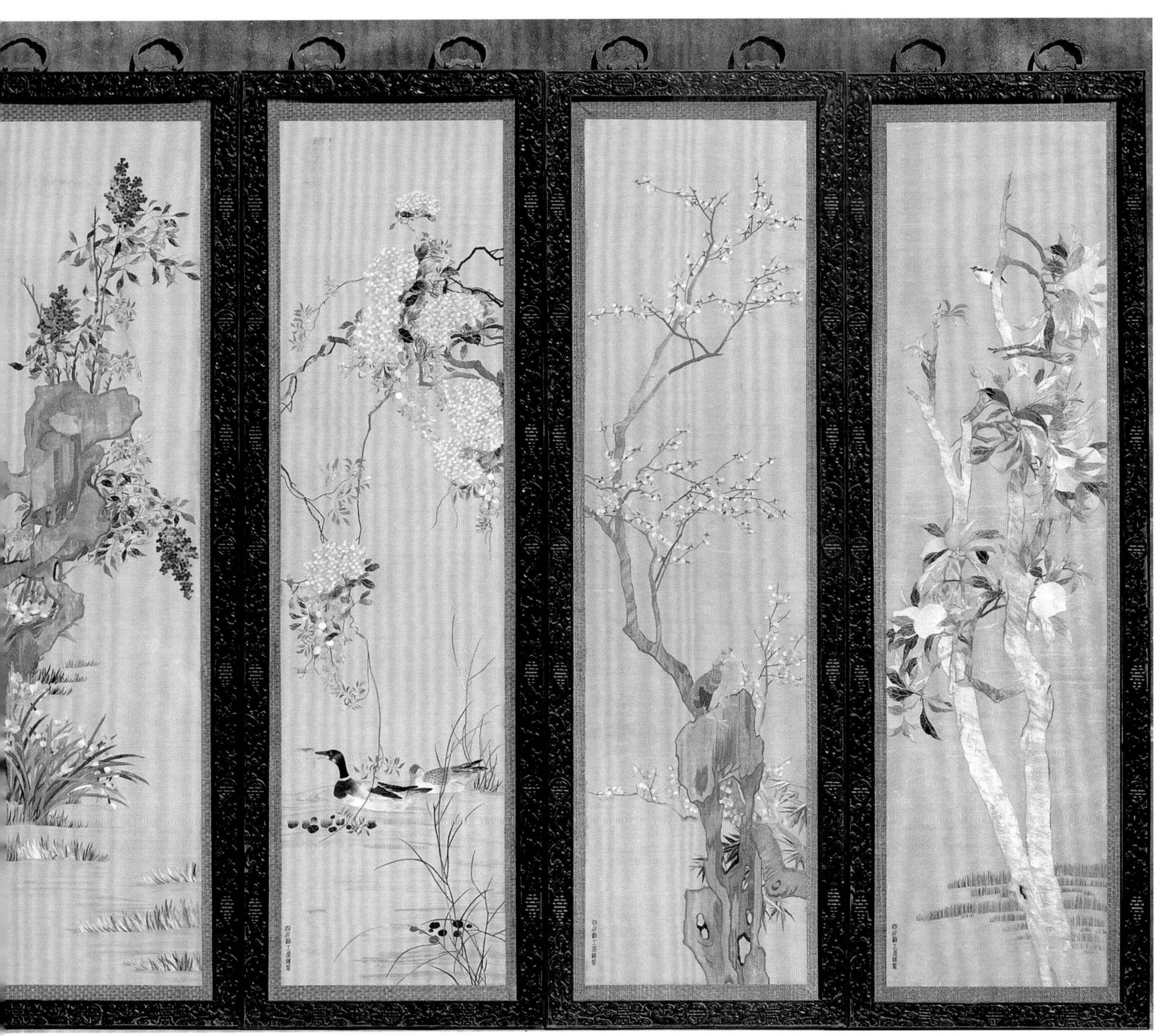

274

白綾繡五彩芙蓉鷺鷥圖屏心
清晚期
長140厘米　寬47厘米

Hanging Scroll of White Silk, Embroidered with Coloured Design of Hibiscuses and Egret
Late Qing Dynasty
Length: 140cm　Width: 47cm

白色綾為底襯，以紅、黃、綠、藍、白、黑為主色調，用近20色絨綫繡枝繁花茂的芙蓉及挺胸昂首站在芙蓉上的鷺鷥。間飾蘆葦、浮萍及翠鳥。以諧音寓“一路榮華”之意。

此屏心是清晚期的湘繡佳品，運用2—3暈色法，以施毛針、擻和針、齊針為主，兼用雞毛針、打籽針、車輪針、滾針、接針等多種針法繡製。由於用施毛針繡鷺鷥頭、頸、腹、背的茸毛，用擻和針繡芙蓉花，用齊針繡芙蓉的花蕊及葉脈，使花紋色彩變化自然，充滿活力。

湘繡是以湖南長沙為中心的地方繡，為中國四大名繡之一。是當地民間刺繡吸收了蘇繡、廣繡的優點發展起來的。其繡品若畫，花紋典雅，富於層次感。

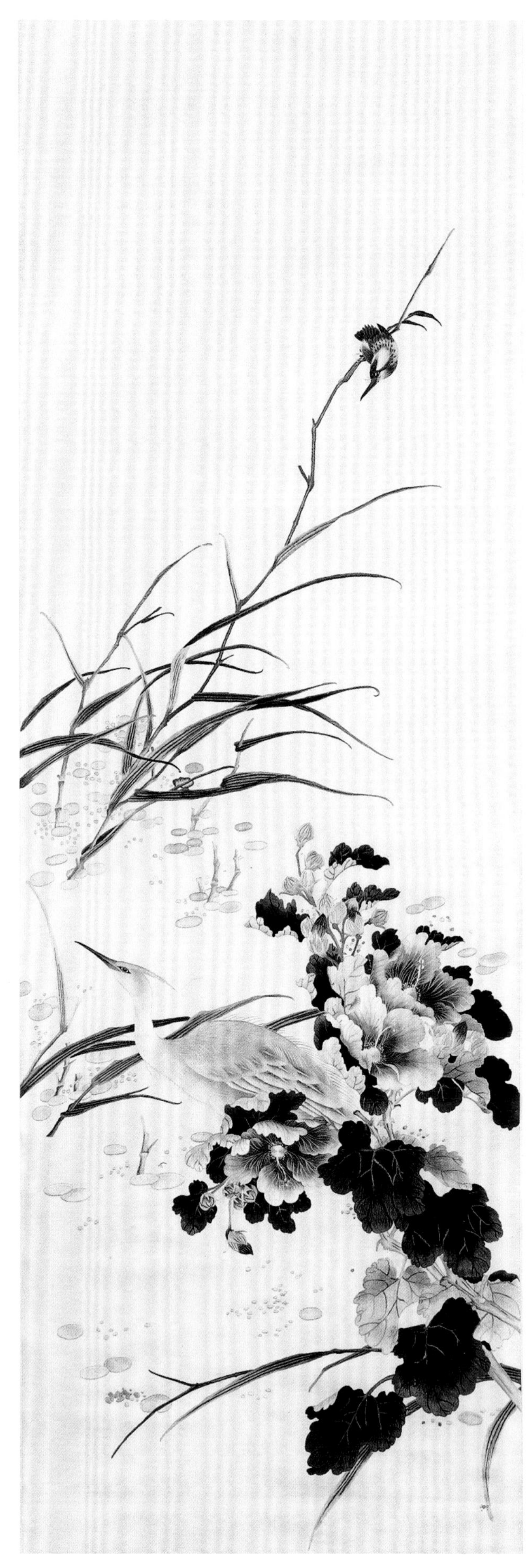

275

白地染彩金魚蓮花紋包袱皮

清早期

長52厘米　寬50.5厘米

清宮舊藏

Wrapper of Silk Fabric Decorated with Dyeing Design of Goldfish Swimming in Lotus Pond

Early Qing Dynasty

Length: 52cm　Width: 50.5cm

Qing Court collection

白色綾為匹料，以紅、金黃、綠、藍、黃為染料，染並蒂蓮花及在蓮花中穿梭遊戲的金魚。花紋為兩排一循環，左右對稱，組成四方連續紋飾。有連年有餘的寓意。

此包袱皮採用鏤空板雙面防染印花技術，以五套色法染製而成，是清代夾纈的傳世珍品。

夾纈是在織物上染花的方法之一，其工藝是將織物沿幅寬對折固定在兩塊鏤出同樣花紋的模板之間，然後於鏤空處注以染汁，即成花紋。其特點是花紋以折痕為對稱軸綫，縱向循環，左右對稱。花紋邊緣呈色彩浸滲狀，有暈色效果但色彩濃淡不夠均勻。

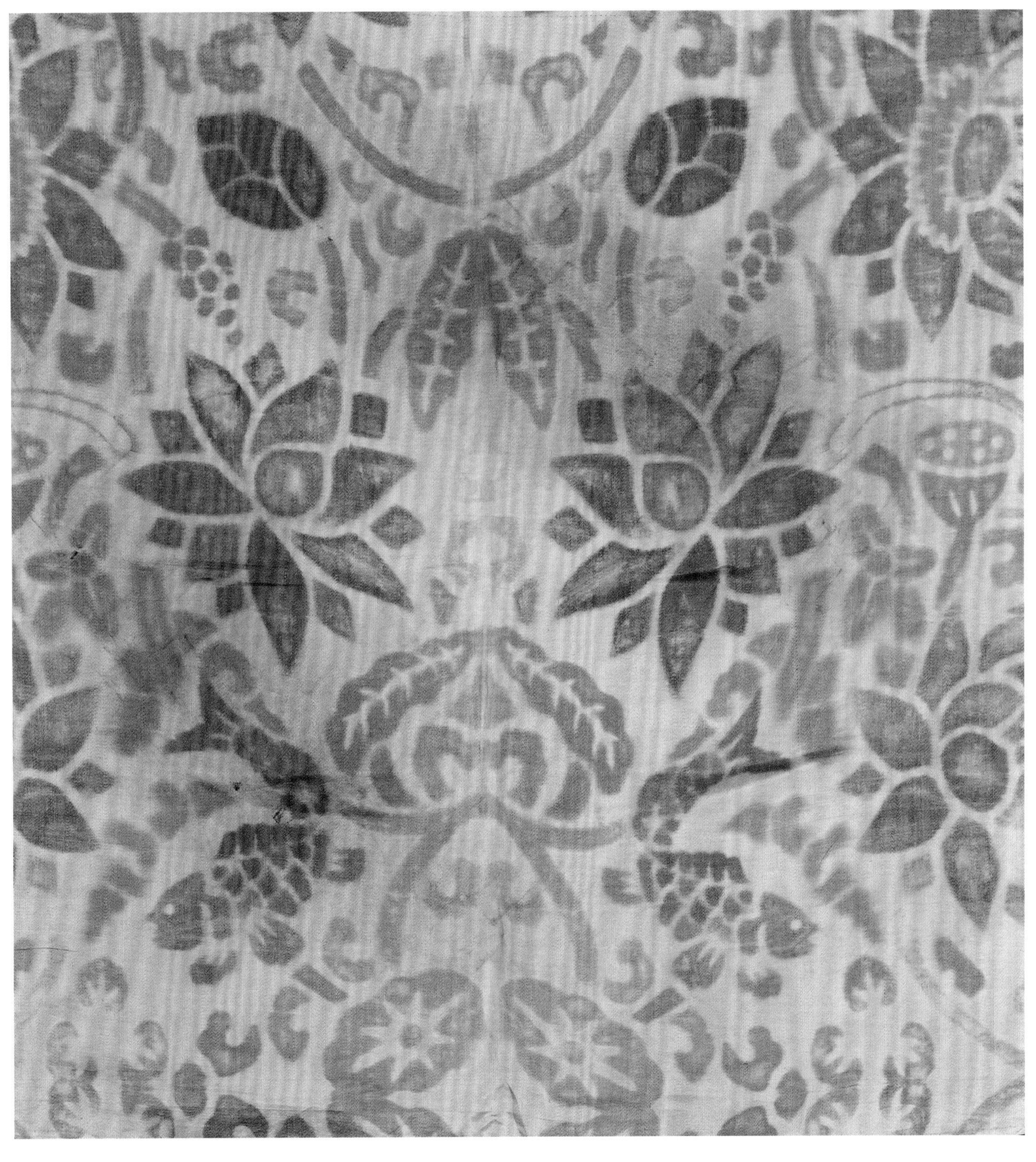

276

白地染十字紋氆氌
清乾隆
長2310厘米　寬25.5厘米
清宮舊藏

White Woolen Fabric with Dyeing Cross Design
Qianlong Period, Qing Dynasty
Length: 2310cm　Width: 25.5cm
Qing Court collection

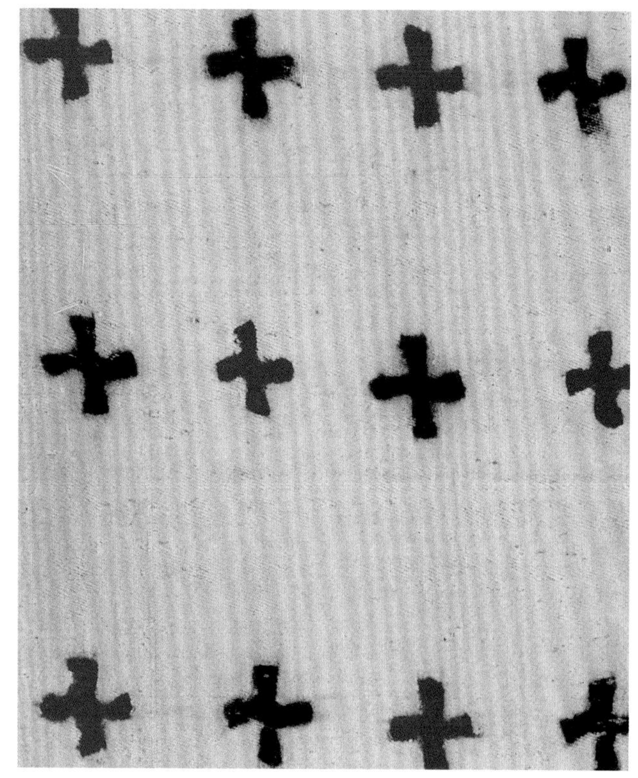

白色斜紋褐為面料，以紅、綠色為染料，染紅、藍色十字紋飾。紅、藍十字為間隔排列，兩排一循環。

此氆氌以夾纈工藝染製而成，構圖簡練，花紋古樸，是西藏向清宮進貢的貢品，是作冬秋袍、裙、被、褥的首選佳料。

氆氌是藏語音譯，為中國西部的藏族等少數民族手工生產的一種羊毛織品，可以做牀毯、衣服等。氆氌所用“褐”地面料，是一種粗製的毛織物。

277

綠地染菱形花紋氆氌
清乾隆
長1350厘米　寬23.5厘米
清宮舊藏

Green Woolen Fabric with Dyeing Rhombus Design
Qianlong Period, Qing Dynasty
Length: 1350cm　Width: 23.5cm
Qing Court collection

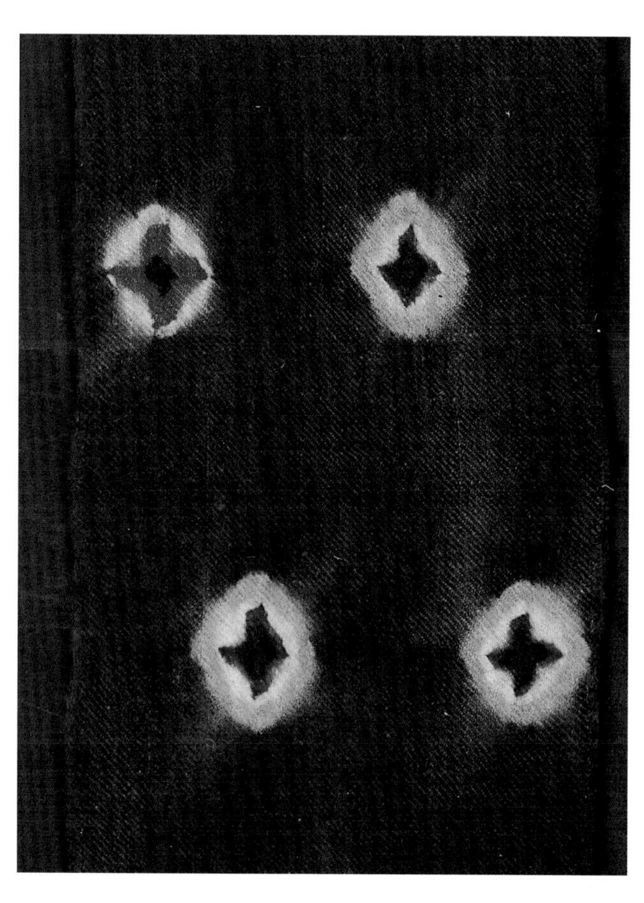

白色斜紋褐為面料，以紅、藍、香色為染料，先染藍、紅色十字紋花心，然後再染香色菱形花，最後染綠色地子，故形成綠色地，香、白、藍三套色菱形花或香、白、紅三套色菱形花。花紋為三排一循環，上下交錯排列。

此氆氌以絞纈法染製而成，構圖簡潔，花紋古樸典雅，是清代西藏進貢的貢品。

絞纈又名撮纈、撮花、扎染，是中國古老的印染方法之一。其工藝是在織物需要染花的部位，按照花紋的要求用綫縫扎成花形，然後放入染缸染色。染後曬乾，把綫結拆掉，花紋即出。它既不受印花板的限制，又不需用排染劑，最適合染製簡單的花紋。

278

絳色地染團花紋氆氌
清乾隆
長840厘米　寬21厘米
清宮舊藏

Dark Reddish Woolen Fabric with Dyeing Posy Design
Qianlong Period, Qing Dynasty
Length: 840cm　Width: 21cm
Qing Court collection

白色斜紋褐為地，以藍、白色紋緯與白色經綫交織成橫條紋花。在藍、白色橫條紋間，又以藍、黃色染料，染藍色十字團形花心和染絳色地，拆開紮綁的綫繩後，用筆染黃色團形花。故形成絳色地，藍、白或黃、藍花紋。

此氆氌以絞纈法染製，花和地採用織、染相結合的方法，使花紋樸實多彩，是西藏地區向清宮進貢的絞纈珍品。

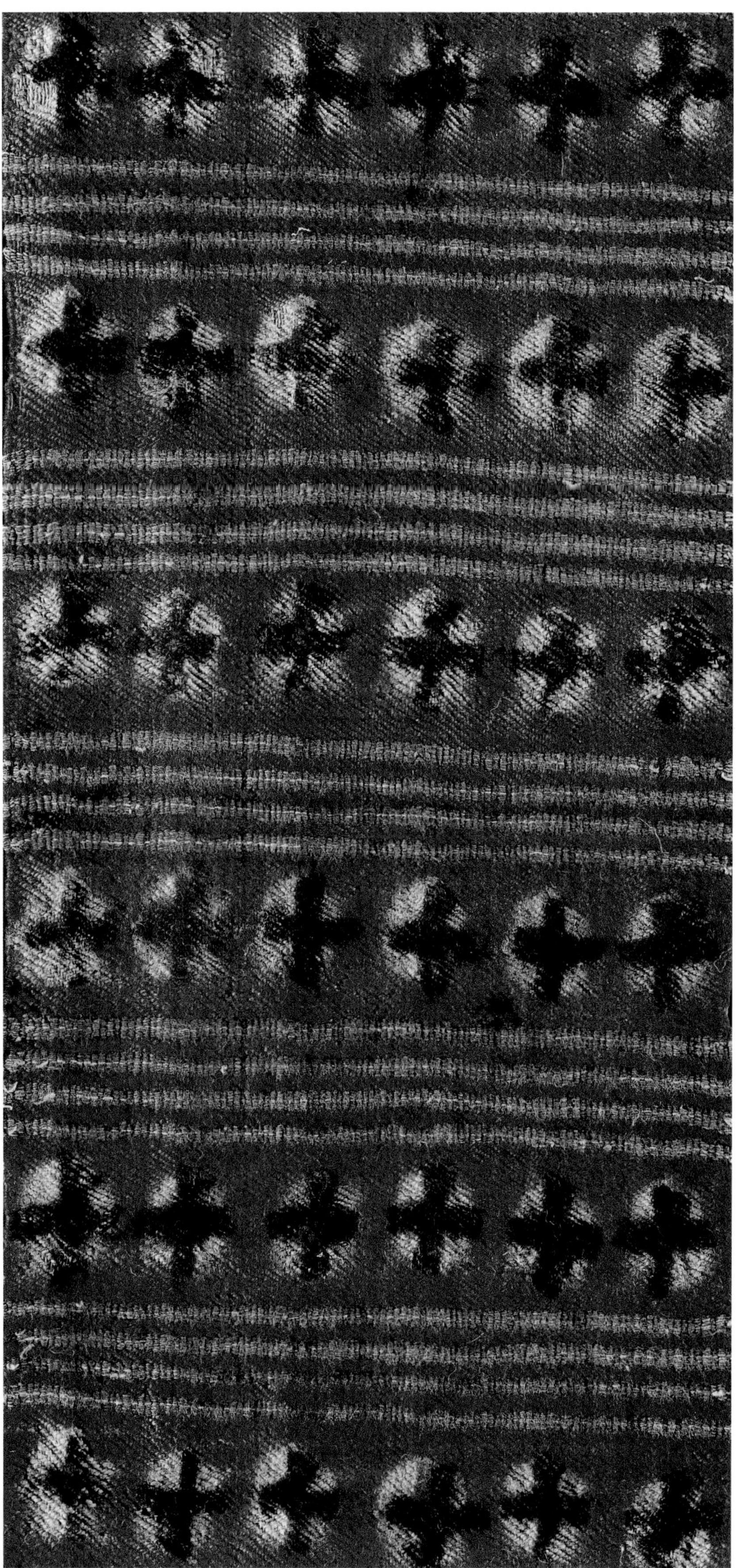

279

藍色地繡毬花回回印花布
清晚期
長744厘米　寬112厘米
清宮舊藏

Mohammedan Blue Printed Cloth with Design of Big-leaf Hydrangeas
Late Qing Dynasty
Length: 744cm　Width: 112cm
Qing Court collection

白色平紋布為面料，以紅、紫紅、黑、藍、駝色為染料，先染地子及藍色花，之後在藍色地上染黑色葡萄的枝、葉、果實及花的輪廓與枝幹。其次染紅色，最後染駝色。使印花布呈顯出藍色地上，染紅、藍、茶綠、白四套色花紋。花紋以折枝葡萄作方形邊飾，內填繡球，花紋左右對稱。

此印花布以刻版刷彩印花及手繪的方法印製花紋。構圖繁縟嚴謹，用色豐富華麗，花紋綫條細膩，是新疆向宮廷進貢的貢品，也是刻版印花的代表性作品。

刻版印花，乂稱單版刷花。其製作方法是先將織物地子染成淺色，再在淺色地上連續印花、套色。這種染花技術，多用於棉布印花。

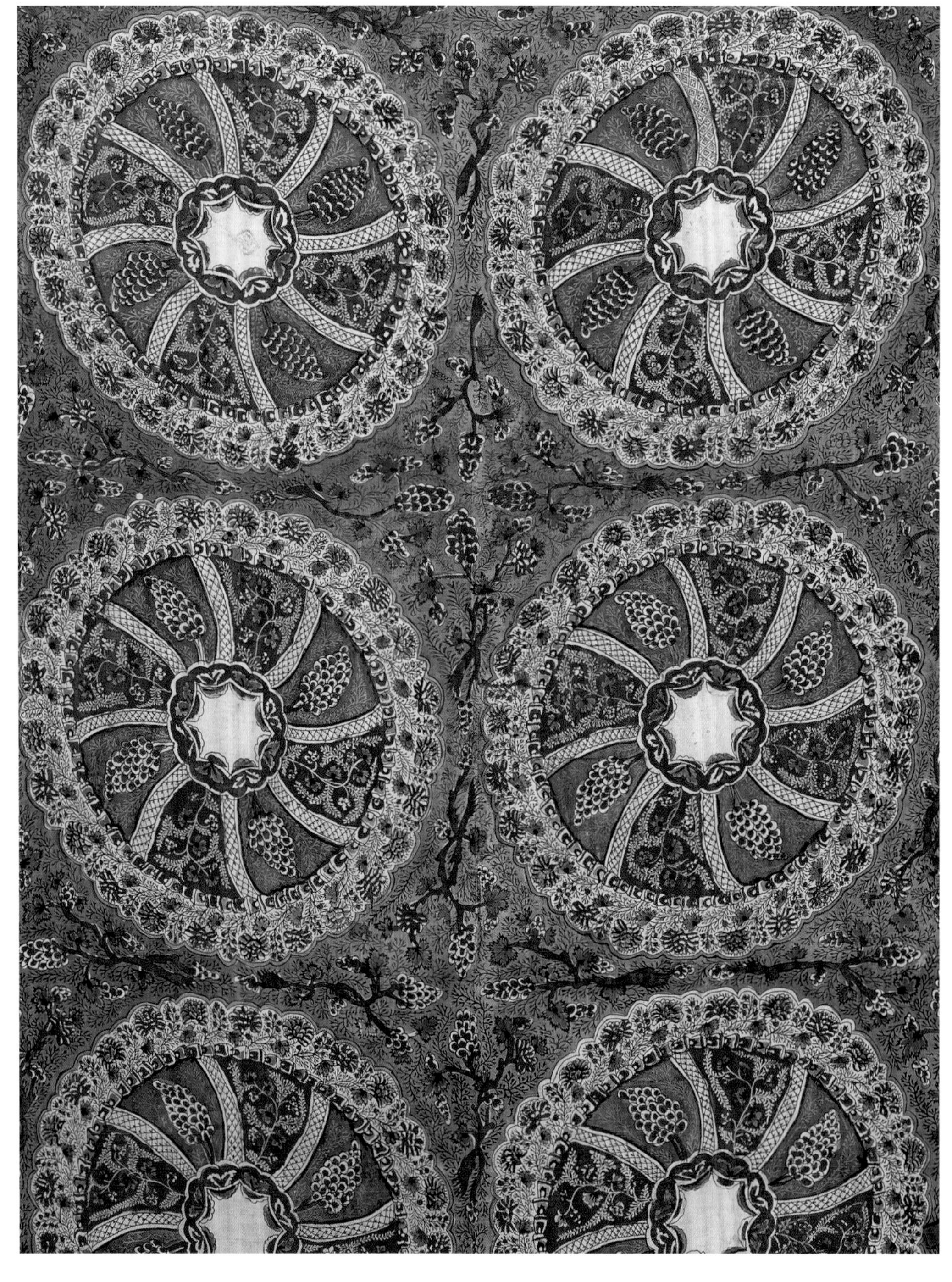

附錄

織繡工藝技法

緙絲技法

1. 平緙：緙絲技法，又稱齊緙。用緯綫按水平綫往返緙織所有平塗色塊，是最基本的緙織方法。
2. 構緙：緙絲技法。以另一種顏色的絲綫構勒花紋的邊緣綫，使花紋界綫清晰、突出，並有調和色階的作用。
3. 搭緙：緙絲技法之一，多用於連接花紋垂直處兩種顏色回緯所造成的斷痕，使斷痕相連接，是縮小斷痕距離的唯一方法。
4. 套緙：緙絲戧色方法。以層次色階的粗緯，在分色區域內，按順序相套，長短參差，以避免垂直所造成的斷痕，從而加強緙絲的堅固性。
5. 戧緙：緙絲戧色方法。用兩種或以上相鄰的不同顏色，根據花紋輪廓的形狀，進行戧色、和色的緙織方法，多用於水紋、雲紋及鳥的羽毛、花朵等。
6. 摜緙：緙絲戧色方法。根據花紋輪廓的走向，以兩種以上相鄰的不同顏色，一層一層有規律地緙織，多用來緙織海水等。
7. 緙金：緙絲技法，即以各種金銀綫為緯綫緙織地子和花紋。
8. 緙鱗：緙絲技法，多用於緙織魚、龍等具有鱗片的動物及禽鳥的羽毛。
9. 子母經：緙絲技法，即用另外的絲綫兩根，把開緙（斷痕）的經綫穿連起來，有單股絲綫或雙股絲綫連經兩種。多用其緙織文字與圖章。
10. 木梳戧：緙絲戧色方法。戧織長短一般齊，像木梳一樣，使色彩深淺左右橫向變化。
11. 長短戧：緙絲調色方法。戧織長短不齊，利用織梭伸展的長短變化，使緯綫深淺顏色相互穿插，產生色彩空間調合的暈色效果。
12. 鳳尾戧：緙絲調色方法。戧頭一粗一細相間排列，粗者短，而細者稍長，形成似繪畫中鳳尾的形狀。多用於緙織山石。
13. 三藍緙：緙絲的配色方法，在淺色地子上用藏藍、深藍、寶藍或寶藍、月白、湖色三種顏色，採用退暈的色階層次順序戧緙各種花紋，並採用白色絲綫勾邊，使花紋具有立體感和裝飾性。

織造工藝

14. 固結地：織造工藝之一，是用來固結絨圈的地組織。
15. 長跑梭：又稱通梭，織造工藝之一，指從始至終皆使用的織花紋的彩緯。
16. 短跑梭：又稱分段換梭，織造工藝之一，指織花紋時分段使用的彩緯。

17. 挖梭盤織：織造工藝之一，指紋緯不通幅織到頭，而是回梭挖織花紋，紋緯只與花紋部分經綫交織的方法。

18. 挑花結本：織造工藝之一，是織提花織物時，依照花樣在經綫上挑成花本，作為織花的依據，然後把緯綫穿過經綫的開口，逐梭交織成花紋。

刺繡工藝

19. 辮繡：又稱鎖繡，是中國最古老的刺繡方法之一。此針法的特點是，正面為環環相套的辮股形，背面似接針。唐、宋以後多用來繡羊毛等具有捲曲效果的圖紋。

20. 網繡：刺繡工藝之一，其方法是先在繡地上用繡綫拉好菱形方格，然後按照方格用橫、直、斜三種纏針挑繡。多用來繡野菊花、向日葵花等的花心和葫蘆、蒲團等紋飾。

21. 壓金繡：刺繡工藝之一，是在鱗片下面墊上棉花等物質，然後再用金綫按鱗紋盤釘。多用來繡製鳥、獸身軀，具有極強的立體感。

22. 高繡：刺繡工藝之一，與壓金繡繡法相同，只是採用普通絲綫繡製花紋，多用來表現鳥獸、人的眼珠及太陽等立體圖紋。

23. 釘綫繡：刺繡工藝之一，以強捻的合股綫（即衣綫）為繡綫，再用另一種絲綫，把強捻的合股綫平釘在底襯之上盤釘花紋，多用此法來勾勒花紋的輪廓。

24. 緝綫繡：刺繡工藝之一，與釘綫繡繡法相同，但所用繡綫是用一根較細的強捻絲綫做柱，再以一根較粗的強捻絲綫圍繞其做螺旋狀纏繞，即龍抱柱綫盤釘花紋，再用另一種絲綫將其平釘在底襯上，此繡法多用來勾勒花紋輪廓。

25. 平金繡：刺繡工藝之一，與緝綫繡繡法相同，只是以圓金綫和片金綫為繡綫，再用另一種絲綫把它平釘在底襯之上，多用來盤釘花紋或勾勒花紋的邊。

26. 緝珠繡：又稱穿珠繡，刺繡工藝之一，是先將小珍珠、小珊瑚珠等珠子穿成串，然後用絲綫把它盤釘在綢緞之上，形成各種花紋。

27. 齊針：又稱平針，刺繡的基本針法之一，是戧針、套針等針法的基礎。其繡法是起針和落針都要在花紋圖案的邊緣，不重疊。按絲理的不同方向，可分直纏、橫纏、斜纏三種。

28. 正戧針：刺繡常用針法，即用齊針分批繡製，前後銜接而成。其針綫為由外向內順序，第一批針綫按花紋圖案外緣用齊針出邊，從第二批針綫起皆稱“戧”針，每批針綫都要銜接前一批針綫的末尾，以此循環往復即成。

29. 反戧針：明代刺繡常見針法。其繡製方法是用齊針分批繡製，前後銜接而成。繡製方法與正戧相反，是由內向外有規律地進行施針。

30. 施毛針：刺繡針法之一，是用稀針分層逐步加密，排針的距離相等，以後每層均按前一層的方法刺繡。因多用來繡禽鳥的羽毛，故又稱羽毛針。

31. 松針：刺繡針法之一，是利用各種纏針繡製松樹針葉，因其形似松針葉，故名。除繡松樹針葉外，還可用來繡製小草等。

32. 虛實針：蘇繡常見針法，其繡製方法是由虛虛實實的綫條組合而成，綫條等長參差，由稀到密，由長變短。此針法多用來繡製野草和動物身上的毛。

33. 亂針：蘇繡獨創針法，是利用長短參差的各種纏針交叉摻合而成，由於亂針綫條呈交叉形，因而在摻合後仍能保留多種色綫的固有色。多用來繡人的頭髮和暈色圖紋。

34. 散套針：蘇繡常用針法之一，其主要特點是等長綫條參差排列，批批相疊，針針相嵌，由外向裏分批繡製。多用來繡龍蟒袍上的水紋等暈色圖紋。

35. 攙和針：刺繡針法之一，與散套針大同小異，不同的是，散套針綫條重迭，攙和針的針跡比較顯露。由於攙和針綫條平鋪，每批間的針距較長，多用來繡製樹幹及石頭等。

36. 平套針：刺繡常用針法，其繡製方法是先用等長的齊針在花紋圖案的外緣繡出邊，之後由外向裏在綫條的空隙處分批插針繡製，每批綫條都要保持平整。適合刺繡平面圖紋。

37. 集套針：刺繡針法之一，與松針相似，是專門繡製圓形圖案的一種針法。針的走向是從外向裏，由四周向中心射集，後批的綫條要嵌入前批綫條中間，並要對準圓心。每隔三針藏一短針，越接近圓心，繡面越小，藏針越多。

38. 接針：刺繡常見針法，是用短針前後銜接、連續進行的一種針法，後針要刺入前針綫條的末尾中間，使針針相連，形成綫條。多用來繡製陸地和水紋。

39. 刻鱗針：是繡製鱗紋的一種針法，先用強捻綫或龍抱柱綫釘成一個個鱗片形，再以金綫、絲綫或小珍珠串等盤釘。

40. 雞毛針：刺繡針法之一，因形似雞毛而得名。其針法組織有交叉形、稀針交叉形、人字形三種，一般適宜繡小的尖瓣花和建築物轉角等。

41. 打籽針：又稱打籽繡，是用來表現顆粒狀物質的刺繡針法，用綫條繞成小顆粒狀，每一針形成一粒。多用來繡製花蕊。

42. 滾針：專門繡製直綫和曲綫的一種針法，是依紋樣綫條前起後落，針針緊密，綫條長短一致，針針相壓。

43. 十字針：繡桂花和衣邊的一種針法，其繡製方法是橫繡一針，豎繡一針，成"十"字形。

44. 扎針：蘇繡針法之一，專門用來繡製禽鳥的腿或荔枝的花紋。其繡製方法是先用齊針打底，長度視所繡物象的長短而定，之後再用橫、斜纏針打結，結的間距要一致。

45. 勒針：即扎針，廣繡稱扎針為勒針。

46. 車輪針：繡圓形圖案的針法之一，其繡製方法是由外向內一層層繡製，先在外圓處繡好第一針，此後針針相壓，直到繡完為止。

47. 正串：是灑綫繡和納紗繡中的一種針法，其特點是繡綫與緯綫垂直，繡綫壓一根緯綫者，為正一絲串，依次類推，繡綫壓幾根緯綫就是正幾串。

48. 暈色法：又稱退暈、潤色，是指色彩用不同深淺來表現，即從深到淺，或由淺到深。

注：本卷所標文物尺寸，均為該織繡品原幅大小，部分圖片在設計中有裁剪。